Literatura española

Garland Reference Library of the Humanities (Vol. 1927)

Literatura española
una antología

TOMO 2
DE 1700 HASTA LA ACTUALIDAD

David William Foster

Con la colaboración de
Daniel Altamiranda
Gustavo Oscar Geirola
Carmen de Urioste

GARLAND PUBLISHING, INC.
New York & London
1995

145983

Library of Congress Cataloging-in-Publication Data

Literatura española : una antología / edited by David William Foster, coedited by
   Daniel Altamiranda, Gustavo Oscar Geirola, Carmen de Urioste.
       p.   cm. — (Garland reference library of the humanities ; vol. 1871, 1927)
     Contents: t. l. De los orígenes hasta 1700 — t. 2. De 1700 hasta la actualidad.
     ISBN 0-8153-1755-7 (v. 1 : alk. paper). — ISBN 0-8153-2012-4 (v. 1 : pbk. :
alk. paper). — ISBN 0-8153-2063-9 (v. 2 : alk. paper). — ISBN 0-8153-2064-7
(v. 2 : pbk. : alk. paper)
     1. Spanish literature.   I. Foster, David William.   II. Series.
PQ6172.L543   1995
860.8—dc 20   95-19115
                                                             CIP

Paperback cover designs for volumes 1 and 2 by Karin Badger.
Paperback cover photographs courtesy of the Tourist Office of Spain.

Printed on acid-free, 250-year-life paper
Manufactured in the United States of America

ÍNDICE DE MATERIAS

Tomo II

PREFACIO

Literatura española: una antología aspira a ser una antología global de textos señeros de la literatura española. Su organización obedece a distintos criterios que imperan en la docencia en los Estados Unidos, en función del contexto de la presentación de esta literatura a estudiantes de dicho país, ya sean angloparlantes o hispanohablantes.

Se ha procurado, en primer lugar, alcanzar un equilibrio en la representación cronológica. La enorme eclosión en la producción y en el reconocimiento de la literatura contemporánea, así como también la reciente reevaluación de autores y obras de distintos períodos, han sido contrabalanceadas por la necesidad de seguir proporcionando una adecuada representación del canon tradicional. El material servirá para una secuencia de cursos de un año lectivo, o una división en dos semestres centrada en el año 1700, o una división en tres cuatrimestres: medioevo y siglo XV, siglo de oro y siglo XVIII, y época moderna. Al mismo tiempo, para no caer en segmentaciones fundamentadas en una armazón simplemente histórica, los textos, aunque se ordenan cronológicamente, no están repartidos bajo rótulos convencionales.

En segundo lugar, ya que entendemos que el estudiante no está necesariamente capacitado para leer ciertos textos en sus versiones originales, hemos reproducido fragmentados del texto del *Poema de Mio Cid* junto con la versión modernizada; transcripción de las jarchas primitivas con la versión modernizada; así como también varias manifestaciones de la interpenetración de lo que va a emerger definitivamente como el castellano y el portugués en el caso de las *Cantigas de Santa María* de Alfonso el Sabio y el teatro de Gil Vicente, éste bilingüe y aquellas escritas en gallego-portugués.

En tercer lugar, aunque no ha sido siempre posible cumplirlo, el principio rector aquí es la reproducción de textos completos: así se incluyen obras de teatro de Gil Vicente, Lope de Rueda, Lope de Vega, Calderón de la Barca, Ramón de la Cruz, Leandro Fernández de Moratín, José Zorrilla, Federico García Lorca y Paloma Pedrero, cuatro novelas completas (el *Lazarillo de Tormes*, Miguel de Unamuno, Ramón Sender y Adelaida García Morales), además del texto completo de *La deshumanización de arte* de José Ortega y Gasset. Toda antología no puede ser más que una selección en última instancia bastante jerarquizante, y la que indudablemente se ha ejercido aquí ha sido en aras de facilitar el conocimiento de una representación muy destacada de la literatura española que procura ir un poco más allá de la serie ya canonizada que ofrecen las antologías anteriores.

Evidentemente, esta antología se destina a estudiantes con un nivel relativamente alto de preparación lingüística—por lo menos tres años de lengua a nivel universitario y, preferentemente, un curso de presentación general a conceptos de período, género y movimientos. Por lo tanto, no se ha querido utilizar páginas de este texto para la presentación histórica y crítica de los textos, con la idea de que el estudiante dependerá para ello de las exposiciones del profesor y las lecturas en fuentes de información paralelas.

Todos los textos han sido reproducidos de reconocidas ediciones críticas y, salvo ligeras modificaciones para imponer una uniformidad ortográfica (la supresión del acento en pretéritos como *fue*, por ejemplo) y por razones de un diseño gráfico uniforme, se han conservado las particularidades de la fuente en lo que respecta a la puntuación, las mayúsculas, la letra cursiva y demás. Las notas a los textos tienen la doble función de aclarar referencias culturales e históricas por un lado, y, por otro, de anotar usos lingüísticos que no figuran en un buen diccionario bilingüe. A estos efectos se ha consultado como autoridad el *Collins Spanish-English, English-Spanish Dictionary*, de Colin Smith.

En el caso de los textos medievales, se ha buscado que el estudiante tenga acceso a su versión más auténtica, mediante la reproducción de las ediciones más autorizadas (cuando ello ha sido posible) y modernizando en algunos casos la ortografía. La modernización no responde en esta antología a un criterio único, ya que se reproducen los criterios de los editores consultados y agregamos algunos signos de puntuación para facilitar la lectura cuando lo hemos estimado necesario. Las notas a pie de página aclaran dificultades léxicas y dialectales, y los textos de las jarchas mozárabes y de las *Cantigas* de Alfonso el Sabio figuran en su idioma original, junto con sus respectivas traducciones al castellano. En casi todos los casos se ha cotejado el texto con otras ediciones críticas, a fin de salvar algunas erratas evidentes u ofrecer una versión más clara en cuanto a puntuación o alguna irregularidad métrica.

Las responsabilidades para la preparación del material se han repartido de la siguiente manera: Gustavo Oscar Geirola (medioevo y poesía del siglo XVI); Daniel Altamiranda (teatro y prosa del siglo XVI y siglos XVII y XVIII); Carmen de Urioste (siglos XIX y XX).

Finalmente, se quiere agradecer a las editoriales que han concedido los permisos necesarios para la confección de esta antología, como también a las personas que han colaborado, en particular Fabio Correa Uribe, José María García Sánchez y Patricia Altamiranda.

AGRADECIMIENTOS

Ediciones Cátedra: Pedro Calderón de la Barca, *La dama duende*; Lope de Rueda, "La tierra de jauja"; Santa Teresa, *Libro de la vida*.

Editorial Anagrama: Adelaida García Morales, *El sur*.

Scripta Humanistica: Fernando de Rojas, *La Celestina*.

José M. Solá-Solé: *Dança general de la muerte*.

Ediciones Destino: Ramón J. Sender, *Réquiem por un campesino español*.

Editorial Planeta: Mariano José Larra, *Artículos*; El marqués de Santillana, poetry and prose.

Francisco H. Pinzón Jiménez, por Herederos de Juan Ramón Jiménez: selections from the poetry of Juan Ramón Jiménez.

Espasa-Calpe: Juan del Encina, *Triunfo del amor*; Gil Vicente, *Auto pastoril castellano*.

Grupo Anaya: Gonzalo de Berceo, *Milagros de nuestra Señora*; "Jarchas mozárabes".

Angel María Yanguas Cernuda: selections from the poetry of Luis Cernuda.

Agencia Mercedes Casanovas: Federico García Lorca, *Yerma*.

DIEGO DE TORRES VILLARROEL (1693-1770)

Vida, ascendencia, nacimiento, crianza y aventuras del Dr. Don Diego de Torres Villarroel, escrita por él mismo

"Introducción"

Mi vida, ni en su vida ni en su muerte, merece más honras ni más epitafios que el olvido y el silencio. A mí sólo me toca morirme a escuras,[1] ser un difunto escondido y un muerto de montón, hacinado entre los demás que se desvanecen en los podrideros.[2] A mis gusanos, mis zancarrones y mis cenizas deseo que no me las alboroten, ya que en la vida no me han dejado hueso sano. A la eternidad de mi pena o de mi gloria no la han de quitar ni poner trozo alguno los recuerdos de los que vivan; con que no rebajándome infierno y añadiéndome bienaventuranza sus conmemoraciones, para nada me importa que se sepa que yo he estado en el mundo. No aspiro a más memorias que a los piadosísimos sufragios que hace la Iglesia, mi madre, por toda la comunidad de los finados de su gremio. Cogeráme el torbellino de responsos del día dos de noviembre, como a todo pobre, y me consolaré con los que me reparta la piedad de Dios. Hablo con los antojos de mi esperanza y la liberalidad de mi deseo. Yo me imagino desde acá ánima del purgatorio, porque es lo mejor que me puede suceder. La multitud horrible de mis culpas me confunde, me aterra y me empuja a lo más hondo del infierno; pero hasta ahora no he caído en él, ni en la desesperación. Por la gracia de Dios espero temporales los castigos; y confiado en su misericordia, aún me hago las cuentas más alegres. Su Majestad quiera que este último pronóstico me salga cierto, ya que ha permitido que mienta en cuantos tengo derramados por el mundo.

A los frailes y a los ahorcados (antes y después de calaveras) los escribe el uso, la devoción, o el entretenimiento de los vivientes, las vidas, los milagros y las temeridades. A otras castas de hombres, vigorosos en los vicios o en las virtudes, también les hacen la caridad de inmortalizarlos un poco con la relación

---

[1] oscuras.

[2] pudrideros.

de sus hazañas. A los muertos, ni los sube ni los baja, ni los abulta ni los estrecha la honra o la ignominia con que los sacan segunda vez a la plaza del mundo los que se entrometen a historiadores de sus aventuras; porque ya no están en estado de merecer, de medrar, ni de arruinarse. Los aplausos, las afrentas, las exaltaciones, los contentos y las pesadumbres, todas se acaban el día que se acaba. A los vivos les suele ser lastimosamente perjudicial el cacareo de sus costumbres; porque a los buenos los pone la lisonja disimulada en una entonación desvanecida y en un amor interesado, antojadizo y peligroso. Regodéanse con los chismes del aplauso y con las monerías de la vanagloria, y dan con su alma en una soberbia intolerable. Los malos se irritan, se maldicen y tal vez se complacen con la abominación o las acusaciones de sus locuras. Un requiebro de un adulador desvanece al más humilde. Una advertencia de un bienintencionado encoleriza[3] al menos rebelde. En todo hay peligro; es ciencia dificultosa la de alabar y reprender. Todos presumen que la saben, y ninguno la estudia; y es raro el que no la practica con satisfacción.

A los que leen, dicen que les puede servir, al escarmiento o la imitación, la noticia de las virtudes o las atrocidades de los que con ellas fueron famosos en la vida. No niego algún provecho; pero también descubro en su lectura muchos daños, cuando no lee sus acciones el ansia de imitar las unas y la buena intención de aborrecer las otras, sino el ocio impertinente y la curiosidad mal empleada. Lo que yo sospecho es que si este estilo produce algún interés, lo lleva sólo el que escribe, porque el muerto y el lector pagan de contado, el uno con los huesos que le desentierran, y el otro con su dinero. Yo no me atreveré a culpar absolutamente esta costumbre, que ha sido loable entre las gentes, pero afirmo que es peligroso meterse en vidas ajenas, y que es difícil describirlas sin lastimarlas. Son muchas las que están llenas de nimiedades, ficciones y mentiras. Rara vez las escribe el desengaño y la sinceridad, si no es la adulación, el interés y la ignorancia. Lo más seguro es no despertar a quien duerme. Descansen en paz los difuntos, los vivos vean cómo viven, y viva cada uno para sí, pues para sí sólo muere cuando muere.

Las relaciones de los sucesos gloriosos, infelices o temerarios de infinitos vivientes y difuntos podrán ser útiles, importantes y aun precisas. Sean enhorabuena para todos; pero a mí, por lado ninguno me viene bien, ni vivo ni muerto, la memoria de mi vida, ni a los que la hayan de leer les conduce para nada el examen ni la ciencia de mis extravagancias y delirios. Ella es tal, que ni por mala ni por buena, ni por justa ni por ancha, puede servir a las imitaciones, los

---

[3]encoleriza.

odios, los cariños, ni las utilidades. Yo soy un mal hombre, pero mis diabluras, o por comunes o por frecuentes, ni me han hecho abominable ni exquisitamente reprensible. Peco, como muchos, emboscado y hundido, con miedo y con vergüenza de los que me atisban. Mirando a mi conciencia, soy facineroso; mirando a los testigos, soy regular, pasadero y tolerable. Soy pecador solapado y delincuente oscuro, de modo que se sospeche y no se jure. Tal cual vez soy bueno; pero no por eso dejo de ser malo. Muchos disparates de marca mayor y desconciertos plenarios tengo hechos en esta vida, pero no tan únicos que no los hayan ejecutado otros infinitos antes que yo. Ellos se confunden, se disimulan y pasan entre los demás. El uso plebeyo los conoce, los hace y no los extraña, ni en mí, ni en otro, porque todos somos uno y, con corta diferencia, tan malos los unos como los otros.

A mi parecer soy medianamente loco, algo libre y un poco burlón, un mucho holgazán, un si es no es presumido y un perdulario incorregible, porque siempre he conservado un aborrecimiento espantoso a los intereses, honras, aplausos, pretensiones, puestos, ceremonias y zalamerías del mundo. La urgencia de mis necesidades, que han sido grandes y repetidas, jamás me pudo arrastrar a las antesalas de los poderosos; sus paredes siempre estuvieron quejosas de mi desvío, pero no de mi veneración. Nunca he presentado un memorial, ni me he hallado bueno para corregidor, para alcalde, para cura, ni para otro oficio, por los que afanan otros tan indispuestos[4] como yo. A este dejamiento (que, en mi juicio, es mal humor o filosofía) han llamado soberbia y rusticidad mis enemigos; puede ser que lo sea; pero como soy cristiano, que yo no la distingo o la equivoco con otros desórdenes. Unas veces me parece genio, y otras altanería desvariada. Lo que aseguro es que cuando se me ofrece ser humilde, que es muchas veces al día, siempre encuentro con las sumisiones y con el menosprecio de mí mismo, sin el más leve reparo ni retiro de mi natural orgullo. Sujeto con facilidad y con alegría mis dictámenes y sentimientos a cualquiera parecer. Me escondo de las porfiadas conferencias, que son frecuentes en las conversaciones. Busco el asiento más oscuro y más distante de los que presiden en ellas. Hablo poco, persuadido a que mis expresiones ni pueden entretener ni enseñar. Finalmente, estoy en los concursos cobarde, callado, con miedo y sospecha de mis palabras y mis acciones. Si esto es genio, política, negociación o soberbia, apúrelo el que va leyendo, que yo no sé más que confesarlo.

Sobre ninguna de las necedades y delirios de mi libertad, pereza y presunción, se puede fundar ni una breve jácara de las que para el regodeo de los

---

[4]incapaces.

pícaros componen los poetas tontos, y cantan los ciegos en los cantones y corrillos. Yo estoy bien seguro que es una culpable majadería poner en corónica[5] las sandeces de un sujeto tan vulgar, tan ruin y tan desgraciado, que por extremo alguno puede servir a la complacencia, al ejemplo, ni a la risa. El tiempo que se gaste en escribir y en leer, no se entretiene ni se aprovecha, que todo se malogra; y no obstante estas inutilidades y perdiciones, estoy determinado a escribir los desgraciados pasajes que han corrido por mí en todo lo que dejo atrás de mi vida. Por lo mismo que ha tardado mi muerte, ya no puede tardar; y quiero, antes de morirme, desvanecer, con mis confesiones y verdades, los enredos y las mentiras que me han abultado los críticos y los embusteros. La pobreza, la mocedad, lo desentonado de mi aprehensión, lo ridículo de mi estudio, mis almanaques, mis coplas y mis enemigos me han hecho hombre de novela, un estudiantón[6] extravagante y un escolar entre brujo y astrólogo, con visos de diablo y perspectivas de hechicero. Los tontos que pican en eruditos me sacan y me meten en sus conversaciones, y en los estrados y las cocinas, detrás de un aforismo del kalandario,[7] me ingieren una ridícula quijotada y me pegan un par de aventuras descomunales; y, por mi desgracia y por su gusto, ando entre las gentes hecho un mamarracho, cubierto con el sayo que se les antoja, y con los parches e hisopadas[8] de sus negras noticias. Paso, entre los que me conocen y me ignoran, me abominan y me saludan, por un Guzmán de Alfarache,[9] un Gregorio Guadaña[10] y un Lázaro de Tormes;[11] y ni soy éste, ni aquél, ni el otro; y por vida mía, que se ha de saber quién soy. Yo quiero meterme en corro; y ya que cualquiera monigote presumido se toma de mi mormuración,[12] mormuremos a medias, que yo lo puedo hacer con más verdad y con menos injusticia y escándalo que todos. Sígase la conversación, y crea después el mundo a quien quisiere.

---

[5]crónica.

[6]estudiante aplicado pero de pocas luces.

[7]calendario.

[8]acción de hisopar = esparcir agua bendita con un hisopo.

[9]personaje central de la novela picaresca homónima de Mateo Alemán (1547-1615).

[10]personaje de *El siglo pitagórico y vida de don Gregorio Guadaña* de Antonio Enríquez Gómez (1600-63).

[11]personaje de la célebre novela picaresca del mismo nombre, incluida en esta antología.

[12]murmuración.

No me mueve a confesar en el público mis verdaderas liviandades el deseo de sosegar los chismes y las parlerías[13] con que anda alborotado mi nombre y forajida mi opinión, porque mi espíritu no se altera con el aire de las alabanzas, ni con el ruido de los vituperios. A todo el mundo le dejo garlar[14] y decidir sobre lo que sabe o lo que ignora, sobre mí o sobre quien agarra el vuelo su voluntad, su rabia o su costumbre. Desde muy niño conocí que de las gentes no se puede pretender ni esperar más justicia ni más misericordia que la que no le haga falta a su amor propio. En los empeños de poca o mucha consideración, cada uno sigue su comodidad y sus ideas. Al que me alaba, no se lo agradezco, porque, si me alaba, es porque le conviene a su modestia o su hipocresía, y a ellas puede pedir las gracias que yo no debo darle. Al que me corrige, le oigo y lo dejo descabezar; ríome mucho de ver cómo presume de consejero muy repotente y gustoso con sus propias satisfacciones. Así me compongo con las gentes, y así he podido llegar con mi vida hasta hoy sin especial congoja de mi espíritu, y sin más trabajos que las indispensables corrupciones y lamentos que para el rey y el labrador, el pontífice y el sacristán, tiene la naturaleza reposados en su misma fábrica y vitalidad.

Dos son los especiales motivos que me están instando a sacar mi vida a la vergüenza. El primero nace de un temor prudente, fundado en el hambre y el atrevimiento de los escritores agonizantes y desfarrapados[15] que se gastan por la permisión de Dios en este siglo. Escriben de cuanto entra, pasa y sale en este mundo y el otro, sin reservar asunto ni persona; y temo que, por la codicia de ganar cuatro ochavos, salga algún tonto, levantando nuevas maldiciones y embustes a mi sangre, a mi flema y a mi cólera. Quiero adelantarme a su agonía, y hacerme el mal que pueda, que por la propia mano son más tolerables los azotes. Y finalmente, si mi vida ha de valer dinero, más vale que lo tome yo que no otro; que mi vida hasta ahora es mía, y puedo hacer con ella los visajes y transformaciones que me hagan al gusto y a la comodidad; y ningún bergante me la ha de vender mientras yo viva; y para después de muerto, les queda el espantajo de esta historia, para que no lleguen sus mentiras y sus ficciones a picar en mis gusanos. Y estoy muy contento de presumir que bastará la diligencia de esta escritura, que hago en vida, para espantar y aburrir[16] de mi sepulcro los grajos,

---

[13]habladurías, chismes.

[14]hablar mucho, sin interrupción y poco discretamente.

[15]desharrapados.

[16]abandonar, desechar.

abejones y moscardas que sin duda llegarían a zumbarme la calavera y roerme los huesos.

El segundo motivo que me provoca a poner patentes los disparatorios[17] de mi vida, es para que de ellos coja noticias ciertas y asunto verdadero el orador que haya de predicar mis honras a los doctores del reverente claustro de mi Universidad. A mi opinión le tendrá cuenta que se arreglen las alabanzas a mis confesiones, y a la del predicador le convendrá no poco predicar verdades. Como he pasado lo más de mi vida sin pedir ni pretender honores, rentas ni otros intereses, también deseo que en la muerte ninguno me ponga ni me añada más de lo que yo dejare declarado que es mío. Materiales sobrados contiene este papel para fabricar veinte oraciones fúnebres, y no hará demasiada galantería el orador en partir con mi alma la propina, porque le doy hecho lo más del trabajo. Acuérdese de la felicidad que se halla el que recoge junto, distinguido y verdadero el asunto de los funerales; que es una desdicha ver andar a la rastra (en muriendo uno de nosotros) al pobre predicador mendigando virtudes y estudiando ponderaciones, para sacar con algún lucimiento a su difunto. Preguntan a unos, examinan a otros, y, al cabo de uno, dos o más años, no rastrean otra cosa que ponderar del muerto, si no es la caridad; y ésta la deduce porque algún día lo vieron dar un ochavo de limosna. Empéñanse en canonizarlo y hacerle santo, aunque haya sido un Pedro Ponce,[18] y es preciso que sea en fuerza de fingimiento, ponderaciones y metafísicas. A mí no me puede hacer bueno ninguno, después de muerto, si yo no lo he sido en vida. Las bondades que me apliquen, tampoco me pueden hacer provecho. Lo que yo haga y lo que yo trabaje, es lo que me ha de servir, aunque no me lo cacareen. Ruego desde ahora al que me predique, que no pregunte por más ideas ni más asuntos que los que encuentre en este papel. Soy hombre claro y verdadero, y diré de mí lo que sepa con la ingenuidad que acostumbro. Agárrese de la misericordia de Dios, y diga que de su piedad presume mi salvación, y no se meta en el berenjenal de hacerme virtuoso, porque más ha de escandalizar que persuadir con su plática. Si mi Universidad puede suspender la costumbre de predicar nuestras honras, yo deseo que empiece por mí, y que me cambie a misas y responsos el sermón, el túmulo, las candelillas y los epitafios. Gaste con otros sujetos más dignos y más acreedores a las pompas, sus exageraciones y el bullaje de los sentimientos enjutos, que yo moriré muy agradecido, sin la esperanza de más honras, que las especiales que

---

[17]escritos llenos de disparates.

[18]personaje citado frecuentemente por el autor como sinónimo de pícaro o bandido.

me tiene dadas en vida. Estos son los motivos que tengo para sacarla a luz, de entre tantas tinieblas; y antes de empezar conmigo, trasplantaré a la vista de todos el rancio alcornoque de mi alcurnia, para que se sepa de raíz cuál es mi tronco, mis ramos y mis frutas.

"Nacimiento, crianza y escuela de don Diego de Torres y sucesos hasta los primeros diez años de su vida, que es el primer trozo de su vulgarísima historia"

Yo nací entre las cortaduras del papel y los rollos del pergamino en una casa breve del barrio de los libreros de la ciudad de Salamanca, y renací por la misericordia de Dios en el sagrado bautismo en la parroquia de San Isidro y San Pelayo, en donde consta este carácter, que es toda mi vanidad, mi consuelo y mi esperanza. La retahíla del abolorio,[19] que dejamos atrás, está bautizada también en las iglesias de esta ciudad, unos en San Martín, otros en San Cristóbal y otros en la iglesia catedral, menos los dos hermanos, Roque y Francisco, que son los que trasplantaron la casta.[20] Los Villarroeles, que es la derivación de mi madre, también tiene de trescientos años a esta parte asentada su raza en esta ciudad, y en los libros de bautizados, muertos y casados, se encontrarán sus nombres y ejercicios.

Crieme, como todos los niños, con teta y moco, lágrimas y caca, besos y papilla. No tuvo mi madre, en mi preñado ni en mi nacimiento, antojos, revelaciones, sueños ni señales de que yo había de ser astrólogo o sastre, santo o diablo. Pasó sus meses sin los asombros o las pataratas que nos cuentan de otros nacidos, y yo salí del mismo modo, naturalmente, sin más testimonios, más pronósticos ni más señales y significaciones que las comunes porquerías en que todos nacemos arrebujados y sumidos. Ensuciando pañales, faldas y talegos, llorando a chorros, gimiendo a pausas, hecho el hazmerreír de las viejas de la vecindad y el embelesamiento de mis padres, fui pasando, hasta que llegó el tiempo de la escuela y los sabañones. Mi madre cuenta todavía algunas niñadas de aquel tiempo: si dije este despropósito o la otra gracia, si tiré piedras, si

---

[19]abolengo.

[20]Se refiere a los personajes de la familia mencionados en el capítulo precedente, "Ascendencia de don Diego de Torres", que se omite aquí.

embadurné el vaquero,[21] el papa, caca y las demás sencilleces que refieren todas las madres de sus hijos; pero siendo en ellas amor disculpable, prueba de memoria y vejez referirlas, en mí será necedad y molestia declararlas. Quedemos en que fui, como todos los niños del mundo, puerco y llorón, a ratos gracioso y a veces terrible, y están dichas todas las travesuras, donaires y gracias de mi niñez. A los cinco años me pusieron mis padres la cartilla en la mano, y, con ella, me clavaron en el corazón el miedo al maestro, el horror a la escuela, el susto continuado a los azotes y las demás angustias que la buena crianza tiene establecidas contra los inocentes muchachos. Pagué con las nalgas el saber leer, y con muchos sopapos y palmetas el saber escribir; y en este Argel[22] estuve hasta los diez años, habiendo padecido cinco en el cautiverio de Pedro Rico, que así se llamaba el cómitre[23] que me retuvo en su galera. Ni los halagos del maestro, ni las amenazas, ni los castigos, ni la costumbre de ir y volver de la escuela, pudieron engendrar en mi espíritu la más leve afición a las letras y las planas. No nacía esta rebelión de aquel común alivio que sienten los muchachos con el ocio, la libertad y el esparcimiento, sino de un natural horror a estos trastos, de un apetito proprio[24] a otras niñerías más ocasionadas y más dulces a los primeros años. El trompo, el reguilete[25] y la matraca eran los ídolos y los deleites de mi puerilidad; cuanto más crecía el cuerpo y el uso de la razón, más aborrecía este linaje de trabajo. Aseguro que, habiendo sido mi nacimiento, mi crianza y toda la ocupación de mi vida entre los libros, jamás tomé alguno en la mano, deseoso del entretenimiento y la enseñanza que me podían comunicar sus hojas. El miedo al ocio, la necesidad y la obediencia a mis padres, me metieron en el estudio, y, sin saber lo que me sucedía, me hallé en el gremio de los escolares, rodeado del vade y la sotana. Cuando niño, la ignorancia me apartó de la comunicación de las lecciones; cuando mozo, los paseos y las altanerías no me dejaron pensar en sus utilidades; y cuando me sentí barbado, me desconsoló mucho la variedad de sentimientos, la turbulencia de opiniones y la consideración de los fines de sus autores. A los libros ancianos aun les conservaba algún respeto; pero después que vi que los libros se forjaban en unas cabezas tan achacosas como la mía, acaba-

---

[21]vestido infantil que cubría todo el cuerpo.

[22]la ciudad de Argel, al norte de Africa, había llegado a convertirse en sinónimo de cautiverio.

[23]persona que tenía a su cargo el control y castigo de los remeros.

[24]propio.

[25]volante, rehilete.

ron de poseer mi espíritu el desengaño y el aborrecimiento. Los libros gordos, los magros, los chicos y los grandes, son unas alhajas que entretienen y sirven en el comercio de los hombres. El que los cree, vive dichoso y entretenido; el que los trata mucho, está muy cerca de ser loco; el que no los usa, es del todo necio. Todos están hechos por hombres, y, precisamente, han de ser defectuosos y oscuros como el hombre. Unos los hacen por vanidad, otros por codicia, otros por la solicitud de los aplausos, y es rarísimo el que para el bien público se escribe. Yo soy autor de doce libros, y todos los he escrito con el ansia de ganar dinero para mantenerme. Esto nadie lo quiere confesar; pero atisbemos a todos los hipócritas, melancólicos embusteros, que suelen decir en sus prólogos que por el servicio de Dios, el bien del prójimo y redención de las almas, dan a luz aquella obra, y se hallará que ninguno nos la da de balde, y que empieza el petardo desde la dedicatoria, y que se espiritan[26] de coraje contra los que no se la alaban e introducen. Muchos libros hay buenos, muchos malos e infinitos inútiles. Los buenos son los que dirigen las almas a la salvación, por medio de los preceptos de enfrenar nuestros vicios y pasiones; los malos son los que se llevan el tiempo sin la enseñanza ni los avisos de esta utilidad; y los inútiles son los más de todas las que se llaman facultades. Para instruirse en el idioma de la Medicina y comer sus aforismos, basta un curso cualquiera, y pasan de doce mil los que hay impresos sin más novedad que repetirse, trasladarse y maldecirse los unos a los otros; y lo mismo sucede entre los oficiales y maestros que parlan y practican las demás ciencias. Yo confieso que para mí perdieron el crédito y la estimación los libros, después que vi que se vendían y apreciaban los míos, siendo hechuras de un hombre loco, absolutamente ignorante y relleno de desvaríos y extrañas inquietudes. La lástima es, y la verdad, que hay muchos autores tan parecidos a mí, que sólo se diferencian del semblante de mis locuras en un poco de moderación afectada; pero en cuanto a necios, vanos y defectuosos, no nos quitamos pinta. Finalmente, la natural ojeriza, el desengaño ajeno y el conocimiento proprio, me tienen días ha desocupado y fugitivo de su conversación, de modo que no había cumplido los treinta y cuatro años de mi edad, cuando derrenegué de todos sus cuerpos; y, una mañana que amaneció con más furia en mi celebro[27] esta especie de delirio, repartí entre mis amigos y contrarios mi corta librería, y sólo dejé sobre la mesa y sobre un sillón que está a la cabecera de mi cama, la tercera parte de Santo Tomás,[28] Kempis,[29] el padre Croset,[30]

---

[26]inflaman.

[27]cerebro.

[28]Santo Tomás de Aquino (1224-74), teólogo y filósofo dominico.

Don Francisco de Quevedo[31] y tal cual devocionario de los que aprovechan para la felicidad de toda la vida y me pueden servir en la ventura de la última hora.

En los últimos años de la escuela, cuanto estaba yo aprendiendo las formaciones y valor de los guarismos, empezaron a hervir a borbotones las travesuras del temperamento y de la sangre. Hice algunas picardigüelas,[32] reparables en aquella corta edad. Fueron todas nacidas de falta de amor a mis iguales, y de temor y respeto a mis mayores. Creo que en estas osadías no tuvieron toda la culpa la simplicidad, la destemplanza de los humores ni la natural inquietud de la niñez; tuvo la principal acción, en mis revoltosas travesuras, la necesidad de un bárbaro oficial de un tejedor, vecino a la casa de mis padres, porque este bruto (era gallego) dio en decirme que yo era el más guapo y el más valiente entre todos los niños de la barriada, y me ponía en la ocasión de reñir con todos, y aun me llevaba a pelear a otras parroquias. Azuzábame, como a los perros, contra los otros muchachos, ya iguales, ya mayores y jamás pequeños; y lo que logró este salvaje fue llenarme de chichones la cabeza, andar puerco y roto, y con una mala inclinación pegada a mi genio; de modo que, ya sin su ayuda, me salía a repartir y a recoger puñadas y mojicones sin causa, sin cólera y sin más destino que ejercitar las malditas lecciones que me dio su brutal entretenimiento. Esta inculpable descompostura puso a mis padres en algún cuidado, y a mí en un trabajo riguroso, porque así su obligación, como el cariño de los parientes y los vecinos que amaban antes mis sencilleces, procuraron sosegar mis malas mañas con las oportunas advertencias de muchos sopapos y azotes, que, añadidos a los que yo me ganaba en las pendencias, componían una pesadumbre ya casi insufrible a mis tiernos y débiles lomos. Esta aspereza y la mudanza del salvaje del tejedor, que se fue a su país, y sobre todo la vergüenza que me producía el mote de *piel del diablo*, con que ya me vejaban todos los parroquianos y vecinos, moderaron del todo mis travesuras, y volví, sin especial sentimiento, a juntarme con mi inocente apacibilidad.

Salí de la escuela, leyendo sin saber lo que leía, formando caracteres claros y gordos, pero sin forma ni hermosura, instruido en las cinco reglillas de sumar,

---

[29]Tomás de Kempis (h. 1379-1471), escritor ascético, autor de *Imitación de Cristo*.

[30]Jean Croiset (1656-1738), jesuita francés, autor de varias vidas de santos y otras obras de carácter religioso.

[31]Francisco de Quevedo y Villegas (1580-1645), escritor español barroco; véase selección de sus textos en esta antología.

[32]diminutivo de picardía.

restar, multiplicar, partir y medio partir, y, finalmente, bien alicionado en la doctrina cristiana, porque repetía todo el catecismo sin errar letra, que es cuanto se le puede agradecer a un muchacho, y cuanto se le puede pedir a una edad en la que sola la memoria tiene más discernimiento y más ocasiones que las demás potencias. Con estos principios, y ya enmendado de mis travesurillas, pasé a los generales de la gramática latina en el colegio de Trilingüe,[33] en donde empecé a trompicar nominativos y verbos con más miedo que aplicación. Los provechos, los daños, los sentimientos y las fortunas que me siguieron en este tiempo, los diré en el segundo trozo de mi vida, pues aquí acabaron mis diez años primeros, sin haber padecido en esta estación más incomodidades que las que son comunes a todos los muchachos. Salí, gracias a Dios, de las viruelas, el sarampión, las postillas y otras plagas de la edad, sin lesión represible en mis miembros. Entré crecido, fuerte, robusto, gordo y felizmente sano en la nueva fatiga, la que seguí y finalicé como verá el que quiera leer u oír.

Vida. Ascendencia, nacimiento, crianza y aventuras. Edición de Guy Mercadier. Madrid: Castalia, 1972.

---

[33]colegio menor de la Universidad de Alcalá.

RAMÓN DE LA CRUZ (1731-94)

Manolo

PERSONAS

El tío Matute, tabernero de Lavapés, marido de
La tía Chiripa, castañera
La Remilgada, hija del tío, amante de Mediodiente
Manolo, hijo de la tía, amante pasado de
La Poyajera, enamorada, en ausencia de Manolo, de
Mediodiente, amante de la Remilgada
Sabastián, esterero, confidente de todos
Comparsas de verduleros, aguadores, pillos, muchachos

La escena es en madrid, y en medio de la calle Anche de Lavapiés, para que la vea todo el mundo.

Escena I

Después de la estrepitosa abertura[1] de timbales y clarines se levanta el telón y aparece el teatro de calle pública, con magnífica portada de taberna y su cortina apabellonada de un lado, y del otro tres o cuatro puestos de verduras y frutas, con sus respectivas mujeres. La Tía Chiripa estará a la puerta de la taberna con su puesto de castañas y Sabastián haciendo soguilla[2] a la punta del tablado. En el fondo de la taberna suena la gaita gallega un rato y luego salen, dándose de cachetes, Mediodiente y otro tuno, que huye luego que salen el Tío Matute con el garrote, y comparsa de aguadores.

Mediodiente.	O te he de echar las tripas por la boca
	o hemos de ver quién tiene la peseta.

---

[1] obertura.

[2] trenza delgada hecha de esparto.

Sabastián.	Aguarda, Mediodiente.
Tía Chiripa.	Pues ¿qué es esto?

¿Cómo no miran quién está a la puerta
de la taberna y salen con más modo,
y no que por un tris no van la mesa
y las castañas con dos mil demonios?

Mediodiente. Los héroes como yo, cuando pelean,
no reparan en mesas ni en castañas.

Tía Chiripa. Yo te aseguro...

Sabastián. Moderaos, princesa,
pues, si no me equivoco, el tío Matute
con su gente y sus armas ya se acerca.

Escena II *(Tío Matute, su comparsa y los dichos.)*

Tío Matute. Escuadrón de valientes parroquianos:
ya veis que la opinión de mi taberna
está pendiente; nadie los perdone
y cada cual les dé con lo que pueda.

Mediodiente. ¡Aguárdate, cobarde!

Tío Matute. No le sigas,
y date tú a prisión.

Mediodiente. Pues ¿qué más prueba
queréis, si el otro huye y yo me quedo,
de que él os hizo noche[3] la peseta?

Tío Matute. Tengas o no la culpa, pues te pillo,
tú, Mediodiente, pagarás la pena;
porque la fama, que hasta aquí habrá roto
más de catorce pares de trompetas
por ese Lavapiés, preconizando
mis medidas, mi vino y mi conciencia,
no ha de decir jamás que hubo en mi casa
un hurto que importase una lenteja.
¿Se ha de decir que hurtaron cuatro reales
en una que es acaso la primera

---

[3] os hurtó.

tertulia de la corte, donde acuden
sujetos de naciones[4] tan diversas
y tantos petimetres con vestidos
de mil colores y galón de seda?
Aquí donde, arrimados los bastones
y plumas que autorizan las traseras
de los coches, es todo confianza,
¿se ha de decir que hay quien faltó a ella?
Aquí, donde compiten los talentos
dempués[5] de deletreada la *Gaceta*,
y de cada cuartillo se producen
diluvios de conceptos y de lenguas.
Aquí, donde las honras de las casas,
mientras yo mido, los criados pesan,
de suerte que, a no ser por mí y por ellos,
muchas cosas quizá no se supieran.
¿Aquí ha de haber quien robe? ¡Rabio de ira!
¿Que te emborraches? ¡Vaya enhorabuena!;
que a eso vienen aquí las gentes de honra;
pero ¿quién será aquel, *dempués* que beba,
que hurte, juegue, murmure ni maldiga
en el bajo salón de mi taberna?

Mediodiente. Matute, ¿qué apostáis *c'agarro*[6] un canto,
y os parto por en medio la mollera?

Tío Matute. ¿Yo amenazado?

Mediodiente.   ¿Yo ladrón?

Tía Chiripa.   Esposo,
déjale con mil diablos.

Tío Matute.   No pretendas
que deje sin castigo su amenaza.

Tía Chiripa. ¡Ay, señor, que amenaza tu cabeza,
y conforme te puede dar en duro,
también te puede dar donde te duela!

Tío Matute. Tú dices bien. ¡Ah, cuánto en ocasiones

---

[4]linajes.

[5]vulgarismo: después.

[6]vulgarismo: que agarro.

	las mujeres prudentes aprovechan!
Sabastián.	¡Templanza heroica!
Mediodiente.	¡Formidable aspecto!

Escena III *(Remilgada y los dichos.)*

Remilgada.	La llave me entregad de la bodega,
	que el jarro se acabó del vino tinto.
Tío Matute.	Yo tengo capitanes de *esperencia*[7]
	y de robusta espalda que manejan
	mejor los cubos y subirle puedan.
Tía Chiripa.	Para esta expedición fuera más útil
	que no faltase tu persona excelsa,
	no equivoquen el vino veterano;
	pues el que ayer llegó de Valdepeñas
	aún está moro[8] y fuera picardía
	consentir que cristianos le bebieran.
Tío Matute.	¡Qué discreción! Ven, pues, porque al momento
	las llaves saques y el candil enciendas.

Escena IV *(Remilgada, Mediodiente, Sabastián y las Verduleras.)*

Mediodiente.	¿Es posible, divina Remilgada,
	que siquiera la vista no me vuelvas?
	¿Y la fe que juraste a Mediodiente?
Remilgada.	Yo no me hablo con gente sin vergüenza;
	ni yo, por *medio diente* más o menos,
	he de exponer mi aquel[9] a malas lenguas,
	no teniendo otra cosa más de sobra
	que los dientes enteros y las muelas.
Mediodiente.	Ya te entiendo y te juro, dueño mío,
	que nunca he vuelto a ver la Potajera,

---

[7]vulgarismo: experiencia.

[8]vino al que no se ha agregado agua.

[9]gracia, donaire.

dende[10] la noche que la di la tunda
por darte a ti *satisfación*...[11]

Remilgada.   No mientas;
que yo el día te vi de los *Defuntos*[12]
ir *cacia*[13] el *hespital*[14] junto con ella.

Mediodiente.   No viste tal...

Remilgada.   Sí vi...

(*Dentro suenan unos cencerros.*)

Mediodiente.   Pero ¿qué salva
de armonía bestial el aire llena?

Sabastián.   Esto es, señor, sin duda, que Manolo,
aquel de quien han sido las *probezas*[15]
en *Madril*[16] tan notorias, aquel joven
que *aluno*[17] de las mañas y la escuela
del *ensine*[18] Zambullo, dio al maestro
tanto que hacer, en el mesón se apea
dempués de concluir las diez campañas
en que la Africa vio; pues su soberbia,
no cabiendo del mundo en la una parte
repartió entre las dos su corpulencia.

Mediodiente.   ¿No es éste el hijo de la tía Chiripa,
tu *madrasta*,[19] y el que en los *patos*[20] entra
de que ha de ser tu esposo, pues tu padre,
el tío Matute, se casó con ella?

---

[10]vulgarismo: desde.

[11]vulgarismo: satisfacción.

[12]vulgarismo: difuntos.

[13]hacia.

[14]vulgarismo: hospital.

[15]vulgarismo: pobrezas.

[16]vulgarismo: Madrid.

[17]vulgarismo: alumno.

[18]vulgarismo: insigne.

[19]vulgarismo: madrastra.

[20]vulgarismo: pactos.

Remilgada.	El mismo es.
Mediodiente.	¡Pues reniego de tu casta!

¿Para qué me *dijites*,[21] embustera,
que me querías? ¿Éste era el motivo
de estar conmigo por las noches seria
y de darme sisados los cuartillos?
¡Oh, santos Dioses! Yo te juro, ¡ah, perra!,
que has de ver de los dos cuál es más hombre,
en medio del Campillo de Manuela,
de *naaja*[22] a *naaja* o puño a puño,
y le tengo de echar las tripas *juera*.[23]

Remilgada. No te *inrites*,[24] señor. ¡Destino *alverso*,
suspende tus furiosas influencias!
¿Casarme con Manolo yo? ¡Y qué poco!
Primero me cortara la *caeza*.[25]

Mediodiente. ¿Serás firme?

Remilgada. Testigo el espartero.
¡Así lo fueras tú!

Mediodiente. Si te hago ofensa
y falto a mi palabra, que me falten
el vino y el tabaco, la moneda
en el juego...

Remilgada. No más, mi bien, que bastan
los juramentos para que te crea.
Queda en paz.

Mediodiente. Vete en paz.

Remilgada. Sólo te encargo
que no vuelvas a ver la Potajera.

Mediodiente. ¡Ay, que viene Manolo!

Remilgada. ¡Ay, que eres tuno!

Los dos. ¡Cielos, dadme favor o resistencia!

---

[21]vulgarismo: dijiste.

[22]vulgarismo: navaja.

[23]vulgarismo: fuera.

[24]vulgarismo: irrites.

[25]vulgarismo: cabeza.

Escena V *(Mediodiente, Sabastián y las Verduleras.)*

Mediodiente. *(Con interés. Aparte.)*	Cuidado, Sabastián, con el secreto.
Sabastián.	Soy quien soy; soy tu amigo, ve, sosiega, y tus cosas dispón, pues esto *naide*[26] lo sabe sino yo y las verduleras.

(Vase Mediodiente.)

¡Oh, amor! Cuando en dos almas te introduces,
y más cuando son almas como éstas,
¡qué heroicos pensamientos las sugieres,
y con qué *heroicidá*[27] los desempeñan!
Pero Manolo viene; ¡santos cielos!
Aquí del interés de la tragedia;
y porque nunca la ilusión se trunque,
influya Apolo la unidad, centena,
el millar, el millón y, si es preciso,
toda la tabla de contar entera.

Escena VI *(Manolo, de tuno, con capita corta y montera, y la posible comparsa de pillos, y Sabastián.)*

Manolo.	Ya estamos en *Madril*, y en nuestro barrio, y aquí nos honrará con su presencia mi madre, que, si no es una real moza, por lo menos veréis una real vieja. ¡La patria! Qué dulce es para aquel hijo que vuelve sin camisa ni calcetas, sin embargo de que eran de Vizcaya las que sacó en el día de su ausencia.
Sabastián.	¡Manolo!
Manolo.	¡Sabastián! Dame los brazos, y no extrañes, amigo, me sorprenda

---

[26]vulgarismo: nadie.

[27]vulgarismo: heroicidad.

de verte en un estado tan humilde.
¿Tú manejar esparto en vez de cuerdas
para asaltar balcones y cortinas?
¿Tú, que por las rendijas de las puertas
introducías la flexible mano,
la aplicas a labores tan groseras?
¿Qué es esto?

Sabastián.   ¿Qué ha de ser? Que se ha trocado
tanto *Madril* por dentro y por *ajuera*,[28]
que lo que por *ajuera* y por adentro
antes fue porquería, ya es limpieza.

Manolo.   ¿Cómo?

Sabastián.   Son cuentos largos; pero, amigo,
tú con tu gran talento considera
cómo está todo, cuando yo me he puesto
a sastre de serones y de esteras.

Manolo.   Dime más novedades. ¿Y la Pacha,
la Alifonsa, la Ojazos y la Tuerta?

Sabastián.   En San Fernando.[29]

Manolo.   Si sus vocaciones
han sido con fervor, ¡dichosas ellas!

Sabastián.   No apetecieron ellas la clausura,
que allí las embocaron de por *juerza*.[30]

Manolo.   ¿Pues qué tirano padre les da estado
contra su voluntad a las doncellas?

Sabastián.   Ya sabes que entre gentes conocidas
es la razón de estado quien gobierna.

Manolo.   ¿Y nuestros camaradas el Zurdillo,
el Tiñoso, Braguillas y Pateta?

Sabastián.   Todos fueron en tropa...

Manolo.   *Dende* chicos
fueron muy inclinados a la guerra
y el día que se hallaban sin contrarios

---

[28]vulgarismo: afuera.

[29]Se alude ambiguamente tanto al convento de San Fernando en Madrid como a la cárcel de mujeres.

[30]vulgarismo: fuerza.

	jugaban a romperse las cabezas.
Sabastián.	Permíteme que ganes las albricias de tu llegada.
Manolo.	Yo te doy licencia.
Sabastián.	Pero no hay para qué, pues ya te han visto.
Manolo.	¡Cielos, dadme templanza y fortaleza!

Escena VII *(La Tía Chiripa y los dichos.)*

Tía Chiripa.	¡Manolillo!
Manolo.	¡Señora y madre mía! Dejad que imprima en la manaza bella el dulce beso de mi sucia boca. ¿Y mi padre?
Tía Chiripa.	Murió.
Manolo.	Sea norabuena. ¿Y mi tía la Roma?
Tía Chiripa.	En el *Hespicio*.[31]
Manolo.	¿Y mi hermano?
Tía Chiripa.	En Orán.[32]
Manolo.	¡Famosa tierra! ¿Y mi cuñada?
Tía Chiripa.	En las *Arrecogidas*.[33]
Manolo.	Hizo bien, que bastante anduvo suelta.

Escena VIII *(Los dichos, el Tío Matute y la Remilgada.)*

| **Tío Matute y Remilgada.** | ¡Manolo, bien venido! |
| **Manolo.** | *(A la Tía Chiripa.)* ¿Quién es éste que tan serio me habla y se presenta? |

---

[31]Real Hospicio General de San Fernando, la casa de socorro más importante de Madrid.

[32]en este caso, presidio de África.

[33]Recogidas, nombre vulgar dado a la casa real de Santa María Magdalena de mujeres arrepentidas.

Tío Chiripa.	Otro padre que yo te he prevenido, porque con la *orfandá*[34] no te afligieras.
Manolo.	¿Y qué destino tiene?
Tío Matute.	Tabernero.

(Con dignidad, Manolo y su comparsa le hacen una profunda y expresiva reverencia.)

Tía Chiripa.	Y ésta, que es rama de la misma cepa, es su hija y tu esposa.
Remilgada.	¡Yo fallezco!
Tía Chiripa.	Repárala qué aseada y qué compuesta.
Manolo.	Ya veo que lo está.
Tía Chiripa.	¿Vienes cansado?
Manolo.	¿De qué? Diez o doce años de miseria, de grillos y de zurras son lo mismo para mí que beberme una botella.
Tío Matute.	¿Cómo te ha ido en *presillo*[35]?
Manolo.	Grandemente.
Sabastián.	Cuenta de tu jornada y tus *probezas* el cómo, por menor o por arrobas.
Manolo.	Fue, señores, en fin, de esta manera. No refiero los méritos antiguos que me adquirieron en mi edad primera la común opinión; paso en silencio las pedradas que di, las faldriqueras[36] que asalté y los pañuelos de tabaco con que llené mi casa de banderas, y voy, sin reparar en accidentes, a la sustancia de la dependencia. *Dempués* que del Palacio de Provincia[37] en público salí con la cadena, rodeado del ejército de pillos, a ocupar de los moros las fronteras,

---

[34]vulgarismo: orfandad.

[35]presidio.

[36]faltriqueras.

[37]cárcel de la Corte.

en bien penosas y contadas marchas,
sulcando[38] ríos y pisando tierras,
llegamos a Algeciras, *dende* donde,
llenas de aire las tripas y las velas,
del viento protegido y de las ondas,
los muros saludé de la gran Ceuta.
No bien pisé la arena de sus playas,
cuando en tropel salió, si no en hileras,
toda la guarnición a recibirnos
con su gobernador en medio de ella.
Encaróse conmigo, y preguntóme:
«¿Quién eres?» Y al oír que mi respuesta
sólo fue: «Soy Manolo», dijo serio:
«Por tu fama conozco ya tus prendas».
Dende aquel mismo *istante*,[39] en los diez años
no ha habido expedición en que no fuera
yo el primerito. ¡Qué servicios hice!
Yo levanté murallas, de la arena
limpié los fosos, amasé cal viva,
rompí mil picas, descubrí canteras,
y en las noches y ratos más ociosos
mataba mis contrarios treinta a treinta.

Tío Matute. ¿Todos moros?

Manolo. *Nenguno*[40] era cristiano.
pues que de sangre humana se alimentan.
En fin, de mis pequeños enemigos
vencida la porfía y la caterva,
me vuelvo a reposar al patrio suelo;
aunque, según el brío que me alienta,
poco me satisface esta jornada
y sólo juzgo que salí de Ceuta
para correr *dempués* las demás cortes,

---

[38]surcando.
[39]vulgarismo: instante.
[40]ninguno.

	Peñón, Orán, Melilla y *Aljucemas*.[41]
Sabastián.	Y entre tanto a las minas del azogue
	puedes ir a pasar la primavera.
Tío Matute.	Habla a tu esposo. *(A la Remilgada.)*
Remilgada.	Gran señor, no quiero.
Tío Matute.	¡Qué gracia, qué humildad y qué obediencia!
Tía Chiripa.	Ven, pues, a descansar.

Escena IX *(La Potajera y los dichos.)*

Potajera.	Dios guarde a ustedes
	y tú, Manolo, bien venido seas,
	si vuelves a cumplirme la palabra.
Manolo.	¿De qué?
Potajera.	De esposo.
Manolo.	Pues en vano esperas,
	que tengo aborrecidas las esposas
	dempués que conocí lo que sujetan.
Potajera.	Tú me debes...
Manolo.	Al cabo de diez años,
	¿quieres que yo me acuerde de mis deudas?
Potajera.	Mira que de paz vengo; no resistas
	o apelaré al despique de la guerra,
	pues a este fin mi ejército acampado
	dejo ya en la vecina callejuela.
Tío Matute.	¡Hola! ¿Qué es esto?
Potajera.	Es un asunto de honra.
Tío Matute.	¡Cielos, qué escucho! Aquí de mi prudencia.
	Haced vosotros gestos entretanto
	que yo me pongo así como el que piensa.
(Pausa.)	
Manolo.	¡Qué bella escena muda!
Tío Matute.	Ya he resuelto
	y voy a declararme.
Tía Chiripa.	Pues revienta.

---

[41]Alhucemas.

Tío Matute.   Aquí hay cuatro intereses: el de mi hija,
el de Manolo, que a casarse llega,
el nuestro, que cargamos con hijastros,
y finalmente el de la Potajera,
que pretende que pague el que la debe,
y es justicia, con costas, *ecetéra.*[42]

(Pausa.)

     Manolo ha de casarse con mi hija.

(Resuelto.)

     Este es mi gusto.

Remilgada.   ¡Cielos, qué sentencia!

Tío Matute.   Conque es preciso hallar entre tu honra
y mi decreto alguna conveniencia.

Potajera.   Mi honor valía más de cien ducados.

Tío Matute.   Ya te contentarás con dos pesetas.

Potajera.   No lo esperes.

Tío Matute.   Pues busca quien le tase.

Potajera.   Lo tasarán las uñas y las piedras.

Escena X *(Mediodiente y los mismos.)*

Mediodiente.   Yo te vengo a servir de aventurero, *(a la Potajera.)*
pues hoy quiere el destino que dependa
tu suerte de la mía.

Potajera.   Yo te estimo
la generosa, Mediodiente, oferta;
porque mientras yo embisto cara a cara,
tú por la retaguardia me defiendas.

Manolo.   ¡Amigo Mediodiente!...

Mediodiente.   No es mi amigo
quien del honor las leyes no respeta,
y sabré...

Manolo.   ¿Qué sabrás? ¿Cómo a la vista
de este feroz ejército no tiemblas?

(Señala a los pillos.)

---

[42]vulgarismo: etcétera.

Mediodiente.	Nunca el pájaro grande retrocede
	por ver los espantajos en la higuera.
Potajera.	Haz que toquen a marcha.
Sabastián.	Si nos vamos
	todos a un tiempo se acabó la fiesta.
Mediodiente.	Yo le ofrezco a tus pies rendido o muerto.
Remilgada.	¡Ay de mí!
Tío Matute.	¿Qué es aquesto?
Remilgada.	Ya que llega
	a este extremo mi mal, no se malogre
	mi gusto por un poco de vergüenza,
	que sólo es aprensión, y sepan cuantos
	aquí se hallan que por ti estoy muerta
	y que te he de matar o he de matarme
	si vuelves a mirar la Potajera.
Mediodiente.	No lo creas, mi bien... Mas mi palabra
	empeñada está ya por defenderla.
	Aquí me llama amor, aquí mi gloria.
	¿Dónde está mi valor?... Mas mi fineza,
	¿adónde está también? ¡Oh, injustos hados,
	que de *afetos*[43] contrarios me rodean!
Manolo.	¡Cómo exprime el cornudo las pasiones! *(Aparte.)*
Mediodiente.	Pero, al fin, de este modo se resuelva.
	Lidiaré por la una y a la otra
	satisfaré *dempués*. ¡Al arma!
Manolo.	¡Guerra!
Potajera.	¡Avanza, infantería, a las castañas!
Manolo.	Amigos, asaltemos la taberna;
	y a falta de clarines y tambores,
	hagan el son con la gaita gallega.

Escena XI *(Los dichos; y al verso «Avanza, infantería», salen unos muchachos, que a pedradas derriban el puesto de castañas y andan a la rebatiña. Manolo y los tunos entran en la taberna y suena ruido de vasos rotos. La Chiripa anda a patadas con los muchachos y luego se agarra con*

---

[43] afectos.

la Potajera. El Tío Matute tiene a la Remilgada desmayada en sus brazos. Sabastián está bailando al son de la gaita; y luego salen, dándose de cachetes, Manolo y Mediodiente, y a su tiempo, cuando le da la navajada, se levantan las tres verduleras y van saliendo tunos y muchachos y forman un semicírculo, haciendo que lloran con sendos pañuelos.)

Manolo. ¡Ay de mí! ¡Muerto soy!

Mediodiente. Me alegro mucho.

Remilgada. Ya respirar podemos.

Tía Chiripa. ¿Quién se queja?

Tío Matute. No te asustes; no es más de que a tu hijo
le atravesaron la tetilla izquierda.

Manolo. Yo muero... No hay remedio. ¡Ah, madre mía!
Apuesto fue mi sino... Las estrellas...
Yo debía morir en alto puesto,
según la *heroicidá* de mis empresas;
pero ¿qué hemos de hacer? No quiso el cielo.
Me moriré y *dempués* tendré *pacencia.*[44]
Ya no veo los bultos..., aunque veo
las horribles visiones que me cercan.
¡Ah, tirano! ¡Ah, perjura! ¡Ay, madre mía!
Ya caigo..., ya me tengo..., vaya de ésta. *(Cae.)*

Tía Chiripa. ¡Ay, hijo de mi vida! ¡Para esto
tantos años lloré tu triste ausencia!
¡Ojalá que murieses en la plaza,
que, al fin, era mejor que en la plazuela![45]
Pero aguarda, que voy a acompañarte
para servirte en lo que *te se*[46] ofrezca.
¡Oh, Manolo, el mejor de los mortales!
¿Cómo sin ti es posible que viviera
tu triste madre? ¡Ay! ¡Allá va eso! *(Cae.)*

Tío Matute. Aguárdate, mujer, y no te mueras...
Ya murió y yo también quiero morirme,

---

[44]vulgarismo: paciencia.

[45]juego de palabras entre "plaza" (presidio) y "plazuela" (de Lavapiés).

[46]inversión vulgar, se te.

por no hacer duelo ni pagar *esequias.*[47] *(Cae.)*

Remilgada. ¡Ay, padre mío!

Mediodiente.   Escúchame.

Remilgada.   No puedo,
que me voy a morir a toda priesa. *(Cae.)*

Potajera. Y yo también, pues se murió Manolo,
a llamar al doctor me voy derecha
y a meterme en la cama bien mullida,
que me quiero morir con *convenencia.*[48]

Escena última *(Sabastián, Mediodiente, las comparsas y los difuntos.)*

Sabastián. Nosotros ¿nos morimos o qué hacemos?

Mediodiente. Amigo, ¿es tragedia o no es tragedia?
Es preciso morir; y sólo deben
perdonarle la vida los poetas
al que tenga la cara más adusta
para decir la última sentencia.

Sabastián. Pues dila tú y haz cuenta que yo he muerto
de risa.

Mediodiente.   Voy allá. ¿De qué aprovechan
todos vuestros afanes, jornaleros,
y pasar las semanas con miseria,
si *dempués* los domingos o los lunes
disipáis el jornal en la taberna?
(Cae el telón y se da fin.)

Doce sainetes. Edición de José-Francisco Gati. Barcelona: Labor, 1972.

---

[47]exequias.

[48]vulgarismo: conveniencia.

JOSÉ CADALSO (1741-82)

Cartas marruecas

Carta IV [Estado de Europa y en especial de España en este siglo]
[De Gazel a Ben-Beley[1]]

Los europeos del siglo presente están insufribles con las alabanzas que amontonan sobre la era en que han nacido. Si los creyeras, dirías que la naturaleza humana hizo una prodigiosa e increíble crisis precisamente a los mil y setecientos años cabales de su nueva cronología. Cada particular funda una vanidad grandísima en haber tenido muchos abuelos no sólo tan buenos como él, sino mucho mejores, y la generación entera abomina de las generaciones que la han precedido. No lo entiendo.

Mi docilidad aún es mayor que su arrogancia. Tanto me han dicho y repetido de las ventajas de este siglo sobre los otros, que me he puesto muy de veras a averiguar este punto. Vuelvo a decir que no lo entiendo; y añado que dificulto si ellos se entienden a sí mismos.

Desde la época en que ellos fijan la de su cultura, hallo los mismos delitos y miserias en la especie humana, y en nada aumentadas sus virtudes y comodidades. Así se lo dije con mi natural franqueza a un cristiano que el otro día, en una concurrencia bastante numerosa, hacía una apología magnífica de la edad, y casi del año, que tuvo la dicha de producirle. Espantóse de oírme defender la contraria de su opinión; y fue en vano cuanto le dije, poco más o menos del modo siguiente:

No nos dejemos alucinar de la apariencia, y vamos a lo sustancial. La excelencia de un siglo sobre otro creo debe regularse por las ventajas morales o civiles que produce a los hombres. Siempre que éstos sean mejores, diremos también que su era es superior en lo moral a la que no produjo tales proporciones; entendiéndose en ambos casos esta ventaja en el mayor número. Sentado este principio, que me parece justo, veamos ahora qué ventajas morales y civiles tiene

---

[1]personajes ficticios, que permiten al autor adoptar una perspectiva distanciada para observar la sociedad de su tiempo.

tu siglo de mil setecientos sobre los anteriores. En lo civil, ¿cuáles son las ventajas que tiene? Mil artes se han perdido de los que florecieron en la antigüedad; y los que se han adelantado en nuestra era, ¿qué producen en la práctica, por mucho que ostenten en la especulativa? Cuatro pescadores vizcaínos en unas malas barcas hacían antiguamente viajes que no se hacen ahora sino rara vez y con tantas y tales precauciones que son capaces de espantar a quien los emprende. De la agricultura, la medicina, sin preocupación no puede decirse que hayan logrado más sucesos en la práctica, aunque ofrecen tantos en la especulación.

Por lo que toca a las ventajas morales, aunque la apariencia favorezca nuestros días, ¿en la realidad qué diremos? Sólo puedo asegurar que este siglo tan feliz en tu dictamen ha sido tan desdichado en la experiencia como los antecedentes. Quien escriba sin lisonja la historia, dejará a la posteridad horrorosas relaciones de príncipes dignísimos destronados, quebrantados tratados muy justos, vendidas muchas patrias dignísimas de amor, rotos los vínculos matrimoniales, atropellada la autoridad paterna, profanados juramentos solemnes, violado el derecho de hospitalidad, destruida la amistad y su nombre sagrado, entregados por traición ejércitos valerosos, y sobre las ruinas de tantas maldades levantarse un suntuoso templo al desorden general.

¿Qué se han hecho esas ventajas tan jactadas por ti y por tus semejantes? Concédote cierta ilustración aparente que ha despojado a nuestro siglo de la austeridad y rigor de los pasados; pero, ¿sabes de qué sirve esta mutación, ese oropel que brilla en toda Europa y deslumbra a los menos cuerdos? Creo firmemente que no sirve más que de confundir el orden respectivo, establecido para el bien de cada estado en particular.

La mezcla de las naciones de Europa ha hecho admitir generalmente los vicios de cada una, y desterrar las virtudes respectivas. De aquí nacerá, si ya no ha nacido, que los nobles de todos los países tengan igual despego a su patria, formando entre todos una nueva nación separada de las otras, y distinta en idioma, traje y religión; y que los pueblos sean infelices en igual grado, esto es, en proporción de la semejanza de los nobles. Síguese a esto la decadencia general de los estados, pues sólo se mantienen los unos por la flaqueza de los otros, y ninguno por fuerza suya o propio vigor. El tiempo que tarden las cortes en uniformarse exactamente en lujo y relajación tardarán también las naciones en asegurarse las unas de la ambición de las otras; y este grado de universal abatimiento parecerá un apetecible sistema de seguridad a los ojos políticos afeminados; pero los buenos, los prudentes, los que merecen este nombre, conocerán que un corto número de años las reducirá todas a un estado de flaqueza que les vaticine pronta y horrorosa destrucción. Si desembarcasen algunas naciones guerreras y desconocidas en los dos extremos de Europa, mandadas por unos

héroes de aquellos que produce un clima, cuando otro no da sino hombres media-
nos, no dudo que se encontrarían en la mitad de Europa, habiendo atravesado y
destruido un hermosísimo país. ¿Qué obstáculos hallarían de parte de sus habitantes? No sé si lo diga con risa o con lástima: unos ejércitos muy lucidos y simétri-
cos sin duda, pero compuestos de esclavos y debilitados por el peso de sus cadenas, y mandados por unos generales en quienes falta el principal estímulo de un
héroe, a saber, el patriotismo. Ni creas que para detener semejantes irrupciones
sea suficiente obstáculo el número de las ciudades fortificadas. Si reinan el lujo,
la infidelidad y otros vicios semejantes, frutos de la relajación de las costumbres,
éstos sin duda abrirán las puertas de las ciudades al enemigo. La mayor fortaleza,
la más segura, la única invencible, es la que consiste en los corazones de los
hombres, no en lo alto de los muros ni en lo profundo de los fosos.

　　¿Cuáles fueron las tropas que nos presentaron en las orillas del Guadalete[2]
los godos españoles? ¡Cuán pronto, en proporción del número, fueron deshechos
por nuestros abuelos, duros, austeros y atrevidos! ¡Cuán largo y triste tiempo el
de su esclavitud! ¡Cuánta sangre derramada durante ocho siglos para reparar el
daño que les hizo la afeminación, y para sacudir el yugo que jamás los hubiera
oprimido, si hubiesen mantenido el rigor de las costumbres de sus antepasados!

　　No esperaba el apologista del siglo en que nacimos estas razones, y mucho
menos las siguientes en que contraje todo lo dicho a su mismo país, continuando
de este modo:

　　Aunque todo esto no fuese así en varias partes de Europa, ¿puedes dudarlo
respecto de la tuya? La decadencia de tu patria en este siglo es capaz de demos-
tración con todo rigor geométrico. ¿Hablas de población? Tiene diez millones
escasos de almas, mitad del número de vasallos españoles que contaba Fernando
el Católico. Esta disminución es evidente. Veo algunas pocas casas nuevas en
Madrid, y tal cual ciudad grande; pero sal por esas provincias y verás a lo menos
dos terceras partes de casas caídas, sin esperanza de que una sola pueda algún día
levantarse. Ciudad tienes en España que contó algún día quince mil familias, reducidas hoy a ochocientas. ¿Hablas de ciencias? En el siglo antepasado tu nación
era la más docta de Europa, como la francesa en el pasado, y la inglesa en el
actual; pero hoy, del otro lado de los Pirineos, apenas se conocen los sabios que
así se llaman por acá. ¿Hablas de agricultura? Ésta siempre sigue la proporción
de la población. Infórmate de los anciones del pueblo, y oirás lástimas. ¿Hablas
de manufacturas? ¿Qué se han hecho las antiguas de Córdoba, Segovia y otras?

---

[2]en 711, los árabes derrotaron al rey Rodrigo a orillas de este río, hecho que
marca el comienzo del dominio musulmán en la Península.

Fueron famosas en el mundo, y ahora las que las han reemplazado están muy lejos de igualarlas en fama y mérito: se hallan muy en sus principios respecto a las de Francia e Inglaterra.

Me preparaba a proseguir por otros ramos, cuando se levantó muy sofocado el apologista, miró a todas partes, y viendo que nadie le sostenía, jugó como por distracción con los cascabeles de sus dos relojes, y se fue diciendo: —No consiste en eso la cultura del siglo actual, su excelencia entre todos los pasados y venideros, y la felicidad mía y de mis contemporáneos. El punto está en que se come con más primor; los lacayos hablan de religión; los maridos y los amantes no se desafían; y desde el sitio de Troya hasta el de Almeida,[3] no se ha visto producción tan honrosa para el espíritu humano, tan útil para la sociedad y tan maravillosa en sus efectos, como los polvos sampareille[4] inventados por Monsieur Friboleti[5] en la calle de San Honorato en París.

—Dices muy bien—le repliqué; y me levanté para ir a mis oraciones acostumbradas, añadiendo una, y muy fervorosa, para que el cielo aparte de mi patria los efectos de la cultura de este siglo, si consiste en lo que éste ponía su defensa.

Carta X [Relajación de costumbres]
[De Gazel a Ben-Beley]

La poligamia entre nosotros está, no sólo autorizada por el gobierno, sino mandada expresamente por la religión. Entre estos europeos, la religión la prohíbe y la tolera la pública costumbre. Esto te parecerá extraño; no me lo pareció menos, pero me confirma en que es verdad, no sólo la vista, pues ésta suele engañarnos por la apariencia de las cosas, sino la conversación de una noble cristiana con quien concurrí el otro día en una casa. La sala estaba llena de gentes, todas pendientes del labio de un joven de veinte años, que había usurpado con inexplicable dominio la atención del concurso. Si la rapidez de estilo, volubilidad de lengua, torrente de voces, movimiento continuo de un cuerpo airoso y gestos majestuosos formasen un orador perfecto, ninguno puede serlo tanto. Hablaba un idioma particular; particular, digo, porque aunque todas las voces eran castellanas, no lo eran las frases. Tratábase de las mujeres, y se reducía el objeto de su arenga a ostentar un sumo desprecio hacia aquel sexo. Cansóse mucho, después de cansarnos a todos; sacó el reloj, y dijo: —Ésta es la hora—;

---

[3]acción en la guerra contra Portugal (1762).

[4]*sans pareille*, sin igual.

[5]*Frivolité*, frivolidad.

y de un brinco se puso fuera del cuarto. Quedamos libres de aquel tirano de la conversación, y empezamos a gozar del beneficio del habla, que yo pensé disfrutar por derecho de naturaleza hasta que la experiencia me enseñó que no había tal libertad. Así como al acabarse la tempestad vuelven los pajaritos al canto que les interrumpieron los truenos, así nos volvimos a hablar los unos a los otros; y yo como más impaciente, pregunté a la mujer más inmediata a mi silla: ¿qué hombre es éste?

—¿Qué quieres, Gazel, qué quieres que te diga?—respondió ella con la cara llena de un afecto entre vergüenza y dolor. Ésta es una casta nueva entre nosotros; una provincia nuevamente descubierta en la península; o, por mejor decir, una nación de bárbaros que hacen en España una invasión peligrosa, si no se atajan sus primeros sucesos. Bástete saber que la época de su venida es reciente, aunque es pasmosa la rapidez de su conquista y la duración de su dominio.

Hasta entonces las mujeres, un poco más sujetas en el trato, estaban colocadas más altas en la estimación; viejos, mozos y niños nos miraban con respeto; ahora nos tratan con despego. Éramos entonces como los dioses Penates que los gentiles guardaban encerrados dentro de sus casas, pero con suma veneración; ahora somos como el dios Término, que no se guardaba con puertas ni cerrojos, pero quedaba en el campo, expuesto a la irreverencia de los hombres, y aun de los brutos.

Según lo que te digo, y otro tanto que te callo y me dijo la cristiana, podrás inferir que los musulmanes no tratamos peor a la hermosa mitad del género humano: por lo que he ido viendo, saco la misma consecuencia, y me confirmo mucho más en ella con lo que oí pocos días ha a otro mozo militar, sin duda hermano del que acabo de retratar en esta carta. Preguntóme cuántas mujeres componían mi serrallo. Respondíle que en vista de la tal cual altura en que me veo, y atendida mi decencia, había procurado siempre mantenerme con alguna ostentación; y que así, entre muchas cuyos nombres apenas sé, tengo doce blancas y seis negras. —Pues, amigo—dijo el mozo—, yo, sin ser moro ni tener serrallo, ni aguantar los quebraderos de cabeza que acarrea el gobierno de tantas hembras, puedo jurarte que entre las que me llevo de asalto, las que desean capitular, y las que se me entregan sin aguantar sitio, salgo a otras tantas por día como tú tienes por toda tu vida entera y verdadera—. Calló y aplaudióse a sí mismo con una risita, a mi ver poco oportuna.

Ahora, amigo Ben-Beley, diez y ocho mujeres por día en los trescientos sesenta y cinco del año de estos cristianos, son seis mil quinientas setenta conquistas las de este Hernán Cortés del género femenino; y contando con que este héroe gaste solamente desde los diez y siete años de su edad hasta los treinta y tres en semejantes hazañas, tenemos que asciende el total de sus prisioneras en los diecisiete años útiles de su vida a la suma y cantidad de ciento once mil seiscientas noventa, salvo yerro de cuenta; y echando un cálculo prudencial de las que podrá encadenar en lo restante de su vida con menos osadía que en los años de armas tomar, añadiendo las que corresponden a los días que hay de pico sobre los trescientos sesenta y cinco de los años regulares en los que ellos llaman bisiestos, puedo decir que resulta que la suma total llega al pie de ciento cincuenta mil, número pasmoso de que no puede jactarse ninguna serie entera de emperadores marruecos, turcos o persas.

De esto conjeturarás ser muy grande la relajación en las costumbres; lo es sin duda, pero no total. Aún abundan matronas dignas de respeto, incapaces de admitir yugo tan duro como ignominioso; y su ejemplo detiene a otras en la orilla misma del precipicio. Las débiles aún conservan el conocimiento de su misma flaqueza, y profesan respeto a la fortaleza de las otras.

Carta XX [Carácter de los españoles]

[Ben-Beley a Nuño[6]]

Veo con sumo gusto el aprovechamiento con que Gazel va viajando por tu país y los progresos que hace su talento natural con el auxilio de tus consejos. Su entendimiento solo estaría tan lejos de serle útil sin tu dirección, que más serviría a alucinarle. A no haberte puesto la fortuna en el camino de este joven, hubiera malgastado Gazel su tiempo. ¿Qué se pudiera esperar de sus viajes? Mi Gazel hubiera aprendido, y mal, una infinidad de cosas; se llenaría la cabeza de especies sueltas, y hubiera vuelto a su patria ignorante y presumido. Pero aun así, dime, Nuño, ¿son verdaderas muchas de las noticias que me envía sobre las costumbres y usos de tus paisanos? Suspendo el juicio hasta ver tu respuesta. Algunas cosas me escribe incompatibles entre sí. Me temo que su juventud le engañe en algunas ocasiones y me represente las cosas no como son, sino cuales se le representaron. Haz que te enseñe cuantas cartas me remita, para que veas si me escribe con puntualidad lo que sucede o lo que se le figura. ¿Sabes de dónde nace esta mi confusión y esta mi confianza en pedirte que me saques de ella, o por lo menos que impidas su aumento? Nace, cristiano amigo, nace de que sus cartas, que copio con exactitud y suelo leer con frecuencia, me representa tu nación diferente de todas en no tener carácter propio, que es el peor carácter que puede tener.

---

[6]Nuño Núñez, personaje ficticio.

Carta XXI

[Nuño a Ben-Beley, respuesta de la anterior]

No me parece que mi nación esté en el estado que infieres de las cartas de Gazel, y según él mismo lo ha colegido de las costumbres de Madrid y alguna otra ciudad capital. Deja que él mismo te escriba lo que notare en las provincias, y verás cómo de ellas deduces que la nación es hoy la misma que era tres siglos ha. La multitud y variedad de trajes, costumbres, lenguas y usos, es igual en todas las cortes por el concurso de extranjeros que acude a ellas; pero las provincias interiores de España, que por su poco comercio, malos caminos y ninguna diversión, no tienen igual concurrencia, producen hoy unos hombres compuestos de los mismos vicios y virtudes que sus quintos abuelos. Si el carácter español, en general, se compone de religión, valor y amor a su soberano por una parte, y por otra de vanidad, desprecio a la industria (que los extranjeros llaman pereza), y demasiada propensión al amor; si este conjunto de buenas y malas calidades componían el carácter nacional de los españoles cinco siglos ha, el mismo compone el de los actuales. Por cada petimetre que se vea mudar de moda siempre que se lo manda su peluquero o sastre, habrá cien mil españoles que no han reformado un ápice en su traje antiguo. Por cada español que oigas algo tibio en la fe habrá un millón que sacará la espada si oye hablar de tales materias. Por cada uno que se emplee en un arte mecánica, habrá un sinnúmero que desean cerrar sus tiendas para ir a las Asturias o a sus Montañas en busca de una ejecutoria. En medio de esta decadencia aparente del carácter nacional, se descubren de cuando en cuando ciertas señales de antiguo espíritu; ni puede ser de otro modo: querer que una nación se quede con solas sus propias virtudes, y se despoje de sus defectos propios para adquirir en su lugar las virtudes de las extrañas, es fingir una república como la de Platón. Cada nación es como cada hombre, que tiene sus buenas y malas propiedades peculiares a su alma y cuerpo. Es muy justo trabajar a disminuir éstas y a aumentar aquéllas; pero es imposible aniquilar lo que es parte de su constitución. El proverbio que dice *genio y figura hasta la sepultura*, sin duda se entiende de los hombres; mucho más de las naciones, que no son otra cosa más que una junta de hombres, en cuyo número se ven las cualidades de cada individuo. No obstante, soy de parecer que se deben distinguir las verdaderas prendas nacionales de las que no lo son sino por abuso o preocupación de algunos, a quienes guía la ignorancia o pereza. Ejemplares de esto abundan, y su examen me ha hecho ver con mucha frialdad cosas que otros paisanos míos no saben mirar sin enardecerse. Daréte algunos ejemplos de los muchos que pudiera.

Oigo hablar con cariño y con respeto de cierto traje muy incómodo que llaman a la española antigua. El cuento es que el tal no es a la española antigua, ni a la moderna, sino un traje totalmente extranjero para España, pues fue traído por la Casa de Austria. El cuello está muy sujeto y casi en prensa; los muslos, apretados; la cintura, ceñida y cargada con una larga espada y otra más corta; el vientre, descubierto por la hechura de la chupilla[7]; los hombros, sin resguardo; la cabeza, sin abrigo; y todo esto, que no es bueno, ni español, es celebrado generalmente porque dicen que es español y bueno; y en tanto grado aplaudido, que una comedia cuyos personajes se vistan de este modo tendrá, por mala que sea, más entradas que otra alguna, por bien compuesta que esté, si le falta este ornamento.

La filosofía aristotélica, con todas sus sutilezas, desterrada ya de toda Europa, y que sólo ha hallado asilo en este rincón de ella, se defiende por algunos de nuestros viejos con tanto esmero, e iba a decir con tanta fe, como un símbolo de la religión. ¿Por qué? Porque dicen que es doctrina siempre defendida en España, y que el abandonarla es desdorar la memoria de nuestros abuelos. Esto parece muy plausible; pero has de saber, sabio africano, que en esta preocupación se envuelven dos absurdos a cual mayor. El primero es que, habiendo todas las naciones de Europa mantenido algún tiempo el peripateticismo,[8] y desechándolo después por otros sistemas de menos grito y más certidumbre, el dejarlo también nosotros no sería injuria a nuestros abuelos, pues no han pretendido injuriar a los suyos en esto los franceses e ingleses. Y el segundo es que el tal tejido de sutilezas, precisiones, trascendencias y otros semejantes pasatiempos escolásticos que tanto influjo tienen en las otras facultades, nos han venido de afuera, como de ellos se queja uno u otro hombre docto español, tan amigo de la verdadera ciencia como enemigo de las hinchazones pedantescas, y sumamente ilustrado sobre lo que era o no era verdaderamente de España, y que escribía cuando empezaban a corromperse los estudios en nuestras universidades por el método escolástico que había venido de afuera; lo cual puede verse muy despacio en la apología de la literatura española, escrita por el célebre literato Alfonso García Matamoros,[9] natural de Sevilla, maestro de retórica en la universidad de Alcalá de Henares, y uno de los hombres mayores que florecieron en el siglo nuestro de oro, a saber el XVI.

---

[7]chaleco.

[8]peripatismo, sistema filosófico de Aristóteles.

[9]autor de *Academis et doctis viris Hispaniae.*

Del mismo modo, cuando se trató de introducir en nuestro ejército las maniobras, evoluciones, fuegos y régimen mecánico de la disciplina prusiana, gritaron algunos de nuestros inválidos, diciendo que esto era un agravio manifiesto al ejército español; que sin el paso oblicuo, regular, corto y redoblado habían puesto a Felipe V en su trono, a Carlos[10] en el de Nápoles, y a su hermano en dominio de Parma; que sin oficiales introducidos en las divisiones habían tomado Orán y defendido a Cartagena; que todo esto habían hecho y estaban pronto a hacer con su antigua disciplina española; y que así, parecía tiranía cuando menos el quitársela. Pero has de saber que la tal disciplina no era española, pues al principio del siglo no había quedado ya memoria de la famosa y verdaderamente sabia disciplina que hizo florecer los ejércitos españoles en Flandes e Italia en tiempos de Carlos V y Felipe II, y mucho menos la invencible del Gran Capitán en Nápoles; sino otra igualmente extranjera que la prusiana, pues era la francesa, con la cual fue entonces justo uniformar nuestras tropas a las de Francia, no sólo porque convenía que los aliados maniobrasen del mismo modo, sino porque los ejércitos de Luis XIV eran la norma de todos los de Europa en aquel tiempo, como los de Federico[11] lo son en los nuestros.

¿Sabes la triste consecuencia que se saca de todo esto? No es otra sino que el patriotismo mal entendido, en lugar de ser una virtud, viene a ser un defecto ridículo y muchas veces perjudicial a la misma patria. Sí, Ben-Beley, tan poca cosa es el entendimiento humano que si quiere ser un poco eficaz, muda la naturaleza de las cosas de buenas en malas, por buena que sea. La economía muy extremada es avaricia; la prudencia sobrada, cobardía; y el valor precipitado, temeridad.

Dichoso tú, que separado del bullicio del mundo empleas tu tiempo en inocentes ocupaciones y no tienes que sufrir tanto delirio, vicio y flaqueza como abunda entre los hombres, sin que apenas pueda el sabio distinguir cuál es vicio y cuál es virtud entre los varios móviles que los agitan.

Cartas marruecas. Noches lúgubres. Edición de Joaquín Marco. Barcelona: Planeta, 1985.

---

[10]más tarde, Carlos III.
[11]Federico Guillermo I de Prusia (1713-40).

GASPAR MELCHOR DE JOVELLANOS (1744-1811)

"Soneto primero: A Clori"

Sentir de una pasión viva y ardiente
todo el afán, zozobra y agonía;
vivir sin premio un día y otro día;
dudar, sufrir, llorar eternamente;

amar a quien no ama, a quien no siente,
a quien no corresponde ni desvía;
persuadir a quien cree y desconfía;
rogar a quien otorga y se arrepiente;

luchar contra un poder justo y terrible;
temer más la desgracia que la muerte;
morir, en fin, de angustia y de tormento,

víctima de un amor irresistible;
ésta es mi situación, ésta es mi suerte.
¿Y tú quieres, crüel, que esté contento?

"Idilio tercero: A Batilo"[1]

Mientras Batilo canta
con alto y dulce acento
los años de Ciparis,[2]
muchacho, llena el cuenco,

---

[1]nombre poético de Juan Meléndez Valdés (1754-1817), poeta y amigo de Jovellanos.

[2]nombre poético de una amada de Meléndez Valdés.

que quiero celebrarlos
con el licor lieo,[3]
brindándoles alegre
y a su salud bebiendo.
¡Eh!, brindo por la tuya,
Ciparis: quiera el cielo
que de tan digno amante
goces por largo tiempo.
A tu salud va estotro,
Batilo... Llena presto,
muchacho... Plegue al numen
que tiene culto en Delos[4]
hacer que de tu canto
resuene el dulce acento
desde uno al otro polo
por siglos sempiternos.

"Epigrama I: A un amigo"

Pregúntame un amigo
cómo se habrá de hoy más con las mujeres;
y yo a secas le digo
que, bien que en esto hay varios pareceres,
ninguno que llegare a conocellas,[5]
podrá vivir con ellas, ni sin ellas.

---

[3]*Lyaeus* era un sobrenombre de Baco; *licor lieo*, pues, equivale a vino.
[4]isla del mar Egeo, donde se rendía culto a Apolo, dios de la poesía.
[5]conocerlas.

"Sátira primera: A Arnesto"[6]

Déjame, Arnesto, déjame que llore
los fieros males de mi patria, deja
que su rüína y perdición lamente;
y si no quieres que en el centro oscuro
de esta prisión la pena me consuma,
déjame al menos que levante el grito
contra el desorden; deja que a la tinta
mezclando hiel y acíbar, siga indócil
mi pluma el vuelo del bufón de Aquino.[7]
   ¡Oh cuánto rostro veo a mi censura
de palidez y de rubor cubierto!
Animo, amigos, nadie tema, nadie,
su punzante aguijón, que yo persigo
en mi sátira al vicio, no al vicioso.
¿Y qué querrá decir que en algún verso,
encrespada la bilis, tire un rasgo,
que el vulgo crea que señala a Alcinda,
la que olvidando su orgullosa suerte,
baja vestida al Prado, cual pudiera
una maja, con trueno y rascamoño,
alta la ropa, erguida la caramba,[8]
cubierta de un cendal más transparente
que su intención, a ojeadas y meneos
la turba de los tontos concitando?
¿Podrá sentir que un dedo malicioso,
apuntando este verso, la señale?
Ya la notoriedad es el más noble

---

[6]Aunque podría ser el nombre literario asignado a José de Vargas Ponce (1760-1825), poeta e historiador, José M. Caso González piensa que el nombre no se refiere a una persona concreta.

[7]Décimo Junio Juvenal (entre 50 y 70-ca. 122), poeta satírico latino.

[8]moño que lucían las mujeres sobre la cofia a fines del siglo XVIII.

atributo del vicio, y nuestras Julias,[9]
más que ser malas, quieren parecerlo.
  Hubo un tiempo en que andaba la modestia
dorando los delitos; hubo un tiempo
en que el recato tímido cubría
la fealdad del vicio; pero huyóse
el pudor a vivir en las cabañas.
Con él huyeron los dichosos días,
que ya no volverán; huyó aquel siglo
en que aun las necias burlas de un marido
las Bascuñanas[10] crédulas tragaban;
mas hoy Alcinda desayuna al suyo
con ruedas de molino; triunfa, gasta,
pasa saltando[11] las eternas noches
del crudo enero, y cuando el sol tardío
rompe el oriente, admírala golpeando,
cual si fuese una extraña, al propio quicio.
Entra barriendo con la undosa falda
la alfombra; aquí y allí cintas y plumas
del enorme tocado siembra, y sigue
con débil paso soñolienta y mustia,
yendo aún Fabio de su mano asido,
hasta la alcoba, donde a pierna suelta
ronca el cornudo y sueña que es dichoso.
Ni el sudor frío, ni el hedor, ni el rancio
eructo le perturban. A su hora
despierta el necio; silencioso deja
la profanada holanda,[12] y guarda atento
a su asesina el sueño mal seguro.
      ¡Cuántas, oh Alcinda, a la coyunda uncidas,

---

[9]referencia a tres mujeres romanas célebres por su vida disipada (Julia, hija de Augusto y de Scribonia; su hija, y Julia Livilla, hija de Agrippina y Germánico).

[10]alusión a la Vascuñana, mujer de Alvar Fáñez; véase el ejemplo XXVII de *El conde Lucanor* de don Juan Manuel.

[11]bailando.

[12]lienzo muy fino para sábanas.

tu suerte envidian! ¡Cuántas de Himeneo
buscan el yugo por lograr tu suerte,
y sin que invoquen la razón, ni pese
su corazón los méritos del novio,
el sí pronuncian y la mano alargan
al primero que llega! ¡Qué de males
esta maldita ceguedad no aborta!
Veo apagadas las nupciales teas
por la discordia con infame soplo
al pie del mismo altar, y en el tumulto,
brindis y vivas de la tornaboda,[13]
una indiscreta lágrima predice
guerras y oprobrios[14] a los mal unidos.
Veo por mano temeraria roto
el velo conyugal, y que corriendo
con la imprudente frente levantada,
va el adulterio de una casa en otra.
Zumba, festeja, ríe, y descarado
canta sus triunfos, que tal vez celebra
un necio esposo, y tal del hombre honrado
hieren con dardo penetrante el pecho,
su vida abrevian, y en la negra tumba
su error, su afrenta y su despecho esconden.
        ¡Oh viles almas! ¡Oh virtud! ¡Oh leyes!
¡Oh pundonor mortífero! ¿Qué causa
te hizo fiar a guardas tan infieles
tan preciado tesoro? ¿Quién, oh Temis,[15]
tu brazo sobornó? Le mueves cruda
contra las tristes víctimas, que arrastra
la desnudez o el desamparo al vicio;
contra la débil huérfana, del hambre
y del oro acosada, o al halago,
la seducción y el tierno amor rendida;

---

[13]fiesta celebrada el día después de la boda.

[14]oprobios.

[15]esposa de Peleo, héroe legendario griego.

la expilas,[16] la deshonras, la condenas
a incierta y dura reclusión. ¡Y en tanto
ves indolente en los dorados techos
cobijado el desorden, o le sufres
salir en triunfo por las anchas plazas,
la virtud y el honor escarneciendo!
    ¡Oh infamia! ¡Oh siglo! ¡Oh corrupción! Matronas
castellanas, ¿quién pudo vuestro claro
pundonor eclipsar? ¿Quién de Lucrecias[17]
en Lais[18] os volvió? ¿Ni el proceloso
océano, ni, lleno de peligros,
el Lilibeo,[19] ni las arduas cumbres
de Pirene[20] pudieron guareceros
del contagio fatal? Zarpa, preñada
de oro, la nao gaditana, aporta
a las orillas gálicas, y vuelve
llena de objetos fútiles y vanos;
y entre los signos de extranjera pompa
ponzoña esconde y corrupción, compradas
con el sudor de las iberas frentes.
Y tú, mísera España, tú la esperas
sobre la playa, y con afán recoges
la pestilente carga y la repartes
alegre entre tus hijos. Viles plumas,
gasas y cintas, flores y penachos,
te trae en cambio de la sangre tuya,
de tu sangre ¡oh baldón!, y acaso, acaso
de tu virtud y honestidad. Repara
cuál la liviana juventud los busca.
    Mira cuál va con ellos engreída

---

[16]latinismo, despojas.

[17]Lucrecia, esposa de Tarquino Collatino, ejemplo de virtud y fidelidad conyugal.

[18]nombre de varias cortesanas griegas.

[19]promontorio al noroeste de Sicilia.

[20]los Pirineos, cadena montañosa y frontera natural entre España y Francia.

la imprudente doncella; su cabeza,
cual nave real en triunfo empavesada,
vana presenta del favonio[21] al soplo
la mies de plumas y de agrones,[22] y anda
loca, buscando en la lisonja el premio
de su indiscreto afán. ¡Ay triste, guarte,[23]
guarte, que está cercano el precipicio!
El astuto amador ya en asechanza
te atisba y sigue con lascivos ojos;
la adulación y la caricia el lazo
te van a armar, do caerás incauta,
en él tu oprobrio y perdición hallando.
¡Ay, cuánto, cuánto de amargura y lloro
te costarán tus galas! ¡Cuán tardío
será y estéril tu arrepentimiento!
    Ya ni el rico Brasil, ni las cavernas
del nunca exhausto Potosí[24] nos bastan
a saciar el hidrópico deseo,
la ansiosa sed de vanidad y pompa.
Todo lo agotan: cuesta un sombrerillo
lo que antes un estado, y se consume
en un festín la dote de una infanta.
Todo lo tragan; la riqueza unida
va a la indigencia; pide y pordiosea
el noble, engaña, empeña, malbarata,
quiebra y perece, y el logrero goza
los pingües patrimonios, premio un día
del generoso afán de altos abuelos.
¡Oh ultraje! ¡Oh mengua! Todo se trafica:
Parentesco, amistad, favor, influjo,
y hasta el honor, depósito sagrado,

---

[21]viento suave del poniente.

[22]término mal documentado; probablemente se refiera a algún elemento del vestuario femenino.

[23]guárdate.

[24]departamento del suroeste de Bolivia, célebre por sus minas de plata y símbolo de riqueza inagotable.

o se vende o se compra. Y tú, Belleza,
don el más grato que dio al hombre el cielo,
no eres ya premio del valor, ni paga
del peregrino ingenio; la florida
juventud, la ternura, el rendimiento
del constante amador ya no te alcanzan.
Ya ni te das al corazón, ni sabe
de él recibir adoración y ofrendas.
Ríndeste al oro. La vejez hedionda,
la sucia palidez, la faz adusta,
fiera y terrible, con igual derecho
vienen sin susto a negociar contigo.
Daste al barato, y tu rosada frente,
tus suaves besos y tus dulces brazos,
corona un tiempo del amor más puro,
son ya una vil y torpe mercancía.

"Canto guerrero para los asturianos"

A las armas, valientes astures,
empuñadlas con nuevo vigor,
que otra vez el tirano de Europa[25]
el solar de Pelayo[26] insultó.[27]
Ved cuán fieros sus viles esclavos
se adelantan del Sella al Nalón,
y otra vez sus pendones tremolan
sobre Torres, Naranco y Gozón.[28]
  Corred, corred briosos
  corred a la victoria,

---

[25]alusión a Napoleón Bonaparte (1769-1821).

[26](?-737), noble visigodo que acaudilló la rebelión asturiana contra los musulmanes (718-37).

[27]referencia a la segunda invasión de Asturias que el ejército francés llevó a cabo en 1810.

[28]ríos y montes de la región del norte.

y a nueva eterna gloria
subid vuestro valor.
Cuando altiva al dominio del mundo
la señora del Tibre[29] aspiró,
y la España en dos siglos de lucha
puso freno a su loca ambición,
ante Asturias sus águilas sólo
detuvieron el vuelo feroz,
y el feliz Octaviano[30] a su vista
desmayado y enfermo tembló.
Corred, corred briosos, etc.
Cuando suevos, alanos y godos[31]
inundaban el suelo español;
cuando atónita España rendía
la cerviz a su yugo feroz;
cuando audaz Leovigildo,[32] y triunfante,
de Toledo corría a León;
vuestros padres, alzados en Arbas,[33]
refrenaron su insano furor.
Corred, corred briosos, etc.
Desde el Lete[34] hasta el Piles Tarique[35]
con sus lunas triunfando llegó,
y con robos, incendios y muertes
las Españas llenó de terror;
pero opuso Pelayo a su furia
el antiguo asturiano valor,

---

[29]Tíber, es decir, Roma.

[30]sobrenombre de Cayo Octavio Augusto (63 a.C. a 14).

[31]pueblos que invadieron la Península Ibérica en el siglo V.

[32]rey visigodo de España (573-86) quien convirtió a Toledo en capital de sus dominios y conquistó la región histórica de León en el ángulo noroeste de la meseta castellana.

[33]En lo sucesivo, no se aclaran estas referencias geográficas circunstanciales.

[34]Guadalete, río español que desemboca en la bahía de Cádiz.

[35]Tarif b Malluk (s. VII-VIII), caudillo musulmán que dirigió la primera expedición islámica a España, llegó desde el Guadalete hasta el Piles de Gijón.

y sus huestes el cielo indignado,
desplomando el Auseva, oprimió.
 Corred, corred briosos, etc.
En Asturias Pelayo alzó el trono,
que Ildefonso[36] afirmó vencedor;
la victoria ensanchó sus confines,
la victoria su fama extendió.
Trece reyes su imperio rigieron,
héroes mil realzaron su honor,
y engendraron los héroes que altivos
dieron gloria a Castilla y León.
 Corred, corred briosos, etc.
 Y hoy, que viene un villano enemigo
libertad a robaros y honor,
¿en olvido pondréis tantas glorias?,
¿sufriréis tan indigno baldón?
Menos fuerte que el fuerte romano,
más que el godo y el árabe atroz,
¿sufriréis que esclavice la patria,
que el valor de Pelayo libró?
 Corred, corred briosos, etc.
 No creáis invencibles ni bravos
en la lid a esos bárbaros, no;
sólo en artes malignas son fuertes,
sólo fuertes en dolo y traición.
Si en Bailén[37] de sus águilas vieron
humillado el mentido esplendor,
de Valencia escaparon medrosos,
Zaragoza su fama infamó.
 Corred, corred briosos, etc.
 Alcañiz arrastró sus banderas,
el Alberche su sangre bebió,
ante el Tormes cayeron batidos,

---

[36]Alfonso I (?-757), yerno de Pelayo.

[37]La batalla de Bailén tuvo lugar el 19 de julio de 1808; a continuación se detallan varios episodios de la guerra de independencia española (1808-14) contra la invasión francesa.

y Aranjuez los llenó de pavor.
Fue la heroica Gerona su oprobio,
Llobregat reprimió su furor,
y las ondas y muros de Gades
su sepulcro serán y baldón.
    Corred, corred briosos, etc.
    Y vosotros de Lena y Miranda
¿no los visteis huir con terror?
¿Y no visteis que en Grado y Doriga
su vil sangre los campos regó?
Pues ¿quién hoy vuestra furia detiene?
Pues ¿quién pudo apagar vuestro ardor?
Los que ayer eran flacos, cobardes,
¿serán fuertes, serán bravos hoy?
    Corred, corred briosos, etc.
    Cuando os pide el amor sacrificios,
cuando os pide venganza el honor,
¿cómo no arde la ira en los pechos?
¿Quién los brazos nerviosos ató?
A las armas, valientes astures,
empuñadlas con nuevo vigor,
que otra vez con sus huestes el Corso[38]
el solar de Pelayo manchó.
    Corred, corred briosos
    corred a la victoria,
    y a nueva eterna gloria
    subid vuestro valor.

Obras completas. Edición de José Miguel Caso González. Oviedo: Centro de estudios del siglo XVIII, 1984.

---

[38]de Córcega, aplícase a Napoleón Bonaparte (1769-1821), quien invadió España en 1808.

LEANDRO FERNÁNDEZ DE MORATÍN (1760-1828)

La comedia nueva

PERSONAS

Don Eleuterio	Don Pedro
Doña Agustina	Don Antonio
Doña Mariquita	Don Serapio
Don Hermógenes	Pipí

La escena es en un café de Madrid, inmediato a un teatro.

El teatro representa una sala con mesas, sillas y aparador de café; en el foro una puerta con escalera a la habitación principal, y otra puerta a un lado que da paso a la calle.

La acción empieza a las cuatro de la tarde y acaba a las seis.

ACTO PRIMERO

Escena I

Don Antonio.—(*Sentado junto a una mesa, Pipí paseándose.*) Parece que se hunde el techo. Pipí.

Pipí.—Señor.

Don Antonio.—¿Qué gente hay arriba, que anda tal estrépito? ¿Son locos?

Pipí.—No, señor; poetas.

Don Antonio.—¿Cómo poetas?

Pipí.—Sí, señor, ¡así lo fuera yo! ¡No es cosa! Y han tenido una gran comida. Burdeos, pajarete, marrasquino[1]; ¡uh!

Don Antonio.—¿Y con qué motivo se hace esa francachela?

---

[1] tipos de bebidas alcohólicas (vinos y licores).

Pipí.—Yo no sé; pero supongo que será en celebridad de la comedia nueva que se representa esta tarde, escrita por uno de ellos.

Don Antonio.—¿Conque han hecho una comedia? ¡Haya picarillos!

Pipí.—Pues qué, ¿no lo sabía usted?

Don Antonio.—No, por cierto.

Pipí.—Pues ahí está el anuncio en el *Diario*.

Don Antonio.—En efecto, aquí está *(Leyendo en el Diario que está sobre la mesa)*: COMEDIA NUEVA INTITULADA *EL GRAN CERCO DE VIENA*. ¡No es cosa! Del sitio de una ciudad hacen una comedia. ¡Si son el diantre! ¡Ay, amigo Pipí, cuánto más vale ser mozo de café que poeta ridículo!

Pipí.—Pues mire usted, la verdad, yo me alegrara de saber hacer, así, alguna cosa...

Don Antonio.—¿Cómo?

Pipí.—Así, de versos... ¡Me gustan tanto los versos!

Don Antonio.—¡Oh!, los buenos versos son muy estimables; pero hoy día son tan pocos los que saben hacerlos, tan pocos, tan pocos...

Pipí.—No, pues los de arriba bien se conoce que son del arte. ¡Válgame Dios! ¡Cuántos han echado por aquella boca! Hasta las mujeres.

Don Antonio.—¡Oiga! ¿También las señoras decían coplillas?

Pipí.—¡Vaya! Allí hay una doña Agustina, que es mujer del autor de la comedia... ¡Qué! Si usted viera... Unas décimas componía de repente... No es así la otra, que en toda la mesa no ha hecho más que retozar con aquel don Hermógenes, y tirarle miguitas de pan al peluquín.

Don Antonio.—¿Don Hermógenes está arriba? ¡Gran pedantón!

Pipí.—Pues con ése se estaba jugando; y cuando la decían: "Mariquita, una copla, vaya una copla", se hacía la vergonzosa; y por más que la estuvieron azuzando a ver si rompía, nada. Empezó una décima, y no la pudo acabar, porque decía que no encontraba el consonante; pero doña Agustina, su cuñada... ¡Oh!, aquélla, sí. Mire usted lo que es... Ya se ve, en teniendo vena.

Don Antonio.—Seguramente. ¿Y quién es ese que cantaba poco ha, y daba aquellos gritos tan descompasados?

Pipí.—¡Oh!, ése es don Serapio.

Don Antonio.—Pero ¿qué es? ¿Qué ocupación tiene?

Pipí.—Él es... Mire usted; a él le llaman don Serapio.

Don Antonio.—¡Ah!, sí. Ése es aquel bulle bulle que hace gestos a las cómicas, y las tira dulces a la silla[2] cuando pasan, y va todos los días a saber

---

[2]silla de manos.

quién dio cuchillada[3]; y desde que se levanta hasta que se acuesta no cesa de hablar de la temporada de verano, la chupa del sobresaliente,[4] y las partes de por medio.[5]

Pipí.—Ese mismo. ¡Oh!, ése es de los apasionados finos. Aquí se viene todas las mañanas a desayunar; y arma unas disputas con los peluqueros, que es un gusto oírle. Luego se va allá abajo, al barrio de Jesús[6]; se junta con cuatro amigos, hablan de comedias, altercan, ríen, fuman en los portales; don Serapio los introduce aquí y acullá hasta que da la una; se despiden, y él se va a comer con el apuntador.

Don Antonio.—¿Y ese don Serapio es amigo del autor de la comedia?

Pipí.—¡Toma! Son uña y carne. Y él ha compuesto el casamiento de doña Mariquita, la hermana del poeta, con don Hermógenes.

Don Antonio.—¿Qué me dices? ¿Don Hermógenes se casa?

Pipí.—¡Vaya si se casa! Como que parece que la boda no se ha hecho ya porque el novio no tiene un cuarto ni el poeta tampoco; pero le ha dicho que con el dinero que le den por esta comedia, y lo que ganará en la impresión, les pondrá la casa y pagará las deudas de don Hermógenes, que parece que son bastantes.

Don Antonio.—Si serán. ¡Cáspita si serán! Pero, y si la comedia apesta, y por consecuencia ni se la pagan ni se vende, ¿qué harán entonces?

Pipí.—Entonces, ¿qué se yo? Pero, ¡qué! No, señor. Si dice don Serapio que comedia mejor no se ha visto en tablas.

Don Antonio.—¡Ah! Pues si don Serapio lo dice, no hay que temer. Es dinero contante, sin remedio. Figúrate tú si don Serapio y el apuntador sabrán muy bien dónde les aprieta el zapato, y cuál comedia es buena, y cuál deja de serlo.

Pipí.—Eso digo yo; pero a veces... Mire usted, no hay paciencia. Ayer, ¡qué!, les hubiera dado con una tranca. Vinieron ahí tres o cuatro a beber *ponch*, y empezaron a hablar de comedias; ¡vaya! Yo no me puedo acordar de lo que decían. Para ellos no había nada bueno: ni autores, ni cómicos, ni vestidos, ni música, ni teatro. ¿Qué sé yo cuánto dijeron aquellos malditos? Y dale con el

---

[3]expresión propia del ámbito teatral: obtener la preferencia del público.

[4]el que remplaza a un actor.

[5]nombre que se daba a los actores y actrices de segunda clase que recibían una asignación diaria y participaban también de las utilidades de la compañía.

[6]lugar próximo al Teatro del Príncipe.

arte, el arte, la moral, y... Deje usted, las... ¿Si me acordaré? Las... ¡Válgame Dios! ¿Cómo decían? Las..., las reglas... ¿Qué son las reglas?

Don Antonio.—Hombre, difícil es explicártelo. Reglas son unas cosas que usan allá los extranjeros, particularmente los franceses.

Pipí.—Pues, ya decía yo: esto no es cosa de mi tierra.

Don Antonio.—Sí tal: aquí también se gastan, y algunos han escrito comedias con reglas; bien que no llegarán a media docena (por mucho que se estire la cuenta), las que se han compuesto.

Pipí.—Pues ya se ve; mire usted, ¡reglas! No faltaba más. ¿A que no tiene reglas la comedia de hoy?

Don Antonio.—¡Oh!, eso yo te lo fío: bien puedes apostar ciento contra uno a que no las tiene.

Pipí.—Y las demás que van saliendo cada día tampoco las tendrán; ¿no es verdad usted?

Don Antonio.—Tampoco. ¿Para qué? No faltaba otra cosa, sino que para hacer una comedia se gastaran reglas. No, señor.

Pipí.—Bien; me alegro. Dios quiera que pegue[7] la de hoy, y luego verá usted cuántas escribe el bueno de don Eleuterio. Porque, lo que él dice: si yo me pudiera ajustar con los cómicos a jornal, entonces..., ¡ya se ve! Mire usted si con un buen situado[8] podía él...

Don Antonio.—Cierto. *(Aparte.)* ¡Qué simplicidad!

Pipí.— Entonces escribiría. ¡Qué! Todos los meses sacaría dos o tres comedias... Como es tan hábil...

Don Antonio.—Conque es muy hábil, ¿eh?

Pipí.—¡Toma! Poquito le quiere el segundo barba[9]; y si en él consistiera, ya se hubieran echado[10] las cuatro o cinco comedias que tiene escritas; pero no han querido los otros; y ya se ve, como ellos lo pagan... En diciendo: no nos ha gustado, o así, andar ¡qué diantres! Y luego, como ellos saben lo que es bueno; y en fin, mire usted si ellos... ¿No es verdad?

Don Antonio.—Pues ya.

Pipí.—Pero deje usted, que aunque es la primera que le representan, me parece a mí que ha de dar golpe.

---

[7]tenga éxito.

[8]sueldo.

[9]el que representaba el papel de viejo en la comedia.

[10]representado.

Don Antonio.—¿Conque es la primera?

Pipí.—La primera. ¡Si es mozo todavía! Yo me acuerdo... Habrá cuatro o cinco años que estaba de escribiente ahí, en esa lotería de la esquina, y le iba muy ricamente; pero como después se hizo paje, y el amo se le murió a lo mejor, y él se había casado de secreto con la doncella, y tenían ya dos criaturas, y después le han nacido otras dos o tres; viéndose él así, sin oficio ni beneficio, ni pariente ni habiente, ha cogido y se ha hecho poeta.

Don Antonio.—Y ha hecho muy bien.

Pipí.—¡Pues ya se ve! Lo que él dice: si me sopla la musa, puedo ganar un pedazo de pan para mantener aquellos angelitos, y así ir trampeando hasta que Dios quiera abrir camino.

Escena II *(Don Pedro, Don Antonio, Pipí.)*

Don Pedro.—Café. *(Don Pedro se sienta junto a una mesa distante de don Antonio; Pipí le servirá el café.)*

Pipí.—Al instante.

Don Antonio.—No me ha visto.

Pipí.—¿Con leche?

Don Pedro.—No... Basta.

Pipí.—¿Quién es éste? *(Al retirarse después de haber servido el café a don Pedro.)*

Don Antonio.—Éste es don Pedro de Aguilar, hombre muy rico, generoso, honrado, de mucho talento; pero de un carácter tan ingenuo, tan serio y tan duro, que le hace intratable a cuantos no son sus amigos.

Pipí.—Le veo venir aquí algunas veces, pero nunca habla, siempre está de mal humor.

Escena III *(Don Serapio, Don Eleuterio, Don Pedro, Don Antonio, Pipí.)*

Don Serapio.—¡Pero, hombre, dejarnos así! *(Bajando la escalera, salen por la puerta del foro.)*

Don Eleuterio.—Si se lo he dicho a usted ya. La tonadilla que han puesto a mi función no vale nada, la van a silbar, y quiero concluir esta mía para que la canten mañana.

Don Serapio.—¿Mañana? ¿Conque mañana se ha de cantar, y aún no están hechas ni letra ni música?

Don Eleuterio.—Y aun esta tarde pudieran cantarla, si usted me apura. ¿Qué dificultad? Ocho o diez versos de introducción, diciendo que callen y atiendan, y chitito.[11] Después unas cuantas coplillas del mercader que hurta, el peluquero que lleva papeles, la niña que está opilada,[12] el cadete que se baldó en el portal, cuatro equivoquillos, etc.; y luego se concluye con seguidillas de la tempestad, el canario, la pastorcilla y el arroyito. La música ya se sabe cuál ha de ser: la que se pone en todas; se añade o se quita un par de gorgoritos, y estamos al cabo de la calle.

Don Serapio.—¡El diantre es usted, hombre! Todo se lo halla hecho.

Don Eleuterio.—Voy, voy a ver si la concluyó; falta muy poco. Súbase usted. *(Don Eleuterio se sienta junto a una mesa inmediata al foro; saca de la faltriquera papel y tintero, y escribe.)*

Don Serapio.—Voy allá; pero...

Don Eleuterio.—Sí, sí, váyase usted; y si quieren más licor, que lo suba el mozo.

Don Serapio.—Sí, siempre será bueno que lleven un par de frasquillos más. Pipí.

Pipí.—¡Señor!

Don Serapio.—Palabra. *(Don Serapio habla en secreto a Pipí, y vuelve a irse por la puerta del foro; Pipí toma del aparador unos frasquillos, y se va por la misma parte.)*

Don Antonio.—¿Cómo va, amigo don Pedro? *(Don Antonio se sienta cerca de Don Pedro.)*

Don Pedro.—¡Oh, señor don Antonio! No había reparado en usted. Va bien.

Don Antonio.—¿Usted a estas horas por aquí? Se me hace extraño.

Don Pedro.—En efecto lo es; pero he comido ahí cerca. A fin de mesa se armó una disputa entre dos literatos que apenas si saben leer; dijeron mil despropósitos, me fastidié, y me vine.

Don Antonio.—Pues con ese genio tan raro que usted tiene, se ve precisado a vivir como un ermitaño en medio de la corte.

Don Pedro.— No, por cierto. Yo soy el primero en los espectáculos, en los paseos, en las diversiones públicas; alterno los placeres con el estudio; tengo pocos, pero buenos amigos, y a ellos debo los más felices instantes de mi vida. Si en las concurrencias particulares soy raro algunas veces, siento serlo; pero,

---

[11]interjección; diminutivo de chito.

[12]enferma.

¿qué le he hacer? Yo no quiero mentir ni puedo disimular; y creo que el decir la verdad francamente es la prenda más digna de un hombre de bien.

Don Antonio.—Sí; pero cuando la verdad es dura a quien ha de oírla, ¿qué hace usted?

Don Pedro.—Callo.

Don Antonio.—¿Y si el silencio de usted le hace sospechoso?

Don Pedro.—Me voy.

Don Antonio.—No siempre puede uno dejar el puesto, y entonces...

Don Pedro.—Entonces digo la verdad.

Don Antonio.—Aquí mismo he oído hablar muchas veces de usted. Todos aprecian su talento, su instrucción y su probidad; pero no dejan de extrañar la aspereza de su carácter.

Don Pedro.—¿Y por qué? Porque no vengo a predicar al café; porque no vierto por la noche lo que leí por la mañana; porque no disputo, ni ostento erudición ridícula, como tres, o cuatro, o diez pedantes que vienen aquí a perder el día, y a excitar la admiración de los tontos y la risa de los hombres de juicio. ¿Por eso me llaman áspero y extravagante? Poco me importa. Yo me hallo bien con la opinión que he seguido hasta aquí, de que en un café jamás debe hablar en público el que sea prudente.

Don Antonio.—Pues, ¿qué debe hacer?

Don Pedro.—Tomar café.

Don Antonio.—¡Viva! Pero hablando de otra cosa, ¿qué plan tiene usted para esta tarde?

Don Pedro.—A la comedia.

Don Antonio.—¿Supongo que irá usted a ver la pieza nueva?

Don Pedro.—¿Qué? ¿Han mudado? Ya no voy.

Don Antonio.—Pero ¿por qué? Vea usted sus rarezas. *(Pipí sale por la puerta del foro con salvilla,*[13] *copas y frasquillos, que dejará sobre el mostrador.)*

Don Pedro.—¿Y usted me pregunta por qué? ¿Hay más que ver la lista de las comedias nuevas que se representan cada año, para inferir los motivos que tendré de no ver la de esta tarde?

Don Eleuterio.—¡Hola! Parece que hablan de mi función. *(Escuchando la conversación de don Antonio y don Pedro.)*

---

[13]bandeja.

Don Antonio.—De suerte que o es buena, o es mala. Si es buena, se admira y se aplaude; si por el contrario, está llena de sandeces, se ríe uno, se pasa el rato, y tal vez...

Don Pedro.—Tal vez me han dado impulsos de tirar al teatro el sombrero, el bastón y el asiento, si hubiera podido. A mí me irrita lo que a usted le divierte. *(Guarda don Eleuterio papel y tintero; se levanta, y se va acercando poco a poco, hasta ponerse en medio de los dos.)* Yo no sé; usted tiene talento y la instrucción necesaria para no equivocarse en materias de literatura; pero usted es el protector nato de todas las ridiculeces. Al paso que conoce usted y elogia las bellezas de una obra de mérito, no se detiene en dar iguales aplausos a lo más disparatado y absurdo; y con una rociada de pullas, chufletas[14] e ironías, hace usted creer al mayor idiota que es un prodigio de habilidad. Ya se ve, usted dirá que se divierte; pero, amigo...

Don Antonio.—Sí, señor, que me divierto. Y por otra parte, ¿no sería cosa cruel ir repartiendo por ahí desengaños amargos a ciertos hombres cuya felicidad estriba en su propia ignorancia? ¿Ni cómo es posible persuadirles?...

Don Eleuterio.—No, pues... Con permiso de ustedes. La función de esta tarde es muy bonita, seguramente; bien puede usted ir a verla, que yo le doy mi palabra de que le ha de gustar.

Don Antonio.—¿Es éste el autor? *(Don Antonio se levanta, y después de la pregunta que hace a Pipí, vuelve a hablar con don Eleuterio.)*

Pipí.—El mismo.

Don Antonio.—¿Y de quién es? ¿Se sabe?

Don Eleuterio.—Señor, es de un sujeto bien nacido, muy aplicado, de buen ingenio, que empieza ahora la carrera cómica; bien que el pobrecillo no tiene protección.

Don Pedro.—Si es ésta la primera pieza que da al teatro, aún no puede quejarse; si ella es buena, agradará necesariamente, y un gobierno ilustrado como el nuestro, que sabe cuánto interesan a una nación los progresos de la literatura, no dejará sin premio a cualquiera hombre de talento que sobresalga en un género tan difícil.

Don Eleuterio.—Todo eso va bien; pero lo cierto es que el sujeto tendrá que contentarse con sus quince doblones que le darán los cómicos (si la comedia gusta), y muchas gracias.

Don Antonio.—¿Quince? Pues yo creí que eran veinticinco.

---

[14]burlas, bromas.

Don Eleuterio.—No, señor, ahora en tiempo de calor no se da más. Si fuera por el invierno, entonces...

Don Antonio.—¡Calle! ¿Conque en empezando a helar valen más las comedias? Lo mismo sucede con los besugos. *(Don Antonio se pasea. Don Eleuterio unas veces le dirige la palabra y otras se vuelve hacia don Pedro, que no le contesta ni le mira. Vuelve a hablar con don Antonio, parándose o siguiéndole; lo cual formará juego de teatro.)*

Don Eleuterio.—Pues mire usted, aun con ser tan poco lo que dan, el autor se ajustaría de buena gana para hacer por el precio todas las funciones que necesitase la compañía; pero hay muchas envidias. Unos favorecen a éste, otros a aquél, y es menester una tecla para mantenerse en la gracia de los primeros vocales, que... ¡Ya, ya! Y luego, como son tantos a escribir, y cada uno procura despachar su género, entran los empeños, las gratificaciones, las rebajas... Ahora mismo acaba de llegar un estudiante gallego con unas alforjas llenas de piezas manuscritas: comedias, follas,[15] zarzuelas, dramas, melodramas, loas, sainetes... ¿Qué sé yo cuánta ensalada trae allí? Y anda solicitando que los cómicos le compren todo el surtido, y da cada obra a trescientos reales una con otra. ¡Ya se ve! ¿Quién ha de poder competir con un hombre que trabaja tan barato?

Don Antonio.—Es verdad, amigo. Ese estudiante gallego hará malísima obra a los autores de la corte.

Don Eleuterio.—Malísima. Ya ve usted cómo están los comestibles.

Don Antonio.—Cierto.

Don Eleuterio.—Lo que cuesta un mal vestido que uno se haga.

Don Antonio.—En efecto.

Don Eleuterio.—El cuarto.

Don Antonio.—¡Oh!, sí, el cuarto. Los caseros son crueles.

Don Eleuterio.—Y si hay familia...

Don Antonio.—No hay duda; si hay familia es cosa terrible.

Don Eleuterio.—Vaya usted a competir con el otro tuno,[16] que con seis cuartos de callos[17] y medio pan tiene el gasto hecho.

Don Antonio.—¿Y qué remedio? Ahí no hay más sino arrimar el hombro al trabajo, escribir buenas piezas, darlas muy baratas, que se representen, que

---

[15]piezas escénicas formadas por diversos fragmentos con canto, recitado y baile.

[16]tunante.

[17]guisado de tripas de animales.

aturdan al público, y ver si se puede dar con el gallego en tierra. Bien que la de esta tarde es excelente, y para mí tengo que...

Don Eleuterio.—¿La ha leído usted?

Don Antonio.—No, por cierto.

Don Pedro.—¿La han impreso?

Don Eleuterio.—Sí, señor. ¿Pues, no se había de imprimir?

Don Pedro.—Mal hecho. Mientras no sufra el examen del público en el teatro, está muy expuesta; y sobre todo, es demasiada confianza en un autor novel.

Don Antonio.—¡Qué! No, señor. Si le digo a usted que es cosa muy buena. ¿Y dónde se vende?

Don Eleuterio.—Se vende en los puestos del *Diario*, en la librería de Pérez, en la de Izquierdo, en la de Gil, en la de Zurita, y en el puesto de los cobradores a la entrada del coliseo. Se vende también en la tienda de vinos de la calle del Pez, en la del herbolario de la calle Ancha, en la jabonería de la calle del Lobo,[18] en la...

Don Pedro.—¿Se acabará esta tarde esa relación?

Don Eleuterio.—Como el señor preguntaba.

Don Pedro.—Pero no preguntaba tanto. ¡Si no hay paciencia!

Don Antonio.—Pues la he de comprar, no tiene remedio.

Pipí.—Si yo tuviera dos reales. ¡Voto va![19]

Don Eleuterio.—Véala usted aquí. *(Saca una comedia impresa, y se la da a Don Antonio.)*

Don Antonio.—¡Oiga!, es ésta. A ver. Y ha puesto su nombre. Bien, así me gusta; con eso la posteridad no se andará dando de calabazadas por averiguar la gracia del autor. *(Lee don Antonio.)* POR DON ELEUTERIO CRISPIN DE ANDORRA... «Salen el emperador Leopoldo, el rey de Polonia y Federico, senescal,[20] vestidos de gala, con acompañamiento de damas y magnates, y una brigada de húsares a caballo». ¡Soberbia entrada! «Y dice el emperador:

«Ya sabéis, vasallos míos,
que habrá dos meses y medio
que el turco puso a Viena
con sus tropas el asedio,
y que para resistirle

---

[18]calle de Madrid.

[19]fórmula de juramento, empleada como interjección.

[20]en ciertas regiones, mayordomo mayor y jefe de campaña militar.

unimos nuestros denuedos,
dando nuestros nobles bríos,
en repetidos encuentros,
las pruebas más relevantes
de nuestros invictos pechos».

¡Qué estilo tiene! ¡Cáspita! ¡Qué bien pone la pluma el pícaro!

«Bien conozco que la falta
del necesario alimento
ha sido tal, que rendidos
de la hambre a los esfuerzos,
hemos comido ratones,
sapos y sucios insectos».

Don Eleuterio.—¿Qué tal? ¿No le parece a usted bien? *(Hablando a Don Pedro.)*

Don Pedro.—¡Eh!, a mí, que...

Don Eleuterio.—Me alegro que le guste a usted. Pero no; donde hay un paso muy fuerte es al principio del segundo acto. Búsquele usted... ahí... por ahí ha de estar. Cuando la dama se cae muerta de hambre.

Don Antonio.—¿Muerta?

Don Eleuterio.—Sí, señor, muerta.

Don Antonio.—¡Qué situación tan cómica! Y estas exclamaciones que hace aquí, ¿contra quién son?

Don Eleuterio.—Contra el visir, que la tuvo seis días sin comer, porque ella no quería ser su concubina.

Don Antonio.—¡Pobrecita! ¡Ya se ve! El visir sería un bruto.

Don Eleuterio.—Sí, señor.

Don Antonio.—Hombre arrebatado, ¿eh?

Don Eleuterio.—Sí, señor.

Don Antonio.—Lascivo como un mico, feote de cara; ¿es verdad?

Don Eleuterio.—Cierto.

Don Antonio.—Alto, moreno, un poco bizco, grandes bigotes.

Don Eleuterio.—Sí, señor, sí. Lo mismo me lo he figurado yo.

Don Antonio.—¡Enorme animal! Pues no, la dama no se muerde la lengua. ¡No es cosa cómo le pone! Oiga usted, don Pedro.

Don Pedro.—No, por Dios; no lo lea usted.

Don Eleuterio.—Es que es uno de los pedazos más terribles de la comedia.

Don Pedro.—Con todo eso.

Don Eleuterio.—Lleno de fuego.

Don Pedro.—Ya.

Don Eleuterio.—Buena versificación.

Don Pedro.—No importa.

Don Eleuterio.—Que alborotará en el teatro, si la dama lo esfuerza.

Don Pedro.—Hombre, si he dicho ya que...

Don Antonio.—Pero a lo menos, el final del acto segundo es menester oírle.

(Lee Don Antonio, y al acabar da la comedia a don Eleuterio.)

Emperador. Y en tanto que mis recelos...
Visir. Y mientras mis esperanzas...
Senescal. Y hasta que mis enemigos...
Emperador. Averiguo.
Visir.   Logre.
Senescal.   Caigan.
Emperador. Rencores, dadme favor.
Visir. No me dejes, tolerancia.
Senescal. Denuedo, asiste a mi brazo.
Todos. Para que admire la patria
            el más generoso ardid
            y la más tremenda hazaña.

Don Pedro.—Vamos; no hay quien pueda sufrir tanto disparate. *(Se levanta impaciente, en ademán de irse.)*

Don Eleuterio.—¿Disparates los llama usted?

Don Pedro.—¿Pues no? *(Don Antonio observa a los dos y ríe.)*

Don Eleuterio.—¡Vaya, que es también demasiado! ¡Disparates! ¡Pues no, no los llaman disparates los hombres inteligentes que han leído la comedia! Cierto que me ha chocado. ¡Disparates! Y no se ve otra cosa en el teatro todos los días, y siempre gusta, y siempre lo aplauden a rabiar.

Don Pedro.—¿Y esto se representa en una nación culta?

Don Eleuterio.—¡Cuenta, que me ha dejado contento la expresión! ¡Disparates!

Don Pedro.—¿Y esto se imprime, para que los extranjeros se burlen de nosotros?

Don Eleuterio.—¡Llamar disparates a una especie de coro entre el emperador, el visir y el senescal! Yo no sé qué quieren estas gentes. Si hoy día no se puede escribir nada, nada que no se muerda y se censure. ¡Disparates! ¡Cuidado que!...

Pipí.—No haga usted caso.

Don Eleuterio.—*(Hablando con Pipí hasta el fin de la escena.)* Yo no hago caso; pero me enfada que hablen así. Figúrate tú si la conclusión puede ser más natural, ni más ingeniosa. El emperador está lleno de miedo, por un papel que se ha encontrado en el suelo sin firma ni sobrescrito,[21] en que se trata de matarle. El visir está rabiando por gozar de la hermosura de Margarita, hija del conde de Strambangaum, que es el traidor...

Pipí.—¡Calle! ¡Hay traidor también! ¡Cómo me gustan a mí las comedias en que hay traidor!

Don Eleuterio.—Pues, como digo, el visir está loco de amores por ella; el senescal, que es hombre de bien si los hay, no las tiene todas consigo, porque sabe que el conde anda tras de quitarle el empleo, y continuamente lleva chismes al emperador contra él; de modo, que como cada uno de estos tres personajes está ocupado en su asunto, habla de ello, y no hay cosa más natural. *(Lee don Eleuterio; lo suspende, y se guarda la comedia.)*

> *Y en tanto que mis recelos...*
>
> *Y mientras mis esperanzas...*
>
> *Y hasta que mis...*

¡Ah, señor don Hermógenes! ¡A qué buena ocasión llega usted! *(Sale don Hermógenes por la puerta del foro.)*

Escena IV

Don Hermógenes.—Buenas tardes, señores.

Don Pedro.—A la orden de usted.

Don Antonio.—Felicísimas, amigo don Hermógenes.

Don Eleuterio.—Digo, me parece que el señor don Hermógenes será juez muy abonado[22] *(Don Pedro se acerca a la mesa en que está el Diario; lee para sí, y a veces presta atención a lo que hablan los demás)* para decidir la cuestión que se trata: todo el mundo sabe su instrucción y lo que ha trabajado en los papeles periódicos, las traducciones que ha hecho del francés, sus actos literarios, y, sobre todo, la escrupulosidad y el rigor con que censura las obras ajenas. Pues yo quiero que nos diga...

Don Hermógenes.—Usted me confunde con elogios que no merezco, señor don Eleuterio. Usted solo es acreedor a toda alabanza, por haber llegado en su edad juvenil al pináculo del saber. Su ingenio de usted, el más ameno de nuestros días, su profunda erudición, su delicado gusto en el arte rítmico, su...

Don Eleuterio.—Vaya, dejemos eso.

---

[21]lo que se escribe en la parte exterior de una carta.

[22]competente.

Don Hermógenes.—Su docilidad, su moderación...

Don Eleuterio.—Bien; pero aquí se trata solamente de saber si...

Don Hermógenes.—Estas prendas sí que merecen admiración y encomio.

Don Eleuterio.—Ya, eso sí; pero díganos usted lisa y llanamente si la comedia que hoy se representa es disparatada o no.

Don Hermógenes.—¿Disparatada? ¿Y quién ha prorrumpido en un aserto tan...?

Don Eleuterio.—Eso no hace al caso. Díganos usted lo que le parece, y nada más.

Don Hermógenes.—Sí, diré; pero antes de todo conviene saber que el poema dramático admite dos géneros de fábula. *Sunt autem fabulae, aliae simplices, aliae implexae.*[23] Es doctrina de Aristóteles. Pero lo diré en griego para mayor claridad. *Eisí de ton mython oi men aploi oi de peplegmenoi. Cai gar ai práxeis...*

Don Eleuterio.—Hombre; pero si...

Don Antonio.—*(Siéntase en una silla, haciendo esfuerzos para contener la risa.)* Yo reviento.

Don Hermógenes.—*Cai gar ai praxeis on mimeseis oi...*

Don Eleuterio.—Pero...

Don Hermógenes.—*Mythoi eisin iparchousin.*

Don Eleuterio.—Pero si no es eso lo que a usted se le pregunta.

Don Hermógenes.—Ya estoy en la cuestión. Bien que, para la mejor inteligencia, convendría explicar lo que los críticos entienden por prótasis, epítasis, catástasis, catástrofe, peripecia, agnición, o anagnórisis, partes necesarias a toda buena comedia,[24] y que según Escalígero, Vossio, Dacier, Marmontel, Castelvetro y Daniel Heinsio...[25]

Don Eleuterio.—Bien, todo eso es admirable; pero...

Don Pedro.—Este hombre es loco.

---

[23]Algunas fábulas son simples, otras complejas. Se trata de una cita incompleta de la *Poética* de Aristóteles (filósofo griego [384-322 a.C.]), que repite más adelante en griego: «En cuanto a las fábulas las hay simples y complejas, y las acciones cuyas imitaciones son las fábulas resultan ser directamente de dichas clases».

[24]subdivisiones de una obra dramática, establecidas por Aristóteles.

[25]comentaristas y teorizadores de diversas épocas y países.

Don Hermógenes.—Si consideramos el origen del teatro, hallaremos que los megareos,[26] los sículos[27] y los atenienses...

Don Eleuterio.—Don Hermógenes, por amor de Dios, si no...

Don Hermógenes.—Véanse los dramas griegos, y hallaremos que Anaxipo, Anaxándrides, Eúpolis, Antíphanes, Philípides, Cratino, Crates, Epicrátes, Menecrátes y Pherecrátes...[28]

Don Eleuterio.—Si le he dicho a usted que...

Don Hermógenes.—Y los más celebérrimos dramaturgos de la edad pretérita, todos, todos convinieron, *nemine discrepante,*[29] en que la prótasis debe preceder a la catástrofe necesariamente. Es así que la comedia del *Cerco de Viena...*

Don Pedro.—Adiós, señores. *(Se encamina hacia la puerta. Don Antonio se levanta y procura detenerle.)*

Don Antonio.—¿Se va usted, don Pedro?

Don Pedro.—¿Pues quién, sino usted, tendrá frescura para oír eso?

Don Antonio.—Pero si el amigo don Hermógenes nos va a probar con la autoridad de Hipócrates[30] y Martín Lutero[31] que la pieza consabida, lejos de ser un desatino...

Don Hermógenes.—Ése es mi intento: probar que es un acéfalo insipiente[32] cualquiera que haya dicho que la tal comedia contiene irregularidades absurdas; y yo aseguro que delante de mí ninguno se hubiera atrevido a propalar tal aserción.

Don Pedro.—Pues yo delante de usted la propalo, y le digo, que por lo que el señor ha leído de ella, y por ser usted el que la abona, infiero que ha de ser cosa detestable; que su autor será un hombre sin principios ni talento, y que usted es un erudito a la violeta, presumido y fastidioso hasta no más. Adiós, señores. *(Hace que se va, y vuelve.)*

Don Eleuterio.—*(Señalando a don Antonio.)* Pues a este caballero le ha parecido muy bien lo que ha visto de ella.

---

[26]naturales de Megara, ciudad de la antigua Grecia.

[27]pueblo dálmata que se instaló en el siglo XI a. C., en la actual Sicilia.

[28]dramaturgos anteriores a Aristófanes.

[29]expresión latina: sin que nadie discrepe.

[30]Hipócrates de Cos (ca. 460 a.C.-377 a.C.), médico griego considerado el padre de la medicina.

[31](1483-1546), monje alemán que inició la Reforma religiosa.

[32]ignorante.

Don Pedro.—A ese caballero le ha parecido muy mal; pero es hombre de buen humor, y gusta de divertirse. A mí me lastima en verdad la suerte de estos escritores, que entontecen al vulgo con obras tan desatinadas y monstruosas, dictadas, más que por el ingenio, por la necesidad o la presunción. Yo no conozco al autor de esa comedia, ni sé quién es; pero si ustedes, como parece, son amigos suyos, díganle en caridad que se deje de escribir tales desvaríos; que aún está a tiempo, puesto que es la primera obra que publica; que no le engañe el mal ejemplo de los que deliran a destajo; que siga otra carrera, en que por medio de un trabajo honesto podrá socorrer sus necesidades y asistir a su familia, si la tiene. Díganle ustedes que el teatro español tiene de sobra autorcillos chanflones[33] que le abastezcan de mamarrachos; que lo que necesita es una reforma fundamental en todas sus partes; y que mientras ésta no se verifique, los buenos ingenios que tiene la nación, o no harán nada, o harán lo que únicamente baste para manifestar que saben escribir con acierto, y que no quieren escribir.

Don Hermógenes.—Bien dice Séneca[34] en su epístola dieciocho, que...

Don Pedro.—Séneca dice en todas sus epístolas que usted es un pedantón ridículo, a quien yo no puedo aguantar. Adiós, señores.

Escena V

Don Hermógenes.—¡Yo pedantón! (*Encarándose hacia la puerta por donde se fue Don Pedro. Don Eleuterio se pasea inquieto por el teatro.*) ¡Yo, que he compuesto siete prolusiones[35] greco-latinas sobre los puntos más delicados del derecho!

Don Eleuterio.—¡Lo que él entenderá de comedias, cuando dice que la conclusión del segundo acto es mala!

Don Hermógenes.—El será el pedantón.

Don Eleuterio.—¡Hablar así de una pieza que ha de durar lo menos quince días! Y si empieza a llover...

Don Hermógenes.—Yo estoy graduado en leyes, y soy opositor a cátedras, y soy académico, y no he querido ser dómine de Pioz.[36]

---

[33]mediocres.

[34]Lucio Anneo Séneca (ca 4 a.C.-65), filósofo y escritor hispano-romano.

[35]prólogos, introducciones.

[36]profesor de Pioz, pequeña villa de Guadalajara.

Don Antonio.—Nadie pone duda en el mérito de usted, señor don Hermógenes, nadie; pero esto ya se acabó, y no es cosa de acalorarse.

Don Eleuterio.—Pues la comedia ha de gustar, mal que le pese.

Don Antonio.—Sí, señor, gustará. Voy a ver si le alcanzo, y *velis nolis*,[37] he de hacer que la vea para castigarle.

Don Eleuterio.—Buen pensamiento; sí, vaya usted.

Don Antonio.—En mi vida he visto locos más locos.

Escena VI

Don Eleuterio.—¡Llamar detestable a la comedia! ¡Vaya, que estos hombres gastan un lenguaje que da gozo oírle!

Don Hermógenes.—*Aquila non capit muscas*,[38] don Eleuterio. Quiero decir, que no haga usted caso. A la sombra del mérito crece la envidia. A mí me sucede lo mismo. Ya ve usted si yo sé algo.

Don Eleuterio.—¡Oh!

Don Hermógenes.—Digo me parece que (sin vanidad) pocos habrá que...

Don Eleuterio.—Ninguno. Vamos; tan completo como usted, ninguno.

Don Hermógenes.—Que reúnan el ingenio a la erudición, la aplicación al gusto, del modo que yo (sin alabarme) he llegado a reunirlos. ¿Eh?

Don Eleuterio.—Vaya, de eso no hay que hablar; es más claro que el sol que nos alumbra.

Don Hermógenes.—Pues bien. A pesar de eso, hay quien me llame pedante, y casquivano, y animal cuadrúpedo. Ayer, sin ir más lejos, me lo dijeron en la Puerta del Sol, delante de cuarenta o cincuenta personas.

Don Eleuterio.—¡Picardía! Y usted ¿qué hizo?

Don Hermógenes.—Lo que debe hacer un gran filósofo: callé, tomé un polvo,[39] y me fui a oír una misa a la Soledad.

Don Eleuterio.—Envidia todo, envidia. ¿Vamos arriba?

Don Hermógenes.—Esto lo digo para que usted se anime, y le aseguro que los aplausos que... Pero, dígame usted: ¿ni siquiera una onza de oro le han querido adelantar a usted a cuenta de los quince doblones de la comedia?

---

[37]expresión latina: quieras o no.

[38]latín: el águila no caza moscas.

[39]referencia a la costumbre de aspirar rapé.

Don Eleuterio.—Nada, ni un ochavo. Ya sabe usted las dificultades que ha habido para que esa gente la reciba. Por último, hemos quedado en que no han de darme nada hasta ver si la pieza gusta o no.

Don Hermógenes.—¡Oh, corvas almas! ¡Y precisamente en la ocasión más crítica para mí! Bien dice Tito Livio,[40] que cuando...

Don Eleuterio.—Pues, ¿qué hay de nuevo?

Don Hermógenes.—Ese bruto de mi casero... El hombre más ignorante que conozco. Por año y medio que le debo de alquileres me pierde el respeto, me amenaza...

Don Eleuterio.—No hay que afligirse. Mañana o esotro es regular que me den el dinero; pagaremos a ese bribón; y si tiene usted algún pico en la hostería, también se...

Don Hermógenes.—Sí, aún hay un piquillo; cosa corta.

Don Eleuterio.—Pues bien: con la impresión lo menos ganaré cuatro mil reales.

Don Hermógenes.—Lo menos. Se vende toda seguramente. *(Vase Pipí por la puerta del foro.)*

Don Eleuterio.—Pues con ese dinero saldremos de apuros; se adornará el cuarto nuevo; unas sillas, una cama y algún otro chisme. Se casa usted. Mariquita, como usted sabe, es aplicada, hacendosilla y muy mujer; ustedes estarán en mi casa continuamente. Yo iré dando las otras cuatro comedias, que, pegando la de hoy, las recibirán los cómicos con palio. Pillo la moneda, las imprimo, se venden; entretanto ya tendré algunas hechas, y otras en el telar. Vaya, no hay que temer. Y sobre todo, usted saldrá colocado de hoy a mañana: una intendencia, una toga, una embajada; ¿qué sé yo? Ello es que el ministro le estima a usted; ¿no es verdad?

Don Hermógenes.—Tres visitas le hago cada día...

Don Eleuterio.—Sí, apretarle, apretarle. Subamos arriba, que las mujeres ya estarán...

Don Hermógenes.—Diecisiete memoriales le he entregado la semana última.

Don Eleuterio.—¿Y qué dice?

Don Hermógenes.—En uno de ellos puse por lema aquel celebérrimo dicho del poeta: *Pallida mors aequo pulsat pede pauperum tabernas regunque turres...*[41]

---

[40](-59 a 17), historiador romano.

[41]latín: la pálida muerte llama con el mismo pie a las cabañas de los pobres y a las fortalezas de los poderosos.

Don Eleuterio.—¡Y qué dijo cuando leyó eso de las tabernas!

Don Hermógenes.—Que bien; que ya está enterado de mi solicitud.

Don Eleuterio.—¡Pues, no le digo a usted! Vamos, eso está conseguido.

Don Hermógenes.—Mucho lo deseo, para que a este consorcio apetecido acompañe el episodio de tener qué comer, puesto que *sine Cerere et Bacho friget Venus.*[42] Y entonces, ¡oh!, entonces... Con un buen empleo y la blanca mano de Mariquita, ninguna otra cosa me queda que apetecer sino que el cielo me conceda numerosa y masculina sucesión. *(Vanse por la puerta del foro.)*

ACTO SEGUNDO

Escena I

(Salen por la puerta del foro.)

Don Serapio.—El trueque de los puñales, créame usted, es de lo mejor que se ha visto.

Don Eleuterio.—¿Y el sueño del emperador?

Doña Agustina.—¿Y la oración que hace el visir a sus ídolos?

Doña Mariquita.—Pero a mí me parece que no es regular que el emperador se durmiera, precisamente en la ocasión más...

Don Hermógenes.—Señora, el sueño es natural en el hombre, y no hay dificultad en que un emperador se duerma, porque los vapores húmedos que suben al cerebro...

Doña Agustina.—Pero ¿usted hace caso de ella? ¡Qué tontería! Si no sabe lo que se dice... Y a todo esto, ¿qué hora tenemos?

Don Serapio.—Serán... Deje usted. Podrán ser ahora...

Don Hermógenes.—Aquí está mi reloj *(saca su reloj)* que es puntualísimo. Tres y media cabales.

Doña Agustina.—¡Oh!, pues aún tenemos tiempo. Sentémonos, una vez que no hay gente. *(Siéntanse todos menos don Eleuterio.)*

Don Serapio.—¿Qué gente ha de haber? Si fuera en otro cualquier día... pero hoy todo el mundo va a la comedia.

Doña Agustina.—Estará lleno, lleno.

---

[42]latín: Venus se hiela sin Ceres y Baco.

Don Serapio.—Habrá hombre que dará esta tarde dos medallas por un asiento de luneta.[43]

Don Eleuterio.—Ya se ve, comedia nueva, autor nuevo, y...

Doña Agustina.—Y que ya la habrán leído muchísimos, y sabrán lo que es. Vaya, no cabrá un alfiler, aunque fuera el coliseo siete veces más grande.

Don Serapio.—Hoy los Chorizos[44] se mueren de frío y de miedo. Ayer noche apostaba yo al marido de la graciosa seis onzas de oro a que no tienen esta tarde en su corral cien reales de entrada.

Don Eleuterio.—¿Conque la apuesta se hizo? ¿Eh?

Don Serapio.—No llegó el caso, porque yo no tenía en el bolsillo más que dos reales y unos cuartos... Pero ¡cómo los hice rabiar!, y qué...

Don Eleuterio.—Soy con ustedes; voy aquí a la librería, y vuelvo.

Doña Agustina.—¿A qué?

Don Eleuterio.—¿No te lo he dicho? Si encargué que me trajesen ahí la razón de lo que va vendido, para que...

Doña Agustina.—Sí, es verdad. Vuelve presto.

Don Eleuterio.—Al instante. *(Vase.)*

Doña Mariquita.—¡Qué inquietud! ¡Qué ir y venir! No para este hombre.

Doña Agustina.—Todo se necesita, hija; y si no fuera por su buena diligencia, y lo que él ha minado y revuelto, se hubiera quedado con su comedia escrita y su trabajo perdido.

Doña Mariquita.—¿Y quién sabe lo que sucederá todavía, hermana? Lo cierto es que yo estoy en brasas; porque, vaya, si la silban, yo no sé lo que será de mí.

Doña Agustina.—Pero, ¿por qué la han de silbar, ignorante? ¡Qué tonta eres, y qué falta de comprensión?

Doña Mariquita.—Pues, siempre me está usted diciendo eso. *(Sale Pipí por la puerta del foro con platos, botellas, etc. Lo deja todo sobre el mostrador, y vuelve a irse por la misma parte.)* Vaya, que algunas veces me... ¡Ay, don Hermógenes! No sabe usted qué ganas tengo de ver estas cosas concluidas, y poderme ir a comer un pedazo de pan con quietud a mi casa, sin tener que sufrir tales sinrazones.

---

[43]butaca en el teatro.

[44]En la época se habían constituido dos grupos más o menos homogéneos de fanáticos del teatro: los "polacos", partidarios del teatro extranjero, y los "chorizos", quienes apoyaban el teatro popular y vernáculo.

Don Hermógenes.—No el pedazo de pan, sino ese hermoso pedazo de cielo, me tiene a mí impaciente hasta que se verifique el suspirado consorcio.

Doña Mariquita.—¡Suspirado, sí, suspirado! ¡Quién le creyera a usted!

Don Hermógenes.—Pues, ¿quién ama tan de veras como yo cuando ni Príamo[45] ni Marco Antonio,[46] ni los Ptolomeos[47] egipcios, ni todos los Seléucidas[48] de Asiria sintieron jamás un amor comparable al mío?

Doña Agustina.—¡Discreta hipérbole! ¡Viva, viva! Respóndele, bruto.

Doña Mariquita.—¿Qué he de responder, señora, si no le he entendido una palabra?

Doña Agustina.—¡Me desespera!

Doña Mariquita.—Pues digo bien. ¿Qué sé yo quién son esas gentes de quien está hablando? Mire usted, para decirme: Mariquita, yo estoy deseando que nos casemos; así que su hermano de usted coja esos cuartos, verá usted como todo se dispone; porque la quiero a usted mucho, y es usted muy guapa muchacha, y tiene usted unos ojos muy peregrinos, y... ¿qué sé yo? Así. Las cosas que dicen los hombres.

Doña Agustina.—Sí, los hombres ignorantes, que no tienen ni crianza ni talento, ni saben latín.

Doña Mariquita.—¡Pues, latín! Maldito sea su latín. Cuando le pregunto cualquiera friolera, casi siempre me responde en latín; y para decir que se quiere casar conmigo, me cita tantos autores... Mire usted qué entenderán los autores de eso, ni qué les importará a ellos que nosotros nos casemos o no.

Doña Agustina.—¡Qué ignorancia! Vaya, don Hermógenes; lo que le he dicho a usted. Es menester que usted se dedique a instruirla y descortezarla; porque, la verdad, esa estupidez me avergüenza. Yo, bien sabe Dios que no he podido más; ya se ve, ocupada continuamente en ayudar a mi marido en sus obras, en corregírselas (como usted habrá visto muchas veces), en sugerirle ideas a fin de que salgan con la debida perfección, no he tenido tiempo para emprender su enseñanza. Por otra parte, es increíble lo que aquellas criaturas me molestan. El uno que llora, el otro que quiere mamar, el otro que rompió la taza, el otro

---

[45]último rey de Troya.

[46](ca. 82 a.C.-30 a.C.), general y político romano, que repudió a su esposa para unirse a Cleopatra.

[47]dinastía egipcia, de estirpe macedónica, que reinó desde el siglo IV a. C. hasta que Egipto cayó en manos de Roma.

[48]dinastía helenística que reinó desde el siglo IV al I a. C.

que se cayó de la silla, me tienen continuamente afanada. Vaya; yo lo he dicho mil veces: para las mujeres instruidas es un tormento la fecundidad.

Doña Mariquita.—¡Tormento! ¡Vaya, hermana, que usted es singular en todas sus cosas! Pues yo, si me caso, bien sabe Dios que...

Doña Agustina.—Calla, majadera, que vas a decir un disparate.

Don Hermógenes.—Yo la instruiré en las ciencias abstractas; la enseñaré la prosodia; haré que copie a ratos perdidos el *Arte Magna* de Raimundo Lulio,[49] y que me recite de memoria todos los martes dos o tres hojas del *Diccionario* de Rubiños.[50] Después aprenderá los logaritmos y algo de la estática; después...

Doña Mariquita.—Después me dará un tabardillo[51] pintado,[52] y me llevará Dios. ¡Se habrá visto tal empeño! No, señor, si soy ignorante, buen provecho me haga. Yo sé escribir y ajustar una cuenta, sé guisar, sé planchar, sé coser, sé zurcir, sé bordar, sé cuidar de una casa; yo cuidaré de la mía, y de mi marido, y de mis hijos, y yo me los criaré. Pues, señor, ¿no sé bastante? ¡Que por fuerza he de ser doctora y marisabidilla, y que he de aprender la gramática, y que he de hacer coplas! ¿Para qué? ¿Para perder el juicio? Que permita Dios si no parece casa de locos la nuestra, desde que mi hermano ha dado en esas manías. Siempre disputando marido y mujer sobre si la escena es larga o corta, siempre contando las letras por los dedos para saber si los versos están cabales o no, si el lance a oscuras ha de ser antes de la batalla o después del veneno, y manoseando continuamente *Gacetas y Mercurios*[53] para buscar nombres bien extravagantes, que casi todos acaban en *of* y en *graf*, para rebutir con ellos sus relaciones... Y entretanto ni se barre el cuarto, ni la ropa se lava, ni las medias se cosen; y lo que es peor, ni se come ni se cena. ¿Qué le parece a usted que comimos el domingo pasado, don Serapio?

Don Serapio.—¿Yo, señora? ¿Cómo quiere usted que...?

Doña Mariquita.—Pues lléveme Dios si todo el banquete no se redujo a libra y media de pepinos, bien amarillos y bien gordos, que compré a la puerta, y un pedazo de rosca que sobró del día anterior. Y éramos seis bocas a comer,

---

[49]Ramón Llull (ca. 1235-1315), poeta y filósofo mallorquí.

[50]Ildefonso López Rubiños corrigió y anotó en 1754 el *Diccionario latino* de Nebrija.

[51]fiebre alta.

[52]con manchas en la piel.

[53]uso metonímico de nombres de periódicos.

que el más desganado se hubiera engullido un cabrito y media hornada sin levantarse del asiento.

Doña Agustina.—Ésta es su canción; siempre quejándose de que no come y trabaja mucho. Menos como yo, y más trabajo en un rato que me ponga a corregir alguna escena, o arreglar la ilusión de una catástrofe, que tú cosiendo y fregando, u ocupada en otros ministerios viles y mecánicos.

Don Hermógenes.—Sí, Mariquita, sí; en eso tiene razón mi señora doña Agustina. Hay gran diferencia de un trabajo a otro, y los experimentos cotidianos nos enseñan que toda mujer que es literata y sabe hacer versos, *ipso facto*[54] se halla exonerada de las obligaciones domésticas. Yo lo probé en una disertación que leí a la academia de los Cinocéfalos.[55] Allí sostuve que los versos se confeccionan con la glándula pineal, y los calzoncillos con los tres dedos llamados *pollex, index e infamis*;[56] que es decir, que para lo primero se necesita toda la argucia del ingenio, cuando para lo segundo basta sólo la costumbre de la mano. Y concluí, a satisfacción de todo mi auditorio, que es más difícil hacer un soneto que pegar un hombrillo[57]; y que más elogio merece la mujer que sepa componer décimas y redondillas, que la que sólo es buena para hacer un pisto con tomate, un ajo de pollo o un carnero verde.

Doña Mariquita.—Aun por eso en mi casa no se gastan pistos, ni carneros verdes, ni pollos, ni ajos. Ya se ve, en comiendo versos no se necesita cocina.

Don Hermógenes.—Bien está, sea lo que usted quiera, ídolo mío; pero si hasta ahora se ha padecido alguna estrechez (*angustam pauperiem*,[58] que dijo el profano), de hoy en adelante será otra cosa.

Doña Mariquita.—¿Y qué dice el profano? ¿Que no silban esta tarde la comedia?

Don Hermógenes.—No, señora, la aplaudirán.

Don Serapio.—Durará un mes, y los cómicos se cansarán de representarla.

Doña Mariquita.—No, pues no decían eso ayer los que encontramos en la botillería. ¿Se acuerda usted, hermana? Y aquel más alto, a fe que no se mordía la lengua.

---

[54]inmediatamente, en latín.

[55]primates como el mandril y los babuinos.

[56]"pulgar, índice e infame", en latín.

[57]adorno sobre los hombros de un vestido.

[58]pobreza extrema, en latín.

Don Serapio.—¿Alto? Uno alto, ¿eh? Ya le conozco. *(Se levanta.)* ¡Picarón! ¡Vicioso! Uno de capa, que tiene un chirlo[59] en las narices. ¡Bribón! Ése es un oficial de guarnicionero, muy apasionado de la otra compañía. ¡Alborotador! Que él fue el que tuvo la culpa de que silbaran la comedia de *El monstruo más espantable del ponto de Calidonia*, que la hizo un sastre pariente de un vecino mío; pero yo le aseguro al...

Doña Mariquita.—¿Qué tonterías está usted ahí diciendo? Si no es ése de quien yo hablo.

Don Serapio.—Sí, uno alto, mala traza, con una señal que le coge...

Doña Mariquita.—Si no es ése.

Don Serapio.—¡Mayor gatallón![60] ¡Y qué mala vida dio a su mujer! ¡Pobrecita! Lo mismo la trataba que a un perro.

Doña Mariquita.—Pero si no es ése, dale. ¿A qué viene cansarse? Éste era un caballero muy decente, que no tiene ni capa ni chirlo, ni se parece en nada al que usted nos pinta.

Don Serapio.—Ya; pero voy al decir. ¡Unas ganas tengo de pillar al tal guarnicionero! No irá esta tarde al patio, que si fuera... ¡eh!... Pero el otro día, ¡qué cosas le dijimos allí en la plazuela de San Juan! Empeñado en que la otra compañía es la mejor, y que no hay quien la tosa. ¿Y saben ustedes *(vuelve a sentarse)* por qué es todo ello? Porque los domingos por la noche se van él y otros de su pelo a casa de la Ramírez, y allí se están retozando en el recibimiento con la criada; después les saca un poco de queso, o unos pimientos en vinagre, o así; y luego se van a palmotear como desesperados a las barandillas[61] y al degolladero.[62] Pero, no hay remedio; ya estamos prevenidos los apasionados de acá, y a la primera comedia que echen en el otro corral, zas, sin remisión, a silbidos se ha de hundir la casa. A ver...

Doña Mariquita.—¿Y si ellos nos ganasen por la mano, y hacen con la de hoy otro tanto?

Doña Agustina.—Sí, te parecerá que tu hermano es lerdo, y que ha trabajado poco estos días para que no le suceda un chasco. Él se ha hecho amigo de los

---

[59]cicatriz.

[60]nombre despectivo que se da al gato, por extensión, vagabundo.

[61]localidad en el teatro.

[62]viga de separación entre los asientos de luneta y el espacio del patio que quedaba libre y desde donde se podía ver la función de pie.

principales apasionados del otro corral[63]; ha estado con ellos; les ha recomendado la comedia y les ha prometido que la primera que componga será para su compañía. Además de eso, la dama de allá le quiere mucho; él va todos los días a su casa a ver si se la ofrece algo, y cualquiera cosa que allí ocurre nadie la hace sino mi marido. Don Eleuterio, tráigame usted un par de libras de manteca. Don Eleuterio, eche usted un poco de alpiste a ese canario. Don Eleuterio, dé usted una vuelta por la cocina, y vea usted si empieza a espumar aquel puchero. Y él, ya se ve, lo hace todo con una prontitud y un agrado, que no hay más que pedir; porque en fin, el que necesita es preciso que... Y por otra parte, como él, bendito sea Dios, tiene tal gracia para cualquier cosa, y es tan servicial con todo el mundo... ¡Qué silbar!... No, hija, no hay que temer; a buenas aldabas se ha agarrado él para que le silben.

Don Hermógenes.—Y sobre todo, el sobresaliente mérito del drama bastaría a imponer taciturnidad y admiración a la turba más gárrula, más desenfrenada e insipiente.

Doña Agustina.—Pues ya se ve. Figúrese usted una comedia heroica como ésta, con más de nueve lances que tiene. Un desafío a caballo por el patio, tres batallas, dos tempestades, un entierro, una función de máscara, un incendio de ciudad, un puente roto, dos ejercicios de fuego y un ajusticiado; figúrese si esto ha de gustar precisamente.

Don Serapio.—¡Toma si gustará!

Don Hermógenes.—Aturdirá.

Don Serapio.—Se despoblará Madrid por ir a verla.

Doña Mariquita.—Y a mí me parece que unas comedias así debían representarse en la plaza de los toros.

Escena II

Doña Agustina.—Y bien, ¿qué dice el librero? ¿Se despachan muchas?

Don Eleuterio.—Hasta ahora...

Doña Agustina.—Deja; me parece que voy a acertar: habrá vendido... ¿Cuándo se pusieron los carteles?

Don Eleuterio.—Ayer por la mañana. Tres o cuatro hice poner en cada esquina.

---

[63]teatro.

Don Serapio.—¡Ah!, y cuide usted *(levántase.)* que les pongan buen engrudo, porque si no...

Don Eleuterio.—Sí, que no estoy en todo. Como que yo mismo le hice con esa mira, y lleva una buena parte de cola.

Doña Agustina.—El *Diario* y la *Gaceta* la han anunciado ya, ¿es verdad?

Don Hermógenes.—En términos precisos.

Doña Agustina.—Pues irán vendidos... quinientos ejemplares.

Don Serapio.—¡Qué friolera! Y más de ochocientos también.

Doña Agustina.—¿He acertado?

Don Serapio.—¿Es verdad que pasan de ochocientos?

Don Eleuterio.—No, señor, no es verdad. La verdad es que hasta ahora, según me acaban de decir, no se han despachado más que tres ejemplares; y esto me da malísima espina.

Don Serapio.—¿Tres no más? Harto poco es.

Doña Agustina.—Por vida mía, que es bien poco.

Don Hermógenes.—Distingo. Poco, absolutamente hablando, niego; respectivamente, concedo; porque nada hay que sea poco ni mucho *per se*, sino respectivamente. Y así, si los tres ejemplares vendidos constituyen una cantidad tercia con relación a nueve, y bajo este respecto los dichos tres ejemplares se llaman poco, también estos mismos tres ejemplares relativamente a uno componen una triplicada cantidad, a la cual podemos llamar mucho por la diferencia que va de uno a tres. De donde concluyo, que no es poco lo que ha vendido, y que es falta de ilustración sostener lo contrario.

Doña Agustina.—Dice bien, muy bien.

Don Serapio.—¡Qué! ¡Si en poniéndose a hablar este hombre...!

Doña Mariquita.—Pues, en poniéndose a hablar probará que lo blanco es verde, y que dos y dos son veinticinco. Yo no entiendo tal modo de sacar cuentas... Pero al cabo y al fin, las tres comedias que se han vendido hasta ahora, ¿serán más que tres?

Don Eleuterio.—Es verdad; y en suma, todo el importe no pasará de seis reales.

Doña Mariquita.—Pues, seis reales; cuando esperábamos montes de oro con la tal impresión. Ya voy yo viendo que si mi boda no se ha de hacer hasta que todos esos papelotes se despachen, me llevarán con palma a la sepultura. *(Llorando.)* ¡Pobrecita de mí!

Don Hermógenes.—No así, hermosa Mariquita, desperdicie usted el tesoro de perlas que una y otra luz derrama.

Doña Mariquita.—¡Perlas! Si yo supiera llorar perlas, no tendría mi hermano necesidad de escribir disparates.

Escena III

Don Antonio.—A la orden de ustedes, señores.

Don Eleuterio.—Pues ¿cómo tan presto? ¿No dijo usted que iría a ver la comedia?

Don Antonio.—En efecto, he ido. Allí queda don Pedro.

Don Eleuterio.—¿Aquel caballero de tan mal humor?

Don Antonio.—El mismo. Que quieras que no, le he acomodado *(Sale Pipí por la puerta del foro con un canastillo de manteles, cubiertos, etc., y le pone sobre el mostrador.)* en el palco de unos amigos. Yo creí tener luneta segura; ¡pero qué!, ni luneta, ni palcos, ni tertulias, ni cubillos; no hay asiento en ninguna parte.

Doña Agustina.—Si lo dije.

Don Antonio.—Es mucha la gente que hay.

Don Eleuterio.—Pues no, no es cosa de que usted se quede sin verla. Yo tengo palco. Véngase usted con nosotros, y todos nos acomodaremos.

Doña Agustina.—Sí, puede usted venir con toda satisfacción, caballero.

Don Antonio.—Señora, doy a usted mil gracias por su atención; pero ya no es cosa de volver allá. Cuando yo salí se empezaba la primera tonadilla; conque...

Don Serapio.—¿La tonadilla? *(Se levantan todos.)*

Doña Mariquita.—¿Qué dice usted?

Don Eleuterio.—¿La tonadilla?

Doña Agustina.—¿Pues cómo han empezado presto?

Don Antonio.—No, señora; han empezado a la hora regular.[64]

Doña Agustina.—No puede ser; si ahora serán...

Don Hermógenes.—Ya lo diré. *(Saca el reloj.)* Las tres y media en punto.

Doña Mariquita.—¡Hombre! ¿Qué tres y media? Su reloj de usted está siempre en las tres y media.

Doña Agustina.—A ver... *(Toma el reloj de don Hermógenes, le aplica al oído, y se le vuelve.)* Si está parado.

Don Hermógenes.—Es verdad. Esto consiste en que la elasticidad del muelle espiral...

Doña Mariquita.—Consiste en que está parado, y nos ha hecho usted perder la mitad de la comedia. Vamos, hermana.

---

[64]Las funciones dramáticas comenzaban a las tres en verano y una hora más tarde en invierno.

Doña Agustina.—Vamos.

Don Eleuterio.—¡Cuidado, que es cosa particular! ¡Voto va sanes! La casualidad de...

Doña Mariquita.—Vamos pronto... ¿Y mi abanico?

Don Serapio.—Aquí está.

Don Antonio.—Llegarán ustedes al segundo acto.

Doña Mariquita.—Vaya, que este don Hermógenes...

Doña Agustina.—Quede usted con Dios, caballero.

Doña Mariquita.—Vamos aprisa.

Don Antonio.—Vayan ustedes con Dios.

Don Serapio.—A bien que cerca estamos.

Don Eleuterio.—Cierto que ha sido chasco estarnos así, fiados en...

Doña Mariquita.—Fiados en el maldito reloj de don Hermógenes.

Escena IV

Don Antonio.—¿Conque estas dos son la hermana y la mujer del autor de la comedia?

Pipí.—Sí, señor.

Don Antonio.—¡Qué paso llevan! Ya se ve, se fiaron del reloj de don Hermógenes.

Pipí.—Pues yo no sé qué será pero desde la ventana de arriba se ve salir mucha gente del coliseo.

Don Antonio.—Serán los del patio, que estarán sofocados. Cuando yo me vine quedaban dando voces para que les abriesen las puertas. El calor es muy grande; y por otra parte, meter cuatro donde no caben más que dos es un despropósito; pero lo que importa es cobrar a la puerta, y más que revienten dentro.

Escena V

Don Antonio.—¡Calle! ¿Ya está usted por acá? Pues, y la comedia, ¿en qué estado queda?

Don Pedro.—Hombre, no me hable usted de comedia (*se sienta*), que no he tenido rato peor muchos meses ha.

Don Antonio.—Pues ¿qué ha sido ello? *(Sentándose junto a don Pedro.)*

Don Pedro.—¿Qué ha de ser? !Que he tenido que sufrir (gracias a la recomendación de usted) casi todo el primer acto, y por añadidura una tonadilla insípida y desvergonzada, como es costumbre. Hallé la ocasión de escapar, y la aproveché.

Don Antonio.—¿Y qué tenemos en cuanto al mérito de la pieza?

Don Pedro.—Que cosa peor no se ha visto en el teatro desde que las musas de guardilla le abastecen... Si tengo hecho propósito firme de no ir jamás a ver estas tonterías. A mí no me divierten; al contrario, me llenan de, de... No, señor, menos me enfada cualquiera de nuestras comedias antiguas, por malas que sean. Están desarregladas, tienen disparates; pero aquellos disparates y aquel desarreglo son hijos del ingenio y no de la estupidez. Tienen defectos enormes, es verdad; pero entre estos defectos se hallan cosas que, por vida mía, tal vez suspenden y conmueven al espectador en términos de hacerle olvidar o disculpar cuantos desaciertos han precedido. Ahora, compare usted nuestros autores adocenados del día con los antiguos, y dígame si no valen más Calderón, Solís, Rojas, More-to,[65] cuando deliran, que estotros cuando quieren hablar en razón.

Don Antonio.—La cosa es tan clara, señor don Pedro, que no hay nada que oponer a ella; pero, dígame usted, el pueblo, el pobre pueblo, ¿sufre con paciencia ese espantable comedión?

Don Pedro.—No tanto como el autor quisiera, porque algunas veces se ha levantado en el patio una marea sorda que traía visos de tempestad. En fin, se acabó el acto muy oportunamente; pero no me atreveré a pronosticar el éxito de la tal pieza, porque aunque el público está ya muy acostumbrado a oír desatinos, tan garrafales como los de hoy jamás se oyeron.

Don Antonio.—¿Qué dice usted?

Don Pedro.—Es increíble. Allí no hay más que un hacinamiento confuso de especies, una acción informe, lances inverosímiles, episodios inconexos, caracteres mal expresados o mal escogidos; en vez de artificio, embrollo; en vez de situaciones cómicas, mamarrachadas de linterna mágica. No hay conocimiento de historia ni de costumbres, no hay objeto moral, no hay lenguaje, ni estilo, ni versificación, ni gusto, ni sentido común. En suma, es tan mala y peor que las otras con que nos regalan todos los días.

Don Antonio.—Y no hay que esperar nada mejor. Mientras el teatro siga en el abandono en que hoy está, en vez de ser el espejo de la virtud y el templo del buen gusto, será la escuela del error y el almacén de las extravagancias.

---

[65]dramaturgos del siglo XVII: Pedro Calderón de la Barca (1600-81), Antonio Solís y Rivadeneira (1610-86); Francisco Rojas Zorrilla (1607-48) y Agustín Moreto y Cabaña (1618-69); véase el texto de Calderón reproducido en esta antología.

Don Pedro.—Pero ¡no es fatalidad que después de tanto como se ha escrito por los hombres más doctos de la nación sobre la necesidad de su reforma, se han de ver todavía en nuestra escena espectáculos tan infelices! ¿Qué pensarán de nuestra cultura los extranjeros que vean la comedia de esta tarde? ¿Que dirán cuando lean las que se imprimen continuamente?

Don Antonio.—Digan lo que quieran, amigo don Pedro, ni usted ni yo podemos remediarlo. ¿Y qué haremos? Reír o rabiar: no hay otra alternativa... Pues yo más quiero reír que impacientarme.

Don Pedro.—Yo no, porque no tengo serenidad para eso. Los progresos de la literatura, señor don Antonio, interesan mucho al poder, a la gloria y a la conservación de los imperios; el teatro influye inmediatamente en la cultura nacional; el nuestro está perdido, y yo soy muy español.

Don Antonio.—Con todo, cuando se ve que... Pero ¿qué novedad es ésta?

Escena VI

Don Serapio.—Pipí, muchacho, corriendo, por Dios, un poco de agua.

Don Antonio.—¿Qué ha sucedido? *(Se levantan don Antonio y don Pedro.)*

Don Serapio.—No te pares en enjuaguatorios. Aprisa.

Pipí.—Voy, voy allá.

Don Serapio.—¡Despáchate!

Pipí.—¡Por vida del hombre! *(Pipí va detrás de don Serapio con un vaso de agua. Don Hermógenes, que sale apresurado, tropieza con él y deja caer el vaso y el plato.)* ¿Por qué no mira usted?

Don Hermógenes.—¿No hay alguno de ustedes que tenga por ahí un poco de agua de melisa, elixir, extracto, aroma, álcali volátil, éter vitriólico, o cualquiera quintaesencia antiespasmódica, para entonar el sistema nervioso de una dama exánime?

Don Antonio.—Yo no, no traigo.

Don Pedro.—Pero ¿qué ha sido? ¿Es accidente?

Escena VII

Don Eleuterio.—Sí; es mucho mejor hacer lo que dice don Serapio. *(Doña Agustina muy acongojada, sostenida por don Eleuterio y don Serapio. La hacen que se siente. Pipí trae otro vaso de agua, y ella la bebe un poco.)*

Don Serapio.—Pues ya se ve. Anda, Pipí, en tu cama podrá descansar esta señora...

Pipí.—¡Qué! Si está en un caramanchón[66] que...

Don Eleuterio.—No importa.

Pipí.—¡La cama! La cama es un jergón de arpillera y...

Don Serapio.—¿Que quiere decir eso?

Don Eleuterio.—No importa nada. Allí estará un rato, y veremos si es cosa de llamar a un sangrador...[67]

Pipí.—Yo, bien, si ustedes...

Doña Agustina.—No, no es menester.

Doña Mariquita.—¿Se siente usted mejor, hermana?

Don Eleuterio.—¿Te vas aliviando?

Doña Agustina.—Alguna cosa.

Don Serapio.—¡Ya se ve! El lance no era para menos.

Don Antonio.—Pero ¿se podrá saber qué especie de insulto[68] ha sido éste?

Don Eleuterio.—¿Qué ha de ser, señor, qué ha de ser? Que hay gente envidiosa y mal intencionada, que... ¡Vaya! No me hable usted de eso, porque... ¡Picarones! ¿Cuándo han visto ellos comedia mejor?

Don Pedro.—No acabo de comprender.

Doña Mariquita.—Señor, la cosa es bien sencilla. El señor es hermano mío, marido de esta señora, y autor de esa maldita comedia que han echado hoy. Hemos ido a verla; cuando llegamos estaban ya en el segundo acto. Allí había una tempestad, y luego un consejo de guerra, y luego un baile, y después un entierro... En fin, ello es que al cabo de esta tremolina salía la dama con un chiquillo de la mano, y ella y el chico rabiaban de hambre; el muchacho decía: Madre, déme usted pan; y la madre invocaba a Demogorgon[69] y al Cancerbero.[70] Al llegar nosotros se empezaba este lance de madre e hijo... El patio estaba tremendo. ¡Qué oleadas!, ¡qué toser!, ¡qué estornudos!, ¡qué bostezar!, ¡qué ruido confuso por todas partes!... Pues, señor, como digo, salió la dama, y apenas hubo

---

[66]camaranchón: desván de la casa, donde se guardan trastos viejos.

[67]el que tenía por oficio hacer sangrías a los enfermos.

[68]desmayo.

[69]ser mitológico, habitaba en las entrañas de la tierra; se representaba cubierto de musgos.

[70]perro mitológico con tres cabezas, encargado de cuidar las puertas del infierno.

dicho que no había comido en seis días, y apenas el chico empezó a pedirla pan, y ella a decirle que no le tenía, cuando para servir a ustedes, la gente (que a la cuenta estaba ya hostigada de la tempestad, del consejo de guerra, del baile y del entierro) comenzó de nuevo a alborotarse. El ruido se aumenta; suenan bramidos por un lado y otro, y empieza tal descarga de palmadas huecas, y tal golpeo en los bancos y barandillas, que no parecía sino que toda la casa se venía al suelo. Corrieron el telón; abrieron las puertas; salió renegando toda la gente; a mi hermana se le oprimió el corazón, de manera que... En fin, ya está mejor, que es lo principal. Aquello no ha sido ni oído ni visto; en un instante, entrar en el palco y suceder lo que acabo de contar, todo ha sido a un tiempo. ¡Válgame Dios! ¡En lo que han venido a parar tantos proyectos! Bien decía yo que era imposible que... *(Siéntase junto a doña Agustina.)*

Don Eleuterio.—¡Y que no ha de haber justicia para esto! Don Hermógenes, amigo don Hermógenes, usted bien sabe lo que es la pieza; informe usted a estos señores... Tome usted. *(Saca la comedia, y se la da a don Hermógenes.)* Léales usted todo el segundo acto, y que me digan si una mujer que no ha comido en seis días tiene razón de morirse, y si es mal parecido que un chico de cuatro años pida pan a su madre. Lea usted, lea usted, y que me digan si hay conciencia ni ley de Dios para haberme asesinado de esta manera.

Don Hermógenes.—Yo, por ahora, amigo don Eleuterio, no puedo encargarme de la lectura del drama. *(Deja la comedia sobre una mesa. Pipí la toma, se sienta en una silla distante, y lee con particular atención y complacencia.)* Estoy de prisa. Nos veremos otro día y...

Don Eleuterio.—¿Se va usted?

Doña Mariquita.—¿Nos deja usted así?

Don Hermógenes.—Si en algo pudiera contribuir con mi presencia al alivio de ustedes, no me movería de aquí; pero...

Doña Mariquita.—No se vaya usted.

Don Hermógenes.—Me es muy doloroso asistir a tan acerbo espectáculo. Tengo que hacer. En cuanto a la comedia, nada hay que decir, murió, y es imposible que resucite; bien que ahora estoy escribiendo una apología del teatro, y la citaré con elogio. Diré que hay otras peores; diré que si no guarda reglas ni conexión, consiste en que el autor era un grande hombre; callaré sus defectos.

Don Eleuterio.—¿Qué defectos?

Don Hermógenes.—Algunos que tiene.

Don Pedro.—Pues no decía usted eso poco tiempo ha.

Don Hermógenes.—Fue para animarle.

Don Pedro.—Y para engañarle y perderle. Si usted conocía que era mala, ¿por qué no se lo dijo? ¿Por qué, en vez de aconsejarle que desistiera de escribir chapucerías, ponderaba usted el ingenio del autor, y le persuadía que era excelente una obra tan ridícula y despreciable?

Don Hermógenes.—Porque el señor carece de criterio y sindéresis[71] para comprender la solidez de mis raciocinios, si por ellos intentara persuadirle que la comedia es mala.

Doña Agustina.—¿Conque es mala?

Don Hermógenes.—Malísima.

Don Eleuterio.—¿Qué dice usted?

Doña Agustina.—Usted se chancea, don Hermógenes; no puede ser otra cosa.

Don Pedro.—No, señora, no se chancea; en eso dice la verdad. La comedia es detestable.

Doña Agustina.—Poco a poco con eso, caballero; que una cosa es que el señor diga por gana de fiesta, y otra que usted nos lo venga a repetir de ese modo. Usted será de los eruditos que de todo blasfeman, y nada les parece bien sino lo que ellos hacen; pero...

Don Pedro.—Si usted es marido de esa *(a don Eleuterio.)* señora, hágala usted callar; porque aunque no puede ofenderme cuanto diga, es cosa ridícula que se meta a hablar de lo que no entiende.

Doña Agustina.—¿No entiendo? ¿Quién le ha dicho a usted que...?

Don Eleuterio.—Por Dios, Agustina, no te desazones. Ya ves *(se levanta colérica, y don Eleuterio la hace sentar.)* cómo estás... ¡Válgame Dios, señor! Pero, amigo *(a don Hermógenes.)*, no sé qué pensar de usted.

Don Hermógenes.—Piense usted lo que quiera. Yo pienso de su obra lo que ha pensado el público; pero soy su amigo de usted, y aunque vaticiné el éxito infausto que ha tenido, no quise anticiparle una pesadumbre, porque, como dicen Platón[72] y el abate Lampillas...[73]

Don Eleuterio.—Digan lo que quieran. Lo que yo digo es que usted me ha engañado como un chino. Si yo me aconsejaba con usted; si usted ha visto la obra lance por lance y verso por verso; si usted me ha exhortado a concluir las otras que tengo manuscritas; si usted me ha llenado de elogios y de esperanzas; si me ha hecho usted creer que yo era un grande hombre, ¿cómo me dice usted

---

[71]discreción.

[72]filósofo griego (ca. 428 a.C.-347 a.C.).

[73]Francisco Xavier Lampillas (1731-1810), sacerdote jesuita y crítico de la literatura española.

ahora eso? ¿Cómo ha tenido usted corazón para exponerme a los silbidos, al palmoteo y a la zumba de esta tarde?

Don Hermógenes.—Usted es pacato y pusilánime en demasía... ¿Por qué no le anima a usted el ejemplo? ¿No ve usted esos autores que componen para el teatro, con cuánta imperturbabilidad toleran los vaivenes de la fortuna? Escriben, los silban, y vuelven a escribir; vuelven a silbarlos, y vuelven a escribir... ¡Oh, almas grandes, para quienes los chiflidos son arrullos y las maldiciones alabanzas!

Doña Mariquita.—¿Y qué quiere usted *(levántase.)* decir con eso? Ya no tengo paciencia para callar más. ¿Qué quiere usted decir? ¿Que mi pobre hermano vuelva otra vez...?

Don Hermógenes.—Lo que quiero decir es que estoy de prisa y me voy.

Doña Agustina.—Vaya usted con Dios, y haga usted cuenta que no nos ha conocido. ¡Picardía! No sé cómo *(se levanta muy enojada, encaminándose hacia don Hermógenes, que se va retirando de ella.)* no me tiro a él... Váyase usted.

Don Hermógenes.—¡Gente ignorante!

Doña Agustina.—Váyase usted.

Don Eleuterio.—¡Picarón!

Don Hermógenes.—¡Canalla infeliz!

Escena VIII

Don Eleuterio.—¡Ingrato, embustero! ¡Después *(se sienta con ademanes de abatimiento)* de lo que hemos hecho por él!

Doña Mariquita.—Ya ve usted, hermana, lo que ha venido a resultar. Si lo dije, si me lo daba el corazón... Mire usted qué hombre; después de haberme traído en palabras tanto tiempo, y lo que es peor, haber perdido por él la conveniencia de casarme con el boticario, que a lo menos es hombre de bien, y no sabe latín ni se mete en citar autores, como ese bribón... ¡Pobre de mí! Con dieciséis años que tengo, y todavía estoy sin colocar; por el maldito empeño de ustedes de que me había de casar con un erudito que supiera mucho... Mire usted lo que sabe el renegado (Dios me perdone); quitarme mi acomodo, engañar a mi hermano, perderle, y hartarnos de pesadumbres.

Don Antonio.—No se desconsuele usted, señorita, que todo se compondrá. Usted tiene mérito, y no la faltarán proporciones mucho mejores que las que ha perdido.

Doña Agustina.—Es menester que tengas un poco de paciencia, Mariquita.

Don Eleuterio.—La paciencia *(se levanta con viveza)* la necesito yo, que estoy desesperado de ver lo que me sucede.

Doña Agustina.—Pero, hombre, ¿qué no has de reflexionar?...

Don Eleuterio.—Calla, mujer; calla, por Dios, que tú también...

Don Serapio.—No, señor; el mal ha estado en que nosotros no lo advertimos con tiempo... Pero yo le aseguro al guarnicionero y a sus camaradas que si llegamos a pillarlos, solfeo de mojicones como el que han de llevar no le... La comedia es buena, señor; créame usted a mí; la comedia es buena. Ahí no ha habido más sino que los de allá se han reunido, y...

Don Eleuterio.—Yo ya estoy en que la comedia no es tan mala, y que hay muchos partidos; pero lo que a mí me...

Don Pedro.—¿Todavía está usted en esa equivocación?

Don Antonio.—*(Aparte a don Pedro.)* Déjele usted.

Don Pedro.—No quiero dejarle; me da compasión... Y sobre todo, es demasiada necedad, después de lo que ha sucedido, que todavía esté creyendo el señor que su obra es buena. ¿Por qué ha de serlo? ¿Qué motivos tiene usted para acertar? ¿Qué ha estudiado usted? ¿Quién le ha enseñado el arte? ¿Qué modelos se ha propuesto usted para la imitación? ¿No ve usted que en todas las facultades hay un método de enseñanza, y unas reglas para seguir y observar; que a ellas debe acompañar una aplicación constante y laboriosa; y que sin estas circunstancias, unidas al talento, nunca se formarán grandes profesores, porque nadie sabe sin aprender? ¿Pues por dónde usted, que carece de tales requisitos, presume que habrá podido hacer algo bueno? ¿Qué, no hay más sino meterse a escribir, a salga lo que salga, y en ocho días zurcir un embrollo, ponerle en malos versos, darle al teatro, y ya soy autor? ¿Qué?, ¿no hay más que escribir comedias? Si han de ser como la de usted o como las demás que se la parecen, poco talento, poco estudio y poco tiempo son necesarios; pero si han de ser buenas (créame usted), se necesita toda la vida de un hombre, un ingenio muy sobresaliente, un estudio infatigable, observación continua, sensibilidad, juicio exquisito; y todavía no hay seguridad de llegar a la perfección.

Don Eleuterio.—Bien está, señor; será todo lo que usted dice; pero ahora no se trata de eso. Si me desespero y me confundo, es por ver que todo se me descompone, que he perdido mi tiempo, que la comedia no vale un cuarto, que he gastado en la impresión lo que no tenía...

Don Antonio.—No, la impresión con el tiempo se venderá.

Don Pedro.—No se venderá, no, señor. El público no compra en la librería las piezas que silba en el teatro. No se venderá.

Don Eleuterio.—Pues, vea usted, no se venderá, y pierdo ese dinero, y por otra parte... ¡Válgame Dios! Yo, señor, seré lo que ustedes quieran; seré mal poeta, seré un zopenco; pero soy hombre de bien. Ese picarón de don Hermógenes me ha estafado cuanto tenía para pagar sus trampas y sus embrollos; me ha metido en nuevos gastos, y me deja imposibilitado de cumplir como es regular con los muchos acreedores que tengo.

Don Pedro.—Pero ahí no hay más que hacerles una obligación de irlos pagando poco a poco, según el empleo o facultad que usted tenga, y arreglándose a una buena economía.

Doña Agustina.—¡Qué empleo ni qué facultad, señor! Si el pobrecito no tiene ninguna.

Don Pedro.—¿Ninguna?

Don Eleuterio.—No, señor. Yo estuve en esa lotería de ahí arriba; después me puse a servir a un caballero indiano, pero se murió; lo dejé todo, y me metí a escribir comedias, porque ese don Hermógenes me engatusó y...

Doña Mariquita.—¡Maldito sea él!

Don Eleuterio.—Y si fuera decir estoy solo, anda con Dios; pero casado, y con una hermana, y con aquellas criaturas...

Don Antonio.—¿Cuántas tiene usted?

Don Eleuterio.—Cuatro, señor; que el mayorcito no pasa de cinco años.

Don Pedro.—¡Hijos tiene! *(Aparte con ternura.)* ¡Qué lástima!

Don Eleuterio.—Pues si no fuera por eso...

Don Pedro.—*(Aparte.)* ¡Infeliz! Yo, amigo, ignoraba que del éxito de la obra de usted pendiera la suerte de esa pobre familia. Yo también he tenido hijos. Ya no los tengo, pero sé lo que es el corazón de un padre. Dígame usted: ¿sabe usted contar? ¿Escribe usted bien?

Don Eleuterio.—Sí, señor, lo que es así cosa de cuentas, me parece que sé bastante. En casa de mi amo... porque yo, señor, he sido paje... Allí, como digo, no había más mayordomo que yo. Yo era el que gobernaba la casa; como, ya se ve, estos señores no entienden de eso. Y siempre me porté como todo el mundo sabe. Eso sí, lo que es honradez y... ¡vaya! Ninguno ha tenido que...

Don Pedro.—Le creo muy bien.

Don Eleuterio.—En cuanto a escribir, yo aprendí en los Escolapios,[74] y luego me he soltado bastante, y sé alguna cosa de ortografía... Aquí tengo... Vea usted *(saca un papel y se le da a don Pedro.)* Ello está escrito algo de prisa, porque ésta es una tonadilla que se había de cantar mañana... ¡Ay, Dios mío!

Don Pedro.—Me gusta la letra, me gusta.

---

[74]religiosos de la Orden de las Escuelas Pías.

Don Eleuterio.—Sí, señor, tiene su introduccioncita, luego entran las coplillas satíricas con su estribillo, y concluye con las...

Don Pedro.—No hablo de eso, hombre, no hablo de eso. Quiero decir que la forma de la letra es muy buena. La tonadilla ya se conoce que es prima hermana de la comedia.

Don Eleuterio.—Ya.

Don Pedro.—Es menester que se deje usted de esas tonterías. *(Volviéndole el papel.)*

Don Eleuterio.—Ya lo veo, señor; pero si parece que el enemigo...

Don Pedro.—Es menester olvidar absolutamente esos devaneos; ésta es una condición precisa que exijo de usted. Yo soy rico, muy rico, y no acompaño con lágrimas estériles las desgracias de mis semejantes. La mala fortuna a que le han reducido a usted sus desvaríos necesita, más que consuelos y reflexiones, socorros efectivos y prontos. Mañana quedarán pagadas por mí todas las deudas que usted tenga.

Don Eleuterio.—Señor, ¿qué dice usted?

Doña Agustina.—¿De veras, señor? ¡Válgame Dios!

Doña Mariquita.—¿De veras?

Don Pedro.—Quiero hacer más. Yo tengo bastantes haciendas cerca de Madrid; acabo de colocar a un mozo de mérito, que entendía en el gobierno de ellas. Usted, si quiere, podrá irse instruyendo al lado de mi mayordomo, que es hombre honradísimo; y desde luego puede usted contar con una fortuna proporcionada a sus necesidades. Esta señora deberá contribuir por su parte a hacer feliz el nuevo destino que a usted le propongo. Si cuida de su casa, si cría bien a sus hijos, si desempeña como debe los oficios de esposa y de madre, conocerá que sabe cuanto hay que saber, y cuanto conviene a una mujer de su estado y sus obligaciones. Usted, señorita, no ha perdido nada en no casarse con el pedantón de don Hermógenes; porque, según se ha visto, es un malvado que la hubiera hecho infeliz; y si usted disimula un poco las ganas que tiene de casarse, no dudo que hallará muy presto un hombre de bien que la quiera. En una palabra: yo haré en favor de ustedes todo el bien que pueda; no hay que dudarlo. Además, yo tengo muy buenos amigos en la corte, y... Créanme ustedes, soy algo áspero en mi carácter, pero tengo el corazón muy compasivo.

Doña Mariquita.—¡Qué bondad! *(Don Eleuterio, su mujer y su hermana quieren arrodillarse a los pies de don Pedro; él lo estorba y los abraza cariñosamente.)*

Don Eleuterio.—¡Qué generoso!

Don Pedro.—Esto es ser justo. El que socorre la pobreza, evitando a un infeliz la desesperación y los delitos, cumple con su obligación; no hace más.

Don Eleuterio.—Yo no sé cómo he de pagar a usted tantos beneficios.

Don Pedro.—Si usted me los agradece, ya me los paga.

Don Eleuterio.—Perdone usted, señor, las locuras que he dicho y el mal modo...

Doña Agustina.—Hemos sido muy imprudentes.

Don Pedro.—No hablemos de eso.

Don Antonio.—¡Ah, don Pedro! ¡Qué lección me ha dado usted esta tarde!

Don Pedro.—Usted se burla. Cualquiera hubiera hecho lo mismo en iguales circunstancias.

Don Antonio.—Su carácter de usted me confunde.

Don Pedro.—Eh, los genios serán diferentes; pero somos muy amigos. ¿No es verdad?

Don Antonio.—¿Quién no querrá ser amigo de usted?

Don Serapio.—Vaya, vaya; yo estoy loco de contento.

Don Pedro.—Más lo estoy yo; porque no hay placer comparable al que resulta de una acción virtuosa. Recoja usted esa comedia *(al ver la comedia que está leyendo Pipí);* no se quede por ahí perdida y sirva de pasatiempo a la gente burlona que llegue a verla.

Don Eleuterio.—¡Mal haya la comedia *(arrebata la comedia de manos de Pipí, y la hace pedazos)*, amén, y mi docilidad y mi tontería! Mañana, así que amanezca, hago una hoguera con todo cuanto tengo impreso y manuscrito, y no ha de quedar en mi casa un verso.

Doña Mariquita.—Y yo encenderé la pajuela.

Doña Agustina.—Yo aventaré las cenizas.

Don Pedro.—Así debe ser. Usted, amigo, ha vivido engañado; su amor propio, la necesidad, el ejemplo y la falta de instrucción le han hecho escribir disparates. El público le ha dado a usted una lección muy dura, pero muy útil puesto que por ella se reconoce y se enmienda. ¡Ojalá los que hoy tiranizan y corrompen el teatro por el maldito furor de ser autores, ya que desatinan como usted, lo imitaran en desengañarse!

La comedia nueva. El sí de las niñas. Edición de Guillermo Díaz Plaja. Barcelona: Planeta, 1984.

FÉLIX MARÍA SAMANIEGO (1760-1828)

Fábulas

"El asno y el cochino"

Envidiando la suerte del Cochino,
un Asno maldecía su destino.
«Yo, decía, trabajo y como paja;
él come harina, berza, y no trabaja;
a mí me dan de palos cada día;
a él le rascan y halagan a porfía».
Así se lamentaba de su suerte;
pero luego que advierte
que a la pocilga alguna gente avanza
en guisa de matanza,
armada de cuchillo y de caldera,
y que con maña fiera
dan al gordo Cochino fin sangriento,
dijo entre sí el Jumento:
Si en esto para el ocio y los regalos
al trabajo me atengo y a los palos.

"La cigarra y la hormiga"

Cantando la Cigarra
pasó el verano entero,
sin hacer provisiones
allá para el invierno;
los fríos la obligaron
a guardar el silencio
y a acogerse al abrigo
de su estrecho aposento.

Viose desproveída[1]
del preciso sustento:
sin mosca, sin gusano,
sin trigo y sin centeno.
Habitaba la Hormiga
allí tabique en medio,
y con mil expresiones
de atención y respeto
la dijo: «Doña Hormiga,
pues que en vuestro granero
sobran las provisiones
para vuestro alimento,
prestad alguna cosa
con que viva este invierno
esta triste Cigarra,
que, alegre en otro tiempo,
nunca conoció el daño,
nunca supo temerlo.
No dudéis en prestarme;
que fielmente prometo
pagaros con ganancias,
por el nombre que tengo».
La codiciosa Hormiga
respondió con denuedo,
ocultando a la espalda
las llaves del granero:
«¡Yo prestar lo que gano
con un trabajo inmenso!
Dime, pues, holgazana,
¿qué has hecho en el buen tiempo?»
«Yo, dijo la Cigarra,
a todo pasajero
cantaba alegremente,
sin cesar ni un momento».
«¡Hola! ¿con que, cantabas
cuando yo andaba al remo?

---

[1]desprovista.

Pues ahora, que yo como,
baila, pese a tu cuerpo».

"El hombre y la culebra"

A una Culebra que, de frío yerta,
en el suelo yacía medio muerta
un labrador cogió; mas fue tan bueno,
que incautamente la abrigó en su seno.
Apenas revivió, cuando la ingrata
a su gran bienhechor traidora mata.

"La gata mujer"

Zapaquilda la bella
era gata doncella,
muy recatada, no menos hermosa.
Queríala su dueño por esposa,
si Venus consintiese,
y en mujer a la Gata convirtiese.
De agradable manera
vino en ello la diosa placentera,
y ved a *Zapaquilda* en un instante
hecha moza gallarda, rozagante.
Celébrase la boda;
estaba ya la sala nupcial toda
de un lucido concurso coronada;
la novia relamida, almidonada,
junto al novio, galán enamorado;
todo brillantemente preparado,
cuando quiso la diosa
que cerca de la esposa
pasase un ratoncillo de repente.
Al punto que le ve, violentamente,
a pesar del concurso y de su amante,
salta, corre tras él y échale el guante.

Aunque del valle humilde a la alta cumbre
inconstante nos mude la fortuna,
la propensión del natural es una
en todo estado, y más con la costumbre.

"El filófoso y el rústico"

La del alba sería
la hora en que un Filósofo salía
a meditar al campo solitario,
en lo hermoso y lo vario,
que a la luz de la aurora nos enseña
naturaleza, entonces más risueña.
Distraído sin senda caminaba,
cuando llegó a un cortijo, donde estaba
con un martillo el Rústico en la mano,
en la otra un milano,
y sobre una portátil escalera.
«¿Qué haces de esa manera?»,
el Filósofo dijo.
«Castigar a un ladrón de mi cortijo,
que en mi corral ha hecho más destrozos
que todos los ladrones en Torozos.[2]
Le clavo en la pared... ya estoy contento...
sirve a toda tu raza de escarmiento».
«El matador es digno de la muerte,
el Sabio dijo, mas si de esa suerte
el milano merece ser tratado,
¿de qué modo será bien castigado
el hombre sanguinario, cuyos dientes
devoran a infinitos inocentes,
y cuenta como mísera su vida,
si no hace de cadáveres comida?
Y aún tú, que así castigas los delitos,
cenarías anoche tus pollitos».

---

[2]paraje en Valladolid frecuentado por ladrones.

«Al mundo le encontramos de este modo»,
dijo airado el patán. «Y sobre todo,
si lo mismo son hombres que milanos,
guárdese no le pille entre mis manos».
El Sabio se dejó de reflexiones.
Al tirano le ofenden las razones
que demuestran su orgullo y tiranía;
mientras por su sentencia cada día
muere, viviendo él mismo impunemente,
por menores delitos otra gente.

"La moda"

Después de haber corrido
cierto danzante mono
por cantones y plazas,
de ciudad en ciudad, el mundo todo,
logró, dice la historia,
aunque no cuenta el cómo,
volverse libremente
a los campos del Africa orgulloso.
Los monos al viajero
reciben con más gozo
que a Pedro el zar[3] los rusos,
que los griegos a Ulises generoso.
De leyes, de costumbres,
ni él habló ni algún otro
le preguntó palabra;
pero de trajes y de modas todos.
En cierta jerigonza,
con extranjero tono
les hizo un gran detalle
de lo más remarcable a los curiosos.
«Empecemos, decían,
aunque sea por poco».

---

[3]Pedro I, el grande (1672-1725), zar de Rusia a partir de 1682.

Hiciéronse zapatos
con cáscaras de nueces, por lo pronto;
toda la raza mona
andaba con sus choclos,[4]
y el no traerlos era
faltar a la decencia y al decoro.
Un leopardo hambriento
trepa para los monos:
ellos huir intentan
a salvarse en los árboles del soto.
Las chinelas lo estorban,
y de muy fácil modo
aquí y allí mataba,
haciendo a su placer dos mil destrozos.
En Tetuán,[5] desde entonces
manda el senado docto
que cualquier uso o moda,
de países cercanos o remotos,
antes que llegue el caso
de adoptarse en lo propio,
haya de examinarse,
en junta de políticos, a fondo.
Con tan justo decreto
y el suceso horroroso,
¿dejaron tales modas?
Primero dejarían de ser monos.

Fábulas. Edición de Ernesto Jareño. Madrid: Castalia, 1975.

---

[4]zuecos, chanclas de madera.
[5]ciudad del norte de Marruecos.

MARIANO JOSÉ DE LARRA (1809-37)

Artículos de costumbres

"Vuelva usted mañana" (Artículo del Bachiller)

Gran persona debió de ser el primero que llamó pecado mortal a la pereza; nosotros, que ya en uno de nuestros artículos anteriores estuvimos más serios de lo que nunca nos habíamos propuesto, no entraremos ahora en largas y profundas investigaciones acerca de la historia de este pecado, por más que conozcamos que hay pecados que pican en historia, y que la historia de los pecados sería un tanto cuanto divertida. Convengamos solamente en que esta institución ha cerrado y cerrará las puertas del cielo a más de un cristiano.

Estas reflexiones hacía yo casualmente no hace muchos días, cuando se presentó en mi casa un extranjero de estos que, en buena o en mala parte, han de tener siempre de nuestro país una idea exagerada e hiperbólica, de estos que, o creen que los hombres aquí son todavía los espléndidos, francos, generosos y caballerescos seres de hace dos siglos, o que son aún las tribus nómadas del otro lado del Atlante:[1] en el primer caso vienen imaginando que nuestro carácter se conserva tan intacto como nuestra ruina; en el segundo vienen temblando por esos caminos, y preguntan si son los ladrones que los han de despojar los individuos de algún cuerpo de guardia establecido precisamente para defenderlos de los azares de un camino, comunes a todos los países.

Verdad es que nuestro país no es de aquellos que se conocen a primera ni a segunda vista, y si no temiéramos que nos llamasen atrevidos, lo compararíamos de buena gana a esos juegos de manos sorprendentes e inescrutables para el que ignora su artificio, que estribando en una grandísima bagatela, suelen después de sabidos dejar asombrado de su poca perspicacia al mismo que se devanó los sesos por buscarles causas extrañas. Muchas veces la falta de una causa determinante en las cosas nos hace creer que debe haberlas profundas para mantenerlas al abrigo de nuestra penetración. Tal es el orgullo del hombre, que más quiere

---

[1] océano Atlántico.

declarar en alta voz que las cosas son incomprensibles cuando no las comprende él que confesar que el ignorarlas puede depender de su torpeza.

Esto no obstante, como quiera que entre nosotros mismos se hallen muchos en esta ignorancia de los verdaderos resortes que nos mueven, no tendremos derecho para extrañar que los extranjeros no los puedan tan fácilmente penetrar.

Un extranjero de estos fue el que se presentó en mi casa, provisto de competentes cartas de recomendación para mi persona. Asuntos intrincados de familia, reclamaciones futuras, y aun proyectos vastos concebidos en París de invertir aquí sus cuantiosos caudales en tal cual especulación industrial o mercantil, eran los motivos que a nuestra patria le conducían.

Acostumbrado a la actividad en que viven nuestros vecinos, me aseguró formalmente que pensaba permanecer aquí muy poco tiempo, sobre todo si no encontraba pronto objeto seguro en que invertir su capital. Parecióme el extranjero digno de alguna consideración, trabé presto amistad con él, y lleno de lástima traté de persuadirle a que se volviese a su casa cuanto antes, siempre que seriamente trajese otro fin que no fuese el de pasearse. Admiróle la proposición, y fue preciso explicarme más claro.

—Mirad—le dije—, monsieur Sans-délai[2]—que así se llamaba—; vos venís decidido a pasar quince días, y a solventar en ellos vuestros asuntos.

—Ciertamente—me contestó—. Quince días, y es mucho. Mañana por la mañana buscamos un genealogista para mis asuntos de familia; por la tarde revuelve sus libros, busca mis ascendientes, y por la noche ya sé quién soy. En cuanto a mis reclamaciones, pasado mañana las presento fundadas en los datos que aquél me dé, legalizadas en debida forma; y como será una cosa clara y de justicia innegable (pues sólo en este caso haré valer mis derechos), al tercer día se juzga el caso y soy dueño de lo mío. En cuanto a mis especulaciones, en que pienso invertir mis caudales, al cuarto día ya habré presentado mis proposiciones. Serán buenas o malas, y admitidas o desechadas en el acto, y son cinco días; en el sexto, séptimo y octavo, veo lo que hay que ver en Madrid; descanso el noveno; el décimo tomo mi asiento en la diligencia, si no me conviene estar más tiempo aquí, y me vuelvo a mi casa, aún me sobran de los quince cinco días.

Al llegar aquí monsieur Sans-délai traté de reprimir una carcajada que me andaba retozando ya hacía rato en el cuerpo, y si mi educación logró sofocar mi inoportuna jovialidad, no fue bastante a impedir que se asomase a mis labios una suave sonrisa de asombro y de lástima que sus planes ejecutivos me sacaban al rostro mal de mi grado.

---

[2]señor Sin-demora.

—Permitidme, monsieur Sans-délai—le dije entre socarrón y formal—, permitidme que os convide a comer para el día en que llevéis quince meses de estancia en Madrid.

—¿Cómo?

—Dentro de quince meses estáis aquí todavía.

—¿Os burláis?

—No por cierto.

—¿No me podré marchar cuando quiera? ¡Cierto que la idea es graciosa!

—Sabed que no estáis en vuestro país activo y trabajador.

—¡Oh!, los españoles que han viajado por el extranjero han adquirido la costumbre de hablar mal siempre de su país por hacerse superiores a sus compatriotas.

—Os aseguro que en los quince días con que contáis no habréis podido hablar siquiera a una sola de las personas cuya cooperación necesitáis.

—¡Hipérboles! Yo les comunicaré a todos mi actividad.

—Todos os comunicarán su inercia.

Conocí que no estaba el señor de Sans-délai muy dispuesto a dejarse convencer sino por la experiencia, y callé por entonces, bien seguro de que no tardarían mucho los hechos en hablar por mí.

Amaneció el día siguiente, y salimos entrambos a buscar un genealogista, lo cual sólo se pudo hacer preguntando de amigo en amigo y de conocido en conocido: encontrámosle por fin, y el buen señor, aturdido de ver nuestra precipitación, declaró francamente que necesitaba tomarse algún tiempo; instósele, y por mucho favor nos dijo definitivamente que nos diéramos una vuelta por allí dentro de unos días. Sonreíme y marchámonos. Pasaron tres días: fuimos.

—Vuelva usted mañana—nos respondió la criada—, porque el señor no se ha levantado todavía.

—Vuelva usted mañana—nos dijo al siguiente día—, porque el amo acaba de salir.

—Vuelva usted mañana—nos respondió el otro—, porque el amo está durmiendo la siesta.

—Vuelva usted mañana—nos respondió el lunes siguiente—, porque hoy ha ido a los toros.

—¿Qué día, a qué hora se ve a un español?

Vímosle por fin, y «Vuelva usted mañana—nos dijo—, porque se me ha olvidado. Vuelva usted mañana, porque no está en limpio».

A los quince días ya estuvo; pero mi amigo le había pedido una noticia del apellido Díez, y él había entendido Díaz, y la noticia no servía. Esperando nuevas pruebas, nada dije a mi amigo, desesperado ya de dar jamás con sus abuelos.

Es claro que faltando este principio no tuvieron lugar las reclamaciones. Para las proposiciones que acerca de varios establecimientos y empresas utilísimas pensaba hacer, había sido preciso buscar un traductor; por los mismos pasos que el genealogista nos hizo pasar el traductor; de mañana en mañana nos llevó hasta el fin del mes. Averiguamos que necesitaba dinero diariamente para comer, con la mayor urgencia; sin embargo, nunca encontraba un momento oportuno para trabajar. El escribiente hizo después otro tanto con las copias, sobre llenarlas de mentiras, porque un escribiente que sepa escribir no le hay en este país.

No paró aquí; un sastre tardó veinte días en hacerle un frac, que le había mandado llevarle en veinticuatro horas; el zapatero le obligó con su tardanza a comprar botas hechas; la planchadora necesitó quince días para plancharle una camisola; y el sombrerero a quien le había enviado su sombrero a variar el ala le tuvo dos días con la cabeza al aire y sin salir de casa.

Sus conocidos y amigos no le asistían a una sola cita, ni avisaban cuando faltaban, ni respondían a sus esquelas. ¡Qué formalidad y qué exactitud!

—¿Qué os parece esta tierra, monsieur Sans-délai?—le dije al llegar a estas pruebas.

—Me parece que son hombres singulares...

—Pues así son todos. No comerán por no llevar la comida a la boca.

Presentóse con todo, yendo y viniendo días, una proposición de mejoras para un ramo que no citaré, quedando recomendada eficacísimamente.

A los cuatro días volvimos a saber el éxito de nuestra pretensión.

—Vuelva usted mañana—nos dijo el portero—. El oficial de la mesa no ha venido hoy.

—Grande causa le habrá detenido—dije yo entre mí. Fuímonos a dar un paseo, y nos encontramos, ¡qué casualidad!, al oficial de la mesa en el Retiro,[3] ocupadísimo en dar una vuelta con su señora al hermoso sol de los inviernos claros de Madrid.

Martes era el día siguiente, y nos dijo el portero:

—Vuelva usted mañana, porque el señor oficial de la mesa no da audiencia hoy.

—Grandes negocios habrán cargado sobre él—dije yo.

Como soy el diablo y aun he sido duende, busqué ocasión de echar una ojeada por el agujero de una cerradura. Su señoría estaba echando un cigarrito

---

[3]parque de Madrid.

al brasero, y con una charada del *Correo*[4] entre manos que le debía costar trabajo el acertar.

—Es imposible verle hoy—le dije a mi compañero—su señoría está, en efecto, ocupadísimo.

Dionos audiencia el miércoles inmediato, y ¡qué fatalidad!, el expediente había pasado a informe, por desgracia, a la única persona enemiga indispensable de monsieur y de su plan, porque era quien debía salir en él perjudicado. Vivió el expediente dos meses en informe y vino tan informado como era de esperar. Verdad es que nosotros no habíamos podido encontrar empeño para una persona muy amiga del informante. Esta persona tenía unos ojos muy hermosos, los cuales, sin duda alguna, le hubieran convencido en sus ratos perdidos de la justicia de nuestra causa.

Vuelto el informe, se cayó en la cuenta en la sección de nuestra bendita oficina de que el tal expediente no correspondía a aquel ramo; era preciso rectificar este pequeño error; pasóse al ramo, establecimiento y mesa correspondiente, y hétenos caminando después de tres meses a la cola siempre de nuestro expediente, como hurón que busca el conejo, y sin poderlo sacar muerto ni vivo de la huronera. Fue el caso al llegar aquí que el expediente salió del primer establecimiento y nunca llegó al otro.

—De aquí se remitió con fecha de tantos—decían en uno.

—Aquí no ha llegado nada—decían en otro.

—¡Voto va![5]—dije yo a monsieur Sans-délai—, ¿sabéis que nuestro expediente se ha quedado en el aire como el alma de Garibay,[6] y que debe de estar ahora posado como una paloma sobre algún tejado de esta activa población?

Hubo que hacer otro. ¡Vuelta a los empeños! ¡Vuelta a la prisa! ¡Qué delirio!

—Es indispensable—dijo el oficial con voz campanuda—que esas cosas vayan por sus trámites regulares.

Es decir, que el toque estaba, como el toque del ejercicio militar, en llevar nuestro expediente tantos o cuantos años de servicio.

Por último, después de cerca de medio año de subir y bajar, y estar a la firma o al informe, o a la aprobación, o al despacho, o debajo de la mesa, y de *volver* siempre mañana, salió con una notita al margen que decía:

---

[4]periódico de Madrid, *Correo literario y mercantil*.

[5]expresión de amenaza, enfado, sorpresa o admiración.

[6]Pedro de Garibay (1729-1815), militar español. Para expresar que algo estaba perdido se decía: «Estar más perdido que el alma de Garibay».

«A pesar de la justicia y utilidad del plan del exponente, negado.»

—¡Ah, ah!, monsieur Sans-délai—exclamé riéndome a carcajadas—; éste es nuestro negocio.

Pero monsieur Sans-délai se daba a todos los diablos.

—¿Para esto he echado yo mi viaje tan largo? ¿Después de seis meses no habré conseguido sino que me digan en todas partes diariamente: *Vuelva usted mañana*, y cuando este dichoso *mañana* llega en fin, nos dicen redondamente que *no*? ¿Y vengo a darles dinero? ¿Y vengo a hacerles favor? Preciso es que la intriga más enredada se haya fraguado para oponerse a nuestras miras.

—¿Intriga, monsieur Sans-délai? No hay hombre capaz de seguir dos horas una intriga. La pereza es la verdadera intriga; os juro que no hay otra, ésa es la gran causa oculta: es más fácil negar las cosas que enterarse de ellas.

Al llegar aquí no quiero pasar en silencio algunas razones de las que me dieron para la anterior negativa aunque sea una pequeña digresión.

—Ese hombre se va a perder—me decía un personaje muy grave y muy patriótico.

—Esa no es una razón—le repuse—: si él se arruina, nada, nada se habrá perdido en concederle lo que pide; él llevará el castigo de su osadía o de su ignorancia.

—¿Cómo ha de salir con su intención?

—Y suponga usted que quiere tirar su dinero y perderse, ¿no puede uno aquí morirse siquiera, sin tener un empeño para el oficial de la mesa?

—Puede perjudicar a los que hasta ahora han hecho de otra manera eso mismo que ese señor extranjero quiere.

—¿A los que lo han hecho de otra manera, es decir, peor?

—Sí, pero lo han hecho.

—Sería lástima que se acabara el modo de hacer mal las cosas. ¿Con que porque siempre se han hecho las cosas del modo peor posible será preciso tener consideraciones con los perpetuadores del mal? Antes se debiera mirar si podrían perjudicar los antiguos al moderno.

—Así está establecido; así se ha hecho hasta aquí; así lo seguiremos haciendo.

—Por esa razón deberían darle a usted papilla todavía como cuando nació.

—En fin, señor bachiller, es un extranjero.

—¿Y por qué no lo hacen los naturales del país?

—Con esas socaliñas[7] vienen a sacarnos la sangre.

---

[7]artificio con que se saca a uno lo que no está obligado a dar.

—Señor mío—exclamé, sin llevar más adelante mi paciencia—, está usted en un error harto general. Usted es como muchos que tienen la diabólica manía de empezar siempre por poner obstáculos a todo lo bueno, y el que pueda que los venza. Aquí tenemos el loco orgullo de no saber nada, de quererlo adivinar todo y no reconocer maestros. Las naciones que han tenido, ya que no el saber, deseos de él, no han encontrado otro remedio que el de recurrir a los que sabían más que ellas. Un extranjero—seguí—que corre a un país que le es desconocido para arriesgar en él sus caudales pone en circulación un capital nuevo, contribuye a la sociedad, a quien hace un inmenso beneficio con su talento y su dinero. Si pierde es un héroe; si gana es muy justo que logre el premio de su trabajo, pues nos proporciona ventajas que no podíamos acarrearnos solos. Ese extranjero que se establece en este país no viene a sacar de él el dinero, como usted supone; necesariamente se establece y se arraiga en él, y a la vuelta de media docena de años ni es extranjero ya ni puede serlo; sus más caros intereses y su familia le ligan al nuevo país que ha adoptado; toma cariño al suelo donde ha hecho su fortuna, al pueblo donde ha escogido una compañera; sus hijos son españoles, y sus nietos lo serán; en vez de extraer el dinero, ha venido a dejar un capital suyo que traía, invirtiéndole y haciéndole producir; ha dejado otro capital de talento, que vale por lo menos tanto como el del dinero; ha dado de comer a los pocos o muchos naturales de quien ha tenido necesariamente que valerse; ha hecho una mejora, y hasta ha contribuido al aumento de la población con su nueva familia. Convencidos de estas importantes verdades, todos los Gobiernos sabios y pruden-tes han llamado a sí a los extranjeros: a su grande hospitalidad ha debido siempre la Francia su alto grado de esplendor; a los extranjeros de todo el mundo que ha llamado la Rusia ha debido el llegar a ser una de las primeras naciones en mu-chísimo menos tiempo que el que han tardado otras en llegar a ser las últimas; a los extranjeros han debido los Estados Unidos... Pero veo por sus gestos de usted—concluí interrumpiéndome oportunamente a mí mismo—que es muy difícil convencer al que está persuadido de que no se debe convencer. ¡Por cierto, si usted mandara, podríamos fundar en usted grandes esperanzas! La fortuna es que hay hombres que mandan más ilustrados que usted, que desean el bien de su país, y dicen: «Hágase el milagro, y hágalo el diablo.» Con el Gobierno que en el día tenemos, no estamos ya en el caso de sucumbir a los ignorantes o a los malinten-cionados, y quizá ahora se logre que las cosas vayan a mejor, aunque despacio, mal que les pese a los batuecos.[8]

Concluida esta filípica, fuime en busca de mi Sans-délai.

---

[8]natural de las Batuecas, comarca española.

—Me marcho, señor bachiller—me dijo—. En este país *no hay tiempo* para hacer nada; sólo me limitaré a ver lo que haya en la capital de más notable.

—¡Ay!, mi amigo—le dije—, idos en paz, y no queráis acabar con vuestra poca paciencia; mirad que la mayor parte de nuestras cosas no se ven.

—¿Es posible?

—¿Nunca me habéis de creer? Acordaos de los quince días...

Un gesto de monsieur Sans-délai me indicó que no le había gustado el recuerdo.

—*Vuelva usted mañana*—nos decían en todas partes—, porque hoy no se ve.

—Ponga usted un memorialito para que le den a usted permiso especial.

Era cosa de ver la cara de mi amigo al oír lo del memorialito: representábasele en la imaginación el informe, y el empeño, y los seis meses, y... Contentóse con decir:

—*Soy extranjero*—. ¡Buena recomendación entre los amables compatriotas míos!

Aturdíase mi amigo cada vez más, y cada vez nos comprendía menos. Días y días tardábamos en ver, a fuerza de esquelas y de *volver*, las pocas rarezas que tenemos guardadas. Finalmente, después de medio año largo, si es que puede haber un medio año más largo que otro, se restituyó mi recomendado a su patria maldiciendo de esta tierra, y dándome la razón que yo ya antes me tenía, y llevando al extranjero noticias excelentes de nuestras costumbres, diciendo sobre todo que en seis meses no había podido hacer otra cosa sino *volver siempre mañana*, y que a la vuelta de tanto *mañana*, eternamente futuro, lo mejor, o más bien lo único que había podido hacer bueno, había sido marcharse.

¿Tendrá razón, perezoso lector (si es que has llegado ya a esto que estoy escribiendo), tendrá razón el buen monsieur Sans-délai en hablar mal de nosotros y de nuestra pereza? ¿Será cosa de que *vuelva* el día de *mañana* con gusto a visitar nuestros hogares? Dejemos esta cuestión para mañana, porque ya estarás cansado de leer hoy: si mañana u otro día no tienes, como sueles, pereza de volver a la librería, pereza de sacar tu bolsillo, y pereza de abrir los ojos para ojear las hojas que tengo que darte todavía, te contaré cómo a mí mismo, que todo esto veo y conozco y callo mucho más, me ha sucedido muchas veces, llevado de esta influencia, hija del clima y *de otras causas*, perder de pereza más de una conquista amorosa; abandonar más de una pretensión empezada, y las esperanzas de más de un empleo, que me hubiera sido acaso, con más actividad, poco menos que asequible; renunciar, en fin, por pereza de hacer una visita justa o necesaria, a relaciones sociales que hubieran podido valerme de mucho en el transcurso de mi vida; te confesaré que no hay negocio que no pueda hacer hoy que no deje para mañana; te referiré que me levanto a las once, y duermo siesta;

que paso haciendo el quinto pie de la mesa de un café, hablando o roncando, como buen español, las siete y las ocho horas seguidas; te añadiré que cuando cierran el café me arrastro lentamente a mi tertulia diaria (porque de pereza no tengo más que una), y un cigarrito tras otro me alcanzan clavado en un sitial, y bostezando sin cesar, las doce o la una de la madrugada: que muchas noches no ceno de pereza, y de pereza no me acuesto; en fin, lector de mi alma, te declararé que de tantas veces como estuve en esta vida desesperado, ninguna me ahorqué y siempre fue de pereza. Y concluyo por hoy confesándote que ha más de tres meses que tengo, como la primera entre mis apuntaciones, el título de este artículo, que llamé: *Vuelva usted mañana*; que todas las noches y muchas tardes he querido durante ese tiempo escribir algo en él, y todas las noches apagaba mi luz diciéndome a mí mismo con la más pueril credulidad en mis propias resoluciones: *¡Eh, mañana le escribiré!* Da gracias a que llegó por fin este mañana, que no es del todo malo; pero ¡ay de aquel mañana que no ha de llegar jamás!

NOTA.—Con el mayor dolor anunciamos al público de nuestros lectores que estamos ya a punto de concluir el plan reducido que en la publicación de estos cuadernos nos habíamos creado. Pero no está en nuestra mano evitarlo. Síntomas alarmantes nos anuncian que el hablador padece de la lengua: fórmasele un frenillo que le hace hablar más pausada y menos enérgicamente que en su juventud. ¡Pobre Bachiller! Nos figuramos *que morirá por su propia voluntad*, y recomendamos por esto a nuestros apasionados y a sus preces este pobre *enfermo de aprensión*, cansado ya de hablar.

(*El pobrecito hablado*, 14 de enero de 1833)

"El mundo todo es máscaras"

Todo el año es carnaval
(Artículo del Bachiller)

> ¿Qué gente hay allá arriba, que anda
> tal estrépito? ¿Son locos?
> Moratín, *Comedia nueva*.

No hace muchas noches que me hallaba encerrado en mi cuarto y entregado a profundas meditaciones filosóficas, nacidas de la dificultad de escribir diariamente para el público. ¿Cómo contentar a los necios y a los discretos, a los cuerdos y a los locos, a los ignorantes y a los entendidos que han de leerme, y sobre todo a los dichosos y a los desgraciados, que con tan distintos ojos suelen ver una misma cosa?...

....

Animado con esta reflexión, cogí la pluma y ya iba a escribir nada menos que un elogio de todo lo que veo a mi alrededor, el cual pensaba rematar con cierto discurso encomiástico acerca de lo adelantado que está el arte de la declamación en el país, para contentar a todo el que se me pusiera por delante, que esto es lo que conviene en estos tiempos tan valentones que corren; pero tropecé con el inconveniente de que los hombres sensatos habían de sospechar que el dicho elogio era burla, y esta reflexión era más pesada que la anterior.

Al llegar aquí arrojé la pluma, despechado y decidido a consultar todavía con la almohada si en los términos de lo lícito me quedaba algo que hablar, para lo cual determiné verme con un amigo, abogado *por más señas*, lo que basta para que se infiera si debe de ser hombre entendido, y que éste, registrando su *Novísima*[9] y sus *Partidas*,[10] me dijese para de aquí en adelante qué es lo que me está prohibido, pues en verdad que es mi mayor deseo ir con la corriente de las cosas, sin andarme a buscar *cotufas en el golfo*,[11] ni el mal fuera de mi casa, cuando dentro de ella tengo el bien.

En esto estaba ya para dormirme, a lo cual había contribuido no poco el esfuerzo que había hecho para componer mi elogio de modo que tuviera trazas de cosa formal; pero Dios no lo quiso así, o a lo que yo tengo por más cierto, un amigo que me alborotó la casa, y que se introdujo en mi cuarto dando voces en los términos siguientes, u otros semejantes:

—¡Vamos a las máscaras, Bachiller!—me gritó.

—¿A las máscaras?

—No hay remedio; tengo un coche a la puerta. ¡A las máscaras! Iremos a algunas casas particulares, y concluiremos la noche en uno de los grandes bailes de suscripción.

---

[9]*Novísima recopilación*: libro en que aparecen reunidas ordenadamente, después de revisadas, corregidas y enmendadas, cuantas disposiciones de carácter legal no habían caído en desuso y estaban incluidas en la Recopilación, o corrían en pliegos sueltos. Fue hecha ley del reino en 1805.

[10]*Las siete partidas*: leyes compiladas por Alfonso el Sabio, divididas en siete partes.

[11]expresión que significa "pedir cosas imposibles".

—Que te diviertas; yo me voy a acostar.

—¡Qué despropósito! No lo imagines: precisamente te traigo un dominó negro y una careta.

—¡Adiós! Hasta mañana.

—¿Adónde vas? Mira, mi querido Munguía, tengo interés en que vengas conmigo; sin ti no voy, y perderé la mejor ocasión del mundo.

—¿De veras?

—Te lo juro.

—En ese caso, vamos. ¡Paciencia! Te acompañaré.

De mala gana entré dentro de un amplio ropaje, bajé la escalera y me dejé arrastrar al compás de las exclamaciones de mi amigo, que no cesaba de gritarme:

—¡Cómo nos vamos a divertir! ¡Qué noche tan deliciosa hemos de pasar!

Era el coche alquilón;[12] a ratos parecía que andábamos tanto atrás como adelante, a modo de quien pisa nieve; a ratos, que estábamos columpiándonos en un mismo sitio. Llegó por fin a ser tan completa la ilusión, que, temeroso yo de alguna pesada burla de Carnaval, parecida al viaje de Don Quijote y Sancho[13] en el Clavileño,[14] abrí la ventanilla más de una vez, deseoso de investigar si después de media hora de viaje estaríamos todavía a la puerta de mi casa, o si habríamos pasado ya la línea, como en la aventura de la barca del Ebro.[15]

Ello parecerá increíble, pero llegamos, quedándome yo, sin embargo, en la duda de si habría andado el coche hacia la casa o la casa hacia el coche. Subimos la escalera, verdadera imagen de la primera confusión de los elementos: un Edipo,[16] sacando el reloj y viendo la hora que era; una vestal, atándose una liga elástica y dejando a su criado los chanclos y el capote escocés para la salida; un romano coetáneo de Catón[17] dando órdenes a su cochero para encontrar su lan-

---

[12]con sentido peyorativo, de alquiler.

[13]personajes de la novela de Miguel de Cervantes *El ingenioso hidaldo Don Quijote de la Mancha* (1605; segunda parte, 1615).

[14]caballo de madera a lomos del cual don Quijote y Sancho corrieron por los aires.

[15]río de España.

[16]en mitología, hijo de Layo, rey de Tebas, y de Yocasta. Edipo mató a su padre y se casó con su madre. Al conocer esta relación incestuosa, Yocasta se ahorcó y Edipo se sacó los ojos.

[17]Marco Poncio Catón (232-147 a.C.), político y escritor latino.

dó dos horas después; un indio no conquistado todavía por Colón, con su papeleta impresa en la mano y bajando de un birlocho; un Oscar acabando de fumar un cigarrillo de papel para entrar en el baile; un moro santiguándose asombrado al ver el gentío; cien dominós, en fin, subiendo todos los escalones sin que se sospechara que hubiese dentro quien los moviese y tapándose todos las caras, sin saber los más para qué y muchos sin ser conocidos de nadie.

Después de un molesto reconocimiento del billete y del sello y la rúbrica y la contraseña, entramos en una salita que no tenía más defecto que estar las paredes demasiado cerca unas de otras; pero ello es más preciso tener máscaras que sala donde colocarlas. Algún ciego alquilado para toda la noche, como la araña y la alfombra, y para descansarle un *piano, tan piano*, que nadie lo consiguió oír jamás, eran la música del baile, donde nadie bailó. Poníanse, sí, de vez en cuando a modo de parejas la mitad de los concurrentes y dábanse con la mayor intención de ánimo sendos encontrones a derecha e izquierda, y aquello era el bailar, si se nos permite esta expresión.

Mi amigo no encontró lo que buscaba, y según yo llegué a presumir, consistió en que no buscaba nada, que es precisamente lo mismo que a otros muchos les acontece. Algunas madres, sí, buscaban a sus hijas, y algunos maridos a sus mujeres; pero ni una sola hija buscaba a su madre, ni una sola mujer a su marido.

—Acaso—decían—se habrán quedado dormidas entre la confusión en alguna otra pieza...

—Es posible—decía yo para mí—, pero no es probable.

Una máscara vino disparada hacia mí.

—¿Eres tú?—me preguntó misteriosamente.

—Yo soy—le respondí, seguro de no mentir.

—Conocí el dominó; pero esta noche es imposible: Paquita está ahí, mas el marido se ha empeñado en venir; no sabemos por dónde diantres[18] ha encontrado billetes.

—¡Lástima grande!

—¡Mira tú qué ocasión! Te hemos visto, y no atreviéndose a hablarte ella misma, me envía para decirte que mañana sin falta os veréis en la *Sartén*.[19] Dominó encarnado y lazos blancos.

—Bien.

—¿Estás?

---

[18]diablos.

[19]teatro de este nombre.

—No faltaré.

—¿Y tu mujer, hombre?—le decía a un ente rarísimo que se había vestido todo de cuernecitos de abundancia un dominó negro que llevaba otro igual del brazo.

—Durmiendo estará ahora. Por más que he hecho, no he podido decidirla a que venga; no hay otra más enemiga de diversiones.

—Así descansas tú en su virtud: ¿piensas estar aquí toda la noche?

—No, hasta las cuatro.

—Haces bien.

En esto se había alejado el de los cuernecillos, y entreoí estas palabras:

—Nada ha sospechado.

—¿Cómo era posible? Si salí una hora después que él...

¿A las cuatro ha dicho?

—Sí.

—Tenemos tiempo. ¿Estás segura de la criada?

—No hay cuidado alguno, porque...

Una oleada cortó el hilo de mi curiosidad; las demás palabras del diálogo se confundieron con las repetidas voces de *¿Me conoces? Te conozco*, etc.

¿Pues no parecía estrella mía haber traído esta noche un dominó igual al de todos los amantes, más feliz por cierto que Quevedo,[20] que se parecía de noche a cuantos esperaban para pegarlos?

—¡Chis! ¡Chis! Por fin te encontré—me dijo otra máscara esbelta, asiéndome del brazo, y con su voz tierna y agitada por la esperanza satisfecha.

—¿Hace mucho que me buscabas?

—No, por cierto, porque no esperaba encontrarte. ¡Ay! ¡Cuánto me has hecho pasar desde antes de anoche! No he visto hombre más torpe. Yo tuve que componerlo todo; y la fortuna fue haber convenido antes en no darnos nuestros nombres, ni aun por escrito. Si no...

—¿Pues qué hubo?

—¿Qué había de haber? El que venía conmigo era Carlos mismo.

—¿Qué dices?

—Al ver que me alargabas el papel, tuve que hacerme la desentendida y dejarlo caer, pero él le vio y le cogió. ¡Qué angustias!

—¿Y cómo saliste del paso?

—Al momento me ocurrió una idea: «¿Qué papel es ése?», le dije. «Vamos a verle; será de algún enamorado.» Se lo arrebato, veo que empieza: «*Querida*

---

[20]Francisco de Quevedo y Villegas (1580-1645), escritor español.

Anita». Cuando no vi mi nombre, respiré; empecé a echarlo a broma. «¿Quién será el desesperado?», le decía riéndome a carcajadas. «Veamos.» Y él mismo leyó el billete, donde me decías que esta noche nos veríamos aquí, si podía venir sola. ¡Si vieras cómo se reía!

—¡Cierto que fue gracioso!

—Sí, pero, por Dios, *don Juan,*[21] *de éstas, pocas.*

Acompañé largo rato a mi amante desconocida, siguiendo la broma lo mejor que pude... El lector comprenderá fácilmente que bendije las máscaras y sobre todo el talismán de mi impagable dominó.

Salimos por fin de aquella casa, y no pude menos de soltar la carcajada al oír a una máscara que a mi lado bajaba.

—¡Pesia a mí![22]—le decía a otro—; no ha venido. Toda la noche he seguido a otra creyendo que era ella, hasta que se ha quitado la careta. ¡La vieja más fea de Madrid! No ha venido; en mi vida pasé rato más amargo. ¿Quién sabe si el papel de la otra noche lo habrá echado todo a perder? Si don Carlos lo cogió...

—Hombre, no tengas cuidado.

—¡Paciencia! Mañana será otro día. Yo con ese temor me he guardado muy bien de traer el dominó cuyas señas le daban en la carta.

—Hiciste bien.

—Perfectísimamente—repetí yo para mí; y salíme riendo de los azares de la vida.

Bajamos atropellando un rimero de criados y capas tendidos aquí y allí por la escalera. La noche no dejó de tener tampoco algún contratiempo para mí. Yo me había llevado la querida de otro; en justa compensación otro se había llevado mi capa, que debía parecerse a la suya, como se parecía mi dominó al del desventurado querido.

—Ya estás vengado—exclamé—, ¡oh, burlado mancebo!

Felizmente yo, al entregarla en la puerta, había tenido la previsión de despedirme de ella tiernamente para toda mi vida. ¡Oh previsión oportuna! Ciertamente que no nos volveremos a encontrar mi capa y yo en este mundo perecedero. Había salido ya de la casa, había andado largo trecho, y aun volvía la cabeza de

---

[21]personaje legendario de origen español que constituye uno de los mitos de la literatura universal. Caballero galanteador, libertino y desenfrenado que se burla de los muertos y termina hundiéndose en el infierno. Véase una versión de este mito en *Don Juan Tenorio* de José Zorrilla en esta misma antología.

[22]interjección de desazón o enfado.

rato en rato hacia sus altas paredes, como Héctor al dejar a su Andrómaca,[23] diciendo para mí: «Allí quedó, allí la dejé, allí la vi por la última vez.»

Otras casas recorrimos; en todas el mismo cuadro: en ninguna nos admiró encontrar intrigas amorosas, madres burladas, chasqueados esposos o solícitos amantes. No soy de aquellos que echan de menos la acción en una buena cantatriz, o alaban la voz de un mal comediante, y por tanto no voy a buscar virtudes a las máscaras. Pero nunca llegué a comprender el afán que por asistir al baile había manifestado tantos días seguidos don Cleto, que hizo toda la noche de una silla cama y del estruendo arrullo. No entiendo todavía a don Jorge cuando dice que estuvo en la función, habiéndole visto desde que entró hasta que salió en derredor de una mesa en un verdadero *écarté*.[24] Toda la diferencia estaba en él con respecto a las demás noches, en ganar o perder, vestido de moharracho.[25] Ni me sé explicar de una manera satisfactoria la razón en que se fundan para creer ellos mismos que se divierten un enjambre de máscaras que vi buscando siempre, y no encontrando jamás, sin hallar a quién embromar ni quien los embrome, que no bailan, que no hablan, que vagan errantes de sala en sala, como si de todas les echaran, imitando el vuelo de la mosca, que parece no tener nunca objeto determinado. ¿Es por ventura un apetito desordenado de hallarse donde se hallan todos, hijo de la pueril vanidad del hombre? ¿Es por aturdirse a si mismos y creerse felices por espacio de una noche entera? ¿Es por dar a entender que también tienen un interés y una intriga? Algo nos inclinamos a creer lo último, cuando observamos que los más de éstos os dicen, si los habéis conocido:

—¡Chitón! ¡Por Dios! No digáis nada a nadie.

Seguidlos y os convenceréis de que no tienen motivos ni para descubrirse ni para taparse. Andan, sudan, gastan, salen quebrantados del baile... Nunca, empero, se les olvida salir los últimos, y decir al despedirse:

—¿Mañana es el baile en Solís? Pues hasta mañana. ¿Pasado mañana es en San Bernardino? ¡Diez onzas diera por un billete!

Ya que sin respeto a mis lectores me he metido en estas reflexiones filosóficas, no dejaré pasar en silencio, antes de concluirlas, la más principal que me ocurría. ¿Qué mejor careta ha menester don Braulio que su hipocresía? Pasa en el mundo por un santo, oye misa todos los días y reza sus devociones; a merced

---

[23]Héctor, casado con Andrómaca, héroe de la guerra de Troya.

[24]juego de palabras. Por un lado, en español, es el nombre de un juego de cartas entre dos. Por otro, es un adjetivo francés que significa apartado, alejado o separado.

[25]persona que se disfraza ridículamente en una función.

de esta máscara que tiene constantemente adoptada, mirad cómo engaña, cómo intriga, cómo murmura, cómo roba... ¡Qué empeño de no parecer Julianita lo que es! ¿Para eso sólo se pone un rostro de cartón sobre el suyo? ¿Teme que sus facciones delaten su alma? Viva tranquila; tampoco ha menester careta. ¿Veis su cara angelical? ¡Qué suavidad! ¡Qué atractivo! ¡Cuán fácil trato debe de tener! No puede abrigar vicio alguno. Miradla por dentro, observadores de superficies: no hay día que no engañe a un nuevo pretendiente; veleidosa, infiel, perjura, desvanecida, envidiosa, áspera con los suyos, insufrible y altanera con su esposo: ésa es la hermosura perfecta, cuya cara os engaña más que su careta. ¿Veis aquel hombre tan amable y tan cortés, tan comedido con las damas en sociedad? ¡Qué deferencia! ¡Qué previsión! ¡Cuán sumiso debe ser! No le escojas sólo por eso para esposo, encantadora Amelia; es un tirano grosero de la que le entrega su corazón. Su cara es también más pérfida que su careta; por ésta no estás expuesta a equivocarte, porque nada juzgas por ella; pero la otra... Imperfecta discípula de Lavater,[26] crees que debe ser tu clave, y sólo suele ser un pérfido guía, que te entrega a tu enemigo.

Bien presumirá el lector que al hacer estas metafísicas indagaciones, algún pesar muy grande debía afligirme, pues nunca está el hombre más filósofo que en sus malos ratos: el que no tiene fortuna se encasqueta su filosofía como un falto de pelo su *bisoñé*; la filosofía es, efectivamente, para el desdichado lo que la peluca para el calvo; de ambas maneras se les figura a entrambos que ocultan a los ojos de los demás la inmensa laguna que dejó en ellos por llenar la naturaleza madrastra.

Así era, un pesar me afligía. Habíamos entrado ya en uno de los principales bailes de esta Corte.[27] El continuo traspirar, el estar en pie la noche entera, la hora avanzada y el mucho cavilar, habían debilitado mis fuerzas en tales términos que el hambre era a la sazón mi maestro de filosofía. Así de mi amigo, y de común acuerdo, nos decidimos a cenar lo más espléndidamente posible. ¡Funesto error! Así se refugiaban máscaras a aquel estrecho local, y se apiñaban y empujaban unas a otras, como si fuera de la puerta las esperase el más inminente peligro. Iban y venían los mozos aprovechando claros y describiendo sinuosidades, como el arroyo que va buscando para correr entre las breñas las rendijas y agujeros de las piedras. Era tarde ya; apenas había un plato de que disponer; pedimos, sin embargo, de lo que había, y nos trajeron varios restos de manjares que alguno

---

[26]Johann Kaspar Lavater (1741-1801), escritor, filósofo y teólogo protestante suizo que luchó contra el racionalismo y desarrolló la teoría fisiognómica.

[27]Madrid.

que había cenado antes que nosotros había tenido la previsión de dejar sobrantes. *Hicimos semblante* de comer, según decían nuestros antepasados y como dicen ahora nuestros vecinos, y pagamos como si hubiéramos comido.

—Esta ha sido la primera vez en mi vida—salí diciendo—que me ha costado dinero un rato de hambre.

Entrámonos de nuevo en el salón de baile, y cansado ya de observar y de oír sandeces, prueba irrefragable de lo reducido que es el número de hombres dotados por el cielo con travesura y talento, toda mi ambición se limitó a conquistar con los codos y los pies un rincón donde ceder algunos minutos a la fatiga. Allí me recosté, púseme la careta para poder dormir sin excitar la envidia de nadie, y columpiándose mi imaginación entre mil ideas opuestas, hijas de la confusión de sensaciones encontradas de un baile de máscaras, me dormí, mas no tan tranquilamente como lo hubiera yo deseado.

Los fisiólogos saben mejor que nadie, según dicen, que el sueño y el ayuno, prolongado sobre todo, predisponen la imaginación débil y acalorada del hombre a las visiones nocturnas y aéreas, que vienen a tomar en nuestra irritable fantasía formas corpóreas cuando están nuestros párpados aletargados por Morfeo.[28] Más de cuatro que han pasado en este bajo suelo por haber visto realmente lo que realmente no existe, han debido al sueño y al ayuno sus estupendas apariciones. Esto es precisamente lo que a mí me aconteció, porque al fin, según expresión de Terencio,[29] *homo sum et nihil humani a me alienum puto.*[30]

No bien había cedido al cansancio, cuando imaginé hallarme en una profunda oscuridad, reinaba el silencio en torno mío; poco a poco una luz fosfórica fue abriéndose paso lentamente por entre las tinieblas, y una redoma mágica se me fue acercando misteriosamente por sí sola, como un luminoso meteoro. Saltó un tapón con que venía herméticamente cerrada; un torrente de luz se escapó de su cuello destapado, y todo volvió a quedar en la oscuridad. Entonces sentí una mano fría como el mármol que se encontró con la mía; un sudor yerto me cubrió; sentí el crujir de la ropa de una fantasma bulliciosa que ligeramente se movía a mi lado, y una voz semejante a un leve soplo me dijo con acentos que tienen entre los hombres signos representativos:

—Abre los ojos, Bachiller; si te inspiro confianza, sígueme.

---

[28]en mitología, hijo del Sueño; adoptaba la apariencia de distintos seres humanos y se presentaba a las personas dormidas.

[29]comediógrafo latino (190-159 a.C.).

[30]hombre soy y nada de lo humano me es ajeno (latín).

El aliento me faltó, flaquearon mis rodillas; pero la fantasma despidió de sí un pequeño resplandor, semejante al que produce un fumador en una escalera tenebrosa aspirando el humo de su cigarro, y a su escasa luz reconocí brevemente a Asmodeo,[31] héroe del *Diablo Cojuelo*.[32]

—Te conozco—me dijo—; no temas, vienes a observar el Carnaval en un baile de máscaras. ¡Necio! Ven conmigo; doquiera[33] hallarás máscaras, doquiera Carnaval, sin esperar al segundo mes del año.

Arrebatóme entonces insensible y rápidamente, no sé si sobre algún dragón alado, o vara mágica, o cualquier otro bagaje de esta especie. Ello fue que alzarme del sitio que ocupaba y encontrarnos suspendidos en la atmósfera sobre Madrid, como el águila que se columpia en el aire buscando con vista penetrante su temerosa presa, fue obra de un instante. Entonces vi al través de los tejados como pudiera al través del vidrio de un excelente anteojo de larga vista.

—Mira—me dijo mi extraño *cicerone*—. ¿Qué ves en esa casa?

—Un joven de sesenta años disponiéndose a asistir a una *suaré*;[34] pantorrillas postizas, porque va de calzón; un frac diplomático; todas las maneras afectadas de un seductor de veinte años; una persuasión, sobre todo, indestructible de que su figura hace conquistas todavía...

—¿Y allí?

—Una mujer de cincuenta años.

—Obsérvala: se tiñe los blancos cabellos.

—¿Qué es aquello?

—Una caja de dientes; a la izquierda, una pastilla de color; a la derecha, un *polisón*.[35] ¡Cómo se ciñe el corsé! Va a exhalar el último aliento. Repara su gesticulación de coqueta.

—¡Ente execrable! ¡Horrible desnudez!

—Más de una ha deslumbrado tus ojos en algún sarao que debieras haber visto en ese estado para ahorrarte algunas locuras.

---

[31]personaje diabólico que aparece en el libro de Tobías y al que los rabinos denominan príncipe de los demonios.

[32]novela satírica de Luis Vélez de Guevara (1579-1644). En ella, el diablo premia a un estudiante con diez brincos sobre los tejados de Madrid, en los cuales le muestra los males e hipocresías de la sociedad española del siglo XVII.

[33]dondequiera.

[34]del francés *soirée*: tertulia, reunión o sarao.

[35]armazón que, atado a la cintura, se ponían las mujeres para que los vestidos abultasen por detrás.

—¿Quién es aquel de más allá?

—Un hombre que pasa entre vosotros los hombres por sensato; todos le consultan; es un célebre abogado; la librería que tiene al lado es el disfraz con que os engaña. Acaba de asegurar a un litigante, con sus libros en la mano, que su pleito es imperdible; el litigante ha salido; mira cómo cierra los libros en cuanto salió como tú arrojarás la careta en llegando a tu casa. ¿Ves su sonrisa maligna? Parece decir: «Venid aquí, necios; dadme vuestro oro; yo os daré papeles, yo os haré frases. Mañana seré juez; seré el intérprete de Temis.»[36] ¿No te parece ver al loco de Cervantes,[37] que se creía Neptuno?[38] Observa más abajo: un moribundo; ¿oyes cómo se arrepiente de sus pecados? Si vuelve a la vida, tornará a las andadas. A su cabecera tiene a un hombre bien vestido, un bastón en una mano, una receta en la otra. «O la tomas, o te pego. Aquí tienes la salud», parece decirle; «yo sano los males, yo los conozco». Observa con qué seriedad lo dice; parece que lo cree él mismo; parece perdonarle la vida, que se le escapa ya al infeliz. «No hay cuidado», sale diciendo. Ya sube en su bombé, ¿oyes el chasquido del látigo?

—Sí.

—Pues oye también el último ¡ay! del moribundo, que va a la eternidad, mientras que el doctor corre a embromar a otro con su disfraz de sabio. Ven a ese otro barrio.

—¿Qué es eso?

—Un duelo. ¿Ves esas caras tan compungidas?

—Míralas con este anteojo.

—¡Cielos! La alegría rebosa dentro, y cuenta los días que el decoro le podrá impedir salir al exterior.

—Mira una boda; con qué buena fe se prometen los novios eterna constancia y fidelidad.

....

—¿Quién es aquél?

—Un militar; observa cómo se paga de aquel oro que adorna su casaca. ¡Qué de trapitos de colores se cuelga de los ojales! ¡Qué vano se presenta! «Yo sé ganar batallas», parece que va diciendo:

—¿Y no es cierto? Ha ganado la de ***.

—¡Insensato! Ésa no la ganó él, sino que la perdió el enemigo.

---

[36]en mitología, hija de Urano y Gea, personifica la Justicia y la Ley eterna.

[37]Miguel de Cervantes Saavedra (1547-1616), escritor español.

[38]en mitología, dios romano de las aguas.

—Pero...

—No es lo mismo.

—¿Y la otra de ***?

—La casualidad. Se está vistiendo de grande uniforme, es decir, disfrazando. Con ese disfraz todos le dan V. E.;[39] él y los que así le ven, creen que ya no es un hombre como todos.

....

Ya lo ves; en todas partes hay máscaras todo el año; aquel mismo amigo que te quiere hacer creer que lo es, la esposa que dice que te ama, la querida que te repite que te adora, ¿no te están embromando toda la vida? ¿A qué, pues, esa prisa de buscar billetes? Sal a la calle y verás las máscaras de balde. Sólo te quiero enseñar, antes de volverte a llevar donde te he encontrado—concluyó Asmodeo—, una casa donde dicen especialmente que no las hay este año. Quiero desencantarte.

Al decir esto pasábamos por el teatro.

—Mira allí—me dijo—a un autor de comedia. Dice que es un gran poeta. Está muy persuadido de que ha escrito los sentimientos de Orestes,[40] y de Nerón,[41] y de Otelo...[42] ¡Infeliz! Pero ¿qué mucho? Un inmenso concurso se lo cree también. ¡Ya se ve!, ni unos ni otros han conocido a aquellos señores. Repara, y ríete a tu salvo. ¿Ves aquellos grandes palos pintados, aquellos lienzos corredizos? Dicen que aquello es el campo, y casas, y habitaciones, ¡y qué más sé yo! ¿Ves aquel que sale ahora? Aquél dice que es el grande sacerdote de los griegos, y aquel otro, Edipo; ¿los conoces tú?

—Sí; por más señas que esta mañana los vi en misa.

—Pues míralos; ahora se desnudan, y el gran sacerdote, y Edipo, y Jocasta,[43] y el pueblo tebano entero, se van a cenar sin más acompañamiento, y de-

---

[39]Vuestra Excelencia.

[40]hijo de Agamenón y Clitemnestra; ayudado por su hermana Electra, mató a su madre y al amante de ésta, Egisto.

[41]emperador romano (37-58). Su régimen fue arbitrario y cruel y durante él mismo, los cristianos sufrieron una dura persecución. Inició el incendio que destruyó gran parte de Roma y fue declarado enemigo público por el Senado. Se suicidó.

[42]personaje del drama trágico de William Shakespeare del mismo nombre. Personifica los celos.

[43]también Yocasta. En mitología, madre y mujer de Edipo.

jándose a su patria entre bastidores, algún carnero verde, o si quieres un excelente *beefsteak* hecho en casa de Genieys.[44] ¿Quieres oír a Semíramis?[45]

—¿Estás loco, Asmodeo? ¿A Semíramis?

—Sí; mírala, es una excelente conocedora de la música de Rossini.[46] ¿Oíste qué bien cantó aquel adagio? Pues es la viuda de Nino;[47] ya expira: a imitación del cisne, canta y muere.

Al llegar aquí estábamos ya en el baile de máscaras; sentí un golpe ligero en una de mis mejillas.

—¡Asmodeo!—grité.

Profunda oscuridad; silencio de nuevo en torno mío.

—¡Asmodeo!—quise gritar de nuevo; despiértame, empero, el esfuerzo.

Llena aún mi fantasía de mi nocturno viaje, abro los ojos, y todos los trajes apiñados, todos los países me rodean en breve espacio: un chico, un marinero, un abate, un indio, un ruso, un griego, un romano, un escocés.

—¡Cielos! ¿Qué es esto? ¿Ha sonado ya la trompeta final? ¿Se han congregado ya los hombres de todas las épocas y de todas las zonas de la tierra, a la voz del Omnipotente, en el valle de Josafat...?[48]

Poco a poco vuelvo en mí, y asustando a un turco y una monja, entre quienes estoy, exclamo con toda la filosofía de un hombre que no ha cenado, e imitando las expresiones de Asmodeo, que aún suenan en mis oídos: *El mundo todo es máscaras: todo el año es Carnaval.*

(*El pobrecito hablador*, 4 de marzo de 1833)

---

[44]fonda de Madrid.

[45]reina legendaria de Asiria y esposa de Nino.

[46]Gioacchino Rossini (1792-1868), compositor italiano, autor de la ópera *Semíramis*.

[47]rey legendario de Asiria, fundador de Nínive, asesinado por orden de su mujer, Semíramis.

[48]lugar simbólico en el cual, según la tradición cristiana, se celebrará el Juicio Final.

"El castellano viejo"

Ya en mi edad pocas veces gusto de alterar el orden que en mi manera de vivir tengo hace tiempo establecido, y fundo esta repugnancia en que no he abandonado mis lares ni un solo día para quebrantar mi sistema, sin que haya sucedido el arrepentimiento más sincero al desvanecimiento de mis engañadas esperanzas. Un resto, con todo eso, del antiguo ceremonial que en su trato tenían adoptado nuestros padres, me obliga a aceptar a veces ciertos convites a que parecería el negarse grosería o por lo menos, ridícula afectación de delicadeza.

Andábame días pasados por esas calles a buscar materiales para mis artículos. Embebido en mis pensamientos me sorprendí varias veces a mí mismo riendo como un pobre hombre de mis propias ideas y moviendo maquinalmente los labios; algún tropezón me recordaba de cuando en cuando que para andar por el empedrado de Madrid no es la mejor circunstancia la de ser poeta ni filósofo; más de una sonrisa maligna, más de un gesto de admiración de los que a mi lado pasaban, me hacía reflexionar que los soliloquios no se deben hacer en público; y no pocos encontrones que al volver las esquinas di con quien tan distraída y rápidamente como yo las doblaba, me hicieron conocer que los distraídos no entran en el número de los cuerpos elásticos, y mucho menos de los seres gloriosos e impasibles. En semejante situación de espíritu, ¿qué sensación no debería producirme una horrible palmada que una gran mano, pegada (a lo que por entonces entendí) a un grandísimo brazo, vino a descargar sobre uno de mis hombros, que por desgracia no tienen punto alguno de semejanza con los de Atlante?[49]

Una de esas interjecciones que una repentina sacudida suele, sin consultar el decoro, arrancar espontáneamente de una boca castellana, se atravesó entre mis dientes y hubiérale echado redondo a haber estado esto en mis costumbres y a no haber reflexionado que semejantes maneras de anunciarse, en sí algo exageradas, suelen ser las inocentes muestras de afecto o franqueza de este país de *exabruptos*.

No queriendo dar a entender que desconocía este enérgico modo de anunciarse, ni desairar el agasajo de quien sin duda había creído hacérmele más que mediano, dejándome torcido para todo el día, traté sólo de volverme por conocer quién fuese tan mi amigo para tratarme tan mal; pero mi castellano viejo es hombre que cuando está de gracias no se ha de dejar ninguna en el tintero. ¿Có-

---

[49]en mitología, gigante que luchó contra los dioses, por lo cual fue condenado a sostener sobre sus hombros la bóveda del cielo.

mo dirá el lector que siguió dándome pruebas de confianza y cariño? Echóme las manos a los ojos, y sujetándome por detrás:

—¿Quién soy?—gritaba, alborozado con el buen éxito de su delicada travesura—. ¿Quién soy?

—Un animal irracional—iba a responderle, pero me acordé de repente de quién podría ser, y sustituyendo cantidades iguales.

—Braulio eres—le dije.

Al oírme, suelta sus manos, ríe, se aprieta los ijares, alborota la calle, y pónenos a entrambos en escena.

—¡Bien, mi Bachiller! ¿Pues en qué me has conocido?

—¿Quién pudiera sino tú...?

—¿Has venido ya de tu Vizcaya?[50]

—No, Braulio; no he venido.

—Siempre el mismo genio. ¿Qué quieres? Es la pregunta del batueco. ¡Cuánto me alegro de que estés aquí! ¿Sabes que mañana son mis días?

—Te los deseo muy felices.

—Déjate de cumplimientos entre nosotros; ya sabes que yo soy franco y castellano viejo: el pan pan y el vino vino; por consiguiente, exijo de ti que no vayas a dármelos; pero estás convidado.

—¿A qué?

—A comer conmigo.

—No es posible.

—No hay remedio.

—No puedo—insisto, ya temblando.

—¿No puedes?

—Gracias.

—¿Gracias? Vete a paseo. Amigo, como no soy el duque de F..., ni el conde de P...

¿Quién se resiste a una alevosa sorpresa de esta especie? ¿Quién quiere parecer vano?

—No es eso, sino que...

—Pues si no es eso—me interrumpe—, te espero a las dos: en casa se come a la española: temprano. Tengo mucha gente; tendremos al famoso X., que nos improvisará de lo lindo; T. nos cantará de sobremesa una rondeña con su gracia natural; y por la noche J. cantará y tocará alguna cosilla.

Esto me consoló algún tanto, y fue preciso ceder.

---

[50]provincia española.

—Un día malo—dije para mí—cualquiera lo pasa. En este mundo para con-
servar amigos es preciso tener el valor de aguantar sus obsequios.

—No faltarás, si no quieres que riñamos.

—No faltaré—dije con voz exánime y ánimo decaído, como el zorro que se
revuelve inútilmente dentro de la trampa donde se ha dejado coger.

—Pues hasta mañana, mi Bachiller—y me dio un torniscón por despedida.

Vile marchar como el labrador ve alejarse la nube de su sembrado, y quedéme discurriendo cómo podían entenderse estas amistades tan hostiles y tan funes-
tas.

Ya habrá conocido el lector, siendo tan perspicaz como yo le imagino, que
mi amigo Braulio está muy lejos de pertenecer a lo que se llama gran mundo y
sociedad de buen tono; pero no es tampoco un hombre de la clase inferior; puesto que es un empleado de los de segundo orden, que reúne entre su sueldo y su
hacienda cuarenta mil reales de renta, que tiene una cintica atada al ojal, y una
crucecita a la sombra de la solapa; que es persona, en fin, cuya clase, familia y
comodidades de ninguna manera se oponen a que tuviese una educación más
escogida y modales más suaves e insinuantes. Mas la vanidad le ha sorprendido
por donde ha sorprendido casi siempre a toda o a la mayor parte de nuestra clase
media, y a toda nuestra clase baja. Es tal su patriotismo, que dará todas las
lindezas del extranjero por un dedo de su país. Esta ceguedad le hace adoptar
todas las responsabilidades de tan inconsiderado cariño; de paso que defiende que
no hay vinos como los españoles, en lo cual bien puede tener razón, defiende que
no hay educación como la española, en lo cual bien pudiera no tenerla; a trueque
de defender que el cielo de Madrid es purísimo, defenderá que nuestras manolas
son las más deliciosas de todas las mujeres; es un hombre, en fin, que vive de
exclusivas, a quien le sucede poco más o menos lo que a una parienta mía, que
se muere por las jorobas sólo porque tuvo un querido que llevaba una excrecen-
cia bastante visible sobre entrambos omóplatos.

No hay que hablarle, pues, de estas conveniencias sociales, de estos respetos
mutuos, de estas reticencias urbanas, de esa delicadeza de trato que establece
entre los hombres una preciosa armonía, diciendo sólo lo que debe agradar y
callando siempre lo que puede ofender. Él se muere *por plantarle una fresca al
lucero del alba*,[51] como suele decir, y cuando tiene un resentimiento se le *espe-
ta*[52] *a uno cara a cara*. Como tiene trocados todos los frenos, dice de los cum-

---

[51]expresión que significa "ser capaz de decir algo desagradable a cualquier
persona, por mucho respeto que merezca o por muy encumbrada que esté".

[52]decir a uno alguna cosa causándole sorpresa o molestia.

plimientos que ya se sabe lo que quiere decir *cumplo y miento;* llama a la urbanidad hipocresía, y a la decencia, monadas; a toda cosa buena le aplica un mal apodo; el lenguaje de la finura es para él poco más que griego: cree que toda la crianza está reducida a decir *Dios guarde a usted* al entrar en una sala, y añadir *con permiso de usted* cada vez que se mueve; a preguntar a cada uno por toda su familia, y a despedirse de todo el mundo; cosas todas que así se guardará él de olvidarlas como de tener pacto con franceses. En conclusión, hombre de estos que no saben levantarse para despedirse sino en corporación con alguno o algunos otros, que han de dejar humildemente debajo de una mesa su sombrero, que llaman *su cabeza,* y que cuando se hallan en sociedad, por desgracia, sin un socorrido bastón, darían cualquier cosa por no tener manos ni brazos, porque en realidad ni saben dónde ponerlos ni qué cosa se puede hacer con los brazos en una sociedad.

Llegaron las dos, y como yo conocía ya a mi Braulio, no me pareció conveniente acicalarme demasiado para ir a comer; estoy seguro de que se hubiera picado: no quise, sin embargo, excusar un frac de color y un pañuelo blanco, cosa indispensable en un día de días y en semejantes casas. Vestíme sobre todo lo más despacio que me fue posible, como se reconcilia al pie del suplicio el infeliz reo, que quisiera tener cien pecados más cometidos que contar para ganar tiempo. Era citado a las dos, y entré en la sala a las dos y media.

No quiero hablar de las infinitas visitas ceremoniosas que antes de la hora de comer entraron y salieron en aquella casa, entre las cuales no eran de despreciar todos los empleados de su oficina, con sus señoras y sus niños, y sus capas, y sus paraguas, y sus chanclos, y sus perritos; déjome en blanco los necios cumplimientos que se dijeron al señor de los días: no hablo del inmenso círculo con que guarnecía la sala el concurso de tantas personas heterogéneas, que hablaron de que el tiempo iba a mudar y de que en invierno suele hacer más frío que en verano. Vengamos al caso: dieron las cuatro, y nos hallamos solos los convidados. Desgraciadamente para mí, el señor de X., que debía divertirnos tanto, gran conocedor de esta clase de convites, había tenido la habilidad de ponerse malo aquella mañana; el famoso T. se hallaba oportunamente comprometido para otro convite; y la señorita que también había de cantar y tocar estaba ronca, en tal disposición, que se asombraba ella misma de que se la entendiese una sola palabra, y tenía un panadizo en un dedo. ¡Cuántas esperanzas desvanecidas!

—Supuesto que estamos los que hemos de comer—exclamó don Braulio—, vamos a la mesa, querida mía.

—Espera un momento—le contestó su esposa casi al oído—; con tanta visita yo he faltado algunos momentos de allá dentro, y...

—Bien, pero mira que son las cuatro...

—Al instante comeremos.

Las cinco eran cuando nos sentábamos a la mesa.

—Señores—dijo el anfitrión al vernos titubear en nuestras respectivas colocaciones—, exijo la mayor franqueza; en mi casa no se usan cumplimientos. ¡Ah!, Bachiller, quiero que estés con toda comodidad; eres poeta, y además estos señores, que saben nuestras íntimas relaciones, no se ofenderán si te prefiero; quítate el frac, no sea que le manches.

—¿Qué tengo de manchar?—le respondí mordiéndome los labios.

—No importa; te daré una chaqueta mía; siento que no haya para todos.

—No hay necesidad.

—¡Oh, sí, sí! ¡Mi chaqueta! Toma, mírala; un poco ancha te vendrá.

—Pero, Braulio...

—No hay remedio; no te andes con etiquetas.

Y en esto me quita él mismo el frac, *velis, nolis,*[53] y quedo sepultado en una cumplida chaqueta rayada, por la cual sólo asomaba los pies y la cabeza, y cuyas mangas no me permitirían comer probablemente. Dile las gracias: ¡al fin el hombre creía hacerme un obsequio!

Los días en que mi amigo no tiene convidados se contenta para comer con una mesa baja, poco más que banqueta de zapatero, porque él y su mujer, como dice, ¿para qué quieren más? Desde la tal mesita, y como se sube el agua de un pozo, hace subir la comida hasta la boca, adonde llega goteando después de una larga travesía; porque pensar que estas gentes han de tener una mesa regular, y estar cómodos todos los días del año, es pensar en lo excusado. Ya se concibe, pues, que la instalación de una gran mesa de convite era un acontecimiento en aquella casa; así que se había creído capaz de contener catorce personas que éramos una mesa donde apenas podrían comer ocho cómodamente. Hubimos de sentarnos de medio lado, como quien va a arrimar el hombro a la comida, y entablaron los codos de los convidados íntimas relaciones entre sí con la más fraternal inteligencia del mundo. Colocáronme, por mucha distinción, entre un niño de cinco años, encaramado en unas almohadas que era preciso enderezar a cada momento porque las ladeaba la natural turbulencia de mi joven adlátere,[54] y entre uno de esos hombres que ocupan en el mundo el espacio y sitio de tres, cuya corpulencia por todos lados se salía de madre de la única silla en que se hallaba sentado, digámoslo así, como en la punta de una aguja. Desdobláronse

---

[53]voces latinas que significan «quieras o no quieras».

[54]persona que subordinadamente acompaña a otra hasta parecer que es inseparable de ella.

silenciosamente las servilletas, nuevas a la verdad, porque tampoco eran muebles en uso para todos los días, y fueron izadas por todos aquellos buenos señores a los ojales de sus fraques como cuerpos intermedios entre las salsas y las solapas.

—Ustedes harán penitencia, señores—exclamó el anfitrión una vez sentado—; pero hay que hacerse cargo de que no estamos en Genieys—frase que creyó preciso decir.

—Necia afectación, es ésta, si es mentira—dije yo para mí—; y si verdad, gran torpeza convidar a los amigos a hacer penitencia.

Desgraciadamente, no tardé mucho en conocer que había en aquella expresión más verdad de la que mi buen Braulio se figuraba. Interminables y de mal gusto fueron los cumplimientos con que, para dar y recibir cada plato, nos aburrimos unos a otros.

—Sírvase usted.

—Hágame usted el favor.

—De ninguna manera.

—No lo recibiré.

—Páselo usted a la señora.

—Está bien ahí.

—Perdone usted.

—Gracias.

—Sin etiqueta, señores—exclamó Braulio; y se echó el primero con su propia cuchara. Sucedió a la sopa un cocido surtido de todas las sabrosas impertinencias de este engorrosísimo, aunque buen plato: cruza por aquí la carne; por allá la verdura; acá los garbanzos; allá el jamón; la gallina por derecha; por medio el tocino; por izquierda los embuchados de Extremadura.[55] Siguióle un plato de ternera mechada, que Dios maldiga, y a éste otro, y otros, y otros mitad traídos de la fonda, que esto basta para que excusemos hacer su elogio, mitad hechos en casa por la criada de todos los días, por una vizcaína auxiliar tomada al intento para aquella festividad y por el ama de la casa, que en semejantes ocasiones debe estar en todo, y por consiguiente suele no estar en nada.

—Este plato hay que disimularle—decía ésta de unos pichones—; están un poco quemados.

—Pero mujer...

—Hombre, me aparté un momento, y ya sabes lo que son las criadas.

—¡Qué lástima que este pavo no haya estado media hora más al fuego! Se puso algo tarde.

---

[55]actual comunidad autónoma española, famosa por sus embutidos.

—¿No les parece a ustedes que está algo ahumado este estofado?

—¿Qué quieres? Una no puede estar en todo.

—¡Oh, está excelente!—exclamábamos todos dejándonoslo en el plato—, ¡excelente!

—Este pescado está pasado.

—Pues en el despacho de diligencia del fresco dijeron que acababa de llegar; ¡el criado es tan bruto!

—¿De dónde se ha traído este vino?

—En eso no tienes razón, porque es...

—Es malísimo.

Estos diálogos cortos iban exornados con una infinidad de miradas furtivas del marido para advertirle continuamente a su mujer alguna negligencia, queriendo darnos a entender entrambos a dos que estaban muy al corriente de todas las fórmulas que en semejantes casos se reputan finura, y que todas las torpezas eran hijas de los criados, que nunca han de aprender a servir. Pero estas negligencias se repetían tan a menudo, servían tan poco ya las miradas, que le fue preciso al marido recurrir a los pellizcos y a los pisotones; y ya la señora, que a duras penas había podido hacerse superior hasta entonces a las persecuciones de su esposo, tenía la faz encendida y los ojos llorosos.

—Señora, no se incomode usted por eso—le dijo el que a su lado tenía.

—¡Ah! Les aseguro a ustedes que no vuelvo a hacer estas cosas en casa; ustedes no saben lo que es esto: otra vez, Braulio, iremos a la fonda y no tendrás...

—Usted, señora mía, hará lo que...

—¡Braulio! ¡Braulio!

Una tormenta espantosa estaba a punto de estallar; empero todos los convidados a porfía probamos a aplacar aquellas disputas, hijas del deseo de dar a entender la mayor delicadeza, para lo cual no fue poca parte la manía de Braulio y la expresión concluyente que dirigió de nuevo a la concurrencia acerca de la inutilidad de los cumplimientos, que así llama él al estar bien servido y al saber comer. ¿Hay nada más ridículo que estas gentes que quieren pasar por finas en medio de la más crasa ignorancia de las conveniencias sociales, que para obsequiarle le obligan a usted a comer y beber por fuerza y no le dejan medio de hacer su gusto? ¿Por qué habrá gentes que sólo quieren comer con alguna más limpieza los días de días?

A todo esto, el niño que a mi izquierda tenía, hacía saltar las aceitunas a un plato de magras con tomate, y una vino a parar a uno de mis ojos, que no volvió a ver claro en todo el día, y el señor gordo de mi derecha había tenido la precaución de ir dejando en el mantel, al lado de mi pan, los huesos de las suyas, y los de las aves que había roído; el convidado de enfrente, que se preciaba de trinchador, se había encargado de hacer la autopsia de un capón, o sea gallo, que esto nunca se supo: fuese por la edad avanzada de la víctima, fuese por los ningunos conocimientos anatómicos del victimario, jamás parecieron las coyunturas.

—Este capón no tiene coyunturas—exclamaba el infeliz sudando y forcejeando, más como quien cava que como quien trincha—. ¡Cosa más rara!

En una de las embestidas resbaló el tenedor sobre el animal como si tuviera escama, y el capón, violentamente despedido, pareció querer tomar su vuelo como en sus tiempos más felices, y se posó en el mantel tranquilamente como pudiera en un palo de un gallinero.

El susto fue general y la alarma llegó a su colmo cuando un surtidor de caldo, impulsado por el animal furioso, saltó a inundar mi limpísima camisa. Levántase rápidamente a este punto el trinchador, con ánimo de cazar el ave prófuga, y al precipitarse sobre ella, una botella que tiene a la derecha, con la que tropieza su brazo, abandonando su posición perpendicular, derrama un abundante caño de Valdepeñas[56] sobre el capón y el mantel. Corre el vino, auméntase la algazara, llueve la sal sobre el vino para salvar el mantel y para salvar la mesa se ingiere por debajo de él una servilleta, y una eminencia se levanta sobre el teatro de tantas ruinas. Una criada toda azorada retira el capón en el plato de su salsa; al pasar sobre mí hace una pequeña inclinación, y una lluvia maléfica de grasa desciende, como el rocío sobre los prados, a dejar eternas huellas en mi pantalón color de perla; la angustia y el aturdimiento de la criada no conocen término; retírase atolondrada, sin acertar con las excusas; al volverse tropieza con el criado que traía una docena de platos limpios y una salvilla con las copas para los vinos generosos, y toda aquella máquina viene al suelo con el más horroroso estruendo y confusión.

—¡Por San Pedro!—exclama dando una voz Braulio, difundida ya sobre sus facciones una palidez mortal, al paso que brota fuego el rostro de su esposa—. Pero sigamos, señores; no ha sido nada—añade, volviendo en sí.

¡Oh honradas casas donde un modesto cocido y un principio final constituyen la felicidad diaria de una familia; huid del tumulto de un convite de día de días! Sólo la costumbre de comer y servirse bien diariamente puede evitar semejantes destrozos.

¿Hay más desgracias? ¡Santo cielo! ¡Sí, las hay para mí, infeliz! Doña Juana, la de los dientes negros y amarillos, me alarga de su plato y con su propio tenedor una fineza, que es indispensable aceptar y tragar; el niño se divierte en

---

[56]ciudad española en la provincia de Ciudad Real famosa por sus vinos.

despedir a los ojos de los concurrentes los huesos disparados de las cerezas; don Leandro me hace probar el manzanilla exquisito, que he rehusado, en su misma copa, que conserva las indelebles señales de sus labios grasientos; mi gordo fuma ya sin cesar y me hace cañón de su chimenea; por fin, ¡oh última de las desgracias!, crece el alboroto y la conversación; roncas ya las voces piden versos y décimas y no hay más poeta que el Bachiller.

—Es preciso. Tiene usted que decir algo—claman todos.

—Désele pie forzado; que diga una copla a cada uno.

—Yo le daré el pie: *A don Braulio en este día.*

—¡Señores, por Dios!

—No hay remedio.

—En mi vida he improvisado

—No se haga usted el chiquito.

—Me marcharé.

—Cerrad la puerta.

—No se sale de aquí sin decir algo.

Y digo versos por fin, y vomito disparates, y los celebran, y crece la bulla, y el humo, y el infierno.

A Dios gracias, logro escaparme de aquel nuevo *Pandemonio.*[57] Por fin, ya respiro el aire fresco y desembarazado de la calle, ya no hay necios, ya no hay castellanos viejos a mi alrededor.

—¡Santo Dios, yo te doy gracias!—exclamo respirando, como el ciervo que acaba de escaparse de una docena de perros y que oye ya apenas sus ladridos—. Para de aquí en adelante no te pido riquezas, no te pido empleos, no honores; líbrame de los convites caseros y de días de días; líbrame de estas casas en que es un convite un acontecimiento, en que sólo se pone la mesa decentemente para los convidados, en que creen hacer obsequios cuando dan mortificaciones, en que se hacen finezas, en que se dicen versos, en que hay niños, en que hay gordos, en que reina, en fin, la brutal franqueza de los castellanos viejos. Quiero que, si caigo de nuevo en tentaciones semejantes, me falte un *roastbeef,* desaparezca del mundo el *beefsteak,* se anonaden los timbales de macarrones, no haya pavos en

---

[57]capital imaginaria del reino infernal y, por extensión, lugar en el que hay mucho ruido y confusión.

Périgueux[58] ni pasteles en Périgord,[59] se sequen los viñedos de Burdeos,[60] y beban, en fin, todos menos yo la deliciosa espuma del champagne.

Concluida mi deprecación mental, corro a mi habitación a despojarme de mi camisa y de mi pantalón, reflexionando en mi interior que no son unos todos los hombres, puesto que los de un mismo país, acaso de un mismo entendimiento, no tienen las mismas costumbres, ni la misma delicadeza, cuando ven las cosas de tan distinta manera. Vístome y vuelo a olvidar tan funesto día entre el corto número de gentes que piensan, que viven sujetas al provechoso yugo de una buena educación libre y desembarazada, y que fingen acaso estimarse y respetarse mutuamente para no incomodarse, al paso que las otras hacen ostentación de incomodarse, y se ofenden y se maltratan, queriéndose y estimándose tal vez verdaderamente.

(*El pobrecito hablador*, 11 de diciembre de 1832)

"El Día de difuntos de 1836"

Fígaro en el cementerio

En atención a que no tengo gran memoria, circunstancia que no deja de contribuir a esta especie de felicidad que dentro de mí mismo me he formado, no tengo muy presente en qué artículo escribí (en los tiempos en que yo escribía) que vivía en un perpetuo asombro de cuantas cosas a mi vista se presentaban. Pudiera suceder también que no hubiera escrito tal cosa en ninguna parte, cuestión en verdad que dejaremos a un lado por harto poco importante en época en que nadie parece acordarse de lo que ha dicho ni de lo que otros han hecho. Pero suponiendo que así fuese, hoy, día de difuntos de 1836, declaro que si tal dije es como si nada hubiera dicho, porque en la actualidad maldito si me asombro de cosa alguna. He visto tanto, tanto, tanto... como dice alguien en *El Califa*.[61] Lo queísi me sucede es no comprender claramente todo lo que veo, y así es que

---

[58]ciudad francesa.

[59]antigua comarca francesa célebre por sus trufas.

[60]ciudad francesa famosa por sus vinos.

[61]ópera de este nombre.

al amanecer un día de difuntos no me asombra precisamente que haya tantas gentes que vivan; sucédeme, sí, que no lo comprendo.

En esta duda estaba deliciosamente entretenido el día de los Santos, y fundado en el antiguo refrán que dice: *Fíate en la Virgen y no corras* (refrán cuyo origen no se concibe en un país tan eminentemente cristiano como el nuestro), encomendábame a todos ellos con tanta esperanza, que no tardó en cubrir mi frente una nube de melancolía; pero de aquellas melancolías de que sólo un liberal español en estas circunstancias puede formar una idea aproximada. Quiero dar una idea de esta melancolía; un hombre que cree en la amistad y llega a verla por dentro, un inexperto que se ha enamorado de una mujer, un heredero cuyo tío indiano muere de repente sin testar, un tenedor de bonos de Cortes,[62] una viuda que tiene asignada pensión sobre el tesoro español, un diputado elegido en las penúltimas elecciones, un militar que ha perdido una pierna por el Estatuto,[63] y se ha quedado sin pierna y sin Estatuto; un grande que fue liberal por ser prócer, y que se ha quedado sólo liberal; un general constitucional que persigue a Gómez,[64] imagen fiel del hombre corriendo siempre tras la felicidad sin encontrarla en ninguna parte; un redactor del *Mundo*[65] en la cárcel en virtud de la libertad de imprenta, un ministro de España y un Rey, en fin, constitucional, son todos seres alegres y bulliciosos comparada su melancolía con aquella que a mí me acosaba, me oprimía y me abrumaba en el momento de que voy hablando.

Volvíame y me revolvía en un sillón de estos que parecen camas, sepulcro de todas mis meditaciones, y ora me daba palmadas en la frente, como si fuese mi mal mal de casado, ora sepultaba las manos en mis faltriqueras, a guisa de buscar mi dinero, como si mis faltriqueras fueran el pueblo español y mis dedos otros tantos Gobiernos, ora alzaba la vista al cielo como si en calidad de liberal no me quedase más esperanza que en él, ora la bajaba avergonzado como quien ve un facioso más, cuando un sonido lúgubre y monótono, semejante al ruido de los partes, vino a sacudir mi entorpecida existencia.

---

[62]las Cortes españolas constituidas por el Congreso de los Diputados y por el Senado.

[63]Estatuto Real, carta otorgada en 1834 por la regente de España, María Cristina, escrita por el jefe del Gobierno Martínez de la Rosa. Estuvo en vigencia hasta 1836. El Estatuto está en relación con la primera guerra carlista (1833-40).

[64]Miguel Gómez, militar carlista que condujo una expedición desde las Vascongadas hasta Andalucía y Extremadura.

[65]periódico madrileño publicado de 1836 a 1838.

—¡Día de Difuntos!—exclamé.

Y el bronce herido que anunciaba con lamentable clamor la ausencia eterna de los que han sido parecía vibrar más lúgubre que ningún año, como si presagiase su propia muerte. Ellas también, las campanas, han alcanzado su última hora, y sus tristes acentos son el estertor del moribundo; ellas también van a morir a manos de la libertad, que todo lo vivifica, y ellas serán las únicas en España, ¡santo Dios!, que morirán colgadas. ¡Y hay justicia divina!

La melancolía llegó entonces a su término; por una reacción natural cuando se ha agotado una situación, ocurrióme de pronto que la melancolía es la cosa más alegre del mundo para los que la ven, y la idea de servir yo entero de diversión...

—¡Fuera!—exclamé—. ¡Fuera!—como si estuviera viendo representar a un actor español—. ¡Fuera!—como si oyese hablar a un orador en las Cortes. Y arrojéme a la calle; pero en realidad con la misma calma y despacio como si tratase de cortar la retirada a Gómez.

Dirigíanse las gentes por las calles en gran número y larga procesión, serpenteando de unas en otras como largas culebras de infinitos colores: ¡al cementerio, al cementerio! ¡Y para eso salían de las puertas de Madrid!

Vamos claros, dije yo para mí, ¿dónde está el cementerio? ¿Fuera o dentro? Un vértigo espantoso se apoderó de mí, y comencé a ver claro. El cementerio está dentro de Madrid. Madrid es el cementerio. Pero vasto cementerio donde cada casa es el nicho de una familia, cada calle el sepulcro de un acontecimiento, cada corazón la urna cineraria de una esperanza o de un deseo.

Entonces, y en tanto que los que creen vivir acudían a la mansión que presumen de los muertos, yo comencé a pasear con toda la devoción y recogimiento de que soy capaz las calles del grande osario.

—¡Necios!—decía a los transeúntes—. ¿Os movéis para ver muertos? ¿No tenéis espejos por ventura? ¿Ha acabado también Gómez con el azogue de Madrid? ¡Miraos, insensatos, a vosotros mismos, y en vuestra frente veréis vuestro propio epitafio! ¿Vais a ver a vuestros padres y a vuestros abuelos, cuando vosotros sois los muertos? Ellos viven, porque ellos tienen paz; ellos tienen libertad, la única posible sobre la tierra, la que da la muerte; ellos no pagan contribuciones que no tienen; ellos no serán alistados ni movilizados; ellos no son presos ni denunciados; ellos, en fin, no gimen bajo la jurisdicción del celador del cuartel; ellos son los únicos que gozan de la libertad de imprenta, porque ellos hablan al mundo. Hablan en voz bien alta y que ningún jurado se atrevería a encausar y a condenar. Ellos, en fin, no reconocen más que una ley, la imperiosa ley de la Naturaleza que allí los puso, y ésa la obedecen.

—¿Qué monumento es éste?—exclamé al comenzar mi paseo por el vasto cementerio—. ¿Es él mismo un esqueleto inmenso de los siglos pasados o la tumba de otros esqueletos? *¡Palacio!* Por un lado mira a Madrid, es decir, a las demás tumbas; por otro mira a Extremadura,[66] esa provincia virgen... como se ha llamado hasta ahora. Al llegar aquí me acordé del verso de Quevedo:

Y ni los virgos ni los diablos veo.

En el frontispicio decía: «*Aquí yace el trono*; nació en el reino de Isabel la Católica,[67] murió en La Granja[68] de un aire colado». En el basamento se veían cetro y corona y demás ornamentos de la dignidad real. La *Legitimidad*, figura colosal de mármol negro, lloraba encima. Los muchachos se habían divertido en tirarle piedras, y la figura maltratada llevaba sobre sí las muestras de la ingratitud.

¿Y este mausoleo a la izquierda? *La armería.* Leamos:

Aquí yace el valor castellano, con todos sus pertrechos. R. I. P.[69]

Los Ministerios: Aquí yace media España; murió de la otra media.

Doña María de Aragón:[70] *Aquí yacen los tres años.*

Y podía haberse añadido: aquí callan los tres años. Pero el cuerpo no estaba en el sarcófago; una nota al pie decía:

El cuerpo del santo se trasladó a Cádiz en el año 23, y allí, por descuido, cayó al mar.

Y otra añadía, más moderna sin duda: *Y resucitó al tercero día.*

Más allá: ¡santo Dios! *Aquí yace la Inquisición,*[71] *hija de la fe y del fanatismo: murió de vejez.* Con todo, anduve buscando alguna nota de resurrección: o todavía no la habían puesto, o no se debía de poner nunca.

---

[66]Extremadura es considerada la región más pobre de España.

[67]Isabel I (1451-1504), reina de Castilla. Bajo su reinado y el de su marido, Fernando II de Aragón, se realizó la unificación de España.

[68]villa de España, provincia de Segovia. Con el nombre de *Motín de la Granja o Sargentada* (1836) se conoce el motín de 18 sargentos que lograron de la reina regente María Cristina la firma de un decreto restableciendo la Constitución de 1812.

[69]iniciales de **R**equiéscat **I**n **P**ace, inscripción latina de las tumbas que significa «descanse en paz».

[70]fundadora del convento que más tarde fue convertido en la sede de las Cortes.

[71]tribunal eclesiástico establecido para perseguir la herejía y demás delitos contra la fe. Fue definitivamente abolida por María Cristina en 1834.

Alguno de los que se entretienen en poner letreros en las paredes había escrito, sin embargo, con yeso en una esquina, que no parecía sino que se estaba saliendo, aun antes de borrarse: *Gobernación*. ¡Qué insolentes son los que ponen letreros en las paredes! Ni los sepulcros respetan.

¿Qué es esto? *¡La cárcel! Aquí reposa la libertad del pensamiento.* ¡Dios mío, en España, en el país ya educado para instituciones libres! Con todo me acordé de aquel célebre epitafio y añadí, involuntariamente:

Aquí el pensamiento reposa.

En su vida hizo otra cosa.

Dos redactores del *Mundo* eran las figuras lacrimatorias de esta grande urna. Se veían en el relieve una cadena, una mordaza y una pluma. Esta pluma, dije para mí, ¿es la de los escritores o la de los escribanos? En la cárcel todo puede ser.

La calle de Postas, la calle de la Montera.[72] Estos no son sepulcros. Son osarios, donde, mezclados y revueltos, duermen el comercio, la industria, la buena fe, el negocio.

Sombras venerables, ¡hasta el valle de Josafat!

Correos.[73] *¡Aquí yace la subordinación militar!*

Una figura de yeso, sobre el vasto sepulcro, ponía el dedo en la boca; en la otra mano una especie de jeroglífico hablaba por ella: una disciplina rota.

Puerta del Sol.[74] La Puerta del Sol: ésta no es sepulcro sino de mentiras.

La Bolsa. Aquí yace el crédito español. Semejante a las pirámides de Egipto, me pregunté: ¡es posible que se haya erigido este edificio sólo para enterrar en él una cosa tan pequeña!

La Imprenta Nacional. Al revés que la Puerta del Sol, éste es el sepulcro de la verdad. Unica tumba de nuestro país donde a uso de Francia vienen los concurrentes a echar flores.

La Victoria.[75] *Ésa yace para nosotros en toda España.* Allí no había epitafio, no había monumento. Un pequeño letrero que el más ciego podía leer decía

---

[72]calles comerciales de Madrid.

[73]en 1834 fue asesinado en Correos el Capitán General de Madrid.

[74]plaza en el centro de Madrid, se considera el corazón de España al encontrarse en ella el kilómetro cero.

[75]Residencia de la junta encargada de la enajenación de los bienes a las órdenes religiosas.

sólo: *¡Este terreno le ha comprado a perpetuidad, para su sepultura, la junta de enajenación de conventos!*

¡Mis carnes se estremecieron! ¡Lo que va de ayer a hoy! ¿Irá otro tanto de hoy a mañana?

Los teatros. Aquí reposan los ingenios españoles. Ni una flor, ni un recuerdo, ni una inscripción.

El Salón de Cortes. Fue casa del Espíritu Santo;[76] pero ya el Espíritu Santo no baja al mundo en lenguas de fuego.

Aquí yace el Estatuto.

Vivió y murió en un minuto.

Sea por muchos años, añadí, que sí será: éste debió de ser raquítico, según lo poco que vivió.

El Estamento de Próceres.[77] Allá en el Retiro. Cosa singular. ¡Y no hay un Ministerio que dirija las cosas del mundo, no hay una inteligencia provisora, inexplicable! Los próceres y su sepulcro en el Retiro.

El sabio en su retiro y villano en su rincón.

Pero ya anochecía, y también era hora de retiro para mí. Tendí una última ojeada sobre el vasto cementerio. Olía a muerte próxima. Los perros ladraban con aquel aullido prolongado, intérprete de su instinto agorero; el gran coloso, la inmensa capital, toda ella se removía como un moribundo que tantea la ropa; entonces no vi más que un gran sepulcro: una inmensa lápida se disponía a cubrirle como una ancha tumba.

No había *aquí yace todavía*; el escultor no quería mentir; pero los nombres del difunto saltaban a la vista ya distintamente delineados.

—¡Fuera—exclamé—la horrible pesadilla, fuera! ¡Libertad! ¡Constitución! ¡Tres veces! ¡Opinión nacional! ¡Emigración! ¡Vergüenza! ¡Discordia! Todas estas palabras parecían repetirme a un tiempo los últimos ecos del clamor general de las campanas del día de Difuntos de 1836.

Una nube sombría lo envolvió todo. Era la noche. El frío de la noche helaba mis venas. Quise salir violentamente del horrible cementerio. Quise refugiarme en mi propio corazón, lleno no ha mucho de vida, de ilusiones, de deseos.

---

[76]Hace referencia a la condición previa de Iglesia del Espíritu Santo que tuvo el salón de las Cortes.

[77]Prócer era cada uno de los individuos que, por derecho propio o por nombramiento del rey, formaban, durante la vigencia del Estatuto Real (1834-36), el estamento a que daban nombre.

¡Santo cielo! También otro cementerio. Mi corazón no es más que otro sepulcro. ¿Qué dice? Leamos. ¿Quién ha muerto en él? ¡Espantoso letrero! *¡Aquí yace la esperanza!*

¡Silencio, silencio!

(*El español*, 2 de noviembre de 1836)

Artículos. Edición, introducción y notas de Carlos Seco Serrano. Madrid: Planeta, 1981.

GUSTAVO ADOLFO BÉCQUER (1836-70)

Rimas

I

Yo sé un himno gigante y extraño
que anuncia en la noche del alma una aurora,
y estas páginas son de ese himno,
cadencias que el aire dilata en las sombras.

Yo quisiera escribirlo, del hombre
domando el rebelde mezquino idïoma,
con palabras que fuesen a un tiempo
suspiros y risas, colores y notas.

Pero en vano es luchar; que no hay cifra
capaz de encerrarlo y apenas, ¡oh hermosa!,
si, teniendo en mis manos las tuyas,
pudiera al oído cantártelo a solas.

III

Sacudimiento extraño
que agita las ideas,
como huracán que empuja
las olas en tropel;

murmullo que en el alma
se eleva y va creciendo,
como volcán que sordo
anuncia que va a arder;

deformes silüetas

de seres imposibles;
paisajes que aparecen
como a través de un tul;

colores que fundiéndose
remedan en el aire
los átomos del iris
que nadan en la luz;

ideas sin palabras,
palabras sin sentido;
cadencias que no tienen
ni ritmo ni compás;

memorias y deseos
de cosas que no existen;
accesos de alegría,
impulsos de llorar;

actividad nerviosa
que no halla en qué emplearse;
sin rienda que lo guíe,
caballo volador,

locura que el espíritu
exalta y enardece;
embriaguez divina
del genio creador...
        ¡Tal es la inspiración!

*

Gigante voz que el caos
ordena en el cerebro,
y entre las sombras hace
la luz aparecer;
        brillante rienda de oro
que poderosa enfrena
de la exaltada mente

el volador corcel;

    hilo de luz que en haces
los pensamientos ata;
sol que las nubes rompe
y toca en el cenit;

    inteligente mano
que en un collar de perlas
consigue las indóciles
palabras reunir:

    armonïoso ritmo
que con cadencia y número
las fugitivas notas
encierra en el compás;

    cincel que el bloque muerde
la estatua modelando,
y la belleza plástica
añade a la ideal;

    atmósfera en que giran
con orden las ideas,
cual átomos que agrupa
recóndita atracción:

    raudal en cuyas ondas
su sed la fiebre apaga;
oasis que al espíritu
devuelve su vigor...

    ¡Tal es nuestra razón!

    Con ambas siempre en lucha
y de ambas vencedor,
tan sólo el Genio puede
a un yugo atar las dos.

IV

No digáis que agotado su tesoro,
de asuntos falta, enmudeció la lira.
Podrá no haber poetas, pero siempre
habrá poesía.

Mientras las ondas de la luz al beso
palpiten encendidas;
mientras el sol las desgarradas nubes
de fuego y oro vista:

mientras el aire en su regazo lleve
perfumes y armonías;
mientras haya en el mundo primavera,
¡habrá poesía!

Mientras la ciencia a descubrir no alcance
las fuentes de la vida,
y en el mar o en el cielo haya un abismo
que el cálculo resista;

mientras la Humanidad, siempre avanzando,
no sepa a dó[1] camina;
mientras haya un misterio para el hombre,
¡habrá poesía!

Mientras sintamos que se alegra el alma
sin que los labios rían;
mientras se llore sin que el llanto acuda
a nublar la pupila;

mientras el corazón y la cabeza
batallando prosigan;
mientras haya esperanzas y recuerdos,
¡habrá poesía!

---

[1]dónde.

Mientras haya unos ojos que reflejen
los ojos que los miran;
mientras responda el labio suspirando
al labio que suspira;

mientras sentirse puedan en un beso
dos almas confundidas;
mientras exista una mujer hermosa,
¡habrá poesía!

XXI

«¿Qué es poesía?», dices mientras clavas
en mi pupila tu pupila azul.
«¿Qué es poesía? ¿Y tú me lo preguntas?
Poesía... eres tú.»

XXVI

Voy contra mi interés al confesarlo;
pero yo, amada mía,
pienso, cual tú, que una oda es sólo buena
de un billete del Banco al dorso escrita.
No faltará algún necio que al oírlo
se haga cruces y diga:
«Mujer, al fin del siglo diecinueve,
material y prosaica...» ¡Bobería!
¡Voces que hacen correr cuatro poetas
que en invierno se embozan con la lira!
¡Ladridos de los perros a la luna!
Tú sabes y yo sé que en esta vida,
con genio, es muy contado quien la escribe.
Y con oro, cualquiera *hace* poesía.

LII

Olas gigantes que os rompéis bramando
en las playas desiertas y remotas,
envuelto entre las sábanas de espuma,
    ¡llevadme con vosotras!

Ráfagas de huracán que arrebatáis
del alto bosque las marchitas hojas,
arrastrado en el ciego torbellino,
    ¡llevadme con vosotras!

Nubes de tempestad que rompe el rayo
y en fuego ornáis las desprendidas orlas,
arrebatado entre la niebla obscura.
    ¡llevadme con vosotras!

Llevadme, por piedad, a donde el vértigo
con la razón me arranque la memoria...
¡Por piedad!... ¡Tengo miedo de quedarme
    con mi dolor a solas!

LIII

Volverán las obscuras golondrinas
en tu balcón sus nidos a colgar,
y otra vez con el ala a sus cristales
    jugando llamarán;
pero aquellas que el vuelo refrenaban,
tu hermosura y mi dicha al contemplar;
aquellas que aprendieron nuestros nombres,
    ésas... ¡no volverán!

Volverán las tupidas madreselvas
de tu jardín las tapias a escalar,
y otra vez a la tarde, aún más hermosas,
    sus flores se abrirán;
pero aquéllas cuajadas de rocío,

cuyas gotas mirábamos temblar
y caer, como lágrimas del día...,
        ésas... ¡no volverán!

    Volverán del amor en tus oídos
las palabras ardientes a sonar;
tu corazón, de su profundo sueño
        tal vez despertará;
pero mudo y absorto y de rodillas,
como se adora a Dios ante su altar,
como yo te he querido..., desengáñate:
        ¡así no te querrán!

LVI

        Hoy como ayer, mañana como hoy,
            y ¡siempre igual!
Un cielo gris, un horizonte eterno,
            y ¡andar..., andar!

        Moviéndose a compás, como una estúpida
            máquina, el corazón;
    la torpe inteligencia del cerebro
            dormida en un rincón.

        El alma, que ambiciona un paraíso,
            buscándolo sin fe:
    fatiga sin objeto, ola que rueda
            ignorando por qué.

        Voz que incesante con el mismo tono
            canta el mismo cantar;
    gota de agua monótona que cae
            y cae sin cesar.

        Así van deslizándose los días,
            unos de otros en pos,

hoy lo mismo que ayer..., y todos ellos
sin goce ni dolor.

¡Ay!, a veces me acuerdo suspirando
del antiguo sufrir...
Amargo es el dolor; pero siquiera
¡padecer es vivir!

"La cruz del Diablo"

Que lo creas o no, me importa bien poco. Mi abuelo se lo narró a mi
padre, mi padre me lo ha referido a mí, y yo te lo cuento ahora, siquiera
no sea más que por pasar el rato.

I

El crepúsculo comenzaba a extender sus ligeras alas de vapor sobre las
pintorescas orillas del Segre,[2] cuando, después de una fatigosa jornada, llegamos
a Bellver,[3] término de nuestro viaje.

Bellver es una pequeña población situada a la falda de una colina, por
detrás de la cual se ven elevarse, como las gradas de un colosal anfiteatro de
granito, las empinadas y nebulosas crestas de los Pirineos.[4]

Los blancos caseríos que la rodean, salpicados aquí y allá sobre una ondulante sábana de verdura, parecen a lo lejos un bando de palomas que han abatido
su vuelo para apagar su sed en las aguas de la ribera.

Una pelada roca, a cuyos pies tuercen éstas su curso, y sobre cuya cima se
notan aún remotos vestigios de construcción, señala la antigua línea divisoria
entre el condado de Urgel[5] y el más importante de sus feudos.

---

[2]río de España.

[3]Bellver de Cerdaña, población de la provincia de Lérida, perteneciente al
condado de Urgel.

[4]sistema montañoso que sirve de frontera entre España y Francia.

[5]antiguo condado de Cataluña situado en la provincia de Lérida.

A la derecha del tortuoso sendero que conduce a este punto, remontando la corriente del río y siguiendo sus curvas y frondosas márgenes, se encuentra una cruz.

El asta y los brazos son de hierro; la redonda base en que se apoya, de mármol, y la escalinata que a ella conduce, de obscuros y mal unidos fragmentos de sillería.

La destructora acción de los años, que ha cubierto de orín el metal, ha roto y carcomido la piedra de este monumento, entre cuyas hendiduras crecen algunas plantas trepadoras que suben enredándose hasta coronarlo, mientras una vieja y corpulenta encina le sirve de dosel.

Yo había adelantado algunos minutos a mis compañeros de viaje y, deteniendo mi escuálida cabalgadura, contemplaba en silencio aquella cruz, muda y sencilla expresión de las creencias y la piedad de otros siglos.

Un mundo de ideas se agolpó a mi imaginación en aquel instante. Ideas ligerísimas, sin forma determinada, que unían entre sí, como un invisible hilo de luz, la profunda soledad de aquellos lugares, el alto silencio de la naciente noche y la vaga melancolía de mi espíritu.

Impulsado de un pensamiento religioso, espontáneo e indefinible, eché maquinalmente pie a tierra, me descubrí y comencé a buscar en el fondo de mi memoria una de aquellas oraciones que me enseñaron cuando niño; una de aquellas oraciones que, cuando más tarde se escapan involuntarias de nuestros labios, parece que aligeran el pecho oprimido y, semejantes a las lágrimas, alivian el dolor, que también toma estas formas para evaporarse.

Ya había comenzado a murmurarla, cuando de improviso sentí que me sacudían con violencia por los hombros. Volvía la cara: un hombre estaba al lado mío.

Era uno de nuestros guías naturales del país, el cual, con una indescriptible expresión de terror pintada en el rostro, pugnaba por arrastrarme consigo y cubrir mi cabeza con el fieltro que aún tenía en mis manos.

Mi primera mirada, mitad de asombro, mitad de cólera, equivalía a una interrogación enérgica, aunque muda.

El pobre hombre, sin cejar en su empeño de alejarme de aquel sitio, contestó a ella con estas palabras, que entonces no pude comprender, pero en las que había un acento de verdad que me sobrecogió:

—¡Por la memoria de su madre! ¡Por lo más sagrado que tenga en el mundo, señorito, cúbrase usted la cabeza y aléjese más que de prisa de esta cruz! ¿Tan desesperado está usted que, no bastándole la ayuda de Dios, recurre a la del demonio?

Yo permanecí un rato mirándole en silencio. Francamente, creí que estaba loco; pero él prosiguió con igual vehemencia:

—Usted busca la frontera: pues bien: si delante de esa cruz le pide usted al cielo que le preste ayuda, las cumbres de los montes vecinos se levantarán en una sola noche hasta las estrellas invisibles, sólo porque no encontremos la raya en toda nuestra vida.

Yo no pude menos de sonreírme.

—¿Se burla usted?... ¿Cree acaso que ésa es una cruz santa, como la del porche de nuestra iglesia?...

—¿Quién lo duda?

—Pues se engaña usted de medio a medio; porque esa cruz, salvo lo que tiene de Dios, está maldita...; esa cruz pertenece a un espíritu maligno, y por eso la llaman *La cruz del Diablo*.

—¡La cruz del Diablo! —repetí, cediendo a sus instancias, sin darme cuenta a mí mismo del involuntario temor que comenzó a apoderarse de mi espíritu, y que me rechazaba como una fuerza desconocida de aquel lugar—; ¡la cruz del Diablo! ¡Nunca ha herido mi imaginación una amalgama más disparatada de dos ideas tan absolutamente enemigas!... ¡Una cruz... y el diablo! ¡Vaya, vaya! Fuerza será que en llegando a la población me expliques ese monstruoso absurdo.

Durante este corto diálogo, nuestros camaradas, que habían picado sus cabalgaduras, se nos reunieron al pie de la cruz; yo les expliqué en breves palabras lo que acababa de suceder; monté nuevamente en mi rocín, y las campanas de la parroquia llamaban lentamente a la oración cuando nos apeamos en el más escondido y lóbrego de los paradores de Bellver.

II

Las llamas rojas y azules se enroscaban chisporroteando a lo largo del grueso tronco de encina que ardía en el ancho hogar; nuestras sombras, que se proyectaban temblando sobre los ennegrecidos muros, se empequeñecían o tomaban formas gigantescas según la hoguera despedía resplandores más o menos brillantes; el vaso de saúco, ora vacío, ora lleno, y no de agua, como cangilón de noria, había dado tres veces la vuelta en derredor del círculo que formábamos juntos al fuego, y todos esperaban con impaciencia la historia de *La cruz del Diablo*, que a guisa de postres de la frugal cena que acabábamos de consumir se nos había prometido, cuando nuestro guía tosió por dos veces, se echó al coleto un último trago de vino, limpióse con el revés de la mano la boca y comenzó de este modo:

—Hace mucho tiempo, mucho tiempo, yo no sé cuánto, pero los moros ocupaban aún la mayor parte de España, se llamaban condes nuestros reyes, y las villas y aldeas pertenecían en feudo a ciertos señores que, a su vez, prestaban homenaje a otros más poderosos, cuando acaeció lo que voy a referir a ustedes. Concluida esta breve introducción histórica, el héroe de la fiesta guardó silencio durante algunos segundos, como para coordinar sus recuerdos, y prosiguió así:

—Pues es el caso que en aquel tiempo remoto esta villa y algunas otras formaban parte del patrimonio de un noble barón, cuyo castillo señorial se levantó por muchos siglos sobre la cresta de un peñasco que baña el Segre, del cual toma su nombre.

»Aún testifican la verdad de mi relación algunas informes ruinas que, cubiertas de jaramago y musgo, se alcanzan a ver sobre su cumbre desde el camino que conduce a este pueblo.

»No sé si, por ventura o desgracia, quiso la suerte que este señor, a quien por su crueldad detestaban sus vasallos, y por sus malas cualidades ni el rey admitía en su corte, ni sus vecinos en el hogar, se aburriese de vivir solo con su mal humor y sus ballesteros en lo alto de la roca en que sus antepasados colgaron su nido de piedra.

»Devanábase noche y día los sesos en busca de alguna distracción propia de su carácter, lo cual era bastante difícil después de haberse cansado, como ya lo estaba, de mover guerras a sus vecinos, apalear a sus servidores y ahorcar a sus súbditos.

»En esta ocasión, cuentan las crónicas que se le ocurrió, aunque sin ser ejemplar, una idea feliz.

»Sabiendo que los cristianos de otras poderosas naciones se prestaban a partir juntos en una formidable armada a un país maravilloso para conquistar el sepulcro de Nuestro Señor Jesucristo,[6] que los moros tenían en su poder, se determinó a marchar en su seguimiento.

»Si realizó esta idea con objeto de purgar sus culpas, que no eran pocas, derramando su sangre en tan justa empresa, o con el de trasplantarse a un punto donde sus malas mañas no se conociesen, se ignora; pero la verdad del caso es que, con gran contentamiento de grandes y chicos, de vasallos y de iguales, allegó cuanto dinero pudo, redimió a sus pueblos del señorío mediante una gruesa

---

[6]Se refiere a las Cruzadas: durante los siglos XI al XII, expediciones religioso-militares organizadas por los cristianos de Occidente contra el Islam para reconquistar los Santos Lugares.

cantidad, y no conservando de propiedad suya más que el peñón del Segre y las cuatro torres del castillo, herencia de sus padres, desapareció de la noche a la mañana.

»La comarca entera respiró en libertad durante algún tiempo, como si despertara de una pesadilla.

»Ya no colgaban de sus sotos, en vez de frutas, racimos de hombres; las muchachas del pueblo no temían al salir con su cántaro en la cabeza a tomar agua de la fuente del camino, ni los pastores llevaban sus rebaños al Segre por sendas impracticables y ocultas, temblando encontrar a cada revuelta de la trocha a los ballesteros de su muy amado señor.

»Así transcurrió el espacio de tres años; la historia del *mal caballero*, que sólo por este nombre se le conocía, comenzaba a pertenecer al exclusivo dominio de las viejas, que en las eternas veladas del invierno la relataban con voz hueca y temerosa a los asombrados chicos; las madres asustaban a los pequeñuelos incorregibles o llorones diciéndoles: "¡Que viene el señor del Segre!", cuando he aquí que no sé si un día o una noche, si caído del cielo o abortado de los profundos, el temido señor apareció efectivamente, y, como suele decirse, en carne y hueso, en mitad de sus antiguos vasallos.

»Renuncio a describir el efecto de esta desagradable sorpresa. Ustedes se lo podrán figurar, mejor que yo pintarlo, sólo con decirles que tornaba reclamando sus vendidos derechos; que si malo se fue, peor volvió, y si pobre y sin crédito se encontraba antes de partir a la guerra, ya no podía contar con más recursos que su despreocupación, su lanza y una media docena de aventureros tan desalmados y perdidos como su jefe.

»Como era natural, los pueblos se resistieron a pagar tributos que a tanta costa habían redimido; pero el señor puso fuego a sus heredades, a sus alquerías y a sus mieses.

»Entonces apelaron a la justicia del rey; pero el señor se burló de las cartas-leyes de los condes soberanos, las clavó en el postigo de sus torres y colgó a los farautes de una encina.

»Exasperados, y no encontrando otra vía de salvación, por último, se pusieron de acuerdo entre sí, se encomendaron a la Divina Providencia y tomaron las armas; pero el señor llamó a sus secuaces, llamó en su ayuda al diablo, se encaramó a su roca y se preparó a la lucha.

»Ésta comenzó terrible y sangrienta. Se peleaba con todas armas, en todos sitios y a todas horas, con la espada y el fuego, en la montaña y en la llanura, en el día y durante la noche. Aquello no era pelear para vivir: era vivir para pelear.

»Al cabo, triunfó la causa de la justicia. Oigan ustedes cómo:

»Una noche obscura, muy obscura, en que no se oía ni un rumor en la tierra ni brillaba un solo astro en el cielo, los señores de la fortaleza, engreídos por una reciente victoria, se repartían el botín y, ebrios con el vapor de los licores, en mitad de la loca y estruendosa orgía, entonaban sacrílegos cantares en loor de su infernal patrono.

»Como dejo dicho, nada se oía en derredor del castillo, excepto el eco de las blasfemias, que palpitaban perdidas en el sombrío seno de la noche, como palpitan las almas de los condenados envueltas en los pliegues del huracán de los infiernos.

»Ya los descuidados centinelas habían fijado algunas veces sus ojos en la villa, que reposaba silenciosa, y se habían dormido sin temor a una sorpresa, apoyados en el grueso tronco de sus lanzas, cuando he aquí que algunos aldeanos, resueltos a morir y protegidos por la sombra, comenzaron a escalar el cubierto peñón del Segre, a cuya cima tocaron a punto de la medianoche.

»Una vez en la cima, lo que faltaba por hacer fue obra de poco tiempo: los centinelas salvaron de un solo salto el valladar que separa el sueño de la muerte; el fuego, aplicado con teas de resina al puente y al rastrillo, se comunicó con la rapidez del relámpago a los muros, y los escaladores, favorecidos por la confusión y abriéndose paso entre las llamas, dieron fin con los habitantes de aquella guarida en un abrir y cerrar de ojos. Todos perecieron.

»Cuando el cercano día comenzó a blanquear las altas copas de los enebros, humeaban aún los calcinados escombros de las desplomadas torres; y a través de sus anchas brechas, chispeando al herirlas la luz, y colgada de uno de los negros pilares de la sala del festín, era fácil divisar la armadura del temido jefe, cuyo cadáver, cubierto de sangre y polvo, yacía entre los desgarrados tapices y las calientes cenizas, confundido con los de sus obscuros compañeros.

....

»El tiempo pasó; comenzaron los zarzales a rastrear por los desiertos patios, la hiedra a enredarse en los obscuros machones y las campanillas azules a mecerse colgadas de las mismas almenas. Los desiguales soplos de la brisa, el graznido de las aves nocturnas y el rumor de los reptiles que se deslizaban entre las altas hierbas, turbaban sólo de cuando en cuando el silencio de muerte de aquel lugar maldecido; los insepultos huesos de sus antiguos moradores blanqueaban al rayo de la luna, y aún podía verse el haz de armas del señor del Segre colgado del negro pilar de la sala del festín.

»Nadie osaba tocarlo; pero corrían mil fábulas acerca de aquel objeto, causa incesante de hablillas y terrores para los que lo miraban llamear durante el día, herido por la luz del sol, o creían percibir en las altas horas de la noche el metálico son de sus piezas, que chocaban entre sí cuando las movía el viento, con un gemido prolongado y triste.

»A pesar de todos los cuentos que a propósito de la armadura se fraguaron, y que en voz baja se repetían unos a otros los habitantes de los alrededores, no pasaban de cuentos, y el único mal positivo que de ellos resultó se redujo entonces a una dosis de miedo más que regular, que cada uno por sí se esforzaba en disimular lo posible, haciendo, como suele decirse, de tripas corazón.

»Si de aquí no hubiera pasado la cosa, nada se habría perdido. Pero el diablo, que a lo que parece no se encontraba satisfecho de su obra, sin duda con el permiso de Dios, y a fin de hacer purgar a la comarca algunas culpas, volvió a tomar cartas en el asunto.

»Desde este momento las fábulas, que hasta aquella época no pasaron de un rumor vago y sin viso alguno de verosimilitud, comenzaron a tomar consistencia y a hacerse de día en día más probables.

»En efecto, hacía algunas noches que todo el pueblo había podido observar un extraño fenómeno:

»Entre las sombras, a lo lejos, ya subiendo las retorcidas cuestas del peñón del Segre, ya vagando entre las ruinas del castillo, ya cerniéndose, al parecer, en los aires, se veían correr, cruzarse, esconderse y tornar a aparecer, para alejarse en distintas direcciones, unas luces misteriosas y fantásticas, cuya procedencia nadie sabía explicar.

»Esto se repitió por tres o cuatro noches durante el intervalo de un mes, y los confusos aldeanos esperaban, inquietos, el resultado de aquellos conciliábulos, que ciertamente no se hizo aguardar mucho, cuando tres o cuatro alquerías incendiadas, varias reses desaparecidas y los cadáveres de algunos caminantes despeñados en los precipicios pusieron en alarma a todo el territorio en diez leguas a la redonda.

»Ya no quedó duda alguna. Una banda de malhechores se albergaba en los subterráneos del castillo.

»Éstos, que sólo se presentaban al principio muy de tarde en tarde y en determinados puntos del bosque que aún en el día se dilata a lo largo de la ribera, concluyeron por ocupar casi todos los desfiladeros de las montañas, emboscarse en los caminos, saquear los valles y descender como un torrente a la llanura, donde, a éste quiero, a éste no quiero, no dejaban títere con cabeza.

»Los asesinatos se multiplicaban, las muchachas desaparecían y los niños eran arrancados de las cunas, a pesar de los lamentos de sus madres, para servirlos en diabólicos festines, en que, según la creencia general, los vasos sagrados substraídos de las profanadas iglesias servían de copas.

»El terror llegó a apoderarse de los ánimos en un grado tal, que al toque de oraciones nadie se aventuraba a salir de su casa, en la que no siempre se creían seguros de los bandidos del peñón.

»Mas ¿quiénes eran éstos? ¿De dónde habían venido? ¿Cuál era el nombre de su misterioso jefe? He aquí el enigma que todos querían explicar y que nadie podía resolver entonces, aunque se observase, desde luego, que la armadura del señor feudal había desaparecido del sitio que antes ocupara y posteriormente varios labradores hubiesen afirmado que el capitán de aquella desalmada gavilla marchaba a su frente, cubierto con una que, de no ser la misma, se le asemejaba en todo.

»Cuanto queda repetido, si se le despoja de esa parte de fantasía con que el miedo abulta y completa sus creaciones favoritas, nada tiene en sí de sobrenatural y extraño.

»¿Qué cosa más corriente en unos bandidos que las ferocidades con que éstos se distinguían, ni más natural que el apoderarse su jefe de las abandonadas armas del señor del Segre?

»Sin embargo, algunas revelaciones hechas antes de morir por uno de sus secuaces, prisionero en las últimas refriegas, acabaron de colmar la medida, preocupando el ánimo de los más incrédulos. Poco más o menos, el contenido de su confesión fue éste:

»"Yo (dijo) pertenezco a una noble familia. Los extravíos de mi juventud, mis locas prodigalidades y mis crímenes, por último, atrajeron sobre mi cabeza la cólera de mis deudos y la maldición de mi padre, que me desheredó al expirar. Hallándome solo y sin recursos de ninguna especie, el diablo, sin duda, debió de sugerirme la idea de reunir algunos jóvenes que se encontraban en una situación idéntica a la mía, los cuales, seducidos con la promesa de un porvenir de disipación, libertad y abundancia, no vacilaron un instante en suscribir mis designios. Éstos se reducían a formar una banda de jóvenes de buen humor, despreocupados y poco temerosos del peligro, que desde allí en adelante vivirían alegremente del producto de su valor y a costa del país, hasta tanto que Dios se sirviera disponer de cada uno de ellos conforme a su voluntad, según hoy a mí me sucede. Con este objeto, señalamos esta comarca para teatro de nuestras expediciones futuras y escogimos como punto el más a propósito para nuestras reuniones el abandonado castillo del Segre, lugar seguro no tanto por su posición fuerte y ventajosa como por hallarse defendido contra el vulgo por las supersticiones y el miedo. Congregados una noche bajo sus ruinosas arcadas, alrededor de una hoguera que iluminaba con su rojizo resplandor las desiertas galerías, trabóse una acalorada disputa sobre cuál de nosotros había de ser elegido jefe. Cada uno alegó sus méritos; yo expuse mis derechos; ya los unos murmuraban entre sí con ojeadas amenazadoras, ya los otros, con voces descompuestas por la embriaguez, habían puesto la mano sobre el pomo de sus puñales para dirimir la cuestión, cuando de repente oímos un extraño crujir de armas acompañado de pisadas huecas y sonantes, que cada vez se hacían más distintas. Todos arrojamos a nuestro alrededor una inquieta mirada de desconfianza; nos pusimos en pie y desnudamos nuestros aceros, determinados a vender caras las vidas; pero no pudimos por menos de permanecer inmóviles al ver adelantarse con paso firme e igual un hombre de elevada estatura, completamente armado de la cabeza al pie y cubierto el rostro con la visera del casco, el cual, desnudando su montante, que dos hombres podían apenas manejar, y poniéndolo sobre uno de los carcomidos fragmentos de las rotas arcadas, exclamó con voz hueca y profunda, semejante al rumor de una caída de aguas subterráneas: 'Si alguno de vosotros se atreve a ser el primero mientras yo habite en el castillo del Segre, que tome esa espada, signo de poder'. Todos guardamos silencio, hasta que, transcurrido el primer momento de estupor, lo proclamamos a grandes voces nuestro capitán, ofreciéndole una copa de nuestro vino, la cual rehusó por señas, acaso por no descubrir la faz, que en vano procuramos distinguir a través de las rejillas de hierro que la ocultaban a nuestros ojos. No obstante, aquella noche pronunciamos el más formidable de los juramentos, y a la siguiente dieron principio nuestras nocturnas correrías. En ellas, nuestro misterioso jefe marchaba siempre delante de todos. Ni el fuego lo ataja, ni los peligros lo intimidan, ni las lágrimas lo conmueven. Nunca despliega sus labios; pero cuando la sangre humea en nuestras manos, como cuando los templos se derrumban calcinados por las llamas; cuando las mujeres huyen espantadas entre las ruinas, y los niños arrojan gritos de dolor, y los ancianos perecen a nuestros golpes, contesta con una carcajada de feroz alegría a los gemidos, a las imprecaciones y a los lamentos. Jamás se desnuda de sus armas ni abate la visera de su casco después de la victoria, ni participa del festín, ni se entrega al sueño. Las espadas que lo hieren se hunden entre las piezas de su armadura, y ni le causan la muerte ni se retiran teñidas en sangre; el fuego enrojece su espaldar y su cota, y aún prosigue impávido entre las llamas, buscando nuevas víctimas; desprecia el oro, aborrece la hermosura y no lo inquieta la ambición. Entre nosotros, unos lo creen un extravagante; otros, un noble arruinado, que por un resto de pudor se tapa la cara, y no falta quien se encuentra convencido de que es el mismo diablo en persona".

»El autor de estas revelaciones murió con la sonrisa de la mofa en los labios y sin arrepentirse de sus culpas. Varios de sus iguales lo siguieron en diversas épocas al suplicio; pero el temible jefe, a quien continuamente se unían nuevos prosélitos, no cesaba en sus desastrosas empresas.

»Los infelices habitantes de la comarca, cada vez más aburridos y desesperados, no acertaban ya con la determinación que debía tomarse para concluir de un todo con aquel orden de cosas, cada día más insoportable y triste.

»Inmediato a la villa, y oculto en el fondo de un espeso bosque, vivía a esta sazón, en una pequeña ermita dedicada a San Bartolomé,[7] un santo hombre, de costumbres piadosas y ejemplares, a quien el pueblo tuvo siempre en olor de santidad merced a sus saludables consejos y acertadas predicciones.

»Este venerable ermitaño, a cuya prudencia y proverbial sabiduría encomendaron los vecinos de Bellver la resolución de este difícil problema, después de implorar la misericordia divina por medio de su santo patrono, que, como ustedes no ignoran, conoce al diablo de muy cerca y en más de una ocasión lo ha atado bien corto, les aconsejó que se emboscasen durante la noche al pie del pedregoso camino que sube serpenteando por la roca en cuya cima se encontraba el castillo, encargándoles al mismo tiempo que, ya allí, no hiciesen uso de otras armas para aprehenderlo que de una maravillosa oración que les hizo aprender de memoria, y con la cual aseguraban las crónicas que San Bartolomé había hecho al diablo su prisionero.

»Púsose en planta el proyecto, y su resultado excedió a cuantas esperanzas se habían concebido, pues aún no iluminaba el sol del otro día la alta torre de Bellver, cuando sus habitantes, reunidos en grupos en la plaza Mayor, se contaban unos a otros, con aire de misterio, cómo aquella noche, fuertemente atado de pies y manos, y a lomos de una poderosa mula, había entrado en la población el famoso capitán de los bandidos del Segre.

»De qué arte se valieron los acometedores de esta empresa para llevarla a término, ni nadie se lo acertaba a explicar, ni ellos mismos podían decirlo; pero el hecho era que, gracias a la oración del santo o al valor de sus devotos, la cosa había sucedido tal como se refería.

»Apenas la novedad comenzó a extenderse de boca en boca y de casa en casa, la multitud se lanzó a las calles con ruidosa algazara y corrió a reunirse a las puertas de la prisión. La campana de la parroquia llamó a consejo, y los vecinos más respetables se juntaron en capítulo, y todos aguardaban ansiosos la hora en que el reo había de comparecer ante sus improvisados jueces.

»Éstos, que se encontraban autorizados por los condes de Urgel para administrarse por sí mismos pronta y severa justicia sobre aquellos malhechores, deliberaron un momento, pasado el cual mandaron comparecer al delincuente a fin de notificarle su sentencia.

---

[7] uno de los doce apóstoles.

»Como dejo dicho, así en la plaza Mayor como en las calles por donde el prisionero debía atravesar para dirigirse al punto en que sus jueces se encontraban, la impaciente multitud hervía como un apiñado enjambre de abejas. Especialmente en la puerta de la cárcel, la conmoción popular tomaba cada vez mayores proporciones. Ya los animados diálogos, los sordos murmullos y los amenazadores gritos comenzaban a poner en cuidado a sus guardas, cuando, afortunadamente, llegó la orden de sacar al reo.

»Al aparecer éste bajo el macizo arco de la portada de su prisión, completamente vestido de todas las armas y cubierto el rostro por la visera, un sordo y prolongado murmullo de admiración y de sorpresa se elevó de entre las compactas masas del pueblo, que se abría con dificultad para dejarle paso.

»Todos habían reconocido en aquella armadura la del señor del Segre; aquella armadura objeto de las más sombrías tradiciones mientras se la vio suspendida de los arruinados muros de la fortaleza maldita.

»Las armas eran aquéllas, no cabía duda alguna. Todos habían visto flotar el negro penacho de su cimera en los combates que en un tiempo trabaran contra su señor; todos la habían visto agitarse al soplo de la brisa del crepúsculo, a par de la hiedra del calcinado pilar en que quedaron colgadas a la muerte de su señor. Mas ¿quién podía ser el desconocido personaje que entonces las llevaba? Pronto iba a saberse. Al menos, así se creía. Los sucesos dirán cómo esta esperanza quedó frustrada a la manera de otras muchas y por qué de este solemne acto de justicia, del que debía aguardarse el completo esclarecimiento de la verdad, resultaron nuevas y más inexplicables confusiones.

»El misterioso bandido penetró al fin en la sala del Concejo, y un silencio profundo sucedió a los rumores que se elevaron entre los circunstantes al oír resonar bajo las altas bóvedas de aquel recinto el metálico son de sus acicates de oro. Uno de los que componían el tribunal, con la voz lenta e insegura, le preguntó su nombre, y todos prestaron oído con ansiedad para no perder una sola palabra de su respuesta; pero el guerrero se limitó a encoger sus hombros ligeramente, con un aire de desprecio e insulto que no pudo menos de irritar a sus jueces, los que se miraron entre sí sorprendidos.

»Tres veces volvió a repetirse la pregunta, y otras tantas obtuvo semejante o parecida contestación.

»—¡Que se levante la visera! ¡Que se descubra! ¡Que se descubra! —comenzaron a gritar los vecinos de la villa presentes al acto—. ¡Que se descubra! ¡Veremos si se atreve entonces a insultarnos con su desdén, como ahora lo hace protegido por el incógnito!

»—Descubríos —le repitió el mismo que anteriormente le dirigiera la palabra.

»El guerrero permaneció impasible.

»—Os lo mando en nombre de nuestra autoridad.

»La misma contestación.

»—En el de los condes soberanos.

»Ni por ésas.

»La indignación llegó a su colmo, hasta el punto de que uno de sus guardias, lanzándose sobre el reo, cuya pertinacia en callar bastaría para apurar la paciencia de un santo, le abrió violentamente la visera. Un grito general de sorpresa se escapó del auditorio, que permaneció por un instante herido de un inconcebible estupor.

»La cosa no era para menos. El casco, cuya férrea visera se veía en parte levantada hasta la frente, en parte caída sobre la brillante gola de acero, estaba vacío..., completamente vacío.

»Cuando, pasado ya el primer momento de terror, quisieron tocarlo, la armadura se estremeció ligeramente y, descomponiéndose en piezas, cayó al suelo con un ruido sordo y extraño.

»La mayor parte de los espectadores, a la vista del nuevo prodigio, abandonaron tumultuosamente la habitación y salieron despavoridos a la plaza.

»La nueva se divulgó con la rapidez del pensamiento entre la multitud que aguardaba impaciente el resultado del juicio, y fue tal la alarma, la revuelta y la vocería, que ya a nadie cupo duda sobre lo que de pública voz se aseguraba; esto es, que el diablo, a la muerte del señor del Segre, había heredado los feudos de Bellver.

»Al fin se apaciguó el tumulto y decidióse volver a un calabozo la maravillosa armadura.

»Ya en él, despacháronse cuatro emisarios que, en representación de la atribulada villa, hiciesen presente el caso al conde de Urgel y al arzobispo, los que no tardaron muchos días en tornar con la resolución de estos personajes, resolución que, como suele decirse, era breve y compendiosa.

»—Cuélguese —dijeron— la armadura en la plaza Mayor de la villa, que si el diablo la ocupa, fuerza le será el abandonarla o ahorcarse con ella.

»Encantados los habitantes de Bellver con tan ingeniosa solución, volvieron a reunirse en consejo, y cuando ya la multitud ocupaba sus avenidas se mandó levantar una altísima horca en la plaza, se dirigieron a la cárcel por la armadura, en corporación y con toda la solemnidad que la importancia del caso requería.

»Cuando la respetable comitiva llegó al macizo arco que daba entrada al edificio, un hombre pálido y descompuesto se arrojó al suelo en presencia de los aturdidos circunstantes, exclamando con lágrimas en los ojos:

»—¡Perdón, señores, perdón!

»—¡Perdón! ¿Para quién? —dijeron algunos—. ¿Para el diablo que habita dentro de la armadura del señor del Segre?

»—Para mí —prosiguió con voz trémula el infeliz, en quien todos reconocieron al alcaide de las prisiones—, para mí... Porque las armas... han desaparecido.

»Al oír estas palabras, el asombro se pintó en el rostro de cuantos se encontraban en el pórtico, que, mudos e inmóviles, hubieran permanecido en la posición en que se encontraban Dios sabe hasta cuándo si la siguiente relación del aterrado guardián no los hubiera hecho agruparse en su alrededor para escuchar con avidez.

»—Perdonadme, señores —decía el pobre alcaide—, y yo no os ocultaré nada; siquiera sea en contra mía.

»Todos guardaron silencio, y él prosiguió así:

»—Yo no acertaré nunca a dar razón; pero es el caso que la historia de las armas vacías me pareció siempre una fábula tejida en favor de algún noble personaje a quien tal vez altas razones de conveniencia pública no permitían ni descubrir ni castigar. En esta creencia estuve siempre, creencia en que no podía menos de confirmarme la inmovilidad en que se encontraban desde que por segunda vez tornaron a la cárcel traídas del Concejo. En vano una noche y otra, deseando sorprender su misterio, si misterio en ellas había, me levantaba poco a poco y aplicaba el oído en los intersticios de la cerrada puerta de su calabozo; ni un rumor se percibía. En vano procuré observarlas a través de un pequeño agujero producido en el muro. Arrojadas sobre un poco de paja, y en uno de los más obscuros rincones, permanecían un día y otro descompuestas e inmóviles. Una noche, por último, aguijoneado por la curiosidad y deseando convencerme por mí mismo de que aquel objeto de terror no tenía nada de misterioso, encendí una linterna, bajé a las prisiones, levanté sus dobles aldabas y, no cuidando siquiera (tanta era mi fe en que todo no pasaba de un cuento) de cerrar las puertas tras mí, penetré en el calabozo. Nunca lo hubiera hecho. Apenas anduve algunos pasos, la luz de mi linterna se apagó por sí sola y mis dientes comenzaron a chocar y mis cabellos a erizarse. Turbando el profundo silencio que me rodeaba, había oído como un ruido de hierros que se removían y chocaban al unirse entre las sombras. Mi primer movimiento fue arrojarme a la puerta para cerrar el paso; pero al asir sus hojas sentí sobre mis hombros una mano formidable cubierta con un guantelete, que, después de sacudirme con violencia, me derribó bajo el dintel. Allí permanecí hasta la mañana siguiente, en que me encontraron mis servidores falto de sentido y recordando sólo que después de mi caída había creído percibir confusamente como unas pisadas sonoras, al compás de las cuales resonaba un rumor de espuelas, que poco a poco se fue alejando hasta perderse.

»Cuando concluyó el alcaide reinó un silencio profundo, al que siguió luego un infernal concierto de lamentaciones, gritos y amenazas.

»Trabajo costó a los más pacíficos el contener al pueblo, que, furioso con la novedad, pedía a grandes voces la muerte del curioso autor de su nueva desgracia.

»Al cabo logróse apaciguar el tumulto y comenzaron a disponerse a una nueva persecución. Ésta obtuvo también un resultado satisfactorio.

»Al cabo de algunos días, la armadura volvió a encontrarse en poder de sus perseguidores. Conocida la fórmula, y mediante la ayuda de San Bartolomé, la cosa no era ya muy difícil.

»Pero aún quedaba algo por hacer, pues en vano, a fin de sujetarla, la colgaron de una horca; en vano emplearon la más exquisita vigilancia con el objeto de quitarle toda ocasión de escaparse por esos mundos. En cuanto las desunidas armas veían dos dedos de luz se encajaban y, pian pianito, volvían a tomar el trote y emprender de nuevo sus excursiones por montes y valles, que era una bendición del Cielo. Aquello era el cuento de nunca acabar.

»En tan angustiosa situación, los vecinos se repartieron entre sí las piezas de la armadura, que acaso por la centésima vez se encontraba en sus manos, y rogaron al piadoso eremita que un día los iluminó con sus consejos decidiera lo que debía hacerse de ella.

»El santo varón ordenó al pueblo una penitencia general. Se encerró por tres días en el fondo de la caverna que le servía de asilo, y al cabo de ellos dispuso que se fundiesen las diabólicas armas, y con ellas y algunos sillares del castillo del Segre se levantase una cruz.

»La operación se llevó a término, aunque no sin que nuevos y aterradores prodigios llenasen de pavor el ánimo de los consternados habitantes de Bellver.

»En tanto que las piezas arrojadas a las llamas comenzaban a enrojecerse, largos y profundos gemidos parecían escaparse de la ancha hoguera, de entre cuyos troncos saltaban como si estuvieran vivas y sintiesen la acción del fuego. Una tromba de chispas rojas, verdes y azules danzaban en la cúspide de sus encendidas lenguas, y se retorcían crujiendo como si una región de diablos, cabalgando sobre ellas, pugnase por libertar a su señor de aquel tormento.

»Extraña, horrible fue la operación en tanto que la candente armadura perdía su forma para tomar la de una cruz. Los martillos caían resonando con un espantoso estruendo sobre el yunque, al que veinte trabajadores vigorosos sujetaban las barras del hirviente metal, que palpitaba y gemía al sentir los golpes.

»Ya se extendían los brazos del signo de nuestra redención, ya comenzaba a formarse la cabecera, cuando la diabólica y encendida masa se retorcía de nuevo como en una convulsión espantosa y, rodeándose al cuerpo de los desgraciados que pugnaban por desasirse de sus brazos de muerte, se enroscaba en anillas como una culebra o se contraía en zigzag como un relámpago.

»El constante trabajo, la fe, las oraciones y el agua bendita consiguieron, por último, vencer al espíritu infernal, y la armadura se convirtió en cruz.

»Esa cruz es la que hoy habéis visto, y a la cual se encuentra sujeto el diablo, que le presta su nombre. Ante ella, ni las jóvenes colocan en el mes de mayo ramilletes de lirios, ni los pastores se descubren al pasar, ni los ancianos se arrodillan, bastando apenas las severas amonestaciones del clero para que los muchachos no la apedreen.

»Dios ha cerrado los oídos a cuantas plegarias se le dirijan en su presencia. En el invierno, los lobos se reúnen en manadas junto al enebro que la protege para lanzarse sobre las reses; los bandidos esperan a su sombra a los caminantes, que entierran a sus pies después que los asesinan, y cuando la tempestad se desata, los rayos tuercen su camino para liarse, silbando, al asta de esa cruz y romper los sillares de su pedestal.

Obras. Edición y notas de Guillermo Díaz-Plaja. Barcelona: Argos Vergara, 1979.

JOSÉ ZORRILLA (1817-93)

Don Juan Tenorio

Al señor don Francisco Luis de Vallejo en prenda de buena memoria, su mejor amigo. José Zorrilla. Madrid, marzo de 1844.

PERSONAS

Don Juan Tenorio
Don Luis Mejía
Don Gonzalo de Ulloa, comendador
    de Calatrava
Don Diego Tenorio
Doña Inés de Ulloa
Doña Ana de Pantoja
Cristófano Buttarelli
Marcos Ciutti
Brígida
Pascual
El capitán Centellas
Don Rafael de Avellaneda
Lucía
La abadesa de las Calatravas de
    Sevilla

La tornera de ídem
Gastón
Miguel
Un escultor
Dos alguaciles
Un paje (que no habla)
La estatua de don Gonzalo (él mismo)
La sombra de doña Inés (ella misma)
Caballeros sevillanos, encubiertos curiosos, esqueletos, estatuas, ángeles, sombras, justicia y pueblo

La acción en Sevilla[1] por los años 1545, últimos del Emperador Carlos V.[2] Los cuatro primeros actos pasan en una sola noche. Los tres restantes cinco años después, y en otra noche.

---

[1]ciudad española.

[2]rey de España y Nápoles, emperador de Alemania (1500-58).

Parte primera

ACTO PRIMERO. LIBERTINAJE Y ESCÁNDALO

Hostería de Cristófano Buttarelli. Puerta en el fondo que da a la calle: mesas, jarros y demás utensilios propios de semejante lugar.

Escena I. *(Don Juan, con antifaz, sentado a una mesa escribiendo; Buttarelli y Ciutti, a un lado esperando. Al levantarse el telón, se ven pasar por la puerta del fondo Máscaras, Estudiantes y Pueblo con hachones, músicas, etc.)*

Juan.	¡Cuál gritan esos malditos!
	Pero, ¡mal rayo me parta
	si en concluyendo la carta
	no pagan caros sus gritos! *(Sigue escribiendo.)*
Buttarelli.	*(A Ciutti.)* Buen carnaval.
Ciutti.	*(A Buttarelli.)*　　　　　Buen agosto
	para rellenar la arquilla.
Buttarelli.	¡Quia!³ Corre ahora por Sevilla
	poco gusto y mucho mosto.
	Ni caen aquí buenos peces,
	que son cosas mal miradas
	por gentes acomodadas
	y atropelladas a veces.
Ciutti.	Pero hoy...
Buttarelli.	Hoy no entra en la cuenta,
	Ciutti: se ha hecho buen trabajo.
Ciutti.	¡Chist! Habla un poco más bajo,
	que mi señor se impacienta
	pronto.
Buttarelli.	¿A su servicio estás?
Ciutti.	Ya ha un año.
Buttarelli.	¿Y qué tal te sale?
Ciutti.	No hay prior que se me iguale;
	tengo cuanto quiero y más.

---

³voz familiar que denota incredulidad o negación.

Tiempo libre, bolsa llena,
buenas mozas y buen vino.

Buttarelli. ¡Cuerpo de tal, qué destino!

Ciutti. *(Señalando a Don Juan.)* Y todo ello a costa ajena.

Buttarelli. ¿Rico, eh?

Ciutti. Varea la plata.

Buttarelli. ¿Franco?

Ciutti. Como un estudiante.

Buttarelli. ¿Y noble?

Ciutti. Como un infante.

Buttarelli. ¿Y bravo?

Ciutti. Como un pirata.

Buttarelli. ¿Español?

Ciutti. Creo que sí.

Buttarelli. ¿Su nombre?

Ciutti. Lo ignoro en suma.

Buttarelli. ¡Bribón! ¿Y dónde va?

Ciutti. Aquí.

Buttarelli. Largo plumea.[4]

Ciutti. Es gran pluma.

Buttarelli. ¿Y a quién mil diablos escribe
tan cuidadoso y prolijo?

Ciutti. A su padre.

Buttarelli. ¡Vaya un hijo!

Ciutti. Para el tiempo en que se vive,
es un hombre extraordinario.
Mas silencio.

Juan. *(Cerrando la carta.)* Firmo y plego.[5]
¿Ciutti?

Ciutti. ¿Señor?

Juan. Este pliego
irá dentro del orario[6]
en que reza doña Inés
a sus manos a parar.

---

[4]escribe con pluma.
[5]pliego.
[6]orario u horario: libro de oraciones.

Ciutti.   ¿Hay respuesta que aguardar?

Juan.   De el diablo con guardapiés[7]
que la asiste, de su dueña,
que mis intenciones sabe,
recogerás una llave,
una hora y una seña:
y más ligero que el viento
aquí otra vez.

Ciutti.   Bien está. *(Vase.)*

Escena II

Juan.   Cristófano, vieni quà.

Buttarelli.   Eccellenza!

Juan.   Senti.

Buttarelli.   Sento.
Ma ho imparato il castigliano,
se è più facile al signor
la sua lingua...

Juan.   Sí, es mejor;
lascia dunque il tuo toscano[8],
y dime: ¿don Luis Mejía
ha venido hoy?

Buttarelli.   Excelencia,
no está en Sevilla.

Juan.   ¿Su ausencia
dura en verdad todavía?

Buttarelli.   Tal creo.

Juan.   ¿Y noticia alguna
no tienes de él?

Buttarelli.   ¡Ah! Una historia
me viene ahora a la memoria

---

[7]vestido de mujer que llegaba hasta los pies.

[8]en italiano: Cristófano, ven aquí./¡Excelencia!/Escucha./Escucho./Yo he aprendido el castellano,/sé que es más fácil para el señor/su lengua.../Sí, es mejor;/ deja, por lo tanto, tu toscano.

	que os podrá dar...
Juan.	¿Oportuna
	luz sobre el caso?
Buttarelli.	Tal vez.
Juan.	Habla, pues.
Buttarelli.	*(Hablando consigo mismo.)* No, no me engaño:
	esta noche cumple el año,
	lo había olvidado.
Juan.	¡Pardiez!
	¿Acabarás con tu cuento?
Buttarelli.	Perdonad, señor: estaba
	recordando el hecho.
Juan.	¡Acaba,
	vive Dios!, que me impaciento.
Buttarelli.	Pues es el caso señor,
	que el caballero Mejía
	por quien preguntáis, dio un día
	en la ocurrencia peor
	que ocurrírsele podía.
Juan.	Suprime lo al hecho extraño;
	que apostaron me es notorio
	a quien haría en un año,
	con más fortuna, más daño,
	Luis Mejía y Juan Tenorio.
Buttarelli.	¿La historia sabéis?
Juan.	Entera;
	por eso te he preguntado
	por Mejía.
Buttarelli.	¡Oh! Me pluguiera[9]
	que la apuesta se cumpliera,
	que pagan bien y al contado.
Juan.	¿Y no tienes confianza
	en que don Luis a esta cita
	acuda?
Buttarelli.	¡Quia! Ni esperanza:
	el fin del plazo se avanza,

---

[9]gustaría.

y estoy cierto que maldita
la memoria que ninguno
guarda de ello.

Juan.   Basta ya.
Toma.

Buttarelli.   ¡Excelencia! *(Saluda profundamente.)*
                    ¿Y de alguno
de ellos sabéis vos? Quizá.
¿Vendrán, pues

Juan.   Al menos uno;
mas por si acaso los dos
dirigen aquí sus huellas
el uno del otro en pos,
tus dos mejores botellas
prevénles.

Buttarelli.   Mas...

Juan.   ¡Chito!... Adiós.

Escena III

Buttarelli.   ¡Santa Madonna![10] De vuelta
Mejía y Tenorio están
sin duda... y recogerán
los dos la palabra suelta.
¡Oh!, sí; ese hombre tiene traza
de saberlo a fondo. *(Ruido dentro.)* ¿Pero
qué es esto? *(Se asoma a la puerta.)*
                    ¡Anda! ¡El forastero
está riñendo en la plaza!
¡Válgame Dios! ¡Qué bullicio!
¡Cómo se le arremolina
chusma...! ¡Y cómo la acoquina[11]
él solo...! ¡Puf! ¡Qué estropicio!
¡Cuál corren delante de él!

---

[10]¡Virgen Santísima! (italiano).

[11]acobarda.

> No hay duda, están en Castilla
> los dos, y anda ya Sevilla
> toda revuelta. ¡Miguel!

Escena IV

Miguel. Che comanda?
Buttarelli. Presto, qui
servi una tavola, amico:
e del Lacryma più antico
porta due bottiglie.
Miguel. Si,
signor padron.
Buttarelli. Micheletto,
apparecchia in carità
lo più ricco che si fa:
affrettati!
Miguel. Gia mi affretto,
signor padrone.[12] *(Vase.)*

Escena V

Don Gonzalo. Aquí es. ¿Patrón?
Buttarelli. ¿Qué se ofrece?
Don Gonzalo. Quiero
hablar con el hostelero.
Buttarelli. Con él habláis; decid, pues.
Don Gonzalo. ¿Sois vos?
Buttarelli. Sí; mas despachad,
que estoy de priesa.
Don Gonzalo. En tal caso,

---

[12]en italiano: ¿Qué ordena?/Ven pronto aquí/sirve una mesa, amigo:/ y del Lágrima más antiguo/lleva dos botellas./Sí,/señor amo./Miguelito,/prepara por Dios/lo más rico que tengamos:/¡date prisa!/Ya me doy prisa,/señor amo. Lágrima (de Cristo) es un tipo de vino.

       ved si es cabal y de paso
       esa dobla,[13] y contestad.

Buttarelli.   ¡Oh, excelencia!

Don Gonzalo.   ¿Conocéis
       a don Juan Tenorio?

Buttarelli.   Sí.

Don Gonzalo.   ¿Y es cierto que tiene aquí
       hoy una cita?

Buttarelli.   ¡Oh! ¿Seréis
       vos el otro?

Don Gonzalo.   ¿Quién?

Buttarelli.   Don Luis.

Don Gonzalo.   No; pero estar me interesa
       en su entrevista.

Buttarelli.   Esta mesa
       les preparo; si os servís
       en esotra[14] colocaros,
       podréis presenciar la cena
       que les daré... ¡Oh! Será escena
       que espero que ha de admiraros.

Don Gonzalo.   Lo creo.

Buttarelli.   Son, sin disputa,
       los dos mozos más gentiles
       de España.

Don Gonzalo.   Sí, y los más viles
       también.

Buttarelli.   ¡Bah! Se les imputa
       cuanto malo se hace hoy día;
       mas la malicia lo inventa,
       pues nadie paga su cuenta
       como Tenorio y Mejía.

Don Gonzalo.   ¡Ya!

Buttarelli.   Es afán de murmurar,
       porque conmigo, señor,
       ninguno lo hace mejor,

---

[13]moneda castellana de oro de peso y valor variables.

[14]esa otra.

	y bien lo puedo jurar.
Don Gonzalo.	No es necesario: mas...
Buttarelli.	¿Qué?
Don Gonzalo.	Quisiera yo ocultamente
	verlos, y sin que la gente
	me reconociera.
Buttarelli.	A fe
	que eso es muy fácil, señor.
	Las fiestas de carnaval,
	al hombre más principal
	permiten, sin deshonor
	de su linaje, servirse
	de un antifaz, y bajo él,
	¿quién sabe, hasta descubrirse,
	de qué carne es el pastel?
Don Gonzalo.	Mejor fuera en aposento
	contiguo...
Buttarelli.	Ninguno cae
	aquí.
Don Gonzalo.	Pues entonces, trae
	el antifaz.
Buttarelli.	Al momento.

Escena VI

Don Gonzalo.	No cabe en mi corazón
	que tal hombre pueda haber,
	y no quiero cometer
	con él una sinrazón.
	Yo mismo indagar prefiero
	la verdad..., mas, a ser cierta
	la apuesta, primero muerta
	que esposa suya la quiero.
	No hay en la tierra interés
	que, si la daña, me cuadre
	primero seré buen padre,
	buen caballero después.
	Enlace es de gran ventaja,

mas no quiero que Tenorio
del velo del desposorio
la recorte una mortaja.

Escena VII *(Don Gonzalo; Buttarelli, que trae un antifaz.)*

Buttarelli.	Ya está aquí.
Don Gonzalo.	Gracias, patrón:
	¿Tardarán mucho en llegar?
Buttarelli.	Si vienen no han de tardar:
	cerca de las ocho son.
Don Gonzalo.	¿Ésa es hora señalada?
Buttarelli.	Cierra el plazo, y es asunto
	de perder, quien no esté a punto
	de la primer campanada.
Don Gonzalo.	Quiera Dios que sea una chanza,
	y no lo que se murmura.
Buttarelli.	No tengo aún por muy segura
	de que cumplan, la esperanza;
	pero si tanto os importa
	lo que ello sea saber,
	pues la hora está al caer
	la dilación es ya corta.
Don Gonzalo.	Cúbrome, pues, y me siento.

(Se sienta en una mesa a la derecha y se pone el antifaz.)

Buttarelli.	(Curioso el viejo me tiene
	del misterio con que viene...
	Y no me quedo contento
	hasta saber quién es él.)

(Limpia y trajina, mirándole de reojo.)

Don Gonzalo.	(¡Que un hombre como yo tenga
	que esperar aquí, y se avenga
	con semejante papel!
	En fin, me importa el sosiego
	de mi casa, y la ventura
	de una hija sencilla y pura,
	y no es para echarlo a juego.)

Escena VIII *(Don Gonzalo, Buttarelli; Don Diego, a la puerta del fondo.)*

Diego.   La seña está terminante,
aquí es: bien me han informado;
llego, pues.
Buttarelli.   ¿Otro embozado?
Diego.   ¿Ha de esta casa?
Buttarelli.   Adelante.
Diego.   ¿La hostería del Laurel?
Buttarelli.   En ella estáis, caballero.
Diego.   ¿Está en casa el hostelero?
Buttarelli.   Estáis hablando con él.
Diego.   ¿Sois vos Buttarelli?
Buttarelli.   Yo.
Diego.   ¿Es verdad que hoy tiene aquí
Tenorio una cita?
Buttarelli.   Sí.
Diego.   ¿Y ha acudido a ella?
Buttarelli.   No.
Diego.   Pero ¿acudirá?
Buttarelli.   No sé.
Diego.   ¿Le esperáis vos?
Buttarelli.   Por si acaso
venir le place.
Diego.   En tal caso,
yo también le esperaré.
(Se sienta en el lado opuesto a Don Gonzalo.)
Buttarelli.   ¿Que os sirva vianda alguna
queréis mientras?
Diego.   No: tomad. *(Dale dinero.)*
Buttarelli.   ¡Excelencia!
Diego.   Y excusad
conversación importuna.
Buttarelli.   Perdonad.
Diego.   Vais perdonado:
dejadme, pues.
Buttarelli.   (¡Jesucristo!
En toda mi vida he visto
hombre más mal humorado.)

Diego.   (¡Que un hombre de mi linaje
descienda a tan ruin mansión!
Pero no hay humillación
a que un padre no se baje
por un hijo. Quiero ver
por mis ojos la verdad
y el monstruo de liviandad
a quien pude dar el ser.)

*(Buttarelli, que anda arreglando sus trastos, contempla desde el fondo a Don
Gonzalo y a Don Diego, que permanecerán embozados y en silencio.)*

Buttarelli.   ¡Vaya un par de hombres de piedra!
Para éstos sobra mi abasto:
mas, ¡pardiez!, pagan el gasto
que no hacen, y así se medra.

Escena IX

Avellaneda.   Vinieron, y os aseguro
que se efectuará la apuesta.

Centellas.   Entremos, pues. ¡Buttarelli!

Buttarelli.   Señor capitán Centellas,
¿vos por aquí?

Centellas.   Sí, Cristófano.
¿Cuándo aquí, sin mi presencia,
tuvieron lugar las orgías
que han hecho raya en la época?

Buttarelli.   Como ha tanto tiempo ya
que no os he visto...

Centellas.   Las guerras
del emperador, a Túnez[15]
me llevaron; mas mi hacienda
me vuelve a traer a Sevilla;
y, según lo que me cuentan,
llego lo más a propósito
para renovar añejas

---

[15]actual capital de Tunicia.

amistades. Conque apróntanos[16]
luego unas cuantas botellas,
y en tanto que humedecemos
la garganta, verdadera
relación haznos de un lance
sobre el cual hay controversia.

Buttarelli. Todo se andará; mas antes
dejadme ir a la bodega.

Varios. Sí, sí.

Escena X

Centellas. Sentarse, señores,
y que siga Avellaneda
con la historia de don Luis.

Avellaneda. No hay ya más que decir de ella,
sino que creo imposible
que la de Tenorio sea
más endiablada, y que apuesto
por don Luis.

Centellas. Acaso pierdas.
Don Juan Tenorio se sabe
que es la más mala cabeza
del orbe, y no hubo hombre alguno
que aventajarle pudiera
con sólo su inclinación;
¿conque qué hará si se empeña?

Avellaneda. Pues yo sé bien que Mejía
las ha hecho tales, que a ciegas
se puede apostar por él.

Centellas. Pues el capitán Centellas
pone por don Juan Tenorio
cuanto tiene.

Avellaneda. Pues se acepta
por don Luis, que es muy mi amigo.

---

[16]tráenos con prontitud.

Centellas. Pues todo en contra se arriesga;
porque no hay como Tenorio
otro hombre sobre la tierra,
y es proverbia su fortuna
y extremadas sus empresas.

Escena XI *(Dichos, Buttarelli, con botellas.)*

Buttarelli. Aquí hay Falerno, Borgoña,
Sorrento.[17]
Centellas. De lo que quieras
sirve, Cristófano, y dinos:
¿qué hay de cierto en una apuesta
por don Juan Tenorio ha un año
y don Luis Mejía hecha?
Buttarelli. Señor capitán, no sé
tan a fondo la materia
que os pueda sacar de dudas,
pero diré lo que sepa.
Varios. Habla, habla.
Buttarelli. Yo, la verdad,
aunque fue en mi casa mesma[18]
la cuestión entre ambos, como
pusieron tan larga fecha
a su plazo, creí siempre
que nunca a efecto viniera;
así es, que ni aun me acordaba
de tal cosa a la hora de ésta.
Mas esta tarde, sería
el anochecer apenas,
entróse aquí un caballero
pidiéndome que le diera
recado con que escribir
una carta: y a sus letras

---

[17]vinos famosos.
[18]misma.

atento no más, me dio
tiempo a que charla metiera
con un paje que traía,
paisano mío, de Génova.[19]
No saqué nada del paje,
que es, ¡por Dios!, muy brava pesca;
mas cuando su amo acababa
su carta, le envió con ella
a quien iba dirigida.
El caballero, en mi lengua
me habló, y me pidió noticias
de don Luis. Dijo que entera
sabía de ambos la historia,
y que tenía certeza
de que al menos uno de ellos
acudiría a la apuesta.
Yo quise saber más de él,
mas púsome dos monedas
de oro en la mano, diciéndome
así, como a la deshecha:
«Y por si acaso los dos
al tiempo aplazado llegan,
ten prevenidas para ambos
tus dos mejores botellas.»
Largóse sin decir más,
y yo, atento a sus monedas,
les puse en el mismo sitio
donde apostaron, la mesa.
Y vedla allí con dos sillas,
dos copas y dos botellas.

Avellaneda. Pues, señor, no hay que dudar;
era don Luis.

Centellas.   Don Juan era.

Avellaneda. ¿Tú no le viste la cara?

Buttarelli. ¡Si la traía cubierta
con un antifaz!

---

[19]ciudad italiana.

Centellas.	Pero, hombre,
	¿tú a los dos no les recuerdas?
	¿O no sabes distinguir
	a las gentes por sus señas
	lo mismo que por sus caras?
Buttarelli.	Pues confieso mi torpeza;
	no le supe conocer,
	y lo procuré de veras.
	Pero silencio.
Avellaneda.	¿Qué pasa?
	A dar el reló comienza
	los cuartos para las ocho. *(Dan.)*
Centellas.	Ved, ved la gente que se entra.
	Como que está de este lance
	curiosa Sevilla entera.

(Se oyen dar las ocho; varias personas entran y se reparten en silencio por la escena; al dar la última campanada, Don Juan, con antifaz, se llega a la mesa que ha preparado Buttarelli en el centro del escenario, y se dispone a ocupar una de las dos sillas que están delante de ella. Inmediatamente después de él, entra Don Luis, también con antifaz, y se dirige a la otra. Todos los miran.)

Escena XII

Avellaneda.	*(A Centellas, por Don Juan.)*
	Verás aquél, si ellos vienen,
	qué buen chasco que se lleva.
Centellas.	*(A Avellaneda, por don Luis.)*
	Pues allí va otro a ocupar
	la otra silla: ¡uf!, ¡aquí es ella!
Juan.	*(A Don Luis.)* Esa silla está comprada,
	hidalgo.
Luis.	*(A Don Juan.)* Lo mismo digo,
	hidalgo; para un amigo
	tengo yo esotra pagada.
Juan.	Que ésta es mía haré notorio.
Luis.	Y yo también que ésta es mía.
Juan.	Luego, sois don Luis Mejía.
Luis.	Seréis, pues, don Juan Tenorio.

Juan.	Puede ser.
Luis.	Vos lo decís.
Juan.	¿No os fiáis?
Luis.	No.
Juan.	Yo tampoco.
Luis.	Pues no hagamos más el coco.
Juan.	Yo soy don Juan. *(Quitándose la máscara.)*
Luis.	Yo don Luis. *(Íd.)*[20]

(Se descubren y se sientan. El capitán Centellas, Avellaneda, Buttarelli y algunos otros se van a ellos y les saludan, abrazan y dan la mano, y hacen otras semejantes muestras de cariño y amistad. Don Juan y Don Luis las aceptan cortésmente.)

Centellas.	¡Don Juan!
Avellaneda.	¡Don Luis!
Juan.	¡Caballeros!
Luis.	¡Oh, amigos! ¿Qué dicha es ésta?
Avellaneda.	Sabíamos vuestra apuesta,
	y hemos acudido a veros.
Luis.	Don Juan y yo tal bondad
	en mucho os agradecemos.
Juan.	El tiempo no malgastemos,
	don Luis. *(A los otros.)* Sillas arrimad. *(A los que están lejos.)*
	Caballeros, yo supongo
	que a ucedes[21] también aquí
	les trae la apuesta, y por mí
	a antojo tal no me opongo.
Luis.	Ni yo; que aunque nada más
	fue el empeño entre los dos,
	no ha de decirse ¡por Dios!
	que me avergonzó jamás.
Juan.	Ni a mí, que el orbe es testigo
	de que hipócrita no soy,
	pues por doquiera[22] que voy
	va el escándalo conmigo.

---

[20]ídem = la misma acción señalada anteriormente.

[21]vuestras mercedes.

[22]dondequiera.

Luis.   ¡Eh! Y esos dos ¿no se llegan
a escuchar? Vos. *(Por Don Diego y Don Gonzalo.)*
Diego.   Yo estoy bien.
Luis.   ¿Y vos?
Don Gonzalo.   De aquí oigo también.
Luis.   Razón tendrán si se niegan.
(Se sientan todos alrededor de la mesa en que están Don Luis Mejía y Don Juan Tenorio.)
Juan.   ¿Estamos listos?
Luis.   Estamos
Juan.   Como quien somos cumplimos.
Luis.   Veamos, pues, lo que hicimos.
Juan.   Bebamos antes.
Luis.   Bebamos. *(Lo hacen.)*
Juan.   La apuesta fue...
Luis.   Porque un día
dije que en España entera
no habría nadie que hiciera
lo que hiciera Luis Mejía.
Juan.   Y siendo contradictorio
al vuestro mi parecer,
yo os dije: Nadie ha de hacer
lo que hará don Juan Tenorio.
¿No es así?
Luis.   Sin duda alguna:
y vinimos a apostar
quién de ambos sabría obrar
peor, con mejor fortuna,
en el término de un año;
juntándonos aquí hoy
a probarlo.
Juan.   Y aquí estoy.
Luis.   Y yo.
Centellas.   ¡Empeño bien extraño,
por vida mía!
Juan.   Hablad, pues.
Luis.   No, vos debéis empezar.
Juan.   Como gustéis, igual es,
que nunca me hago esperar.

Pues, señor, yo desde aquí,
buscando mayor espacio
para mis hazañas, di
sobre Italia, porque allí
tiene el placer un palacio.
De la guerra y del amor
antigua y clásica tierra,
y en ella el emperador,
con ella y con Francia en guerra,
díjeme: «¿Dónde mejor?
Donde hay soldados hay juego,
hay pendencias y amoríos.»
Di, pues, sobre Italia luego,
buscando a sangre y a fuego
amores y desafíos.
En Roma, a mi apuesta fiel,
fijé, entre hostil y amatorio,
en mi puerta este cartel:
«Aquí está don Juan Tenorio
para quien quiera algo de él.»
De aquellos días la historia
a relataros renuncio:
remítome a la memoria
que dejé allí, y de mi gloria
podéis juzgar por mi anuncio.
Las romanas, caprichosas,
las costumbres, licenciosas,
yo, gallardo y calavera:
¿quién a cuento redujera
mis empresas amorosas?
Salí de Roma, por fin,
como os podéis figurar:
con un disfraz harto ruin,
y a lomos de un mal rocín,
pues me querían ahorcar.
Fui al ejército de España;
mas todos paisanos míos,
soldados y en tierra extraña,
dejé pronto su compaña

tras cinco o seis desafíos.
Nápoles, rico vergel
de amor, de placer emporio,
vio en mi segundo cartel:
«*Aquí está don Juan Tenorio,*
y no hay hombre para él.
Desde la princesa altiva
a la que pesca en ruin barca,
no hay hembra a quien no suscriba;
y a cualquier empresa abarca,
si en oro o valor estriba.
Búsquenle los reñidores;
cérquenle los jugadores;
quien se precie que le ataje,
a ver si hay quien le aventaje
en juego, en lid o en amores.»
Esto escribí; y en medio año
que mi presencia gozó
Nápoles, no hay lance extraño,
no hay escándalo ni engaño
en que no me hallara yo.
Por donde quiera que fui,
la razón atropellé,
la virtud escarnecí,
a la justicia burlé,
y a las mujeres vendí.
Yo a las cabañas bajé,
yo a los palacios subí,
yo los claustros escalé,
y en todas partes dejé
memoria amarga de mí.
Ni reconocí sagrado,
ni hubo ocasión ni lugar
por mi audacia respetado;
ni en distinguir me he parado
al clérigo del seglar.
A quien quise provoqué,
con quien quiso me batí,
y nunca consideré

que pudo matarme a mí
aquel a quien yo maté.
A esto don Juan se arrojó,
y escrito en este papel
está cuanto consiguió:
y lo que él aquí escribió,
mantenido está por él.

Luis. Leed, pues.

Juan. No; oigamos antes
vuestros bizarros extremos,
y si traéis terminantes
vuestras notas comprobantes,
lo escrito cotejaremos.

Luis. Decís bien; cosa es que está,
don Juan, muy puesta en razón;
aunque, a mi ver, poco irá
de una a otra relación.

Juan. Empezad, pues.

Luis. Allá va.
Buscando yo, como vos,
a mi aliento empresas grandes,
dije: «¿Dó[23] iré, ¡vive Dios!,
de amor y lides en pos,
que vaya mejor que a Flandes?[24]
Allí, puesto que empeñadas
guerras hay, a mis deseos
habrá al par centuplicadas
ocasiones extremadas
de riñas y galanteos.»
Y en Flandes conmigo di,
mas con tan negra fortuna,
que al mes de encontrarme allí
todo mi caudal perdí,
dobla a dobla, una por una.
En tan total carestía

---

[23] dónde.

[24] región histórica actualmente dividida entre Francia y los Países Bajos.

mirándome de dineros,
de mí todo el mundo huía;
mas yo busqué compañía
y me uní a unos bandoleros.
Lo hicimos bien, ¡voto a tal!,[25]
y fuimos tan adelante,
con suerte tan colosal,
que entramos a saco en Gante[26]
el palacio episcopal.
¡Qué noche! Por el decoro
de la Pascua, el buen Obispo
bajó a presidir el coro,
y aún de alegría me crispo
al recordar su tesoro.
Todo cayó en poder nuestro
mas mi capitán, avaro,
puso mi parte en secuestro:
reñimos, fui yo más diestro,
y le crucé sin reparo.
Juróme al punto la gente
capitán, por más valiente:
juréles yo amistad franca:
pero a la noche siguiente
huí, y les dejé sin blanca.
Yo me acordé del refrán
de que quien roba al ladrón
ha[27] cien años de perdón,
y me arrojé a tal desmán
mirando a mi salvación.
Pasé a Alemania opulento:
mas un provincial jerónimo
hombre de mucho talento,
me conoció, y al momento
me delató en un anónimo.

---

[25]expresión de enfado, sorpresa, amenaza o indignación.
[26]actual ciudad de Bélgica.
[27]tiene.

Compré a fuerza de dinero
la libertad y el papel;
y topando en un sendero
al fraile, le envié certero
una bala envuelta en él.
Salté a Francia. ¡Buen país!,
y como en Nápoles vos,
puse un cartel en París
diciendo: «*Aquí hay un don Luis*
que vale lo menos dos.
Parará aquí algunos meses,
y no trae más intereses
ni se aviene a más empresas,
que a adorar a las francesas
y a reñir con los franceses.»
Esto escribí; y en medio año
que mi presencia gozó
París, no hubo lance extraño,
ni hubo escándalo ni daño
donde no me hallara yo.
Mas, como don Juan, mi historia
también a alargar renuncio;
que basta para mi gloria
la magnífica memoria
que allí dejé con mi anuncio.
Y cual vos, por donde fui
la razón atropellé,
la virtud escarnecí,
a la justicia burlé,
y a las mujeres vendí.
Mi hacienda llevo perdida
tres veces: mas se me antoja
reponerla, y me convida
mi boda comprometida
con doña Ana de Pantoja.
Mujer muy rica me dan,
y mañana hay que cumplir
los tratos que hechos están
lo que os advierto, don Juan,

por si queréis asistir.
A esto don Luis se arrojó,
y escrito en este papel
está lo que consiguió:
y lo que él aquí escribió,
mantenido está por él.

Juan. La historia es tan semejante
que está en el fiel la balanza;
mas vamos a lo importante,
que es el guarismo a que alcanza
el papel: conque adelante.

Luis. Razón tenéis, en verdad.

Aquí está el mío: mirad,
por una línea apartados
traigo los nombres sentados,
para mayor claridad.

Juan. Del mismo modo arregladas
mis cuentas traigo en el mío:
en dos líneas separadas,
los muertos en desafío,
y las mujeres burladas.
Contad.

Luis.   Contad.

Juan.   Veinte y tres.

Luis. Son los muertos. A ver vos.

¡Por la cruz de San Andrés![28]
Aquí sumo treinta y dos.

Juan. Son los muertos.

Luis.   Matar es.

Juan. Nueve os llevo.

Luis.   Me vencéis.

Pasemos a las conquistas.

Juan. Sumo aquí cincuenta y seis.

Luis. Y yo sumo en vuestras listas
setenta y dos.

Juan.   Pues perdéis.

---

[28]santo que fue crucificado en una cruz en forma de X.

Luis.	¡Es increíble, don Juan!
Juan.	Si lo dudáis, apuntados
	los testigos ahí están,
	que si fueren preguntados
	os lo testificarán.
Luis.	¡Oh! Y vuestra lista es cabal.
Juan.	Desde una princesa real
	a la hija de un pescador,
	¡oh!, ha recorrido mi amor
	toda la escala social.
	¿Tenéis algo que tachar?
Luis.	Sólo una os falta en justicia.
Juan.	¿Me la podéis señalar?
Luis.	Sí, por cierto: una novicia
	que esté para profesar.
Juan.	¡Bah! Pues yo os complaceré
	doblemente, porque os digo
	que a la novicia uniré
	la dama de algún amigo
	que para casarse esté.
Luis.	¡Pardiez, que sois atrevido!
Juan.	Yo os lo apuesto si queréis.
Luis.	Digo que acepto el partido.
	Para darlo por perdido,
	¿queréis veinte días?
Juan.	Seis.
Luis.	¡Por Dios, que sois hombre extraño!
	¿cuántos días empleáis
	en cada mujer que amáis?
Juan.	Partid los días del año
	entre las que ahí encontráis.
	Uno para enamorarlas,
	otro para conseguirlas,
	otro para abandonarlas,
	dos para sustituirlas
	y una hora para olvidarlas.
	Pero, la verdad a hablaros,
	pedir más no se me antoja,
	porque, pues vais a casaros,

mañana pienso quitaros
a doña Ana de Pantoja.

Luis. Don Juan, ¿qué es lo que decís?

Juan. Don Luis, lo que oído habéis.

Luis. Ved, don Juan, lo que emprendéis.

Juan. Lo que he de lograr, don Luis.

Luis. ¿Gastón? *(Llamando.)*

Gastón. ¿Señor?

Luis. Ven acá.

(Habla Don Luis en secreto con Gastón y éste se va precipitadamente.)

Juan. ¿Ciutti?

Ciutti. ¿Señor?

Juan. Ven aquí.

(Don Juan habla en secreto con Ciutti, y éste se va precipitadamente.)

Luis. ¿Estáis en lo dicho?

Juan. Sí.

Luis. Pues va la vida.

Juan. Pues va.

(Don Gonzalo, levantándose de la mesa en que ha permanecido inmóvil durante la escena anterior, se afronta con Don Juan y Don Luis.)

Don Gonzalo. ¡Insensatos! ¡Vive Dios
que a no temblarme las manos
a palos, como a villanos,
os diera muerte a los dos!

Juan./Luis. Veamos.

Don Gonzalo. Excusado es,
que he vivido lo bastante
para no estar arrogante
donde no puedo.

Juan. Idos, pues.

Don Gonzalo. Antes, don Juan, de salir
de donde oírme podáis,
es necesario que oigáis
lo que os tengo que decir.
Vuestro buen padre don Diego,
porque pleitos acomoda,
os apalabró una boda
que iba a celebrarse luego;
pero por mí mismo yo,

	lo que erais queriendo ver,
	vine aquí al anochecer,
	y el veros me avergonzó.
Juan.	¡Por Satanás, viejo insano,
	que no sé cómo he tenido
	calma para haberte oído
	sin asentarte la mano!
	Pero di pronto quién eres,
	porque me siento capaz
	de arrancarte el antifaz
	con el alma que tuvieres.
Don Gonzalo.	¡Don Juan!
Juan.	¡Pronto!
Don Gonzalo.	Mira, pues.
Juan.	¡Don Gonzalo!
Don Gonzalo.	El mismo soy.
	Y adiós, don Juan: mas desde hoy
	no penséis en doña Inés.
	Porque antes que consentir
	en que se case con vos,
	el sepulcro, ¡juro a Dios!,
	por mi mano la he de abrir.
Juan.	Me hacéis reír, don Gonzalo;
	pues venirme a provocar,
	es como ir a amenazar
	a un león con un mal palo.
	Y pues hay tiempo, advertir
	os quiero a mi vez a vos,
	que o me la dais, o ¡por Dios,
	que a quitárosla he de ir!
Don Gonzalo.	¡Miserable!
Juan.	Dicho está:
	sólo una mujer como ésta
	me falta para mi apuesta;
	ved, pues, que apostada va.

(Don Diego, levantándose de la mesa en que ha permanecido encubierto mientras la escena anterior, baja al centro de la escena, encarándose con Don Juan.)

| **Diego.** | No puedo más escucharte, |
| | vil don Juan, porque recelo |

que hay algún rayo en el cielo
preparado a aniquilarte.
¡Ah...! No pudiendo creer
lo que de ti me decían,
confiando en que mentían,
te vine esta noche a ver.
Pero te juro, malvado,
que me pesa haber venido
para salir convencido
de lo que es para ignorado.
Sigue, pues, con ciego afán
en tu torpe frenesí,
mas nunca vuelvas a mí;
no te conozco, don Juan.

Juan.   ¿Quién nunca a ti se volvió,
ni quién osa hablarme así,
ni qué se me importa a mí
que me conozcas o no?

Diego.   Adiós, pues: mas no te olvides
de que hay un Dios justiciero.

Juan.   Ten. *(Deteniéndole.)*

Diego.   ¿Qué quieres?

Juan.   Verte quiero.

Diego.   Nunca, en vano me lo pides.

Juan.   ¿Nunca?

Diego.   No.

Juan.   Cuando me cuadre.

Diego.   ¿Cómo?

Juan.   Así. *(Le arranca el antifaz.)*

Todos.   ¡Don Juan!

Diego.   Villano!
¡Me has puesto en la faz la mano!

Juan.   ¡Válgame Cristo, mi padre!

Diego.   Mientes, no lo fui jamás.

Juan.   ¡Reportaos, con Belcebú![29]

Diego.   No, los hijos como tú

---

[29]Satanás.

son hijos de Satanás.
Comendador, nulo sea
lo hablado.

Don Gonzalo.   Ya lo es por mí;
vamos.

Diego.   Sí, vamos de aquí
donde tal monstruo no vea.
Don Juan, en brazos del vicio
desolado te abandono:
me matas..., mas te perdono
de Dios en el santo juicio.

(Vanse poco a poco Don Diego y Don Gonzalo.)

Juan.   Largo el plazo me ponéis:
mas ved que os quiero advertir
que yo no os he ido a pedir
jamás que me perdonéis.
Conque no paséis afán
de aquí en adelante por mí,
que como vivió hasta aquí,
vivirá siempre don Juan.

Escena XIII

Juan.   ¡Eh! Ya salimos del paso:
y no hay que extrañar la homilia;
son pláticas de familia,
de las que nunca hice caso.
Conque lo dicho, don Luis,
van doña Ana y doña Inés
en apuesta.

Luis.   Y el precio es
la vida.

Juan.   Vos lo decís:
vamos.

Luis.   Vamos.

(Al salir se presenta una ronda, que les detiene.)

Escena XIV

Alguacil.   ¡Alto allá!
¿Don Juan Tenorio?
Juan.   Yo soy.
Alguacil.   Sed preso.
Juan.   Soñando estoy.
¿Por qué?
Alguacil.   Después lo verá.
Luis.   *(Acercándose a Don Juan y riéndose.)*
Tenorio no lo extrañéis,
pues mirando a lo apostado,
mi paje os ha delatado,
para que vos no ganéis.
Juan.   ¡Hola! Pues no os suponía
con tal despejo, ¡pardiez!
Luis.   Id, pues, que por esta vez,
don Juan, la partida es mía.
Juan.   Vamos, pues.
(Al salir, les detiene otra ronda que entra en la escena.)

Escena XV

Alguacil.   *(Que entra.)*   ¡Ténganse allá!
¿Don Luis Mejía?
Luis.   Yo soy.
Alguacil.   Sed preso.
Luis.   ¿Soñando estoy?
¡Yo preso!
Juan.   *(Soltando la carcajada.)* ¡Ja, ja, ja, ja!
Mejía, no lo extrañéis,
pues mirando a lo apostado,
mi paje os ha delatado
para que no me estorbéis.
Luis.   Satisfecho quedaré
aunque ambos muramos.
Juan.   Vamos.
Conque, señores, quedamos

en que la apuesta está en pie.

(Las rondas se llevan a Don Juan y a Don Luis; muchos los siguen. El capitán Centellas, Avellaneda y sus amigos, quedan en la escena mirándose unos a otros.)

Escena XVI

Avellaneda.	¡Parece un juego ilusorio!
Centellas.	¡Sin verlo no lo creería!
Avellaneda.	Pues yo apuesto por Mejía.
Centellas.	Y yo pongo por Tenorio.

ACTO SEGUNDO. DESTREZA

Exterior de la casa de Doña Ana, vista por una esquina. Las dos paredes que forman el ángulo, se prolongan igualmente por ambos lados, dejando ver en la de la derecha una reja, y en la izquierda, una reja y una puerta.

Escena I

Luis.			*(Embozado.)* Ya estoy frente de la casa
			de doña Ana, y es preciso
			que esta noche tenga aviso
			de lo que en Sevilla pasa.
			No di con persona alguna,
			por dicha mía... ¡Oh, qué afán!
			Pero ahora, señor don Juan,
			cada cual con su fortuna.
			Si honor y vida se juega,
			mi destreza y mi valor,
			por mi vida y por mi honor,
			jugarán...; mas alguien llega.

Escena II

Pascual.			¡Quién creyera lance tal!

	¡Jesús, qué escándalo! ¡Presos!
Luis.	¡Qué veo! ¿Es Pascual?
Pascual.	Los sesos
	me estrellaría.
Luis.	¿Pascual?
Pascual.	¿Quién me llama tan apriesa?
Luis.	Yo. Don Luis.
Pascual.	¡Válame Dios!
Luis.	¿Qué te asombra?
Pascual.	Que seáis vos.
Luis.	Mi suerte, Pascual, es ésa.
	Que a no ser yo quien me soy,
	y a no dar contigo ahora,
	el honor de mi señora
	doña Ana moría hoy.
Pascual.	¿Qué es lo que decís?
Luis.	¿Conoces
	a don Juan Tenorio?
Pascual.	Sí.
	¿Quién no le conoce aquí?
	Mas, según públicas voces,
	estabais presos los dos.
	Vamos, ¡lo que el vulgo miente!
Luis.	Ahora acertadamente
	habló el vulgo: y ¡juro a Dios
	que, a no ser porque mi primo,
	el tesorero real,
	quiso fiarme, Pascual,
	pierdo cuanto más estimo!
Pascual.	¿Pues cómo?
Luis.	¿En servirme estás?
Pascual.	Hasta morir.
Luis.	Pues escucha.
	Don Juan y yo en una lucha
	arriesgada por demás
	empeñados nos hallamos;
	pero, a querer tú ayudarme,
	más que la vida salvarme
	puedes.

Pascual.	¿Qué hay que hacer? Sepamos.
Luis.	En una insigne locura
	dimos tiempo ha: en apostar
	cuál de ambos sabría obrar
	peor, con mejor ventura.
	Ambos nos hemos portado
	bizarramente a cual más;
	pero él es un Satanás,
	y por fin me ha aventajado.
	Púsele no sé qué pero,
	dijímonos no sé qué
	sobre ello, y el hecho fue
	que él, mofándome altanero,
	me dijo: «Y si esto no os llena,
	pues que os casáis con doña Ana,
	os apuesto a que mañana
	os la quito yo.»
Pascual.	¡Ésa es buena!
	¿Tal se ha atrevido a decir?
Luis.	No es lo malo que lo diga,
	Pascual, sino que consiga
	lo que intenta.
Pascual.	¿Conseguir?
	En tanto que yo esté aquí,
	descuidad, don Luis.
Luis.	Te juro
	que si el lance no aseguro,
	no sé qué va a ser de mí.
Pascual.	¡Por la Virgen del Pilar!
	¿Le teméis?
Luis.	No, ¡Dios testigo!
	Mas lleva ese hombre consigo
	algún diablo familiar.
Pascual.	Dadlo por asegurado.
Luis.	¡Oh! Tal es el afán mío,
	que ni en mí propio me fío
	con un hombre tan osado.
Pascual.	Yo os juro, por San Ginés,
	que con toda su osadía,

le ha de hacer, por vida mía,
mal tercio un aragonés;
nos veremos.

Luis.   ¡Ay, Pascual,
que en qué te metes no sabes!

Pascual. En apreturas más graves
me he visto, y no salí mal.

Luis. Estriba en lo perentorio
del plazo, y en ser quién es.

Pascual. Más que un buen aragonés
no ha de valer un Tenorio.
Todos esos lenguaraces,
espadachines de oficio,
no son más que frontispicio
y de poca alma capaces.
Para infamar a mujeres
tienen lengua, y tienen manos
para osar a los ancianos
o apalear a mercaderes.
Mas cuando una buena espada,
por un buen brazo esgrimida,
con la muerte les convida,
todo su valor es nada.
Y sus empresas y bullas
se reducen todas ellas,
a hablar mal de las doncellas
y a huir ante las patrullas.

Luis. ¡Pascual!

Pascual.   No os hablo por vos,
que aunque sois un calavera,
tenéis la alma bien entera
y reñís bien ¡voto a bríos!

Luis. Pues si es en mí tan notorio
el valor, mira Pascual,
que el valor es proverbial
en la raza de Tenorio.
Y porque conozco bien
de su valor el extremo,
de sus ardides me temo

	que en tierra con mi honra den.
Pascual.	Pues suelto estáis ya, don Luis,
	y pues que tanto os acucia
	el mal de celos, su astucia
	con la astucia prevenís.
	¿Qué teméis de él?
Luis.	No lo sé:
	mas esta noche sospecho
	que ha de procurar el hecho
	consumar.
Pascual.	Soñáis.
Luis.	¿Por qué?
Pascual.	¿No está preso?
Luis.	Sí que está;
	mas también lo estaba yo,
	y un hidalgo me fió.
Pascual.	Mas ¿quién a él le fiará?
Luis.	En fin, sólo un medio encuentro
	de satisfacerme.
Pascual.	¿Cuál?
Luis.	Que de esta casa, Pascual,
	quede yo esta noche dentro.
Pascual.	Mirad que así de doña Ana
	tenéis el honor vendido.
Luis.	¡Qué mil rayos! ¿Su marido
	no voy a ser yo mañana?
Pascual.	Mas, señor, ¿no os digo yo
	que os fío con la existencia...?
Luis.	Sí; salir de una pendencia,
	mas de un ardid diestro, no.
	Y, en fin, o paso en la casa
	la noche, o tomo la calle,
	aunque la justicia me halle.
Pascual.	Señor don Luis, eso pasa
	de terquedad, y es capricho
	que dejar os aconsejo,
	y os irá bien.
Luis.	No lo dejo,
	Pascual.

Pascual.	¡Don Luis!
Luis.	Está dicho.
Pascual.	¡Vive Dios! ¿Hay tal afán?
Luis.	Tú dirás lo que quisieres,
	mas yo fío en las mujeres
	mucho menos que en don Juan;
	y pues lance es extremado
	por dos locos emprendido
	bien será un loco atrevido
	para un loco desalmado.
Pascual.	Mirad bien lo que decís,
	porque yo sirvo a doña Ana
	desde que nació, y mañana
	seréis su esposo, don Luis.
Luis.	Pascual, esa hora llegada
	ese derecho adquirido,
	yo sabré ser su marido
	y la haré ser bien casada.
	Mas en tanto...
Pascual.	No habléis más.
	Yo os conozco desde niños,
	y sé lo que son cariños,
	¡por vida de Barrabás![30]
	Oid: mi cuarto es sobrado
	para los dos: dentro de él
	quedad; mas palabra fiel
	dadme de estaros callado.
Luis.	Te la doy.
Pascual.	Y hasta mañana
	juntos con doble cautela,
	nos quedaremos en vela.
Luis.	Y se salvará doña Ana.
Pascual.	Sea.
Luis.	Pues vamos.
Pascual.	¡Teneos!
	¿Qué vais a hacer?

---

[30]personaje judío del siglo I.

Luis.	A entrar.
Pascual.	¿Ya?
Luis.	¿Quién sabe lo que él hará?
Pascual.	Vuestros celosos deseos
	reprimid: que ser no puede
	mientras que no se recoja
	mi amo, don Gil de Pantoja,
	y todo en silencio quede.
Luis.	¡Voto a...!
Pascual.	¡Eh! Dad una vez
	breves treguas al amor.
Luis.	Y ¿a qué hora ese buen señor
	suele acostarse?
Pascual.	A las diez;
	y en esa calleja estrecha
	hay una reja, llamad
	a las diez, y descuidad
	mientras en mí.
Luis.	Es cosa hecha.
Pascual.	Don Luis, hasta luego pues.
Luis.	Adiós, Pascual, hasta luego.

Escena III

Luis.	Jamás tal desasosiego
	tuve. Paréceme que es
	esta noche hora menguada
	para mí... y no sé qué vago
	presentimiento, qué estrago
	teme mi alma acongojada.
	¡Por Dios que nunca pensé
	que a doña Ana amara así
	ni por ninguna sentí
	lo que por ella...! ¡Oh! Y a fe
	que de don Juan me amedrenta,
	no el valor, mas la ventura.
	Parece que le asegura
	Satanás en cuanto intenta.

No, no; es un hombre infernal,
y téngome para mí
que si me aparto de aquí,
me burla, pese a Pascual.
Y aunque me tenga por necio,
quiero entrar; que con don Juan
las preocupaciones no están
para vistas con desprecio. *(Llama a la ventana.)*

Escena IV

Ana.   ¿Quién va?
Luis.   ¿No es Pascual?
Ana.   ¡Don Luis!
Luis.   Doña Ana.
Ana.   ¿Por la ventana
llamas ahora?
Luis.   ¡Ay, doña Ana,
cuán a buen tiempo salís!
Ana.   Pues ¿qué hay, Mejía?
Luis.   Un empeño
por tu beldad, con un hombre
que temo.
Ana.   Y ¿qué hay que te asombre
en él, cuando eres tú el dueño
de mi corazón?
Luis.   Doña Ana,
no lo puedes comprender,
de ese hombre sin conocer
nombre y suerte.
Ana.   Será vana
su buena suerte conmigo.
Ya ves, sólo horas nos faltan
para la boda, y te asaltan
vanos temores.
Luis.   Testigo
me es Dios que nada por mí
me da pavor mientras tenga

espada, y ese hombre venga
cara a cara contra ti.
Mas, como el león audaz,
y cauteloso y prudente,
como la astuta serpiente...

Ana. ¡Bah! Duerme, don Luis, en paz,
que su audacia y su prudencia
nada lograrán de mí,
que tengo cifrada en ti
la gloria de mi existencia.

Luis. Pues bien, Ana, de ese amor
que me aseguras en nombre,
para no temer a ese hombre
voy a pedirte un favor.

Ana. Di, mas bajo, por si escucha
tal vez alguno.

Luis.   Oye, pues.

Escena V *(Doña Ana y Don Luis, a la reja derecha; Don Juan y Ciutti, en la calle izquierda.)*

Ciutti. Señor, ¡por mi vida, que es
vuestra suerte buena y mucha!

Juan. Ciutti, nadie como yo;
ya viste cuán fácilmente
el buen alcaide prudente
se avino y suelta me dio.
Mas no hay ya en ello que hablar:
¿mis encargos has cumplido?

Ciutti. Todos los he concluido
mejor que pude esperar.

Juan. ¿La beata?

Ciutti.   Esta es la llave
de la puerta del jardín,
que habrá que escalar al fin,

               pues como usarced[31] ya sabe,
               las tapias de ese convento
               no tienen entrada alguna.

Juan.   Y ¿te dio carta?

Ciutti.   Ninguna;
               me dijo que aquí al momento
               iba a salir de camino;
               que al convento se volvía,
               y que con vos hablaría.

Juan.   Mejor es.

Ciutti.   Lo mismo opino.

Juan.   ¿Y los caballos?

Ciutti.   Con silla
               y freno los tengo ya.

Juan.   ¿Y la gente?

Ciutti.   Cerca está.

Juan.   Bien, Ciutti; mientras Sevilla
               tranquila en sueño reposa
               creyéndome encarcelado,
               otros dos nombres añado
               a mi lista numerosa.
               ¡Ja!, ¡ja!

Ciutti.   ¡Señor...!

Juan.   ¿Qué?

Ciutti.   ¡Callad!

Juan.   ¿Qué hay, Ciutti?

Ciutti.   Al doblar la esquina,
               en esa reja vecina
               he visto a un hombre.

Juan.   Es verdad:
               pues ahora sí que es mejor
               el lance: ¿y si es ése?

Ciutti.   ¿Quién?

Juan.   Don Luis.

Ciutti.   Imposible.

Juan.   ¡Toma!

---

[31]vuestra merced.

¿No estoy yo aquí?

Ciutti. Diferencia
va de él a vos.

Juan. Evidencia
lo creo, Ciutti; allí asoma
tras de la reja una dama.

Ciutti. Una criada tal vez.

Juan. Preciso es verlo, ¡pardiez!,
no perdamos lance y fama.
Mira, Ciutti: a fuer de ronda
tú con varios de los míos
por esa calle escurríos,
dando vuelta a la redonda
a la casa.

Ciutti. Y en tal caso
cerrará ella.

Juan. Pues con eso
ella ignorante y él preso,
nos dejarán franco el paso.

Ciutti. Decís bien.

Juan. Corre y atájale,
que en ello el vencer consiste.

Ciutti. ¿Mas si el truhán se resiste?

Juan. Entonces, de un tajo, rájale.

Escena VI

Luis. ¿Me das, pues, tu asentimiento?

Ana. Consiento.

Luis. ¿Complácesme de ese modo?

Ana. En todo.

Luis. Pues te velaré hasta el día.

Ana. Sí, Mejía.

Luis. Págüete el cielo, Ana mía,
satisfacción tan entera.

Ana. Porque me juzgues sincera,
consiento en todo, Mejía.

Luis. Volveré, pues, otra vez.

Ana.	Sí, a las diez.
Luis.	¿Me aguardarás, Ana?
Ana.	Sí.
Luis.	Aquí.
Ana.	Y tú estarás puntual, ¿eh?
Luis.	Estaré.
Ana.	La llave, pues, te daré.
Luis.	Y dentro yo de tu casa, venga Tenorio.
Ana.	Alguien pasa. *A las diez.*
Luis.	*Aquí estaré.*

Escena VII

Luis.	Mas se acercan. ¿Quién va allá?
Juan.	Quien va.
Luis.	De quien va así, ¿qué se infiere?
Juan.	Que quiere.
Luis.	¿Ver si la lengua le arranco?
Juan.	El paso franco.
Luis.	Guardado está.
Juan.	¿Y soy yo manco?
Luis.	Pidiéraislo en cortesía.
Juan.	Y ¿a quién?
Luis.	A don Luis Mejía.
Juan.	*Quien va, quiere el paso franco.*
Luis.	¿Conocéisme?
Juan.	Sí.
Luis.	¿Y yo a vos?
Juan.	Los dos.
Luis.	Y ¿en qué estriba el estorballe?
Juan.	En la calle.
Luis.	¿De ella los dos por ser amos?
Juan.	Estamos.
Luis.	Dos hay no más que podamos necesitarle a la vez.
Juan.	Lo sé.

Luis.   ¡Sois don Juan!
Juan.   ¡Pardiez!,
                los dos ya en la calle estamos.
Luis.   ¿No os prendieron?
Juan.   Como a vos.
Luis.   ¡Vive Dios!
            Y ¿huisteis?
Juan.   Os imité.
                    ¿Y qué?
Luis.   Que perderéis.
Juan.   No sabemos.
Luis.   Lo veremos.
Juan.   La dama entrambos tenemos
                sitiada, y estáis cogido.
Luis.   Tiempo hay.
Juan.   Para vos perdido.
Luis.   ¡Vive Dios, que lo veremos!

(Don Luis desenvaina su espada; mas Ciutti, que ha bajado con los suyos caute-
losamente hasta colocarse tras él, le sujeta.)

Juan.   Señor don Luis, vedlo, pues.
Luis.   Traición es.
Juan.   La boca...

(A los suyos, que se la tapan a Don Luis.)

Luis.   ¡Oh!
Juan.   *(Le sujetan los brazos.)* Sujeto atrás:
                        más.
                La empresa es, señor Mejía,
                        como mía. *(A los suyos.)*
                Encerrádmele hasta el día.
                La apuesta está ya en mi mano. *(A Don Luis.)*
                Adiós, don Luis: si os la gano,
                traición es; mas como mía.

Escena VIII

Juan.   Buen lance, ¡viven los cielos!
                Éstos son los que dan fama:
                mientras le soplo la dama

él se arrancará los pelos
encerrado en mi bodega.
¿Y ella? Cuando crea hallarse
con él..., ¡ja!, ¡ja! ¡Oh!, y quejarse
no puede; limpio se juega.
A la cárcel le llevé
y salió, llevóme a mí
y salí; hallarnos aquí
era fuerza..., ya se ve:
su parte en la grave apuesta
defendía cada cual.
Mas con la suerte está mal
Mejía, y también pierde ésta.
Sin embargo, y por si acaso,
no es demás asegurarse
de Lucía, a desgraciarse
no vaya por poco el paso.
Mas por allí un bulto negro
se aproxima..., y, a mi ver,
es el bulto una mujer.
¿Otra aventura? Me alegro.

Escena IX

Brígida.   ¿Caballero?
Juan.   ¿Quién va allá?
Brígida.   ¿Sois don Juan?
Juan.   ¡Por vida de...!
¡Si es la beata! ¡Y a fe
que la había olvidado ya!
Llegaos, don Juan soy yo.
Brígida.   ¿Estáis solo?
Juan.   Con el diablo.
Brígida.   ¡Jesucristo!
Juan.   Por vos lo hablo.
Brígida.   ¿Soy yo el diablo?
Juan.   Creoló.
Brígida.   ¡Vaya! ¡Qué cosas tenéis!

Vos sí que sois un diablillo...

Juan. Que te llenará el bolsillo
si le sirves.

Brígida.   Lo veréis.

Juan. Descarga, pues, ese pecho.
¿Qué hiciste?

Brígida.   ¡Cuanto me ha dicho
vuestro paje...! ¡Y qué mal bicho
es ese Ciutti!

Juan.   ¿Qué ha hecho?

Brígida. ¡Gran bribón!

Juan.   ¿No os ha entregado
un bolsillo y un papel?

Brígida. Leyendo estará ahora en él
doña Inés.

Juan.   ¿La has preparado?

Brígida. Vaya; y os la he convencido
con tal maña y de manera,
que irá como una cordera
tras vos.

Juan.   ¡Tan fácil te ha sido!

Brígida. ¡Bah! Pobre garza enjaulada,
dentro la jaula nacida,
¿qué sabe ella si hay más vida
ni más aire en que volar?
Si no vio nunca sus plumas
del sol a los resplandores,
¿qué sabe de los colores
de que se puede ufanar?
No cuenta la pobrecilla
diez y siete primaveras,
y aún virgen a las primeras
impresiones del amor,
nunca concibió la dicha
fuera de su pobre estancia,
tratada desde su infancia
con cauteloso rigor.
Y tantos años monótonos
de soledad y convento

tenían su pensamiento
ceñido a punto tan ruin,
a tan reducido espacio,
y a círculo tan mezquino,
que era el claustro su destino
y el altar era su fin.
«Aquí está Dios», la dijeron;
y ella dijo: «Aquí le adoro.»
«Aquí está el claustro y el coro.»
Y pensó: «No hay más allá.»
Y sin otras ilusiones
que sus sueños infantiles,
pasó diez y siete abriles
sin conocerlo quizá.

Juan. ¿Y está hermosa?

Brígida. ¡Oh! Como un ángel.

Juan. ¿Y la has dicho...?

Brígida. Figuraos
si habré metido mal caos
en su cabeza, don Juan.
La hablé del amor, del mundo,
de la corte y los placeres,
de cuánto con las mujeres
erais pródigo y galán.
La dije que erais el hombre
por su padre destinado
para suyo: os he pintado
muerto por ella de amor,
desesperado por ella
y por ella perseguido,
y por ella decidido
a perder vida y honor.
En fin, mis dulces palabras,
al posarse en sus oídos,
sus deseos mal dormidos
arrastraron de sí en pos;
y allá dentro de su pecho
han inflamado una llama
de fuerza tal, que ya os ama

	y no piensa más que en vos.
Juan.	Tan incentiva pintura
	los sentidos me enajena,
	y el alma ardiente me llena
	de su insensata pasión.
	Empezó por una apuesta,
	siguió por un devaneo,
	engendró luego un deseo,
	y hoy me quema el corazón.
	Poco es el centro de un claustro;
	¡al mismo infierno bajara,
	y a estocadas la arrancara
	de los brazos de Satán!
	¡Oh! Hermosa flor, cuyo cáliz
	al rocío aún no se ha abierto,
	a trasplantarte va al huerto
	de sus amores don Juan.
	¿Brígida?
Brígida.	Os estoy oyendo,
	y me hacéis perder el tino:
	yo os creía un libertino
	sin alma y sin corazón.
Juan.	¿Eso extrañas? ¿No está claro
	que en un objeto tan noble
	hay que interesarse doble
	que en otros?
Brígida.	Tenéis razón.
Juan.	¿Conque a qué hora se recogen
	las madres?
Brígida.	Ya recogidas
	estarán. ¿Vos prevenidas
	todas las cosas tenéis?
Juan.	Todas.
Brígida.	Pues luego que doblen
	a las ánimas, con tiento
	saltando al huerto, al convento
	fácilmente entrar podéis
	con la llave que os he enviado:
	de un claustro oscuro y estrecho

	es; seguidle bien derecho, y daréis con poco afán en nuestra celda.
Juan.	Y si acierto a robar tan gran tesoro, te he de hacer pesar en oro.
Brígida.	Por mí no queda, don Juan.
Juan.	Ve y aguárdame.
Brígida.	Voy, pues, a entrar por la portería, y a cegar a sor María la tornera. Hasta después.

(Vase Brígida, y un poco antes de concluir esta escena sale Ciutti, que se para en el fondo esperando.)

Escena X

Juan.	Pues, señor, ¡soberbio envite! Muchas hice hasta esta hora, mas, ¡por Dios que la de ahora, será tal, que me acredite! Mas ya veo que me espera Ciutti. ¿Lebrel? *(Llamándole.)*
Ciutti.	Aquí estoy.
Juan.	¿Y don Luis?
Ciutti.	Libre por hoy estáis de él.
Juan.	Ahora quisiera ver a Lucía.
Ciutti.	Llegar podéis aquí. *(A la reja derecha.)* Yo la llamo, y al salir a mi reclamo la podéis vos abordar.
Juan.	Llama, pues.
Ciutti.	La seña mía sabe bien para que dude en acudir.
Juan.	Pues si acude

lo demás es cuenta mía.

(Ciutti llama a la reja con una seña que parezca convenida. Lucía se asoma a ella, al ver a Don Juan se detiene un momento.)

Escena XI

Lucía.	¿Qué queréis, buen caballero?
Juan.	Quiero.
Lucía.	¿Qué queréis? Vamos a ver.
Juan.	Ver.
Lucía.	¿Ver? ¿Qué veréis a esta hora?
Juan.	A tu señora.
Lucía.	Idos, hidalgo, en mal hora;
	¿quién pensáis que vive aquí?
Juan.	Doña Ana Pantoja, y
	quiero ver a tu señora.
Lucía.	¿Sabéis que casa doña Ana?
Juan.	Sí, mañana.
Lucía.	¿Y ha de ser tan infiel ya?
Juan.	Sí será.
Lucía.	¿Pues no es de don Luis Mejía?
Juan.	¡Ca! Otro día.
	Hoy no es mañana, Lucía:
	yo he de estar hoy con doña Ana,
	y si se casa mañana,
	mañana será otro día.
Lucía.	¡Ah! ¿En recibiros está?
Juan.	Podrá.
Lucía.	¿Qué haré si os he de servir?
Juan.	Abrir.
Lucía.	¡Bah! ¿Y quién abre este castillo?
Juan.	Ese bolsillo.
Lucía.	¿Oro?
Juan.	Pronto te dio el brillo.
Lucía.	¡Cuánto!
Juan.	De cien doblas pasa.
Lucía.	¡Jesús!
Juan.	Cuenta y di: ¿esta casa

podrá abrir este bolsillo?

Lucía. ¡Oh! Si es quien me dora el pico...

Juan. Muy rico. *(Interrumpiéndola.)*

Lucía. ¿Sí? ¿Qué nombre usa el galán?

Juan. Don Juan.

Lucía. ¿Sin apellido notorio?

Juan. Tenorio.

Lucía. ¡Animas del purgatorio!
¿Vos don Juan?

Juan. ¿Qué te amedrenta,
si a tus ojos se presenta
muy rico don Juan Tenorio?

Lucía. Rechina la cerradura.

Juan. Se asegura.

Lucía. ¿Y a mí, quién? ¡Por Belcebú!

Juan. Tú.

Lucía. ¿Y qué me abrirá el camino?

Juan. Buen tino.

Lucía. ¡Bah! Ir en brazos del destino...

Juan. Dobla el oro.

Lucía. Me acomodo.

Juan. Pues mira cómo de todo
se asegura tu buen tino.

Lucía. Dadme algún tiempo, ¡pardiez!

Juan. A las diez.

Lucía. ¿Dónde os busco, o vos a mí?

Juan. Aquí.

Lucía. ¿Conque estaréis puntual, eh?

Juan. Estaré.

Lucía. Pues yo una llave os traeré.

Juan. Y yo otra igual cantidad.

Lucía. No me faltéis.

Juan. No en verdad;
a las diez aquí estaré.
Adiós, pues, y en mí te fía.

Lucía. Y en mí el garboso galán.

Juan. Adiós, pues, franca Lucía.

Lucía. Adiós, pues, rico don Juan.

(Lucía cierra la ventana. Ciutti a Don Juan a una seña de éste.)

Escena XII

Juan. (*Riéndose.*) Con oro nada hay que falle:
Ciutti ya sabes mi intento:
a las nueve en el convento;
a las diez, en esta calle. (*Vanse.*)

ACTO TERCERO. PROFANACIÓN

Celda de Doña Inés. Puerta en el fondo y a la izquierda.

Escena I

La abadesa. ¿Conque me habéis entendido?
Inés. Sí, señora.
La abadesa.   Está muy bien;
la voluntad decisiva
de vuestro padre tal es.
Sois joven, cándida y buena;
vivido en el claustro habéis
casi desde que nacisteis;
y para quedar en él
atada con santos votos
para siempre, ni aún tenéis,
como otras, pruebas difíciles
ni penitencias que hacer.
¡Dichosa mil veces vos!
Dichosa, sí, doña Inés,
que no conociendo el mundo
no le debéis de temer.
¡Dichosa vos, que del claustro
al pisar en el dintel
no os volveréis a mirar
lo que tras vos dejaréis!
Y los mundanos recuerdos
del bullicio y del placer
no os turbarán tentadores

del ara santa a los pies;
pues ignorando lo que hay
tras esa santa pared,
lo que tras ella se queda
jamás apeteceréis.
Mansa paloma enseñada
en las palmas a comer
del dueño que la ha criado
en doméstico vergel,
no habiendo salido nunca
de la protectora red,
no ansiaréis nunca las alas
por el espacio tender.
Lirio gentil, cuyo tallo
mecieron sólo tal vez
las embalsamadas brisas
del más florecido mes,
aquí a los besos del aura
vuestro cáliz abriréis,
y aquí vendrán vuestras hojas
tranquilamente a caer.
Y en el pedazo de tierra
que abarca nuestra estrechez,
y en el pedazo de cielo
que por las rejas se ve,
vos no veréis más que un lecho
do en dulce sueño yacer,
y un velo azul suspendido
a las puertas del Edén.
¡Ay! En verdad que os envidio,
venturosa doña Inés
con vuestra inocente vida,
la virtud del no saber.
¿Mas por qué estáis cabizbaja?
¿Por qué no me respondéis
como otras veces, alegre,
cuando en lo mismo os hablé?
¿Suspiráis?... ¡Oh!, ya comprendo:
de vuelta aquí hasta no ver

a vuestra aya, estáis inquieta;
pero nada receléis.
A casa de vuestro padre
fue casi al anochecer,
y abajo en la portería
estará: yo os la enviaré,
que estoy de vela esta noche.
Conque, vamos, doña Inés,
recogeos, que ya es hora:
mal ejemplo no me deis
a las novicias, que ha tiempo
que duermen ya: hasta después.

Inés. Id con Dios, madre abadesa.
La abadesa. Adiós, hija.

Escena II

Inés.   Ya se fue.
No sé qué tengo, ¡ay de mí!,
que en tumultuoso tropel
mil encontradas ideas
me combaten a la vez.
Otras noches complacida
sus palabras escuché;
y de esos cuadros tranquilos
que sabe pintar tan bien,
de esos placeres domésticos
la dichosa sencillez
y la calma venturosa,
me hicieron apetecer
la soledad de los claustros
y su santa rigidez.
Mas hoy la oí distraída,
y en sus pláticas hallé,
si no enojosos discursos
a lo menos aridez.
Y no sé por qué al decirme
que podría acontecer

que se acelerase el día
de mi profesión, temblé;
y sentí del corazón
acelerarse el vaivén,
y teñírseme el semblante
de amarilla palidez.
¡Ay de mí...! ¡Pero mi dueña,
dónde estará...! Esa mujer
con sus pláticas al cabo
me entretiene alguna vez.
Y hoy la echo menos... acaso
porque la voy a perder,
que en profesando es preciso
renunciar a cuanto amé.
Mas pasos siento en el claustro;
¡oh!, reconozco muy bien
sus pisadas... Ya está aquí.

Escena III

Brígida.   Buenas noches, doña Inés.
Inés.   ¿Cómo habéis tardado tanto?
Brígida.   Voy a cerrar esta puerta.
Inés.   Hay orden de que esté abierta.
Brígida.   Eso es muy bueno y muy santo
para las otras novicias
que han de consagrarse a Dios,
no, doña Inés, para vos.
Inés.   Brígida, ¿no ves que vicias
las reglas del monasterio
que no permiten...?
Brígida.   ¡Bah!, ¡bah!
Más seguro así se está,
y así se habla sin misterio
ni estorbos: ¿habéis mirado
el libro que os he traído?
Inés.   ¡Ay!, se me había olvidado.
Brígida.   ¡Pues me hace gracia el olvido!

Inés.	¡Como la madre abadesa
	se entró aquí inmeditamente!
Brígida.	¡Vieja más impertinente!
Inés.	¿Pues tanto el libro interesa?
Brígida.	¡Vaya si interesa! Mucho.
	¡Pues quedó con poco afán
	el infeliz!
Inés.	¿Quién?
Brígida.	Don Juan.
Inés.	¡Válgame el cielo! ¡Qué escucho!
	¿Es don Juan quien me le envía?
Brígida.	Por supuesto.
Inés.	¡Oh! Yo no debo
	tomarle.
Brígida.	¡Pobre mancebo!
	Desairarle así, sería
	matarle.
Inés.	¿Qué estás diciendo?
Brígida.	Si ese horario no tomáis
	tal pesadumbre le dais
	que va a enfermar; lo estoy viendo.
Inés.	¡Ah! No, no: de esa manera,
	le tomaré.
Brígida.	Bien haréis.
Inés.	¡Y qué bonito es!
Brígida.	Ya veis;
	quien quiere agradar, se esmera.
Inés.	Con sus manecillas de oro.
	¡Y cuidado que está prieto!
	A ver, a ver si completo
	contiene el rezo del coro.

(Le abre, y cae una carta de entre sus hojas.)

	Mas, ¿qué cayó?
Brígida.	Un papelito.
Inés.	¡Una carta!
Brígida.	Claro está;
	en esa carta os vendrá
	ofreciendo el regalito.
Inés.	¡Qué! ¿Será suyo el papel?

Brígida.	¡Vaya, que sois inocente!
	Pues que os feria,[32] es consiguiente
	que la carta será de él.
Inés.	¡Ay, Jesús!
Brígida.	¿Qué es lo que os da?
Inés.	Nada, Brígida, no es nada.
Brígida.	No, no; si estáis inmutada.
	(Ya presa en la red está.)
	¿Se os pasa?
Inés.	Sí.
Brígida.	Eso habrá sido
	cualquier mareíllo vano.
Inés.	¡Ay! Se me abrasa la mano
	con que el papel he cogido.
Brígida.	Doña Inés, ¡válgame Dios!
	Jamás os he visto así:
	estáis trémula.
Inés.	¡Ay de mí!
Brígida.	¿Qué es lo que pasa por vos?
Inés.	No sé... El campo de mi mente
	siento que cruzan perdidas
	mil sombras desconocidas
	que me inquietan vagamente;
	y ha tiempo al alma me dan
	con su agitación tortura.
Brígida.	¿Tiene alguna, por ventura,
	el semblante de don Juan?
Inés.	No sé: desde que le vi,
	Brígida mía, y su nombre
	me dijiste, tengo a ese hombre
	siempre delante de mí.
	Por doquiera me distraigo
	con su agradable recuerdo,
	y si un instante le pierdo,
	en su recuerdo recaigo.
	No sé qué fascinación

---

[32]dar ferias, dar regalos.

	en mis sentidos ejerce, que siempre hacia él se me tuerce la mente y el corazón: y aquí y en el oratorio, y en todas partes, advierto que el pensamiento divierto con la imagen de Tenorio.
Brígida.	¡Válgame Dios! Doña Inés, según lo vais explicando, tentaciones me van dando de creer que eso amor es.
Inés.	¡Amor has dicho!
Brígida.	Sí, amor.
Inés.	No, de ninguna manera.
Brígida.	Pues por amor lo entendiera el menos entendedor; mas vamos la carta a ver: ¿en qué os paráis? ¿Un suspiro?
Inés.	¡Ay!, que cuanto más la miro, menos me atrevo a leer. *(Lee.)* «Doña Inés del alma mía.» ¡Virgen Santa, qué principio!
Brígida.	Vendrá en verso, y será un ripio que traerá la poesía. Vamos, seguid adelante.
Inés.	*(Lee.)* «Luz de donde el sol la toma, hermosísima paloma privada de libertad, si os dignáis por estas letras pasar vuestros lindos ojos, no los tornéis con enojos sin concluir, acabad.»
Brígida.	¡Qué humildad! ¡Y qué finura! ¿Dónde hay mayor rendimiento?
Inés.	Brígida, no sé qué siento.
Brígida.	Seguid, seguid la lectura.

Inés.   *(Lee.)* «Nuestros padres de consuno[33]
nuestras bodas acordaron,
porque los cielos juntaron
los destinos de los dos.
Y halagado desde entonces
con tan risueña esperanza,
mi alma, doña Inés, no alcanza
otro porvenir que vos.
De amor con ella en mi pecho
brotó una chispa ligera,
que han convertido en hoguera
tiempo y afición tenaz:
y esta llama que en mí mismo
se alimenta inextinguible,
cada día más terrible
va creciendo y más voraz.»

Brígida.   Es claro; esperar le hicieron
en vuestro amor algún día,
y hondas raíces tenía
cuando a arrancársele fueron.
Seguid.

Inés.   *(Lee.)* «En vano a apagarla
concurren tiempo y ausencia,
que doblando su violencia,
no hoguera ya, volcán es.
Y yo, que en medio del cráter
desamparado batallo
suspendido en él me hallo
entre mi tumba y mi Inés.»

Brígida.   ¿Lo veis, Inés? Si ese horario
le despreciáis, al instante
le preparan el sudario.

Inés.   Yo desfallezco.

Brígida.   Adelante.

Inés.   *(Lee.)* «Inés, alma de mi alma
perpetuo imán de mi vida,

---

[33]de común acuerdo.

perla sin concha escondida
entre las algas del mar;
garza que nunca del nido
tender osastes el vuelo,
el diáfano azul del cielo
para aprender a cruzar:
si es que a través de esos muros
el mundo apenada miras,
y por el mundo suspiras
de libertad con afán
acuérdate que al pie mismo
de esos muros que te guardan,
para salvarte te aguardan
los brazos de tu don Juan.» *(Representa.)*
¿Qué es lo que me pasa, ¡cielo!,
que me estoy viendo morir?

Brígida. (Ya tragó todo el anzuelo.)
Vamos, que está al concluir.

Inés. *(Lee.)* «Acuérdate de quien llora
al pie de tu celosía
y allí le sorprende el día
y le halla la noche allí
acuérdate de quien vive
sólo por ti, ¡vida mía!,
y que a tus pies volaría
si le llamaras a ti.»

Brígida. ¿Lo veis? Vendría.

Inés. ¡Vendría!

Brígida. A postrarse a vuestros pies

Inés. ¿Puede?

Brígida. ¡Oh!, sí.

Inés. ¡Virgen María!

Brígida. Pero acabad, doña Inés.

Inés. *(Lee.)* «Adiós, ¡oh luz de mis ojos!
Adiós, Inés de mi alma:
medita, por Dios, en calma
las palabras que aquí van:
y si odias esa clausura,
que ser tu sepulcro debe,

manda, que a todo se atreve
por tu hermosura don Juan.» *(Representa Doña Inés.)*
¡Ay! ¿Qué filtro envenenado
me dan en este papel,
que el corazón desgarrado
me estoy sintiendo con él?
¿Qué sentimientos dormidos
son los que revela en mí?
¿Qué impulsos jamás sentidos?
¿Qué luz, que hasta hoy nunca vi?
¿Qué es lo que engendra en mi alma
tan nuevo y profundo afán?
¿Quién roba la dulce calma
de mi corazón?

Brígida. Don Juan.

Inés. ¡Don Juan dices...! ¿Conque ese hombre
me ha de seguir por doquier?
¿Sólo he de escuchar su nombre?
¿Sólo su sombra he de ver?
¡Ah! Bien dice: juntó el cielo
los destinos de los dos,
y en mi alma engendró este anhelo
fatal.

Brígida. ¡Silencio, por Dios!
(Se oyen dar las ánimas.)

Inés. ¿Qué?

Brígida. ¡Silencio!

Inés. Me estremeces.

Brígida. ¿Oís, doña Inés, tocar?

Inés. Sí, lo mismo que otras veces
las ánimas oigo dar.

Brígida. Pues no habléis de él.

Inés. ¡Cielo santo!
¿De quién?

Brígida. ¿De quién ha de ser?
De ese don Juan que amáis tanto,
porque puede aparecer.

Inés. ¡Me amedrentas! ¿Puede ese hombre
llegar hasta aquí?

Brígida.	Quizá.
	Porque el eco de su nombre
	tal vez llega adonde está.
Inés.	¡Cielos! ¿Y podrá?...
Brígida.	¿Quién sabe?
Inés.	¿Es un espíritu, pues?
Brígida.	No, mas si tiene una llave...
Inés.	¡Dios!
Brígida.	Silencio, doña Inés:
	¿no oís pasos?
Inés.	¡Ay! Ahora
	nada oigo.
Brígida.	Las nueve dan.
	Suben, se acercan... Señora...
	Ya está aquí.
Inés.	¿Quién?
Brígida.	Él.
Inés.	¡Don Juan!

Escena IV

Inés.	¿Qué es esto? Sueño..., deliro.
Juan.	¡Inés de mi corazón!
Inés.	¿Es realidad lo que miro,
	o es una fascinación...?
	Tenedme..., apenas respiro...
	Sombra..., huye por compasión.
	¡Ay de mí...!

(Desmáyase Doña Inés y Don Juan la sostiene. La carta de Don Juan queda en el suelo abandonada por Doña Inés al desmayarse.)

Brígida.	La ha fascinado
	vuestra repentina entrada,
	y el pavor la ha trastornado.
Juan.	Mejor: así nos ha ahorrado
	la mitad de la jornada.
	¡Ea! No desperdiciemos
	el tiempo aquí en contemplarla,
	si perdernos no queremos.

	En los brazos a tomarla
	voy, y cuanto antes, ganemos
	ese claustro solitario.
Brígida.	¡Oh, vais a sacarla así!
Juan.	Necia, ¿piensas que rompí
	la clausura, temerario,
	para dejármela aquí?
	Mi gente abajo me espera:
	sígueme.
Brígida.	¡Sin alma estoy!

¡Ay! Este hombre es una fiera;
nada le ataja ni altera...
Sí, sí; a su sombra me voy.

Escena V

La abadesa.   Jurara que había oído
por estos claustros andar:
hoy a doña Inés velar
algo más la he permitido.
Y me temo... Mas no están
aquí. ¿Qué pudo ocurrir
a las dos, para salir
de la celda? ¿Dónde irán?
¡Hola! Yo las ataré
corto para que no vuelvan
a enredar, y me revuelvan
a las novicias..., sí a fe.
Mas siento por allá fuera
pasos. ¡Quién es?

Escena VI

La tornera.	Yo, señora.
La abadesa.	¡Vos en el claustro a esta hora!
	¿Qué es esto, hermana tornera?
La tornera.	Madre abadesa, os buscaba.

La abadesa.	¿Qué hay? Decid.
La tornera.	Un noble anciano
	quiere hablaros.
La abadesa.	Es en vano.
La tornera.	Dice que es de Calatrava[34]
	caballero; que sus fueros
	le autorizan a este paso,
	y que la urgencia del caso
	le obliga al instante a veros.
La abadesa.	¿Dijo su nombre?
La tornera.	El señor
	don Gonzalo de Ulloa.
La abadesa.	¿Qué
	puede querer...? Abralé,
	hermana: es comendador
	de la Orden, y derecho
	tiene en el claustro de entrada.

Escena VII

La abadesa.	¿A una hora tan avanzada
	venir así...? No sospecho
	qué pueda ser..., mas me place,
	pues no hallando a su hija aquí,
	la reprenderá, y así
	mirará otra vez lo que hace.

Escena VIII *(La abadesa y Don Luis. La tornera a la puerta.)*

Don Gonzalo.	Perdonad, madre abadesa,
	que en hora tal os moleste;
	mas para mí, asunto es éste
	que honra y vida me interesa.

---

[34]La Orden militar de Calatrava fue fundada en 1158 para defender de los musulmanes la comarca de Calatrava.

La abadesa.	¡Jesús!
Don Gonzalo.	Oíd.
La abadesa.	Hablad, pues.
Don Gonzalo.	Yo guardé hasta hoy un tesoro

de más quilates que el oro,
y ese tesoro es mi Inés.

La abadesa. A propósito.

Don Gonzalo. Escuchad.

Se me acaba de decir
que han visto a su dueña ir
ha poco por la ciudad
hablando con un criado
que un don Juan, de tal renombre,
que no hay en la tierra otro hombre
tan audaz y tan malvado.
En tiempo atrás se pensó
con él a mi hija casar,
y hoy, que se la fui a negar,
robármela me juró.
Que por el torpe doncel
ganada la dueña está,
no puedo dudarlo ya:
debo, pues, guardarme de él.
Y un día, una hora quizás
de imprevisión, le bastara
para que mi honor manchara
ese hijo de Satanás.
He aquí mi inquietud cuál es:
por la dueña, en conclusión,
vengo: vos la profesión
abreviad de doña Inés.

La abadesa. Sois padre, y es vuestro afán
muy justo, comendador;
mas ved que ofende a mi honor.

Don Gonzalo. No sabéis quién es don Juan.

La abadesa. Aunque le pintáis tan malo,
yo os puedo decir de mí,
que mientras Inés esté aquí,
segura está, don Gonzalo.

Don Gonzalo.   Lo creo; mas las razones
abreviemos: entregadme
a esa dueña, y perdonadme
mis mundanas opiniones.
Si vos de vuestra virtud
me respondéis, yo me fundo
en que conozco del mundo
la insensata juventud.

La abadesa.   Se hará como lo exigís.
Hermana tornera, id, pues,
a buscar a doña Inés
y a su dueña.

(Vase La tornera.)

Don Gonzalo.   ¿Qué decís,
señora? O traición me ha hecho
mi memoria, o yo sé bien
que ésta es hora de que estén
ambas a dos en su lecho.

La abadesa.   Ha un punto sentí a las dos
salir de aquí, no sé a qué.

Don Gonzalo.   ¡Ay! Por qué tiemblo no sé.
¡Mas qué veo, santo Dios!
Un papel..., me lo decía
a voces mi mismo afán. *(Leyendo.)*
«Doña Inés del alma mía...»
Y la firma de don Juan.
Ved..., ved..., esa prueba escrita.
Leed ahí... ¡Oh! Mientras que vos
por ella rogáis a Dios
viene el diablo y os la quita.

Escena IX

La tornera.   Señora...

La abadesa.   ¿Qué es?

La tornera.   Vengo muerta.

Don Gonzalo.   Concluid.

La tornera.   No acierto a hablar

	He visto a un hombre saltar
	por las tapias de la huerta.
Don Gonzalo.	¿Veis? Corramos: ¡ay de mí!
La abadesa.	¿Dónde vais, comendador?
Don Gonzalo.	¡Imbécil!, tras de mi honor,
	que os roban a vos de aquí.

ACTO CUARTO. EL DIABLO A LAS PUERTAS DEL CIELO

Quinta de don Juan Tenorio cerca de Sevilla y sobre el Guadalquivir.[35] *Balcón en el fondo. Dos puertas a cada lado.*

Escena I

Brígida.	¡Qué noche, válgame Dios!
	A poderlo calcular
	no me meto yo a servir
	a tan fogoso galán.
	¡Ay, Ciutti! Molida estoy;
	no me puedo menear.
Ciutti.	¿Pues qué os duele?
Brígida.	Todo el cuerpo
	y toda el alma además.
Ciutti.	¡Ya! No estáis acostumbrada
	al caballo, es natural.
Brígida.	Mil veces pensé caer:
	¡uf!, ¡qué mareo!, ¡qué afán!
	Veía yo unos tras otros
	ante mis ojos pasar
	los árboles como en alas
	llevados de un huracán,
	tan apriesa[36] y produciéndome
	ilusión tan infernal,

---

[35]río que atraviesa Sevilla.

[36]aprisa.

que perdiera los sentidos
si tardamos en parar.

Ciutti.   Pues de estas cosas veréis,
si en esta casa os quedáis,
lo menos seis por semana.

Brígida.   ¡Jesús!

Ciutti.   ¿Y esa niña está
reposando todavía?

Brígida.   ¿Y a qué se ha de despertar?

Ciutti.   Sí, es mejor que abra los ojos
en los brazos de don Juan.

Brígida.   Preciso es que tu amo tenga
algún diablo familiar.

Ciutti.   Yo creo que sea él mismo
un diablo en carne mortal
porque a lo que él, solamente
se arrojara Satanás.

Brígida.   ¡Oh! ¡El lance ha sido extremado!

Ciutti.   Pero al fin logrado está.

Brígida.   ¡Salir así de un convento
en medio de una ciudad
como Sevilla!

Ciutti.   Es empresa
tan sólo para hombre tal.
Mas, ¡qué diablos!, si a su lado
la fortuna siempre va,
y encadenado a sus pies
duerme sumiso el azar.

Brígida.   Sí, decís bien.

Ciutti.   No he visto hombre
de corazón más audaz;
ni halla riesgo que le espante,
ni encuentra dificultad
que al empeñarse en vencer
le haga un punto vacilar.
A todo osado se arroja,
de todo se ve capaz,
ni mira dónde se mete,
ni lo pregunta jamás.

Allí hay un lance, le dicen;
y él dice: «Allá va don Juan.»
¡Mas ya tarda, vive Dios!

Brígida. Las doce en la catedral
han dado ha tiempo.

Ciutti.   Y de vuelta
debía a las doce estar.

Brígida. ¿Pero por qué no se vino
con nosotros?

Ciutti.   Tiene allá
en la ciudad todavía
cuatro cosas que arreglar.

Brígida. ¿Para el viaje?

Ciutti.   Por supuesto;
aunque muy fácil será
que esta noche a los infiernos
le hagan a él mismo viajar.

Brígida. ¡Jesús, qué ideas!

Ciutti.   Pues digo:
¿son obras de caridad
en las que nos empleamos,
para mejor esperar?
Aunque seguros estamos
como vuelva por acá.

Brígida. ¿De veras, Ciutti?

Ciutti.   Venid
a este balcón, y mirad.
¿Qué veis?

Brígida.   Veo un bergantín
que anclado en el río está.

Ciutti. Pues su patrón sólo aguarda
las órdenes de don Juan,
y salvos, en todo caso,
a Italia nos llevará.

Brígida. ¿Cierto?

Ciutti.   Y nada recaléis
por vuestra seguridad;
que es el barco más velero
que boga sobre la mar.

Brígida.	¡Chist! Ya siento a doña Inés.
Ciutti.	Pues yo me voy, que don Juan
	encargó que sola vos
	debíais con ella hablar.
Brígida.	Y encargó bien, que yo entiendo
	de esto.
Ciutti.	Adiós, pues.
Brígida.	Vete en paz.

Escena II

Inés.	Dios mío, ¡cuánto he soñado!
	Loca estoy: ¿qué hora será?
	¿Pero qué es esto, ay de mí?
	No recuerdo que jamás
	haya visto este aposento.
	¿Quién me trajo aquí?
Brígida.	Don Juan.
Inés.	Siempre don Juan..., ¿mas conmigo
	aquí tú también estás,
	Brígida?
Brígida.	Sí, doña Inés.
Inés.	Pero dime, en caridad,
	¿dónde estamos? ¿Este cuarto
	es del convento?
Brígida.	No tal:
	aquello era un cuchitril
	en donde no había más
	que miseria.
Inés.	Pero, en fin,
	¿en dónde estamos?
Brígida.	Mirad,
	mirad por este balcón,
	y alcanzaréis lo que va
	desde un convento de monjas
	a una quinta de don Juan.
Inés.	¿Es de don Juan esta quinta?
Brígida.	Y creo que vuestra ya.

Inés.   Pero no comprendo, Brígida,
              lo que hablas.
Brígida.   Escuchad.
              Estabais en el convento
              leyendo con mucho afán
              una carta de don Juan,
              cuando estalló en un momento
              un incendio formidable.
Inés.   ¡Jesús!
Brígida.   Espantoso, inmenso;
              el humo era ya tan denso,
              que el aire se hizo palpable.
Inés.   Pues no recuerdo...
Brígida.   Las dos
              con la carta entretenidas
              olvidamos nuestras vidas,
              yo oyendo, y leyendo vos.
              Y estaba, en verdad, tan tierna,
              que entrambas a su lectura
              achacamos la tortura
              que sentíamos interna.
              Apenas ya respirar
              podíamos, y las llamas
              prendían ya en nuestras camas:
              nos íbamos a asfixiar
              cuando don Juan, que os adora,
              y que rondaba el convento,
              al ver crecer con el viento
              la llama devastadora,
              con inaudito valor,
              viendo que ibais a abrasaros,
              se metió para salvaros,
              por donde pudo mejor.
              Vos, al verle así asaltar
              la celda tan de improviso,
              os desmayasteis..., preciso;
              la cosa era de esperar.
              Y él, cuando os vio caer así,
              en sus brazos os tomó

y echó a huir; yo le seguí,
y del fuego nos sacó.
¿Dónde íbamos a esta hora?
Vos seguíais desmayada,
yo estaba ya casi ahogada.
Dijo, pues: «Hasta la aurora
en mi casa las tendré.»
Y henos, doña Inés, aquí.

Inés.　¿Conque ésta es su casa?

Brígida.　　　　　　　　　　　Sí.

Inés.　Pues nada recuerdo, a fe.
Pero..., ¡en su casa...! ¡Oh! Al punto
salgamos de ella..., yo tengo
la de mi padre.

Brígida.　　　　　　　　Convengo
con vos; pero es el asunto...

Inés.　¿Qué?

Brígida.　　　Que no podemos ir.

Inés.　Oír tal me maravilla.

Brígida.　Nos aparta de Sevilla...

Inés.　¿Quién?

Brígida.　　　　　　Vedlo, el Guadalquivir.

Inés.　¿No estamos en la ciudad?

Brígida.　A una legua nos hallamos
de sus murallas.

Inés.　　　　　　¡Oh! ¡Estamos
perdidas!

Brígida.　　　　¡No sé, en verdad,
por qué!

Inés.　　　　Me estás confundiendo,
Brígida..., y no sé qué redes
son las que entre estas paredes
temo que me estás tendiendo.
Nunca el claustro abandoné,
ni sé del mundo exterior
los usos: mas tengo honor.
Noble soy, Brígida, y sé
que la casa de don Juan
no es buen sitio para mí:

me lo está diciendo aquí
no sé qué escondido afán.
Ven, huyamos.

Brígida.   Doña Inés,
la existencia os ha salvado.

Inés.   Sí, pero me ha envenenado
el corazón.

Brígida.   ¿Le amáis, pues?

Inés.   No sé..., mas, por compasión,
huyamos pronto de ese hombre,
tras de cuyo solo nombre
se me escapa el corazón.
¡Ah! Tú me diste un papel
de mano de ese hombre escrito,
y algún encanto maldito
me diste encerrado en él.
Una sola vez le vi
por entre unas celosías,
y que estaba, me decías
en aquel sitio por mí.
Tú, Brígida, a todas horas
me venías de él a hablar
haciéndome recordar
sus gracias fascinadoras.
Tú me dijiste que estaba
para mío destinado
por mi padre..., y me has jurado
en su nombre que me amaba.
¿Que le amo, dices?... Pues bien
si esto es amar, sí, le amo;
pero yo sé que me infamo
con esa pasión también.
Y si el débil corazón
se me va tras de don Juan,
tirándome de él están
mi honor y mi obligación.
Vamos, pues; vamos de aquí
primero que ese hombre venga;
pues fuerza acaso no tenga

si le veo junto a mí.
Vamos, Brígida.

Brígida.   Esperad.
¿No oís?

Inés.   ¿Qué?
Brígida.   Ruido de remos.
Inés.   Sí, dices bien; volveremos
en un bote a la ciudad.
Brígida.   Mirad, mirad, doña Inés.
Inés.   Acaba..., por Dios, partamos.
Brígida.   Ya imposible que salgamos.
Inés.   ¿Por qué razón?
Brígida.   Porque él es
quien en ese barquichuelo
se adelanta por el río.
Inés.   ¡Ay! ¡Dadme fuerzas, Dios mío!
Brígida.   Ya llegó, ya está en el suelo.
Sus gentes nos volverán
a casa: mas antes de irnos,
es preciso despedirnos
a lo menos de don Juan.
Inés.   Sea, y vamos al instante.
No quiero volverle a ver.
Brígida.   (Los ojos te hará volver
el encontrarle delante.)
Vamos.
Inés.   Vamos.
Ciutti.   *(Dentro.)*   Aquí están.
Juan.   *(Íd.)* Alumbra.
Brígida.   ¡Nos busca!
Inés.   Él es.

Escena III

Juan.   ¿A dónde vais, dona Inés?
Inés.   Dejadme salir, don Juan.
Juan.   ¿Que os deje salir?
Brígida.   Señor,

sabiendo ya el accidente
del fuego, estará impaciente
por su hija el comendador.

Juan.   ¡El fuego! ¡Ah! No os dé cuidado
por don Gonzalo, que ya
dormir tranquilo le hará
el mensaje que le he enviado.

Inés.   ¿Le habéis dicho...?

Juan.   Que os hallabais
bajo mi amparo segura,
y el aura del campo pura,
libre, por fin, respirabais.
¡Cálmate, pues, vida mía!
Reposa aquí; y un momento
olvida de tu convento
la triste cárcel sombría.
¡Ah! ¿No es cierto, ángel de amor,
que en esta apartada orilla
más pura la luna brilla
y se respira mejor?
Esta aura que vaga, llena
de los sencillos olores
de las campesinas flores
que brota esa orilla amena:
esa agua limpia y serena
que atraviesa sin temor
la barca del pescador
que espera cantando el día,
¿no es cierto, paloma mía,
que están respirando amor?
Esa armonía que el viento
recoge entre esos millares
de floridos olivares,
que agita con manso aliento;
ese dulcísimo acento
con que trina el ruiseñor
de sus copas morador,
llamando al cercano día,
¿no es verdad, gacela mía,

que están respirando amor?
Y estas palabras que están
filtrando insensiblemente
tu corazón, ya pendiente
de los labios de don Juan,
y cuyas ideas van
inflamando en su interior
un fuego germinador
no encendido todavía,
¿no es verdad, estrella mía,
que están respirando amor?
Y esas dos líquidas perlas
que se desprenden tranquilas
de tus radiantes pupilas
convidándome a beberlas,
evaporarse, a no verlas,
de sí mismas al calor;
y ese encendido color
que en tu semblante no había,
¿no es verdad, hermosa mía,
que están respirando amor?
¡Oh! Sí, bellísima Inés,
espejo y luz de mis ojos;
escucharme sin enojos,
como lo haces, amor es:
mira aquí a tus plantas, pues,
todo el altivo rigor
de este corazón traidor
que rendirse no creía,
adorando vida mía,
la esclavitud de tu amor.

Inés. Callad, por Dios, ¡oh, don Juan!,
que no podré resistir
mucho tiempo sin morir,
tan nunca sentido afán.
¡Ah! Callad, por compasión,
que oyéndoos, me parece
que mi cerebro enloquece,
y se arde mi corazón.

¡Ah! Me habéis dado a beber
un filtro infernal sin duda,
que a rendiros os ayuda
la virtud de la mujer.
Tal vez poseéis, don Juan,
un misterioso amuleto,
que a vos me atrae en secreto
como irresistible imán.
Tal vez Satán puso en vos
su vista fascinadora,
su palabra seductora,
y el amor que negó a Dios.
¿Y qué he de hacer, ¡ay de mí!,
sino caer en vuestros brazos,
si el corazón en pedazos
me vais robando de aquí?
No, don Juan, en poder mío
resistirte no está ya:
yo voy a ti, como va
sorbido al mar ese río.
Tu presencia me enajena,
tus palabras me alucinan,
y tus ojos me fascinan,
y tu aliento me envenena.
¡Don Juan!, ¡don Juan!, yo lo imploro
de tu hidalga compasión:
o arráncame el corazón,
o ámame, porque te adoro.

Juan.   ¡Alma mía! Esa palabra
cambia de modo mi ser,
que alcanzo que puede hacer
hasta que el Edén se me abra.
No es, doña Inés, Satanás
quien pone este amor en mí:
es Dios, que quiere por ti
ganarme para *él* quizás
No; el amor que hoy se atesora
en mi corazón mortal,
no es un amor terrenal

como el que sentí hasta ahora;
no es esa chispa fugaz
que cualquier ráfaga apaga;
es incendio que se traga
cuanto ve, inmenso voraz.
Desecha, pues, tu inquietud,
bellísima doña Inés,
porque me siento a tus pies
capaz aún de la virtud.
Sí; iré mi orgullo a postrar
ante el buen comendador,
y o habrá de darme tu amor,
o me tendrá que matar.

Inés.   ¡Don Juan de mi corazón!
Juan.   ¡Silencio! ¿Habéis escuchado?
Inés.   ¿Qué?
Juan.   Sí, una barca ha atracado *(Mira por el balcón.)*
debajo de ese balcón.
Un hombre embozado de ella
salta... Brígida, al momento
pasad a ese otro aposento
y perdonad, Inés bella,
si solo me importa estar.
Inés.   ¿Tardarás?
Juan.   Poco ha de ser.
Inés.   A mi padre hemos de ver.
Juan.   Sí, en cuanto empiece a clarear.
Adiós.

Escena IV

Ciutti.   ¿Señor?
Juan.   ¿Qué sucede,
Ciutti?
Ciutti.   Ahí está un embozado
en veros muy empeñado.
Juan.   ¿Quién es?
Ciutti.   Dice que no puede

descubrirse más que a vos,
y que es cosa de tal priesa,
que en ella se os interesa
la vida a entrambos[37] a dos.

Juan. ¿Y en él no has reconocido
marca ni seña alguna
que nos oriente?

Ciutti. Ninguna;
mas a veros decidido
viene.

Juan. ¿Trae gente?

Ciutti. No más
que los remeros del bote.

Juan. Que entre.

Escena V *(Don Juan; luego Ciutti y Don Luis embozado.)*

Juan. ¡Jugamos a escote
la vida...! Mas ¿si es quizás
un traidor que hasta mi quinta
me viene siguiendo el paso?
Hálleme, pues, por si acaso
con las armas en la cinta.

(Se ciñe la espada y suspende al cinto un par de pistolas que habrá colocado sobre la mesa a su salida en la escena tercera. Al momento sale Ciutti conduciendo a Don Luis, que, embozado hasta los ojos, espera a que se queden solos. Don Juan hace a Ciutti una seña para que se retire. Lo hace.)

Escena VI

Juan. (Buen talante.) Bien venido,
caballero.

Luis. Bien hallado,
señor mío.

---

[37]ambos.

Juan.   Sin cuidado
            hablad.
Luis.   Jamás lo he tenido.
Juan.   Decid, pues: ¿a qué venís
            a esta hora y con tal afán?
Luis.   Vengo a mataros, don Juan.
Juan.   Según eso, sois don Luis.
Luis.   No os engañó el corazón,
            y el tiempo no malgastemos,
            don Juan: los dos no cabemos
            ya en la tierra.
Juan.   En conclusión,
            señor Mejía, ¿es decir,
            que porque os gané la apuesta
            queréis que acabe la fiesta
            con salirnos a batir?
Luis.   Estáis puesto en la razón:
            la vida apostado habemos,
            y es fuerza que nos paguemos.
Juan.   Soy de la misma opinión.
            Mas ved que os debo advertir
            que sois vos quien la ha perdido.
Luis.   Pues por eso os la he traído;
            mas no creo que morir
            deba nunca un caballero
            que lleva en el cinto espada,
            como una res destinada
            por su dueño al matadero.
Juan.   Ni yo creo que resquicio
            habréis jamás encontrado
            por donde me hayáis tomado
            por un cortador de oficio.
Luis.   De ningún modo; y ya veis
            que, pues os vengo a buscar
            mucho en vos debo fiar.
Juan.   No más de lo que podéis.
            Y por mostraros mejor
            mi generosa hidalguía,
            decid si aún puedo, Mejía,

satisfacer vuestro honor.
Leal la apuesta os gané;
mas si tanto os ha escocido
mirad si halláis conocido
remedio, y le aplicaré.

Luis. No hay más que el que os he propuesto,
don Juan. Me habéis maniatado,
y habéis la casa asaltado
usurpándome mi puesto
y pues el mío tomasteis
para triunfar de doña Ana,
no sois vos, don Juan, quien gana,
porque por otro jugasteis.

Juan. Ardides del juego son.

Luis. Pues no os los quiero pasar,
y por ellos a jugar
vamos ahora el corazón.

Juan. ¿Le arriesgáis, pues, en revancha
de doña Ana de Pantoja?

Luis. Sí; y lo que tardo me enoja
en lavar tan fea mancha.
Don Juan, yo la amaba, sí;
mas con lo que habéis osado,
imposible la hais[38] dejado
para vos y para mí.

Juan. ¿Por qué la apostasteis, pues?

Luis. Porque no pude pensar
que la pudierais lograr.
Y... vamos, por San Andrés,
a reñir, que me impaciento.

Juan. Bajemos a la ribera.

Luis. Aquí mismo.

Juan.   Necio fuera:
¿no veis que en este aposento
prendieran al vencedor?
Vos traéis una barquilla.

---

[38]habéis.

Luis. Sí.

Juan. Pues que lleve a Sevilla
al que quede.

Luis. Eso es mejor;
salgamos, pues.

Juan. Esperad.

Luis. ¿Qué sucede?

Juan. Ruido siento.

Luis. Pues no perdamos momento.

Escena VII

Ciutti. Señor, la vida salvad.

Juan. ¿Qué hay, pues?

Ciutti. El comendador
que llega con gente armada.

Juan. Déjale franca la entrada,
pero a él solo.

Ciutti. Mas, señor...

Juan. Obedéceme.

(Vase Ciutti.)

Escena VIII

Juan. Don Luis,
pues de mí os habéis fiado
cuanto dejáis demostrado
cuando a mi casa venís,
no dudaré en suplicaros,
pues mi valor conocéis
que un instante me aguardéis.

Luis. Yo nunca puse reparos
en valor que es tan notorio,
mas no me fío de vos.

Juan. Ved que las partes son dos
de la apuesta con Tenorio,
y que ganadas están.

Luis.   ¿Lograsteis a un tiempo...?

Juan.   Sí:
la del convento está aquí:
y pues viene de don Juan
a reclamarla quien puede
cuando me podéis matar
no debo asunto dejar
tras mí que pendiente quede.

Luis.   Pero mirad que meter
quien puede el lance impedir
entre los dos, puede ser...

Juan.   ¿Qué?

Luis.   Excusaros de reñir.

Juan.   ¡Miserable...! De don Juan
podéis dudar sólo vos:
mas aquí entrad, ¡vive Dios!
y no tengáis tanto afán
por vengaros, que este asunto
arreglado con ese hombre,
don Luis, yo os juro a mi nombre
que nos batimos al punto.

Luis.   Pero...

Juan.   ¡Con una legión
de diablos! Entrad aquí;
que harta nobleza es en mí
aún daros satisfacción.
Desde ahí ved y escuchad;
franca tenéis esa puerta.
Si veis mi conducta incierta,
como os acomode obrad.

Luis.   Me avengo, si muy reacio
no andáis.

Juan.   Calculadlo vos
a placer: mas, ¡vive Dios!,
que para todo hay espacio.

(Entra Don Luis en el cuarto que Don Juan le señala.)
                   Ya suben. *(Don Juan escucha.)*

Don Gonzalo.   *(Dentro.)* ¿Dónde está?

Juan.   Él es.

Escena IX

Don Gonzalo.	¿Adónde está ese traidor?
Juan.	Aquí está, comendador.
Don Gonzalo.	¿De rodillas?
Juan.	Y a tus pies.
Don Gonzalo.	Vil eres hasta en tus crímenes.
Juan.	Anciano, la lengua ten,
	y escúchame un solo instante.
Don Gonzalo.	¿Qué puede en tu lengua haber
	que borre lo que tu mano
	escribió en este papel?
	¡Ir a sorprender, ¡infame!,
	la cándida sencillez
	de quien no pudo el veneno
	de esas letras precaver!
	¡Derramar en su alma virgen
	traidoramente la hiel
	en que rebosa la tuya,
	seca de virtud y fe!
	¡Proponerse así enlodar
	de mis timbres la alta prez,[39]
	como si fuera un harapo
	que desecha un mercader!
	¿Ese es el valor, Tenorio,
	de que blasonas? ¿Esa es
	la proverbial osadía
	que te da al vulgo a temer?
	¿Con viejos y con doncellas
	la muestras...? Y ¿para qué?
	¡Vive Dios!, para venir
	sus plantas así a lamer
	mostrándote a un tiempo ajeno
	de valor y de honradez.
Juan.	¡Comendador!
Don Gonzalo.	Miserable,

---

[39]honor.

tú has robado a mi hija Inés
de su convento, y yo vengo
por tu vida, o por mi bien.

Juan. Jamás delante de un hombre
mi alta cerviz incliné,
ni he suplicado jamás,
ni a mi padre, ni a mi rey.
Y pues conservo a tus plantas
la postura en que me ves,
considera, don Gonzalo,
que razón debo tener.

Don Gonzalo. Lo que tienes es pavor
de mi justicia.

Juan.   ¡Pardiez!
Oyeme, comendador,
o tenerme no sabré,
y seré quien siempre he sido,
no queriéndolo ahora ser.

Don Gonzalo. ¡Vive Dios!

Juan.   Comendador,
yo idolatro a doña Inés
persuadido de que el cielo
nos la quiso conceder
para enderezar mis pasos
por el sendero del bien.
No amé la hermosura en ella,
ni sus gracias adoré;
lo que adoro es la virtud,
don Gonzalo, en doña Inés.
Lo que justicias ni obispos
no pudieron de mí hacer
con cárceles y sermones,
lo pudo su candidez.
Su amor me torna en otro hombre,
regenerando mi ser,
y ella puede hacer un ángel
de quien un demonio fue.
Escucha, pues, don Gonzalo,
lo que te puede ofrecer

el audaz don Juan Tenorio
de rodillas a tus pies.
Yo seré esclavo de tu hija,
en tu casa viviré,
tú gobernarás mi hacienda,
diciéndome *esto ha de ser.*
El tiempo que señalares,
en reclusión estaré;
cuantas pruebas exigieres
de mi audacia o mi altivez,
del modo que me ordenares
con sumisión te daré:
y cuando estime tu juicio
que la puedo merecer,
yo la daré un buen esposo
y ella me dará el Edén.

Don Gonzalo. Basta, don Juan; no sé cómo
me he podido contener,
oyendo tan torpes pruebas
de tu infame avilantez.[40]
Don Juan, tú eres un cobarde
cuando en la ocasión te ves,
y no hay bajeza a que no oses
como te saque con bien.

Juan. ¡Don Gonzalo!

Don Gonzalo.   Y me avergüenzo
de mirarte así a mis pies,
lo que apostabas por fuerza
suplicando por merced.

Juan. Todo así se satisface,
don Gonzalo, de una vez.

Don Gonzalo. ¡Nunca, nunca! ¿Tú su esposo?
Primero la mataré.
¡Ea! Entrégamela al punto,
o sin poderme valer,
en esa postura vil

---

[40]insolencia.

	el pecho te cruzaré.
Juan.	Míralo bien, don Gonzalo;
	que vas a hacerme perder
	con ella hasta la esperanza
	de mi salvación tal vez.
Don Gonzalo.	¿Y qué tengo yo, don Juan,
	con tu salvación que ver?
Juan.	¡Comendador, que me pierdes!
Don Gonzalo.	Mi hija.
Juan.	Considera bien
	que por cuantos medios pude
	te quise satisfacer;
	y que con armas al cinto
	tus denuestos toleré,
	proponiéndote la paz
	de rodillas a tus pies.

Escena X *(Dichos; Don Luis, soltando una carcajada de burla.)*

Luis.	Muy bien, don Juan.
Juan.	¡Vive Dios!
Don Gonzalo.	¿Quién es ese hombre?
Luis.	Un testigo
	de su miedo, y un amigo,
	Comendador, para vos.
Juan.	¡Don Luis!
Luis.	Ya he visto bastante,
	don Juan, para conocer
	cuál uso puedes hacer
	de tu valor arrogante;
	y quien hiere por detrás
	y se humilla en la ocasión,
	es tan vil como el ladrón
	que roba y huye.
Juan.	¿Esto más?
Luis.	Y pues la ira soberana
	de Dios junta, como ves,
	al padre de doña Inés

y al vengador de doña Ana,
mira el fin que aquí te espera
cuando a igual tiempo te alcanza,
aquí dentro su venganza
y la justicia allá fuera.

Don Gonzalo. ¡Oh! Ahora comprendo... ¿Sois vos
el que...?

Luis.   Soy don Luis Mejía,
a quien a tiempo os envía
por vuestra venganza Dios.

Juan. ¡Basta, pues, de tal suplicio!
Si con hacienda y honor
ni os muestro ni doy valor
a mi franco sacrificio:
y la leal solicitud
con que ofrezco cuanto puedo
tomáis, ¡vive Dios!, por miedo
y os mofáis de mi virtud,
os acepto el que me dais
plazo breve y perentorio,
para mostrarme el Tenorio
de cuyo valor dudáis.

Luis. Sea; y cae a nuestros pies,
digno al menos de esa fama
que por tan bravo te aclama.

Juan. Y venza el infierno, pues.
Ulloa, pues mi alma así
vuelves a hundir en el vicio,
cuando Dios me llame a juicio,
tú responderás por mí. *(Le da un pistoletazo.)*

Don Gonzalo. ¡Asesino! *(Cae.)*

Juan.   Y tú, insensato,
que me llamas vil ladrón,
di en prueba de tu razón
que cara a cara te mato. *(Riñen, y le da una estocada.)*

Luis. ¡Jesús! *(Cae.)*

Juan.   Tarde tu fe ciega
acude al cielo, Mejía,
y no fue por culpa mía;

	pero la justicia llega,
	y a fe que ha de ver quién soy.
Ciutti.	*(Dentro.)* ¿Don Juan?
Juan.	*(Asomando al balcón.)* ¿Quién es?
Ciutti.	*(Dentro.)* Por aquí;
	salvaos.
Juan.	¿Hay paso?
Ciutti.	Sí;
	arrojaos.
Juan.	Allá voy.

Llamé al cielo y no me oyó,
y pues sus puertas me cierra,
de mis pasos en la tierra
responda el cielo, y no yo.

(Se arroja por el balcón, y se le oye caer en el agua del río, al mismo tiempo que el ruido de los remos muestra la rapidez del barco en que parte; se oyen golpes en las puertas de la habitación; poco después entra la justicia, soldados, etc.)

Escena XI

Alguacil 1º.	El tiro ha sonado aquí.
Alguacil 2º.	Aún hay humo.
Alguacil 1º.	¡Santo Dios!
	Aquí hay un cadáver.
Alguacil 2º.	Dos.
Alguacil 1º.	¿Y el matador?
Alguacil 2º.	Por allí.

(Abren el cuarto en que están Doña Inés y Brígida, y las sacan a la escena; Doña Inés reconoce el cadáver de su padre.)

Alguacil 2º.	¡Dos mujeres!
Inés.	¡Ah, qué horror,
	padre mío!
Alguacil 1º.	¡Es su hija!
Brígida.	Sí.
Inés.	¡Ay! ¿Dó estás, don Juan, que aquí
	me olvidas en tal dolor?

Alguacil 1°.	Él le asesinó.
Inés.	¡Dios mío!
	¿Me guardabas esto más?
Alguacil 2°.	Por aquí ese Satanás
	se arrojó, sin duda, al río.
Alguacil 1°.	Miradlos..., a bordo están
	del bergantín calabrés.
Todos.	¡Justicia por doña Inés!
Inés.	Pero no contra don Juan. *(Cayendo de rodillas.)*

Parte segunda

ACTO PRIMERO. LA SOMBRA DE DOÑA INÉS

Panteón de la familia Tenorio. El teatro representa un magnífico cementerio, hermoseado a manera de jardín. En primer término, aislados y de bulto, los sepulcros de don Gonzalo Ulloa, de doña Inés y de don Luis Mejía, sobre los cuales se ven sus estatuas de piedra. El sepulcro de don Gonzalo a la derecha, y su estatua de rodillas; el de don Luis a la izquierda, y su estatua también de rodillas; el de doña Inés en el centro, y su estatua de pie. En segundo término otros dos sepulcros en la forma que convenga; y en el tercer término y en puesto elevado, el sepulcro y estatua del fundador don Diego Tenorio, en cuya figura remata la perspectiva de los sepulcros. Una pared llena de nichos y lápidas circuye el cuadro hasta el horizonte. Dos llorones a cada lado de la tumba de doña Inés, dispuestos a servir de la manera que a su tiempo exige el juego escénico. Cipreses y flores de todas clases embellecen la decoración, que no debe tener nada de horrible. La acción se supone en una tranquila noche de verano, y alumbrada por una clarísima luna.

Escena I

El escultor.	*(Disponiéndose a marchar.)* Pues, señor, es cosa hecha:
	el alma del buen don Diego
	puede, a mi ver, con sosiego
	reposar muy satisfecha.
	La obra está rematada
	con cuanta suntuosidad

su postrera voluntad
dejó al mundo encomendada.
Y ya quisieran, ¡pardiez!,
todos los ricos que mueren
que su voluntad cumplieren
los vivos, como esta vez.
Mas ya de marcharme es hora:
todo corriente lo dejo,
y de Sevilla me alejo
al despuntar de la aurora.
¡Ah! Mármoles que mis manos
pulieron con tanto afán,
mañana os contemplarán
los absortos sevillanos;
y al mirar de este panteón
las gigantes proporciones,
tendrán las generaciones
la nuestra en veneración.
Mas yendo y viniendo días,
se hundirán unas tras otras,
mientra[41] en pie estaréis vosotras,
póstumas memorias mías.
¡Oh! frutos de mis desvelos,
peñas a quien yo animé
y por quienes arrostré
la intemperie de los cielos:
el que forma y ser os dio,
va ya a perderos de vista;
¡velad mi gloria de artista,
pues viviréis más que yo!
Mas ¿quién llega?

Escena II *(El escultor; Don Juan, que entra embozado.)*

El escultor.   Caballero...
Juan.   Dios le guarde.

---

[41]mientras.

El escultor.   Perdonad,
mas ya es tarde, y...

Juan.   Aguardad
un instante, porque quiero
que me expliquéis...

El escultor.   ¿Por acaso
sois forastero?

Juan.   Años ha
que falto de España ya,
y me chocó el ver al paso,
cuando a esas verjas llegué,
que encontraba este recinto
enteramente distinto
de cuando yo le dejé.

El escultor. Yo lo creo; como que esto
era entonces un palacio
y hoy es panteón el espacio
donde aquél estuvo puesto.

Juan. ¡El palacio hecho panteón!

El escultor. Tal fue de su antiguo dueño
la voluntad, y fue empeño
que dio al mundo admiración.

Juan. ¡Y, por Dios, que es de admirar!

El escultor. Es una famosa historia,
a la cual debo mi gloria.

Juan. ¿Me la podréis relatar?

El escultor. Sí; aunque muy sucintamente,
pues me aguardan.

Juan.   Sea.

El escultor.   Oíd
la verdad pura.

Juan.   Decid,
que me tenéis impaciente.

El escultor. Pues habitó esta ciudad
y este palacio heredado,
un varón muy estimado
por su noble calidad.

Juan. Don Diego Tenorio.

El escultor.   El mismo.

Tuvo un hijo este don Diego
peor mil veces que el fuego,
un aborto del abismo.
Un mozo sangriento y cruel,
que con tierra y cielo en guerra,
dicen que nada en la tierra
fue respetado por él.
Quimerista, seductor
y jugador con ventura,
no hubo para él segura
vida, ni hacienda, ni honor.
Así le pinta la historia,
y si tal era, por cierto
que obró cuerdamente el muerto
para ganarse la gloria.

Juan.   Pues ¿cómo obró?

El escultor.   Dejó entera
su hacienda al que la empleara
en un panteón que asombrara
a la gente venidera.
Mas con condición, que dijo
que se enterraran en él
los que a la mano cruel
sucumbieron de su hijo.
Y mirad en derredor
los sepulcros de los más
de ellos.

Juan.   ¿Y vos sois quizás,
el conserje?

El escultor.   El escultor
de estas obras encargado.

Juan.   ¡Ah! ¿Y las habéis concluido?

El escultor.   Ha un mes; mas me he detenido
hasta ver ese enverjado
colocado en su lugar;
pues he querido impedir
que pueda el vulgo venir
este sitio a profanar.

Juan.   *(Mirando.)* ¡Bien empleó sus riquezas

	el difunto!
El escultor.	¡Ya lo creo!
	Miradle allí.
Juan.	Ya le veo.
El escultor.	¿Le conocisteis?
Juan.	Sí.
El escultor.	Piezas
	son todas muy parecidas
	a conciencia trabajadas.
Juan.	¡Cierto que son extremadas!
El escultor.	¿Os han sido conocidas
	las personas?
Juan.	Todas ellas.
El escultor.	¿Y os parecen bien?
Juan.	Sin duda,
	según lo que a ver me ayuda
	el fulgor de las estrellas.
El escultor.	¡Oh! Se ven como de día
	con esta luna tan clara.
	Ésta es mármol de Carrara.[42]

(Señalando a la de Don Luis.)

Juan.	¡Buen busto es el de Mejía!

(Contempla las estatuas unas tras otras.)

	¡Hola! Aquí el comendador
	se representa muy bien.
El escultor.	Yo quise poner también
	la estatua del matador
	entre sus víctimas, pero
	no pude a manos haber
	su retrato... Un Lucifer[43]
	dicen que era el caballero
	don Juan Tenorio.
Juan.	¡Muy malo!
	Mas como pudiera hablar
	le había algo de abonar

---

[42]ciudad italiana famosa por sus mármoles.

[43]uno de los nombres de Satán.

	la estatua de don Gonzalo.
El escultor.	¿También habéis conocido
	a don Juan?
Juan.	Mucho.
El escultor.	Don Diego
	le abandonó desde luego
	desheredándole.
Juan.	Ha sido
	para don Juan poco daño
	ése, porque la fortuna
	va tras él desde la cuna.
El escultor.	Dicen que ha muerto.
Juan.	Es engaño:
	vive.
El escultor.	¿Y dónde?
Juan.	Aquí, en Sevilla.
El escultor.	¿Y no teme que el furor
	popular...?
Juan.	En su valor
	no ha echado el miedo semilla.
El escultor.	Mas cuando vea el lugar
	en que está ya convertido
	el solar que suyo ha sido,
	no osará en Sevilla estar.
Juan.	Antes ver tendrá a fortuna
	en su casa reunidas
	personas de él conocidas,
	puesto que no odia a ninguna.
El escultor.	¿Creéis que ose aquí venir?
Juan.	¿Por qué no? Pienso, a mi ver,
	que donde vino a nacer
	justo es que venga a morir.
	Y pues le quitan su herencia
	para enterrar a éstos bien,
	a él es muy justo también
	que le entierren con decencia.
El escultor.	Sólo a él le está prohibida
	en este panteón la entrada.
Juan.	Trae don Juan muy buena espada,

	y no sé quién se lo impida.
El escultor.	¡Jesús! ¡Tal profanación!
Juan.	Hombre es don Juan que, a querer,
	volverá el palacio a hacer
	encima del panteón.
El escultor.	¿Tan audaz ese hombre es
	que aun a los muertos se atreve?
Juan.	¿Qué respetos gastar debe
	con los que tendió a sus pies?
El escultor.	¿Pero no tiene conciencia
	ni alma ese hombre?
Juan.	Tal vez no,
	que al cielo una vez llamó
	con voces de penitencia,
	y el cielo, en trance tan fuerte,
	allí mismo le metió,
	que a dos inocentes dio
	para salvarse, la muerte.
El escultor.	¡Qué monstruo, supremo Dios!
Juan.	Podéis estar convencido
	de que Dios no le ha querido.
El escultor.	Tal será.
Juan.	Mejor que vos.
El escultor.	(¿Y quién será el que a don Juan
	abona con tanto brío?)
	Caballero, a pesar mío,
	como aguardándome están...
Juan.	Idos, pues, enhorabuena.
El escultor.	He de cerrar.
Juan.	No cerréis
	y marchaos.
El escultor.	¿Mas no veis...?
Juan.	Veo una noche serena
	y un lugar que me acomoda
	para gozar su frescura,
	y aquí he de estar a mí holgura,
	si pesa a Sevilla toda.
El escultor.	(¿Si acaso padecerá
	de locura desvaríos?)

Juan.	*(Dirigiéndose a las estatuas.)* Ya estoy aquí, amigos míos.
El escultor.	¿No lo dije? Loco está.
Juan.	Mas, ¡cielos, qué es lo que veo! O es ilusión de mi vista o a doña Inés el artista aquí representa, creo.
El escultor.	Sin duda.
Juan.	¿También murió?
El escultor.	Dicen que de sentimiento cuando de nuevo al convento abandonada volvió por don Juan.
Juan.	¿Y yace aquí?
El escultor.	Sí.
Juan.	¿La visteis muerta vos?
El escultor.	Sí.
Juan.	¿Cómo estaba?
El escultor.	¡Por Dios, que dormida la creí! La muerte fue tan piadosa con su cándida hermosura, que la envió con la frescura y las tintas de la rosa.
Juan.	¡Ah! Mal la muerte podría deshacer con torpe mano el semblante soberano que un ángel envidiaría. ¡Cuán bella y cuán parecida su efigie en el mármol es! ¡Quién pudiera, doña Inés, volver a darte la vida! ¿Es obra del cincel vuestro?
El escultor.	Como todas las demás.
Juan.	Pues bien merece algo más un retrato tan maestro. Tomad.
El escultor.	¿Qué me dais aquí?
Juan.	¿No lo veis?
El escultor.	Mas..., caballero...,

	¿Por qué razón...?
Juan.	Porque quiero
	yo que os acordéis de mí.
El escultor.	Mirad que están bien pagadas.
Juan.	Así lo estarán mejor.
El escultor.	Mas vamos de aquí, señor,
	que aún las llaves entregadas
	no están, y al salir la aurora
	tengo que partir de aquí.
Juan.	Entregádmelas a mí,
	y marchaos desde ahora.
El escultor.	¿A vos?
Juan.	A mí: ¿Qué dudáis?
El escultor.	Como no tengo el honor...
Juan.	Ea, acabad, escultor.
El escultor.	Si el nombre al menos que usáis
	supiera...
Juan.	¡Viven los cielos!
	Dejad a don Juan Tenorio
	velar el lecho mortuorio
	en que duermen sus abuelos.
El escultor.	¡Don Juan Tenorio!
Juan.	Yo soy.
	Y si no me satisfaces,
	compañía juro que haces
	a tus estatuas desde hoy.
El escultor.	*(Alargándole las llaves.)* Tomad. (No quiero la piel
	dejar aquí entre sus manos.
	Ahora, que los sevillanos
	se las compongan con él.) *(Vase.)*

Escena III

Don Luis.	Mi buen padre empleó en esto
	entera la hacienda mía:
	hizo bien: yo al otro día
	la hubiera a una carta puesto.
	No os podéis quejar de mí,

vosotros a quien maté;
si buena vida os quité,
buena sepultura os di.
¡Magnífica es, en verdad
la idea de tal panteón!
Y... siento que el corazón
me halaga esta soledad.
¡Hermosa noche...! ¡Ay de mí!
¡Cuántas como ésta tan puras,
en infames aventuras
desatinado perdí!
¡Cuántas, al mismo fulgor
de esa luna transparente,
arranqué a algún inocente
la existencia o el honor!
Sí, después de tantos años
cuyos recuerdos me espantan,
siento que en mí se levantan
pensamientos en mí extraños.
¡Oh! Acaso me los inspira
desde el cielo, en donde mora,
esa sombra protectora
que por mi mal no respira.

(Se dirige a la estatua de Doña Inés hablándola con respeto.)

Mármol en quien doña Inés
en cuerpo sin alma existe,
deja que el alma de un triste
llore un momento a tus pies.
De azares mil a través
conservé tu imagen pura,
y pues la mala ventura
te asesinó de don Juan,
contempla con cuánto afán
vendrá hoy a tu sepultura.
En ti nada más pensó
desde que se fue de ti;
y desde que huyó de aquí,
sólo en volver meditó.
Don Juan tan sólo esperó

de doña Inés su ventura,
y hoy, que en pos de su hermosura
vuelve el infeliz don Juan,
mira cuál será su afán
al dar con tu sepultura.
Inocente doña Inés,
cuya hermosa juventud
encerró en el ataúd
quien llorando está a tus pies;
si de esa piedra a través
puedes mirar la amargura
del alma que tu hermosura
adoró con tanto afán,
prepara un lado a don Juan
en tu misma sepultura.
Dios te crió por mi bien,
por ti pensé en la virtud
adoré su excelsitud,
y anhelé su santo Edén.
Sí, aún hoy mismo en ti también
mi esperanza se asegura,
que oigo una voz que murmura
en derredor de don Juan
palabras con que su afán
se calma en tu sepultura.
¡Oh, doña Inés de mi vida!
Si esa voz con quien deliro
es el postrimer suspiro
de tu eterna despedida;
si es que de ti desprendida
llega esa voz a la altura,
y hay un Dios tras esa anchura
por donde los astros van
dile que mire a don Juan
llorando en tu sepultura.

(Se apoya en el sepulcro, ocultando el rostro y mientras se conserva en esta postura, un vapor que se levanta del sepulcro oculta la estatua de Doña Inés. Cuando el vapor se desvanece, la estatua ha desaparecido. Don Juan sale de su enajenamiento.)

Este mármol sepulcral
adormece mi vigor,
y sentir creo en redor
un ser sobrenatural.
Mas... ¡cielos! ¡El pedestal
no mantiene su escultura!
¿Qué es esto? ¿Aquella figura
fue creación de mi afán?

Escena IV *(El llorón y las flores de la izquierda del sepulcro de Doña Inés se cambian en una apariencia, dejando ver dentro de ella, y en medio de resplandores, la sombra de Doña Inés.)*

Sombra.	No; mi espíritu, don Juan,
	te aguardó en mi sepultura.
Juan.	*(De rodillas.)* ¡Doña Inés! Sombra querida,
	alma de mi corazón,
	¡no me quites la razón
	si me has de dejar la vida!
	Si eres imagen fingida,
	sólo hija de mi locura,
	no aumentes mi desventura
	burlando mi loco afán.
Sombra.	Yo soy doña Inés, don Juan,
	que te oyó en su sepultura.
Juan.	¿Conque vives?
Sombra.	Para ti;
	mas tengo mi purgatorio
	en este mármol mortuorio
	que labraron para mí.
	Yo que a Dios mi alma ofrecí
	en precio de tu alma impura,
	y Dios, al ver la ternura
	con que te amaba mi afán,
	me dijo: «Espera a don Juan
	en tu misma sepultura.
	Y pues quieres ser tan fiel
	a un amor de Satanás,

con don Juan te salvarás,
o te perderás con él.
Por él vela: mas si cruel
te desprecia tu ternura,
y en su torpeza y locura
sigue con bárbaro afán,
llévese tu alma don Juan
de tu misma sepultura.»

Juan.   *(Fascinado.)* ¡Yo estoy soñando quizás
con las sombras de un Edén!

Sombra.   No: y ve que si piensas bien,
a tu lado me tendrás;
mas si obras mal, causarás
nuestra eterna desventura.
Y medita con cordura
que es esta noche, don Juan,
el espacio que nos dan
para buscar sepultura.
Adiós, pues; y en la ardua lucha
en que va a entrar tu existencia,
de tu dormida conciencia
la voz que va alzarse escucha;
porque es de importancia mucha
meditar con sumo tiento
la elección de aquel momento
que, sin poder evadirnos,
al mal o al bien ha de abrirnos
la losa del monumento.

(Ciérrase la apariencia; desaparece Doña Inés, y todo queda como al principio del acto, menos la estatua de Doña Inés que no vuelve a su lugar. Don Juan queda atónito.)

Escena V

Juan.   ¡Cielos! ¿Qué es lo que escuché?
¡Hasta los muertos así
dejan sus tumbas por mí!
Mas sombra, delirio fue.

Yo en mi mente la forjé;
la imaginación le dio
la forma en que se mostró,
y ciego vine a creer
en la realidad de un ser
que mi mente fabricó.
Mas nunca de modo tal
fanatizó mi razón
mi loca imaginación
con su poder ideal.
Sí, algo sobrenatural
vi en aquella doña Inés
tan vaporosa, a través
aun de esa enramada espesa;
mas... ¡bah! circunstancia es ésa
que propia de sombras es.
¿Qué más diáfano y sutil
que las quimeras de un sueño?
¿Dónde hay nada más risueño,
más flexible y más gentil?
¿Y no pasa veces mil
que, en febril exaltación,
ve nuestra imaginación
como ser y realidad
la vacía vanidad
de una anhelada ilusión?
¡Sí, por Dios, delirio fue!
Mas su estatua estaba aquí.
Sí, yo la vi y la toqué,
y aun en albricias le di
al escultor no se qué.
¡Y ahora sólo el pedestal
veo en la urna funeral!
¡Cielos! La mente me falta,
o de improviso me asalta
algún vértigo infernal.
¿Qué dijo aquella visión?
¡Oh! Yo la oí claramente,
y su voz triste y doliente

resonó en mi corazón.
¡Ah! ¡Y breves las horas son
del plazo que nos augura!
No, no: ¡de mi calentura
delirio insensato es!
Mi fiebre fue a doña Inés
quien abrió la sepultura.
¡Pasad y desvaneceos;
pasad, siniestros vapores
de mis perdidos amores
y mis fallidos deseos!
¡Pasad, vanos devaneos
de un amor muerto al nacer;
no me volváis a traer
entre vuestro torbellino,
ese fantasma divino
que recuerda una mujer!
¡Ah! ¡Estos sueños me aniquilan
mi cerebro se enloquece...
y esos mármoles parece
que estremecidos vacilan!

(Las estatuas se mueven lentamente y vuelven la cabeza hacia él.)

Sí, sí; ¡sus bustos oscilan,
su vago contorno medra...!
Pero don Juan no se arredra:
¡alzaos, fantasmas vanos,
y os volveré con mis manos
a vuestros lechos de piedra!
No, no me causan pavor
vuestros semblantes esquivos;
jamás, ni muertos ni vivos,
humillaréis mi valor.
Yo soy vuestro matador
como al mundo es bien notorio;
si en vuestro alcázar mortuorio
me aprestáis venganza fiera,
daos prisa; aquí os espera
otra vez don Juan Tenorio.

Escena VI

Centellas.	*(Dentro.)* ¿Don Juan Tenorio?
Juan.	*(Volviendo en sí.)* ¿Qué es eso?
	¿Quién me repite mi nombre?
Avellaneda.	*(Saliendo.)* ¿Veis a alguien? *(A Centellas.)*
Centellas.	*(Íd.)* Sí, allí hay un hombre.
Juan.	¿Quién va?
Avellaneda.	Él es.
Centellas.	*(Yéndose a Don Juan.)* Yo pierdo el seso
	con la alegría. ¡Don Juan!
Avellaneda.	¡Señor Tenorio!
Juan.	¡Apartaos,
	vanas sombras!
Centellas.	Reportaos,
	señor don Juan... Los que están
	en vuestra presencia ahora,
	no son sombras, hombres son,
	y hombres cuyo corazón
	vuestra amistad atesora.
	A la luz de las estrellas
	os hemos reconocido,
	y un abrazo hemos venido
	a daros.
Juan.	Gracias, Centellas.
Centellas.	Mas ¿qué tenéis? ¡Por mi vida
	que os tiembla el brazo, y está
	vuestra faz descolorida!
Juan.	*(Recobrando su aplomo.)* La luna tal vez lo hará.
Avellaneda.	Mas, don Juan, ¿qué hacéis aquí?
	¿Este sitio conocéis?
Juan.	¿No es un panteón?
Centellas.	¿Y sabéis
	a quién pertenece?
Juan.	A mí:
	mirad a mi alrededor,
	y no veréis más que amigos
	de mi niñez, o testigos
	de mi audacia y mi valor.

Centellas.	Pero os oímos hablar:
	¿con quién estabais?
Juan.	Con ellos.
Centellas.	¿Venís aún a escarnecellos?
Juan.	No, los vengo a visitar.

Mas un vértigo insensato
que la mente me asaltó,
un momento me turbó;
y a fe que me dio mal rato.
Esos fantasmas de piedra
me amenazaban tan fieros,
que a mí acercado a no haberos
pronto...

Centellas.   ¡Ja!, ¡ja!, ¡ja! ¿Os arredra,
don Juan, como a los villanos
el temor de los difuntos?

Juan.   No a fe; contra todos juntos
tengo aliento y tengo manos.
Si volvieran a salir
de las tumbas en que están,
a las manos de don Juan
volverían a morir.
Y desde aquí en adelante
sabed, señor capitán,
que yo soy siempre don Juan,
y no hay cosa que me espante.
Un vapor calenturiento
un punto me fascinó,
Centellas, mas ya pasó:
cualquiera duda un momento.

Avellaneda./Centellas. Es verdad.

Juan.   Vamos de aquí.

Centellas.   Vamos, y nos contaréis
cómo a Sevilla volvéis
tercera vez.

Juan.   Lo haré así,
si mi historia os interesa:
y a fe que oírse merece,
aunque mejor me parece

que la oigáis de sobremesa.
¿No opináis...?

Avellaneda./Centellas.   Como gustéis.

Juan.   Pues bien: cenaréis conmigo
y en mi casa.

Centellas.   Pero digo,
¿es cosa de que dejéis
algún huésped por nosotros?
¿No tenéis gato encerrado?

Juan.   ¡Bah! Si apenas he llegado:
no habrá allí más que vosotros
esta noche.

Centellas.   ¿Y no hay tapada
a quien algún plantón demos?

Juan.   Los tres solos cenaremos.
Digo, si de esta jornada
no quiere igualmente ser
alguno de éstos. *(Señalando a las estatuas de los sepulcros.)*

Centellas.   Don Juan,
dejad tranquilos yacer
a los que con Dios están.

Juan.   ¡Hola! ¿Parece que vos
sois ahora el que teméis,
y mala cara ponéis
a los muertos? Mas, ¡por Dios
que ya que de mi os burlasteis
cuando me visteis así,
en lo que penda de mí
os mostraré cuánto errasteis!
Por mí, pues, no ha de quedar:
y a poder ser, estad ciertos
que cenaréis con los muertos,
y os los voy a convidar.

Avellaneda.   Dejaos de esas quimeras.

Juan.   ¿Duda en mi valor ponerme,
cuando hombre soy para hacerme
platos de sus calaveras?
Yo, a nada tengo pavor.

(Dirigiéndose a la estatua de Don Gonzalo que es la que tiene más cerca.)

                  Tú eres el más ofendido;
                  mas si quieres, te convido
                  a cenar comendador.
                  Que no lo puedas hacer
                  creo, y es lo que me pesa;
                  mas, por mi parte, en la mesa
                  te haré un cubierto poner.
                  Y a fe que favor me harás,
                  pues podré saber de ti
                  si hay más mundo que el de aquí,
                  y otra vida, en que jamás,
                  a decir verdad, creí.

Centellas.   Don Juan, eso no es valor;
                  locura, delirio es.

Juan.   Como lo juzguéis mejor:
                  yo cumplo así. Vamos, pues.
                  Lo dicho, comendador.

ACTO SEGUNDO. LA ESTATUA DE DON GONZALO

Aposento de don Juan Tenorio. Dos puertas en el fondo a derecha e izquierda, preparadas para el juego escénico del acto. Otra puerta en el bastidor que cierra la decoración por la izquierda. Ventana en el de la derecha. Al alzarse el telón están sentados a la mesa don Juan, Centellas y Avellaneda. La mesa ricamente servida: el mantel cogido con guirnaldas de flores, etc. En frente del espectador, don Juan, y a su izquierda Avellaneda; en el lado izquierdo de la mesa, Centellas, y en el de enfrente de éste, una silla y un cubierto desocupados.

Escena I

Juan.   Tal es mi historia, señores:
                  pagado de mi valor,
                  quiso el mismo emperador
                  dispensarme sus favores.
                  Y aunque oyó mi historia entera,
                  dijo: «Hombre de tanto brío
                  merece el amparo mío:

vuelva a España cuando quiera.»
Y heme aquí en Sevilla ya.

Centellas. ¡Y con qué lujo y riqueza!

Juan. Siempre vive con grandeza
quien hecho a grandeza está.

Centellas. A vuestra vuelta.

Juan.   Bebamos.

Centellas. Lo que no acierto a creer
es cómo, llegando ayer,
ya establecido os hallamos.

Juan. Fue el adquirirme, señores,
tal casa con tal boato,
porque se vendió a barato
para pago de acreedores.
Y como al llegar aquí
desheredado me hallé,
tal como está la compré.

Centellas. ¿Amueblada y todo?

Juan.   Sí.
Un necio que se arruinó
por una mujer vendióla.

Centellas. ¿Y vendió la hacienda sola?

Juan. Y el alma al diablo.

Centellas.   ¿Murió?

Juan. De repente: y la justicia,
que iba a hacer de cualquier modo
pronto despacho de todo,
viendo que yo su codicia
saciaba, pues los dineros
ofrecía dar al punto,
cedióme el caudal por junto
y estafó a los usureros.

Centellas. Y la mujer, ¿qué fue de ella?

Juan. Un escribano la pista
la siguió, pero fue lista
y escapó.

Centellas.   ¿Moza?

Juan.   Y muy bella.

Centellas. Entrar hubiera debido

	en los muebles de la casa.
Juan.	Don Juan Tenorio no pasa
	moneda que se ha perdido.
	Casa y bodega he comprado,
	dos cosas que, no os asombre,
	pueden bien hacer a un hombre
	vivir siempre acompañado;
	como lo puede mostrar
	vuestra agradable presencia,
	que espero que con frecuencia
	me hagáis ambos disfrutar.
Centellas.	Y nos haréis honra inmensa.
Juan.	Y a mí vos. ¡Ciutti!
Ciutti.	¿Señor?
Juan.	Pon vino al Comendador.

(Señalando el vaso del puesto vacío.)

Avellaneda.	Don Juan, ¿aún en eso piensa
	vuestra locura?
Juan.	¡Sí, a fe!
	Que si él no puede venir,
	de mí no podréis decir
	que en ausencia no le honré.
Centellas.	¡Ja, ja, ja! Señor Tenorio,
	creo que vuestra cabeza
	va menguando en fortaleza.
Juan.	Fuera en mí contradictorio,
	y ajeno de mi hidalguía,
	a un amigo convidar
	y no guardarle el lugar
	mientras que llegar podría.
	Tal ha sido mi costumbre
	siempre, y siempre ha de ser ésa;
	y el mirar sin él la mesa
	me da, en verdad, pesadumbre.
	Porque si el Comendador
	es, difunto, tan tenaz
	como vivo, es muy capaz
	de seguirnos el humor.
Centellas.	Brindemos a su memoria,

	y más en él no pensemos.
Juan.	Sea.
Centellas.	Brindemos.
Avellaneda./Juan.	Brindemos.
Centellas.	A que Dios le dé su gloria.
Juan.	Mas yo, que no creo que haya

más gloria que esta mortal,
no hago mucho en brindis tal;
mas por complaceros, ¡vaya!
Y brindo a Dios que te dé
la gloria Comendador.

(Mientras beben se oye lejos un aldabonazo, que se supone dado en la puerta de la calle.)

Mas ¿llamaron?

Ciutti.	Sí, señor.
Juan.	Ve quién.
Ciutti.	*(Asomando por la ventana.)* A nadie se ve.

¿Quién va allá? Nadie responde.

Centellas.	Algún chusco.
Avellaneda.	Algún menguado

que al pasar habrá llamado
sin mirar siquiera dónde.

Juan.	*(A Ciutti.)* Pues cierra y sirve licor.

(Llaman otra vez más recio.)
Mas ¿llamaron otra vez?

Ciutti.	Sí.
Juan.	Vuelve a mirar.
Ciutti.	¡Pardiez!

A nadie veo, señor.

Juan.	¡Pues, por Dios, que del bromazo

quien es no se ha de alabar!
Ciutti, si vuelve a llamar
suéltale un pistoletazo.

(Llaman otra vez, y se oye un poco cerca.)
¿Otra vez?

Ciutti.	¡Cielos!
Avellaneda./Centellas.	¿Qué pasa?
Ciutti.	Que esa aldabada postrera

ha sonado en la escalera,

no en la puerta de la casa.

Avellaneda./Centellas. *(Levantándose asombrados.)*
¿Qué dices?

Ciutti.   Digo lo cierto
nada más: dentro han llamado
de la casa.

Juan.   ¿Qué os ha dado?
¿Pensáis ya que sea el muerto?
Mis armas cargué con bala:
Ciutti, sal a ver quién es.

(Vuelven a llamar más cerca.)

Avellaneda.   ¿Oísteis?

Ciutti.   ¡Por San Ginés,
que eso ha sido en la antesala!

Juan.   ¡Ah! Ya lo entiendo; me habéis
vosotros mismos dispuesto
esta comedia, supuesto
que lo del muerto sabéis.

Avellaneda.   Yo os juro, don Juan...

Centellas.   Y yo.

Juan.   ¡Bah! Diera en ello el más topo,
y apuesto a que ese galopo
los medios para ello os dio.

Avellaneda.   Señor don Juan, escondido
algún misterio hay aquí.

(Vuelven a llamar más cerca.)

Centellas.   ¡Llamaron otra vez!

Ciutti.   Sí;
y ya en el salón ha sido.

Juan.   ¡Ya! Mis llaves en manojo
habréis dado a la fantasma,
y que entre así no me pasma;
mas no saldrá a vuestro antojo,
ni me han de impedir cenar
vuestras farsas desdichadas.

(Se levanta, y corre los cerrojos de las puertas del fondo, volviendo a su lugar.)
Ya están las puertas cerradas:
ahora el coco, para entrar,
tendrá que echarlas al suelo,

y en el punto que lo intente,
que con los muertos se cuente,
y apele después al cielo.

Centellas. ¡Qué diablos! Tenéis razón.

Juan. ¿Pues no temblabais?

Centellas. Confieso
que en tanto que no di en eso,
tuve un poco de aprensión.

Juan. ¿Declaráis, pues, vuestro enredo?

Avellaneda. Por mi parte, nada sé.

Centellas. Ni yo.

Juan. Pues yo volveré
contra el inventor el miedo.
Mas sigamos con la cena;
vuelva cada uno a su puesto,
que luego sabremos de esto.

Avellaneda. Tenéis razón.

Juan. *(Sirviendo a Centellas.)* Cariñena:
sé que os gusta, capitán.

Centellas. Como que somos paisanos.

Juan. *(A Avellaneda, sirviéndole de otra botella.)*
Jerez[44] a los sevillanos,
don Rafael.

Avellaneda. Habéis, don Juan,
dado a entrambos por el gusto;
¿mas con cuál brindaréis vos?

Juan. Yo haré justicia a los dos.

Centellas. Vos siempre estáis en lo justo.

Juan. Sí, a fe: bebamos.

Avellaneda./Centellas. Bebamos.

(Llaman a la misma puerta de la escena, fondo derecha.)

Juan. Pesada me es ya la broma,
mas veremos quién asoma
mientras en la mesa estamos.
(A Ciutti, que se manifiesta asombrado.)
¿Y qué haces tú ahí, bergante?

---

[44]Cariñena y Jerez: ciudades españolas famosas por sus vinos.

	¡Listo! Trae otro manjar: *(Vase Ciutti.)*
	mas me ocurre en este instante
	que nos podemos mofar
	de los de afuera, invitándoles
	a probar su sutileza,
	entrándose hasta esta pieza
	y sus puertas no franqueándoles.
Avellaneda.	Bien dicho.
Centellas.	Idea brillante.

(Llaman fuerte, fondo derecha.)

Juan.	¡Señores! ¿A qué llamar?
	Los muertos se han de filtrar
	por la pared; adelante.

(La estatua de Don Gonzalo pasa por la puerta sin abrirla, y sin hacer ruido.)

Escena II

Centellas.	¡Jesús!
Avellaneda.	¡Dios mío!
Juan.	¡Qué es esto!
Avellaneda.	Yo desfallezco. *(Cae desmayado.)*
Centellas.	Yo expiro. *(Cae lo mismo.)*
Juan.	¡Es realidad, o delirio!
	Es su figura..., su gesto.
Estatua.	¿Por qué te causa pavor
	quien convidado a tu mesa
	viene por ti?
Juan.	¡Dios! ¿No es ésa
	la voz del comendador?
Estatua.	Siempre supuse que aquí
	no me habías de esperar.
Juan.	Mientes, porque hice arrimar
	esa silla para ti.
	Llega, pues, para que veas
	que aunque dudé en un extremo
	de sorpresa, no te temo,
	aunque el mismo Ulloa seas.
Estatua.	¿Aún lo dudas?

Juan.	No lo sé.
Estatua.	Pon, si quieres, hombre impío,
	tu mano en el mármol frío
	de mi estatua.
Juan.	¿Para qué?
	Me basta oírlo de ti:
	cenemos, pues; mas te advierto...
Estatua.	¿Qué?
Juan.	Que si no eres el muerto,
	no vas a salir de aquí.
	¡Eh! Alzad. *(A Centellas y Avellaneda.)*
Estatua.	No pienses, no,
	que se levanten, don Juan;
	porque en sí no volverán
	hasta que me ausente yo.
	Que la divina clemencia
	del Señor para contigo,
	no requiere más testigo
	que tu juicio y tu conciencia.
	Al sacrílego convite
	que me has hecho en el panteón,
	para alumbrar tu razón
	Dios asistir me permite.
	Y heme que vengo en su nombre
	a enseñarte la verdad;
	y es: que hay una eternidad
	tras de la vida del hombre.
	Que numerados están
	los días que has de vivir,
	y que tienes que morir
	mañana mismo, don Juan.
	Mas como esto que a tus ojos
	está pasando, supones
	ser del alma aberraciones
	y de la aprensión antojos,
	Dios, en su santa clemencia,
	te concede todavía,
	don Juan, hasta el nuevo día
	para ordenar tu conciencia.

	Y su justicia infinita
	porque conozcas mejor,
	espero de tu valor
	que me pagues la visita.
	¿Irás, don Juan?
Juan.	Iré, sí;
	mas me quiero convencer
	de lo vago de tu ser
	antes que salgas de aquí. *(Coge una pistola.)*
Estatua.	Tu necio orgullo delira,
	don Juan: los hierros más gruesos
	y los muros más espesos
	se abren a mi paso: mira.

(Desaparece la estatua sumiéndose por la pared.)

Escena III

Juan.	¡Cielos! ¡Su esencia se trueca,
	el muro hasta penetrar,
	cual mancha de agua que seca
	el ardor canicular!
	¿No me dijo: «El mármol toca
	de mi estatua»? ¿Cómo, pues,
	se desvanece una roca?
	¡Imposible! Ilusión es.
	Acaso su antiguo dueño
	mis cubas envenenó,
	y el licor tan vano ensueño
	en mi mente levantó.
	¡Mas si éstas que sombras creo
	espíritus reales son,
	que por celestial empleo
	llaman a mi corazón!,
	entonces, para que iguale
	su penitencia don Juan
	con sus delitos, ¿qué vale
	el plazo ruin que le dan?
	¡Dios me da tan sólo un día...!

Si fuese Dios en verdad,
a más distancia pondría
su aviso y mi eternidad.
«Piensa bien que al lado tuyo
me tendrás...», dijo de Inés
la sombra, y si bien arguyo,
pues no la veo, sueño es.

(Trasparéntase en la pared la sombra de Doña Inés.)

Escena IV *(Don Juan, la Sombra de Doña Inés; Centellas y Avellaneda, dormidos.)*

Sombra.	Aquí estoy.
Juan.	¡Cielos!
Sombra.	Medita

lo que al buen comendador
has oído, y ten valor
para acudir a su cita.
Un punto se necesita
para morir con ventura;
elígele con cordura,
porque mañana, don Juan,
nuestros cuerpos dormirán
en la misma sepultura. *(Desaparece La Sombra.)*

Escena V

Juan. Tente, doña Inés, espera;
y si me amas en verdad,
hazme al fin la realidad
distinguir de la quimera.
Alguna más duradera
señal dame que segura
me pruebe que no es locura
lo que imagina mi afán,
para que baje don Juan
tranquilo a la sepultura.

Mas ya me irrita, por Dios,
el verme siempre burlado,
corriendo desatentado
siempre de sombras en pos.
¡Oh! Tal vez todo esto ha sido
por estos dos preparado,
y mientras se ha ejecutado,
su privación han fingido.
Mas, por Dios, que si es así,
se han de acordar de don Juan.
¡Eh!, don Rafael, capitán.
Ya basta: alzaos de ahí.

(Don Juan mueve a Centellas y a Avellaneda, que se levantan como quien vuelve de un profundo sueño.)

Centellas.   ¿Quién va?
Juan.   Levantad.
Avellaneda.   ¿Qué pasa?
                 ¡Hola, sois vos!
Centellas.   ¿Dónde estamos?
Juan.   Caballeros, claros vamos.
                 Yo os he traído a mi casa,
                 y temo que a ella al venir,
                 con artificio apostado
                 habéis, sin duda, pensado,
                 a costa mía reír:
                 mas basta ya de ficción,
                 y concluid de una vez.
Centellas.   Yo no os entiendo.
Avellaneda.   ¡Pardiez!
                 Tampoco yo.
Juan.   En conclusión,
                 ¿nada habéis visto ni oído?
Centellas./Avellaneda.
                 ¿De qué?
Juan.   No finjáis ya más.
Centellas.   Yo no he fingido jamás,
                 señor don Juan.
Juan.   ¡Habrá sido
                 realidad! ¿Contra Tenorio

las piedras se han animado,
y su vida han acotado
con plazo tan perentorio?
Hablad, pues, por compasión.

Centellas. ¡Voto a Dios! ¡Ya comprendo
lo que pretendéis!

Juan. Pretendo
que me deis una razón
de lo que ha pasado aquí,
señores, o juro a Dios
que os haré ver a los dos
que no hay quien me burle a mí.

Centellas. Pues ya que os formalizáis,
don Juan, sabed que sospecho
que vos la burla habéis hecho
de nosotros.

Juan. ¡Me insultáis!

Centellas. No, por Dios; mas si cerrado
seguís en que aquí han venido
fantasmas, lo sucedido
oíd cómo me he explicado.
Yo he perdido aquí del todo
los sentidos, sin exceso
de ninguna especie, y eso
lo entiendo yo de este modo.

Juan. A ver, decídmelo, pues.

Centellas. Vos habéis compuesto el vino,
semejante desatino
para encajarnos después.

Juan. ¡Centellas!

Centellas. Vuestro valor
al extremo por mostrar,
convidasteis a cenar
con vos al comendador.
Y para poder decir
que a vuestro convite exótico
asistió, con un narcótico
nos habéis hecho dormir.
Si es broma, puede pasar;

mas a ese extremo llevada,
ni puede probarnos nada,
ni os la hemos de tolerar.

Avellaneda. Soy de la misma opinión.

Juan. ¡Mentís!

Centellas. Vos.

Juan. Vos, capitán.

Centellas. Esa palabra, don Juan...

Juan. La he dicho de corazón.
Mentís; no son a mis bríos
menester falsos portentos,
porque tienen mis alientos
su mejor prueba en ser míos.

Avellaneda./Centellas.
Veamos. *(Ponen mano a las espadas.)*

Juan. Poned a tasa
vuestra furia, y vamos fuera,
no piense despúes cualquiera
que os asesiné en mi casa.

Avellaneda. Decís bien..., mas somos dos.

Centellas. Reñiremos, si os fiáis,
el uno del otro en pos.

Juan. O los dos, como queráis.

Centellas. ¡Villano fuera, por Dios!
Elegid uno, don Juan,
por primero.

Juan. Sedlo vos.

Centellas. Vamos.

Juan. Vamos, capitán.

ACTO TERCERO. MISERICORDIA DE DIOS, Y APOTEOSIS DEL AMOR

Panteón de la familia Tenorio. Como estaba en el acto primero de la Segunda Parte, menos las estatuas de doña Inés y de don Gonzalo, que no están en su lugar.

Escena I *(Don Juan, embozado y distraído, entra en la escena lentamente.)*

Culpa mía no fue; delirio insano
me anajenó la mente acalorada.
Necesitaba víctimas mi mano
que inmolar a mi fe desesperada,
y al verlos en mitad de mi camino,
presa les hice allí de mi locura.
¡No fui yo, vive Dios!, ¡fue su destino!
Sabían mi destreza y mi ventura.
¡Oh! Arrebatado el corazón me siento
por vértigo infernal..., mi alma perdida
va cruzando el desierto de la vida
cual hoja seca que arrebata el viento.
Dudo..., temo..., vacilo..., en mi cabeza
siento arder un volcán..., muevo la planta
sin voluntad, y humilla mi grandeza
un no sé qué de grande que me espanta.

(Un momento de pausa.)

¡Jamás mi orgullo concibió que hubiere
nada más que el valor...! Que se aniquila
el alma con el cuerpo cuando muere
creí..., mas hoy mi corazón vacila.
¡Jamás creí en fantasmas...! ¡Desvaríos!
Mas del fantasma aquel, pese a mi aliento,
los pies de piedra caminando siento,
por doquiera que voy, tras de los míos.
¡Oh! Y me trae a este sitio irresistible,
misterioso poder...

(Levanta la cabeza y ve que no está en su pedestal la estatua de Don Gonzalo.)

¡Pero qué veo!
¡Falta de allí su estatua...! Sueño horrible,
déjame de una vez... No, no te creo.
Sal, huye de mi mente fascinada,
fatídica ilusión..., estás en vano
con pueriles asombros empeñada
en agotar mi aliento sobrehumano.
Si todo es ilusión, mentido sueño,

nadie me ha de aterrar con trampantojos;[45]
si es realidad, querer es necio empeño
aplacar de los cielos los enojos.
No: sueño o realidad, del todo anhelo
vencerle o que me venza; y si piadoso
busca tal vez mi corazón el cielo,
que le busque más franco y generoso.
La efigie de esa tumba me ha invitado
a venir a buscar prueba más cierta
de la verdad en que dudé obstinado...
Heme aquí, pues: comendador, despierta.

(Llama al sepulcro del Comendador. Este sepulcro se cambia en una mesa que parodia horriblemente la mesa en que cenaron en el acto anterior Don Juan, Centellas y Avellaneda. En vez de las guirnaldas que cogían en pabellones sus manteles, de sus flores y lujoso servicio, culebras, huesos y fuego, etcétera. (A gusto del pintor.) Encima de esta mesa aparece un plato de ceniza, una copa de fuego y un reloj de arena. Al cambiarse este sepulcro, todos los demás se abren y dejan paso a las osamentas de las personas que se suponen enterradas en ellos, envueltas en sus sudarios. Sombras, espectros y espíritus pueblan el fondo de la escena. La tumba de Doña Inés permanece.)

Escena II

Estatua.	Aquí me tienes, don Juan,
	y he aquí que vienen conmigo
	los que tu eterno castigo
	de Dios reclamando están.
Juan.	¡Jesús!
Estatua.	¿Y de qué te alteras,
	si nada hay que a ti te asombre,
	y para hacerte eres hombre
	plato con sus calaveras?
Juan.	¡Ay de mí!
Estatua.	Qué, ¿el corazón
	te desmaya?

---

[45]ilusiones, trampas con las cuales se hace ver a alguien lo que no es.

Juan.

No lo sé;
concibo que me engañé;
no son sueños..., ¡ellos son! *(Mirando a los espectros.)*
Pavor jamás conocido
el alma fiera me asalta
y aunque el valor no me falta,
me va faltando el sentido.

Estatua.

Eso es, don Juan, que se va
concluyendo tu existencia,
y el plazo de tu sentencia
está cumpliéndose ya.

Juan.

¡Qué dices!

Estatua.

Lo que hace poco
que doña Inés te avisó,
lo que te he avisado yo,
y lo que olvidaste loco.
Mas el festín que me has dado
debo volverte, y así
llega, don Juan, que yo aquí
cubierto te he preparado.

Juan.

¿Y qué es lo que ahí me das?

Estatua.

Aquí fuego, allí ceniza.

Juan.

El cabello se me eriza.

Estatua.

Te doy lo que tú serás.

Juan.

¡Fuego y ceniza he de ser!

Estatua.

Cual los que ves en redor:
en eso para el valor,
la juventud y el poder.

Juan.

Ceniza, bien; ¡pero fuego!

Estatua.

El de la ira omnipotente,
do arderás eternamente
por tu desenfreno ciego.

Juan.

¿Conque hay otra vida más
y otro mundo que el de aquí?
¿Conque es verdad, ¡ay de mí!,
lo que no creí jamás?
¡Fatal verdad que me hiela
la sangre en el corazón!
Verdad que mi perdición

solamente me revela.
¿Y ese reló?

Estatua. Es la medida
de tu tiempo.

Juan. ¡Expira ya!

Estatua. Sí; en cada grano se va
un instante de tu vida.

Juan. ¿Y esos me quedan no más?

Estatua. Sí.

Juan. ¡Injusto Dios! Tu poder
me haces ahora conocer,
cuando tiempo no me das
de arrepentirme.

Estatua. Don Juan
un punto de contrición
da a un alma la salvación
y ese punto aún te le dan.

Juan. ¡Imposible! ¡En un momento
borrar treinta años malditos
de crímenes y delitos!

Estatua. Aprovéchale con tiento,
(Tocan a muerto.)
porque el plazo va a expirar,
y las campansa doblando
por ti están, y están cavando
la fosa en que te han de echar.

(Se oye a lo lejos el oficio de difuntos.)

Juan. ¿Conque por mí doblan?

Estatua. Sí.

Juan. ¿Y esos cantos funerales?

Estatua. Los salmos penitenciales,
que están cantando por ti.

(Se ve pasar por la izquierda luz de hachones, y rezan dentro.)

Juan. ¿Y aquel entierro que pasa?

Estatua. Es el tuyo.

Juan. ¡Muerto yo!

Estatua. El capitán te mató
a la puerta de tu casa.

Juan. Tarde la luz de la fe

penetra en mi corazón,
pues crímenes mi razón
a su luz tan sólo ve.
Los ve... y con horrible afán:
porque al ver su multitud
ve a Dios en la plenitud
de su ira contra don Juan.
¡Ah! Por doquiera que fui
la razón atropellé,
la virtud escarnecí
y a la justicia burlé,
y emponzoñé cuanto vi.
Yo a las cabañas bajé
y a los palacios subí,
y los claustros escalé;
y pues tal mi vida fue,
no, no hay perdón para mí.
¡Mas ahí estáis todavía *(A los fantasmas.)*
con quietud tan pertinaz!
Dejadme morir en paz
a solas con mi agonía.
Mas con esta horrenda calma,
¿qué me auguráis, sombras fieras?
¿Qué esperan de mí? *(A la estatua de Don Gonzalo.)*

Estatua.   Que mueras
para llevarse tu alma.
Y adiós, don Juan; ya tu vida
toca a su fin, y pues vano
todo fue, dame la mano
en señal de despedida.

Juan.   ¿Muéstrasme ahora amistad?

Estatua.   Sí: que injusto fui contigo,
y Dios me manda tu amigo
volver a la eternidad.

Juan.   Toma, pues.

Estatua.   Ahora, don Juan,
pues desperdicias también
el momento que te dan,
conmigo al infierno ven.

Juan.   ¡Aparta, piedra fingida!
                  Suelta, suéltame esa mano,
                  que aún queda el último grano
                  en el reloj de mi vida.
                  Suéltala, que si es verdad
                  que un punto de contrición
                  da a un alma la salvación
                  de toda una eternidad,
                  yo, Santo Dios, creo en Ti:
                  si es mi maldad inaudita,
                  tu piedad es infinita...
                  ¡Señor, ten piedad de mí!
Estatua.   Ya es tarde.

(Don Juan se hinca de rodillas, tendiendo al cielo la mano que le deja libre la estatua. Las sombras, esqueletos, etc., van a abalanzarse sobre él, en cuyo momento se abre la tumba de Doña Inés y aparece ésta. Doña Inés toma la mano que Don Juan tiende al cielo.)

Escena III

Inés.   ¡No! Heme ya aquí,
                  don Juan: mi mano asegura
                  esta mano que a la altura
                  tendió tu contrito afán,
                  y Dios perdona a don Juan
                  al pie de la sepultura.
Juan.   ¡Dios clemente! ¡Doña Inés!
Inés.   Fantasmas, desvaneceos:
                  su fe nos salva..., volveos
                  a vuestros sepulcros, pues.
                  La voluntad de Dios es:
                  de mi alma con la amargura
                  purifiqué su alma impura,
                  y Dios concedió a mi afán
                  la salvación de don Juan
                  al pie de la sepultura.
Juan.   ¡Inés de mi corazón!
Inés.   Yo mi alma he dado por ti,

y Dios te otorga por mí
tu dudosa salvación.
Misterio es que en comprensión
no cabe de criatura:
y sólo en vida más pura
los justos comprenderán
que el amor salvó a don Juan
al pie de la sepultura.
Cesad, cantos funerales: *(Cesa la música y salmodia.)*
callad, mortuorias campanas: *(Dejan de tocar a muerto.)*
ocupad, sombras livianas,
vuestras urnas sepulcrales:
(Vuelven los esqueletos a sus tumbas, que se cierran.)
volved a los pedestales,
animadas esculturas;
(Vuelven las estatuas a sus lugares.)
y las celestes venturas
en que los justos están,
empiecen para don Juan
en las mismas sepulturas.
(Las flores se abren y dan paso a varios angelitos que rodean a Doña Inés y a Don Juan, derramando sobre ellos flores y perfumes, y al son de una música dulce y lejana, se ilumina el teatro con luz de aurora. Doña Inés cae sobre un lecho de flores, que quedará a la vista en lugar de su tumba, que desaparece.)

Escena última

Juan.   ¡Clemente Dios, gloria a Ti!
Mañana a los sevillanos
aterrará el creer que a manos
de mis víctimas caí.
Mas es justo: quede aquí
al universo notorio
que, pues me abre el purgatorio
un punto de penitencia,
es el Dios de la clemencia
el Dios de *Don Juan Tenorio.*

(Cae Don Juan a los pies de Doña Inés, y mueren ambos. De sus bocas salen sus almas representadas en dos brillantes llamas, que se pierden en el espacio al son de la música. Cae el telón.)

Don Juan Tenorio. Edición de Aniano Peña. Madrid: Cátedra, 1979.

EMILIA PARDO BAZÁN (1851-1921)

"Un destripador de antaño"

La leyenda del «destripador», asesino medio sabio y medio brujo, es muy antigua en mi tierra. La oí en tiernos años, susurrada o salmodiada en terroríficas estrofas, quizá al borde de mi cuna, por la vieja criada, quizá en la cocina aldeana, en la tertulia de los gañanes, que la comentaban con estremecimientos de temor o risotadas oscuras. Volvió a aparecérseme, como fantasmagórica creación de Hoffmann,[1] en las sombrías y retorcidas callejuelas de un pueblo que hasta hace poco permaneció teñido de colores medievales, lo mismo que si todavía hubiese peregrinos en el mundo y resonase aún bajo las bóvedas de la catedral el himno de *Ultreja*.[2] Más tarde, el clamoreo de los periódicos, el pánico vil de la ignorante multitud, hacen surgir de nuevo en mi fantasía el cuento, trágico y ridículo como Quasimodo,[3] jorobado con todas las jorobas que afean al ciego Terror y a la Superstición infame. Voy a contarlo. Entrad conmigo valerosamente en la zona de sombra del alma.

I

Un paisajista sería capaz de quedarse embelesado si viese aquel molino de la aldea de Tornelos. Caído en la vertiente de una montañuela, dábale alimento una represa que formaba lindo estanque natural, festoneado de cañas y poas,[4] puesto, como espejillo de mano sobre falda verde, encima del terciopelo de un prado donde crecían áureos ranúnculos y en otoño abrían sus corolas morados y

---

[1]Ernst Theodor Amadeus Hoffmann (1776-1822), escritor y compositor alemán. Autor de narraciones y cuentos de misterio y horror.

[2]himno de remota antigüedad que entonaban los peregrinos al sepulcro del apóstol Santiago.

[3]personaje de la novela *Notre-Dame de Paris* (1830) de Víctor Hugo (1802-85). Era físicamente contraecho pero de nobles sentimientos.

[4]espiguillas, plantas.

elegantes lirios. Al otro lado de la represa habían trillado sendero el pie del hombre y el casco de los asnos que iban y volvían cargados de sacas, a la venida con maíz, trigo y centeno en grano; al regreso, con harina oscura, blanca o amarillenta. ¡Y qué bien «componía», coronando el rústico molino y la pobre casuca de los molineros, el gran castaño de horizontales ramas y frondosa copa, cubierto en verano de pálida y desmelenada flor; en octubre de picantes y reventones erizos! ¡Cuán gallardo y majestuoso se perfilaba sobre la azulada cresta del monte medio velado entre la cortina gris del humo que salía, no por la chimenea—pues no la tenía la casa del molinero, ni aún hoy la tienen muchas casas de aldeanos de Galicia[5]—, sino por todas partes; puertas, ventanas, resquicios del tejado y grietas de las desmanteladas paredes!

El complemento del asunto—gentil, lleno de poesía, digno de que lo fijase un artista genial en algún cuadro idílico—era una niña como de trece a catorce años, que sacaba a pastar una vaca por aquellos ribazos siempre tan floridos y frescos, hasta en el rigor del estío, cuando el ganado languidece por falta de hierba. Minia encarnaba el tipo de la pastora: armonizaba con el fondo. En la aldea la llamaban *roxa*,[6] pero en sentido de rubia, pues tenía el pelo del color del cerro[7] que a veces hilaba, de un rubio pálido, lacio, que, a manera de vago reflejo lumínico, rodeaba la carita, algo tostada por el sol, oval y descolorida, donde sólo brillaban los ojos con un toque celeste, como el azul que a veces se entreví al través de las brumas del montañés celaje. Minia cubría sus carnes con un refajo colorado, desteñido ya por el uso; recia camisa de estopa velaba su seno, mal desarrollado aún; iba descalza y el pelito lo llevaba envedijado[8] y revuelto y a veces mezclado—sin asomo de ofeliana[9] coquetería—con briznas de paja o tallos de los que segaba para la vaca en los linderos de las heredades. Y así y todo, estaba bonita, bonita como un ángel, o, por mejor decir, como la patrona del santuario próximo, con la cual ofrecía—al decir de las gentes—singular pareado.

La célebre patrona, objeto de fervorosa devoción para los aldeanos de aquellos contornos, era un «cuerpo santo», traído de Roma por cierto industrioso

---

[5]actual comunidad autónoma española.

[6]roja (en gallego).

[7]manojo de lino o cáñamo, después de limpio.

[8]enredado.

[9]de Ofelia: personaje femenino del *Hamlet* de William Shakespeare. Sus características son: la delicadeza, la dulzura y la amabilidad.

gallego, especie de Gil Blas,[10] que habiendo llegado, por azares de la fortuna a servidor de un cardenal romano, no pidió otra recompensa, al terminar, por muerte de su amo, diez años de buenos y leales servicios, que la urna y efigie que adornaban el oratorio del cardenal. Diéronselas y las trajo a su aldea, no sin aparato. Con su ahorrillos y alguna ayuda del arzobispo, elevó modesta capilla, que a los pocos años de su muerte las limosnas de los fieles, la súbita devoción despertada en muchas leguas a la redonda, transformaron en rico santuario, con su gran iglesia barroca y su buena vivienda para el santero, cargo que desde luego asumió el párroco, viniendo así a convertirse aquella olvidada parroquia de montaña en pingüe canonjía. No era fácil averiguar con rigurosa exactitud histórica, ni apoyándose en documentos fehacientes e incontrovertibles, a quién habría pertenecido el huesecillo del cráneo humano incrustado en la cabeza de cera de la Santa. Sólo un papel amarillento, escrito con letra menuda y firme y pegado en el fondo de la urna, afirmaba ser aquéllas las reliquias de la bienaventurada Herminia, noble virgen que padeció martirio bajo Diocleciano.[11] Inútil parece buscar en las actas de los mártires el nombre y género de muerte de la bienaventurada Herminia. Los aldeanos tampoco la preguntaban, ni ganas de meterse en tales honduras. Para ellos, la Santa no era figura de cera, sino el mismo cuerpo incorrupto; del nombre germánico de la mártir hicieron el gracioso y familiar de *Minia*, y a fin de apropiárselo mejor, le añadieron el de la parroquia, llamándola Santa Minia de Tornelos. Poco les importaba a los devotos montañeses el cómo ni el cuándo de su Santa: veneraban en ella la Inocencia y el Martirio, el heroísmo de la debilidad; cosa sublime.

A la rapaza del molino le habían puesto Minia en la pila bautismal, y todos los años, el día de la fiesta de su patrona, arrodillábase la chiquilla delante de la urna tan embelesada con la contemplación de la Santa, que ni acertaba a mover los labios rezando. La fascinaba la efigie, que para ella también era un cuerpo real, un verdadero cadáver. Ello es que la Santa estaba preciosa; preciosa y terrible a la vez. Representaba la cérea figura a una jovencita como de quince años, de perfectas facciones pálidas. Al través de sus párpados cerrados por la muerte, pero ligeramente revulsos por la contracción de la agonía veíanse brillar los ojos de cristal con misterioso brillo. La boca, también entreabierta, tenía los labios lívidos, y transparecía el esmalte de la dentadura. La cabeza, inclinada sobre el almohadón de seda carmesí que cubría un encaje de oro ya deslucido,

---

[10]Gil Blas de Santillana, personaje picaresco creado por Alain-René Lesage. Gil, al iniciarse sus aventuras, es criado de un sacerdote.

[11]emperador romano (245-313), fue perseguidor de los cristianos.

ostentaba encima del pelo rubio una corona de rosas de plata; y la postura permitía ver perfectamente la herida de la garganta, estudiada con clínica exactitud; las cortadas arterias, la faringe, la sangre, de la cual algunas gotas negreaban sobre el cuello. Vestía la Santa dalmática de brocado verde sobre la túnica de tafetán color de caramelo, atavío más teatral que romano en el cual entraban como elemento ornamental bastantes lentejuelas e hilillos de oro. Sus manos, finísimamente modeladas y exangües, se cruzaban sobre la palma de su triunfo. Al través de los vidrios de la urna, al reflejo de los cirios, la polvorienta imagen y sus ropas, ajadas por el transcurso del tiempo, adquirían vida sobrenatural. Diríase que la herida iba a derramar sangre fresca.

La chiquilla volvía de la iglesia ensimismada y absorta. Era siempre de pocas palabras; pero un mes después de la fiesta patronal, difícilmente salía de su mutismo, ni se veía en sus labios la sonrisa, a no ser que los vecinos le dijesen que «se parecía mucho con la Santa».

Los aldeanos no son blandos de corazón; al revés: suelen tenerlo tan duro y callado como las palmas de las manos; pero cuando no está en juego su interés propio, poseen cierto instinto de justicia que los induce a tomar el partido del débil oprimido por el fuerte. Por eso miraban a Minia con profunda lástima. Huérfana de padre y madre, la chiquilla vivía con sus tíos. El padre de Minia era molinero, y se había muerto de intermitentes palúdicas, mal frecuente en los de su oficio; la madre le siguió al sepulcro, no arrebatada de pena, que en una aldeana sería extraño género de muerte, sino a poder de un dolor de costado que tomó saliendo sudorosa de cocer la hornada de maíz. Minia quedó solita a la edad de año y medio, recién destetada. Su tío, Juan Ramón—que se ganaba la vida trabajosamente en el oficio de albañil, pues no era amigo de labranza—, entró en el molino como en casa propia, y, encontrando la industria ya fundada, la clientela establecida, el negocio entretenido y cómodo, ascendió a molinero, que en la aldea es ascender a personaje. No tardó en ser su consorte la moza con quien tenía trato, y de quien poseía ya dos frutos de maldición: varón y hembra. Minia y estos retoños crecieron mezclados, sin más diferencia aparente sino que los chiquitines decían al molinero y a la molinera *papai* y *mamai*,[12] mientras Minia, aunque nadie se lo hubiese enseñado, no los llamó nunca de otro modo que «señor tío» y «señora tía».

Si se estudiase a fondo la situación de la familia, se verían diferencias más graves. Minia vivía relegada a la condición de criada o moza de faena. No es decir que sus primos no trabajasen, porque el trabajo a nadie perdona en casa del

---

[12]papá y mamá (en gallego).

labriego; pero las labores más viles, las tareas más duras, guardábanse para Minia. Su prima Melia, destinada por su madre a costurera, que es entre las campesinas profesión aristocrática, daba a la aguja en una sillita, y se divertía oyendo los requiebros bárbaros y las picardihuelas[13] de los mozos y mozas que acudían al molino y se pasaban allí la noche en vela y broma, con notoria ventaja del diablo y no sin frecuente e ilegal acrecentamiento de nuestra especie. Minia era quien ayudaba a cargar el carro de tojo; la que, con sus manos diminutas, amasaba el pan; la que echaba de comer al becerro, al cerdo y a las gallinas; la que llevaba a pastar la vaca, y, encorvada y fatigosa, traía del monte el haz de leña, o del soto el saco de castañas, o el cesto de hierba del prado. Andrés, el mozuelo, no la ayudaba poco ni mucho; pasábase la vida en el molino, ayudando a la molienda y al maquileo, y de *riola*,[14] fiesta, canto y repiqueteo de panderetas con los demás rapaces y rapazas. De esta temprana escuela de corrupción sacaba el muchacho pullas, dichos y barrabasadas que a veces molestaban a Minia, sin que ella supiese por qué ni tratase de comprenderlo.

El molino, durante varios años, produjo lo suficiente para proporcionar a la familia un cierto desahogo. Juan Ramón tomaba el negocio con interés, estaba siempre a punto aguardando por la parroquia, era activo, vigilante y exacto. Poco a poco, con el desgaste de la vida que corre insensible y grata, resurgieron sus aficiones a la holgazanería y el bienestar, y empezaron los descuidos, parientes tan próximos de la ruina. ¡El bienestar! Para un labriego estriba en poca cosa: algo más del torrezno y unto en el pote, carne de cuando en cuando, *pantrigo*[15] a discreción, leche cuajada o fresca, esto distingue al labrador acomodado del desvalido. Después viene el lujo de la indumentaria: el buen traje de rizo, las polainas de prolijo pespunte, la camisa labrada, la faja que esmaltan flores de seda, el pañuelo majo y la botonadura de plata en el rojo chaleco. Juan Ramón tenía de estas exigencias, y acaso no fuesen ni la comida ni el traje lo que introducía desequilibrio en su presupuesto, sino la pícara costumbre, que iba arraigándose, de «echar una pinga»[16] en la taberna del *Canelo*, primero, todos los domingos; luego, las fiestas de guardar; por último muchos días en que la Santa Madre Iglesia no impone precepto de misa a los fieles. Después de las libaciones, el molinero regresaba a su molino, ya alegre como unas pascuas, ya tétrico,

---

[13]diminutivo familiar de picardía.

[14]juerga (en gallego).

[15]pan de harina de trigo (en gallego).

[16]de pingar: levantar la bota de vino para beber.

renegando de su suerte y con ganas de arrimar a alguien un sopapo. Melia, al verle volver así, se escondía. Andrés, la primera vez que su padre le descargó un palo con la tranca de la puerta, se revolvió como una furia, le sujetó y no le dejó ganas de nuevas agresiones; Pepona, la molinera, más fuerte, huesuda y recia que su marido, también era capaz de pagar en buena moneda el cachete; sólo quedaba Minia, víctima sufrida y constante. La niña recibía los golpes con estoicismo, palideciendo a veces cuando sentía vivo dolor—cuando, por ejemplo, la hería en la espinilla o en la cadera la punta de un zueco de palo—, pero no llorando jamás. La parroquia no ignoraba estos tratamientos, y algunas mujeres compadecían bastante a Minia. En las tertulias del atrio, después de misa; en las deshojas del maíz, en la romería del santuario, en las ferias, comenzaba a susurrarse que el molinero se empeñaba, que el molino se hundía, que en las maquilas robaban sin temor de Dios, y que no tardaría la rueda en pararse y los alguaciles en entrar allí para embargarles hasta la camisa que llevaban sobre los lomos.

Una persona luchaba contra la desorganización creciente de aquella humilde industria y aquel pobre hogar. Era Pepona, la molinera, mujer avara, codiciosa, ahorrona[17] hasta de un ochavo, tenaz, vehemente y áspera. Levantada antes que rayase el día, incansable en el trabajo, siempre se le veía, ya inclinada labrando la tierra, ya en el molino regateando la maquila, ya trotando descalza, por el camino de Santiago[18] adelante con una cesta de huevos, aves y verduras en la cabeza, para ir a venderla al mercado. Mas ¿qué valen el cuidado y el celo, la economía sórdida de una mujer, contra el vicio y la pereza de dos hombres? En una mañana se lo bebía Juan Ramón: en una noche de tuna[19] despilfarraba Andrés el fruto de la semana de Pepona.

Mal andaban los negocios de la casa, y peor humorada la molinera, cuando vino a complicar la situación un año fatal, año de miseria y sequía, en que, perdiéndose la cosecha del maíz y trigo, la gente vivió de averiadas habichuelas, de secos habones, de pobres y héticas hortalizas, de algún centeno de la cosecha anterior, roído ya por el cornezuelo y el gorgojo. Lo más encogido y apretado que se puede imaginar en el mundo, no acierta a dar idea del grado de reducción que consigue el estómago de un labrador gallego y la vacuidad a que se sujetan sus elásticas tripas en años así. Berzas espesadas con harina y suavizadas con una corteza de tocino rancio; y esto un día y otro, sin sustancia de carne, sin espíritus vitales y devolver vigor al cuerpo. La patata, el pan del pobre, entonces apenas

---

[17]ahorradora.

[18]ciudad española de la provincia de La Coruña.

[19]holganza y vagabundeo.

se conocía, porque no sé si dije que lo que voy contando ocurrió en los primeros lustros del siglo decimonono.

Considérese cuál andaría con semejante añada el molino de Juan Ramón. Perdida la cosecha, descansaba forzosamente la muela. El rodezno,[20] parado y silencioso, infundía tristeza; asemejaba el brazo de un paralítico. Los ratones, furiosos de no encontrar grano que roer, famélicos también ellos, correteaban alrededor de la piedra, exhalando agrios chillidos. Andrés, aburrido por la falta de la acostumbrada tertulia, se metía cada vez más en danzas y aventuras amorosas, volviendo a casa como su padre, rendido y enojado, con las manos que le hormigueaban por zurrar. Zurraba a Minia con mezcla de galantería rústica y de brutalidad, y enseñaba los dientes a su madre porque la pitanza era escasa y desabrida. Vago ya de profesión, andaba de feria en feria buscando lances, pendencias y copas. Por fortuna, en primavera cayó soldado y se fue con el chopo camino de la ciudad. Hablando como la dura verdad nos impone, confesaremos que la mayor satisfacción que pudo dar a su madre fue quitársele de la vista: ningún pedazo de pan traía a casa, y en ella sólo sabía derrochar y gruñir, confirmando la sentencia: «Donde no hay harina, todo es mohína.»

La víctima propiciatoria, la que expiaba todos los sinsabores y desengaños de Pepona, era.... ¿quién había de ser? Siempre había tratado Pepona a Minia con hostil indiferencia; ahora, con odio sañudo de impía madrastra. Para Minia los harapos; para Melia los refajos de grana; para Minia la cama en el duro suelo; para Melia un *leito*[21] igual al de sus padres; a Minia se le arrojaba la corteza de pan de borona enmohecido, mientras el resto de la familia despachaba el caldo calentito y el *compango*[22] de cerdo. Minia no se quejaba jamás. Estaba un poco más descolorida y perpetuamente absorta, y su cabeza se inclinaba a veces lánguidamente sobre el hombro, aumentándose entonces su parecido con la Santa. Callada, exteriormente insensible, la muchacha sufría en secreto angustia mortal, inexplicables mareos, ansias de llorar, dolores en lo más profundo y delicado de su organismo, misteriosa pena, y, sobre todo, unas ganas constantes de morirse para descansar yéndose al cielo... Y el paisajista o el poeta que cruzase ante el molino y viese el frondoso castaño, la represa con su agua durmiente y su orla de cañas, la pastorcilla rubia, que, pensativa, dejaba a la vaca saciarse libremente por el lindero orlado de flores, soñaría con idilios y haría una descripción apaci-

---

[20]rueda dentada; parte del molino.

[21]lecho (en gallego).

[22]manjar de los gallegos: comida fiambre que se come con pan.

ble y encantadora de la infeliz niña golpeada y hambrienta, medio idiota ya a fuerza de desamores y crueldades.

II

Un día descendió mayor consternación que nunca sobre la choza de los molineros. Era llegado el plazo fatal para el colono: vencía el término del arriendo, y, o pagaba al dueño del lugar, o se verían arrojados de él y sin techo que los cobijase, ni tierra donde cultivar las berzas para el caldo. Y lo mismo el holgazán Juan Ramón que Pepona la diligente, profesaban a aquel quiñón de tierra el cariño insensato que apenas profesarían a un hijo pedazo de sus entrañas. Salir de allí se les figuraba peor que ir para la sepultura: que esto, al fin, tiene que suceder a los mortales, mientras lo otro no ocurre sino por impensados rigores de la suerte negra. ¿Dónde encontrarían dinero? Probablemente no había en toda la comarca las dos onzas que importaba la renta del lugar. Aquel año de miseria—calculó Pepona—, dos onzas no podían hallarse sino en la *boeta* o cepillo de Santa Minia. El cura sí que tendría dos onzas, y bastantes más, cosidas en el jergón o enterradas en el huerto... Esta probabilidad fue asunto de la conversación de los esposos, tendidos boca a boca en el lecho conyugal, especie de cajón con una abertura al exterior, y dentro un relleno de hojas de maíz y una raída manta. En honor de la verdad, hay que decir que a Juan Ramón, alegrillo con los cuatro tragos que había echado al anochecer para confortar el estómago casi vacío, no se le ocurría siquiera aquello de las onzas del cura hasta que se lo sugirió, cual verdadera Eva, su cónyuge; y es justo observar también que contestó a la tentación con palabras muy discretas, como si no hablase por su boca el espíritu parral.

—Oyes, tú, Juan Ramón... El clérigo sí que tendrá a rabiar lo que aquí nos falta... Ricas onciñas[23] tendrá el clérigo. ¿Tú roncas, o me oyes, o qué haces?

—Bueno, ¡rayo!, y si las tiene, ¿qué rayos nos interesa? Dar, no nos las ha de dar.

—Darlas, ya se sabe; pero..., emprestadas...

—¡Emprestadas! Sí, ve a que te empresten...

---

[23] diminutivo de onzas.

—Yo digo emprestadas así, medio a la fuerza... ¡Malditos!... No sois hombres, no tenéis de hombres sino la parola...[24] Si estuviese aquí Andresiño..., un día..., al oscurecer...

—Como vuelvas a mentar eso, los diaños[25] lleven si no te saco las muelas del bofetón...

—Cochinos de cobardes; aún las mujeres tenemos más riñones...

—Loba, calla; tú quieres perderme. El clérigo tiene escopeta..., y a más quieres que Santa Minia mande una centella que mismamente nos destrice...

—Santa Minia es el miedo que te come...

—¡Toma, malvada!...

—¡Pellejo, borrachón!...

Estaba echada Minia sobre un haz de paja, a poca distancia de sus tíos, en esa promiscuidad de las cabañas gallegas, donde irracionales y racionales, padres e hijos, yacen confundidos y mezclados. Aterida de frío bajo su ropa, que había amontonado para cubrirse—pues manta Dios la diese—, entreoyó algunas frases sospechosas y confusas, las excitaciones sordas de la mujer, los gruñidos y chanzas vinosas del hombre. Tratábase de la Santa... Pero la niña no comprendió. Sin embargo, aquello le sonaba mal; le sonaba a ofensa, a lo que ella, si tuviese nociones de lo que tal palabra significa, hubiese llamado desacato. Movió los labios para rezar la única oración que sabía, y así, rezando, se quedó traspuesta. Apenas le salteó el sueño, le pareció que una luz dorada y azulada llenaba el recinto de la choza. En medio de aquella luz, o formando aquella luz, semejante a la que despedía la «madama de fuego» que presentaba el cohetero en la fiesta patronal, estaba la Santa, no reclinada, sino en pie, y blandiendo su palma como si blandiese un arma terrible. Minia creía oír distintamente estas palabras: «¿Ves? Los mato.» Y mirando al lecho de sus tíos, los vio cadáveres, negros, carbonizados, con la boca torcida y la lengua de fuera... En este momento se dejó oír el sonoro cántico del gallo; la becerrilla mugió en el establo, reclamando el pezón de su madre... Amanecía.

Si pudiese la niña hacer su gusto, se quedaría acurrucada entre la paja la mañana que siguió a su visión. Sentía gran dolor en los huesos, quebrantamiento general, sed ardiente. Pero la hicieron levantar, tirándola del pelo y llamándola holgazana, y, según costumbre, hubo de sacar el ganado. Con su habitual pasividad no replicó; agarró la cuerda y echó hacia el pradillo. La Pepona, por su parte, habiéndose lavado primero los pies y luego la cara en el charco más próxi-

---

[24] verbosidad.

[25] diablos (en gallego).

mo a la represa del molino, y puéstose el dengue y el mantelo²⁶ de los días grandes, y también—lujo inaudito—los zapatos, colocó en una cesta hasta dos docenas de manzanas, una pella de manteca envuelta en una hoja de col, algunos huevos y la mejor gallina ponedora, y, cargando la cesta en la cabeza, salió del lugar y tomó el camino de Compostela con aire resuelto. Iba a implorar, a pedir un plazo, una prórroga, un perdón de renta, algo que les permitiese salir de aquel año terrible sin abandonar el lugar querido, fertilizado con su sudor... Porque las dos onzas del arriendo..., ¡quia!, en la boeta de Santa Minia o en el jergón del clérigo seguirían guardadas, por ser un calzonazos Juan Ramón y faltar de la casa Andresiño..., y no usar ella, en lugar de refajos, las mal llevadas bragas del esposo.

No abrigaba Pepona grandes esperanzas de obtener la menor concesión, el más pequeño respiro. Así se lo decía a su vecina y comadre Jacoba de Alberte, con la cual se reunió en el crucero, enterándose de que iba a hacer la misma jornada, pues Jacoba tenía que traer de la ciudad medicina para su hombre, afligido con su asma de todos los demonios, que no le dejaba estar acostado, ni por las mañanas casi respirar. Resolvieron las dos comadres ir juntas para tener menos miedo a los lobos o a los aparecidos, si al volver se les echaba la noche encima; y pie ante pie, haciendo votos porque no lloviese, pues Pepona llevaba a cuestas el fondito del arca,²⁷ emprendieron su caminata charlando.

—Mi matanza—dijo la Pepona—es que no podré hablar cara a cara con el señor marqués, y al apoderado tendré que arrodillarme. Los señores de mayor señorío son siempre los más compadecidos del pobre. Los peores, los señoritos hechos a puñetazos, como don Mauricio, el apoderado; ésos tienen el corazón duro como las piedras y le tratan a uno peor que a la suela del zapato. Le digo que voy allá como el buey al matadero.

La Jacoba, que era una mujercilla pequeña, de ojos ribeteados, de apergaminadas facciones, con dos toques cual de ladrillos en los pómulos, contestó en voz plañidera:

—¡Ay comadre! Iba yo cien veces a donde va, y no quería ir una a donde voy. ¡Santa Minia nos valga! Bien sabe el Señor Nuestro Dios que me lleva la salud del hombre, porque la salud vale más que las riquezas. No siendo por amor de la salud, ¿quién tiene valor de pisar la botica de don Custodio?

---

²⁶especie de delantal de paño (en gallego).

²⁷llevar el fondo del arca: llevas puestas las mejores ropas.

Al oír este nombre, viva expresión de curiosidad azorada se pintó en el rostro de la Pepona y arrugóse su frente, corta y chata, donde el pelo nacía casi a un dedo de las tupidas cejas.

—¡Ay! Sí, mujer... Yo nunca allá fui. Hasta por delante de la botica no me da gusto pasar. Andan no sé qué dichos, de que el boticario hace «meigallos».[28]

—Eso de no pasar, bien se dice; pero cuando uno tiene la salud en sus manos... La salud vale más que todos los bienes de este mundo; y el pobre que no tiene otro caudal sino la salud, ¿qué no hará por conseguirla? Al demonio era yo capaz de ir a pedirle en el infierno la buena untura para mi hombre. Un peso y doce reales llevamos gastados este año en botica, y nada: como si fuese agua de la fuente; que hasta es un pecado derrochar los cuartos así, cuando no hay una triste corteza para llevar a la boca. De manera es que ayer por la noche, mi hombre, que tosía que casi arreventaba, me dijo, dice: «¡Ei!, Jacoba: o tú vas a pedirle a don Custodio la untura, o yo espicho.[29] No hagas caso del médico; no hagas caso, si a manos viene, ni de Cristo Nuestro Señor; a don Custodio has de ir; que si él quiere, del apuro me saca con sólo dos cucharaditas de los remedios que sabe hacer. Y no repares en dinero mujer, no siendo que quiéraste quedar viuda.» Así es que...—Jacoba metió misteriosamente la mano en el seno y extrajo, envuelto en un papelito, un objeto muy chico—aquí llevo el corazón del arca...: ¡un dobloncillo de a cuatro! Se me van los «espíritus» detrás de él; me cumplía para mercar ropa, que casi desnuda en carnes ando; pero primero es la vida del hombre, mi comadre..., y aquí lo llevo para el ladrón de don Custodio. Asús[30] me perdone.

La Pepona reflexionaba, deslumbrada por la vista del doblón y sintiendo en el alma una oleada tal de codicia que la sofocaba casi.

—Pero diga, mi comadre—murmuró con ahínco, apretando sus grandes dientes de caballo y echando chispas por los ojuelos. Diga: ¿cómo hará don Custodio para ganar tantos cuartos? ¿Sabe qué se cuenta por ahí? Que mercó este año muchos lugares del marqués. Lugares de los más riquísimos. Dicen que ya tiene mercados dos mil ferrados[31] de trigo de renta.

—¡Ay, mi comadre! ¿Y cómo quiere que no gane cuartos ese hombre que cura todos los males que el Señor inventó? Miedo da al entrar allí; pero cuando

---

[28]embrujamientos (en gallego).

[29]me muero.

[30]quizás, eufemismo por Jesús.

[31]medida de capacidad para los granos usada en Galicia.

uno sale con la salud en la mano... Ascuche:[32] ¿quién piensa que le quitó la «reúma» al cura de Morlán?[33] Cinco años llevaba en la cama, baldado, imposibilitado..., y de repente un día se levanta, bueno, andando como usté y como yo. Pues, ¿qué fue? La untura que le dieron en los cuadriles, y que le costó media onza en casa de don Custodio. ¿Y el tío Gorlo; el posadero de Silleda?[34] Ese fue mismo cosa de milagro. Ya le tenían puesto los santolios,[35] y traerle un agua blanca de don Custodio... y como si resucitara.

—¡Qué cosas hace Dios!

—¿Dios?—contestó la Jacoba—. A saber si las hace Dios o el diaño... Comadre, le pido de favor que me ha de acompañar cuando entre en la botica...

—Acompañaré.

Cotorreando así, se les hizo llevadero el camino a las dos comadres. Llegaron a Compostela[36] a tiempo que las campanas de la catedral y de numerosas iglesias tocaban a misa, y entraron a oírla en las Animas, templo muy favorito de los aldeanos, y, por tanto, muy gargajoso, sucio y maloliente. De allí, atravesando la plaza llamada del Pan, inundada de vendedoras de molletes y cacharros, atestada de labriegos y de caballerías, se metieron bajo los soportales, sustentados por columnas de bizantinos capiteles, y llegaron a la temerosa madriguera de don Custodio.

Bajábase a ella por dos escalones, y entre esto y que los soportales roban luz, encontrábase siempre la botica sumergida en vaga penumbra, resultado a que cooperaban también los vidrios azules, colorados y verdes, innovación entonces flamante y rara. La anaquelería ostentaba aún esos pintorescos botes que hoy se estiman como objeto de arte, y sobre los cuales se leían, en letras góticas, rótulos que parecen fórmulas de alquimia: «Rad, Polip. Q.», «Ra, Su. Eboris». «Stirac. Cala», y otros letreros de no menos siniestro cariz. En un sillón de vaqueta, reluciente ya por el uso, ante una mesa, donde un atril abierto sostenía voluminoso libro, hallábase el boticario, que leía cuando entraron las dos aldeanas, y que al verlas entrar se levantó. Parecía hombre de unos cuarenta y tantos años; era de rostro chupado, de hundidos ojos y sumidos carrillos, de barba picuda y gris, de calva primeriza y ya lustrosa, y con aureola de largas melenas que empezaban

---

[32]escuche.

[33]Santa María de Morlán: parroquia de la provincia de La Coruña.

[34]municipio de la provincia de Pontevedra.

[35]santos óleos.

[36]Santiago de Compostela, provincia de La Coruña.

a encanecer: una cabeza macerada y simpática de santo penitente o de doctor alemán emparedado en su laboratorio. Al plantarse delante de las dos mujeres, caía sobre su cara el reflejo de uno de los vidrios azules, y realmente se la podía tomar por efigie de escultura. No habló palabra, contentándose con mirar fijamente a las comadres. Jacoba temblaba cual si tuviese azogue en las venas y la Pepona, más atrevida, fue la que echó todo el relato del asma, y de la untura, y del compadre enfermo, y del doblón. Don Custodio asintió, inclinando gravemente la cabeza: desapareció tres minutos tras la cortina de sarga roja que ocultaba la entrada de la rebotica; volvió con un frasquito cuidadosamente lacrado; tomó el doblón, sepultólo en el cajón de la mesa, y volviendo a la Jacoba un peso duro, contentóse con decir:

—Untele con esto el pecho por la mañana y por la noche—y sin más se volvió a su libro.

Miráronse las comadres, y salieron de la botica como un alma que lleva el diablo; Jacoba, fuera ya, se persignó.

Serían las tres de la tarde cuando volvieron a reunirse en la taberna, a la entrada de la carretera, donde comieron un «taco»[37] de pan y una corteza de queso duro, y echaron al cuerpo el consuelo de dos deditos de aguardiente. Luego emprendieron el retorno. La Jacoba iba alegre como unas pascuas: poseía el remedio para su hombre; había vendido bien medio ferrado de habas, y de su caro doblón un peso quedaba aún por misericordia de don Custodio. Pepona, en cambio, tenía la voz ronca y encendidos los ojos; sus cejas se juntaban más que nunca; su cuerpo, grande y tosco, se doblaba al andar, cual si le hubiesen administrado alguna soberana paliza. No bien salieron a la carretera, desahogó sus cuitas en amargos lamentos; el ladrón de don Mauricio, como si fuese sordo de nacimiento o verdugo de los infelices:

—«La renta, o salen del lugar.» ¡Comadre! Allí lloré, grité, me puse de rodillas, me arranqué los pelos, le pedí por el alma de su madre y de quien tiene en el otro mundo... El, tieso: «La renta, o salen del lugar. El atraso de ustedes ya no viene de este año, ni es culpa de la mala cosecha... Su marido bebe, y su hijo es otro que bien baila... El señor marqués le diría lo mismo... Quemado está con ustedes... Al marqués no le gustan borrachos en sus lugares.» Yo repliquéle: «Señor, venderemos los bueyes y la vaquita..., y luego, ¿con qué labramos? Nos venderemos por esclavos nosotros...» «La renta, les digo..., y lárguese ya.» Mismo así, empurrando,[38] empurrando..., echóme por la puerta. ¡Ay! Hace bien en

---

[37]bocado muy pequeño que se toma fuera de las horas de comer.

[38]empujando (en gallego).

cuidar a su hombre, señora Jacoba... ¡Un hombre que no bebe! A mí me ha de llevar a la sepultura aquel pellejo... Si le da por enfermarse con medicina que yo le compre no sanará.

En tales pláticas iban entreteniendo las dos comadres el camino. Como en invierno anochece pronto, hicieron por atajar, internándose hacia el monte, entre espesos pinares. Oíase el toque del *Angelus*[39] en algún campanario distante, y la niebla, subiendo del río, empezaba a velar y confundir los objetos. Los pinos y los zarzales se esfumaban entre aquella vaguedad gris, con espectral apariencia. A las labradoras les costaba trabajo encontrar el sendero.

—Comadre—advirtió, de pronto y con inquietud, Jacoba—, por Dios le encargo que no cuente en la aldea lo del unto...

—No tenga miedo, comadre... Un pozo es mi boca.

—Porque si lo sabe el señor cura, es capaz de echarnos en misa una pauliña...[40]

—¿Y a él qué le interesa?

—Pues como dicen que esta untura «es lo que es»...

—¿De qué?

—¡Ave María de gracia, comadre!—susurró Jacoba, deteniéndose y bajando la voz, como si los pinos pudiesen oírla y delatarla—. ¿De veras no lo sabe? Me pasmo. Pues hoy, en el mercado, no tenían las mujeres otra cosa que decir, y las mozas primero se dejaban hacer trizas que llegarse al soportal. Yo, si entré allí, es porque de moza ya he pasado; pero vieja y todo, si usté no me acompaña, no pongo el pie en la botica. ¡La gloria Santa Minia nos valga!

—A fe, comadre, que no sé ni esto... Cuente, comadre, cuente... Callaré lo mismo que si muriera.

—¡Pues si no hay más de qué hablar, señora! ¡Asús querido! Estos remedios tan milagrosos, que resucitan a los difuntos, hácelos don Custodio con «unto de moza».

—¿Unto de moza...?

—De moza soltera, rojiña,[41] que ya esté en sazón de poder casar. Con un cuchillo le saca las mantecas, y va y las derrite, y prepara los medicamentos. Dos criadas mozas tuvo, y ninguna se sabe qué fue de ella, sino que, como si la tierra se las tragase, que desaparecieron y nadie las volvió a ver. Dice que ninguna

---

[39]oración en honor al misterio de la Encarnación. Se rezaba primeramente a la caída de la tarde, después al mediodía.

[40]represión áspera y fuerte (en gallego).

[41]de color rojo.

persona humana ha entrado en la trasbotica; que allí tiene una «trapela»,[42] y que muchacha que entra y pone el pie en la «trapela»..., ¡plas!, cae en un pozo muy hondo, muy hondísimo, que no se puede medir la profundidad que tiene..., y allí el boticario le arranca el unto.

Sería cosa de haberle preguntado a la Jacoba a cuántas brazas bajo tierra estaba situado el laboratorio del destripador de antaño; pero las facultades analíticas de la Pepona eran menos profundas que el pozo, y limitóse a preguntar con ansia mal definida:

—¿Y para «eso sólo sirve el unto de las mozas?»

—Sólo. Las viejas no valemos ni para que nos saquen el unto siquiera.

Pepona guardó silencio. La niebla era húmeda: en aquel lugar montañoso convertíase en «brétema»,[43] e imperceptible y menudísima llovizna calaba a las dos comadres, transidas de frío y ya asustadas por la oscuridad. Como se internasen en la escueta gándara que precede al lindo vallecito de Tornelos, y desde la cual ya se divisa la torre del santuario, Jacoba murmuró con apagada voz:

—Mi comadre..., ¿no es un lobo eso que por ahí va?

—¿Un lobo?—dijo, estremeciéndose, Pepona.

—Por allí..., detrás de aquellas piedras.... dicen que estos días ya llevan comida mucha gente. De un rapaz de Morlán sólo dejaron la cabeza y los zapatos. ¡Asús!

El susto del lobo se repitió dos o tres veces antes que las comadres llegasen a avistar la aldea. Nada, sin embargo, confirmó sus temores, ningún lobo se les vino encima. A la puerta de la casucha de Jacoba despidiéronse, y Pepona entró sola en su miserable hogar. Lo primero con que tropezó en el umbral de la puerta fue con el cuerpo de Juan Ramón, borracho como una cuba, y al cual fue preciso levantar entre maldiciones y reniegos, llevándole en peso a la cama. A eso de medianoche, el borracho salió de su sopor, y con estropajosas palabras acertó a preguntar a su mujer qué teníamos de la renta. A esta pregunta, y a su desconsoladora contestación, siguieron reconvenciones, amenazas, blasfemias, un cuchicheo raro, acalorado, furioso. Minia, tendida sobre la paja, prestaba oído; latíale el corazón; el pecho se le oprimía; no respiraba; pero llegó un momento en que la Pepona, arrojándose del lecho, le ordenó que se trasladase al otro lado de la cabaña, a la parte donde dormía el ganado. Minia cargó con su brazado de paja, y se acurrucó no lejos del establo, temblando de frío y susto. Estaba muy cansada aquel día; la ausencia de Pepona la había obligado a cuidar de todo, a hacer el

---

[42]pequeña abertura que se hace en el piso para usos caseros (en gallego).

[43]niebla (en gallego).

caldo, a coger hierba, a lavar, a cuantos menesteres y faenas exigía la casa... Rendida de fatiga y atormentada por las singulares desazones de costumbre, por aquel desasosiego que la molestaba, aquella opresión indecible, ni acababa de venir el sueño a sus párpados ni de aquietarse su espíritu. Rezó maquinalmente, pensó en la Santa, y dijo entre sí, sin mover los labios: «Santa Minia querida, llévame pronto al Cielo; pronto, pronto...» Al fin se quedó, si no precisamente dormida, al menos en ese estado mixto propio a las visiones, a las revelaciones psicológicas y hasta a las revoluciones físicas. Entonces le pareció, como la noche anterior, que veía la efigie de la mártir; sólo que, ¡cosa rara!, no era la Santa; era ella misma, la pobre rapaza, huérfana de todo amparo quien estaba allí tendida en la urna de cristal entre los cirios, en la iglesia. Ella tenía la corona de rosas; la dalmática de brocado verde cubría sus hombros; la palma la agarraban sus manos pálidas y frías; la herida sangrienta se abría en su propio pescuezo, y por allí se le iba la vida, dulce e insensiblemente, en oleaditas de sangre muy suaves, que al salir la dejaban tranquila, extática, venturosa... Un suspiro se escapó del pecho de la niña; puso los ojos en blanco, se estremeció..., y quedóse completamente inerte. Su última impresión confusa fue que ya había llegado al cielo, en compañía de la Patrona.

III

En aquella rebotica, donde, según los autorizados informes de Jacoba de Alberte, no entraba nunca persona humana, solía hacer tertulia a don Custodio las más noches un canónigo de la Santa Metropolitana Iglesia, compañero de estudios del farmacéutico, hombre ya maduro, sequito como un pedazo de yesca, risueño, gran tomador de tabaco. Este tal era constante amigo e íntimo confidente de don Custodio, y, a ser verdad los horrendos crímenes que al boticario atribuía el vulgo, ninguna persona más a propósito para guardar el secreto de tales abominaciones que el canónigo don Lucas Llorente, el cual era la quintaesencia del misterio y de la incomunicación con el público profano. El silencio, la reserva más absoluta, tomaba en Llorente proporciones y carácter de manía. Nada dejaba transparentar de su vida, y acciones, aun las más leves e inocentes. El lema del canónigo era: «Que nadie sepa cosa alguna de ti.» Y aun añadía (en la intimidad de la trasbotica): «Todo lo que averigua la gente acerca de lo que hacemos o pensamos, lo convierte en arma nociva y mortífera. Vale más que invente que no edifique sobre el terreno que le ofrezcamos nosotros mismos.»

Por este modo de ser y por la inveterada amistad, don Custodio le tenía por confidente absoluto, y sólo con él hablaba de ciertos asuntos graves, y sólo de él se aconsejaba en los casos peligrosos o difíciles. Una noche en que, por señas, llovía a cántaros, tronaba y relampagueaba a trechos, encontró Llorente al boticario agitado, nervioso, semiconvulso. Al entrar el canónigo se arrojó hacia él, y tomándole las manos y arrastrándole hacia el fondo de la rebotica, donde, en vez de la pavorosa «trapela» y el pozo sin fondo, había armarios, estantes, un canapé y otros trastos igualmente inofensivos, le dijo con voz angustiosa:

—¡Ay amigo Llorente! ¡De qué modo me pesa haber seguido en todo tiempo sus consejos de usted, dando pábulo a las hablillas de los necios! A la verdad, yo debí desde el primer día desmentir cuentos absurdos y disipar estúpidos rumores... Usted me aconsejó que no hiciese nada, absolutamente nada, para modificar la idea que concibió el vulgo de mí, gracias a mi vida retraída, a los viajes que realicé al extranjero para aprender los adelantos de mi profesión, a mi soltería y a la maldita casualidad (aquí el boticario titubeó un poco) de que dos criadas..., jóvenes.... hayan tenido que marcharse secretamente de casa, sin dar cuenta al público de los motivos de su viaje...; porque..., ¿qué calabazas le importaba al público los tales motivos, me hace usted el favor de decir? Usted me repetía siempre: «Amigo Custodio, deje correr la bola; no se empeñe nunca en desengañar a los bobos, que al fin no se desengañan, e interpretan mal los esfuerzos que se hacen para combatir sus preocupaciones. Que crean que usted fabrica sus ungüentos con grasa de difunto y que se los paguen más caros por eso, bien; dejadles, dejadles que rebuznen. Usted véndales remedios buenos, y nuevos de la farmacopea moderna, que asegura usted está muy adelantada allá en los países extranjeros que usted visitó. Cúrense las enfermedades, y crean los imbéciles que es por arte de birlibirloque. La borricada mayor de cuantas hoy inventan y propalan los malditos liberales es esa de «ilustrar a las multitudes». ¡Buena ilustración te dé Dios! Al pueblo no puede ilustrársele. Es y será eternamente un hatajo de babiecas, una recua de jumentos. Si le presenta usted las cosas naturales y racionales no las cree. Se pirra por lo raro, estrambótico, maravilloso e imposible. Cuanto más gorda es una rueda de molino, tanto más aprisa la comulga. Conque, amigo Custodio, usted deje de andar la procesión, y si puede, apande[44] el estandarte... Este mundo es una danza...

—Cierto—interrumpió el canónigo, sacando su cajita de rapé y torturando entre las yemas el polvito—; eso le debí decir; y qué, ¿tan mal le ha ido a usted con mis consejos? Yo creí que el cajón de la botica estaba de duros a reventar, y que recientemente había usted comprado unos lugares muy hermosos en Valeiro.

---

[44]de apandar: guardar una cosa con ánimo de quedársela.

—¡Los compré, los compré; pero también los amargo!—exclamó el farmacéutico—. ¡Si le cuento a usted lo que me ha pasado hoy! Vaya, discurra. ¿Qué creerá usted que me ha sucedido? Por mucho que prense el entendimiento para idear la mayor barbaridad..., lo que es con ésta no acierta usted, ni tres como usted.

—¿Qué ha sido ello?

—¡Verá, verá! Esto es lo gordo. Entra hoy en mi botica, a la hora en que estaba completamente sola, una mujer de la aldea, que ya había venido días atrás con otra a pedirme un remedio para el asma: una mujer alta, de rostro duro, cejijunta, con la mandíbula saliente, la frente chata y los ojos como dos carbones. Un tipo imponente, créalo usted. Me dice que quiere hablarme en secreto y después de verse a solas conmigo en el sitio seguro, resulta... ¡Aquí entra lo mejor! Resulta que viene a ofrecerme el unto de una muchacha, sobrina suya, casadera ya, virgen, roja, con todas las condiciones requeridas, en fin, para que el unto convenga a los remedios que yo acostumbro hacer... ¿Qué dice usted a eso, canónigo? A tal punto hemos llegado. Es por ahí cosa corriente y moliente que yo destripo a las mozas, y que con las mantecas que les saco compongo esos remedios maravillosos, ¡puf!, capaces hasta de resucitar a los difuntos. La mujer me lo aseguró. ¿Lo está usted viendo? ¿Comprende la mancha que sobre mí ha caído? Soy el terror de las aldeas, el espanto de las muchachas y el ser más aborrecible y más cochino que puede concebir la imaginación.

Un trueno lejano y profundo acompañó las últimas palabras del boticario. El canónigo se reía, frotando sus manos sequitas y meneando alegremente la cabeza. Parecía que hubiere logrado un grande y apetecido triunfo.

—Yo sí que digo: ¿lo ve usted, hombre? ¿Ve cómo son todavía más bestias, animales, cinocéfalos[45] y mamelucos[46] de lo que yo mismo pienso? ¿Ve cómo se les ocurre siempre la mayor barbaridad, el desatino de más grueso calibre y la burrada más supina? Basta que usted sea el hombre más sencillo, bonachón y pacífico del orbe; basta que tenga usted ese corazón blandufo,[47] que se interese usted por las calamidades ajenas, aunque le importen un rábano; que sea usted incapaz de matar a una mosca y sólo piense en sus librotes, en sus estudios, y en sus químicas, para que los grandísimos salvajes le tengan por monstruo horrible, asesino, reo de todos los crímenes y abominaciones.

---

[45]mamífero cuadrumano que se cría en África; aquí, con el sentido de tonto, necio.

[46]familiarmente, hombre necio y bobo.

[47]blando.

—Pero ¿quién habrá inventado estas calumnias, Llorente?

—¿Quién? La estupidez universal..., forrada en la malicia universal también. La bestia del apocalipsis..., que es el vulgo, créame, aunque San Juan[48] no lo haya dejado muy claramente dicho.

—¡Bueno! Así será; pero yo, en lo sucesivo, no me dejo calumniar más. No quiero; no, señor. ¡Mire usted qué conflicto! ¡A poco que me descuide, una chica muerta por mi culpa! Aquella fiera, tan dispuesta a acogotarla. Figúrese usted que repitió: «La despacho y la dejo en el monte, y digo que la comieron los lobos. Andan muchos por este tiempo del año, y verá cómo es cierto que al día siguiente aparece comida.» ¡Ay canónigo! ¡Si usted viese el trabajo que me costó convencer a aquella caballería mayor de que ni yo saco el unto a nadie ni he soñado en tal! Por más que la repetía: «Eso es una animalada que corre por ahí, una infamia, una atrocidad, un desatino, una picardía; y como yo averigüe quién es el que lo propala, a ese sí que le destripo», la mujer, firme como un poste, y erre que erre. «Señor, dos onzas nada más... Todo calladito, todo calladito... En dos onzas, tiene los untos. Otra proporción tan buena no la encuentra nunca.» ¡Qué víbora malvada! Las Furias[49] del infierno deben de tener una cara así... Le digo a usted que me costó un triunfo persuadirla. No quería irse. A poco la echo con un garrote.

—¡Y ojalá que la haya usted persuadido!—articuló el canónigo, repentinamente preocupado y agitado, dando vueltas a la tabaquera entre los dedos—. Me temo que ha hecho usted un pan como unas hostias. ¡Ay Custodio! La ha errado usted. Ahora sí que juro yo que la ha errado.

—¿Qué dice usted, hombre, o canónigo, o demonio?—exclamó el boticario, saltando en su asiento alarmadísimo.

—Que la ha errado usted. Nada, que ha hecho una tontería de marca mayor por figurarse, como siempre, que en esos brutos cabe una chispa de razón natural, y que es lícito y conducente para algo el decirles la verdad y arguirles con ella y alumbrarlos con las luces del intelecto. A tales horas, probablemente la chica está en la gloria, tan difunta como mi abuela... Mañana por la mañana, o pasado le traen el unto envuelto en un trapo... ¡Ya lo verá!

—Calle, calle... No puedo oír eso. Eso no cabe en cabeza humana... ¿Yo qué debí hacer? ¡Por Dios, no me vuelva loco!

---

[48]apóstol de Jesús y uno de los cuatro evangelistas, autor del *IV Evangelio* y el *Apocalipsis*.

[49]en mitología, divinidades latinas, cuya misión esencial es la venganza del crimen.

—¿Que qué debió hacer? Pues lo contrario de lo razonable, lo contrario de lo que haría usted conmigo o con cualquiera otra persona capaz de sacramentos, y aunque quizá tan mala como el populacho, algo menos bestia... Decirles que sí, que usted compraba el unto en dos onzas, o en tres, o en ciento...

—Pero entonces...

—Aguarde, déjeme acabar... Pero que el unto sacado por ellos de nada servía. Que usted en persona tenía que hacer la operación y, por consiguiente, que le trajesen a la muchachita sanita y fresca... Y cuando la tuviese segura en su poder, ya echaríamos mano de la Justicia para prender y castigar a los malvados... ¿Pues no ve usted claramente que esa es una criatura de la cual se quieren deshacer, que les estorba, o porque es una boca más o porque tiene algo y ansían heredarla? ¿No se le ha ocurrido que una atrocidad así se decide en un día, pero se prepara y fermenta en la conciencia a veces largos años? La chica está sentenciada a muerte. Nada; crea usted que a estas horas...

Y el canónigo blandió la tabaquera, haciendo el expresivo ademán del que acogota.

—¡Canónigo, usted acabará conmigo! ¿Quién duerme ya esta noche? Ahora mismo ensillo la yegua y me largo a Tornelos...

Un trueno más cercano y espantoso contestó al boticario que su resolución era impracticable. El viento mugió y la lluvia se desencadenó furiosa, aporreando los vidrios.

—¿Y usted afirma—preguntó con abatimiento don Custodio—que serán capaces de tal iniquidad?

—De todas. Y de inventar muchísimas que aún no se conocen. ¡La ignorancia es invencible, y es hermana del crimen!

—Pues usted—arguyó el boticario—bien aboga por la perpetuidad de la ignorancia.

—¡Ay amigo mío!—respondió el oscurantista—. ¡La ignorancia es un mal. Pero el mal es necesario y eterno, de tejas abajo, en este pícaro mundo! Ni del mal ni de la muerte conseguiremos jamás vernos libres.

¡Qué noche pasó el honrado boticario, tenido, en concepto del pueblo, por el monstruo más espantable y a quien tal vez dos siglos antes hubiesen procesado acusándole de brujería!

Al amanecer echó la silla a la yegua blanca que montaba en sus excursiones al campo y tomó el camino de Tornelos. El molino debía de servirle de seña para encontrar presto lo que buscaba.

El sol empezaba a subir por el cielo, que después de la tormenta se mostraba despejado y sin nubes, de una limpidez radiante. La lluvia que cubría las hierbas se evaporaba ya, y secábase el llanto derramado sobre los zarzales por la noche. El aire diáfano y transparente, no excesivamente frío, empezaba a impregnarle de olores ligeros que exhalaban los mojados pinos. Una pega,[50] manchada de negro y blanco, saltó casi a los pies del caballo de don Custodio. Una liebre salió de entre los matorrales y loca de miedo, graciosa y brincadora, pasó por delante del boticario.

Todo anunciaba uno de esos días espléndidos de invierno que en Galicia suelen seguir a las noches tempestuosas y que tienen incomparable placidez, y el boticario, penetrado por aquella alegría del ambiente, comenzaba a creer que todo lo de la víspera era un delirio, una pesadilla trágica o una extravagancia de su amigo. ¿Cómo podía nadie asesinar a nadie, y así, de un modo tan bárbaro e inhumano? Locuras, insensateces, figuraciones del canónigo. ¡Bah! En el molino, a tales horas, de fijo que estarían preparándose a moler el grano. Del santuario de Santa Minia venía, conducido por la brisa, el argentino toque de la campana, que convocaba a la misa primera. Todo era paz, amor y serena dulzura en el campo...

Don Custodio se sintió feliz y alborozado como un chiquillo, y sus pensamientos cambiaron de rumbo. Si la rapaza de los untos era bonita y humilde... se la llevaría consigo a su casa, redimiéndola de la triste esclavitud y del peligro y abandono en que vivía. Y si resultaba buena, leal, sencilla, modesta, no como aquellas dos locas, que la una se había escapado a Zamora[51] con un sargento, y la otra andando en malos pasos con un estudiante para que al fin resultara lo que resultó y la obligó a esconderse... Si la molinerita no era así y al contrario, realizaba un suave tipo soñado alguna vez por el empedernido solterón..., entonces, ¿Quién sabe, Custodio? Aún no eres tan viejo que...

Embelesado con estos pensamientos, dejó la rienda a la yegua..., y no reparó que iban metiéndose monte adentro, monte adentro, por lo más intrincado y áspero de él. Notólo cuando ya llevaba andado buen trecho del camino. Volvió grupas y lo desanduvo; pero con poca fortuna, pues hubo de extraviarse más, encontrándose en un sitio riscoso y salvaje. Oprimía su corazón, sin saber por qué, extraña angustia.

De repente, allí mismo, bajo los rayos del sol del alegre, hermoso, que reconcilia a los humanos consigo mismos y con la existencia, divisó un bulto, un cuerpo muerto, el de una muchacha... Su doblada cabeza descubría la tremenda herida del cuello. Un «mantelo» tosco cubría la mutilación de las despedazadas y puras entrañas; sangre alrededor, desleída ya por la lluvia, las hierbas y male-

---

[50]urraca, cierta clase de pájaro.

[51]provincia y ciudad española.

zas pisoteadas, y en torno, el gran silencio de los altos montes y de los solitarios pinares...

IV

A Pepona la ahorcaron en La Coruña. Juan Ramón fue sentenciado a presidio. Pero la intervención del boticario en este drama jurídico bastó para que el vulgo le creyese más destripador que antes, y destripador que tenía la habilidad de hacer que pagasen justos por pecadores, acusando a otros de sus propios atentados. Por fortuna, no hubo entonces en Compostela ninguna jarana popular; de lo contrario, es fácil que le pegasen fuego a la botica, lo cual haría frotarse las manos al canónigo Llorente, que veía confirmadas sus doctrinas acerca de la estupidez universal e irremediable.

"Náufragas"

Era la hora en que las grandes capitales adquieren misteriosa belleza. La jornada del trabajo y de la actividad ha concluido; los transeúntes van despacio por las calles, que el riego de la tarde ha refrescado y ya no encharca. Las luces abren sus ojos claros, pero no es aún de noche; el fresa con tonos amatista del crepúsculo envuelve en neblina sonrosada, transparente y ardorosa las perspectivas monumentales, el final de las grandes vías que el arbolado guarnece de guirnaldas verdes, pálidas al anochecer. La fragancia de las acacias en flor se derrama, sugiriendo ensueños de languidez, de ilusión deliciosa. Oprime un poco el corazón, pero lo exalta. Los coches cruzan más raudos, porque los caballos agradecen el frescor de la puesta del sol. Las mujeres que los ocupan parecen más guapas, reclinadas, tranquilas, esfumadas las facciones por la penumbra o realzadas al entrar en el círculo de claridad de un farol, de una tienda elegante.

Las floristas pasan... Ofrecen su mercancía, y dan gratuitamente lo mejor de ella, el perfume, el color, el regalo de los sentidos.

Ante la tentación floreal, las mujeres hacen un movimiento elocuente de codicia, y si son tan pobres que no pueden contentar el capricho, da pena...

Y esto sucedió a las náufragas, perdidas en el mar madrileño, anegadas casi, con la vista alzada al cielo, con la sensación de caer al abismo... Madre e hija llevaban un mes largo de residencia en Madrid y vestían aún el luto del padre, que no les había dejado ni para comprarlo. Deudas, eso sí.

¿Cómo podía ser que un hombre sin vicios, tan trabajador, tan de su casa, legase ruina a los suyos? ¡Ah! El inteligente farmacéutico, establecido en una población, se había empeñado en pagar tributo a la ciencia.

No contento con montar una botica según los últimos adelantos, la surtió de medicamentos raros y costosos: quería que nada de lo reciente faltase allí; quería estar a la última palabra... « ¡Qué sofoco si don Opropio, el médico, recetase alguna medicina de estas de ahora y no la encontrasen en mi establecimiento! ¡Y qué responsabilidad si, por no tener a mano el específico, el enfermo empeora o se muere!»

Y vino todo el formulario alemán y francés, todo, a la humilde botica lugareña... Y fue el desastre. Ni don Opropio recetó tales primores, ni los del pueblo los hubiesen comprado... Se diría que las enfermedades guardan estrecha relación con el ambiente, y que en los lugares sólo se padecen males curables con friegas, flor de malva, sanguijuelas y bizmas.[52] Habladle a un paleto de que se le ha «desmineralizado la sangre» o de que se le han «endurecido las arterias», y, sobre todo, proponedle el radio, más caro que el oro y la pedrería... No puede ser; hay enfermedades de primera y de tercera, padecimientos de ricos y de pobretes... Y el boticario se murió de la más vulgar ictericia, al verse arruinado, sin que le valiesen sus remedios novísimos dejando en la miseria a una mujer y dos criaturas... La botica y los medicamentos apenas saldaron los créditos pendientes, y las náufragas, en parte humilladas por el desastre y en parte soliviantadas por ideas fantásticas, con el producto de la venta de su modesto ajuar casero, se trasladaron a la corte...

Los primeros días anduvieron embobadas. ¡Qué Madrid, qué magnificencia! ¡Qué grandeza, cuánto señorío! El dinero en Madrid debe de ser muy fácil de ganar... ¡Tanta tienda! ¡Tanto coche! ¡Tanto café! ¡Tanto teatro! ¡Tanto rumbo! Aquí nadie se morirá de hambre; aquí todo el mundo encontrará colocación... No será cuestión sino de abrir la boca y decir: «A esto he resuelto dedicarme, sépase... A ver, tanto quiero ganar...»

Ellas tenían su combinación muy bien arreglada, muy sencilla. La madre entraría en una casa formal, decente, de señores verdaderos, para ejercer las funciones de ama de llaves, propias de una persona seria y «de respeto»; porque, eso sí, todo antes que perder la dignidad de gente nacida en pañales limpios, de familia «distinguida», de médicos y farmacéuticos, que no son gañanes... La hija mayor se pondría también a servir, pero entendámonos; donde la trataran como corresponde a una señorita de educación, donde no corriese ningún peligro su

---

[52]emplasto curativo.

honra, y donde hasta, si a mano viene, sus amas la mirasen como a una amiga y estuviesen con ella mano a mano... ¿Quién sabe? Si daba con buenas almas, sería una hija más... Regularmente no la pondrán a comer con los otros sirvientes... Comería aparte, en su mesita muy limpia... En cuanto a la hija menor, de diez años, ¡bah! Nada más natural; la meterían en uno de esos colegios gratuitos que hay, donde las educan muy bien y no cuestan a los padres un céntimo... ¡Ya lo creo! Todo esto lo traían discurrido desde el punto en que emprendieron el viaje a la corte...

Sintieron gran sorpresa al notar que las cosas no iban tan rodadas... No sólo no iban rodadas, sino que, ¡ay!, parecían embrollarse, embrollarse pícaramente... Al principio, dos o tres amigos del padre prometieron ocuparse, recomendar... Al recordarles el ofrecimiento, respondieron con moratorias, con vagas palabras alarmantes... «Es muy difícil... Es el demonio... No se encuentran casas a propósito... Lo de esos colegios anda muy buscado... No hay ni trabajo para fuera... Todo está malo... Madrid se ha puesto imposible...»

Aquellos amigos—aquellos conocidos indiferentes—tenían, naturalmente, sus asuntos, que les importaban sobre los ajenos... Y después, ¡vaya usted a colocar a tres hembras que quieren acomodo bueno, amos formales, piñones mondados! Dos lugareñas, que no saben de la misa la media..., que no han servido nunca... Muy honradas, sí...; pero con toda honradez, ¿qué?, vale más tener gracia, saber desenredarse...

Uno de los amigos preguntó a la mamá, al descuido:

—¿No sabe la niña alguna cancioncilla? ¿No baila? ¿No toca la guitarra?

Y como la madre se escandalizase, advirtió:

—No se asuste, doña María... A veces, en los pueblos, las muchachas aprenden de estas cosas... Los barberos son profesores... Conocí yo uno...

Transcurrida otra semana, el mismo amigo—droguero por más señas—vino a ver a las dos ya atribuladas mujeres en su trasconejada casa de huéspedes, donde empezaban a atrasarse lamentablemente en el pago de la fementida cama y del cocido chirle... Y previos bastantes circunloquios, les dio la noticia de que había una colocación. Sí, lo que se dice una colocación para la muchacha.

—No crean ustedes que es de despreciar, al contrario... Muy buena... Muchas propinas. Tal vez un duro diario de propinas, o más... Si la niña se esmera..., más, de fijo. Unicamente..., no sé... si ustedes... Tal vez prefieren otra clase de servicio, ¿eh? Lo que ocurre es que ese otro... no se encuentra. En las casas dicen: «Queremos una chica ya fogueada. No nos gusta domar potros.» Y aquí puede foguearse. Puede...

—Y ¿qué colocación es esa?—preguntaron con igual afán madre e hija.

—Es..., es... frente a mi establecimiento... En la famosa cervecería. Un servicio que apenas es servicio... Todo lo hacen mujeres. Allí vería yo a la niña con frecuencia, porque voy por las tardes a entretener un rato. Hay música, hay cante... Es precioso.

Las náufragas se miraron... Casi comprendían.

—Muchas gracias... Mi niña... no sirve para eso—protestó el burgués recato de la madre.

—No, no; cualquier cosa; pero eso, no—declaró a su vez la muchacha, encendida.

Se separaron. Era la hora deliciosa del anochecer. Llevaban los ojos como puños. Madrid les parecía—con su lujo, con su radiante alegría de primavera—un desierto cruel, una soledad donde las fieras rondan. Tropezarse con la florista animó por un instante el rostro enflaquecido de la joven lugareña.

—¡Mamá!, ¡rosas!—exclamó en un impulso infantil.

—¡Tuviéramos pan para tu hermanita!—sollozó casi la madre.

Y callaron... Agachando la cabeza, se recogieron a su mezquino hostal.

Una escena las aguardaba. La patrona no era lo que se dice una mujer sin entrañas; al principio había tenido paciencia. Se interesaba por las enlutadas, por la niña, dulce y cariñosa, que, siempre esperando el «colegio gratuito», no se desdeñaba de ayudar en la cocina fregando platos, rompiéndolos y cepillando la ropa de los huéspedes que pagaban al contado. Sólo que todo tiene su límite, y tres bocas son muchas bocas para mantenidas, manténganse como se mantengan. Doña Marciala, la patrona, no era tampoco Rotchschild[53] para seguir a ciegas los impulsos de un buen corazón. Al ver llegar a las lugareñas e instalarse ante la mesa, esperando el menguado cocido y la sopa de fideos, despachó a la fámula con un recado:

—Dice doña Marciala que hagan el favor de ir a su cuarto.

—¿Qué ocurre?

—No sé...

Ocurría que «aquello no podía continuar así»; que o daban, por lo menos, algo a cuenta, o valía más, «hijas mías», despejar... Ella, aquel día precisamente, tenía que pagar al panadero, al ultramarino. ¡No se había visto en mala sofocación por la mañana! Dos tíos brutos, unos animales, alzando la voz y escupiendo palabrotas en la antesala, amenazando embargar los muebles si no se les daba dinero, poniéndola de tramposa que no había por dónde agarrarla a ella, doña Marciala Galcerán, una señora toda la vida. «Hijas», es preciso hacerse cargo. El

---

[53]familia de banqueros del siglo XIX de origen alemán y raza israelita.

que vive de un trabajo diario no puede dar de comer a los demás; bastante hará si come él. Los tiempos están terribles. Y lo sentía mucho, lo sentía en el alma...; pero se había concluido. No se les podía adelantar más. Aquella noche, bueno, no se dijera, tendrían su cena...; pero al otro día, o pagar siquiera algo, o buscar otro hospedaje...

Hubo lágrimas, lamentos, un conato de síncope en la chica mayor... Las náufragas se veían navegando por las calles, sin techo, sin pan. El recurso fue llevar a la prendería los restos del pasado: reloj de oro del padre, unas alhajuelas[54] de la madre. El importe a doña Marciala..., y aún quedaban debiendo.

—Hijas, bueno, algo es algo... Por quince días no las apuro... He pagado a esos zulúes... Pero vayan pensando en remediarse, porque si no... Qué quieren ustés, este Madrid está por las nubes...

Y echaron a trotar, a llamar a puertas cerradas, que no se abrieron, a leer anuncios, a ofrecerse hasta a las señoras que pasaban, preguntándoles en tono insinuante y humilde:

—¿No sabe usted una casa donde necesiten servicio? Pero servicio especial, una persona decente, que ha estado en buena posición..., para ama de llaves... o para acompañar señoritas...

Encogimiento de hombres, vagos murmurios,[55] distraída petición de señas y hasta repulsas duras, secas, despreciativas... Las náufragas se miraron. La hija agachaba la cabeza. Un mismo pensamiento se ocultaba. Una complicidad, sordamente, las unía. Era visto que ser honrado, muy honrado, no vale de nada. Si su padre, Dios le tuviere en descanso, hubiera sido *como otros*..., no se verían ellas así, entre olas, hundiéndose hasta el cuello ya...

Una tarde pasaron por delante de la droguería. ¡Debía de tener peto el droguero! ¡Quién como él!

—¿Por qué no entramos?—arriesgó la madre.

—Vamos a ver... Si nos vuelve a hablar de colocación...—balbució la hija. Y, con un gesto doloroso, añadió: —En todas partes se puede ser buena...

Un destripador de antaño y otros cuentos. Selección de José Luis López Muñoz. Madrid: Alianza Editorial, 1975.

---

[54]alhajas de poco valor.

[55]gallego: murmullo.

LEOPOLDO ALAS, «CLARÍN» (1852-1901)

"El libre examen y nuestra literatura presente"

Cuando un movimiento nacional como el de 1868[1] viene a despertar la conciencia de un país, pueden ser efímeros los inmediatos efectos exteriores de la revolución; pero aunque ésta en la esfera política deje el puesto a la reacción en lo que más importa, en el espíritu del pueblo, la obra revolucionaria no se destruye, arraiga más cada vez, y los frutos que la libertad produce en el progreso de las costumbres, en la vida pública, en el arte, en la ciencia, en la actividad económica, asoman y crecen y maduran, acaso al tiempo mismo que en las regiones del poder material, del gobierno, una restauración violenta se afana por borrar lo pasado, deshaciendo leyes, resucitando privilegios, organizando persecuciones.

Si antes de 1868 muchas veces los partidos políticos liberales habían ensayado el gobierno de los pueblos constitucionales, en la conciencia nacional puede decirse que no dieron fruto los gérmenes revolucionarios hasta esa fecha memorable.

Antes habíanse contenido las reformas en la esfera política puramente formal, llegando a lo sumo a ciertas concesiones que imperiosamente reclamaba el derecho económico. El partido progresista[2] había sido siempre, en rigor, el que representaba aquí lo más avanzado, lo más atrevido en punto a reformas; y el partido progresista es hoy el símbolo de la parsimonia y de la poquedad en materia revolucionaria: faltábale, en efecto, llevar a lo más hondo del propio ánimo y de la propia conciencia la vocación reflexiva del liberalismo real sistemático; por miedos que se explican, caía en contradicciones pasmosas y procuraba armonías y transacciones imposibles con elementos de reacción que, por motivos sentimentales, consideraba sagrados. La religión, la ciencia, la literatura

---

[1] referencia a la revolución de 1868: conjunto de sucesivas etapas de poder—destronamiento de Isabel II, gerencia de Serrano, monarquía de Amadeo I de Saboya—que culminaron en la proclamación de la I República.

[2] partido liberal español del siglo XIX, que tenía como fin el más rápido desenvolvimiento de las libertades públicas.

estaban muy lejos de la revolución en España lo mismo en 1812[3] que 1820,[4] que 1837,[5] que 1845;[6] había, sí, trabajos dignos de aprecio que iban preparando la revolución del espíritu, pero la nación era en general extraña a estos esfuerzos aislados de algunas personalidades, de excepciones tan raras como insignes. Si en las leyes había, en algunas épocas, relativa libertad para la conciencia, las costumbres apartaban al más atrevido de aprovechar esta libertad en pro del libre examen. La filosofía aquí se reducía a las declamaciones elocuentes del ilustre Donoso Cortés[7] y al eclecticismo simpático, pero originariamente infecundo del gran Balmes,[8] que como tantos otros soñaba con alianzas imposibles entre sus creencias y las poderosas corrientes del siglo. En la literatura sólo aparece un espíritu que comprende y siente la nueva vida: José Mariano Larra,[9] en cuyas obras hay más elementos revolucionarios, de profunda y radical revolución, que en las hermosas lucubraciones de Espronceda,[10] y en los atrevimientos felices de Rivas[11] y García Gutiérrez.[12] Larra no sólo se adelantó a su tiempo, sino que aun en el nuestro los más de los lectores se quedan sin comprender mucho de lo que en aquellos artículos de aparente ligereza se dice, sin decirlo.

---

[3]fecha de la Constitución liberal de Cádiz.

[4]fecha del levantamiento, a favor de la Constitución de Cádiz, del General Rafael del Riego.

[5]fecha de la Constitución liberal moderada redactada por las Cortes Constituyentes de 1836.

[6]fecha de la Constitución de 1845, revisión moderada y hasta ultraconservadora de la Constitución de 1837.

[7]Juan Donoso Cortés (1809-53), ensayista español que partiendo del liberalismo evolucionó hacia un conservadurismo extremado. Escribió *Ensayo sobre el catolicismo, el liberalismo y el socialismo*.

[8]Jaime Balmes (1810-48), filósofo español.

[9]Mariano José de Larra (1809-37) escritor romántico español. Véase la selección de su obra en esta antología.

[10]José de Espronceda (1808-42), escritor romántico español. Entre sus obras se encuentran *El estudiante de Salamanca* y *El diablo mundo*.

[11]Angel Saavedra, duque de Rivas (1791-1865), escritor romántico español. Entre sus obras destaca la pieza teatral *Don Alvaro o La fuerza del sino*.

[12]Antonio García Gutierrez (1813-84), dramaturgo romántico español. Escribió *El trovador*.

Pero la revolución de 1868, preparada con más poderosos elementos que todos los movimientos políticos anteriores, no sólo fue de más trascendencia por la radical transformación política que produjo, sino que llegó a todas las esferas de la vida social, penetró en los espíritus y planteó por vez primera en España todos los arduos problemas que la libertad de conciencia había ido suscitando en los pueblos libres y cultos de Europa.

La religión y la ciencia, que habían sido aquí ortodoxas en los días de mayor libertad política, veíanse por vez primera en tela de juicio y desentrañábanse sus diferencias y sus varios aspectos; disputábanse los títulos de la legitimidad a cuanto hasta entonces había imperado por siglos, sin contradicción digna de tenerse en cuenta; las dudas y las negaciones que habían sido antes alimento de escasos espíritus llegaron al pueblo, y se habló en calles, clubs y Congresos de teología, de libre examen, con escándalo de no pequeña parte del público, ortodoxo todavía y fanático o, por lo menos, intolerante. Hubo aquellas exageraciones que siempre acompañan a los momentos de protesta, exageraciones que son castigo de los excesos del contrario; y creció con ellas la alarma, y se llegó al asesinato en los templos, y a las funciones de desagravios, y a las suscripciones nacionales en pro de la unidad religiosa y, por último, a la terrible, pero lógica, inevitable guerra civil.

Vista de cerca, con los pormenores prosaicos y mezquinos que a todo esfuerzo colectivo acompaña en la historia, esta gran fermentación del espíritu en España puede perder algo de su grandeza, sobre todo a los ojos del observador ligero o pesimista: más de lejos, y en conjunto, al que atiende bien y sin prevenciones, la historia de estos pasados años tiene que parecerle bella, digna de la musa épica.

Como a todo lo demás, llegaron a la literatura los efectos de esta fermentación del pensamiento y de las pasiones; las letras vivían en el limbo, el gusto predominante era pobre, anémico; una hipócrita, o acaso nada más que estúpida máscara de moralidad convencional, preocupada y enclenque, lo invadía todo: el teatro, la novela, la lírica. Los poetas del teatro, mudos casi siempre los gloriosos restos del romanticismo, eran alabados cuando producían obras seudoéticas y éticas de ingenio, dando otra acepción a la palabra: en la novela reinaba el absurdo; quién ponía a contribución en disparatadas leyendas las crónicas de nuestra historia o la vida de bandoleros; quién estrujaba el Evangelio y el catecismo para mezclar el jugo mal extraído con lúbricas fantasías, de una voluptuosidad de confesonario gazmoña y picante por lo disimulada. Los poetas líricos, con excepción de uno solo, caían en el más gárrulo *nihilismo* y jugaban con las palabras como si fueran cascabeles arrojados al aire; todo sonaba a hueco, como no fuera el ruido formidable que producían las cadenas del pensamiento, que éste, al moverse, hacía vibrar sin pena suya, como sonajas con que alegraba su esclavitud.

En este lamentable estado vivía la literatura española cuando la conciencia nacional despertó, quizá por vez primera, de su sueño inmemorial.

De entonces acá, ¡cuánto ha variado el espíritu general de nuestras letras! En medio de extravíos sin cuento, y contra el poder de reacción fortísima, de preocupaciones arraigadas, aparecieron obras que por vez primera infundían en la conciencia del pueblo español el aliento del libre examen; obras que daban a nuestras letras la dignidad del siglo XIX, la importancia social que una literatura debe tener para valer algo en su tiempo. Este portentoso movimiento puede asegurarse que empezó por la oratoria. Levantóse la tribuna en la plaza, hablaron al pueblo los prohombres de la política, y allá fueron, mezclados con las pasiones del día, con los intereses actuales de partido, los gérmenes de grandes ideas, de sentimientos y energías que el pueblo español jamás había conocido, y menos al aire libre, como bendito maná que se distribuía a todos.

Volvía Castelar[13] del destierro sin aquellas vacilaciones y contradictorias creencias que un vago sentimental cristianismo le inspirara un día; volvía como apóstol de la democracia y del libre examen, predicando una política generosa, optimista, quizá visionaria, pero bella, franca y en el fondo muy justa y muy prudente. Pecaba de abstracto y formalista el credo de los apóstoles democráticos, mas así convenía quizá para que tuviese en nuestro pueblo la influencia suficiente a sacarle de su apatía y hacerle entusiasmarse por ideales tan poco conocidos como eran para los españoles de estos siglos los ideales de la libertad.

La semilla no hubiera dado fruto si sólo se hubiera hecho la propaganda en la tribuna y en el periódico: para hacerla cundir, nada como estos elementos; para hacerla fecunda, otros se necesitaban.

Y contribuyeron a este trabajo meritísimo la literatura filosófica, la novela, el teatro, la lírica como elementos principales del gran movimiento progresivo de nuestros días.

La filosofía en España era en rigor planta exótica; puede decirse que la trajo consigo de Alemania el ilustre Sanz del Río.[14] Querer unir a la tradición de

---

[13]Emilio Castelar (1832-99), político, orador y escritor español. Tomó parte en la sublevación de 1866 y, como consecuencia, tuvo que huir a Francia. Proclamada la I República, fue ministro de Estado y presidente.

[14]Julían Sanz del Río (1814-69), filósofo español introductor del krausismo en España. El krausismo postula la conciliación entre el teísmo y el panteísmo. Es decir, Dios, sin ser del mundo ni estar exclusivamente fuera de él, lo contiene

nuestra antigua sabiduría los trabajos casi insignificantes de los pensadores católicos y escolásticos de nuestro siglo es una pretensión absurda, aunque la apadrinen
eruditos. La filosofía del siglo, la única que podía ser algo más que una momia,
un ser vivo, entró en España con la influencia de las escuelas idealistas importada
por el filósofo citado.

Cuando ya por el mundo corrían con más crédito que los sistemas de los
grandes filósofos idealistas de Alemania las derivaciones de la izquierda hege-
liana[15] y el positivismo[16] francés y el inglés, en España la escuela krausista pros-
peraba, y con riguroso método, gran pureza de miras y parsimoniosa investigación, iba propagando un espíritu filosófico, de cuya fecundidad en buenas obras
y buenos pensamientos no pueden tener exacta idea los contemporáneos, ni aun
los que más de cerca y más imparcialmente estudien este influjo, insensible para
los observadores poco atentos. Como oposición necesaria del krausismo, que sin
ella podía degenerar en dogmatismo de secta intolerable, llegaron después las
corrientes de otros sistemas, tales como el monismo,[17] el spencerismo,[18] el dar-
winismo,[19] etc., etc., y hoy tenemos ya, por fortuna, muestra de todas las escuelas, palenque propio, nacional, en que mejor o peor representadas todas las tendencias filosóficas combaten y se influyen, como es menester para que dé resulta-
dos provechosos a la civilización la batalla incruenta de las ideas.

Algunos hombres ilustres afiliados a tal o cual tendencia o escuela llevan
hoy el influjo de la filosofía a la cultura general y especialmente a las letras;
pero nótase que, por causas que no debo estudiar ahora, no hay la proporción que

---

en sí y de él trasciende.

[15]En esta doctrina filosófica, el Absoluto se manifiesta evolutivamente bajo
las formas de naturaleza y espíritu.

[16]sistema filosófico de Auguste Comte (1798-1857) que consiste en no admitir como válidos científicamente los conocimientos que no proceden de la
experiencia, rechazando toda noción preconcebida y todo concepto universal y
absoluto.

[17]materialismo evolucionista de Ernst Heinrich Haeckel (1834-1919), segui-
dor de las docrinas de Darwin.

[18]doctrina de Herbert Spencer (1820-1903) en la cual defiende el
individualismo a ultranza y aplica la teoría evolucionista a la sociología.

[19]teoría biológica de Charles Robert Darwin (1809-82) según la cual la transformación de las especies animales y vegetales se produce en virtud de una
selección natural de individuos, debida a la lucha por la existencia y perpetuada
por la herencia.

debiera entre el movimiento filosófico-literario y la fuerza virtual de nuestra filosofía modernísima; de otro modo, los hombres que saben y piensan en filosofía tanto como los que en otros países se consagran a estos cuidados, aquí no cultivan las letras, no propagan, sino en muy reducidas esferas, sus ideas por medio del libro.

Hay opúsculos muy notables de muchos de esos filósofos, pero ninguno de ellos ha escrito todavía *la obra* que pudiera esperarse de su sabiduría. Acaso obedece esto a muy prudentes resoluciones, acaso es buen síntoma esta sobriedad de nuestra literatura filosófica; pero también tiene su aspecto malo la pobreza de este ramo de literatura: el público no responde como debiera a las manifestaciones científicas de este género: aún no es hora de hablarle directamente en nombre de la razón y de la reflexión; aún hay que *dorarle la verdad*, que es para él una píldora amarga. Aún es cosa de pocos el estudiar los grandes problemas de la ciencia filosófica sin necesidad de aliños y disfraces.

Pero en la cátedra, en las discusiones académicas nuestros filósofos sí han dado pruebas abundantes de la profundidad de su pensamiento, de la riqueza de su doctrina, de la seguridad de sus convicciones, de la originalidad de su investigación, de la variedad y riqueza de sus conocimientos. No por el libro, por la cátedra y el Ateneo[20] se han hecho populares los nombres de Salmerón,[21] Giner[22] y Moreno Nieto,[23] cuya fama es de un género que si cunde en España es porque está la patria muy cambiada, y ya no es la España preocupada por el fanatismo, incapaz de pensar libremente y apreciar en lo que vale la investigación filosófica, a fuerza de perseguir el libre pensamiento y a fuerza de despreciar la ciencia.

Sin embargo, aún es muy pronto para que la filosofía influya directamente en el espíritu general del pueblo; su influencia es positiva, pero mediata, y más que directamente se realiza por intervención del arte, que expresa vagamente aquello que de la filosofía puede ser expresado con auxilio de las manifestaciones

---

[20]El Ateneo de Madrid fue fundado en 1820. Los ateneos son asociaciones de carácter científico o literario.

[21]Nicolás Salmerón (1838-1908), político y filósofo español. Se distinguió por sus ideas racionalistas.

[22]Francisco Giner de los Ríos (1839-1915), pedagogo español discípulo de Sanz del Río y continuador del krausismo. Fundó la Institución Libre de Enseñanza.

[23]José de Moreno Nieto (1825-82), arabista y escritor español. Fue director general de Instrucción Pública.

estéticas. Los elementos estéticos y prasológicos[24] son los que pasan más fácilmente del mundo científico a la cultura general; lo que hoy ya todo el pueblo ama y comprende no es tanto la filosofía en sí como su derecho a la existencia, la grandeza de sus propósitos, la legitimidad de sus reclamaciones, la dignidad de su misión, la pureza de sus miras. ¿Qué es la ciencia? No lo sabe la cultura general a punto fijo, pero sabe que es elemento esencial de la vida, de gran influencia, de valor sumo. La libertad del pensamiento es lo que el pueblo ha comprendido, y esto es camino para que llegue a comprender las profundidades del discurrir metódico y sistemático.

Decía que por el arte ha penetrado mejor en el espíritu general el libre examen y el respeto a la dignidad de la investigación filosófica, libre de la tutela dogmática. Y citaba antes la novela, el teatro, la lírica, manifestaciones del arte que en nuestros días han prosperado en España y en el sentido que señala la influencia liberal, expansiva, noble, profunda, espontánea.

Puede disputarse si las obras presentes de nuestro teatro son superiores a las producidas en las décadas anteriores; pero en la novela toda discusión sobre este punto sería absurda.

Si en días muy lejanos, en otros siglos, nuestra novela valió tanto que salió de las prensas españolas la mejor novela del mundo, lo que es nuestra literatura contemporánea nada había hecho digno de elogio en este género, que es precisamente el más y mejor cultivado en los países que tienen más vigorosa y original iniciativa en todo movimiento intelectual.

El glorioso renacimiento de la novela española data de fecha posterior a la revolución de 1868.

Y es que para reflejar como debe la vida moderna, las ideas actuales, las aspiraciones del espíritu del presente, necesita este género más libertad en política, costumbres y ciencia de la que existía en los tiempos anteriores a 1868.

Es la novela el vehículo que las letras escogen en nuestro tiempo para llevar al pensamiento general, a la cultura común el germen fecundo de la vida contemporánea, y fue lógicamente este género el que más y mejor prosperó después que respiramos el aire de la libertad de pensamiento.

Este renacer, mejor nacer, acaso, de la novela está muy a los comienzos de su gloriosa carrera: aún son pocos los autores que representan la nueva novela española, y no son por cierto espíritus aventurados, amigos de la utopia, revolucionarios ni despreciadores de toda parsimonia en el progresar y en el reformar. El más atrevido, el más *avanzado*, por usar una palabra muy expresiva, de estos

---

[24]de praxis: práctica, en oposición a teoría o teórica.

novelistas, y también el mejor, con mucho, de todos ellos es Benito Pérez Galdós,[25] que con Echegaray,[26] en el drama, es la representación más legítima y digna de nuestra revolución literaria. Pues Galdós no es, ni con mucho, un revolucionario, ni social ni literario: ama la medida en todo y quiere ir a la libertad, como a todas partes, por sus pasos contados. Hombre sin preocupaciones políticas, ni religiosas, ni literarias, no se ha afiliado ni a sectas, ni a partidos, ni a escuelas; no es un Eugenio Sué,[27] ni un Flaubert,[28] ni menos un Zola;[29] parécese más a los novelistas de la gran novela inglesa, a quien ama y en parte sigue; pero tiene más caracterizada personalidad en ideas y sentimientos y más pasión por las conquistas del espíritu liberal. Su musa es la justicia. Huye de los extremos, encántale la prudencia, y es, en suma, el escritor más a propósito para atreverse a decir al público español, poco ha[30] fanático, intolerante, que por encima de las diferencias artificiales que crean la diversidad de confesiones y partidos están las leyes naturales de la humanidad sociable, el amor de la familia, el amor del sexo, el amor de la patria, el amor de la verdad, el amor del prójimo. *Las Novelas contemporáneas*[31] (*Gloria, Doña Perfecta, León Rosch*) no atacan el fondo del dogma católico; atacan las costumbres y las ideas sustentadas al abrigo de la Iglesia por el fanatismo secular; sólo así pudo llegar al seno de las familias en todos los rincones de España la novela de Galdós: no es en él calculada esta parsimonia, esta prudencia; escribe así naturalmente, pero el resultado es el mismo que si Galdós se propusiese preparar el terreno para predicar el más franco racionalismo. No hay acaso en ninguna literatura espectáculo semejante

---

[25]escritor español (1843-1920), militó en el Partido Liberal y en el Partido Republicano. Su obra se divide en los *Episodios nacionales*, novelas y teatro.

[26]José Echegaray (1832-1916), dramaturgo, político y matemático español. Premio Nobel de Literatura en 1904. En su teatro predomina el carácter neorromántico y la tesis moralista. Escribió *El gran galeoto*.

[27]novelista francés (1804-57) de tendencias socialistas.

[28]Gustave Flaubert (1821-80), novelista francés creador de la novela realista y precursor del naturalismo. En sus obras satirizó las costumbres y mentalidad burguesas. Escribió *Madame Bovary*.

[29]Emile Zola (1840-1902), novelista francés y promotor de la escuela naturalista. En sus novelas sostuvo la tesis materialista de la herencia.

[30]hace.

[31]En esta serie Galdós crea una serie de personajes ficticios que reaparecen en distintas novelas. Pueden leerse como una historia social y sicológica del periodo, así como las obras de Balzac o Dickens.

al que ofrece la influencia de Galdós en el vulgo y la popularidad de sus novelas, anticatólicas al cabo, en esta España católica y preocupada, y hasta ha poco tan intolerante. Piénsese que no hay país, de los civilizados, donde el fanatismo tenga tan hondas raíces, y piénsese que la novela de Galdós no ha influido sólo en estudiantes librepensadores y en socios de Ateneos y clubs, sino que ha penetrado en el santuario del hogar, allí donde solían ser alimento del espíritu libros devotos y libros profanos de hipócrita o estúpida moralidad casera, sin grandeza ni hermosura.

Sí, Galdós ha sabido meterse en muchas almas que parecían cerradas a cal y canto para toda luz del libre pensamiento.

Don Juan Valera[32] es en el fondo mucho más revolucionario que Galdós, pero complácese en el contraste que ofrece la suavidad de sus maneras con el jugo de sus doctrinas. Pero su influencia, acaso por dicha, es inferior a la del autor de *Gloria*. A vueltas de mil alardes de catolicismo, de misticismo a veces, Valera es un pagano; tiene toda la graciosa voluptuosidad de un espíritu del Renacimiento y todo el eclecticismo, un tanto escéptico, de un hombre de mundo filósofo del siglo XIX. Es como el Eumorfo de su Asclepigenia,[33] un *lyon*[34] que ha creído necesario estudiar filosofía. La filosofía de Valera es una filosofía de adorno. Hay demasiadas vueltas y revueltas en el pensamiento que se oculta en cada novela de Valera para que puedan penetrar, sin perderse en tal laberinto, los espíritus sencillos y no muy agudizados del vulgo. Por eso sus libros, que a un reducido público le embelesan, no son pasto común de los amantes de la novela. Pero ningún autor como Valera señala el gran adelanto de nuestros días en materia de pensar sin miedo. Su humorismo profundo, sabio, le ha llevado por tantos y tan inexplorados caminos, que bien se puede decir que Valera ha hablado de cosas de que jamás se había hablado en castellano, y ha hecho pensar y leer entre líneas lo que jamás autor español había sugerido a lector atento, perspicaz y reflexivo. Por los subterráneos del alma, como decía Maine de Biran,[35] camina Valera con tal expedición «como Pedro por su casa»;[36] y el lector que tiene alientos y voluntad para seguirle, visita con él regiones del espíritu que

---

[32]diplomático, novelista y crítico español (1824-1905).

[33]referencia desconocida.

[34]león.

[35]François Pierre Maine de Biran (1766-1824), filósofo francés defensor del espiritualismo.

[36]expresión que significa "con familiaridad".

jamás fueron reveladas a esta literatura española, que por siglos tuvo prohibida la entrada en tales abismos. La libertad de Valera en este punto llega a veces a la licencia; licencia que se acentúa más con el contraste de la forma percatada y meticulosa. Pero todo esto sirve para ahondar en la mina y extraer nuevas riquezas para la literatura patria y para la obra grandiosa del pensamiento libre. Descubridor atrevido, quizá temerario, es Valera uno de los autores que, a pesar de sus humorísticas protestas de ortodoxo, más trabaja y más eficazmente por el progreso y la independencia del espíritu.

Alarcón,[37] y ya puede decirse que Pereda,[38] representan la reacción en la novela, y en buen hora; pues aparte de que sus libros, por el mérito absoluto que tienen en cuanto obras de arte, contribuyen y no poco al florecimiento del género de que trato, aun como oposición tienen el mérito relativo de poner de relieve en las vicisitudes del combate la superioridad del libre examen sobre las preocupaciones de la ortodoxia y de la intolerancia.

La lucha es desigual, porque Galdós y Valera son ingenios de primer orden, pensadores profundos, aunque de ello no hagan intempestivo alarde, y Alarcón y Pereda son meramente artistas, y al querer buscar tendencia trascendental para sus obras demuestran que son espíritus vulgares en cuanto se refiere a las ideas más altas e importantes de la filosofía y de las ciencias sociológicas. No tiene más grandeza ni más profundidad su pensamiento que el de cualquier redactor adocenado de *El Siglo Futuro* o de *La Fe*;[39] y enoja y causa tedio la desproporción que hay entre los medios de expresión artística de que disponen y la inopia del fondo de pensamiento que pretenden exhibir. Quieren defender el pasado por medio de la novela; el propósito merece respeto, pero sus fuerzas son escasas, sus alegatos pobres, adocenados, y la comparación con los que en pro de la nueva vida presentan Valera y Galdós, sería sencillamente un sarcasmo.

Mas al fin, aunque pequeño, este es un esfuerzo digno de tomarse en cuenta hecho por la reacción en el género que hoy comienza a tener más savia, más vida, más porvenir; pero ni esto siquiera tiene el pasado en el teatro ni en la lírica. El teatro y la lírica son por completo del libre examen, a pesar de que no sean francamente revolucionarios en la apariencia todos sus representantes. Echegaray, decíamos arriba, es con Galdós encarnación de nuestra literatura libre; es

---

[37]Pedro Antonio de Alarcón (1833-91), escritor español tanto de piezas teatrales como novelas. Es autor de *El sombrero de tres picos*.

[38]José María de Pereda (1833-1906), escritor español de carácter costumbrista y regionalista. Es autor de *Peñas arribas*.

[39]periódicos católicos y conservadores del siglo XIX.

cierto, su influencia en el teatro español es la más poderosa que se ha notado desde los tiempos en que García Gutiérrez hizo volver al antiguo cauce la corriente impetuosa y pura de nuestro drama romántico. Echegaray, en parte, es continuador de esa escuela, pero tal como lo exigen las circunstancias del tiempo; los atrevimientos que primero se intentaron en los medios artísticos hoy es preciso intentarlos en el fondo, en el pensamiento, en el propósito final.

Como el teatro es la manifestación artística que más interesa al público español; como el teatro es lo más nacional de nuestra literatura, en este terreno es donde la reacción quiso defenderse más, y con armas no siempre lícitas destruir al adversario. Echegaray personificaba el libre vuelo de la fantasía y el libre examen en la escena, y aunque jamás osó atacar de frente en las tablas lo que las costumbres hicieron respetar siempre en ellas, no le libró esta prudencia de la ira de los intolerantes y reaccionarios, y no sólo se discutió la moralidad de sus dramas y la belleza de sus procedimientos artísticos, sino lo que era indiscutible, sus facultades de poeta dramático.

Si pocas veces hubo oposición más ruda, más ciega, más encarnizada, jamás se presenció triunfo tan grande, tan completo como el de Echegaray. Ahora callan sus enemigos y el pueblo entero le corona y le aclama y le declara su poeta predilecto. La victoria no es sólo de Echegaray, es la victoria del espíritu libre de trabas, dogmas y preocupaciones que se enseñorea de la escena, donde vegetaban los enclenques vástagos de una dramática híbrida, sin objeto, sin causa racional, y abrumada de cortapisas, de recetas, de preocupaciones y, lo que es peor que todo, anémica.

En el teatro la revolución tiene que ir mucho más adelante: en su obra deben ayudar a Echegaray los que sientan fuerzas en su espíritu para tal empresa: muerto el autor de *Consuelo*,[40] que por tan buen camino llevaba la comedia nueva, queda Sellés,[41] que tiene facultades excepcionales, que debe aprovechar para ir formando el nuevo teatro español, que sin renegar de lo que hay de bueno y eternamente bello en la tradición, necesita seguir el rumbo que al arte señala el movimiento general presente de la ciencia y de la literatura.

Algunos jóvenes que, ya en la novela, ya en el teatro, hacen sus primeras armas con tendencias dignas de ser alentadas, son quizá la esperanza legítima de las nuevas aspiraciones que debe tener nuestra literatura para ser digna de su tiempo.

---

[40]Se refiere a Adelardo López de Ayala (1829-79), político y dramaturgo español. En *Consuelo* se expone la necesidad de tener ideales en la vida.

[41]Eugenio Sellés (1844-1926) dramaturgo español imitador de Echegaray.

Nuestros líricos del presente son dos: Campoamor[42] y Núñez de Arce.[43] En la relación al librepensamiento, que es lo único que aquí se debe considerar, puede parecer al lector que se pague de apariencias que ni uno ni otro son poetas del libre-examen, pues los dos se llaman católicos y el uno llora porque duda y el otro se defiende del pesimismo creyendo como su madre y todo lo que su madre. Apariencias. Campoamor es el literato más revolucionario de España, a pesar de que milita en las filas de un partido conservador. El Campoamor que ha sido consejero de Estado, no es el Campoamor que ha escrito *La lira rota* y *Los buenos y los sabios*. Ni el mismo Valera ha penetrado tan adentro en los misterios de la psicología, ni los ha explorado con tanta libertad. Muchas doloras de Campoamor[44] parecen inspiradas en los escritos del pesimista Schopenhauer;[45] el dejo de toda su poesía es una desesperación sublime, que ya sólo se goza en el encanto de la hermosura del dolor poético.

Líbreme Dios de creer que conviene a los pueblos desesperar de la vida; no, lo que conviene es que la luz penetre en todo, y que cuanto guarda de desengaños, penas, aspiraciones insaciables el alma humana, se vea, se estudie por la ciencia y por el arte, cada cual a su modo, para acabar para siempre con las imposiciones del misterio, que explotaba antes el fanatismo oscuro y nebuloso.

Si no tan profundo ni tan ameno como el de Campoamor, el numen de Núñez de Arce es más vigoroso, más propio para alentar esperanzas, para propagar ideales, para defender nobles causas. Es francamente espiritualista; sus dudas son más fáciles de resolver que las que engendra la desilusión en la poesía campoamorina, y estudiándolas bien se ve que ya están resueltas, que Núñez de Arce es un poeta de la libertad, y que si aún mezcla en su fantasía los elementos esenciales de la religión con los accidentales de determinada Iglesia, su razón está ya por encima de estas confusiones.

---

[42]Ramón de Campoamor (1817-1901), escritor español autor de las *Doloras*. Fue, asimismo, gobernador civil, diputado y senador.

[43]Gaspar Núñez de Arce (1834-1903), escritor español de tendencia posromántica. Es autor de *Gritos de combate*.

[44]Según el propio autor, dolora "es una composición poética en la cual se debe hallar unida la ligereza con el sentimiento y la concisión con la importancia filosófica.

[45]Arthur Schopenhauer (1788-1860), filósofo alemán. Su filosofía se caracteriza por el pesimismo voluntarista. Es autor de *El mundo como voluntad y representación*.

Menos soñador que Campoamor, inspírase más en la vida de los otros, en la sociedad y en los movimientos de la historia; es, por decirlo en términos positivistas, más altruista que el príncipe de los líricos contemporáneos de España. Campoamor es la lírica revolucionaria de los espíritus escogidos, delicados, quizá enfermos. Núñez de Arce es la lírica expansiva, menos personal, más vecina de la épica, más propia para enardecer el entusiasmo por el progreso, la libertad y la patria.

No descendiendo de estas cumbres, olvidando la garrula vocinglería de los imitadores, de los mercenarios de las letras, las nuestras se nos presentan en positivo progreso y, sobre todo, recibiendo por vez primera la benéfica influencia del pensamiento libre.

Pero los adelantos cumplidos no deben hacernos olvidar el camino que está por recorrer: es muy largo, muy largo. La hipocresía, la ignorancia, la preocupación, la envidia, el falso clasicismo, inquisidor disfrazado de sátiro, juntan sus huestes y un día y otro presentan batalla al progreso de las letras libres.

Es preciso derrotarlos también todos los días.

Ataquemos, sobre todo, a los enemigos más temibles: a la necedad presuntuosa y a la ignorancia devota.

"¡Adiós, «Cordera»!"

¡Eran tres, siempre los tres!: Rosa, Pinín y la *Cordera*.

El *prao*[46] Somonte[47] era un recorte triangular de terciopelo verde tendido, como una colgadura, cuesta abajo por la loma. Uno de sus ángulos, el inferior, lo despuntaba el camino de hierro de Oviedo a Gijón.[48] Un palo del telégrafo, plantado allí como pendón de conquista, con sus *jícaras*[49] blancas y sus alambres paralelos, a derecha e izquierda, representaba para Rosa y Pinín el ancho

---

[46]prado (en dialecto asturiano).

[47]somonte: terreno situado en la falda de una montaña.

[48]Oviedo: ciudad española, capital del Principado de Asturias; Gijón: ciudad en esa misma provincia.

[49]En los postes de telégrafos y luz, las conexiones se realizaban dentro de unos pequeños cuencos de porcelana blanca, de ahí el nombre otorgado por «Clarín».

mundo desconocido, misterioso, temible, eternamente ignorado. Pinín, después de pensarlo mucho, cuando a fuerza de ver días y días el poste tranquilo, inofensivo, campechano, con ganas, sin duda, de aclimatarse en la aldea y parecerse todo lo posible a un árbol seco, fue atreviéndose con él, llevó la confianza al extremo de abrazarse al leño y trepar hasta cerca de los alambres. Pero nunca llegaba a tocar la porcelana de arriba, que le recordaba las *jícaras* que había visto en la rectoral de Puao. Al verse tan cerca del misterio sagrado le acometía un pánico de respeto, y se dejaba resbalar de prisa hasta tropezar con los pies en el césped.

Rosa, menos audaz, pero más enamorada de lo desconocido, se contentaba con arrimar el oído al palo del telégrafo, y minutos, y hasta cuartos de hora, pasaba escuchando los formidables rumores metálicos que el viento arrancaba a las fibras del pino seco en contacto con el alambre. Aquellas vibraciones, a veces intensas como las del diapasón, que aplicado al oído parece que quema con su vertiginoso latir, eran para Rosa los *papeles* que pasaban, las *cartas* que se escribían por los *hilos*, el lenguaje incomprensible que lo ignorado hablaba con lo ignorado; ella no tenía curiosidad por entender lo que los de allá, tan lejos, decían a los del otro extremo del mundo. ¿Qué le importaba? Su interés estaba en el ruido por el ruido mismo, por su timbre y su misterio.

La *Cordera*, mucho más formal que sus compañeros, verdad es que, relativamente, de edad también mucho más madura, se abstenía de toda comunicación con el mundo civilizado, y miraba de lejos el palo del telégrafo como lo que era para ella efectivamente, como cosa muerta, inútil, que no le servía siquiera para rascarse. Era una vaca que había vivido mucho. Sentada horas y horas, pues, experta en pastos, sabía aprovechar el tiempo, meditaba más que comía, gozaba del placer de vivir en paz, bajo el cielo gris y tranquilo de su tierra, como quien alimenta el alma, que también tienen los brutos; y si no fuera profanación, podría decirse que los pensamientos de la vaca matrona, llena de experiencia, debían de parecerse todo lo posible a las más sosegadas y doctrinales odas de Horacio.[50]

Asistía a los juegos de los pastorcicos encargados de *llindarla*,[51] como una abuela. Si pudiera, se sonreiría al pensar que Rosa y Pinín tenían por misión en el prado cuidar de que ella, la *Cordera*, no se extralimitase, no se metiese por la vía del ferrocarril ni saltara a la heredad vecina. ¡Qué había de saltar! ¡Qué se había de meter!

---

[50]Quinto Flaco Horacio (65-8 a.C.) poeta latino, autor de cuatro libros de *Odas*.

[51]llindiar: cuidar, guardar (en dialecto asturiano).

Pastar de cuando en cuando, no mucho, cada día menos, pero con atención, sin perder el tiempo en levantar la cabeza por curiosidad necia, escogiendo sin vacilar los mejores bocados, y después sentarse sobre el cuarto trasero con delicia, a rumiar la vida, a gozar el deleite del no padecer, del dejarse existir: esto era lo que ella tenía que hacer, y todo lo demás aventuras peligrosas. Ya no recordaba cuándo le había picado la mosca.

«El *xatu* (el toro), los saltos locos por las praderas adelante..., ¡todo eso estaba tan lejos!»

Aquella paz sólo se había turbado en los días de prueba de la inauguración del ferrocarril. La primera vez que la *Cordera* vio pasar el tren se volvió loca. Saltó la sebe[52] de lo más alto del Somonte, corrió por prados ajenos, y el terror duró muchos días, renovándose, más o menos violento, cada vez que la máquina asomaba por la trinchera vecina. Poco a poco se fue acostumbrando al estrépito inofensivo. Cuando llegó a convencerse de que era un peligro que pasaba, una catástrofe que amenazaba sin dar, redujo sus precauciones a ponerse en pie y a mirar de frente, con la cabeza erguida, al formidable monstruo; más adelante no hacía más que mirarle, sin levantarse, con antipatía y desconfianza; acabó por no mirar al tren siquiera.

En Pinín y Rosa la novedad del ferrocarril produjo impresiones más agradables y persistentes. Si al principio era una alegría loca, algo mezclada de miedo supersticioso, una excitación nerviosa, que les hacía prorrumpir en gritos, gestos, pantomimas descabelladas, después fue un recreo pacífico, suave, renovado varias veces al día. Tardó mucho en gastarse aquella emoción de contemplar la marcha vertiginosa, acompañada del viento, de la gran culebra de hierro, que llevaba dentro de sí tanto ruido y tantas castas de gentes desconocidas, extrañas.

Pero telégrafo, ferrocarril, todo eso era lo de menos: un accidente pasajero que se ahogaba en el mar de soledad que rodeaba el *prao* Somonte. Desde allí no se veía vivienda humana; allí no llegaban ruidos del mundo más que al pasar el tren. Mañanas sin fin, bajo los rayos del Sol a veces, entre el zumbar de los insectos, la vaca y los niños esperaban la proximidad del mediodía para volver a casa. Y luego, tardes eternas, de dulce tristeza silenciosa, en el mismo prado, hasta venir la noche, con el lucero vespertino por testigo mudo en la altura. Rodaban las nubes allá arriba, caían las sombras de los árboles y de las peñas en la loma y en la cañada, se acostaban los pájaros, empezaban a brillar algunas estrellas en lo más oscuro del cielo azul, y Pinín y Rosa, los niños gemelos, los hijos de Antón de Chinta, teñida el alma de la dulce serenidad soñadora de la

---

[52]cercado de estacas altas entretejidas con ramas largas.

solemne y seria Naturaleza, callaban horas y horas, después de sus juegos, nunca muy estrepitosos, sentados cerca de la *Cordera*, que acompañaba el augusto silencio de tarde en tarde con un blando son de perezosa esquila.

En este silencio, en esta calma inactiva, había amores. Se amaban los dos hermanos como dos mitades de un fruto verde, unidos por la misma vida, con escasa conciencia de lo que en ellos era distinto, de cuanto los separaba; amaban Pinín y Rosa a la *Cordera*, la vaca abuela, grande, amarillenta, cuyo testuz parecía una cuna. La *Cordera* recordaría a un poeta la *zavala* del Ramayana,[53] la vaca santa; tenía en la amplitud de sus formas, en la solemne serenidad de sus pausados y nobles movimientos aires y contornos de ídolo destronado, caído, contento con su suerte, más satisfecha con ser vaca verdadera que dios falso. La *Cordera*, hasta donde es posible adivinar estas cosas, puede decirse que también quería a los gemelos encargados de apacentarla.

Era poco expresiva; pero la paciencia con que los toleraba cuando en sus juegos ella les servía de almohada, de escondite, de montura, y para otras cosas que ideaba la fantasía de los pastores, demostraba tácitamente el afecto del animal pacífico y pensativo.

En tiempos difíciles Pinín y Rosa habían hecho por la *Cordera* los imposibles de solicitud y cuidado. No siempre Antón de Chinta había tenido el prado Somonte. Este regalo era cosa relativamente nueva. Años atrás la *Cordera* tenía que salir *a la gramática*, esto es, a apacentarse como podía, a la buena ventura de los caminos y callejas de las rapadas y escasas praderías del común, que tanto tenían de vía pública como de pastos. Pinín y Rosa, en tales días de penuria, la guiaban a los mejores altozanos, a los parajes más tranquilos y menos esquilmados, y la libraban de las mil injurias a que están expuestas las pobres reses que tienen que buscar su alimento en los azares de un camino.

En los días de hambre, en el establo, cuando el heno escaseaba y el narvaso[54] para *estrar*[55] el lecho caliente de la vaca faltaba también, a Rosa y a Pinín debía la *Cordera* mil industrias que le hacían más suave la miseria. ¡Y qué decir de los tiempos heroicos del parto y la cría, cuando se entablaba la lucha necesaria entre el alimento y regalo de la *nación*[56] y el interés de los Chintos, que consis-

---

[53]poema épico indio en el que se narran los acontecimientos de la vida de Rama. Fue compuesto por Valmiki.

[54]planta del maíz desprovista de la mazorca (en dialecto asturiano).

[55]esparcir alguna cosa por el suelo para hacer una cama (en dialecto asturiano).

[56]cría de animal que acaba de nacer (en dialecto asturiano).

tía en robar a las ubres de la pobre madre toda la leche que no fuera absolutamente indispensable para que el ternero subsistiese! Rosa y Pinín, en tal conflicto, siempre estaban de parte de la *Cordera*, y en cuanto había ocasión, a escondidas, soltaban el recental, que, ciego y como loco, a testaradas contra todo, corría a buscar el amparo de la madre, que le albergaba bajo su vientre, volviendo la cabeza agradecida y solícita, diciendo, a su manera:

—Dejad a los niños y a los recentales que vengan a mí.

Estos recuerdos, estos lazos son de los que no se olvidan.

Añádase a todo que la *Cordera* tenía la mejor pasta de vaca sufrida del mundo. Cuando se veía emparejada bajo el yugo con cualquier compañera, fiel a la gamella, sabía someter su voluntad a la ajena, y horas y horas se la veía con la cerviz inclinada, la cabeza torcida, en incómoda postura, velando en pie mientras la pareja dormía en tierra.

* * *

Antón de Chinta comprendió que había nacido para pobre cuando palpó la imposibilidad de cumplir aquel sueño dorado suyo de tener un *corral* propio con dos yuntas por lo menos. Llegó, gracias a mil ahorros, que eran mares de sudor y purgatorios de privaciones, llegó a la primera vaca, la *Cordera*, y no pasó de ahí; antes de poder comprar la segunda se vio obligado, para pagar atrasos al *amo*, el dueño de la casería[57] que llevaba en renta, a llevar al mercado a aquel pedazo de sus entrañas, la *Cordera*, el amor de sus hijos. Chinta había muerto a los dos años de tener la *Cordera* en casa. El establo y la cama del matrimonio estaban pared por medio, llamando pared a un tejido de ramas de castaño y de cañas de maíz. La Chinta, musa de la economía en aquel hogar miserable, había muerto mirando a la vaca por un boquete del destrozado tabique de ramaje, señalándola como salvación de la familia.

«Cuidadla, es vuestro sustento», parecían decir los ojos de la pobre moribunda, que murió extenuada de hambre y de trabajo.

El amor de los gemelos se había concentrado en la *Cordera*; el regazo, que tiene su cariño especial, que el padre no puede reemplazar, estaba al calor de la vaca, en el establo, y allá en el Somonte.

---

[57]casa de labranza y posesión de tierras que cultiva un colono (en dialecto asturiano).

Todo esto lo comprendía Antón a su manera, confusamente. De la venta necesaria no había que decir palabra a los *neños*.[58] Un sábado de julio, al ser de día, de mal humor Antón, echó a andar hacia Gijón, llevando la *Cordera* por delante, sin más atavío que el collar de esquila. Pinín y Rosa dormían. Otros días había que despertarlos a azotes. El padre los dejó tranquilos. Al levantarse se encontraron sin la *Cordera*. «Sin duda, *mio pá*[59] la había llevado al *xatu*.» No cabía otra conjetura. Pinín y Rosa opinaban que la vaca iba de mala gana; creían ellos que no deseaba más hijos, pues todos acababa por perderlos pronto, sin saber cómo ni cuándo.

Al oscurecer, Antón y la *Cordera* entraban por la *corrada*[60] mohínos, cansados y cubiertos de polvo. El padre no dio explicaciones, pero los hijos adivinaron el peligro.

No había vendido porque nadie había querido llegar al precio que a él se le había puesto en la cabeza. Era excesivo: un sofisma del cariño. Pedía mucho por la vaca para que nadie se atreviese a llevársela. Los que se habían acercado a intentar fortuna se habían alejado pronto echando pestes de aquel hombre que miraba con ojos de rencor y desafío al que osaba insistir en acercarse al precio fijo en que él se abroquelaba. Hasta el último momento del mercado estuvo Antón de Chinta en el Humedal, dando plazo a la fatalidad. «No se dirá —pensaba— que yo no quiero vender: son ellos que no me pagan la *Cordera* en lo que vale.» Y por fin, suspirando, si no satisfecho, con cierto consuelo, volvió a emprender el camino por la carretera de Candás adelante, entre la confusión y el ruido de cerdos y novillos, bueyes y vacas, que los aldeanos de muchas parroquias del contorno conducían con mayor o menor trabajo, según eran de antiguo las relaciones entre dueños y bestias.

En el Natahoyo, en el cruce de dos caminos, todavía estuvo expuesto el de Chinta a quedarse sin la *Cordera*: un vecino de Carrió que le había rondado todo el día ofreciéndole pocos duros menos de los que pedía, le dio el último ataque, algo borracho.

El de Carrió subía, subía, luchando entre la codicia y el capricho de llevar la vaca. Antón, como una roca. Llegaron a tener las manos enlazadas, parados en medio de la carretera, interrumpiendo el paso... Por fin la codicia pudo más: el pico de los cincuenta los separó como un abismo; se soltaron las manos, cada

---

[58]niños (en dialecto asturiano).

[59]mi padre (en dialecto asturiano).

[60]cerco que se hace de piedras o troncos alrededor de una finca (en dialecto asturiano).

cual tiró por su lado; Antón, por una calleja que, entre madreselvas que aún no florecían y zarzamoras en flor, le condujo hasta su casa.

* * *

Desde aquel día en que adivinaron el peligro, Pinín y Rosa no sosegaron. A media semana se *personó* el mayordomo en el *corral* de Antón. Era otro aldeano de la misma parroquia, de malas pulgas, cruel con los *caseros* atrasados. Antón, que no admitía reprimendas, se puso lívido ante las amenazas de desahucio.

El amo no esperaba más. Bueno, vendería la vaca a vil precio, por una merienda. Había que pagar o quedarse en la calle.

El sábado inmediato acompañó al Humedal Pinín a su padre. El niño miraba con horror a los contratistas de carnes que eran los tiranos del mercado. La *Cordera* fue comprada en su justo precio por un rematante de Castilla.[61] Se [le] hizo una señal en la piel y volvió a su establo de Puao, ya vendida, ajena, tañendo tristemente la esquila. Detrás caminaban Antón de Chinta, taciturno, y Pinín, con ojos como puños. Rosa, al saber la venta, se abrazó al testuz de la *Cordera*, que inclinaba la cabeza a las caricias como al yugo.

«¡Se iba la vieja!», pensaba con el alma destrozada Antón el huraño.

«¡Ella, ser era una bestia, pero sus hijos no tenían otra madre ni otra abuela!»

Aquellos días, en el pasto, en la verdura del Somonte, el silencio era fúnebre. La *Cordera*, que ignoraba su suerte, descansaba y pacía como siempre, *sub specie aeternitatis*,[62] como descansaría y comería un minuto antes de que el brutal porrazo la derribase muerta. Pero Rosa y Pinín yacían desolados, tendidos sobre la hierba, inútil en adelante. Miraban con rencor los trenes que pasaban, los alambres del telégrafo. Era aquel mundo desconocido, tan lejos de ellos por un lado y por otro, el que les llevaba su *Cordera*.

El viernes, al oscurecer, fue la despedida. Vino un encargado del rematante de Castilla por la res. Pagó; bebieron un trago Antón y el comisionado, y se sacó a la *quintana*[63] la *Cordera*. Antón había apurado la botella; estaba exaltado; el peso del dinero en el bolsillo le animaba también. Quería aturdirse. Hablaba mucho, alababa las excelencias de la vaca. El otro sonreía, porque las alabanzas

---

[61]actual comunidad autónoma del centro de España.

[62]bajo la apariencia de eternidad (en latín).

[63]delantera de una casa (en dialecto asturiano).

de Antón eran impertinentes. ¿Que daba la res tantos y tantos *xarros*[64] de leche? ¿Que era noble en el yugo, fuerte con la carga? ¿Y qué, si dentro de pocos días había de estar reducida a chuletas y otros bocados suculentos? Antón no quería imaginar esto; se la figuraba viva, trabajando, sirviendo a otro labrador, olvidada de él y de sus hijos, pero viva, feliz... Pinín y Rosa, sentados sobre el montón de *cucho*,[65] recuerdo para ellos sentimental de la *Cordera* y de los propios afanes, unidos por las manos, miraban al enemigo con ojos de espanto. En el supremo instante se arrojaron sobre su amiga; besos, abrazos: hubo de todo. No podían separarse de ella. Antón, agotada de pronto la excitación del vino, cayó como en un marasmo; cruzó los brazos, y entró en el *corral* oscuro.

Los hijos siguieron un buen trecho por la calleja, de altos setos, el triste grupo del indiferente comisionado y la *Cordera*, que iba de mala gana con un desconocido y a tales horas. Por fin, hubo que separarse. Antón, malhumorado, clamaba desde casa:

—¡Bah, bah, *neños*, acá vos digo; basta de *pamemes*![66] —así gritaba de lejos el padre, con voz de lágrimas.

Caía la noche; por la calleja oscura, que hacían casi negra los altos setos, formando casi bóveda, se perdió el bulto de la *Cordera*, que parecía negra de lejos. Después no quedó de ella más que el *tintán*,[67] pausado de la esquila, desvanecido con la distancia, entre los chirridos melancólicos de cigarras infinitas.

—¡Adiós, *Cordera*! —gritaba Rosa deshecha en llanto . ¡Adiós, *Cordera* de *mío*[68] alma!

—¡Adiós, *Cordera*! —repetía Pinín, no más sereno.

—Adiós contestó por último, a su modo, la esquila, perdiéndose su lamento triste, resignado, entre los demás sonidos de la noche de julio en la aldea...

* * *

Al día siguiente, muy temprano, a la hora de siempre, Pinín y Rosa fueron *al prao* Somonte. Aquella soledad no había sido nunca para ellos, triste; aquel día, el Somonte sin la *Cordera* parecía el desierto.

---

[64]jarros (en dialecto asturiano).

[65]estiércol (en dialecto asturiano).

[66]pamemas (en dialecto asturiano).

[67]sonido de la esquila.

[68]mi (en dialecto asturiano).

De repente silbó la máquina, apareció el humo, luego el tren. En un furgón cerrado, en unas estrechas ventanas altas o respiraderos, vislumbraron los hermanos gemelos cabezas de vacas que, pasmadas, miraban por aquellos tragaluces.

—¡Adiós, *Cordera*! —gritó Rosa, adivinando allí a su amiga, a la vaca abuela.

—¡Adiós, *Cordera*! —vociferó Pinín con la misma fe, enseñando los puños al tren, que volaba camino de Castilla.

Y, llorando, repetía el rapaz, más enterado que su hermana de las picardías del mundo:

—La llevan al Matadero... Carne de vaca, para comer los señores, los curas..., los indianos.

—¡Adiós, *Cordera*!

—¡Adiós, *Cordera*!

Y Rosa y Pinín miraban con rencor la vía, el telégrafo, los símbolos de aquel mundo enemigo, que les arrebataba, que les devoraba a su compañera de tantas soledades, de tantas ternuras silenciosas, para sus apetitos, para convertirla en manjares de ricos glotones...

—¡Adiós, *Cordera*!...

—¡Adiós, *Cordera*!...

* * *

Pasaron muchos años. Pinín se hizo mozo y se lo llevó el rey. Ardía la guerra carlista.[69] Antón de Chinta era casero de un cacique de los vencidos; no hubo influencia para declarar inútil a Pinín, que, por ser, era como un roble.

Y una tarde triste de octubre, Rosa, en el *prao* Somonte, sola, esperaba el paso del tren correo de Gijón, que le llevaba a sus únicos amores, su hermano. Silbó a lo lejos la máquina, apareció el tren en la trinchera, pasó como un relámpago. Rosa, casi metida por las ruedas, pudo ver un instante en un coche de tercera multitud de cabezas de pobres quintos que gritaban, gesticulaban, saludando a los árboles, al suelo, a los campos, a toda la patria familiar, a la pequeña, que dejaban para ir a morir en las luchas fratricidas de la patria grande, al servicio de un rey y de unas ideas que no conocían.

---

[69]Guerras Carlistas: conjunto de contiendas civiles que tuvieron lugar en España durante el siglo XIX. Fueron tres: primera, 1833-40; segunda, 1846-48; y tercera, 1872-76.

Pinín, con medio cuerpo fuera de una ventanilla, tendió los brazos a su hermana; casi se tocaron. Y Rosa pudo oír entre el estrépito de las ruedas y la gritería de los reclutas la voz distinta de su hermano, que sollozaba exclamando, como inspirado por un recuerdo de dolor lejano:

—¡Adiós, Rosa!... ¡Adiós, *Cordera*!

—¡Adiós, Pinín! ¡Pinín de *mío* alma!...

«Allá iba, como la otra, como la vaca abuela. Se lo llevaba el mundo. Carne de vaca para los glotones, para los indianos; carne de su alma, carne de cañón para las locuras del mundo, para las ambiciones ajenas.»

Entre confusiones de dolor y de ideas, pensaba así la pobre hermana viendo al tren perderse a lo lejos, silbando triste, con silbido que repercutían los castaños, las vegas y los peñascos...

¡Qué sola se quedaba! Ahora sí, ahora sí que era un desierto el *prao* Somonte.

—¡Adiós, Pinín! ¡Adiós, *Cordera*!

Con qué odio miraba Rosa la vía manchada de carbones apagados; con qué ira los alambres del telégrafo. ¡Oh!, bien hacía la *Cordera* en no acercarse. Aquello era el mundo, lo desconocido, que se lo llevaba todo. Y sin pensarlo, Rosa apoyó la cabeza sobre el palo clavado como un pendón en la punta del Somonte. El viento cantaba en las entrañas del pino seco su canción metálica. Ahora ya lo comprendía Rosa. Era canción de lágrimas, de abandono, de soledad, de muerte.

En las vibraciones rápidas, como quejidos, creía oír, muy lejana, la voz que sollozaba por la vía adelante:

—¡Adiós, Rosa! ¡Adiós, *Cordera*!

¡Adiós, «Cordera»! y otros cuentos. 3a ed. Madrid: Espasa-Calpe, 1966.

MIGUEL DE UNAMUNO (1846-1936)

Nada menos que todo un hombre

La fama de la hermosura de Julia estaba esparcida por toda la comarca que ceñía a la vieja ciudad de Renada;[1] era Julia algo así como su belleza oficial, o como un monumento más, pero viviente y fresco, entre los tesoros arquitectónicos de la capital. «Voy a Renada—decían algunos—a ver la Catedral y a ver a Julia Yáñez.» Había en los ojos de la hermosa como un agüero de tragedia. Su porte inquietaba a cuantos la miraban. Los viejos se entristecían al verla pasar, arrastrando tras sí las miradas de todos, y los mozos se dormían aquella noche más tarde. Y ella, consciente de su poder, sentía sobre sí la pesadumbre de un porvenir fatal. Una voz muy recóndita, escapada de lo más profundo de su conciencia, parecía decirle: «¡Tu hermosura te perderá!» Y se distraía para no oírla.

El padre de la hermosura regional, don Victorino Yáñez, sujeto de muy brumosos antecedentes morales, tenía puestas en la hija todas sus últimas y definitivas esperanzas de redención económica. Era agente de negocios, y éstos le iban de mal en peor. Su último y supremo negocio, la última carta que le quedaba por jugar, era la hija. Tenía también un hijo; pero era cosa perdida, y hacía tiempo que ignoraba su paradero.

—Ya no nos queda más que Julia—solía decirle a su mujer—; todo depende de cómo se nos case o de cómo la casemos. Si hace una tontería, y me temo que la haga, estamos perdidos.

—¿Y a qué le llamas hacer una tontería?

—Ya saliste tú con otra. Cuando digo que apenas si tienes sentido común, Anacleta...

—¡Y qué le voy a hacer, Victorino! Ilústrame tú, que eres aquí el único de algún talento...

—Pues lo que aquí hace falta, ya te lo he dicho cien veces, es que vigiles a Julia y le impidas que ande con esos noviazgos estúpidos, en que pierden el

---

[1]ciudad imaginaria.

tiempo, las proporciones y hasta la salud las renatenses[2] todas. No quiero nada de reja, nada de pelar la pava;[3] nada de novios estudiantillos.

—¿Y qué le voy a hacer?

—¿Qué le vas a hacer? Hacerla comprender que el porvenir y el bienestar de todos nosotros, de ti y mío, y la honra, acaso, ¿lo entiendes...?

—Sí, lo entiendo.

—¡No, no lo entiendes! La honra, ¿lo oyes?, la honra de la familia depende de su casamiento. Es menester que se haga valer.

—¡Pobrecilla!

—¿Pobrecilla? Lo que hace falta es que no empiece a echarse novios absurdos, y que lea esas novelas disparatadas que lee y que no hacen sino levantarle los cascos y llenarle la cabeza de humo.

—¡Pero y qué quieres que haga...!

—Pensar con juicio, y darse cuenta de lo que tiene con su hermosura, y saber aprovecharla.

—Pues yo, a su edad...

—¡Vamos, Anacleta, no digas más necedades! No abres la boca más que para decir majaderías. Tú, a su edad... Tú, a su edad... Mira que te conocí entonces...

—Sí, por desgracia...

Y separábanse los padres de la hermosura para recomenzar al siguiente día una conversación parecida.

Y la pobre Julia sufría, comprendiendo toda la hórrida hondura de los cálculos de su padre. «Me quiere vender—se decía—, para salvar sus negocios comprometidos; para salvarse acaso del presidio.» Y así era.

Y por instinto de rebelión, aceptó Julia al primer novio.

—Mira, por Dios, hija mía—le dijo su madre—, que ya sé lo que hay, y le he visto rondando la casa y hacerte señas, y sé que recibiste una carta suya, y que le contestaste...

—¿Y qué voy a hacer, mamá? ¿Vivir como una esclava, prisionera, hasta que venga el sultán a quien papá me venda?

—No digas esas cosas, hija mía...

—¿No he de poder tener un novio, como le tienen las demás ?

—Sí, pero un novio formal.

---

[2] natural de Renada.

[3] conversar los mozos y mozas en la reja o el balcón.

—¿Y cómo se va a saber si es formal o no? Lo primero es empezar. Para llegar a quererse, hay que tratarse antes.

—Quererse..., quererse...

—Vamos, sí, que debo esperar al comprador.

—Ni contigo ni con tu padre se puede. Así sois los Yáñez. ¡Ay, el día que me casé!

—Es lo que yo no quiero tener que decir un día.

Y la madre, entonces, la dejaba. Y ella, Julia, se atrevió, afrontando todo, a bajar a hablar con el primer novio a una ventana del piso bajo, en una especie de lonja. «Si mi padre nos sorprende así—pensaba—, es capaz de cualquier barbaridad conmigo. Pero, mejor, así se sabrá que soy una víctima, que quiere especular con mi hermosura.» Bajó a la ventana, y en aquella primera entrevista le contó a Enrique, un incipiente tenorio renatense, todas las lóbregas miserias morales de su hogar. Venía a salvarla, a redimirla. Y Enrique sintió, a pesar de su embobecimiento por la hermosa, que le abatían los bríos. «A esta mocita—se dijo él—le da por lo trágico; lee novelas sentimentales.» Y una vez que logró que se supiera en todo Renada cómo la consagrada hermosura regional le había admitido a su ventana, buscó el medio de desentenderse del compromiso. Bien pronto lo encontró. Porque una mañana bajó Julia descompuesta, con los espléndidos ojos enrojecidos, y le dijo:

—¡Ay, Enrique!; esto no se puede ya tolerar; esto no es casa ni familia: esto es un infierno. Mi padre se ha enterado de nuestras relaciones, y está furioso. ¡Figúrate que anoche, porque me defendí, llegó a pegarme!

—¡Qué bárbaro!

—No lo sabes bien. Y dijo que te ibas a ver con él...

—¡A ver, que venga! Pues no faltaba más.

Mas por lo bajo se dijo: «Hay que acabar con esto, porque ese ogro es capaz de cualquier atrocidad si ve que le van a quitar su tesoro; y como yo no puedo sacarle de trampas...»

—Di, Enrique, ¿tú me quieres?

—¡Vaya una pregunta ahora...!

—Contesta, ¿me quieres?

—¡Con toda el alma y con todo el cuerpo, nena!

—¿Pero de veras?

—¡Y tan de veras!

—¿Estás dispuesto a todo por mí?

—¡A todo, sí!

—Pues bien, róbame, llévame. Tenemos que escaparnos; pero muy lejos, muy lejos, adonde no pueda llegar mi padre.

—¡Repórtate, chiquilla!

—¡No, no, róbame; si me quieres, róbame! ¡Róbale a mi padre su tesoro, y que no pueda venderlo! ¡No quiero ser vendida: quiero ser robada! ¡Róbame!

Y se pusieron a concertar la huida.

Pero al siguiente día, el fijado para la fuga, y cuando Julia tenía preparado su hatito de ropa, y hasta avisado secretamente el coche, Enrique no compareció. «Cobarde, más que cobarde! ¡Vil, más que vil!—se decía la pobre Julia, echada sobre la cama y mordiendo de rabia la almohada—. ¡Y decía quererme! No, no me quería a mí; quería mi hermosura. ¡Y ni esto! Lo que quería es jactarse ante toda Renada de que yo, Julia Yáñez ¡nada menos que yo!, le había aceptado por novio. Y ahora irá diciendo cómo le propuse la fuga. ¡Vil, vil, vil! ¡Como mi padre; vil como hombre!» Y cayó en mayor desesperación.

—Ya veo, hija mía—le dijo su madre—, que eso ha acabado, y doy gracias a Dios por ello. Pero mira, tiene razón tu padre: Si sigues así, no harás más que desacreditarte.

—¿Si sigo cómo?

—Así, admitiendo al primero que te solicite. Adquirirás fama de coqueta y...

—Y mejor, madre, mejor. Así acudirán más. Sobre todo, mientras no pierda lo que Dios me ha dado.

—¡Ay, ay! De la casta de tu padre, hija.

Y, en efecto, poco después admitía a otro pretendiente a novio. Al cual le hizo las mismas confidencias, y le alarmó lo mismo que a Enrique. Sólo que Pedro era de más recio corazón. Y por los mismos pasos contados llegó a proponerle lo de la fuga.

—Mira, Julia—le dijo Pedro—, yo no me opongo a que nos fuguemos; es más, estoy encantado con ello, ¡figúrate tú! Pero y después que nos hayamos fugado ¿adónde vamos, qué hacemos?

—¡Eso se verá!

—¡No, eso se verá, no! Hay que verlo ahora. Yo, hoy por hoy, y durante algún tiempo, no tengo de qué mantenerte; en mi casa sé que no nos admitirían, ¡y en cuanto a tu padre...! De modo que, dime, ¿qué hacemos después de la fuga?

—¿Qué? ¿No vas a volverte atrás?

—¿Qué hacemos?

—¿No vas a acobardarte?

—¿Qué hacemos, di?

—Pues...¡suicidarnos!

—¡Tú estás loca, Julia!

—Loca, sí; loca de desesperación, loca de asco, loca de horror a este padre que me quiere vender... Y si tú estuvieses loco, loco de amor por mí, te suicidarías conmigo.

—Pero advierte, Julia, que tú quieres que esté loco de amor por ti para suicidarme contigo, y no dices que te suicidarás conmigo por estar loca de amor por mí, sino loca de asco a tu padre y a tu casa. ¡No es lo mismo!

—¡Ah! ¡Qué bien discurres! ¡El amor no discurre!

Y rompieron también sus relaciones. Y Julia se decía: «Tampoco éste me quería a mí, tampoco éste. Se enamoran de mi hermosura, no de mí. ¡Yo doy cartel!» Y lloraba amargamente.

—¿Ves, hija mía—le dijo su madre—: no lo decía? ¡Ya va otro!

—E irán cien, mamá; ciento, sí, hasta que encuentre el mío, el que me liberte de vosotros. ¡Querer venderme!

—Eso díselo a tu padre.

Y se fue doña Anacleta a llorar a su cuarto, a solas.

—Mira, hija mía—le dijo, al fin, a Julia su padre—he dejado pasar eso de tus dos novios, y no he tomado las medidas que debiera; pero te advierto que no voy a tolerar más tonterías de esas. Conque ya lo sabes.

—¡Pues hay más!—exclamó la hija con amarga sorna y mirando a los ojos de su padre en son de desafío.

—¿Y qué hay?—preguntó éste, amenazador.

—Hay... ¡que me ha salido otro novio!

—¿Otro? ¿Quién?

—¿Quién? ¿A que no aciertas quién?

—Vamos, no te burles, y acaba, que me estás haciendo perder la paciencia.

—Pues nada menos que don Alberto Menéndez de Cabuérniga.

—¡Qué barbaridad!—exclamó la madre. Don Victorino palideció, sin decir nada. Don Alberto Menéndez de Cabuérniga era un riquísimo hacendado, disoluto, caprichoso en punto a mujeres, de quien se decía que no reparaba en gastos para conseguirlas; casado y separado de su mujer. Había casado ya a dos, dotándolas espléndidamente.

—¿Y qué dices a eso, padre? ¿Te callas?

—¡Qué estás loca!

—No, no estoy loca ni veo visiones. Pasea la calle, ronda la casa. ¿Le digo que se entienda contigo?

—Me voy, porque si no, esto acaba mal.

Y levantándose, el padre se fue de casa.

—¡Pero, hija mía, hija mía!

—Te digo madre, que esto ya no le parece mal; te digo que era capaz de venderme a don Alberto.

La voluntad de la pobre muchacha se iba quebrantando. Comprendía que hasta una venta sería una redención. Lo esencial era salir de casa, huir de su padre, fuese como fuese.

Por entonces compró una dehesa en las cercanías de Renada—una de las más ricas y espaciosas dehesas—un indiano, Alejandro Gómez. Nadie sabía bien de su origen, nadie de sus antecedentes, nadie le oyó hablar nunca ni de sus padres, ni de sus parientes, ni de su pueblo, ni de su niñez. Sabíase sólo que, siendo muy niño, había sido llevado por sus padres a Cuba, primero, y a Méjico, después, y que allí ignorábase cómo había fraguado una enorme fortuna, una fortuna fabulosa—hablábase de varios millones de duros—antes de cumplir los treinta y cuatro años, en que volvió a España, resuelto a afincarse en ella. Decíase que era viudo y sin hijos, que corrían respecto a él las más fantásticas leyendas. Los que le trataban teníanle por hombre ambicioso y de vastos proyectos, muy voluntarioso, y muy tozudo, y muy reconcentrado. Alardeaba de plebeyo.

—Con dinero se va a todas partes—solía decir

—No siempre, ni todos—le replicaban.

—¡Todos, no; pero los que han sabido hacerlo, sí! Un señoritingo de esos que lo han heredado, con un condesito o duquesín de alfeñique, no, no va a ninguna parte, por muchos millones que tenga; ¿pero yo? ¿Yo? ¿Yo, que he sabido hacerlo por mí mismo, a puño? ¿Yo?

¡Y había que oír cómo pronunciaba «yo»! En esta afirmación personal se ponía el hombre todo.

—Nada que de veras me haya propuesto he dejado de conseguir. ¡Y si quiero, llegaré a ministro! Lo que hay es que yo no lo quiero.

A Alejandro le hablaron de Julia, la hermosura monumental de Renada. «¡Hay que ver eso!»—se dijo—. Y luego que la vio: «¡Hay que conseguirla!»

—¿Sabes, padre—le dijo un día al suyo Julia—, que ese fabuloso Alejandro, ya sabes no se habla más que de él hace algún tiempo... el que ha comprado Carbajedo...?

—¡Sí, sí, sé quién es! ¿Y qué?

—¿Sabes que también ése me ronda?

—¿Es que quieres burlarte de mí, Julia?

—No, no me burlo, va en serio; me ronda.

—¡Te digo que no te burles...!

—¡Ahí tienes su carta!

Y sacó del seno una, que echó a la cara de su padre.

—¿Y qué piensas hacer?—le dijo éste.

—¡Pues qué he de hacer...! ¡Decirle que se vea contigo y que convengáis el precio!

Don Victorino atravesó con una mirada a su hija y se salió sin decirle palabra. Y hubo unos días de lóbrego silencio y de calladas cóleras en la casa.

Julia había escrito a su nuevo pretendiente una carta contestación henchida de sarcasmos y de desdenes, y poco después recibía otra con estas palabras, trazadas por mano ruda y en letras grandes, angulosas y claras: «Usted acabará siendo mía. Alejandro Gómez sabe conseguir todo lo que se propone.» Y al leerlo, se dijo Julia: «¡Este es un hombre! ¿Será mi redentor? ¿Seré yo su redentora?» A los pocos días de esta segunda carta llamó don Victorino a su hija, se encerró con ella y casi de rodillas y con lágrimas en los ojos le dijo:

—Mira, hija mía, todo depende ahora de tu resolución: nuestro porvenir y mi honra. Si no aceptas a Alejandro, dentro de poco no podré ya encubrir mi ruina y mis trampas, y hasta mis...

—No lo digas.

—No, no podré encubrirlo. Se acaban los plazos. Y me echarán a presidio. Hasta hoy he logrado parar el golpe... ¡por ti! ¡Invocando tu nombre! Tu hermosura ha sido mi escudo. «Pobre chica», se decían.

—¿Y si le acepto?

—Pues bien; voy a decirte la verdad toda. Ha sabido mi situación, se ha enterado de todo, y ahora estoy ya libre y respiro, gracias a él. Ha pagado todas mis trampas; ha liberado mis...

—Sí, lo sé, no lo digas. ¿Y ahora?

—Que dependo de él, que dependemos de él, que vivo a sus expensas, que vives tú misma a sus expensas.

—Es decir, ¿que me has vendido ya?

—No, nos ha comprado.

—¿De modo que, quieras que no, soy ya suya?

—¡No, no exige eso; no pide nada, no exige nada!

—¡Qué generoso!

—¡Julia!

—Sí, sí, lo he comprendido todo. Dile que, por mí, puede venir cuando quiera.

Y tembló después de decirlo. ¿Quién había dicho esto? ¿Era ella? No; era más bien otra que llevaba dentro y la tiranizaba.

—¡Gracias, hija mia, gracias!

El padre se levantó para ir a besar a su hija; pero ésta, rechazándole, exclamó:

—¡No, no me manches!

—Pero hija.

—¡Vete a besar tus papeles! O mejor, las cenizas de aquellos que te hubiesen echado a presidio.

—¿No le dije yo a usted, Julia, que Alejandro Gómez sabe conseguir todo lo que se propone? ¿Venirme con aquellas cosas a mí? ¿A mí?

Tales fueron las primeras palabras con que el joven indiano potentado se presentó a la hija de don Victorino, en la casa de ésta. Y la muchacha tembló ante aquellas palabras, sintiéndose, por primera vez en su vida, ante un hombre. Y el hombre se le ofreció más rendido y menos grosero que ella esperaba.

A la tercera visita, los padres los dejaron solos. Julia temblaba. Alejandro callaba. Temblor y silencio se prolongaron un rato.

—Parece que está usted mala, Julia.

—¡No, no; estoy bien!

—Entonces, ¿por qué tiembla así?

—Algo de frío acaso...

—No, sino miedo.

—¿Miedo? ¿Miedo de qué?

—¡Miedo... a mí!

—¿Y por qué he de tenerle miedo?

—¡Sí, me tiene miedo!

Y el miedo reventó deshaciéndose en llanto. Julia lloraba desde lo más hondo de las entrañas, lloraba con el corazón. Los sollozos le agarrotaban, faltábale el respiro.

—¿Es que soy algún ogro?—susurró Alejandro.

—¡Me han vendido! ¡Me han vendido! ¡Han traficado con mi hermosura! ¡Me han vendido!

—¿Y quién dice eso?

—¡Yo, lo digo yo! ¡Pero no, no seré de usted... sino muerta!

—Serás mía, Julia, serás mía... ¡Y me querrás! ¿Vas a no quererme a mí? ¿A mí? ¡Pues no faltaba más!

Y hubo en aquel *a mí* un acento tal, que se le cortó a Julia la fuente de las lágrimas, y cómo que se le paró el corazón. Miró entonces a aquel hombre, mientras una voz le decía: «¡Este es un hombre!»

—¡Puede usted hacer de mí lo que quiera!

—¿Qué quieres decir con eso?—preguntó él, insistiendo en seguir tuteándola.

—No sé... No sé lo que me digo...

—¿Qué es eso de que puedo hacer de ti lo que quiera?

—Sí, que puede.

—Pero es que lo que yo—y este *yo* resonaba triunfador y pleno—quiero es
hacerte mi mujer.

A Julia se le escapó un grito, y con los grandes ojos hermosísimos irradiando asombro, se quedó mirando al hombre, que sonreía y se decía: «Voy a
tener la mujer más hermosa de España.»

—¿Pues qué creías...?

—Yo creí..., yo creí...

Y volvió a romper el pecho en lágrimas ahogantes. Sintió luego unos labios
sobre sus labios y una voz que le decía:

—Si, mi mujer, la mía..., mía..., mía... ¡Mi mujer legítima, claro está! ¡La
ley sancionará mi voluntad! ¡O mi voluntad la ley!

—¡Sí... tuya!

Estaba rendida. Y se concertó la boda.

¿Qué tenía aquel hombre rudo y hermético que, a la vez que le daba miedo,
se le imponía? Y, lo que era más terrible, le imponía una especie de extraño
amor. Porque ella, Julia, no quería querer a aquel aventurero, que se había propuesto tener por mujer a una de las más hermosas y hacer que luciera sus millones; pero, sin querer quererle, sentíase rendida a una sumisión que era una forma
de enamoramiento. Era algo así como el amor que debe encenderse en el pecho
de una cautiva para con un arrogante conquistador. ¡No la había comprado, no!
Habíala conquistado.

«Pero él—se decía Julia—, ¿me quiere de veras? ¿Me quiere a mí? ¿A mí?,
como suele decir él. ¡Y cómo lo dice! ¡Cómo pronuncia *yo*! ¿Me quiere a mí, o
es que no busca sino lucir mi hermosura? ¿Seré para él algo más que un mueble
costosísimo y rarísimo? ¿Estará de veras enamorado de mí? ¿No se saciará pronto de mi encanto? De todos modos, va a ser mi marido, y voy a verme libre de
este maldito hogar, libre de mi padre. ¡Porque no vivirá con nosotros, no! Le
pasaremos una pensión, y que siga insultando a mi pobre madre, y que se enrede
con las criadas. Evitaremos que vuelva a entramparse. ¡Y seré rica, muy rica,
inmensamente rica!»

Mas esto no la satisfacía del todo. Sabíase envidiada por las renatenses, y
que hablaban de su suerte loca, y de que su hermosura le había producido cuanto
podía producirla. Pero, ¿la quería aquel hombre? ¿La quería de veras? «Yo he

de conquistar su amor—decíase—. Necesito que me quiera de veras; no puedo ser su mujer sin que me quiera, pues eso sería la peor forma de venderse. ¿Pero es que yo le quiero?» Y ante él sentíase sobrecogida, mientras una voz misteriosa, brotada de lo más hondo de sus entrañas le decía: «¡Este es un hombre!» Cada vez que Alejandro decía *yo*, ella temblaba. Y temblaba de amor, aunque creyese otra cosa o lo ignorase.

Se casaron y fuéronse a vivir a la corte.[4] Las relaciones y amistades de Alejandro eran, merced a su fortuna, muchas, pero algo extrañas. Los más de los que frecuentaban su casa, aristócratas de blasón no pocos, antojábasele a Julia que debían ser deudores de su marido, que daba dinero a préstamos con sólidas hipotecas. Pero nada sabía de los negocios de él ni éste le hablaba nunca de ellos. A ella no le faltaba nada; podía satisfacer hasta sus menores caprichos; pero le faltaba lo que más podía faltarle. No ya el amor de aquel hombre a quien se sentía subyugada y como por él hechizada, sino la certidumbre de aquel amor. «¿Me quiere, o no me quiere?—se preguntaba—. Me colma de atenciones, me trata con el mayor respeto, aunque algo como a una criatura voluntariosa; hasta me mima: ¿pero me quiere?» Y era inútil querer hablar de amor, de cariño, con aquel hombre.

—Solamente los tontos hablan de esas cosas—solía decir Alejandro—. «Encanto..., rica..., hermosa..., querida...» ¿Yo? ¿Yo esas cosas? ¿Con esas cosas a mí? ¿A mí? Esas son cosas de novela. Y ya sé que a ti te gustaba leerlas.

—Y me gusta todavía.

—Pues lee cuantas quieras. Mira, si te empeñas, hago construir en ese solar que hay ahí al lado un gran pabellón para biblioteca y te la lleno de todas las novelas que se han escrito desde Adán acá.

—¡Qué cosas dices...!

Vestía Alejandro de la manera más humilde y más borrosa posible. No era tan sólo que buscase pasar, por el traje, inadvertido: era que afectaba cierta ordinariez plebeya. Le costaba cambiar de vestidos, encariñándose con los que llevaba. Diríase que el día mismo en que estrenaba traje se frotaba con él en las paredes para que pareciese viejo. En cambio, insistía en que ella, su mujer, se vistiese con la mayor elegancia posible y del modo que más hiciese resaltar su natural hermosura. No era nada tacaño en pagar; pero lo que mejor y más a gusto pagaba, eran las cuentas de modistos y modistas, eran los trapos para su Julia.

---

[4]Madrid.

Complacíase en llevarla a su lado y que resaltara la diferencia de vestido y porte entre uno y otra. Recreábase en que las gentes se quedasen mirando a su mujer, y si ella, a su vez, coqueteando, provocaba esas miradas, o no lo advertía él, o más bien fingía no advertirlo. Parecía ir diciendo a aquellos que la miraban con codicia de la carne: «¿Os gusta, eh? Pues me alegro; pero es mía, y sólo mía; conque... ¡rabiad!» Y ella, adivinando este sentimiento, se decía: «¿Pero me quiere o no me quiere este hombre?» Porque siempre pensaba en él como en *este hombre* como en su *hombre*. O mejor, el hombre de quien era ella, el amo. Y poco a poco se le iba formando alma de esclava de harén, de esclava favorita, de única esclava; pero de esclava al fin.

Intimidad entre ellos, ninguna. No se percataba de qué era lo que pudiese interesar a su señor marido. Alguna vez se atrevió ella a preguntarle por su familia.

—¿Familia?—dijo Alejandro—. Yo no tengo hoy más familia que tú, ni me importa. Mi familia soy yo, yo y tú, que eres mía.

—¿Pero y tus padres?

—Haz cuenta de que no los he tenido. Mi familia empieza en mí. Yo me he hecho solo.

—Otra cosa querría preguntarte, Alejandro, pero no me atrevo...

—¿Que no te atreves? ¿Es que te voy a comer? ¿Es que me he ofendido nunca de nada de lo que hayas dicho?

—No, nunca, no tengo queja...

—¡Pues no faltaba más!

—No, no tengo queja; pero...

—Bueno pregunta y acabemos.

—No, no te lo pregunto.

—¡Pregúntamelo!

Y de tal modo lo dijo, con tan redondo egoísmo, que ella, temblando de aquel modo, que era, a la vez que miedo, amor, amor rendido de esclava favorita, le dijo:

—Pues bueno, dime: ¿tú eres viudo...?

Pasó como una sombra un leve fruncimiento de entrecejo por la frente de Alejandro, que respondió:

—Sí, soy viudo.

—¿Y tu primera mujer?

—A ti te han contado algo...

—No; pero...

—A ti te han contado algo, di.

—Pues sí, he oído algo...

—¿Y lo has creído?

—No..., no lo he creído.

—Claro, no podrías, no debías creerlo.

—No, no lo he creído.

—Es natural. Quien me quiere como me quieres tú, quien es tan mía como tú lo eres, no puede creer esas patrañas.

—Claro que te quiero...—y al decirlo esperaba a provocar una confesión recíproca de cariño.

—Bueno, ya te he dicho que no me gustan frases de novelas sentimentales. Cuanto menos se diga que se le quiere a uno, mejor.

Y, después de una breve pausa, continuó:

—A ti te han dicho que me casé en Méjico, siendo yo un mozo, con una mujer inmensamente rica y mucho mayor que yo, con una vieja millonaria, y que la obligué a que me hiciese su heredero y la maté luego. ¿No te han dicho eso?

—Sí, eso me han dicho.

—¿Y lo creíste?

—No, no lo creí. No pude creer que matases a tu mujer.

—Veo que tienes aún mejor juicio que yo creía. ¿Cómo iba a matar a mi mujer, a una cosa mía?

¿Qué es lo que hizo temblar a la pobre Julia al oír esto? Ella no se dio cuenta del origen de su temblor; pero fue la palabra *cosa* aplicada por su marido a su primera mujer.

—Habría sido una absoluta necedad—prosiguió Alejandro—. ¿Para qué? ¿Para heredarla? ¡Pero si yo disfrutaba de su fortuna lo mismo que disfruto hoy de ella! ¡Matar a la propia mujer! ¡No hay razón ninguna para matar a la propia mujer!

—Ha habido maridos, sin embargo, que han matado a sus mujeres—se atrevió a decir Julia.

—¿Por qué?

—Por celos, o porque les faltaron ellas...

—¡Bah, bah, bah! Los celos son cosas de estúpidos. Sólo los estúpidos pueden ser celosos, porque sólo a ellos les puede faltar su mujer. ¿Pero a mí? ¿A mí? A mí no me puede faltar mi mujer. ¡No pudo faltarme aquélla, no me puedes faltar tú!

—No digas esas cosas. Hablemos de otras.

—¿Por qué?

—Me duele oírte hablar así. ¡Como si me hubiese pasado por la imaginación, ni en sueños, faltarte...!

—Lo sé, lo sé sin que me lo digas; sé que no me faltarás nunca.

—¡Claro!

—Que no puedes faltarme. ¿A mí? ¿Mi mujer? ¡Imposible! Y en cuanto a la otra, a la primera, se murió ella sin que yo la matara.

Fue una de las veces en que Alejandro habló más a su mujer. Y ésta quedóse pensativa y temblorosa. ¿La quería, sí o no, aquel hombre?

¡Pobre Julia! Era terrible aquel su nuevo hogar; tan terrible como el de su padre. Era libre, absolutamente libre; podía hacer en él lo que se le antojase, salir y entrar, recibir a las amigas y aun amigos que prefiriera. ¿Pero la quería, o no, su amo y señor? La incertidumbre del amor del hombre la tenía como presa en aquel dorado y espléndido calabozo de puerta abierta.

Un rayo de sol naciente entró en las tempestuosas tinieblas de su alma esclava cuando se supo encinta de aquel su señor marido. «Ahora sabré si me quiere o no», se dijo.

Cuando le anunció la buena nueva, exclamó aquél:

—Lo esperaba. Ya tengo un heredero y a quien hacer un hombre, otro hombre como yo. Le esperaba.

—¿Y si no hubiera venido?—preguntó ella.

—¡Imposible! Tenía que venir. ¡Tenía que tener un hijo yo, yo!

—Pues hay muchos que se casan y no lo tienen...

—Otros, sí. ¡Pero yo no! Yo tenía que tener un hijo.

—¿Y por qué?

—Porque tú no podías no habérmelo dado.

Y vino el hijo; pero el padre continuó tan hermético. Sólo se opuso a que la madre criara al niño.

—No, yo no dudo de que tengas salud y fuerzas para ello; pero las madres que crían se estropean mucho, y yo no quiero que te estropees; yo quiero que te conserves joven el mayor tiempo posible.

Y sólo cedió cuando el médico le aseguró que, lejos de estropearse, ganaría Julia con criar al hijo, adquiriendo una mayor plenitud su hermosura.

El padre rehusaba besar al hijo. «Con eso de los besuqueos no se hace más que molestarlos», decía. Alguna vez lo tomaba en brazos y se le quedaba mirando.

—¿No me preguntabas una vez por mi familia?—dijo un día Alejandro a su mujer—. Pues aquí la tienes. Ahora tengo ya familia y quien me herede y continúe mi obra.

Julia pensó preguntar a su marido cuál era su obra; pero no se atrevió a ello. «¡Mi obra! ¿Cuál sería la obra de aquel hombre?» Ya otra vez le oyó la misma expresión.

De las personas que más frecuentaban la casa eran los condes de Borda-viella, sobre todo él, el conde, que tenía negocios con Alejandro, quien le había dado a préstamo usurario cuantiosos caudales. El conde solía ir a hacerle la partida de ajedrez a Julia, aficionada a ese juego, y a desahogar en el seno de la confianza de su amiga, la mujer de su prestamista, sus infortunios domésticos. Porque el hogar condal de los Bordaviella era un pequeño infierno, aunque de pocas llamas. El conde y la condesa ni se entendían ni se querían. Cada uno de ellos campaba por su cuenta, y ella, la condesa, daba cebo a la maledicencia escandalosa. Corría siempre una adivinanza a ella atañedera: «¿Cuál es el ciri-neo[5] de tanda del conde de Bordaviella?», y el pobre conde iba a casa de la hermosa Julia a hacerle la partida de ajedrez y a consolarse de su desgracia buscando la ajena.

—¿Qué, habrá estado también hoy el conde ese?—preguntaba Alejandro a su mujer.

—El conde ese..., el conde ese...; ¿qué conde?

—¡Ese! No hay más que un conde, y un marqués, y un duque. O para mí todos son iguales y como si fuesen uno mismo.

—Pues sí, ¡ha estado!

—Me alegro, si eso te divierte. Es para lo que sirve el pobre mentecato.

—Pues a mí me parece un hombre inteligente y culto, y muy bien educado y muy simpático...

—Sí, de los que leen novelas. Pero, en fin, si eso te distrae...

—Y muy desgraciado.

—¡Bah; él se tiene la culpa!

—¿Y por qué?

—Por ser tan majadero. Es natural lo que le pasa. A un mequetrefe como el conde ese es muy natural que le engañe su mujer. ¡Si eso no es un hombre! No sé cómo hubo quien se casó con semejante cosa. Por supuesto, que no se casó con él, sino con el título. ¡A mí me había de hacer una mujer lo que a ese desdi-chado le hace la suya...!

Julia se quedó mirando a su marido y, de pronto, sin darse apenas cuenta de lo que decía exclamó:

—¿Y si te hiciese? ¿Si te saliese tu mujer como a él le ha salido la suya?

—Tonterías—y Alejandro se echó a reír—. Te empeñas en sazonar nuestra vida con sal de libros. Y si es que quieres probarme dándome celos, te equivocas.

---

[5]por alusión a Simón Cirineo que ayudó a llevar la cruz a Jesús, persona que ayuda a otra en algún trabajo penoso.

¡Yo no soy de esos! ¿A mí con esas? ¿A mí? Diviértete en embromar al majadero de Bordaviella.

«¿Pero será cierto que este hombre no siente celos?—se decía Julia—. ¿Será cierto que le tiene sin cuidado que el conde venga y me ronde y me corteje como me está rondando y cortejando? ¿Es seguridad en mi fidelidad y cariño? ¿Es seguridad en su poder sobre mí? ¿Es indiferencia? ¿Me quiere o no me quiere?» Y empezaba a exasperarse. Su amo y señor marido le estaba torturando el corazón.

La pobre mujer se obstinaba en provocar celos en su marido, como piedra de toque de su querer, mas no lo conseguía.

—¿Quieres venir conmigo a casa del conde?

—¿A qué?

—¡Al té!

—¿Al té? No me duelen las tripas. Porque en mis tiempos y entre los míos no se tomaba esa agua sucia más que cuando le dolían a uno las tripas. ¡Buen provecho te haga! Y consuélale un poco al pobre conde. Allí estará también la condesa con su último amigo, el de turno. ¡Vaya una sociedad! ¡Pero, en fin, eso viste!

En tanto, el conde proseguía el cerco de Julia. Fingía estar acongojado por sus desventuras domésticas para así excitar la compasión de su amiga, y por la compasión llevarla al amor, y al amor culpable, a la vez que procuraba darla a entender que conocía algo también de las interioridades del hogar de ella.

—Sí, Julia, es verdad; mi casa es un infierno, un verdadero infierno, y hace usted bien en compadecerme como me compadece. ¡Ah, si nos hubiésemos conocido antes! ¡Antes de yo haberme uncido a mi desdicha! Y usted...

—Yo a la mía, ¿no es eso?

—¡No, no; no quería decir eso..., no!

—¿Pues qué es lo que usted quería decir, conde?

—Antes de haberse usted entregado a ese otro hombre, a su marido...

—¿Y usted sabe que me habría entregado entonces a usted?

—¡Oh, sin duda, sin duda...!

—¡Qué petulantes son ustedes los hombres!

—¿Petulantes?

—Sí, petulantes. Ya se supone usted irresistible.

—¡Yo..., no!

—¿Pues quién?

—¿Me permite que se lo diga, Julia?

—¡Diga lo que quiera!

—¡Pues bien, se lo diré! ¡Lo irresistible habría sido, no yo, sino mi amor! ¡Sí, mi amor!

—¿Pero es una declaración en regla, señor conde? Y no olvide que soy una mujer casada, honrada, enamorada de su marido...

—Eso...

—¿Y se permite usted dudarlo? Enamorada, sí, como me lo oye, sinceramente enamorada de mi marido.

—Pues lo que es él...

—¿Eh? ¿Qué es eso? ¿Quién le ha dicho a usted que él no me quiere?

—¡Usted misma!

—¿Yo? ¿Cuándo le he dicho yo a usted que Alejandro no me quiere? ¿Cuándo?

—Me lo ha dicho con los ojos, con el gesto, con el porte...

—¡Ahora me va a salir con que he sido yo quien le he estado provocando a que me haga el amor...! ¡Mire usted, señor conde, ésta va a ser la última vez que venga a mi casa!

—¡Por Dios, Julia!

—¡La última vez, he dicho!

—¡Por Dios, déjeme venir a verla, en silencio, a contemplarla, a enjugarme, viéndola, las lágrimas que lloro hacia dentro!...

—¡Qué bonito!

—Y lo que le dije, que tanto pareció ofenderla...

—¿Pareció? ¡Me ofendió!

—¿Es que puedo yo ofenderla?

—¡Señor conde...!

—Lo que la dije, y que tanto la ofendió, fue tan sólo que, si nos hubiésemos conocido antes de haberme yo entregado a mi mujer y usted a su marido, yo la habría querido con la misma locura que hoy la quiero... ¡Déjeme desnudarme el corazón! Yo la habría querido con la misma locura con que hoy la quiero y habría conquistado su amor con el mío. No con mi valor, no; no con mi mérito, sino sólo a fuerza de cariño. Que no soy yo, Julia, de esos hombres que creen domeñar y conquistar a la mujer con su propio mérito, por ser quienes son; no soy de esos que exigen se los quiera, sin dar, en cambio, su cariño. En mí, pobre noble venido a menos no cabe tal orgullo.

Julia absorbía lentamente y gota a gota el veneno.

—Porque hay hombres—prosiguió el conde—incapaces de querer; pero que exigen que se los quiera, y creen tener derecho al amor y a la fidelidad incondicionales de la pobre mujer que se les rinde. Hay quienes toman una mujer hermosa y famosa por su hermosura para envanecerse de ello, de llevarla al lado como podrían llevar una leona domesticada, y decir: «Mi leona; ¿veis cómo me está rendida?» ¿Y por eso querría a su leona?

—Señor conde..., señor conde, que está usted entrando en un terreno...

Entonces el de Bordaviella se le acercó aún más, y casi al oído, haciéndola sentir en la oreja, hermosísima rosada concha de carne entre zarcillos de pelo castaño refulgente, el cosquilleo de su aliento entrecortado, le susurró:

—Donde estoy entrando es en tu conciencia, Julia.

El *tu* arreboló la oreja culpable.

El pecho de Julia ondeaba como el mar al acercarse la galerna.

—Sí, Julia, estoy entrando en tu conciencia.

—¡Déjeme, por Dios, señor conde, déjeme! ¡Si entrase él ahora...!

—No, él no entrará. A él no le importa nada de ti. El nos deja así, solos, porque no te quiere... ¡No, no te quiere. ¡No te quiere, Julia, no te quiere!

—Es que tiene absoluta confianza en mí...

—¡En ti, no! En sí mismo. ¡Tiene absoluta confianza, ciego, en sí mismo! Cree que a él, por ser él, él, Alejandro Gómez, el que ha fraguado una fortuna, no quiero saber cómo..., cree que a él no es posible que le falte mujer alguna. A mí me desprecia, lo sé...

—Sí, le desprecia a usted...

—¡Lo sabía! Pero tanto como a mí te desprecia a ti...

—¡Por Dios, señor conde, por Dios, cállese, que me está matando!

—¡Quien te matará es él, él, tu marido, y no serás la primera!

—¡Eso es una infamia, señor conde; eso es una infamia! ¡Mi marido no mató a su mujer! ¡Y váyase, váyase; váyase y no vuelva!

—Me voy; pero... volveré. Me llamarás tú.

Y se fue, dejándola malherida en el alma. «¿Tendrá razón este hombre?—se decía—. ¿Será así? Porque él me ha revelado lo que yo no quería decirme ni a mí misma. ¿Será verdad que me desprecia? ¿Será verdad que no me quiere?»

Empezó a ser pasto de los cotarros de maledicencia de la corte lo de las relaciones entre Julia y el conde de Bordaviella. Y Alejandro, o no se enteraba de ello, o hacía como si no se enterase. A algún amigo que empezó a hacerle veladas insinuaciones le atajó diciéndole: «Ya sé lo que me va usted a decir; pero déjelo. Esas no son más que habladurías de la gente. ¿A mí? ¿A mí con esas? ¡Hay que dejar que las mujeres románticas se hagan las interesantes!» ¿Sería un...? ¿Sería un cobarde?

Pero una vez en el Casino se permitió uno, delante de él, una broma de ambiguo sentido respecto a cuernos, cogió una botella y se la arrojó a la cabeza, descalabrándole. El escándalo fue formidable.

—¿A mí? ¿A mí con bromitas de esas?—decía con su voz y su tono más contenidos—. Como si no le entendiese... Como si no supiera las necedades que corren por ahí, entre los majaderos, a propósito de los caprichos novelescos de mi pobre mujer... Y estoy dispuesto a cortar de raíz esas hablillas...

—Pero no así, don Alejandro—se atrevió a decirle uno.

—¿Pues cómo? ¡Dígame cómo!

—¡Cortando la raíz y motivo de las tales hablillas!

—¡Ah, ya! ¿Qué prohíba la entrada del conde en mi casa?

—Sería lo mejor.

—Eso sería dar la razón a los maldicientes. Y yo no soy un tirano. Si a mi pobre mujer le divierte el conde ese, que es un perfecto y absoluto mentecato, se lo juro a usted, es un mentecato, inofensivo, que se las echa de tenorio..., si a mi pobre mujer le divierte ese fantoche, ¿voy a quitarle la diversión porque los demás mentecatos den en decir esto o lo otro? ¡Pues no faltaba más...! Pero, ¿pegármela a mí? ¿A mí? ¡Ustedes no me conocen!

—Pero, don Alejandro, las apariencias...

—¡Yo no vivo de apariencias, sino de realidades!

Al día siguiente se presentaron en casa de Alejandro dos caballeros, muy graves, a pedirle una satisfacción en nombre del ofendido.

—Díganle ustedes—les contestó—que me pase la cuenta del médico o cirujano que le asista y que la pagaré, así como los daños y perjuicios a que haya lugar.

—Pero don Alejandro...

—¿Pues qué es lo que ustedes quieren?

—¡Nosotros, no! El ofendido exige una reparación.... una satisfacción..., una explicación honrosa...

—No les entiendo a ustedes..., ¡o no quiero entenderles!

—¡Y si no, un duelo!

—¡Muy bien! Cuando quiera. Dígale que cuando quiera. Pero para eso no es menester que ustedes se molesten. No hacen falta padrinos. Dígale que en cuanto se cure de la cabeza, quiero decir, del botellazo..., que me avise, que iremos donde él quiera, nos encerraremos y la emprenderemos uno con otro a trompada y a patada limpias. No admito otras armas. Y ya verá quién es Alejandro Gómez.

—¡Pero, don Alejandro, usted se está burlando de nosotros!—exclamó uno de los padrinos.

—¡Nada de eso! Ustedes son de un mundo y yo de otro. Ustedes vienen de padres ilustres, de familias linajudas... Yo, se puede decir que no he tenido padres ni tengo otra familia que la que yo me he hecho. Yo vengo de la nada, y no quiero entender esas andróminas del Código del honor. ¡Conque ya lo saben ustedes!

Levantáronse los padrinos, y uno de ellos, poniéndose muy solemne, con cierta energía, mas no sin respeto—que al cabo se trataba de un poderoso millonario y hombre de misteriosa procedencia—, exclamó:

—Entonces, señor don Alejandro Gómez permítame que se lo diga...

—Diga usted todo lo que quiera; pero midiendo sus palabras, que ahí tengo a la mano otra botella.

—¡Entonces—y levantó más la voz—, señor don Alejandro Gómez, usted no es un caballero!

—¡Y claro que no lo soy, hombre, claro que no lo soy! ¡Caballero yo! ¿Cuándo? ¿De dónde? Yo me crié burrero y no caballero, hombre. Y ni en burro siquiera solía ir a llevar la merienda al que decían que era mi padre, sino a pie, a pie y andando. ¡Claro que no soy un caballero! ¿Caballerías? ¿Caballerías a mí? ¿A mí? Vamos..., vamos...

—Vámonos, sí—dijo un padrino al otro—, que aquí no hacemos ya nada. Usted, señor don Alejandro, sufrirá las consecuencias de esta, su incalificable conducta.

—Entendido, y a ella me atengo. Y en cuanto a ese... a ese caballero de lengua desenfrenada a quien descalabré la cabeza, díganle, se lo repito, que me pase la cuenta del médico, y que tenga en adelante cuenta con lo que dice. Y ustedes, si alguna vez—que todo pudiera ser—necesitaran algo de este descalificado, de este millonario salvaje, sin sentido del honor caballeresco, pueden acudir a mí, que los serviré, como he servido y sirvo a otros caballeros.

—¡Esto no se puede tolerar, vámonos!—exclamó uno de los padrinos.

Y se fueron.

Aquella noche contaba Alejandro a su mujer la escena de la entrevista con los padrinos, después de haberle contado lo del botellazo, y se regodeaba en el relato de su hazaña. Ella le oía despavorida.

—¿Caballero yo? ¿Yo caballero?—exclamaba él—. ¿Yo? ¿Alejandro Gómez? ¡Nunca! ¡Yo no soy más que un hombre, pero todo un hombre, nada menos que todo un hombre!

—¿Y yo?—dijo ella, por decir algo.

—¿Tú? ¡Toda una mujer! Y una mujer que lee novelas. ¡Y él, el condesito ese del ajedrez, un nadie, nada más que un nadie! ¿Por qué te he de privar el que te diviertas con él como te divertirías con un perro faldero? Porque compres un perrito de esos de lanas, o un gatito de Angora,[6] o un tití, y le acaricies y hasta le besuquees, ¿voy a coger el perrito, o el michino,[7] o el tití y voy a echarlos por el balcón a la calle? ¡Pues estaría bueno! Mayormente, que podían caerle encima a uno que pasase. Pues lo mismo es el condesito ese, otro gozquecillo,[8] o michino, o tití. ¡Diviértete con él cuando te plazca!

—Pero, Alejandro, tienen razón en lo que te dicen... tienes que negarle la entrada a ese hombre...

—¿Hombre?

—Bueno. Tienes que negarle la entrada al conde de Bordaviella.

—¡Niégasela tú! Cuando no se la niegas es que maldito lo que ha conseguido ganar tu corazón. Porque si hubieras llegado a empezar a interesarte por él, ya le habrías despachado para defenderte del peligro.

—¿Y si estuviese interesada...?

—¡Bueno, bueno...! ¡Ya salió aquello! ¡Ya salió lo de querer darme celos! ¿A mí? ¿Pero cuándo te convencerás, mujer, de que yo no soy como los demás?

Cada vez comprendía menos Julia a su marido; pero cada vez se encontraba más subyugada a él y más ansiosa de asegurarse de si le quería o no. Alejandro, por su parte, aunque seguro de la fidelidad de su mujer, o mejor de que a él, a Alejandro—¡Nada menos que todo un hombre!—, no podía faltarle su mujer—¡la suya!—diciéndose: «A esta pobre mujer le está trastornando la vida de la corte y la lectura de novelas», decidió llevarla al campo. Y se fueron a una de sus dehesas.

—Una temporadita de campo te vendrá muy bien—le dijo—. Eso templa los nervios. Por supuesto, si es que piensas aburrirte sin tu michino, puedes invitarle al condezuelo ese a que nos acompañe. Porque ya sabes que yo no tengo celos y estoy seguro de ti, de mi mujer.

Allí, en el campo, las cavilaciones de la pobre Julia se exacerbaron. Aburríase grandemente. Su marido no la dejaba leer.

—Te he traído para eso, para apartarte de los libros y cortar de raíz tu neurastenia, antes de que se vuelva cosa peor.

—¿Mi neurastenia?

---

[6]cierta raza de gatos. Angora es la actual Ankara.

[7]gato.

[8]diminutivo de gozque: perro pequeño.

—¡Pues claro! Todo lo tuyo no es más que eso. La culpa de todo ello la tienen los libros.

—¡Pues no volveré a leer más!

—No, yo no exijo tanto... Yo no te exijo nada. ¿Soy acaso algún tirano yo? ¿Te he exigido nunca nada?

—No. ¡Ni siquiera exiges que te quiera!

—¡Naturalmente, como que eso no se puede exigir! Y, además, como sé que me quieres y no puedes querer a otro... Después de haberme conocido y de saber, gracias a mí, lo que es un hombre, no puedes ya querer a otro, aunque te lo propusieras. Te lo aseguro yo... Pero no hablemos de cosas de libros. Ya te he dicho que no me gustan novelerías. Esas son bobadas para hablar con condesitos al tomar el té.

Vino a aumentar la congoja de la pobre Julia el que llegó a descubrir que su marido andaba en torpes enredos con una criada zafia y nada bonita. Y una noche, después de cenar, encontrándose los dos solos, la mujer dijo de pronto:

—No creas, Alejandro, que no me he percatado del lío que traes con la Simona...

—Ni yo lo he ocultado mucho. Pero eso no tiene importancia. Siempre gallina, amarga la cocina.[9]

—¿Qué quieres decir?

—Que eres demasiado hermosa para diario.

La mujer tembló. Era la primera vez que su marido la llamaba así, a boca llena: hermosa. Pero, ¿la querría de veras?

—¡Pero con ese pingo!...[10]—dijo Julia por decir algo.

—Por lo mismo. Hasta su mismo desaseo me hace gracia. No olvides que yo casi me crié en un estercolero, y tengo algo de lo que un amigo mío llama la voluptuosidad del pringue. Y ahora después de este entremés rústico, apreciaré mejor tu hermosura, tu elegancia y tu pulcritud.

—No sé si me estás adulando o insultando.

—¡Bueno! ¡La neurastenia! ¡Y yo que te creía en camino de curación!...

—Por supuesto, vosotros los hombres podéis hacer lo que se os antoje, y faltarnos...

—¿Quién te ha faltado?

—¡Tú!

---

[9]expresión que significa "la repetición de algo, aunque sea bueno, puede llegar a cansar".

[10]mujer despreciable.

—¿A eso llamas faltarte? ¡Bah, bah! ¡Los libros, los libros! Ni a mí se me da un pitoche de la Simona, ni...

—¡Claro! ¡Ella es para ti como una perrita, o una gatita, o una mona!

—¡Una mona, exacto; nada más que una mona! Es a lo que más se parece. ¡Tú lo has dicho: una mona! ¿Pero he dejado por eso de ser tu marido?

—Querrás decir que no he dejado yo por eso de ser tu mujer...

—Veo, Julia, que vas tomando talento...

—¡Claro, todo se pega!

—¿Pero de mí, por supuesto, y no del michino?

—¡Claro que de ti!

—Pues bueno; no creo que este incidente rústico te ponga celosa... ¿Celos tú? ¿Tú? ¿Mi mujer? ¿Y de esa mona? Y en cuanto a ella, ¡la doto, y encantada!

—Claro, en teniendo dinero...

—Y con esa dote se casa volando, y le aporta ya al marido, con la dote, un hijo. Y si el hijo sale a su padre, que es nada menos que todo un hombre, pues el novio sale con doble ganancia.

—¡Calla, calla, calla!

La pobre Julia se echó a llorar.

—Yo creí—concluyó Alejandro—que el campo te había curado la neurastenia. ¡Cuidado con empeorar!

A los dos días de esto volvíanse a la corte.

Y Julia volvió a sus congojas, y el conde de Bordaviella a sus visitas, aunque con más cautela. Y ya fue ella, Julia, a que, exasperada, empezó a prestar oídos a las venenosas insinuaciones del amigo, pero sobre todo a hacer ostentación de la amistad ante su marido, que alguna vez se limitaba a decir: «Habrá que volver al campo y someterte a tratamiento.»

Un día, en el colmo de la exasperación, asaltó Julia a su marido, diciéndole:

—¡Tú no eres un hombre, Alejandro, no, no eres un hombre!

—¿Quién, yo? ¿Y por qué?

—¡No, no eres un hombre, no lo eres!

—Explícate.

—Ya sé que no me quieres, que no te importa de mí nada; que no soy para ti ni la madre de tu hijo, que no te casaste conmigo nada más que por vanidad, por jactancia, por exhibirme, por envanecerte con mi hermosura, por...

—¡Bueno, bueno; ésas son novelerías! ¿Por qué no soy hombre?

—Ya sé que no me quieres...

—Ya te he dicho cien veces que eso de querer y no querer, y amor, y todas esas andróminas, son conversaciones de té condal o danzante.

—Yo sé que no me quieres...

—Bueno, ¿y qué más?...

—Pero eso de que consientas que el conde, el michino como tú le llamas, entre aquí a todas horas...

—¡Quien lo consiente eres tú!

—¿Pues no he de consentirlo, si es mi amante? Ya lo has oído, mi amante. ¡El michino es mi amante!

Alejandro permanecía impasible mirando a su mujer. Y ésta, que esperaba un estallido del hombre, exaltándose aún más, gritó:

—¿Y qué? ¿No me matas ahora como a la otra?

—Ni es verdad que maté a la otra, ni es verdad que el michino sea tu amante. Estás mintiendo para provocarme. Quieres convertirme en un Otelo.[11] Y mi casa no es teatro. Y si sigues así, va a acabar todo ello en volverte loca y en que tengamos que encerrarte.

—¿Loca? ¿Loca yo?

—¡De remate! ¡Llegarse a creer que tiene un amante! ¡Es decir, querer hacérmelo creer! ¡Como si mi mujer pudiese faltarme a mí! ¡A mí! Alejandro Gómez no es ningún michino; ¡es nada menos que todo un hombre! Y no, no conseguirás lo que buscas, no conseguirás que yo te regale los oídos con palabras de novelas y de tes danzantes o condales. Mi casa no es un teatro.

—¡Cobarde! ¡Cobarde! ¡Cobarde!—gritó ya Julia, fuera de sí—. ¡Cobarde!

—Aquí va a haber que tomar medidas—dijo el marido.

Y se fue.

A los dos días de esta escena, y después de haberla tenido encerrada a su mujer durante ellos, Alejandro la llamó a su despacho. La pobre Julia iba aterrada. En el despacho la esperaban, con su marido, el conde de Bordaviella y otros dos señores.

—Mira Julia—le dijo con terrible calma su marido—. Estos dos señores son dos médicos alienistas, que vienen, a petición mía, a informar sobre tu estado para que podamos ponerte en cura. Tú no estás bien de la cabeza, y en tus ratos lúcidos debes comprenderlo así.

—¿Y qué haces tú aquí, Juan?—preguntó Julia al conde, sin hacer caso a su marido.

---

[11]drama de William Shakespeare y nombre del protagonista del mismo. Otelo mata a su mujer Desdémona enloquecido por los celos que Yago le insinúa maliciosamente.

—¿Lo ven ustedes?—dijo éste dirigiéndose a los médicos—. Persiste en su alucinación; se empeña en que este señor es...

—¡Sí, es mi amante!—le interrumpió ella—. Y si no que lo diga él.

El conde miraba al suelo.

—Ya ve usted, señor conde—dijo Alejandro al de Bordaviella—, cómo persiste en su locura. Porque usted no ha tenido, no ha podido tener, ningún género de esas relaciones con mi mujer...

—¡Claro que no!—exclamó el conde.

—¿Lo ven ustedes?—añadió Alejandro volviéndose a los médicos.

—Pero cómo—gritó Julia—, ¿te atreves tú, tú, Juan, tú, mi michino, a negar que he sido tuya?

El conde temblaba bajo la mirada fría de Alejandro, y dijo:

—Repórtese, señora, y vuelva en sí. Usted sabe que nada de eso es verdad. Usted sabe que si yo frecuentaba esta casa era como amigo de ella, tanto de su marido como de usted misma, señora, y que yo, un conde de Bordaviella, jamás afrentaría así a un amigo como...

—Como yo—le interrumpió Alejandro—. ¿A mí? ¿A mí? ¿A Alejandro Gómez? Ningún conde puede afrentarme, ni puede mi mujer faltarme. Ya ven ustedes, señores, que la pobre está loca...

—¿Pero también tú, Juan? ¿También tú, michino?—gritó ella—. ¡Cobarde! ¡Cobarde! ¡Cobarde! ¡Mi marido te ha amenazado, y por miedo, por miedo, cobarde, cobarde, cobarde, no te atreves a decir la verdad y te prestas a esta farsa infame para declararme loca! ¡Cobarde, cobarde, villano! Y tú también, como mi marido...

—¿Lo ven ustedes, señores?—dijo Alejandro a los médicos.

La pobre Julia sufrió un ataque, y quedó como deshecha.

—Bueno; ahora, señor mío—dijo Alejandro dirigiéndose al conde—, nosotros nos vamos, y dejemos que estos dos señores facultativos, a solas con mi pobre mujer, completen su reconocimiento.

El conde le siguió. Ya fuera de la estancia, le dijo Alejandro:

—Con que ya lo sabe usted, señor conde: o mi mujer resulta loca, o les levanto a usted y a ella las tapas de los sesos. Usted escogerá.

—Lo que tengo que hacer es pagarle lo que le debo, para no tener más cuentas con usted.

—No; lo que debe hacer es guardar la lengua. Conque quedamos en que mi mujer está loca de remate y usted es un tonto de capirote. ¡Y ojo con ésta!—y le enseñó una pistola.

Cuando, algo después, salían los médicos del despacho de Alejandro, decíanse:

—Esta es una tremenda tragedia. ¿Y qué hacemos?

—¿Qué vamos a hacer sino declararla loca? Porque, de otro modo, ese hombre la mata a ella y le mata a ese desdichado conde.

—Pero ¿y la conciencia profesional?

—La conciencia consiste aquí en evitar un crimen mayor.

—¿No sería mejor declararle loco a él, a don Alejandro?

—No, él no es loco: es otra cosa.

—Nada menos que todo un hombre, como dice él.

—¡Pobre mujer! ¡Daba pena oírle! Lo que yo me temo es que acabe por volverse de veras loca.

—Pues con declararla tal, acaso la salvamos. Por lo menos se la apartaría de esta casa.

Y, en efecto, la declararon loca. Y con esa declaración fue encerrada por su marido en un manicomio.

Toda una noche espesa, tenebrosa y fría, sin estrellas, cayó sobre el alma de la pobre Julia al verse encerrada en el manicomio. El único consuelo que le dejaban es el de que le llevaran casi a diario a su hijito para que lo viera. Tomábalo en brazos y le bañaba la carita con sus lágrimas. Y el pobrecillo niño lloraba sin saber por qué.

—¡Ay, hijo mío, hijo mío!—le decía—. ¡Si pudiese sacarte toda la sangre de tu padre!... ¡Porque es tu padre!

Y a solas se decía la pobre mujer, sintiéndose al borde de la locura: «¿Pero no acabaré por volverme de veras loca en esta casa, y creer que no fue sino un sueño y alucinación lo de mi trato con ese infame conde? ¡Cobarde, sí, cobarde, villano! ¡Abandonarme así! ¡Dejar que me encerraran aquí! ¡El michino, sí, el michino! Tiene razón mi marido. Y él, Alejandro, ¿por qué no nos mató? ¡Ah, no! ¡Esta es más terrible venganza! ¡Matarle a ese villano michino...! No, humillarle, hacerle mentir y abandonarme. ¡Temblaba ante mi marido, sí, temblaba ante él! ¡Ah, es que mi marido es un hombre! ¿Y por qué no me mató? ¡Otelo me habría matado! Pero Alejandro no es Otelo, no es tan bruto como Otelo. Otelo era un moro impetuoso, pero poco inteligente. Y Alejandro... Alejandro tiene una poderosa inteligencia al servicio de su infernal soberbia plebeya. No, ese hombre no necesitó matar a su primera mujer; la hizo morir. Se murió ella de miedo ante él. ¿Y a mí me quiere?»

Y allí, en el manicomio, dio otra vez en trillar su corazón y su mente con el triturador dilema: «¿Me quiere, o no me quiere?» Y se decía luego: «¡Yo sí que le quiero! ¡Y ciegamente!»

Y por temor a enloquecer de veras, se fingió curada, asegurando que habían sido alucinaciones lo de su trato con el de Bordaviella. Avisáronselo al marido. Un día llamaron a Julia adonde su marido la esperara, en un locutorio. Entró él, y se arrojó a sus pies sollozando:

—¡Perdóname, Alejandro, perdóname!

—Levántate, mujer—y la levantó.

—¡Perdóname!

—¿Perdonarte? ¿Pero de qué? Si me habían dicho que estabas ya curada..., que se te habían quitado las alucinaciones...

Julia miró a la mirada fría y penetrante de su marido con terror. Con terror y con un loco cariño. Era un amor ciego, fundido con un terror no menos ciego.

—Sí, tienes razón, Alejandro, tienes razón; he estado loca, loca de remate. Y por darte celos, nada más que por darte celos, inventé aquellas cosas. Todo fue mentira. ¿Cómo iba a faltarte yo? ¿Yo? ¿A ti? ¿A ti? ¿Me crees ahora?

—Una vez, Julia—le dijo con voz de hielo su marido—, me preguntaste si era o no verdad que yo maté a mi primera mujer, y, por contestación, te pregunté yo a mi vez que si podías creerlo. ¿Y qué me dijiste?

—¡Que no lo creía, que no podía creerlo!

—Pues ahora yo te digo que no creí nunca, que no pude creer que tú te hubieses entregado al michino ese. ¿Te basta?

Julia temblaba, sintiéndose al borde de la locura; de la locura del terror y de amor fundidos.

—Y ahora—añadió la pobre mujer abrazando a su marido y hablándole al oído—; ahora, Alejandro, dime, ¿me quieres?

Y entonces vio en Alejandro, su pobre mujer, por vez primera, algo que nunca antes en él viera; le descubrió un fondo del alma terrible y hermética que el hombre de la fortuna guardaba celosamente sellado. Fue como si un relámpago de luz tempestuosa alumbrase por un momento el lago negro, tenebroso de aquella alma, haciendo relucir su sobrehaz. Y fue que vio asomar dos lágrimas en los ojos fríos y cortantes como navajas de aquel hombre. Y estalló:

—¡Pues no he de quererte, hija mía, pues no he de quererte! ¡Con toda el alma, y con toda la sangre, y con todas las entrañas; más que a mí mismo! Al principio, cuando nos casamos, no. ¿Pero ahora? ¡Ahora, sí! Ciegamente, locamente. Soy yo tuyo más que tú mía.

Y besándola con una furia animal, febril, encendido como loco, balbuceaba: «¡Julia! ¡Julia! ¡Mi diosa! ¡Mi todo!»

Ella creyó volverse loca al ver desnuda el alma de su marido.

—Ahora quisiera morirme, Alejandro—le murmuró al oído, reclinando la cabeza sobre su hombro.

A estas palabras, el hombre pareció despertar y volver en sí como de un sueño; y como si se hubiese tragado con los ojos, ahora otra vez fríos y cortantes, aquellas dos lágrimas, dijo:

—Esto no ha pasado, ¿eh Julia? Ya lo sabes; pero yo no he dicho lo que he dicho... ¡Olvídalo!

—¿Olvidarlo?

—¡Bueno, guárdatelo, y como si no lo hubieses oído!

—Lo callaré...

—¡Cállatelo a ti misma!

—Me lo callaré; pero...

—¡Basta!

—Pero, por Dios, Alejandro, déjame un momento, un momento siquiera... ¿Me quieres por mí, por mí, y aunque fuese de otro, o por ser yo cosa tuya?

—Ya te he dicho que lo debes olvidar. Y no me insistas, porque si insistes, te dejo aquí. He venido a sacarte; pero has de salir curada.

—¡Y curada estoy!—afirmó la mujer con brío.

Y Alejandro se llevó su mujer a su casa.

Pocos días después de haber vuelto Julia del manicomio, recibía el conde de Bordaviella, no una invitación, sino un mandato de Alejandro para ir a comer a su casa.

«Como ya sabrá usted, señor conde—le decía en una carta—, mi mujer ha salido del manicomio completamente curada; y como la pobre, en la época de su delirio, le ofendió a usted gravemente, aunque sin intención ofensiva, suponiéndole capaz de infamias de que es usted, un perfecto caballero, absolutamente incapaz, le ruego, por mi conducto, que venga pasado mañana, jueves, a acompañarme a comer, para darle las satisfacciones que a un caballero, como es usted, se le deben. Mi mujer se lo ruega y yo se lo ordeno. Porque si usted no viene ese día a recibir esas satisfacciones y explicaciones, sufrirá las consecuencias de ello. Y usted sabe bien de lo que es capaz

Alejandro Gómez.»

El conde de Bordaviella llegó a la cita pálido, tembloroso y desencajado. La comida transcurrió en la más lóbrega de las conversaciones. Se habló de todas las mayores frivolidades—los criados delante—, entre las bromas más espesas y feroces de Alejandro. Julia le acompañaba. Después de los postres, Alejandro, dirigiéndose al criado, le dijo: «Trae el té.»

—¿Té?—se le escapó al conde.

—Sí, señor conde—le dijo el señor de la casa—. Y no es que me duelan las tripas, no, es para estar más a tono. El té va muy bien con las satisfacciones entre caballeros.

Y volviéndose al criado: «¡Retírate!»

Quedáronse los tres solos. El conde temblaba. No se atrevía a probar el té.

—Sírveme a mi primero, Julia—dijo el marido—. Y yo lo tomaré antes para que vea usted, señor conde, que en mi casa se puede tomar todo con confianza.

—Pero si yo...

—No, señor conde; aunque yo no sea un caballero, ni mucho menos, no he llegado aún a eso. Y ahora mi mujer quiere darle a usted unas explicaciones.

Alejandro miró a Julia, y ésta, lentamente, con voz fantasmática, empezó a hablar. Estaba espléndidamente hermosa. Los ojos le relucían con un brillo como de relámpago. Sus palabras fluían frías y lentas, pero se adivinaba que por debajo de ellas ardía un fuego consumidor.

—He hecho que mi marido le llame, señor conde—dijo Julia—, porque tengo que darle una satisfacción por haberle ofendido gravemente.

—¿A mí, Julia?

—¡No me llame usted Julia! Sí, a usted. Cuando me puse loca, loca de amor por mi marido, buscando a toda costa asegurarme de si me quería o no, quise tomarle a usted de instrumento para excitar sus celos, y en mi locura llegué a acusarle a usted de haberme seducido. Y esto fue un embuste, y habría sido una infamia de mi parte si yo no hubiese estado, como estaba, loca. ¿No es así, señor conde?

—Sí, así es, doña Julia...

—Señora de Gómez—corrigió Alejandro.

—Lo que le atribuí a usted, cuando le llamábamos mi marido y yo el michino—, ¡perdónenoslo usted!

—¡Por perdonado!

—Lo que le atribuí entonces fue una acción villana e infame, indigna de un caballero como usted...

—¡Muy bien—agregó Alejandro—, muy bien! Acción villana e infame, indigna de un caballero; ¡muy bien!

—Y aunque, como le repito, se me puede y debe excusar en atención a mi estado de entonces, yo quiero, sin embargo, que usted me perdone. ¿Me perdona?

—Sí, sí; le perdono a usted todo; les perdono a ustedes todo—suspiró el conde más muerto que vivo y ansioso de escapar cuanto antes de aquella casa.

—¿A ustedes?—le interrumpió Alejandro—. A mí no me tiene usted nada que perdonar.

—¡Es verdad, es verdad!

—Vamos, cálmese—continuó el marido—, que le veo a usted agitado.
Tome otra taza de té. Vamos, Julia sírvele otra taza al señor conde. ¿Quiere usted
tila en ella?

—No..., no...

—Pues bueno, ya que mi mujer le dijo lo que tenía que decirle, y usted le
ha perdonado su locura, a mí no me queda sino rogarle que siga usted honrando
nuestra casa con sus visitas. Después de lo pasado, usted comprenderá que sería
de muy mal efecto que interrumpiéramos nuestras relaciones. Y ahora que mi
mujer está ya gracias a mí, completamente curada, no corre usted ya peligro
alguno con venir acá. Y en prueba de mi confianza en la total curación de mi
mujer, ahí les dejo a ustedes dos solos, por si ella quiere decirle algo que no se
atreve a decírselo delante de mí, o que yo, por delicadeza, no deba oír.

Y se salió Alejandro, dejándolos cara a cara y a cuál de los dos más sorprendidos de aquella conducta. «¡Qué hombre!», pensaba él, el conde, y Julia:
«¡Este es un hombre!»

Siguióse un abrumador silencio. Julia y el conde no se atrevían a mirarse.
El de Bordaviella miraba a la puerta por donde saliera el marido.

—No—le dijo Julia—, no mire usted así; no conoce usted a mi marido, a
Alejandro. No está detrás de la puerta espiando lo que digamos.

—¡Qué se yo...! Hasta es capaz de traer testigos...

—¿Por qué dice usted eso, señor conde?

—¿Es que no me acuerdo de cuando trajo a los dos médicos en aquella
horrible escena en que me humilló cuanto más se puede y cometió la infamia de
hacer que la declarasen a usted loca?

—Y así era la verdad, porque si no hubiese estado yo entonces loca, no
habría dicho, como dije, que era usted mi amante...

—Pero...

—¿Pero qué, señor conde?

—¿Es que quieren ustedes declararme a mí loco o volverme tal? ¿Es que
va usted a negarme, Julia...?

—¡Doña Julia o señora de Gómez!

—¿Es que va usted a negarme, señora de Gómez que, fuese por lo que
fuera, acabó usted, no ya sólo aceptando mis galanteos...; no, galanteos, no; mi
amor...?

—¡Señor conde...!

—¿Que acabó, no sólo aceptándolos, sino que era usted la que provocaba
y que aquello iba...?

—Ya le he dicho a usted, señor conde, que estaba entonces loca, y no necesito repetírselo.

—¿Va usted a negarme que empezaba yo a ser su amante?

—Vuelvo a repetirle que estaba loca.

—No se puede estar ni un momento más en esta casa. ¡Adiós!

El conde tendió la mano a Julia, temiendo que se la rechazaría. Pero ella se la tomó y le dijo:

—Conque ya sabe usted lo que le ha dicho mi marido. Usted puede venir acá cuando quiera, y ahora que estoy yo, gracias a Dios y a Alejandro, completamente curada, curada del todo, señor conde, sería de mal efecto que usted suspendiera sus visitas.

—Pero, Julia...

—¿Qué? ¿Vuelve usted a las andadas? ¿No le he dicho que estaba entonces loca?

—A quien le van a volver ustedes loco, entre su marido y usted, es a mí...

—¿A usted? ¿Loco a usted? No me parece fácil...

—¡Claro! ¡El michino!

Julia se echó a reír. Y el conde, corrido y abochornado, salió de aquella casa decidido a no volver más a ella.

Todas estas tormentas de su espíritu quebrantaron la vida de la pobre Julia, y se puso gravemente enferma, enferma de la mente. Ahora sí que parecía de veras que iba a enloquecer. Caía con frecuencia en delirios, en los que llamaba a su marido con las más ardientes y apasionadas palabras. Y el hombre se entregaba a los transportes dolorosos de su mujer procurando calmarla. «¡Tuyo, tuyo, tuyo, sólo tuyo y nada más que tuyo!» le decía al oído, mientras ella, abrazada a su cuello, se lo apretaba casi a punto de ahogarlo.

La llevó a la dehesa a ver si el campo la curaba. Pero el mal la iba matando. Algo terrible le andaba por las entrañas.

Cuando el hombre de fortuna vio que la muerte le iba a arrebatar su mujer, entró en un furor frío y persistente. Llamó a los mejores médicos. «Todo era inútil», le decían.

—¡Sálvemela usted!—le decía al médico.

—¡Imposible, don Alejandro, imposible!

—¡Sálvemela usted, sea como sea! ¡Toda mi fortuna, todos mis millones por ella, por su vida!

—¡Imposible, don Alejandro, imposible!

—¡Mi vida, mi vida por la suya! ¿No sabe usted hacer eso de la transfusión de la sangre? Sáqueme toda la mía y désela a ella. Vamos, sáquemela.

—¡Imposible, don Alejandro, imposible!

—¿Cómo imposible? ¡Mi sangre, toda mi sangre por ella!

—¡Sólo Dios puede salvarla!

—¡Dios! ¿Dónde está Dios! Nunca pensé en Él.

Y luego a Julia, su mujer, pálida, pero cada vez más hermosa, hermosa con la hermosura de la inminente muerte, le decía:

—¿Dónde está Dios, Julia?

Y ella, señalándoselo con la mirada hacia arriba, poniéndosele con ello los grandes ojos casi blancos, le dijo con una hebra de voz:

—¡Ahí le tienes!

Alejandro miró al crucifijo, que estaba a la cabecera de la cama de su mujer, lo cogió y, apretándolo en el puño, le decía: «Sálvamela, sálvamela y pídeme todo, todo, mi fortuna toda, mi sangre toda, yo todo... todo yo.»

Julia sonreía. Aquel furor ciego de su marido le estaba llenando de una luz dulcísima el alma. ¡Qué feliz era al cabo! ¿Y dudó nunca de que aquel hombre la quisiese?

Y la pobre mujer iba perdiendo la vida gota a gota. Estaba marmórea y fría. Y entonces el marido se acostó con ella y la abrazó fuertemente, y quería darle todo su calor, el calor que se le escapaba a la pobre. Y le quiso dar su aliento. Estaba como loco. Y ella sonreía.

—Me muero, Alejandro, me muero.

—¡No, no te mueres—le decía él—, no puedes morirte!

—¿Es que no puede morirse tu mujer?

—No; mi mujer no puede morirse. Antes me moriré yo. A ver, que venga la muerte, que venga. ¡A mí! ¡A mí la muerte! ¡Que venga!

—¡Ay, Alejandro, ahora lo doy todo por bien padecido...! ¡Y yo que dudé de que me quisieras...!

—¡Y no, no te quería, no! Eso de querer, te lo he dicho mil veces, Julia, son tonterías de libros. ¡No te quería, no! ¡Amor..., amor! Y esos miserables cobardes, que hablan de amor, dejan que se les mueran sus mujeres. No, no es querer... No te quiero...

—¿Pues qué?—preguntó Julia con la más delgada hebra de su voz, volviendo a ser presa de su vieja congoja.

—No, no te quiero... ¡Te... te... te..., no hay palabra!—estalló en secos sollozos, en sollozos que parecían un estertor, un estertor de pena y de amor salvaje.

—¡Alejandro!

Y en esta débil llamada había todo el triste júbilo del triunfo.

—¡Y no, no te morirás; no te puedes morir; no quiero que te mueras! ¡Mátame, Julia, y vive! ¡Vamos, mátame, mátame!

—Sí, me muero...

—¡Y yo contigo!

—¿Y el niño, Alejandro?

—Que se muera también. ¿Para qué le quiero sin ti?

—Por Dios, por Dios, Alejandro, que estás loco...

—Sí, yo, yo soy el loco, yo el que estuve siempre loco..., loco de ti, Julia, loco por ti... Yo, yo el loco. ¡Y mátame, llévame contigo!

—Si pudiera...

—Pero no, mátame y vive, y sé tuya...

—¿Y tú?

—¿Yo? ¡Si no puedo ser tuyo, de la muerte!

Y la apretaba más y más, queriendo retenerla.

—Bueno, y al fin, dime, ¿quién eres, Alejandro?—le preguntó al oído Julia.

—¿Yo? ¡Nada más que tu hombre..., el que tú me has hecho!

Este nombre sonó como un susurro de ultramuerte, como desde la ribera de la vida, cuando la barca parte por el lago tenebroso.

Poco después sintió Alejandro que no tenía entre sus brazos de atleta más que un despojo. En su alma era noche cerrada y arrecida. Se levantó y quedóse mirando a la yerta y exánime hermosura. Nunca la vio tan espléndida. Parecía bañada por la luz del alba eterna de después de la última noche. Y por encima de aquel recuerdo en carne ya fría sintió pasar, como una nube de hielo, su vida toda, aquella vida que ocultó a todos hasta sí mismo. Y llegó a su niñez terrible y a cómo se estremecía bajo los despiadados golpes del que pasaba por su padre, y cómo maldecía de él, y cómo una tarde, exasperado, cerró el puño, blandiéndolo, delante de un Cristo de la iglesia de su pueblo.

Salió al fin del cuarto, cerrando tras sí la puerta. Y buscó al hijo. El pequeñuelo tenía poco más de tres años. Lo cogió el padre y se encerró con él. Empezó a besarlo con frenesí. Y el niño, que no estaba hecho a los besos de su padre, que nunca recibiera uno de él, y que acaso adivinó la salvaje pasión que los llenaba, se echó a llorar.

—¡Calla, hijo mío, calla! ¿Me perdonas lo que voy a hacer? ¿Me perdonas?

El niño callaba, mirando despavorido al padre, que buscaba en sus ojos, en su boca, en su pelo, los ojos, la boca, el pelo de Julia.

—¡Perdóname, hijo mío, perdóname!

Se encerró un rato en arreglar su última voluntad. Luego se encerró de nuevo con su mujer, con lo que fue su mujer.

—Mi sangre por la tuya—le dijo, como si le oyera, Alejandro—. La muerte te llevó. ¡Voy a buscarte!

Creyó un momento ver sonreír a su mujer y que movía los ojos. Empezó a besarla frenéticamente por si así la resucitaba, a llamarla, a decirle ternezas terribles al oído. Estaba fría.

Cuando más tarde tuvieron que forzar la puerta de la alcoba mortuoria, encontráronlo abrazado a su mujer y blanco del frío último, desangrado y ensangrentado.

Salamanca, abril de 1916.

Tres novelas ejemplares y un prólogo. Madrid: Alianza Editorial, 1987.

RAMÓN MARÍA DEL VALLE INCLÁN (1866-1936)

Sonata de estío

Quería olvidar unos amores desgraciados, y pensé recorrer el mundo en romántica peregrinación. ¡Aún suspiro al recordarlo! Aquella mujer tiene en la historia de mi vida un recuerdo galante, cruel y glorioso, como lo tienen en la historia de los pueblos Thais la de Grecia,[1] y Ninon la de Francia,[2] esas dos cortesanas menos bellas que su destino. ¡Acaso el único destino que merece ser envidiado! Yo hubiérale tenido igual, y quizá más grande, de haber nacido mujer: Entonces lograría lo que jamás pude lograr. A las mujeres para ser felices les basta con no tener escrúpulos, y probablemente no los hubiera tenido esa quimérica Marquesa de Bradomín. Dios mediante, haría como las gentiles marquesas de mi tiempo que ahora se confiesan todos los viernes, después de haber pecado todos los días. Por cierto que algunas se han arrepentido todavía bellas y tentadoras, olvidando que basta un punto de contrición al sentir cercana la vejez.

Por aquellos días de peregrinación sentimental era yo joven y algo poeta, con ninguna experiencia y harta novelería en la cabeza. Creía de buena fe en muchas cosas que ahora pongo en duda, y libre de escepticismos, dábame buena prisa a gozar de la existencia. Aunque no lo confesase, y acaso sin saberlo, era feliz, con esa felicidad indefinible que da el poder amar a todas las mujeres. Sin ser un donjuanista, he vivido una juventud amorosa y apasionada, pero de amor juvenil y bullente, de pasión equilibrada y sanguínea. Los decadentismos de la generación nueva no los he sentido jamás. Todavía hoy, después de haber pecado tanto, tengo las mañanas triunfantes, y no puedo menos de sonreír recordando que hubo una época lejana donde lloré por muerto a mi corazón: Muerto de celos, de rabia y de amor.

Decidido a correr tierras, al principio dudé sin saber adónde dirigir mis pasos: Después, dejándome llevar de un impulso romántico, fui a México. Yo

---

[1]cortesana griega amante de Alejandro Magno (siglo IV a.C.).

[2]Ninon de Lenclos (1620-1705), célebre cortesana fracesa que tuvo entre sus amantes al cardenal Richelieu.

sentía levantarse en mi alma, como un canto homérico, la tradición aventurera de todo mi linaje. Uno de mis antepasados, Gonzalo de Sandoval,[3] había fundado en aquellas tierras el Reino de la Nueva Galicia,[4] otro había sido Inquisidor General,[5] y todavía el Marqués de Bradomín conservaba allí los restos de un mayorazgo, deshecho entre legajos de un pleito. Sin meditarlo más, resolví atravesar los mares. Me atraía la leyenda mexicana con sus viejas dinastías y sus dioses crueles.

Embarqué en Londres, donde vivía emigrado desde la traición de Vergara.[6] Los leales nunca reconocimos el Convenio. Hice el viaje a vela en una vieja fragata que después naufragó en las costas de Yucatán.[7] Como un aventurero de otros tiempos, iba a perderme en la vastedad del viejo Imperio Azteca.[8] Imperio de historia desconocida, sepultada para siempre con las momias de sus reyes, entre restos ciclópeos que hablan de civilizaciones, de cultos, de razas que fueron y sólo tienen par en ese misterioso cuanto remoto Oriente.

Aun cuando toda la navegación tuvimos tiempo de bonanza, como yo iba herido de mal de amores, apenas salía de mi camarote ni hablaba con nadie. Cierto que viajaba por olvidar, pero hallaba tan novelescas mis cuitas, que no me resolvía a ponerlas en olvido. En todo me ayudaba aquello de ser inglesa la fragata y componerse el pasaje de herejes y mercaderes. ¡Ojos perjuros y barbas de azafrán! La raza sajona es la más despreciable de la tierra. Yo contemplando sus pugilatos grotescos y pueriles sobre la cubierta de la fragata, he sentido un nuevo matiz de la vergüenza: La vergüenza zoológica.

¡Cuán diferente había sido mi primer viaje a bordo de un navío genovés, que conducía viajeros de todas las partes del mundo! Recuerdo que al tercer día

---

[3]conquistador español (1497-1520), compañero de Hernán Cortés (1485-1547), conquistador y guerrero español.

[4]una de las provincias del virreinato de Nueva España. Estaba compuesta por los estados actuales de Aguascalientes y Jalisco; además, una parte de Zacatecas, Durango, Nayarit y San Luis Potosí.

[5]supremo inquisidor, a cuyo cargo estaba el gobierno del Consejo de Inquisición.

[6]ciudad de Guipúzcoa. Con el convenio o abrazo de Vergara se puso fin a la primera guerra carlista española (1833-40).

[7]península del mismo nombre. También, estado de México con capital en Mérida.

[8]pueblo dominador e invasor del territorio conocido después como México.

ya tuteaba a un príncipe napolitano, y no hubo entonces damisela mareada a cuya pálida y despeinada frente no sirviese mi mano de reclinatorio. Érame divertido entrar en los corros que se formaban sobre cubierta a la sombra de grandes toldos de lona, y aquí chapurrear el italiano con los mercaderes griegos de rojo fez y fino bigote negro, y allá encender el cigarro en la pipa de los misioneros armenios. Había gente de toda laya: Tahúres que parecían diplomáticos, cantantes con los dedos cubiertos de sortijas, abates barbilindos que dejaban un rastro de almizcle, y generales americanos, y toreros españoles, y judíos rusos, y grandes señores ingleses. Una farándula exótica y pintoresca que con su algarabía causaba vértigo y mareo. Era por los mares de Oriente, con rumbo a Jafa.[9] Yo iba como peregrino a Tierra Santa.[10]

El amanecer de las selvas tropicales, cuando sus macacos aulladores y sus verdes bandadas de guacamayos saludan al sol, me ha recordado muchas veces los tres puentes del navío genovés, con su feria babélica de tipos, de trajes y de lenguas, pero más, mucho más me lo recordaron las horas untadas de opio que constituían la vida a bordo de *La Dalila*.[11] Por todas partes asomaban rostros pecosos y bermejos, cabellos azafranados y ojos perjuros. Herejes y mercaderes en el puente, herejes y mercaderes en la cámara. ¡Cualquiera tendría para desesperarse! Yo, sin embargo, lo llevaba con paciencia. Mi corazón estaba muerto, y desde que el cuitado diera las boqueadas, yo parecía otro hombre: Habíame vestido de luto, y en presencia de las mujeres, a poco lindos que tuviesen los ojos, adoptaba una actitud lúgubre de poeta sepulturero y doliente. En la soledad del camarote edificaba mi espíritu con largas reflexiones, considerando cuán pocos hombres tienen la suerte de llorar una infidelidad que hubiera cantado el divino Petrarca.[12]

Por no ver aquella taifa luterana, apenas asomaba sobre cubierta. Solamente cuando el sol declinaba iba a sentarme en la popa, y allí, libre de importunos, pasábame las horas viendo borrarse la estela de la fragata. El mar de las Antillas,[13] con su trémulo seno de esmeralda donde penetraba la vista, me atraía, me fascinaba, como fascinan los ojos verdes y traicioneros de las hadas que habitan palacios de cristal en el fondo de los lagos. Pensaba siempre en mi primer viaje.

---

[9]Tel Aviv-Jaffa: ciudad del actual Israel.

[10]marco geográfico en que vivió Jesucristo.

[11]Dalila es el nombre de una cortesana, amante de Sansón.

[12]poeta y humanista italiano (1304-73) cuya obra inicia el Renacimiento.

[13]mar Caribe.

Allá, muy lejos, en la lontananza azul donde se disipan las horas felices, percibía como en esbozo fantástico las viejas placenterías. El lamento informe y sinfónico de las olas despertaba en mí un mundo de recuerdos: Perfiles desvanecidos, ecos de risas, murmullo de lenguas extranjeras, y los aplausos y el aleteo de los abanicos mezclándose a las notas de la tirolesa que en la cámara de los espejos cantaba Lilí. Era una resurrección de sensaciones, una esfumación deliciosa del pasado, algo etéreo, brillante, cubierto de polvo de oro, como esas reminiscencias que los sueños nos dan a veces de la vida.

Nuestra primera escala en aguas de México, fue San Juan de Tuxtlan.[14] Recuerdo que era media mañana cuando bajo un sol abrasador que resecaba las maderas y derretía la brea, dimos fondo en aquellas aguas de bruñida plata. Los barqueros indios, verdosos como antiguos bronces, asaltan la fragata por ambos costados, y del fondo de sus canoas sacan exóticas mercancías: Cocos esculpidos, abanicos de palma y bastones de carey, que muestran sonriendo como mendigos a los pasajeros que se apoyan sobre la borda. Cuando levanto los ojos hasta los peñascos de la ribera, que asoman la tostada cabeza entre las olas, distingo grupos de muchachos desnudos que se arrojan desde ellos y nadan grandes distancias, hablándose a medida que se separan y lanzando gritos. Algunos descansan sentados en las rocas, con los pies en el agua. Otros se encaraman para secarse al sol, que los ilumina de soslayo, gráciles y desnudos, como figuras de un friso del Parthenón.[15]

Por huir del enojo que me causaba la vida a bordo, decidíme a desembarcar. No olvidaré nunca las tres horas mortales que duró el pasaje desde la fragata a la playa. Aletargado por el calor, voy todo este tiempo echado en el fondo de la canoa de un negro africano que mueve los remos con lentitud desesperante. A través de los párpados entornados veía erguirse y doblarse sobre mí, guardando el mareante compás de la bogada, aquella figura de carbón, que unas veces me sonríe con sus abultados labios de gigante, y otras silba esos aires cargados de religioso sopor, una música compuesta solamente de tres notas tristes, con que los magnetizadores de algunas tribus salvajes adormecen a las grandes culebras.

---

[14]Algunos de los lugares señalados por Valle Inclán son de imposible localización. Puede tratarse de algún puerto en la región de Los Tuxtlas, estado de Veracruz.

[15]templo griego en Atenas dedicado a la virgen Atenea Parthenos.

Así debía ser el viaje infernal de los antiguos en la barca de Caronte:[16] Sol abrasador, horizontes blanquecinos y calcinados, mar en calma sin brisas ni murmullos, y en el aire todo el calor de las fraguas de Vulcano.[17]

Cuando arribamos a la playa, se levantaba una fresca ventolina, y el mar, que momentos antes semejaba de plomo, empezaba a rizarse. *La Dalila* no tardaría en levar anclas para aprovechar el viento que llegaba tras largos días de calma. Solamente me quedaban algunas horas para recorrer aquel villaje indio. De mi paseo por las calles arenosas de San Juan de Tuxtlan conservo una impresión somnolente y confusa, parecida a la que deja un libro de grabados hojeado perezosamente en la hamaca durante el bochorno de la siesta. Hasta me parece que, cerrando los ojos, el recuerdo se aviva y cobra relieve. Vuelvo a sentir la angustia de la sed y el polvo: Atiendo al despacioso ir y venir de aquellos indios ensabanados como fantasmas, oigo la voz melosa de aquellas criollas ataviadas con graciosa ingenuidad de estatuas clásicas, el cabello suelto, los hombros desnudos, velados apenas por rebocillo[18] de transparente seda.

Aun a riesgo de que la fragata se hiciese a la vela, busqué un caballo y me aventuré hasta las ruinas de Tequil.[19] Un indio adolescente me sirvió de guía. El calor era insoportable. Casi siempre al galope, recorrí extensas llanuras de Tierra Caliente,[20] plantíos que no acaban nunca, de henequén[21] y caña dulce. En la línea del horizonte se perfilaban las colinas de configuración volcánica revestidas de maleza espesa y verdinegra. En la llanura los chaparros tendían sus ramas, formando una a modo de sombrilla gigantesca, y sentados en rueda, algunos indios devoraban la miserable ración de tamales. Nosotros seguíamos una senda roja y polvorienta. El guía, casi desnudo, corría delante de mi caballo. Sin hacer alto una sola vez, llegamos a Tequil. En aquellas ruinas de palacios, de pirámides y de templos gigantes, donde crecen polvorientos sicomoros y anidan verdes reptiles, he visto por primera vez una singular mujer a quien sus criados indios, casi estoy por decir sus siervos, llamaban dulcemente la Niña Chole. Venía de camino hacia San Juan de Tuxtlan y descansaba a la sombra de una

---

[16]barquero que conducía las almas de los muertos a través de la laguna Estigia.

[17]en mitología, dios del fuego y de la forja.

[18]mantilla corta usada por las mujeres para rebozarse.

[19]referencia desconocida.

[20]hacienda de México en el departamento y estado de Chiapas.

[21]especie de pita.

pirámide, entre el cortejo de sus servidores. Era una belleza bronceada, exótica, con esa gracia extraña y ondulante de las razas nómadas, una figura hierática y serpentina, cuya contemplación evocaba el recuerdo de aquellas princesas hijas del sol, que en los poemas indios resplandecen con el doble encanto sacerdotal y voluptuoso. Vestía como las criollas yucatecas, albo hipil[22] recamado con sedas de colores, vestidura indígena semejante a una tunicela antigua, y zagalejo andaluz, que en aquellas tierras ayer españolas llaman todavía con el castizo y jacaresco[23] nombre de fustán. El negro cabello caíale suelto, el hipil jugaba sobre el clásico seno. Por desgracia, yo solamente podía verle el rostro aquellas raras veces que hacia mí lo tornaba, y la Niña Chole tenía esas bellas actitudes de ídolo, esa quietud extática y sagrada de la raza maya, raza tan antigua, tan noble, tan misteriosa, que parece haber emigrado del fondo de la India. Pero a cambio del rostro, desquitábame en aquello que no alcanzaba a velar el rebocillo, admirando cómo se mecía la tornátil[24] morbidez de los hombros y el contorno del cuello. ¡Válgame Dios! Me parecía que de aquel cuerpo bruñido por los ardientes soles yucatecos se exhalaban lánguidos efluvios, y que yo los aspiraba, los bebía, que me embriagaba con ellos... Un criado indio trae del diestro el palafrén. La Niña le habla en su vieja lengua y cabalga sonriendo. Entonces, al verla de frente, el corazón me dio un vuelco. Tenía la misma sonrisa de Lilí. ¡Aquella Lilí, no sé si amada, si aborrecida!

Descansé en un bohío levantado en medio de las ruinas, y adormecí en la hamaca colgada de un cedro gigantesco que daba sombra a la puerta. El campo se hundía lentamente en el silencio amoroso y lleno de suspiros de un atardecer ardiente. La brisa aromada y fecunda de los crepúsculos tropicales oreaba mi frente. La campiña toda se estremecía cual si al acercarse sintiese la hora de sus nupcias, y exhalaba de sus entrañas vírgenes un vaho caliente de negra enamorada, potente y deseosa.

Adormecido por el ajetreo, el calor y el polvo, soñé como un árabe que imaginase haber traspasado los umbrales del Paraíso. ¿Necesitaré decir que las siete huríes[25] con que me regaló el Profeta eran siete criollas vestidas de fustán e hipil, y que todas tenían la sonrisa de Lilí y el mirar de la Niña Chole? Verda-

---

[22]huipil: túnica sin mangas usada por las mujeres indias o mestizas.

[23]relativo a la jácara: romance alegre de la vida airada.

[24]torneada.

[25]hurí: cada una de las 72 mujeres bellísimas creadas por la fe religiosa musulmana, para compañía de los bienaventurados en el paraíso.

deramente, aquella musmé de los palacios de Tequil empezaba a preocuparme demasiado. Lo advertí con terror, porque estaba seguro de concluir enamorándome locamente de sus lindos ojos si tenía la desgracia de volver a verlos. Afortunadamente, las mujeres que así tan de súbito nos cautivan suelen no aparecerse más que una vez en la vida. Pasan como sombras, envueltas en el misterio de un crepúsculo ideal. Si volviesen a pasar, quizá desvaneceríase el encanto. ¡Y a qué volver, si una mirada suya basta a comunicarnos todas las secretas melancolías del amor!

¡Oh románticos devaneos, pobres hijos del ideal, nacidos durante algunas horas de viaje! ¿Quién llegó a viejo y no ha sentido estremecerse el corazón bajo la caricia de vuestra ala blanca? ¡Yo guardo en el alma tantos de estos amores!... Aun hoy, con la cabeza llena de canas, viejo prematuro, no puedo recordar sin melancolía un rostro de mujer, entrevisto cierta madrugada entre Urbino[26] y Roma, cuando yo estaba en la Guardia Noble de Su Santidad:[27] Es una figura de ensueño pálida y suspirante, que flota en lo pasado y esparce sobre todos mis recuerdos juveniles el perfume ideal de esas flores secas que entre cartas y rizos guardan los enamorados, y en el fondo de algún cofrecillo parecen exhalar el cándido secreto de los primeros amores.

Los ojos de la Niña Chole habían removido en mi alma tan lejanas memorias, tenues como fantasmas, blancas como bañadas por luz de luna. Aquella sonrisa, evocadora de otra sonrisa lejana, había encendido en mi sangre tumultuosos deseos y en mi espíritu ansia vaga de amor. Rejuvenecido y feliz, con cierta felicidad melancólica, suspiraba por los amores ya vividos, al mismo tiempo que me embriagaba con el perfume de aquellas rosas abrileñas que tornaban a engalanar el viejo tronco. El corazón, tanto tiempo muerto, sentía con la ola de savia juvenil que lo inundaba nuevamente, la nostalgia de viejas sensaciones: Sumergíase en la niebla del pasado y saboreaba el placer de los recuerdos, ese placer de moribundo que amó mucho y en formas muy diversas. ¡Ay, era delicioso aquel estremecimiento que la imaginación excitada comunicaba a los nervios!...

Y en tanto, la noche detendía por la gran llanura su sombra llena de promesas apasionadas, y los pájaros de largas alas volaban de las ruinas. Di algunos pasos, y con voces que repitió el eco milenario de aquellas ruinas, llamé al indio que me servía de guía. Con el overo ya embridado, asomó tras un ídolo gigantesco esculpido en piedra roja. Cabalgué y partimos. El horizonte relampagueaba. Un vago olor marino, olor de algas y brea, mezclábase por veces al mareante de

---

[26]ciudad italiana de la provincia de Pésaro y Urbino.

[27]tratamiento honorífico del Papa.

la campiña, y allá, muy lejos, en el fondo oscuro del horizonte, se divisaba el resplandor rojizo de la selva que ardía. La naturaleza, lujuriosa y salvaje, aún palpitante del calor de la tarde, semejaba dormir el sueño profundo y jadeante de una fiera fecundada. En aquellas tinieblas pobladas de susurros nupciales y de moscas de luz que danzan entre las altas yerbas, raudas y quiméricas, me parecía respirar una esencia suave, deliciosa, divina: La esencia que la madurez estival vierte en el cáliz de las flores y en los corazones.

Ya metida la noche llegamos a San Juan de Tuxtlan. Descabalgué y, arrojando al guía las riendas del caballo, por una calle solitaria bajé sólo a la playa. Al darme en el rostro la brisa del mar, avizoréme pensando si la fragata habría zarpado. En estas dudas iba, cuando percibo a mi espalda blando rumor de pisadas descalzas. Un indio ensabanado se me acerca:

—¿No tiene mi amito cosita que me ordenar?

—Nada, nada...

El indio hace señal de alejarse:

—¿Ni precisa que le guíe, niño?

—No preciso nada.

Sombrío y musitando, embózase mejor en la sábana que le sirve de clámide y se va. Yo sigo adelante camino de la playa. De pronto la voz mansa y humilde del indio llega nuevamente a mi oído. Vuelvo la cabeza y le descubro a pocos pasos. Venía a la carrera y cantaba los gozos de Nuestra Señora de Guadalupe.[28] Me dio alcance y murmuró emparejándose:

—De verdad, niño, si se pierde no sabrá salir de los médanos...

El hombre empieza a cansarme, y me resuelvo a no contestarle. Esto, sin duda, le anima, porque sigue acosándome buen rato de camino. Calla un momento y luego, en tono misterioso, añade:

—¿No quiere que le lleve junto a una chinita, mi jefe?... Una tapatía[29] de quince años que vive aquí merito.[30] Ándele niño, verá bailar el jarape.[31] Todavía no hace un mes que la perdió el amo del ranchito de Huaxila: Niño Nacho, ¿no sabe?

---

[28]Virgen mexicana, patrona de la América hispana desde 1910.

[29]tapatío: natural de Guadalajara (México).

[30]muy cerca.

[31]confusión con jarabe: danza nacional de México con caracteres de bailes españoles e indígenas.

De pronto se interrumpe, y con un salto de salvaje plántaseme delante en ánimo y actitud de cerrarme el paso: Encorvado, el sombrero en una mano a guisa de broquel, la otra echada fieramente atrás, armada de una faca ancha y reluciente. Confieso que me sobrecogí. El paraje era a propósito para tal linaje de asechanzas: Médanos pantanosos cercados de negros charcos donde se reflejaba la luna, y allá lejos una barraca de siniestro aspecto, con los resquicios iluminados por la luz de dentro. Quizá me dejo robar entonces si llega a ser menos cortés el ladrón y me habla torvo y amenazante, jurando arrancarme las entrañas y prometiendo beberse toda mi sangre. Pero en vez de la intimación breve e imperiosa que esperaba, le escuché murmurar con su eterna voz de esclavo:

—No se llegue, mi amito, que puede clavarse...

Oírle y recobrarme fue obra de un instante. El indio ya se recogía, como un gato montés, dispuesto a saltar sobre mí. Parecióme sentir en la medula el frío del acero: Tuve horror a morir apuñalado y de pronto me sentí fuerte y valeroso. Con ligero estremecimiento en la voz, grité al truhán adelantando un paso, apercibido a resistirle:

—¡Andando o te dejo seco!

El indio no se movió. Su voz de siervo parecióme llena de ironía:

—¡No se arrugue, valedor!... Si quiere pasar, ahí merito, sobre esa piedra, arríe la plata. Andele, luego, luego.

Otra vez volví a tener miedo de aquella faca reluciente. Sin embargo murmuré resuelto:

—¡Ahora vamos a verlo, bandido!

No llevaba armas, pero en las pirámides de Tequil, a un indio que vendía pieles de jaguar había tenido el capricho de comprarle su bordón que me encantó por la rareza de las labores. Aún lo conservo: Parece el cetro de un rey negro, tan oriental, y al mismo tiempo tan ingenua y primitiva, es la fantasía con que está labrado. Me afirmé en guardia, requerí el palo, y con gentil compás de pies, como diría un bravo de ha dos siglos, adelanté hacia el ladrón, que dio un paso procurando herirme de soslayo. Por ventura mía, la luna dábale de lleno y advertí el ataque en sazón de evitarlo. Recuerdo confusamente que intenté un desarme con amago a la cabeza y golpe al brazo, y que el indio lo evitó jugándome la luz con destreza de salvaje. Después no sé. Sólo conservo una impresión angustiosa como de pesadilla. El médano iluminado por la luna, la arena negra y movediza donde se entierran los pies, el brazo que se cansa, la vista que se turba, el indio que desaparece, vuelve, me acosa, se encorva y salta con furia fantástica de gato embrujado, y cuando el palo va a desprenderse de mi mano, un bulto que huye y el brillo de la faca que pasa sobre mi cabeza y queda temblando como víbora de plata clavada en el árbol negro y retorcido de una cruz hecha de dos troncos chamuscados... Quedéme un momento azorado y sin darme cuenta cabal del suceso. Como a través de niebla muy espesa, vi abrirse sigilosamente la puerta de la barraca y salir dos hombres a catear la playa. Recelé algún encuentro como el pasado y tomé a buen paso camino del mar. Llegué a punto que largaba un bote de la fragata, donde iba el segundo de a bordo. Gritéle, y mandó virar para recogerme.

Llegado que fui a la fragata, recogíme a mi camarote, y como estuviese muy fatigado, me acosté en seguida. Cátate que no bien apago la luz empiezan a removerse las víboras mal dormidas del deseo que desde todo el día llevaba enroscadas al corazón, apercibidas a morderle. Al mismo tiempo sentíame invadido por una gran melancolía, llena de confusión y de misterio. La melancolía del sexo, germen de la gran tristeza humana. El recuerdo de la Niña Chole perseguíame con mariposeo ingrávido y terco. Su belleza índica, y aquel encanto sacerdotal, aquella gracia serpentina, y el mirar sibilino, y las caderas tornátiles, la sonrisa inquietante, los pies de niña, los hombros desnudos, todo cuanto la mente adivinaba, cuanto los ojos vieran, todo, todo era hoguera voraz en que mi carne ardía. Me figuraba que las formas juveniles y gloriosas de aquella musmé yucateca florecían entre céfiros, y que veladas primero se entreabrían turgentes, frescas, lujuriosas, fragantes como rosas de japonería en los jardines de Tierra Caliente. Y era tal el poder sugestivo del recuerdo, que en algunos momentos creí respirar el perfume voluptuoso que al andar esparcía su falda, con ondulaciones suaves.

Poco a poco cerróme los ojos la fatiga, y el arrullo monótono y regular del agua acabó de sumirme en un sueño amoroso, febril e inquieto, representación y símbolo de mi vida. Despertéme al amanecer con los nervios vibrantes, cual si hubiese pasado la noche en un invernadero, entre plantas exóticas, de aromas raros, afroditas y penetrantes. Sobre mi cabeza sonaban voces confusas y blando pataleo de pies descalzos, todo ello acompañado de mucho chapoteo y trajín. Empezaba la faena del baldeo. Me levanté y subí al puente. Heme ya respirando la ventolina que huele a brea y a algas. En aquella hora el calor es deleitante. Percíbense en el aire estremecimientos voluptuosos: El horizonte ríe bajo un hermoso sol.

Envuelto en el rosado vapor que la claridad del alba extendía sobre el mar azul, adelantaba un esquife. Era tan esbelto, ligero y blanco, que la clásica comparación con la gaviota y con el cisne veníale de perlas. En las bancas traía hasta seis remeros. Bajo un palio de lona, levantado a popa, se guarecía del sol una figura vestida de blanco. Cuando el esquife tocó la escalera de la fragata ya estaba yo allí, en confusa espera de no sé qué gran ventura. Una mujer viene sentada al timón. El toldo solamente me deja ver el borde de la falda y los pies de reina calzados con chapines de raso blanco, pero mi alma la adivina. ¡Es ella, la musmé de los palacios de Tequil!... Sí, era ella, más gentil que nunca, velada apenas en el rebocillo de seda. Hela en pie sobre la banca, apoyada en los hercúleos hombros de un marinero negro. El labio abultado y rojo de la criolla sonríe con la gracia inquietante de una egipcia, de una turania.[32] Sus ojos, envueltos en la sombra de las pestañas, tienen algo de misterioso, de quimérico y lejano, algo que hace recordar las antiguas y nobles razas que en remotas edades fundaron grandes Imperios en los países del sol... El esquife cabecea al costado de la fragata. La criolla, entre asustada y divertida, se agarra a los crespos cabellos del gigante, que impensadamente la toma al vuelo y se lanza con ella a la escala. Los dos ríen envueltos en un salsero que les moja la cara. Ya sobre cubierta, el coloso negro la deja sola y se aparta secreteando con el contramaestre.

Yo gano la cámara por donde necesariamente han de pasar. Nunca el corazón me ha latido con más violencia. Recuerdo perfectamente que estaba desierta y un poco oscura. Las luces del amanecer cabrilleaban en los cristales. Pasa un momento. Oigo voces y gorjeos: Un rayo de sol más juguetón, más vivo, más alegre, ilumina la cámara, y en el fondo de los espejos se refleja la imagen de la Niña Chole.

Fue aquél uno de esos largos días de mar encalmados y bochornosos que navegando a vela no tienen fin. Sólo de tiempo en tiempo alguna ráfaga cálida pasaba entre las jarcias y hacía flamear el velamen. Yo andaba avizorado y errabundo, con la esperanza de que la Niña Chole se dejase ver sobre cubierta algún momento. Vana esperanza. La Niña Chole permaneció retirada en su camarote, y acaso por esto las horas me parecieron, como nunca, llenas de tedio. Desengañado de aquella sonrisa que yo había visto y amado en otros labios, fui a sentarme en la popa.

Sobre el dormido cristal de esmeralda, la fragata dejaba una estela de bullentes rizos. Sin saber cómo resurgió en mi memoria cierta canción americana que Nieves Agar, la amiga querida de mi madre, me enseñaba hace muchos años, allá en tiempos cuando yo era rubio como un tesoro y solía dormirme en el regazo de las señoras que iban de tertulia al Palacio de Bradomín. Esta afición a dormir en un regazo femenino la conservo todavía. ¡Pobre Nieves Agar, cuántas veces me has mecido en tus rodillas al compás de aquel danzón que cuenta

---

[32]natural de Turán, región de la antigua Asia central.

la historia de una criolla más bella que Atala,[33] dormida en hamaca de seda, a la sombra de los cocoteros! ¡Tal vez la historia de otra Niña Chole! Ensoñador y melancólico permanecí toda la tarde sentado a la sombra del foque, que caía lacio sobre mi cabeza. Solamente al declinar el sol se levantó una ventolina, y la fragata, con todo su velamen desplegado, pudo doblar la Isla de Sacrificios[34] y dar fondo en aguas de Veracruz. Cautiva el alma de religiosa emoción, contemplé la abrasada playa donde desembarcaron antes que pueblo alguno de la vieja Europa, los aventureros españoles, hijos de Alarico el bárbaro[35] y de Tarik el moro.[36] Vi la ciudad que fundaron,[37] y a la que dieron abolengo de valentía, espejarse en el mar quieto y de plomo como si mirase fascinada la ruta que trajeron los hombres blancos: A un lado, sobre desierto islote de granito, baña sus pies en las olas el Castillo de Ulúa,[38] sombra romántica que evoca un pasado feudal que allí no hubo, y a lo lejos la cordillera del Orizaba,[39] blanca como la cabeza de un abuelo, proyéctase con indecisión fantástica sobre un cielo clásico, de límpido y profundo azul. Recordé lecturas casi olvidadas que, niño aún, me habían hecho soñar con aquella tierra hija del sol: Narraciones medio históricas medio novelescas, en que siempre se dibujaban hombres de tez cobriza, tristes y silenciosos como cumple a los héroes vencidos y selvas vírgenes pobladas de pájaros de brillante plumaje, y mujeres como la Niña Chole, ardientes y morenas, símbolo de la pasión que dijo un cuitado poeta de estos tiempos.

Como no es posible renunciar a la patria, yo, español y caballero, sentía el corazón henchido de entusiasmo, y poblada de visiones gloriosas la mente, y la memoria llena de recuerdos históricos. La imaginación exaltada me fingía al aventurero extremeño poniendo fuego a sus naves, y a sus hombres esparcidos

---

[33]nombre de la protagonista de la novela homónima del escritor francés François René Chateaubriand (1768-1848) donde se narra el heroísmo de una india que se suicida por defender su pureza.

[34]isla enfrente de la costa de Veracruz.

[35]último soberano del reino visigodo de Tolosa.

[36]caudillo musulmán que venció al rey Rodrigo en la batalla de Guadalete (711).

[37]La era colonial comienza con la fundación de Villa Rica de la Vera Cruz por Hernán Cortés en 1519.

[38]San Juan de Ulúa, importante puerto para los españoles, fue fortificado en 1535.

[39]pico volcánico de México entre los estados de Puebla y Veracruz-Llave.

por la arena, atisbándole de través, los mostachos enhiestos al antiguo uso marcial, y sombríos los rostros varoniles, curtidos y con pátina, como las figuras de los cuadros muy viejos. Yo iba a desembarcar en aquella playa sagrada, siguiendo los impulsos de una vida errante, y al perderme, quizá para siempre, en la vastedad del viejo Imperio Azteca, sentía levantarse en mi alma de aventurero, de hidalgo y de cristiano, el rumor augusto de la Historia.

Apenas anclamos, sale en tropel de la ribera una gentil flotilla compuesta de esquifes y canoas. Desde muy lejos se oye el son monótono del remo. Algunas cabezas asoman sobre la borda de la fragata, y el avizorado pasaje hormiguea, se agita y se desata en el entrepuente. Háblase a gritos el español, el inglés, el chino. Todos se afanan y hacen señas a los barqueros indios para que se aproximen: Ajustan, disputan, regatean, y al cabo, como rosario que se desgrana, van cayendo en el fondo de las canoas que rodean la escalera y esperan ya con los remos armados. La flotilla se dispersa. Todavía a larga distancia vese una diminuta figura moverse agitando los brazos y se oyen sus voces, que destaca y agranda la quietud solemne de aquellas regiones abrasadas. Ni una sola cabeza se ha vuelto hacia la fragata para mandarle un adiós de despedida. Allá van, sin otro deseo que tocar cuanto antes la orilla. Son los conquistadores del oro. La noche se avecina. En esta hora del crepúsculo, el deseo ardiente que la Niña Chole me produce se aquilata y purifica, hasta convertirse en ansia vaga de amor ideal y poético. Todo oscurece lentamente: Gime la brisa, riela la luna, el cielo azul turquí se torna negro, de un negro solemne donde las estrellas adquieren una limpidez profunda. Es la noche americana de los poetas.

Acababa de bajar a mi camarote, y hallábame tendido en la litera fumando una pipa, y quizá soñando con la Niña Chole, cuando se abre la puerta y veo aparecer a Julio César, rapazuelo mulato que me había regalado en Jamaica cierto aventurero portugués que, andando el tiempo, llegó a general en la República Dominicana. Julio César se detiene en la puerta, bajo el pabellón que forman las cortinas:

—¡Mi amito! A bordo viene un moreno que mata los tiburones en el agua con el trinchete. ¡Suba, mi amito, no se dilate!...

Y desaparece velozmente, como esos etíopes carceleros de princesas en los castillos encantados. Yo, espoleado por la curiosidad, salgo tras él. Heme en el puente que ilumina la plácida claridad del plenilunio. Un negro colosal, con el traje de tela chorreando agua, se sacude como un gorila en medio del corro que a su rededor han formado los pasajeros, y sonríe mostrando sus blancos dientes de animal familiar. A pocos pasos dos marineros encorvados sobre la borda de estribor, halan un tiburón medio degollado, que se balancea fuera del agua al costado de la fragata. Mas he ahí que de pronto rompe el cable, y el tiburón desaparece en medio de un remolino de espumas. El negrazo musita apretando los labios elefanciacos:

—¡Pendejos!

Y se va dejando como un rastro en la cubierta del navío las huellas húmedas de sus pies descalzos. Una voz femenina le grita desde lejos:

—¡Ché, moreno!..

—¡Voy, horita! No me dilato.

La forma de una mujer blanquea en la puerta de la cámara. ¡No hay duda, es ella! ¿Pero cómo no la he adivinado? ¿Qué hacías tú, corazón, que no me anunciabas su presencia? ¡Oh, con cuánto gusto hubiérate entonces puesto bajo sus lindos pies para castigo! El marinero se acerca:

—¿Manda alguna cosa la Niña?

—Quiero verte matar un tiburón.

El negro sonríe con esa sonrisa blanca de los salvajes, y pronuncia lentamente, sin apartar los ojos de las olas que argenta la luna:

—No puede ser, mi amita: Se ha juntado una punta, ¿sabe?

—¿Y tienes miedo?

—¡Qué va!... Aunque fácilmente, como la sazón está peligrosa... Vea su merced no más...

La Niña Chole no le dejó concluir:

—¿Cuánto te han dado esos señores?

—Veinte tostones:[40] Dos centenes,[41] ¿sabe?

Oyó la respuesta el contramaestre, que pasaba ordenando una maniobra, y con esa concisión dura y franca de los marinos curtidos, sin apartar el pito de los labios ni volver la cabeza, apuntóle:

—¡Cuatro monedas y no seas guaje!...[42]

El negro pareció dudar. Asomóse al barandal de estribor y observó un instante el fondo del mar, donde temblaban amortiguadas las estrellas. Veíanse cruzar argentados y fantásticos peces que dejaban tras sí estela de fosforescentes chispas y desaparecían confundidos con los rieles[43] de la luna: En la zona de sombra que sobre el azul de las olas proyectaba el costado de la fragata, esbozá-

---

[40]En México se llamó así a la moneda española de real de a cuatro.

[41]moneda española de oro que valía cien reales.

[42]tonto.

[43]en este caso, rayos de la luna.

base la informe mancha de una cuadrilla de tiburones. El marinero se apartó reflexionando. Todavía volvióse una o dos veces a mirar las dormidas olas, como penetrado de la queja que lanzaban en el silencio de la noche. Picó un cigarro con las uñas, y se acercó:

—Cuatro centenes, ¿le apetece a mi amita?

La Niña Chole, con ese desdén patricio que las criollas opulentas sienten por los negros, volvió a él su hermosa cabeza de reina india, y en tono tal, que las palabras parecían dormirse cargadas de tedio en el borde de los labios murmuró:

—¿Acabarás?... ¡Sean los cuatro centenes!...

Los labios hidrópicos del negro esbozaron una sonrisa de ogro avaro y sensual: Seguidamente despojóse de la blusa, desenvainó el cuchillo que llevaba en la cintura y como un perro de Terranova[44] tomóle entre los dientes y se encaramó sobre la borda. El agua del mar relucía aún en aquel torso desnudo que parecía de barnizado ébano. Inclinóse el negrazo sondando con los ojos el abismo: Luego cuando los tiburones salieron a la superficie, le vi erguirse negro y mitológico sobre el barandal que iluminaba la luna, y con los brazos extendidos echarse de cabeza y desaparecer buceando. Tripulación y pasajeros, cuantos se hallaban sobre cubierta agolpáronse a la borda. Sumiéronse los tiburones en busca del negro y todas las miradas quedaron fijas en un remolino que no tuvo tiempo a borrarse porque casi incontinenti[45] una mancha de espumas rojas coloreó el mar y en medio de los hurras de la marinería y el vigoroso aplaudir de las manos coloradotas y plebeyas de los mercaderes, salió a flote la testa chata y lanuda del marinero que nadaba ayudándose de un solo brazo mientras con el otro sostenía entre aguas un tiburón apresado por la garganta, donde traía hundido el cuchillo. Tratóse en tropel de izar al negro: Arrojáronse cuerdas, ya para el caso prevenidas, y cuando levantaba medio cuerpo fuera del agua rasgó el aire un alarido horrible, y le vimos abrir los brazos y desaparecer sorbido por los tiburones. Yo permanecía aún sobrecogido cuando sonó a mi espalda una voz que decía:

—¿Quiere hacerme sitio señor?

Al mismo tiempo alguien tocó suavemente mi hombro. Volví la cabeza y halléme con la Niña Chole. Vagaba, cual siempre, por su labio inquietante sonrisa, y abría y cerraba velozmente una de sus manos en cuya palma vi lucir varias monedas de oro. Rogóme con fanático misterio que la dejase sitio, y doblándose

---

[44]isla del Atlántico.

[45]al instante.

sobre la borda las arrojó lo más lejos que pudo. En seguida volvióse a mí con gentil escorzo de todo el busto:

—¡Bien se lo ha ganado!

Yo debía estar más pálido que la muerte pero como ella fijaba en mí sus hermosos ojos y sonreía, vencióme el encanto de los sentidos, y mis labios aún trémulos, pagaron aquella sonrisa de reina antigua con la sonrisa del esclavo que aprueba cuanto hace su señor. La crueldad de la criolla me horrorizaba y me atraía: Nunca como entonces me pareciera tentadora y bella. Del mar oscuro y misterioso subían murmullos y aromas: La blanca luna les prestaba no sé qué rara voluptuosidad. La trágica muerte de aquel coloso negro, el mudo espanto que se pintaba aún en todos los rostros, un violín que lloraba en la cámara, todo en aquella noche, bajo aquella luna, era para mí objeto de voluptuosidad deprava- da y sutil...

Alejóse la Niña Chole con ese andar rítmico y ondulante que recuerda al tigre, y al desaparecer, una duda cruel me mordió el corazón. Hasta entonces no había reparado que a mi lado estaba un adolescente bello y rubio, que recordé haber visto al desembarcar en la playa de Tuxtlan. ¿Sería para él la sonrisa de aquella boca, en donde parecía dormir el enigma de algún antiguo culto licencio- so, cruel y diabólico?

Con las primeras luces del alba desembarqué en Veracruz. Tuve miedo de aquella sonrisa, la sonrisa de Lilí que ahora se me aparecía en boca de otra mujer. Tuve miedo de aquellos labios, los labios de Lilí, frescos, rojos, fragantes como las cerezas de nuestro huerto, que tanto gustaba de ofrecerme en ellos. Si el pobre corazón es liberal, y dio hospedaje al amor más de una y de dos veces, y gustó sus contadas alegrías, y padeció sus innumerables tristezas, no pueden menos de causarle temblores, miradas y sonrisas cuando los ojos y los labios que las prodigan son como los de la Niña Chole. ¡Yo he temblado entonces, y tem- blaría hoy, que la nieve de tantos inviernos cayó sin deshelarse sobre mi cabeza!

Ya otras veces había sentido ese mismo terror de amar pero llegado el trance de poner tierra por medio, siempre me habían faltado los ánimos como a una romántica damisela. ¡Flaquezas del corazón mimado toda la vida por mi ternura, y toda la vida dándome sinsabores! Hoy tengo por experiencia averigua- do que únicamente los grandes santos y los grandes pecadores, poseen la virtud necesaria para huir las tentaciones del amor. Yo confieso humildemente que sólo en aquella ocasión pude dejar de ofrecerle el nido de mi pecho al sentir el roce de sus alas. ¡Tal vez por eso el destino tomó a empeño probar el temple de mi alma!

Cuando arribábamos a la playa en un esquife de la fragata, otro esquife empavesado con banderas y gallardetes, acababa de varar en ella, y mis ojos adivinaron a la Niña Chole en aquella mujer blanca y velada que desde la proa saltó a la orilla. Sin duda estaba escrito que yo había de ser tentado y vencido. Hay mártires con quienes el diablo se divierte robándoles la palma,[46] y desgraciadamente, yo he sido uno de esos toda la vida. Pasé por el mundo como un santo caído de su altar y descalabrado. Por fortuna, algunas veces pude hallar manos blancas y piadosas que vendasen mi corazón herido. Hoy, al contemplar las viejas cicatrices y recordar cómo fui vencido, casi me consuelo. En una Historia de España, donde leía siendo niño, aprendí que lo mismo da triunfar que hacer gloriosa la derrota.

Al desembarcar en Veracruz, mi alma se llenó de sentimientos heroicos. Yo crucé ante la Niña Chole orgulloso y soberbio como un conquistador antiguo. Allá en sus tiempos mi antepasado Gonzalo de Sandoval, que fundó en México el reino de la Nueva Galicia, no habrá mostrado mayor desvío ante las princesas aztecas sus prisioneras, y sin duda la Niña Chole era como aquellas princesas que sentían el amor al ser ultrajadas y vencidas, porque me miraron largamente sus ojos y la sonrisa más bella de su boca fue para mí. La deshojaron los labios como las esclavas deshojaban las rosas al paso triunfal de los vencedores. Yo, sin embargo, supe permanecer desdeñoso.

Por aquella playa de dorada arena subimos a la par, la Niña Chole entre un cortejo de criados indios, yo precedido de mi esclavo negro. Casi rozando nuestras cabezas volaban torpes bandadas de feos y negros pajarracos. Era un continuado y asustadizo batir de alas que pasaban oscureciendo el sol. Yo las sentía en el rostro como fieros abanicazos. Tan presto iban rastreando como se remontaban en la claridad azul. Aquellas largas y sombrías bandadas cerníanse en la altura con revuelo quimérico, y al caer sobre las blancas azoteas moriscas las ennegrecían, y al posarse en los cocoteros del arenal desgajaban las palmas. Parecían aves de las ruinas con su cabeza leprosa, y sus alas flequeadas, y su plumaje de luto, de un negro miserable, sin brillo ni tornasoles. Había cientos, había miles. Un esquilón tocaba a misa de alba en la iglesia de los Dominicos que estaba al paso, y la Niña Chole entró con el cortejo de sus criados. Todavía desde la puerta me envió una sonrisa. ¡Pero lo que acabó de prendarme fue aquella muestra de piedad!

---

[46]figuradamente, la victoria del mártir contra las potestades del infierno.

En la Villa Rica de la Veracruz fue mi alojamiento un venerable parador que acordaba el tiempo feliz de los virreyes. Yo esperaba detenerme allí pocas horas. Quería reunir una escolta aquel mismo día y ponerme en camino para las tierras que habían constituido mi mayorazgo. Por entonces sólo con buena guardia de escopeteros era dado aventurarse en los caminos mexicanos, donde señoreaban cuadrillas de bandoleros: ¡Aquellos plateados[47] tan famosos por su fiera bravura y su lujoso arreo! Eran los tiempos de Adriano Cuéllar y Juan de Guzmán.[48]

De pronto, en el patio lleno de sol apareció la Niña Chole con su séquito de criados. Majestuosa y altiva se acercaba con lentitud, dando órdenes a un caballerango que escuchaba con los ojos bajos y respondía en lengua yucateca, esa vieja lengua que tiene la dulzura del italiano y la ingenuidad pintoresca de los idiomas primitivos. Al verme hizo una gentil cortesía, y por su mandato corrieron a buscarme tres indias núbiles que parecían sus azafatas. Hablaban alternativamente como novicias que han aprendido una letanía y recitan aquello que mejor saben. Hablaban lentas y humildes, sin levantar la mirada:

—Es la Niña que nos envía, señor...

—Nos envía para decirle...

—Perdone vos,[49] para rogarle, señor...

—Como ha sabido la Niña que vos, señor, junta una escolta, y ella también tiene de hacer camino.

—¡Mucho camino, señor!

—¡Hartas leguas, señor!

—¡Más de dos días, señor!

Seguí a las azafatas. La Niña Chole me recibió agitando las manos:

—¡Oh! Perdone el enojo.

Su voz era queda, salmodiada y dulce, voz de sacerdotisa y de princesa. Yo, después de haberla contemplado intensamente me incliné. ¡Viejas artes de enamorar, aprendidas en el viejo Ovidio![50] La Niña Chole prosiguió:

---

[47]individuos de una famosa banda de forajidos en la región de tierra caliente, en los estados mexicanos de Puebla, Guerrero y Morales.

[48]plateados sin identificar.

[49]usted.

[50]Publio Ovidio Nasón (43 a.C.-17), poeta latino autor del *Arte de amar*.

—En este mero instante acabo de saber que junta usted una escolta para ponerse en viaje. Si hiciésemos la misma jornada podríamos reunir la gente. Yo voy a Necoxtla.[51]

Haciendo una cortesía versallesca y suspirando, respondí:

—Necoxtla está seguramente en mi camino.

La Niña Chole interrogó curiosa:

—¿Va usted muy lejos? ¿Acaso a Nueva Sigüenza?

—Voy a los llanos de Tixul, que ignoro dónde están. Una herencia del tiempo de los virreyes, entre Grijalba y Tlacotalpan.[52]

La Niña Chole me miró con sorpresa:

—¿Qué dice, señor? Es diferente nuestra ruta. Grijalba está en la costa, y hubiérale sido mejor continuar embarcado.

Me incliné de nuevo con rendimiento:

—Necoxtla está en mi camino.

Ella sonrió desdeñosa:

—Pero no reuniremos nuestras gentes.

—¿Por qué?

—Porque no debe ser. Le ruego, señor, que siga su camino. Yo seguiré el mío.

—Es uno mismo el de los dos. Tengo el propósito de secuestrarla a usted apenas nos hallemos en despoblado.

Los ojos de la Niña Chole, tan esquivos antes, se cubrieron con una amable claridad:

—Diga, ¿son locos todos los españoles?

Yo repuse con arrogancia:

—Los españoles nos dividimos en dos grandes bandos: Uno, el Marqués de Bradomín, y en el otro, todos los demás.

La Niña Chole me miró risueña:

—¡Cuánta jactancia, señor!

En aquel momento el caballerango vino a decirle que habían ensillado y que la gente estaba dispuesta a ponerse en camino si tal era su voluntad. Al oírle, la Niña Chole me miró intensamente seria y muda. Después volviéndose al criado, le interrogó:

—¿Qué caballo me habéis dispuesto?

—Aquel alazano, Niña. Véalo allí.

---

[51]municipio y población del estado de Veracruz.

[52]ciudad mexicana situada en el Golfo de México junto al río Papaloapan.

—¿El alazano rodado?

—¡Qué va, Niña! El otro alazano del belfo blanco que bebe en el agua. Vea qué linda estampa. Tiene un paso que se traga los caminos, y la boca una seda. Lleva sobre el borrén la cantarilla de una ranchera, y galopando no la derrama.

—¿Dónde haremos parada?

—En el convento de San Juan de Tegusco.

—¿Llegaremos de noche?

—Llegaremos al levantarse la luna.

—Pues advierte a la gente de montar luego, luego.

El caballerango obedeció. La Niña Chole me pareció que apenas podía disimular una sonrisa:

—Señor, mal se verá para seguirme, porque parto en el mero instante.

—Yo también.

—¿Pero acaso tiene dispuesta su gente?

—Como yo esté dispuesto, basta.

—Vea que camino a reunirme con mi marido y no quiera balearse con él. Pregunte y le dirán quién es el general Diego Bermúdez.

Oyéndola sonreí desdeñosamente. Tornaba en esto el caballerango, y quedóse a distancia esperando silencioso y humilde. La Niña Chole le llamó:

—Llega, cálzame la espuela.

Ya obedecía, cuando yo arranqué de sus manos el espolín de plata e hinqué la rodilla ante la Niña Chole, que sonriendo me mostró su lindo pie prisionero en chapín de seda. Con las manos trémulas le calcé el espolín. Mi noble amigo Barbey D'Aurevilly[53] hubiera dicho de aquel pie que era hecho para pisar un zócalo de Pharos.[54] Yo no dije nada, pero lo besé con tan apasionado rendimiento, que la Niña Chole exclamó risueña:

—Señor, deténgase en los umbrales.

Y dejó caer la falda, que con dedos de ninfa sostenía levemente alzada. Seguida de sus azafatas cruzó como una reina ofendida el anchuroso patio sombreado por toldos de lona, que bajo la luz adquirían tenue tinte dorado de marinas velas. Los cínifes zumbaban en torno de un surtidor que gallardeaba al sol su airón[55] de plata, y llovía en menudas irisadas gotas sobre el tazón de alabastro. En medio de aquel ambiente encendido, bajo aquel cielo azul donde la palmera abre su rumoroso parasol, la fresca música del agua me recordaba de un

---

[53]escritor francés (1808-89).

[54]isla de Egipto cerca de Alejandría.

[55]penacho.

modo sensacional y remoto las fatigas del desierto y el delicioso sestear en los oasis. De tiempo en tiempo un jinete entraba en el patio: Los mercenarios que debían darnos escolta a través de los arenales de Tierra Caliente empezaban a juntarse. Pronto estuvieron reunidas las dos huestes: Una y otra se componían de gente marcial y silenciosa: Antiguos salteadores que fatigados de la vida aventurera, y despechados del botín incierto, preferían servir a quien mejor les pagaba, sin que ninguna empresa les arredrase: Su lealtad era legendaria. Ya estaba ensillado mi caballo con las pistolas en el arzón, y a la grupa las vistosas y moriscas alforjas donde iba el viático para la jornada, cuando la Niña Chole reapareció en el patio. Al verla me acerqué sonriendo, y ella, fingiéndose enojada, batió el suelo con su lindo pie.

Montamos, y en tropel atravesamos la ciudad. Ya fuera de sus puertas hicimos un alto para contarnos. Después dio comienzo la jornada fatigosa y larga. Aquí y allá, en el fondo de las dunas y en la falda de arenosas colinas, se alzaban algunos jacales[56] que, entre vallados de enormes cactus, asomaban sus agudas techumbres de cáñamo gris medio podrido. Mujeres de tez cobriza y mirar dulce salían a los umbrales, e indiferentes y silenciosas nos veían pasar. La actitud de aquellas figuras broncíneas revelaba esa tristeza transmitida, vetusta, de las razas vencidas. Su rostro era humilde, con dientes muy blancos y grandes ojos negros, selváticos, indolentes y velados. Parecían nacidas para vivir eternamente en los aduares y descansar al pie de las palmeras y de los ahuehuetles.[57]
Ya puesto el sol divisamos una aldea india. Estaba todavía muy lejana y se aparecía envuelta en luz azulada y en silencio de paz. Rebaños polvorientos y dispersos adelantaban por un camino de tierra roja abierto entre maizales gigantes. El campanario de la iglesia, con su enorme nido de zopilotes, descollaba sobre las techumbres de palma. Aquella aldea silenciosa y humilde, dormida en el fondo de un valle, me hizo recordar las remotas aldeas abandonadas al acercarse los aventureros españoles. Ya estaban cerradas todas las puertas y subía de los hogares un humo tenue y blanco que se disipaba en la claridad del crepúsculo como salutación patriarcal. Nos detuvimos a la entrada y pedimos hospedaje en un antiguo priorato de Comendadoras Santiaguistas. A los golpes que un espolique descargó en la puerta, una cabeza con tocas asomó en la reja y hubo largo coloquio. Nosotros, aún bastante lejos, íbamos al paso de nuestros caballos, abandonadas las riendas y distraídos en plática galante. Cuando llegamos, la

---

[56]chozas.

[57]árbol americano.

monja se retiraba de la reja. Poco después las pesadas puertas de cedro se abrían lentamente, y una monja donada,[58] toda blanca en su hábito, apareció en el umbral:

—Pasen, hermanos, si quieren reposar en esta santa casa.

Nunca las Comendadoras Santiaguistas negaban hospitalidad: A todo caminante que la demandase debía serle concedida: Así estaba dispuesto por los estatutos de la fundadora Doña Beatriz de Zayas, favorita y dama de un virrey. El escudo nobiliario de la fundadora todavía campeaba sobre el arco de la puerta. La hermana donada nos guió a través de un claustro sombreado por oscuros naranjos. Allí era el cementerio de las Comendadoras. Sobre los sepulcros, donde quedaban borrosos epitafios, nuestros pasos resonaron. Una fuente lloraba monótona y triste. Empezaba la noche, y las moscas de luz danzaban entre el negro follaje de los naranjos. Cruzamos el claustro y nos detuvimos ante una puerta forrada de cuero y claveteada de bronce. La hermana abrió. El manojo de llaves que colgaba de su cintura produjo un largo son y quedó meciéndose. La donada cruzó las manos sobre el escapulario, y pegándose al muro nos dejó paso al mismo tiempo que murmuraba gangosa:

—Ésta es la hospedería, hermanos.

Era la hospedería una estancia fresca, con ventanas de mohosa y labrada reja, que caían sobre el jardín. En uno de los testeros campeaba el retrato de la fundadora, que ostentaba larga leyenda al pie, y en el otro un altar con paños de cándido lino. La mortecina claridad apenas dejaba entrever los cuadros de un Vía-Crucis[59] que se desenvolvía en torno del muro. La hermana donada llegó sigilosa a demandarme qué camino hacía y cuál era mi nombre. Yo, en voz queda y devota, como ella me había interrogado, respondí:

—Soy el Marqués de Bradomín, hermana, y mi ruta acaba en esta santa casa.

La donada murmuró con tímida curiosidad:

—Si desea ver a la Madre Abadesa, le llevaré recado. Siempre tendrá que tener un poco de paciencia, pues ahora la Madre Abadesa se halla platicando con el Señor Obispo de Colima,[60] que llegó antier.[61]

---

[58]Monja donada es aquella que sirve en un convento, lleva toca, pero no profesa.

[59]conjunto de catorce cruces o cuadros que representan los pasos de Jesucristo en el monte Calvario.

[60]ciudad y estado de México.

[61]anteayer.

—Tendré paciencia, hermana. Veré a la Madre Abadesa cuando sea ocasión.

—¿Su Merced la conoce ya?

—No, hermana. Llego a esta santa casa para cumplir un voto.

En aquel momento se acercaba la Niña Chole, y la monja, mirándola complacida, murmuró:

—¿La Señora mi Marquesa también?

La Niña Chole cambió conmigo una mirada burlona que me pareció de alegres desposorios. Los dos respondimos a un tiempo:

—También, hermana, también.

—Pues ahora mismo prevengo a la Madre Abadesa. Tendrá mucho contento cuando sepa que han llegado personas de tanto linaje: Ella también es muy española.

Y la hermana donada, haciendo una profunda reverencia, se alejó moviendo leve rumor de hábitos y de sandalias. Tras ella salieron los criados, y la Niña Chole quedó sola conmigo. Yo besé su mano, y ella, con una sonrisa de extraña crueldad, murmuró:

—¡Téngase por muerto como recele algo de esta burla el general Diego Bermúdez!

La Niña Chole llegó ante el altar, y cubriéndose la cabeza con el rebocillo, se arrodilló. Sus siervos, agrupados en la puerta de la hospedería, la imitaron, santiguándose en medio de un piadoso murmullo. La Niña Cholé alzó la voz, rezando en acción de gracias por nuestra venturosa jornada. Los siervos respondían a coro. Yo, como caballero santiaguista, recé mis oraciones dispensado de arrodillarme por el fuero que tenemos de canónigos agustinos.

Entraron primero dos legas, que traían una gran bandeja de plata cargada de refrescos y confituras, y luego entró la Madre Abadesa, flotante el blanco hábito, que ostentaba la roja cruz de Santiago. Detúvose en la puerta, y con leve sonrisa, al par amable y soberana, saludó en latín:

—¡Deo gratias![62]

Nosotros respondimos en romance:

—¡A Dios sean dadas!

La Madre Abadesa tenía hermoso aspecto de infanzona. Era blanca y rubia, de buen donaire y de gran cortesanía. Sus palabras de bienvenida fueron éstas:

---

[62]saludo al entrar en una casa (en latín). Literalmente: "gracias a Dios".

—Yo también soy española, nacida en Viana del Prior. Cuando niña he conocido a un caballero muy anciano que llevaba el título de Marqués de Bradomín. ¡Era un santo!

Yo repuse sin orgullo:

—Además de un santo, era mi abuelo.

La Madre Abadesa sonrió benévola, y después suspiró:

—¿Habrá muerto hace muchos años?

—¡Muchos!

—Dios le tenga en Gloria. Le recuerdo muy bien. Tenía corrido mucho mundo, y hasta creo que había estado aquí, en México.

—Aquí hizo la guerra cuando la sublevación del cura Hidalgo.[63]

—¡Es verdad!... ¡Es verdad! Aunque muy niña, me acuerdo de haberle oído contar... Era gran amigo de mi casa. Yo pertenezco a los Andrades de Cela.

—¡Los Andrades de Cela! ¡Un antiguo mayorazgo!

—Desapareció a la muerte de mi padre. ¡Qué destino el de las nobles casas, y qué tiempos tan ingratos los nuestros! En todas partes gobiernan los enemigos de la religión y de las tradiciones, aquí lo mismo que en España.

La Madre Abadesa suspiró levantando los ojos y cruzando las manos: Así terminó su plática conmigo. Después acercóse a la Niña Chole con la sonrisa amable y soberana de una hija de reyes retirada a la vida contemplativa:

—¿Sin duda la Marquesa es mexicana?

La Niña Chole inclinó los ojos poniéndose encendida:

—Sí, Madre Abadesa.

—¿Pero de origen español?

—Si, Madre Abadesa.

Como la Niña Chole vacilaba al responder, y sus mejillas se teñían de rosa, yo intervine ayudándola galante. En honor suyo inventé toda una leyenda de amor, caballeresca y romántica, como aquellas que entonces se escribían. La Madre Abadesa conmovióse tanto, que durante mi relato vi temblar en sus pestañas dos lágrimas grandes y cristalinas. Yo, de tiempo en tiempo, miraba a la Niña Chole y esperaba cambiar con ella una sonrisa, pero mis ojos nunca hallaban los suyos. Escuchaba inmóvil, con rara ansiedad. Yo mismo me maravillaba al ver cómo fluía de mis labios aquel enredo de comedia antigua. Estuve tan inspirado, que de pronto la Niña Chole sepultó el rostro entre las manos, sollo-

---

[63]El mexicano Miguel Hidalgo (1753-1811) dirigió las acciones encaminadas a lograr la independencia de la Nueva España. Convocó al pueblo mexicano con el llamado Grito de Dolores, el 16 de septiembre de 1810.

zando con amargo duelo. La Madre Abadesa, muy conmovida, le oreó la frente dándole aire con el santo escapulario de su hábito, mientras yo, a viva fuerza le tenía sujetas las manos. Poco a poco tranquilizóse, y la Madre Abadesa nos llevó al jardín, para que respirando la brisa nocturna, acabase de serenarse la Marquesa. Allí nos dejó solos, porque tenía que asistir al coro para rezar los maitines.

El jardín estaba amurallado como una ciudadela. Era vasto y sombrío, lleno de susurros y de aromas. Los árboles de las avenidas juntaban tan estrechamente sus ramas, que sólo con grandes espacios veíamos algunos follajes argentados por la luna. Caminamos en silencio. La Marquesa suspirante, yo pensativo, sin acertar a consolarla. Entre los árboles divisamos un paraje raso con oscuros arrayanes bordados por blancas y tortuosas sendas: La luna derramaba sobre ellas su luz lejana e ideal como un milagro. La Marquesa se detuvo. Dos legas estaban sentadas al pie de una fuente rodeada de laureles enanos, que tienen la virtud de alejar el rayo. No se sabía si las dos legas rezaban o se decían secretos del convento, porque el murmullo de sus voces se confundía con el murmullo del agua. Estaban llenando sus ánforas. Al acercarnos saludaron cristianamente:

—¡Ave María Purísima!

—¡Sin pecado concebida!

La Niña Chole quiso beber de la fuente, y ellas se lo impidieron con grandes aspavientos:

—¿Qué hace, Niña?

Se detuvo un poco inmutada:

—¿Es venenosa esta agua?

—Santígüese, no más. Es agua bendita, y solamente la Comunidad tiene bula para beberla. Bula del Santo Padre, venida de Roma. ¡Es agua santa del Niño Jesús!

Y las dos legas, hablando a coro, señalaban al angelote desnudo, que enredador y tronera vertía el agua en el tazón de alabastro por su menuda y cándida virilidad.

Nos dijeron que era el Niño Jesús. Oyendo esto la Niña Chole santiguóse devotamente. Yo aseguré a las legas que la Marquesa de Bradomín también tenía bula para beber las aguas del Niño Jesús. Ellas la miraron mostrando gran respeto, y disputáronse ofrecerle sus ánforas, pero yo les aseguré que la Niña Marquesa prefería saciar la sed aplicando los labios al santo surtidor de donde el agua manaba. La Niña Chole se acercó con el rebocillo caído a los hombros y estando bebiendo le acometió tal tentación de risa, que por poco se ahoga. Al retirarse me manifestó en voz baja el escrúpulo de haber cometido un sacrilegio.

Después de los maitines vino a buscarnos una monja y nos condujo al refectorio, donde estaba dispuesta la colación. Hablaba con las manos juntas: Era vieja y gangosa. Nosotros la seguimos, pero al pisar los umbrales del convento la Niña Chole se detuvo vacilante:

—Hermana, yo guardo el día ayunando, y no puedo entrar en el refectorio para hacer colación.

Al mismo tiempo sus ojos de reina india imploraban mi ayuda: Se la otorgué liberal. Comprendí que la Niña Chole temía ser conocida de algún caminante, pues todos los que llegaban al convento se reunían a son de campana para hacer colación. La monja, edificada por aquel ayuno, interrogó solícita:

—¿Qué desea mi señora?

—Retirarme a descansar, hermana.

—Pues cuando le plazca, mi señora. ¿Sin duda traen muy larga jornada?

—Desde Veracruz.

—Cierto que sentirá grande fatiga la pobrecita.

Hablando de esta suerte nos hizo cruzar un largo corredor. Por las ventanas entraba la luz blanca de la luna. En aquella santa paz el acompasado son de mis espuelas despertaba un eco sacrílego y marcial. Como amedrentadas por él, la monja y la Marquesa caminaban ante mí con leve y devoto rumor. La monja abrió una puerta de antigua tracería,[64] y apartándose a un lado murmuró:

—Pase mi señora. Yo nada me retardo. Guío al Señor Marqués al refectorio y torno a servirla luego, luego.[65]

La Marquesa entró sin mirarme. La monja cerró la puerta y alejóse como una sombra llamándome con vago ademán. Guíome hasta el refectorio, y saludando más gangosa que nunca, se alejó. Entré, y cuando mis ojos buscaban un sitial vacío en torno de la mesa, alzóse el capellán del convento y vino a decirme con gran cortesanía que mi puesto estaba a la cabecera. El capellán era un fraile dominico, humanista y poeta, que había vivido muchos años desterrado de México por el Arzobispo, y privado de licencias para confesar y decir misa. Todo ello por una falsa delación. Esta historia me la contaba en tanto me servía el plato. Al terminar me habló así:

—Ya sabe el Señor Marqués de Bradomín la vida y milagros de Fray Lope Castellar. Si necesita un capellán para su casa, créame que con sumo gusto dejaré a estas santas señoras. Aun cuando sea para cruzar los mares, mi Señor Marqués.

—Ya tengo capellanes en España.

---

[64]decoración arquitectónica formada por figuras geométricas.

[65]enseguida.

—Perdone entonces. Pues para servirle aquí, en este México de mis pecados, donde en un santiamén dejan sin vida a un cristiano. Créame, quien pueda pagarse un capellán, debe hacerlo, aun cuando sólo sea para tener a mano quien le absuelva en trance de muerte.

Había terminado la colación, y entre el sordo y largo rumor producido por los sitiales, todos nos pusimos en pie para rezar una oración de gracias compuesta por la piadosa fundadora Doña Beatriz de Zayas. Las legas comenzaron a levantar los manteles, y la Madre Abadesa entró sonriendo benévolamente:

—¿El Señor Marqués prefiere que se disponga otra celda para su descanso?

El rubor que asomó en las mejillas de la Madre Abadesa me hizo comprender, y sin dominar una sonrisa respondí:

—Haré compañía a la Marquesa, que es muy medrosa, si lo consienten los estatutos de esta santa casa.

La Madre Abadesa me interrumpió:

—Los estatutos de esta santa casa no pueden ir en contra de la Religión.

Sentí un vago sobresalto. La Madre Abadesa inclinó los ojos, y permaneciendo con ellos bajos, dijo pausada y doctoral:

—Para Nuestro Señor Jesucristo merecen igual amor las criaturas que junta con santo lazo su voluntad, que aquellas apartadas de la vida mundana, también por su Gracia... Yo no soy como el fariseo que se creía mejor que los demás. Señor Marqués.

La Madre Abadesa, con su hábito blanco, estaba muy bella, y como me parecía una gran dama, capaz de comprender la vida y el amor, sentí la tentación de pedirle que me acogiese en su celda, pero fue sólo la tentación. Acercóse con una lámpara encendida aquella monja vieja y gangosa que me había acompañado al refectorio, y la Madre Abadesa, después de haberle encomendado que me guiase, se despidió. Confieso que sentí una vaga tristeza viéndola alejarse por el corredor, flotante el noble hábito que blanqueaba en las tinieblas. Volviéndome a la monja, que esperaba inmóvil con la lámpara, le pregunté:

—¿Debe besársele la mano a la Madre Abadesa?

La monja, echándose la toca sobre la frente, respondió:

—Aquí solamente se la besamos al Señor Obispo, cuando se digna visitarnos.

Y con leve rumor de sandalias comenzó a caminar delante de mí, alumbrándome hasta la puerta de la celda nupcial: Una celda espaciosa y perfumada de albahaca con una reja abierta sobre el jardín, donde el argentado azul de la noche tropical destacaba negras y confusas las copas de los cedros. El canto igual y monótono de un grillo rompía el silencio. Yo cerré la puerta de la celda con llaves y cerrojos, y andando sin ruido, fui a entreabrir el blanco mosquitero con que se velaba pudoroso y monjil el único lecho que había en la estancia.

La Niña Chole reposaba con sueño cándido y feliz: En sus labios aún vagaba dormido un rezo. Yo me incliné para besarlos: Era mi primer beso de esposo. La Niña Chole se despertó sofocando un grito:

—¿Qué hace usted aquí, señor?

Yo repuse entre galante y paternal:

—Reina y señora, velar tu sueño.

La Niña Chole no acertaba a comprender cómo yo podía hallarme en su celda, y tuve que recordarle mis derechos conyugales, reconocidos por la Madre Abadesa. Ante aquel gentil recuerdo se mostró llena de enojo. Clavándome los ojos repetía:

—¡Oh!... ¡Qué terrible venganza tomará el general Diego Bermúdez!...

Y ciega de cólera porque al oírla sonreí, me puso en la faz sus manos de princesa india, manos cubiertas de anillos, enanas y morenas, que yo hice prisioneras. Sin dejar de mirarla, se las oprimí hasta que lanzó un grito, y después, dominando mi despecho, se las besé. Ella, sollozante, dejóse caer sobre las almohadas: Yo, sin intentar consolarla me alejé. Sentía un fiero desdeño lleno de injurias altaneras, y para disimular el temblor de mis labios, que debían estar lívidos, sonreía. Largo tiempo permanecí apoyado en la reja contemplando el jardín susurrante y oscuro. El grillo cantaba, y era su canto un ritmo remoto y primitivo. De tarde en tarde llegaba hasta mí algún sollozo de la Niña Chole, tan apagado y tenue, que el corazón siempre dispuesto a perdonar, se conmovía. De pronto, en el silencio de la noche, una campana del convento comenzó a doblar. La Niña Chole me llamó temblorosa:

—¿Señor, no conoce la señal de agonía?

Y al mismo tiempo se santiguó devotamente. Sin desplegar los labios me acerqué a su lecho, y quedé mirándola grave y triste. Ella, con la voz asustada, murmuró:

—¡Alguien se halla en trance de muerte!

Yo entonces, tomando sus manos entre las mías, le dije amorosamente:

—¡Acaso sea yo!...

—¿Cómo, señor?

—Estará a las puertas del convento el general Diego Bermúdez.

—¡No!... ¡No!...

Y oprimiéndome las manos, comenzó a llorar. Yo quise enjugar sus lágrimas con mis labios, y ella, echando la cabeza sobre las almohadas, suplicó:

—¡Por favor!... ¡Por favor!...

Velada y queda desfallecía su voz. Quedó mirándome, temblorosos los párpados y entreabierta la rosa de su boca. La campana seguía sonando lenta y triste. En el jardín susurraban los follajes, y la brisa, que hacía flamear el blanco y rizado mosquitero, nos traía aromas. Cesó el toque de agonía, y juzgando propicio el instante, besé a la Niña Chole. Ella parecía consentir, cuando de pronto en medio del silencio, la campana dobló a muerto. La Niña Chole dio un grito y se estrechó a mi pecho: Palpitante de miedo, se refugiaba en mis brazos. Mis manos distraídas y doctorales, comenzaron a desflorar sus senos. Ella, suspirando, entornó los ojos, y celebramos nuestras bodas con siete copiosos sacrificios que ofrecimos a los dioses como el triunfo de la vida.

Comenzaban los pájaros a cantar en los árboles del jardín saludando al sol, cuando nosotros, ya dispuestos para la jornada de aquel día, nos asomamos a la reja. Las albahacas, húmedas de rocío, daban una fragancia intensa, casi desusada, que tenía como una evocación de serrallo morisco y de verbenas. La Niña Chole reclinó sobre mi hombro la cabeza, suspiró débilmente, y sus ojos, sus hermosos ojos de mirar hipnótico y sagrado, me acariciaron románticos. Yo entonces le dije:

—¿Niña, estás triste?

—Estoy triste porque debemos separarnos. La más leve sospecha nos podría costar la vida.

Pasé amorosamente mis dedos entre la seda de sus cabellos, y respondí con arrogancia:

—No temas: Yo sabré imponer silencio a tus criados.

—Son indios, señor... Aquí prometerían de rodillas, y allá, apenas su amo les mirase con los ojos fieros, todo se lo dirían... ¡Debemos darnos un adiós!

Yo besé sus manos apasionado y rendido:

—¡Niña, no digas eso!... Volveremos a Veracruz: *La Dalila* quizá permanezca en el puerto: Nos embarcaremos para Grijalba. Iremos a escondernos en mi hacienda de Tixul.

La Niña Chole me acarició con una mirada larga, indefinible. Aquellos ojos de reina india eran lánguidos y brillantes: Me pareció que a la vez reprochaban y consentían. Cruzó el rebocillo sobre el pecho y murmuró poniéndose encendida:

—¡Mi historia es muy triste!

Y para que no pudiese quedarme duda, asomaron dos lágrimas en sus ojos. Yo creí adivinar, y le dije con generosa galantería:

—No intentes contármela: Las historias tristes me recuerdan la mía.

Ella sollozó:

—Hay en mi vida algo imperdonable.

—Los hombres como yo todo lo perdonan.

Al oírme escondió el rostro entre las manos:

—He cometido el más abominable de los pecados: Un pecado del que sólo puede absolverme Nuestro Santo Padre.

Viéndola tan afligida, acaricié su cabeza reclinándola sobre mi pecho, y le dije:

—Niña, cuenta con mi valimiento en el Vaticano. Yo he sido capitán de la Guardia Noble. Si quieres iremos a Roma en peregrinación, y nos echaremos a los pies de Gregorio XVI.[66]

—Iré yo sola... Mi pecado es mío nada más.

—Por amor y por galantería, yo debo cometer uno igual... ¡Acaso ya lo habré cometido!

La Niña Chole levantó hacia mí los ojos llenos de lágrimas, y suplicó:

—No digas eso... ¡Es imposible!

Sonreí incrédulamente, y ella, arrancándose de mis brazos, huyó al fondo de la celda. Desde allí, clavándome una mirada fiera y llorosa, gritó:

—Si fuese verdad, te aborrecería... Yo era una pobre criatura inocente cuando fui víctima de aquel amor maldito.

Volvió a cubrirse el rostro con las manos, y en el mismo instante yo adiviné su pecado. Era el magnífico pecado de las tragedias antiguas. La Niña Chole estaba maldita como Mirra[67] y como Salomé.[68] Acerquéme lleno de indulgencia, le descubrí la cara húmeda de llanto, y puse en sus labios un beso de noble perdón. Después, en voz baja y dulce, le dije:

—Todo lo sé. El general Diego Bermúdez es tu padre.

Ella gimió con rabia:

—¡Ojalá no lo fuese! Cuando vino de la emigración, yo tenía doce años y apenas le recordaba...

—No le recuerdes ahora tampoco.

La Niña Chole, conmovida de gratitud y de amor, ocultó la cabeza en mi hombro:

—¡Eres muy generoso!

---

[66]Gregorio XVI fue Papa de 1831 a 1846.

[67]hija de Cirino. Engañando a su padre se unió a él incestuosamente y concibió a Adonis.

[68]hija de Herodes Filipo. Pidió a Herodes Antipas la cabeza de San Juan Bautista.

Mis labios temblaron ardientes sobre su oreja fresca, nacarada y suave como concha de perlas:

—Niña, volveremos a Veracruz.

—No...

—¿Acaso temes mi abandono? ¿No comprendes que soy tu esclavo para toda la vida?

—¡Toda la vida!... Sería tan corta la de los dos...

—¿Por qué?

—Porque nos mataría... ¡Lo ha jurado!...

—Todo será que no cumpla el juramento.

—Lo cumpliría.

Y ahogada por los sollozos se enlazó a mi cuello. Sus ojos, llenos de lágrimas, quedaron fijos en los míos como queriendo leer en ellos. Yo, fingiéndome deslumbrado por aquella mirada, los cerré. Ella suspiró:

—¿Quieres llevarme contigo sin saber toda mi historia?

—Ya la sé.

—No.

—Tú me contarás lo que falta cuando dejemos de querernos, si llega ese día.

—Todo, todo debes saberlo ahora, aun cuando estoy segura de tu desprecio... Eres el único hombre a quien he querido, te lo juro, el único... Y, sin embargo, por huir de mi padre, he tenido un amante que murió asesinado.

Calló sollozante. Yo, tembloroso de pasión, la besé en los ojos y la besé en los labios. ¡Aquellos labios sangrientos, aquellos ojos sombríos tan bellos como su historia!

Las campanas del convento tocaron a misa, y la Niña Chole quiso oírla antes de comenzar la jornada. Fue una larga misa de difuntos. Ofició Fray Lope Castellar, y en descargo de mis pecados, yo serví de acólito. Las Comendadoras cantaban en el coro los Salmos Penitenciales, y sus figuras blancas y veladas, arrastrando los luengos hábitos, iban y venían en torno del facistol que sostenía abierto el misal de hojas capitulares. En el fondo de la iglesia, sobre negro paño rodeado de cirios, estaba el féretro de una monja. Tenía las manos en cruz, y envuelto a los dedos amoratados el rosario. Un pañuelo blanco le sujetaba la barbeta y mantenía cerrada la boca, que se sumía como una boca sin dientes: Los párpados permanecían entreabiertos, rígidos, azulencos: Las sienes parecían prolongarse inmensamente bajo la toca. Estaba amortajada en su hábito, y la fimbria[69] se doblaba sobre los pies descalzos amarillos como la cera...

Al terminarse los responsos, cuando Fray Lope Castellar se volvía para bendecir a los fieles, alzáronse en tropel algunos mercenarios de mi escolta, apostados en la puerta durante la misa, y como gerifaltes cayeron sobre el presbiterio, aprisionando a un mancebo arrodillado, que se revolvió bravamente al sentir sobre sus hombros tantas manos, y luchó encorvado y rugiente, hasta que vencido por el número, cayó sobre las gradas. Las monjas, dando alaridos, huyeron del coro. Fray Lope Castellar adelantóse estrechando el cáliz sobre el pecho:

—¿Qué hacéis, mal nacidos?

Y el mancebo, que jadeaba derribado en tierra, gritó:

—¡Fray Lope!... ¡No se vende así al amigo!

—¡Ni tal sospeches, Guzmán!

Y entonces aquel hombre hizo como el jabalí herido y acosado que se sacude los alanos: De pronto le vi erguido en pie, revolverse entre el tropel que le sujetaba, libertar los brazos y atravesar la iglesia corriendo. Llegó a la puerta, y encontrándola cerrada, se volvió con denuedo. De un golpe arrancó la cadena que servía para tocar las campanas, y armado con ella hizo defensa. Yo, admirando como se merecía tanto valor y tanto brío, saqué las pistolas y me puse de su lado:

—¡Alto ahí!...

Los hombres de la escolta quedaron indecisos, y en aquel momento, Fray Lope, que permanecía en el presbiterio, abrió la puerta de la sacristía, que rechinó largamente. El mancebo, haciendo con la cadena un terrible molinete, pasó sobre el féretro de la monja, rompió la hilera de cirios y ganó aquella salida. Los otros le persiguieron dando gritos, pero la puerta se cerró de golpe ante ellos, y volviéronse contra mí, alzando los brazos con amenazador despecho. Yo, apoyado en la reja del coro, dejé que se acercasen, y disparé mis dos pistolas. Abrióse el grupo repentinamente silencioso, y cayeron dos hombres. La Niña Chole se levantó trágica y bella.

—¡Quietos!... ¡Quietos!...

Aquellos mercenarios no la oyeron. Con encarnizado vocerío viniéronse para mí, amenazándome con sus pistolas. Una lluvia de balas se aplastó en la reja del coro. Yo, milagrosamente ileso, puse mano al machete:

—¡Atrás!... ¡Atrás, canalla!

La Niña Chole se interpuso, gritando con angustia:

---

[69]borde inferior del hábito.

—¡Si respetáis su vida, he de daros harta plata!

Un viejo que a guisa de capitán estaba delante, volvió hacia ella los ojos fieros y encendidos. Sus barbas chivas temblaban de cólera:

—Niña, la cabeza de Juan Guzmán está pregonada.

—Ya lo sé.

—Si le hubiésemos entregado vivo, tendríamos cien onzas.

—Las tendréis.

Hubo otra ráfaga de voces violentas y apasionadas. El viejo mercenario alzó los brazos imponiendo silencio:

—¡Dejad a la gente que platique!

Y con la barba siempre temblona, volvióse a nosotros:

—¿Los compañeros ahí tendidos como perros, no valen ninguna cosa?

La Niña Chole murmuró con afán:

—¡Sí!... ¿Qué quieres?

—Eso ha de tratarse con despacio.

—Bueno...

—Es menester otra prenda que la palabra.

La Niña Chole arrancóse los anillos, que parecían dar un aspecto sagrado a sus manos de princesa, y llena de altivez se los arrojó:

—Repartid eso y dejadnos.

Entre aquellos hombres hubo un murmullo de indecisión, y lentamente se alejaron por la nave de la iglesia. En el presbiterio detuviéronse a deliberar. La Niña Chole apoyó sus manos sobre mis hombros y me miró en el fondo de los ojos:

—¡Oh!... ¡Qué español tan loco! ¡Un león en pie!...

Respondí con una vaga sonrisa. Yo experimentaba la más violenta angustia en presencia de aquellos dos hombres caídos en medio de la iglesia, el uno sobre el otro. Lentamente se iba formando en torno de ellos un gran charco de sangre que corría por las junturas de las losas. Sentíase el borboteo de las heridas y el estertor del que estaba caído debajo. De tiempo en tiempo se agitaba y movía una mano lívida, con estremecimientos nerviosos.

Fray Lope Castellar nos esperaba en la sacristía leyendo el breviario. Sobre labrado arcón estaban las vestiduras plegadas con piadoso esmero. La sacristía era triste, con una ventana alta y enrejada oscurecida por las ramas de un cedro. Fray Lope, al vernos llegar, alzóse del escaño:

—¡Muertos les he creído! ¡Ha sido un milagro!... Siéntense: Es menester que esta dama cobre ánimos. Van a probar el vino con que celebra la misa Su

Ilustrísima, cuando se digna visitarnos. Un vino de España. ¡Famoso famoso!... Ya lo dice el adagio indiano: Vino, mujer y bretaña,[70] de España.

Hablando de esta suerte, acercóse a una grande y lustrosa alacena, y la abrió de par en par. Sacó de lo más hondo un pegajoso cangilón, y lo olió con regalo:

—Ahora verán qué néctar. Este humilde fraile celebra su misa con un licor menos delicado. Sin embargo, todo es sangre de Nuestro Señor Jesucristo.

Llenó con mano temblona un vaso de plata, y presentóselo a la Niña Chole, que lo recibió en silencio, y, en silencio también, me lo pasó a mí. Fray Lope, en aquel momento, colmaba otro vaso igual:

—¡Qué hace mi señora! Si el noble Marqués tiene aquí...

La Niña Chole sonrió con languidez.

—¡Le acompaña usted, Fray Lope!

Fray Lope rió sonoramente: Sentóse sobre el arcón y dejó el vaso a su lado:

—El noble Marqués me permitirá una pregunta: ¿De qué conoce a Juan de Guzmán?

—¡No le conozco!...

—¿Y cómo le defendió tan bravamente?

—Una fantasía que me vino en aquel momento.

Fray Lope movió la tonsurada cabeza, y apuró un sorbo del vaso que tenía a su diestra.

—¡Una fantasía! ¡Una fantasía!... Juan de Guzmán es mi amigo, y, sin embargo, yo jamás hubiera osado tanto.

La Niña Chole murmuró con altivo desdén:

—No todos los hombres son iguales...

Yo, agradecido al buen vino que Fray Lope me escanciaba, intervine cortesano:

—¡Más valor hace falta para cantar misa!

Fray Lope me miró con ojos burlones:

—Eso no se llama valor. Es la Gracia...

Hablando así, alzamos los vasos y a un tiempo les dimos fin. Fray Lope tornó a llenarlos:

—¿Y el noble Marqués hasta ignorará quién es Juan de Guzmán?

—Ayer, cuando juntaba mi escolta en Veracruz, oí por primera vez su nombre... Creo que es un famoso capitán de bandidos.

—¡Famoso! Tiene la cabeza pregonada.

—¿Conseguirá ponerse en salvo?

---

[70]lienzo fino de Bretaña.

Fray Lope juntó las manos y entornó los párpados gravemente:

—¡Y quién sabe, mi señor!...

—¿Cómo se arriesgó a entrar en la iglesia?

—Es muy piadoso... Además tiene por madrina a la Madre Abadesa.

En aquel momento alzóse la tapa del arcón, y un hombre que allí estaba oculto asomó la cabeza. Era Juan de Guzmán. Fray Lope corrió a la puerta y echó los cerrojos. Juan de Guzmán saltó en medio de la sacristía, y con los ojos húmedos y brillantes quiso besarme las manos. Yo le tendí los brazos. Fray Lope volvió a nuestro lado, y con la voz temblorosa y colérica murmuro:

—¡Quien ama el peligro perece en él!

Juan de Guzmán sonrió desdeñosamente:

—¡Todos hemos de morir, Fray Lope!...

—Bajen siquiera la voz.

Avizorado miraba alternativamente a la puerta y a la gran reja de la sacristía. Seguimos su prudente consejo, y mientras nosotros platicábamos retirados en un extremo de la sacristía, en el otro rezaba medrosamente la Niña Chole.

Como había dicho Fray Lope, la cabeza del famoso plateado, magnífica cabeza de aventurero español, estaba pregonada. Juan de Guzmán en el siglo XVI hubiera conquistado su Real Ejecutoria de Hidalguía peleando bajo las banderas de Hernán Cortés. Acaso entonces nos dejase una hermosa memoria aquel capitán de bandoleros con aliento caballeresco, porque parecía nacido para ilustrar su nombre en las Indias saqueando ciudades, violando princesas y esclavizando emperadores. Viejo y cansado, cubierto de cicatrices y de gloria, tornaríase a su tierra llevando en buenas doblas de oro el botín conquistado acaso en Otumba,[71] acaso en Mangoré.[72] ¡Las batallas gloriosas de alto y sonoro nombre! Levantaría una torre, fundaría un mayorazgo con licencia del Señor Rey, y al morir tendría noble enterramiento en la iglesia de algún monasterio. La piedra de armas y un largo epitafio, recordarían las hazañas del caballero, y muchos años después, su estatua de piedra, dormida bajo el arco sepulcral, aún serviría a las madres para asustar a sus hijos pequeños.

Yo confieso mi admiración por aquella noble abadesa que había sabido ser su madrina sin dejar de ser una santa. A mí seguramente hubiérame tentado el diablo, porque el capitán de los plateados tenía el gesto dominador y galán con que aparecen en los retratos antiguos los capitanes del Renacimiento: Era hermo-

---

[71]batalla en la que Hernán Cortés venció a los aztecas en 1520.

[72]cacique argentino que atacó en 1529 a la guarnición española.

so como un bastardo de César Borgia.[73] Cuentan que, al igual que aquel príncipe, mató siempre sin saña, con frialdad, como matan los hombres que desprecian la vida, y que, sin duda por eso, no miran como un crimen dar la muerte. Sus sangrientas hazañas son las hazañas que en otro tiempo hicieron florecer las epopeyas. Hoy sólo de tarde en tarde alcanzan tan alta soberanía, porque las almas son cada vez menos ardientes, menos impetuosas, menos fuertes. ¡Es triste ver cómo los hermanos espirituales de aquellos aventureros de Indias no hallan ya otro destino en la vida que el bandolerismo!

Aquel capitán de los plateados también tenía una leyenda de amores. Era tan famoso por su fiera bravura como por su galán arreo. Señoreaba en los caminos y en las ventas: Con valeroso alarde se mostraba solo, caracoleando el caballo y levantada sobre la frente el ala del chambergo entoquillado de oro. El zarape blanco envolvíale flotante como alquicel[74] morisco. Era hermoso, con hermosura varonil y fiera. Tenía las niñas de los ojos pequeñas, tenaces y brillantes, el corvar de la nariz soberbio, las mejillas nobles y atezadas, los mostachos enhiestos, la barba de negra seda. En la llama de su mirar vibraba el alma de los grandes capitanes, gallarda y de través como los gavilanes de la espada. Desgraciadamente, ya quedan pocas almas así.

¡Qué hermoso destino el de ese Juan de Guzmán, si al final de sus días se hubiese arrepentido y retirado a la paz de un monasterio, para hacer penitencia como San Franco de Sena![75]

Sin otra escolta que algunos fieles caballerangos, nos tornamos a Veracruz. *La Dalila* continuaba anclada bajo el Castillo de Ulua, y la divisamos desde larga distancia, cuando nuestros caballos fatigados, sedientos, subían la falda arenosa de una colina. Sin hacer alto atravesamos la ciudad y nos dirigimos a la playa para embarcar inmediatamente. Poco después la fragata hacíase a la vela por aprovechar el viento que corría a lo lejos, rizando un mar verde como mar de ensueño. Apenas flameó la lona, cuando la Niña Chole, despeinada y pálida con la angustia del mareo, fue a reclinarse sobre la borda.

El capitán, con sombrero de palma y traje blanco, se paseaba en la toldilla: Algunos marineros dormitaban echados a la banda de estribor, que el aparejo

---

[73](1475-1507) hijo natural del Papa Alejandro VI y mecenas cultural del Renacimiento italiano.

[74]capa.

[75]santo italiano (1211-91). Antes de entrar en un monasterio fue salteador de caminos y gran jugador, llegando a apostar los ojos.

dejaba en sombra, y dos jarochos[76] que habían embarcado en San Juan de Tuxtlan jugaban al parar sentados bajo un toldo de lona levantado a popa. Eran padre
e hijo. Los dos flacos y cetrinos: El viejo con grandes barbas de chivo, y el
mozo todavía imberbe. Se querellaban a cada jugada, y el que perdía amenazaba
de muerte al gananaioso. Contaba cada cual su dinero, y musitando airada y
torvamente lo embolsaba. Por un instante los naipes quedaban esparcidos sobre
el zarape puesto entre los jugadores. Después el viejo recogíalos lentamente y
comenzaba a barajar de nuevo. El mozo, siempre de mal talante, sacaba de la
cintura su bolsa de cuero recamada de oro, y la volcaba sobre el zarape. El juego
proseguía como antes.

Lleguéme a ellos y estuve viéndoles. El viejo, que en aquel momento tenía
la baraja, me invitó cortésmente y mandó levantar al mozo para que yo tuviese
sitio a la sombra. No me hice rogar. Tomé asiento entre los dos jarochos, conté
diez doblones fernandinos[77] y los puse a la primera carta que salió. Gané, y
aquello me hizo proseguir jugando, aunque desde el primer momento tuve al
viejo por un redomado tahúr. Su mano atezada y enjuta, que hacía recordar la
garra del milano, tiraba los naipes lentamente. El mozo permanecía silencioso y
sombrío, miraba al viejo de soslayo, y jugaba siempre las cartas que jugaba yo.
Como el viejo perdía sin impacientarse, sospeché que abrigaba el propósito de
robarme, y me previne. Sin embargo, continué ganando.

Ya puesto el sol asomaron sobre cubierta algunos pasajeros. El viejo jarocho
empezó a tener corro, y creció su ganancia. Entre los jugadores estaba aquel
adolescente taciturno y bello que en otra ocasión me había disputado una sonrisa
de la Niña Chole. Apenas nuestras miradas se cruzaron comencé a perder. Tal
vez haya sido superstición, pero es lo cierto que yo tuve el presentimiento. El
adolescente tampoco ganaba: Visto con espacio, parecióme misterioso y extraño:
Era gigantesco, de ojos azules y rubio ceño, de mejillas bermejas y frente muy
blanca: Peinábase como los antiguos nazarenos, y al mirar entornaba los párpados
con arrobo casi místico: De pronto le vi alargar ambos brazos y detener al jarocho, que había vuelto la baraja y comenzaba a tirar. Meditó un instante, y luego,
lento y tardío, murmuró:

—Me arriesgo con todo. ¡Copo![78]

El mozo, sin apartar los ojos del viejo, exclamó:

---

[76]natural de Veracruz.

[77]de Fernando VII.

[78]acción de copar: en los juegos de azar, hacer una apuesta equivalente a todo
el dinero con que responde la banca.

—¡Padre, copa!

—Lo he oído, pendejo. Ve contando ese dinero.

Volvió la baraja y comenzó a tirar. Todas las miradas quedaron inmóviles sobre la mano del jarocho. Tiraba lentamente. Era una mano sádica que hacía doloroso el placer y lo prolongaba. De pronto se levantó un murmullo.

—¡La sota! ¡La sota!

Aquella era la carta del bello adolescente. El jarocho se incorporó, soltando la baraja con despecho:

—Hijo, ve pagando...

Y echándose el zarape sobre los hombros, se alejó. El corro se deshizo entre murmullos y comentos:

—¡Ha ganado setecientos doblones!

—¡Más de mil!

Instintivamente volví la cabeza, y mis ojos descubrieron a la Niña Chole. Allí estaba, reclinada en la borda: Apartábase lánguidamente los rizos que, deshechos por el viento marino, se le metían en los ojos, y sonreía al bello y blondo adolescente. Experimenté tan vivo impulso de celos y de cólera que me sentí palidecer. Si hubiera tenido en las pupilas el poder del basilisco, allí se quedan hechos polvo. ¡No lo tenía, y la Niña Chole pudo seguir profanando aquella sonrisa de reina antigua!...

Cuando se encendieron las luces de a bordo, yo continuaba en el puente, y la Niña Chole vino a colgarse de mi brazo, rozándose como una gata zalamera y traidora. Sin mostrarme celoso, supe mostrarme altivo, y ella se detuvo, clavándome los ojos con tímido reproche. Después miró en torno, y alzándose en la punta de los pies me besó celosa:

—¿Estás triste?

—No.

—Entonces, ¿enojado conmigo?

—No.

—Sí tal.

Nos hallábamos solos en el puente, y la Niña Chole se colgó de mis hombros suspirante y quejumbrosa:

—¡Ya no me quieres! ¡Ahora qué será de mí!... ¡Me moriré!... ¡Me mataré!...

Y sus hermosos ojos, llenos de lágrimas, se volvieron hacia el mar donde rielaba la luna. Yo permanecí silencioso, aun cuando estaba profundamente conmovido. Ya cedía al deseo de consolarla, cuando apareció sobre cubierta el blondo y taciturno adolescente. La Niña Chole, un poco turbada, se enjugó las lágrimas. Creo que la expresión de mis ojos le dio espanto, porque sus manos temblaban. Al cabo de un momento, con voz apasionada y contrita murmuró a mi oído:

—¡Perdóname!

Yo repuse vagamente:

—¿Que te perdone, dices?

—Sí.

—No tengo nada que perdonarte.

Ella se sonrió, todavía con los ojos húmedos:

—¿Para qué me lo niegas? Estás enojado conmigo porque antes he mirado a ése... Como no le conoces, me explico tus celos.

Calló, y en su boca muda y sangrienta vi aparecer la sonrisa de un enigma perverso. El blondo adolescente conversaba en voz baja con un grumete mulato. Se apartaron lentamente y fueron a reclinarse en la borda. Yo pregunté, dominado por una cólera violenta:

—¿Quién es?

—Un príncipe ruso.

—¿Está enamorado de ti?

—No.

—Dos veces le sonreíste...

La Niña Chole murmuró con picaresca alegría:

—Y tres también, y cuatro... Pero seguramente tus sonrisas le conmueven más que las mías... ¡Mírale!

El hermoso, el blondo, el gigantesco adolescente, seguía hablando con el mulato y reclinado en la borda estrechábale por la cintura. El otro reía alegremente: Era uno de esos grumetes que parecen aculatados en largas navegaciones trasatlánticas por regiones de sol. Estaba casi desnudo, y con aquella coloración caliente de terracota también era hermoso. La Niña Chole apartó los ojos con femenino desdén:

—¡Ya ves que no podía inspirarte celos!

Yo, libre de incertidumbres, sonreí:

—Tu debías tenerlos...

La Niña Chole se miró en mis ojos, orgullosa y feliz:

—Yo tampoco.

—Niña, olvidas que puede sacrificarse a Hebe[79] y a Ganímedes...[80]

---

[79]en mitología, diosa griega de la juventud. Servía el néctar y la ambrosía que impedían envejecer a los dioses.

Y repentinamente entristecido, incliné la cabeza sobre el pecho. No quise ver más, y medité, porque tengo amado a los clásicos casi tanto como a las mujeres. Es la educación recibida en el Seminario de Nobles. Leyendo a ese amable Petronio,[81] he suspirado más de una vez lamentando que los siglos hayan hecho un pecado desconocido de las divinas fiestas voluptuosas. Hoy, solamente en el sagrado misterio vagan las sombras de algunos escogidos que hacen renacer el tiempo antiguo de griegos y romanos, cuando los efebos coronados de rosas sacrificaban en los altares de Afrodita.[82] ¡Felices y aborrecidas sombras: Me llaman y no puedo seguirlas! Aquel bello pecado, regalo de los dioses y tentación de los poetas, es para mí un fruto hermético. El cielo, siempre enemigo, dispuso que sólo las rosas de Venus[83] floreciesen en mi alma y, a medida que envejezco, eso me desconsuela más. Presiento que debe ser grato, cuando la vida declina, poder penetrar en el jardín de los amores perversos. A mí, desgraciadamente, ni aun me queda la esperanza. Sobre mi alma ha pasado el aliento de Satanás encendiendo todos los pecados: Sobre mi alma ha pasado el suspiro del Arcángel encendiendo todas las Virtudes. He padecido todos los dolores, he gustado todas las alegrías: He apagado mi sed en todas las fuentes, he reposado mi cabeza en el polvo de todos los caminos: Un tiempo fui amado de las mujeres, sus voces me eran familiares: Sólo dos cosas han permanecido siempre arcanas para mí: El amor de los efebos y la música de ese teutón que llaman Wagner.[84]

Permanecimos toda la noche sobre cubierta. La fragata daba bordos en busca del viento, que parecía correr a lo lejos, allá donde el mar fosforescía. Por la banda de babor comenzó a esfumarse la costa, unas veces plana y otras ondulada en colinas. Así navegamos mucho tiempo. Las estrellas habían palidecido lentamente, y el azul del cielo iba tornándose casi blanco. Dos marineros subidos a la cofa de mesana, cantaban relingando el aparejo. Sonó el pito del contramaestre, orzó la fragata y el velamen flameó indeciso. En aquel momento hacíamos

---

[80]en mitología, era el más bello de los mortales. Fue raptado por Zeus, al estar enamorado de su belleza, y lo hizo copero del Olimpo, sustituyendo a Hebe.

[81]escritor latino, autor del *Satiricón*.

[82]en mitología, diosa griega del amor y la belleza.

[83]en mitología, diosa latina identificada con Afrodita.

[84]compositor alemán (1813-83), renovador de la ópera.

proa a la costa. Poco después las banderas tremolaban en los masteleros alegres y vistosas: La fragata daba vista a Grijalba, y rayaba el sol.

En aquella hora el calor era deleitante, fresca la ventolina y con el olor de brea y algas. Percibíanse en el aire estremecimientos voluptuosos. Reía el horizonte bajo un hermoso sol. Ráfagas venidas de las selvas vírgenes, tibias y acariciadoras como aliento de mujeres ardientes, jugaban en las jarcias, y penetraba y enlanguidecía el alma el perfume que se alzaba del oleaje casi muerto. Dijérase que el dilatado Golfo Mexicano sentía en sus verdosas profundidades la pereza de aquel amanecer cargado de pólenes misteriosos y fecundos, como si fuese el serrallo del Universo. A la sombra del foque, y con ayuda de un catalejo marino, contemplé la ciudad a mi talante. Grijalba, vista desde el mar, recuerda esos paisajes de caserío inverosímil, que dibujan los niños precoces: Es blanca, azul, encarnada, de todos los colores del iris. Una ciudad que sonríe. Criolla vestida con trapos de primavera que sumerge la punta de los piececillos lindos en la orilla del puerto. Algo extraña resulta, con sus azoteas enchapadas de brillantes azulejos y sus lejanías límpidas, donde la palmera recorta su gallarda silueta que parece hablar del desierto remoto, y de caravanas fatigadas que sestean a la sombra propicia.

Espesos bosques de gigantescos árboles bordean la ensenada, y entre la masa incierta del follaje sobresalen los penachos de las palmeras reales. Un río silencioso y dormido, de aguas blanquecinas como la leche, abre profunda herida en el bosque, y se derrama en holganza por la playa que llena de islas. Aquellas aguas nubladas de blanco donde no se espeja el cielo, arrastraban un árbol desarraigado, y en las ramas medio sumergidas revoloteaban algunos pájaros agoreros de quimérico plumaje. Detrás, descendía la canoa de un indio que remaba sentado en la proa. Volaban los celajes al soplo de las brisas y bajo los rayos del sol naciente, aquella ensenada de color verde esmeralda rielaba llena de gracia, como un mar divino y antiguo habitado por sirenas y tritones.

¡Cuán bellos se me aparecen todavía esos lejanos países tropicales! Quien una vez los ha visto, no los olvidará jamás. Aquella calma azul del mar y del cielo, aquel sol que ciega y quema, aquella brisa cargada con todos los aromas de Tierra Caliente, como ciertas queridas muy amadas, dejan en la carne, en los sentidos, en el alma, reminiscencias tan voluptuosas, que el deseo de hacerlas revivir sólo se apaga en la vejez. Mi pensamiento rejuvenece hoy recordando la inmensa extensión destellante de ese Golfo Mexicano, que no he vuelto a cruzar. Por mi memoria desfilan las torres de Veracruz, los bosques de Campeche,[85] las

---

[85]ciudad y estado de México.

arenas de Yucatán, los palacios de Palenque,[86] las palmeras de Tuxtlan y Laguna... ¡Y siempre, siempre unido al recuerdo de aquel hermoso país lejano, el recuerdo de la Niña Chole, tal como la vi por vez primera entre el cortejo de sus servidores, descansando a la sombra de una pirámide, suelto el cabello y vestido el blanco hipil de las antiguas sacerdotisas mayas!...

Apenas desembarcamos, una turba negruzca y lastimera nos cercó pidiendo limosna. Casi acosados, llegamos al parador que era conventual y vetusto, con gran soportal de piedra, donde unas viejas caducas se peinaban. En aquel parador volví a encontrarme con los jugadores jarochos que venían a bordo de la fragata. Descubríles retirados hacia el fondo del patio, cercanos a una puerta ancha y baja por donde a cada momento entraban y salían caballerangos, charros y mozos de espuela. También allí los dos jarochos jugaban al parar, y se movían querella. Me reconocieron desde lejos, y se alzaron saludándome con muestra de gran cortesía. Luego el viejo entregó los naipes al mozo, y vínose para mí, haciendo profundas zalemas:

—Aquí estamos para servirle, señor. Si le place saber adónde llega una buena voluntad, mande no más, señor.

Y después de abrazarme con tal brío que me alzó del suelo, usanza mexicana que muestra amor y majeza, el viejo jarocho continuó:

—Si quiere tentar la suerte, ya sabe su merced dónde toparnos. Aquí demoramos. ¿Cuándo se camina, mi Señor Marqués?

—Mañana al amanecer, si esta misma noche no puedo hacerlo.

El viejo acaricióse las barbas, y sonrió picaresco y ladino:

—Siempre nos veremos antes. Hemos de saber hasta dónde hay verdad en aquello que dicen: Albur de viajero, pronto y certero.

Yo contesté riéndome:

—Lo sabremos. Esa profunda sentencia no debe permanecer dudosa.

El jarocho hizo un grave ademán en muestra de asentimiento:

—Ya veo que mi Señor Marqués tiene por devoción cumplimentarla. Hace bien. Solamente por eso merecía ser Arzobispo de México.

De nuevo sonrió picaresco. Sin decir palabra esperó a que pasasen dos indios caballerangos, y cuando ya no podían oírle, prosiguió en voz baja y misteriosa:

—Una cosa me falta por decirle. Ponemos para comienzo quinientas onzas, y quedan más de mil para reponer si vienen malas. Plata de un compadre, señor.

---

[86]antigua ciudad perteneciente al Imperio Maya.

Otra vez platicaremos con más espacio. Mire cómo se impacienta aquel manís.[87] Un potro sin rendaje, señor. Eso me enoja... ¡Vaya, nos vemos!... Y se alejó haciendo fieras señas al mozo para calmar su impaciencia. Tendióse a la sombra, y tomando los naipes comenzó a barajar. Presto tuvo corro de jugadores. Los caballerangos, los boyeros, los mozos de espuela, cada vez que entraban y salían parábanse a jugar una carta. Dos jinetes que asomaron encorvados bajo la puerta, refrenaron un momento sus cabalgaduras, y desde lo alto de las sillas arrojaron las bolsas. El mozo las alzó sopesándolas, y el viejo le interrogó con la mirada: Fue la respuesta un gesto ambiguo: Entonces el viejo le habló impaciente:

—Deja quedas las bolsas, manís. Tiempo hay de contar.

En el mismo momento salió la carta. Ganaba el jarocho, y los jinetes se alejaron: El mozo volcó sobre el zarape las bolsas, y empezó a contar. Crecía el corro de jugadores.

Llegaban los charros haciendo sonar las pesadas y suntuosas espuelas, derribados gallardamente sobre las cejas aquellos jaranos[88] castoreños[89] entoquillados de plata, fanfarrones y marciales. Llegaban los indios ensabanados como fantasmas, humildes y silenciosos, apagando el rumor de sus pisadas. Llegaban otros jarochos armados como infantes, las pistolas en la cinta y el machete en bordado tahalí. De tarde en tarde, atravesaba el patio lleno de sol algún lépero[90] con su gallo de pelea: Una figura astuta y maleante, de ojos burlones y de lacia greña, de boca cínica y de manos escuetas y negruzcas, que tanto son de ladrón como de mendigo. Huroneaba en el corro, arriesgaba un mísero tostón y rezongando truhanerías se alejaba.

Yo ansiaba verme a solas con la Niña Chole. La noche de nuestras bodas en el convento se me aparecía ya muy lejana, con el encanto de un sueño que se recuerda siempre y nunca se precisa. Desde entonces habíamos vivido en forzosa castidad, y mis ojos, que aún lo ignoraban todo, tenían envidia de mis manos que todo lo sabían.

En aquel vetusto parador gusté las mayores venturas amorosas, urdidas con el hilo dorado de la fantasía. Quise primero que la Niña Chole se destrenzase el

---

[87]especie de mamífero sin dientes.

[88]sombrero jarano.

[89]sombrero castoreño.

[90]individuo soez y poco decente.

cabello, y vestido el blanco hipil me hablase en su vieja lengua, como una princesa prisionera a un capitán conquistador. Ella obedeció sonriendo. Yo la tenía en mis brazos, y las palabras más bellas y musicales las besaba, sin comprenderlas, sobre sus labios. Después fue nuestro numen Pedro Aretino,[91] y como oraciones, pude recitar en italiano siete sonetos gloria del Renacimiento: Uno distinto para cada sacrificio. El último lo repetí dos veces: Era aquel divino soneto que evoca la figura de un centauro, sin cuerpo de corcel y con dos cabezas. Después nos dormimos.

La Niña Chole se levantó al amanecer y abrió los balcones. En la alcoba penetró un rayo de sol tan juguetón, tan vivo, tan alegre, que al verse en el espejo se deshizo en carcajadas de oro. El sinsonte agitóse dentro de su jaula y prorrumpió en gorjeos: La Niña Chole también gorjeó el estribillo de una canción fresca, como la mañana. Estaba muy bella arrebujada en aquella túnica de seda, que envolvía en una celeste diafanidad su cuerpo de diosa. Me miraba guiñando los ojos y entre borboteos de risas y canciones besaba los jazmines que se retorcían a la reja. Con el cabello destrenzándose sobre los hombros desnudos, con su boca riente y su carne morena, la Niña Chole era una tentación. Tenía despertares de aurora, alegres y triunfantes. De pronto se volvió hacia mí con un mohín delicioso:

—¡Arriba, perezoso! ¡Arriba!

Al mismo tiempo salpicábame a la cara el agua de rosas que por la noche dejara en el balcón a serenar:

—¡Arriba!... ¡Arriba!...

Me eché de la hamaca. Viéndome ya en pie, huyó velozmente alborotando la alcoba con sus trinos. Saltaba de una canción a otra, como el sinsonte los travesaños de la jaula, con gentil aturdimiento, con gozo infantil, porque el día era azul, porque el rayo de sol reía allá en el fondo encantado del espejo. Bajo los balcones resonaba la voz del caballerango que se daba prisa a embridar nuestros caballos. Las persianas caídas temblaban al soplo de matinales auras, y el jazmín de la reja, por aromarlas, sacudía su caperuza de campanillas. La Niña Chole volvió a entrar. Yo la vi en la luna del tocador, acercarse sobre la punta de sus chapines de raso, con un picaresco reír de los labios y de los dientes. Alborozada me gritó al oído:

—¡Vanidoso! ¿Para quién te acicalas?

—¡Para ti, Niña!

---

[91]escritor italiano (1492-1556), autor de obras licenciosas como los *Sonetos lujuriosos.*

—¿De veras?

Mirábame con los ojos entornados, y hundía los dedos entre mis cabellos, arremolinándomelos. Luego reía locamente y me alargaba un espolín de oro para que se lo calzase en aquel pie de reina, que no pude menos de besar. Salimos al patio, donde el indio esperaba con los caballos del diestro: Montamos y partimos. Las cumbres azules de los montes se vestían de luz bajo un sol dorado y triunfal. Volaba la brisa en desiguales ráfagas, húmedas y agrestes como aliento de arroyos y yerbazales. El alba tenía largos estremecimientos de rubia y sensual desposada. Las copas de los cedros, iluminadas por el sol naciente, eran altar donde bandadas de pájaros se casaban, besándose los picos. La Niña Chole, tan pronto ponía su caballo a galope como le dejaba mordisquear en los jarales.

Durante todo el camino no dejamos de cruzarnos con alegres cabalgatas de criollos y mulatos: Desfilaban entre nubes de polvo, al trote de gallardos potros, enjaezados a la usanza mexicana con sillas recamadas de oro y gualdrapas bordadas, deslumbrantes como capas pluviales. Sonaban los bocados y las espuelas, restallaban los látigos, y la cabalgata pasaba veloz a través de la campiña. El sol arrancaba a los arneses blondos resplandores y destellaba fugaz en los machetes pendientes de los arzones. Habían comenzado las ferias, aquellas famosas ferias de Grijalba, que se juntaban y hacían en la ciudad y en los bohíos, en las praderas verdes y en los caminos polvorientos, todo ello al acaso, sin más concierto que el deparado por la ventura. Nosotros refrenamos los caballos que relinchaban y sacudían las crines. La Niña Chole me miraba sonriendo, y me alargaba la mano para correr unidos, sin separarnos.

Saliendo de un bosque de palmeras, dimos vista a una tablada tumultuosa, impaciente con su ondular de hombres y cabalgaduras. El eco retozón de los cencerros acompañaba las apuestas y decires chalanescos, y la llanura parecía jadear ante aquel marcial y fanfarrón estrépito de trotes y de colleras, de fustas y de bocados. Desde que entramos en aquel campo, monstruosa turba de lisiados nos cercó clamorante: Ciegos y tullidos, enanos y lazarados nos acosaban, nos perseguían, rodando bajo las patas de los caballos, corriendo a rastras por el camino, entre aullidos y oraciones, con las llagas llenas de polvo, con las canillas echadas a la espalda, secas, desmedradas, horribles. Se enracimaban golpeándose en los hombros, arrancándose los chapeos, gateando la moneda que les arrojábamos al paso.

Y así, entre aquel cortejo de hampones, llegamos al jacal de un negro que era liberto. El paso de las cabalgaduras y el pedigüeño rezo de los mendigos trájole a la puerta antes que descabalgásemos: Al vernos corrió ahuyentando con el rebenque la astrosa turba, y vino a tener el estribo de la Niña Chole, besándole las manos con tantas muestras de humildad y contento cual si fuese una princesa la que llegaba. A las voces del negro acudió toda la prole. El liberto hallábase casado con una tehuana[92] que había sido doncella de la Niña Chole. La mujer levantó los brazos al encontrarse con nosotros:

—¡Virgen de mi alma! ¡Los amitos!

Y tomando de la mano a la Niña Chole, hízola entrar en el jacal:

—¡Que no me la retueste el sol, reina mía, piñoncico de oro, que viene a honrar mi pobreza!

El negro sonreía, mirándonos con sus ojos de res enferma: Ojos de una mansedumbre verdaderamente animal. Nos hicieron sentar, y ellos quedaron en pie. Se miraron, y hablando a un tiempo empezaron el relato de la misma historia:

—Un jarocho tenía dos potricas blancas. ¡Cosa más linda! Blancas como palomas. ¿Sabe? ¡Qué pintura para la volanta de la Niña!

Y aquí fue donde la Niña Chole no quiso oír más:

—¡Yo deseo verlas! ¡Deseo que me las compres!

Habíase puesto en pie, y se echaba el rebocillo apresuradamente:

—¡Vamos! ¡Vamos!

La tehuana reía maliciosamente:

—¡Cómo se conoce que su merced no le satisface ningún antojico!

Dejó de sonreír, y añadió cual si todo estuviese ya resuelto:

—El amito va con mi hombre. Para la Niña está muy calurosa la sazón.

Entonces el negro abrió la puerta, y la Niña Chole me empujó con mimos y arrumacos muy gentiles. Salí acompañado del antiguo esclavo, que, al verse fuera, empezó por suspirar y concluyó salmodiando el viejo cuento de sus tristezas. Caminaba a mi lado con la cabeza baja, siguiéndome como un perro entre la multitud, interrumpiéndose y tornando a empezar, siempre zongueando cuitas de paria y de celoso:

—¡Ella toda la vida con hombres, amito! ¡Una perdición!... ¡Y no es con blancos, niño! ¡Ay, amito no es con blancos!... A la gran chiva se le da todo por los morenos. ¡Dígame no más qué sinvergüenzada, niño!...

Su voz era lastimera, resignada, llena de penas. Verdadera voz de siervo. No le dolía el engaño por la afrenta de hacerle cornudo, sino por la baja elección que la tehuana hacía: Era celoso intermitente, como ocurre con la gente cortesana

---

[92]natural del istmo de Tehuantepec.

que medra de sus mujeres. El duque de Saint Simon[93] le hubiera loado en sus Memorias, con aquel delicado y filosófico juicio que muestra hablando de España, cuando se desvanece en un éxtasis, ante el contenido moral de estas dos palabras tan castizas: Cornudo Consentido.

De un cabo al otro recorrimos la feria. Sobre el lindar del bosque, a la sombra de los cocoteros, la gente criolla bebía y cantaba con ruidoso jaleo de brindis y palmas. Reía el vino en las copas, y la guitarra española, sultana de la fiesta, lloraba sus celos moriscos y sus amores con la blanca luna de la Alpujarra.[94] El largo lamento de las guajiras expiraba deshecho entre las herraduras de los caballos. Los asiáticos, mercaderes chinos y japoneses, pasaban estrujados en el ardiente torbellino de la feria, siempre lacios, siempre mustios, sin que un estremecimiento alegre recorriese su trenza. Amarillentos como figuras de cera, arrastraban sus chinelas entre el negro gentío, pregonando con femeniles voces abanicos de sándalo y bastones de carey. Recorrimos la feria sin dar vista por parte alguna a las tales jacas blancas. Ya nos tornábamos, cuando me sentí detenido por el brazo. Era la Niña Chole: Estaba muy pálida, y aun cuando procuraba sonreír, temblaban sus labios, y adiviné una gran turbación en sus ojos: Puso ambas manos en mis hombros y exclamó con fingida alegría:

—Oye, no quiero verte enfadado.

Colgándose de mi brazo, añadió:

—Me aburría, y he salido... A espaldas del jacal hay un reñidero de gallos. ¿No sabes? ¡Estuve allí, he jugado y he perdido!

Interrumpióse volviendo la cabeza con gracioso movimiento, y me indicó al blondo, al gigantesco adolescente, que se descoyuntó saludando:

—Este caballero tiene la honra de ser mi acreedor.

Aquellas extravagancias produjeron en mi ánimo un despecho sordo y celoso, tal, que pronuncié con altivez:

—¿Qué ha perdido esta señora?

Habíame figurado que el jugador rehusaría galantemente cobrar su deuda, y quería obligarle con mi actitud fría y desdeñosa. El bello adolescente sonrió con la mayor cortesía:

---

[93]el conde—y no el duque—de Saint Simon (1760-1825) fue un filósofo francés creador de la doctrina socialista.

[94]Las Alpujarras: comarca de España entre Granada y Almería.

—Antes de apostar, esta señora me advirtió que no tenía dinero. Entonces convinimos que cada beso suyo valía cien onzas. Tres besos ha jugado y los tres ha perdido.

Yo me sentí palidecer. Pero cuál no sería mi asombro al ver que la Niña Chole, retorciéndose las manos, pálida, casi trágica, se adelantaba exclamando:

—¡Yo pagaré! ¡Yo pagaré!

La detuve con un gesto, y enfrentándome con el hermoso adolescente, le grité restallando las palabras como latigazos:

—Esta mujer es mía, y su deuda también.

Y me alejé, arrastrando a la Niña Chole. Anduvimos algún tiempo en silencio: De pronto, ella, oprimiéndome el brazo, murmuró en voz muy queda:

—¡Oh, qué gran señor eres!

Yo no contesté. La Niña Chole empezó a llorar en silencio, apoyó la cabeza en mi hombro, y exclamó con un sollozo de pasión infinita:

—¡Dios mío! ¡Qué no haría yo por ti!...

Sentadas a las puertas de los jacales, indias andrajosas, adornadas con amuletos y sartas de corales, vendían plátanos y cocos. Eran viejas de treinta años, arrugadas y caducas, con esa fealdad quimérica de los ídolos. Su espalda lustrosa brillaba al sol, sus senos negros y colgantes recordaban las orgías de las brujas y de los trasgos. Acurrucadas al borde del camino, como si tiritasen bajo aquel sol ardiente, medio desnudas, desgreñadas, arrojando maldiciones sobre la multitud, parecían sibilas de algún antiguo culto lúbrico y sangriento. Sus críos tiznados y esbeltos como diablos, acechaban por los resquicios de las barracas, y huroneando se metían bajo los toldos de lona, donde tocaban organillos dislocados. Mulatas y jarochos ejecutaban aquellas extrañas danzas voluptuosas que los esclavos trajeron del Africa, y el zagalejo de colores vivos flameaba en los quiebros y mudanzas de los bailes sagrados con que a la sombra patriarcal del baobab eran sacrificados los cautivos.

Llegamos al jacal. Yo, ceñudo y de mal talante, me arrojé sobre la hamaca, y con grandes voces mandé a los caballerangos que ensillasen para partir inmediatamente. La sombra negruzca de un indio asomó en la puerta:

—Señor, el ruano que montaba la Niña tiene desenclavada una herradura... ¿Se la enclavo, señor?

Me incorporé en la hamaca con tal violencia, que el indio retrocedió asustado. Volviendo a tenderme le grité:

—¡Date prisa, con mil demonios, Cuactemocín!

La Niña Chole me miró pálida y suplicante:

—No grites. ¡Si supieses cómo me asustas!...

Yo cerré los ojos sin contestar, y hubo un largo silencio en el interior oscuro y caluroso del jacal. El negro iba y venía con tácitas pisadas, regando el suelo alfombrado de yerba. Fuera se oía el piafar de los caballos y las voces de los indios, que al embridarlos, les hablaban. En el hueco luminoso de la puerta, las moscas del ganado zumbaban su monótona canción estival. La Niña Chole se levantó y vino a mi lado. Silenciosa y suspirante me acarició la frente con dedos de hada: Después me dijo:

—¡Oh!... ¿Serías capaz de matarme si el ruso fuese un hombre?

—No...

—¿De matarlo a él?

—Tampoco.

—¿No harías nada?

—Nada.

—¿Es que me desprecias?

—Es que no eres la Marquesa de Bradomín.

Quedó un momento indecisa, con los labios trémulos. Yo cerré los ojos y esperé sus lágrimas, sus quejas, sus denuestos, pero la Niña Chole guardó silencio, y continuó acariciando mis cabellos como una esclava sumisa. Al cabo sus dedos de hada borraron mi ceño, y me sentí dispuesto a perdonar. Yo sabía que el pecado de la Niña Chole era el eterno pecado femenino, y mi alma enamorada no podía menos de inclinarse a la indulgencia. Sin duda la Niña Chole era curiosa y perversa como aquella mujer de Lot[95] convertida en estatua de sal, pero, al cabo de los siglos, también la justicia divina se muestra mucho más clemente que antaño con las mujeres de los hombres. Sin darme cuenta caí en la tentación de admirar como una gloria linajuda, aquel remoto abolengo envuelto en una leyenda bíblica, y juzgando indudable que el alto cielo perdonaba a la Niña Chole, entendí que no podía menos de hacer lo mismo el Marqués de Bradomín. Libre el corazón de todo rencor, abrí los ojos bajo el suave cosquilleo de aquellos dedos invisibles, y murmuré sonriente:

—Niña, no sé qué bebedizo me has dado que todo lo olvido...

Ella repuso, al mismo tiempo que sus mejillas se teñían de rosa:

—Es porque no soy la Marquesa de Bradomín.

Y calló, tal vez esperando una disculpa amante, pero yo preferí guardar silencio, y juzgué que era bastante desagravio besar su mano. Ella la retiró esquiva, y, en un silencio lento, sus hermosos ojos de princesa oriental se arrasaron de lágrimas. Felizmente no rodaban aún por sus mejillas, cuando el indio reapa-

---

[95]patriarca bíblico, sobrino de Abraham.

reció en la puerta trayendo nuestros caballos del diestro, y pude salir del jacal como si nada de aquel dolor hubiese visto. Cuando la Niña Chole asomó en la puerta, ya parecía serena. Le tuve el estribo para que montase, y un instante después, con alegre y trotante fanfarria, atravesamos el real.

Un jinete cruzó por delante de nosotros caracoleando su caballo, y me pareció que la Niña Chole palidecía al verle y se tapaba con el rebocillo. Yo simulé no advertirlo, y nada dije, huyendo de mostrarme celoso. Después, cuando salíamos al rojo y polvoriento camino, divisé otros jinetes apostados lejos en lo alto de una loma: Y como si allí estuviesen en espera nuestra, bajaron al galope cuando pasamos faldeándola. Apenas lo advertí me detuve, y mandé detener a mi gente. El que venía al frente del otro bando daba fieras voces y corría con las espuelas puestas en los ijares. La Niña Chole, al reconocerle, lanzó un grito y se arrojó a tierra, implorando perdón con los brazos abiertos:

—¡Vuelven a verte mis ojos!... ¡Mátame, aquí me tienes! ¡Mi rey! ¡Mi rey querido!...

El jinete levantó de manos su caballo con amenazador continente, y quiso venir sobre mí. La Niña Chole lo estorbó asiéndose a las riendas desolada y trágica:

—¡Su vida, no! ¡Su vida, no!

Al ver aquella postrera muestra de amor me sentí conmovido. Yo estaba a la cabeza de mi gente que parecía temerosa, y el jinete, alzado en los estribos, la contó con sus ojos fieros, que acabaron lanzándome una mirada sañuda. Juraría que también tuvo miedo: Sin desplegar los labios alzó el látigo sobre la Niña Chole, y le cruzó el rostro. Ella todavía gimió:

—¡Mi rey!... ¡Mi rey querido!...

El jinete se dobló sobre el arzón donde asomaban las pistolas, y rudo y fiero la alzó del suelo asentándola en la silla. Después, como un raptor de los tiempos heroicos huyó lanzándome terribles denuestos. Pálido y mudo vi cómo se la llevaba: Hubiera podido rescatarla, y, sin embargo, no lo hice. Yo había sido otras veces un gran pecador, pero entonces al adivinar quién era aquel hombre sentíame arrepentido. La Niña Chole, por hija y por esposa, pertenecía al fiero mexicano, y mi corazón se humillaba resignado acatando aquellas dos sagradas potestades. Desengañado para siempre del amor y del mundo, hinqué las espuelas al caballo y galopé hacia los llanos solitarios del Tixul, seguido de mi gente que se hablaba en voz baja comentando el suceso. Todos aquellos indios hubieran seguido de buen grado al raptor de la Niña Chole. Parecían fascinados, como ella, por el látigo del general Diego Bermúdez. Yo sentía una fiera y dolorosa altivez al dominarme. Mis enemigos, los que osan acusarme de todos los crímenes, no podrán acusarme de haber reñido por una mujer. Nunca como entonces he sido fiel a mi divisa: Despreciar a los demás y no amarse a sí mismo.

Encorvados bajo aquel sol ardiente, abandonadas las riendas sobre el cuello de los caballos, silenciosos, fatigados y sedientos cruzábamos la arenosa sabana, viendo eternamente en la lejanía el lago del Tixul, que ondulaba con movimiento perezoso y fresco, mojando la cabellera de los mimbrales que se reflejaban en el fondo de los remansos encantados... Atravesábamos las grandes dunas, parajes yermos sin brisas ni murmullos. Sobre la arena caliente se paseaban los lagartos con caduca y temblona beatitud de faquires centenarios, y el sol caía implacable requemando la tierra estéril que parecía sufrir el castigo de algún oscuro crimen geológico. Nuestros caballos, extenuados por jornada tan penosa, alargaban el cuello, que se bajaba y se tendía en un vaivén de sopor y de cansancio: Con los ijares fláccidos y ensangrentados, adelantaban trabajosamente enterrando los cascos en la arena negra y movediza. Durante horas y horas, los ojos se fatigaban contemplando un horizonte blanquecino y calcinado. La angustia del mareo pesaba en los párpados, que se cerraban con modorra para abrirse después de un instante sobre las mismas lejanías muertas y olvidadas...

Hicimos un largo día de cabalgata a través de negros arenales, y tal era mi fatiga y tal mi adormecimiento, que para espolear el caballo necesitaba hacer ánimos. Apenas si podía tenerme sobre la montura. Como en una expiación dantesca, veía a lo lejos el verdeante lago del Tixul, donde esperaba hacer un alto. Era ya mediada la tarde, y los rayos del sol dejaban en las aguas una estela de oro cual si acabase de surcarlas el bajel de las hadas... Aún nos hallábamos a larga distancia, cuando advertimos el almizclado olor de los cocodrilos aletargados fuera del agua, en la playa cenagosa. La inquietud de mi caballo, que temblaba levantando las orejas y sacudiendo la crin, me hizo enderezar en la silla, afirmarme y recobrar las riendas que llevaba sueltas sobre el borrén. Como la proximidad de los caimanes le asustaba y el miedo dábale bríos para retroceder piafante, hube de castigarle con la espuela, y le puse al galope. Toda la escolta me siguió. Cuando estuvimos cerca, los cocodrilos entraron perezosamente en el agua. Nosotros bajamos en tropel hasta la playa. Algunos pájaros de largas alas, que hacían nido en la junquera, levantaron el vuelo asustados por la zalagarda[96] de los criados, que entraban en el agua cabalgando, metiéndose hasta más arriba de la cincha. En la otra orilla un cocodrilo permaneció aletargado sobre la ciéna-

---

[96]alegría bulliciosa.

ga con las fauces abiertas, con los ojos vueltos hacia el sol, inmóvil, monstruoso, indiferente, como una divinidad antigua.

Vino presuroso mi caballerango a temerme el estribo, pero yo rehusé apearme. Había cambiado de propósito, y quería vadear el Tixul sin darle descanso a las cabalgaduras, pues ya la noche se nos echaba encima. Atentos a mi deseo los indios que venían en la escolta, magníficos jinetes todos ellos, metiéronse resueltamente lago adelante: Con sus picas de boyeros tanteaban el vado. Grandes y extrañas flores temblaban sobre el terso cristal entre verdosas y repugnantes algas. Los jinetes, silenciosos y casi desnudos, avanzaban al paso con suma cautela: Era un tropel de negros centauros. A lo lejos cruzaban por delante de los caballos islas flotantes de gigantescas ninfeas, y vivaces lagartos saltaban de unas en otras como duendes enredadores y burlescos. Aquellas islas floridas se deslizaban bajo alegre palio de mariposas, como en un lago de ensueño, lenta, lentamente, casi ocultas por el revoloteo de las alas blancas y azules bordadas de oro. El lago del Tixul parecía uno de esos jardines como sólo existen en los cuentos. Cuando yo era niño, me adormecían refiriéndome la historia de un jardín así... ¡También estaba sobre un lago, una hechicera lo habitaba, y en las flores pérfidas y quiméricas, rubias princesas y rubios príncipes tenían encantamento!...

Ya el tropel de centauros nadaba por el centro del Tixul, cuando un cocodrilo que en la otra orilla parecía sumido en éxtasis, entró lentamente en el agua y desapareció... No quise hacer más larga espera en la playa, y halagando el cuello de mi caballo, le fui metiendo en la laguna paso a paso. Cuando tuvo el agua a la cincha comenzó a nadar, y casi al mismo tiempo me reconocí cercado por un copo fantástico de ojos redondos, amarillentos, nebulosos que aparecían solos a flor de agua... ¡Aquellos ojos me miraban, estaban fijos en mí!... Confieso que en tal momento sentí el frío y el estremecimiento del miedo. El sol hallábase en el ocaso, y como yo lo llevaba de frente, me hería y casi me cegaba, de suerte que para esquivarle érame forzoso contemplar las mudas ondas del Tixul, aun cuando me daba vértigo aquel misterio de los caimanes para no dejar fuera del agua más que los ojos monstruosos, ojos sin párpados, que unas veces giran en todos sentidos y otras se fijan con una mirada estacionaria... Hasta que el caballo volvió a cobrar tierra bajo el casco, lanzándose seguro hacia la orilla, no respiré sin zozobra. Mi gente esperaba tendida a lo largo, corriendo y caracoleando. Nos reunimos y continuamos la ruta a través de los negros arenales.

Se puso el sol entre presagios de tormenta. El terral soplaba con furia, removiendo y aventando las arenas, como si quisiese tomar posesión de aquel páramo inmenso todo el día aletargado por el calor. Espoleamos los caballos y corrimos contra el viento y el polvo. Ante nosotros se extendían las dunas en la indecisión del crepúsculo desolado y triste, agitado por las ráfagas apocalípticas de un ciclón. Casi rasando la tierra pasaban bandadas de buitres con revoloteo tardo, fatigado e incierto. Cerró la noche, y a lo lejos vimos llamear muchas hogueras. De tiempo en tiempo un relámpago rasgaba el horizonte y las dunas aparecían solitarias y lívidas. Empezaron a caer gruesas gotas de agua. Los caballos sacudían las orejas y temblaban como calenturientos. Las hogueras, atormentadas por el huracán, se agitaban de improviso o menguaban hasta desaparecer. Los relámpagos, cada vez más frecuentes, dejaban en los ojos la visión temblona y fugaz del paraje inhóspito. Nuestros caballos, con las crines al viento, lanzaban relinchos de espanto y procuraban orientarse, buscándose en la oscuridad de la noche bajo el aguacero. La luz caótica de los relámpagos, daba a la yerma vastedad el aspecto de esos parajes quiméricos de las leyendas penitentes: Desiertos de cenizas y arenales sin fin que rodean el Infierno.

Guiándonos por las hogueras, llegamos a un gran raso de hierba donde cabeceaban, sacudidos por el viento, algunos cocoteros desgreñados, enanos y salvajes. El aguacero había cesado repentinamente y la tormenta parecía ya muy lejana. Dos o tres perros salieron ladrando a nuestro encuentro, y en la lejanía otros ladridos respondieron a los suyos. Vimos en torno de la lumbre agitarse y vagar figuras de mal agüero: Rostros negros y dientes blancos que las llamas iluminaban. Nos hallábamos en un campo de jarochos, mitad bandoleros y mitad pastores, que conducían numerosos rebaños a las ferias de Grijalba.

Al vernos llegar galopando en tropel, de todas partes acudían hombres negros y canes famélicos: Los hombres tenían la esbeltez que da el desierto y actitudes de reyes bárbaros, magníficas, sanguinarias... En el cielo la luna, enlutada como viuda ideal, dejaba caer la tenue sonrisa de su luz sobre la ruda y aulladora tribu. A veces entre el vigilante ladrido de los canes y el áspero vocear del pastoreo errante, percibíase el estremecimiento de las ovejas, y llegaban hasta nosotros ráfagas de establo, campesinas y robustas como un aliento de vida primitiva. Sonaban las esquilas con ingrávido campanilleo, ardían en las fogatas haces de olorosos rastrojos, y el humo subía blanco, feliz y cargado de aromas, como el humo de los rústicos y patriarcales sacrificios.

Yo veía danzar entre las lenguas de la llama una sombra femenil indecisa y desnuda: La veía, aun cerrando los ojos, con la fuerza quimérica y angustiosa que tienen los sueños de la fiebre. ¡Cuitado de mí! Era una de esas visiones místicas y carnales con que el diablo tentaba en otro tiempo a los santos ermitaños: Yo creía haber roto para siempre las redes amorosas del pecado, y el Cielo castigaba tanta arrogancia dejándome en abandono. Aquella mujer desnuda, velada por las llamas, era la Niña Chole. Tenía su sonrisa y su mirar. Mi alma empezaba a cubrirse de tristeza y a suspirar románticamente. La carne flaca se estremecía de celos y de cólera. Todo en mí clamaba por la Niña Chole. Estaba arrepentido de no haber dado muerte al incestuoso raptor, y el pensamiento de buscarle a través de la tierra mexicana se hacía doloroso: Era una culebra enroscada al corazón, que me mordía y me envenenaba. Para libertarme de aquel suplicio, llamé al indio que llevaba de guía. Acudió tiritando:

—¿Qué mandaba, señor?

—Vamos a ponernos en camino.

—Mala es la sazón, señor. Corren ahora muchas torrenteras.

Yo tuve un momento de duda:

—¿Qué distancia hay a la Hacienda de Tixul?

—Dos horas de camino, señor.

Me incorporé violentamente:

—Que ensillen.

Y esperé calentándome ante el fuego, mientras el guía llevaba la orden y se ponía la gente en traza de partir. Mi sombra bailaba con la llama de las hogueras, y alargábase fantástica sobre la tierra negra. Yo sentía dentro de mí la sensación de un misterio pavoroso y siniestro. Quizá iba a mudar de propósito cuando un tropel de indios acudió con mi caballo. A la luz de la hoguera ajustaron las cinchas y repararon las bridas. El guía, silencioso y humilde, vino a tomar el diestro. Monté y partimos.

Caminamos largo tiempo por un terreno onduloso, entre cactus gigantescos que, sacudidos por el viento, imitaban rumor de torrentes. De tiempo en tiempo la luna rasgaba los trágicos nubarrones e iluminaba nuestra marcha derramando yerta claridad. Delante de mi caballo volaba, con silencioso vuelo, un pájaro nocturno: Se posaba a corta distancia, y al acercarme agitaba las negras alas e iba a posarse más lejos lanzando un graznido plañidero que era su canto. Mi guía, supersticioso como todos los indios, creía entender en aquel grito la palabra judío, y cuando oía esta ofensa que el pájaro le lanzaba siempre al abrir las sombrías alas, replicaba gravemente:

—¡Cristiano, y muy cristiano!

Yo le interrogué:

—¿Qué pájaro es ése?

—El tapa-caminos, señor.

De esta suerte llegamos a mis dominios. La casa, mandada edificar por un virrey, tenía el aspecto señorial y campesino que tienen en España las casas de los hidalgos. Un tropel de jinetes estaba delante de la puerta. A juzgar por su atavío eran plateados. Formaban rueda, y las calabazas llenas de café corrían de mano en mano. Los chambergos bordados brillaban a la luz de la luna. En mitad del camino estaba apostado un jinete: Era viejo y avellanado: Tenía los ojos fieros y una mano cercenada. Al acercarnos nos gritó:

—¡Ténganse allá!

Yo respondí de mal talante enderezándome en la silla:

—Soy el Marqués de Bradomín.

El viejo partió al galope y reunióse con los que apuraban las calabazas de café ante la puerta. Yo distinguí claramente a la luz de la luna, cómo se volvían los unos a los otros, y cómo se hablaban tomando consejo, y cómo después recobraban las riendas y se partían. Cuando yo llegué, la puerta estaba franca y aún se oía el galope de caballos. El mayordomo que esperaba en el umbral adelantóse a recibirme, y tomando la montura del rendaje tornóse hacia la casa, gritando:

—¡Sacad acá un candil!... ¡Alumbrad la escalera!...

En lo alto de la ventana asomó la forma negra de una vieja con un velón encendido:

—¡Alabado sea Dios que le trujo[97] con bien por medio de tantos peligros!

Y para alumbrarnos mejor, encorvábase fuera de la ventana y alargaba su brazo negro, que temblaba con el velón. Entramos en el zaguán y casi al mismo tiempo reaparecía la vieja en lo alto de la escalera:

—¡Alabado sea Dios, y cómo se le conoce la mucha nobleza y generosidad de su sangre!

La vieja nos guió hasta una sala enjalbegada, que tenía todas las ventanas abiertas. Dejó el velón sobre una mesa de torneados pies, y se alejó:

—¡Alabado sea Dios, y qué juventud más galana!

Me senté, y el mayordomo quedóse a distancia contemplándome. Era un antiguo soldado de Don Carlos,[98] emigrado después de la traición de Vergara. Sus ojos negros y hundidos tenían un brillo de lágrimas. Yo le tendí la mano con familiar afecto:

—Siéntate, Brión... ¿Qué tropa era ésa?

—Plateados, señor.

—¿Son amigos tuyos?

---

[97]trajo.

[98]Carlos María Isidro de Borbón (1788-1855), hermano de Fernando VII. Se negó a reconocer a Isabel II como reina, desencadenando la primera guerra carlista (1833-40) que terminó con el convenio de Vergara. Tomó el nombre de Carlos V.

—¡Y buenos amigos!... Aquí hay que vivir como vivía en sus cortijos de Andalucía[99] mi señora la Condesa de Barbazón, abuela de vuecencia. José María[100] la respetaba como a una reina, porque tenía en mi señora su mejor madrina...

—¿Y estos cuatreros mexicanos tienen el garbo de los andaluces?

Brión bajó la voz para responder:

—Saben robar... No les impone el matar... Tienen discurso... Y con todo no llegan a los ladrones de la Andalucía. Les falta la gracia, que es al modo de la sal en la vianda. ¡Y no son los de la Andalucía más guapos en el arreo! ¡No es el arreo!

En aquel momento entró la vieja a decir que estaba dispuesta la colación. Yo me puse en pie, y ella tomó la luz de encima de la mesa para alumbrarme el camino.

Acostéme rendido, pero el recuerdo de la Niña Chole me tuvo desvelado hasta cerca del amanecer. Eran vanos todos mis esfuerzos por ahuyentarle: Revoloteaba en mi memoria, surgía entre la niebla de mis pensamientos, ingrávido, funambulesco, torturador. Muchas veces, en el vago tránsito de la vigilia al sueño, me desperté con sobresalto. Al cabo, vencido por la fatiga, caí en un sopor febril, poblado de pesadillas. De pronto abrí los ojos en la oscuridad. Con gran sorpresa mía hallábame completamente despierto. Quise conciliar otra vez el sueño, pero no pude conseguirlo. Un perro comenzó a ladrar debajo de mi ventana, y entonces recordé vagamente haber escuchado sus ladridos momentos antes, mientras dormía. Agitado por el desvelo me incorporé en las almohadas. La luz de la luna esclarecía el fondo de la estancia, porque yo había dejado abiertas las ventanas a causa del calor. Me pareció oír voces apagadas de gente que vagaba por el huerto. El perro había enmudecido, las voces se desvanecían. De nuevo quedó todo en silencio, y en medio del silencio oí el galope de un caballo que se alejaba. Me levanté para cerrar la ventana. La cancela del huerto estaba abierta, y sentí nacer una sospecha, aun cuando el camino rojo, iluminado por la luna, veíase desierto entre los susurrantes maizales. Permanecí algún tiempo en atalaya. Aquellos campos parecían muertos bajo la luz blanca de la luna: Sólo reinaba sobre ellos el viento murmurador. Sintiendo que el sueño me volvía, cerré la ventana. Sacudido por largo estremecimiento me acosté. Apenas había cerrado los ojos cuando el eco apagado de algunos escopetazos me sobre-

---

[99]actual comunidad autónoma española.

[100]José María el Tempranillo (1805-33), bandolero español.

saltó: Lejanos silbidos eran contestados por otros: Volvía a oírse el galope de un caballo. Iba a levantarme cuando quedó todo en silencio. Después, al cabo de mucho tiempo, resonaron en el huerto sordos golpes de azada, como si estuviesen cavando una cueva. Debía ser cerca del amanecer, y me dormí. Cuando el mayordomo entró a despertarme, dudaba si había soñado: Sin embargo, le interrogué:

—¿Qué batalla habéis dado esta noche? El mayordomo inclinó la cabeza tristemente:

—¡Esta noche han matado al valedor más valedor de México!

—¿Quién le mató?

—Una bala, señor.

—¿Una bala, de quién?

—Pues de algún hijo de mala madre.

—¿Ha salido mal el golpe de los plateados?

—Mal, señor.

—¿Tú llevas parte?

El mayordomo levantó hasta mí los ojos ardientes:

—Yo, jamás, señor.

La fiera arrogancia con que llevó su mano al corazón, me hizo sonreír, porque el viejo soldado de Don Carlos, con su atezada estampa y el chambergo arremangado sobre la frente, y los ojos sombríos, y el machete al costado, lo mismo parecía un hidalgo que un bandolero. Quedó un momento caviloso, y luego, manoseando la barba, me dijo:

—Sépalo vuecencia: Si tengo amistad con los plateados, es porque espero valerme de ellos... Son gente brava y me ayudarán... Desde que llegué a esta tierra tengo un pensamiento. Sépalo vuecencia: Quiero hacer Emperador a Don Carlos V.

El viejo soldado se enjugó una lágrima. Yo quedé mirándole fijamente:

—¿Y cómo le daremos un Imperio, Brión?

Las pupilas del mayordomo brillaron enfoscadas bajo las cejas grises:

—Se lo daremos, señor... Y después la Corona de España.

Volví a preguntarle con una punta de burla:

—¿Pero ese Imperio cómo se lo daremos?

—Volviéndole estas Indias.[101] Más difícil cosa fue ganarlas en los tiempos antiguos de Hernán Cortés. Yo tengo el libro de esa Historia. ¿Ya lo habrá leído vuecencia?

Los ojos del mayordomo estaban llenos de lágrimas. Un rudo temblor que no podía dominar agitaba su barba berberisca. Se asomó a la ventana, y mirando hacia el camino guardó silencio. Después suspiró:

—¡Esta noche hemos perdido al hombre que más podía ayudarnos! A la sombra de aquel cedro está enterrado.

—¿Quién era?

—El capitán de los plateados, que halló aquí vuecencia.

—¿Y sus hombres han muerto también?

—Se dispersaron. Entró en ellos el pánico. Habían secuestrado a una linda criolla, que tiene harta plata, y la dejaron desmayada en medio del camino. Yo, compadecido, la traje hasta aquí. ¡Si quiere verla vuecencia!

—¿Es linda de veras?

Como una santa.

Me levanté, y precedido de Brión, salí. La criolla estaba en el huerto, tendida en una hamaca colgada de los árboles. Algunos pequeñuelos indios, casi desnudos, se disputaban mecerla. La criolla tenía el pañuelo sobre los ojos y suspiraba. Al sentir nuestros pasos volvió lánguidamente la cabeza y lanzó un grito:

—¡Mi rey!... ¡Mi rey querido!...

Sin desplegar los labios le tendí los brazos. Yo he creído siempre que en achaques de amor todo se cifra en aquella máxima divina que nos manda olvidar las injurias.

Feliz y caprichosa me mordía las manos mandándome estar quieto. No quería que yo la tocase. Ella sola, lenta, muy lentamente desabrochó los botones de su corpiño y desentrenzó[102] el cabello ante el espejo, donde se contempló sonriendo. Parecía olvidada de mí. Cuando se halló desnuda, tornó a sonreír y a contemplarse. Semejante a una princesa oriental, ungióse con esencias. Después, envuelta en seda y encajes, tendióse en la hamaca y esperó: Los párpados entornados y palpitantes, la boca siempre sonriente, con aquella sonrisa que un poeta de hoy hubiera llamado estrofa alada de nieve y rosas. Yo, aun cuando

---

[101]Indias Occidentales fue el nombre que, por error, le dieron los españoles a América.

[102]destrenzó.

parezca extraño, no me acerqué. Gustaba la divina voluptuosidad de verla, y con la ciencia profunda, exquisita y sádica de un decadente, quería retardar todas las otras, gozarlas una a una en la quietud sagrada de aquella noche. Por el balcón abierto se alcanzaba a ver el cielo de un azul profundo apenas argentado por la luna. El céfiro nocturno traía del jardín aromas y susurros: El mensaje romántico que le daban las rosas al deshojarse. El recogimiento era amoroso y tentador. Oscilaba la luz de las bujías, y las sombras danzaban sobre los muros. Allá en el fondo tenebroso del corredor, el reloj de cuco, que acordaba el tiempo de los virreyes, dio las doce. Poco después cantó un gallo. Era la hora nupcial y augusta de la media noche. La Niña Chole murmuró a mi oído:

—¡Dime si hay nada tan dulce como esta reconciliación nuestra!

No contesté, y puse mi boca en la suya queriendo así sellarla, porque el silencio es arca santa del placer. Pero la Niña Chole tenía la costumbre de hablar en los trances supremos, y después de un momento suspiró:

—Tienes que perdonarme. Si hubiésemos estado siempre juntos, ahora no gozaríamos así. Tienes que perdonarme.

¡Aun cuando el pobre corazón sangraba un poco, yo la perdoné! Mis labios buscaron nuevamente aquellos labios crueles. Fuerza, sin embargo, es confesar que no he sido un héroe, como pudiera creerse. Aquellas palabras tenían el encanto apasionado y perverso que tienen esas bocas rampantes de voluptuosidad, que cuando besan muerden. Sofocada entre mis brazos, murmuró con desmayo:

—¡Nunca nos hemos querido así! ¡Nunca!

La gran llama de la pasión, envolviéndonos toda temblorosa en su lengua dorada, nos hacía invulnerables al cansancio, y nos daba la noble resistencia que los dioses tienen para el placer. Al contacto de la carne, florecían los besos en un mayo de amores. ¡Rosas de Alejandría, yo las deshojaba sobre sus labios! ¡Nardos de Judea, yo los deshojaba sobre sus senos! Y la Niña Chole se estremecía en delicioso éxtasis, y sus manos adquirían la divina torpeza de las manos de una virgen. Pobre Niña Chole, después de haber pecado tanto, aún no sabía que el supremo deleite sólo se encuentra tras los abandonos crueles, en las reconciliaciones cobardes. A mí me estaba reservada la gloria de enseñárselo. Yo, que en el fondo de aquellos ojos creía ver siempre el enigma oscuro de su traición, no podía ignorar cuánto cuesta acercarse a los altares de Venus Turbulenta. Desde entonces compadezco a los desgraciados que, engañados por una mujer, se consumen sin volver a besarla. Para ellos será eternamente un misterio la exaltación gloriosa de la carne.

Sonata de primavera. Sonata de estío. Memorias del Marqués de Bradomín. 15ª ed. Madrid: Espasa Calpe, 1988.

JOSÉ ORTEGA Y GASSET (1883-1955)

La deshumanización del arte

> Non creda donna Berta e ser Martino...
> *Divina commedia* (Paradiso XIII)[1]

Impopularidad del arte nuevo

Entre las muchas ideas geniales, aunque mal desarrolladas, del genial francés Guyau,[2] hay que contar su intento de estudiar el arte desde el punto de vista sociológico. Al pronto le ocurriría a uno pensar que parejo tema es estéril. Tomar el arte por el lado de sus efectos sociales se parece mucho a tomar el rábano por las hojas o a estudiar el hombre por su sombra. Los efectos sociales del arte son, a primera vista, cosa tan extrínseca, tan remota de la esencia estética, que no se ve bien cómo, partiendo de ellos, se puede penetrar en la intimidad de los estilos. Guyau, ciertamente, no extrajo de su genial intento el mejor jugo. La brevedad de su vida y aquella su trágica prisa hacia la muerte impidieron que serenase sus inspiraciones, y, dejando a un lado todo lo que es obvio y primerizo, pudiese insistir en lo más sustancial y recóndito. Puede decirse que de su libro *El arte desde el punto de vista sociológico* sólo existe el título; el resto está aún por escribir.[3]

La fecundidad de una sociología del arte me fue revelada inesperadamente cuando, hace unos años, me ocurrió un día escribir algo sobre la nueva época musical que empieza con Debussy.[4,5] Yo me proponía definir con la mayor cla-

---

[1]italiano: Que no crea doña Berta ni el señor Martino... (Dante Alighieri, *Divina comedia* [Paraíso XIII]).

[2]Jean Marie Guyau (1854-1888), filósofo francés.

[3]Jean-Marie Guyau: *L'art au point de vue sociologique*, 1889; versión española, *El arte desde el punto de vista sociológico,* Madrid, 1902. Nota del autor.

[4]Véase «Musicalia», en *El Espectador* (tomo III). Nota del autor.

ridad posible la diferencia de estilo entre la nueva música y la tradicional. El problema era rigurosamente estético, y, sin embargo, me encontré con que el camino más corto hacia él partía de un fenómeno sociológico: la impopularidad de la nueva música.

Hoy quisiera hablar más en general y referirme a todas las artes que aún tienen en Europa algún vigor; por tanto, junto a la música nueva, la nueva pintura, la nueva poesía, el nuevo teatro. Es, en verdad, sorprendente y misteriosa la compacta solidaridad consigo misma que cada época histórica mantiene en todas sus manifestaciones. Una inspiración idéntica, un mismo estilo biológico pulsa en las artes más diversas. Sin darse de ello cuenta, el músico joven aspira a realizar con sonidos exactamente los mismos valores estéticos que el pintor, el poeta y el dramaturgo, sus contemporáneos. Y esta identidad de sentido artístico había de rendir, por fuerza, idéntica consecuencia sociológica. En efecto, a la impopularidad de la nueva música responde una impopularidad de igual cariz en las demás musas. Todo el arte joven es impopular, y no por caso y accidente, sino en virtud de su destino esencial.

Se dirá que todo estilo recién llegado sufre una etapa de lazareto y se recordará la batalla de *Hernani*[6] y los demás combates acaecidos en el advenimiento del romanticismo. Sin embargo, la impopularidad del arte nuevo es de muy distinta fisonomía. Conviene distinguir entre lo que no es popular y lo que es impopular. El estilo que innova tarda algún tiempo en conquistar la popularidad; no es popular, pero tampoco impopular. El ejemplo de la irrupción romántica que suele aducirse fue, como fenómeno sociológico, perfectamente inverso del que ahora ofrece el arte. El romanticismo conquistó muy pronto al «pueblo», para el cual el viejo arte clásico no había sido nunca cosa entrañable. El enemigo con quien el romanticismo tuvo que pelear fue precisamente una minoría selecta que se había quedado anquilosada en las formas arcaicas del «antiguo régimen» poético. Las obras románticas son la primeras—desde la invención de la imprenta—que han gozado de grandes tiradas. El romanticismo ha sido por excelencia el estilo popular. Primogénito de la democracia, fue tratado con el mayor mimo por la masa.

En cambio, el arte nuevo tiene a la masa en contra suya y la tendrá siempre. Es impopular por esencia; más aún, es antipopular. Una obra cualquiera por él

---

[5]Claude Debussy (1862-1918), compositor francés de ritmo impreciso y orquestación expresiva y llena de matices dentro de una armonía impresionista.

[6]drama de Víctor Hugo cuya representación en París en febrero de 1830 señaló el triunfo clamoroso del romanticismo.

engendrada produce en el público automáticamente un curioso efecto sociológico. Lo divide en dos porciones: una, mínima, formada por reducido número de personas que le son favorables; otra, mayoritaria, innumerable, que le es hostil. (Dejemos a un lado la fauna equívoca de los *snobs*.) Actúa, pues, la obra de arte como un poder social que crea dos grupos antagónicos, que separa y selecciona en el montón informe de la muchedumbre dos castas diferentes de hombres.

¿Cuál es el principio diferenciador de estas dos castas? Toda obra de arte suscita divergencias: a unos les gusta, a otros no; a unos les gusta menos, a otros más. Esta disociación no tiene carácter orgánico, no obedece a un principio. El azar de nuestra índole individual nos colocará entre los unos y entre los otros. Pero en el caso del arte nuevo la disyunción se produce en un plano más profundo que aquel en que se mueven las variedades del gusto individual. No se trata de que a la mayoría del público *no le guste* la obra joven y a la minoría sí. Lo que sucede es que la mayoría, la masa, *no la entiende*. Las viejas coletas que asistían a la representación de *Hernani* entendían muy bien el drama de Víctor Hugo[7] y precisamente porque le entendían no les gustaba. Fieles a determinada sensibilidad estética, sentían repugnancia por los nuevos valores artísticos que el romántico les proponía.

A mi juicio, lo característico del arte nuevo, «desde el punto de vista sociológico», es que divide al público en estas dos clases de hombres: los que lo entienden y los que no lo entienden. Esto implica que los unos poseen un órgano de comprensión negado, por tanto, a los otros; que son dos variedades distintas de la especie humana. El arte nuevo, por lo visto, no es para todo el mundo, como el romántico, sino que va desde luego dirigido a una minoría especialmente dotada. Cuando a uno no le gusta una obra de arte, pero la ha comprendido, se siente superior a ella y no ha lugar a la irritación. Mas cuando el disgusto que la obra causa nace de que no se la ha entendido, queda el hombre como humillado, con una oscura conciencia de su inferioridad que necesita compensar mediante la indignada afirmación de sí mismo frente a la obra. El arte joven, con sólo presentarse, obliga al buen burgués a sentirse tal y como es: buen burgués, ente incapaz de sacramentos artísticos, ciego y sordo a toda belleza pura. Ahora bien, esto no puede hacerse impunemente después de cien años de halago omnímodo a la masa y apoteosis del «pueblo». Habituada a predominar en todo, la masa se siente ofendida en sus «derechos del hombre» por el arte nuevo, que es un arte de privilegio, de nobleza de nervios, de aristocracia instintiva. Dondequiera que las jóvenes musas se presentan la masa las cocea.

---

[7]poeta y novelista (1802-85), figura máxima del romanticismo francés.

Durante siglo y medio el «pueblo», la masa, ha pretendido ser toda la sociedad. La música de Strawinsky[8] o el drama de Pirandello[9] tienen la eficacia sociológica de obligarle a reconocerse como lo que es, como «sólo pueblo», mero ingrediente, entre otros, de la estructura social, inerte materia del proceso histórico, factor secundario del cosmos espiritual. Por otra parte, el arte joven contribuye también a que los «mejores» se conozcan y reconozcan entre el gris de la muchedumbre y aprendan su misión, que consiste en ser pocos y tener que combatir contra los muchos.

Se acerca el tiempo en que la sociedad, desde la política al arte, volverá a organizarse, según es debido en dos órdenes o rangos: el de los hombres egregios y el de los hombres vulgares. Todo el malestar de Europa vendrá a desembocar y curarse en esta nueva y salvadora escisión. La unidad indiferenciada, caótica, informe, sin arquitectura anatómica, sin disciplina regente en que se ha vivido por espacio de ciento cincuenta años no puede continuar. Bajo toda la vida contemporánea late una injusticia profunda e irritante: el falso supuesto de la igualdad real entre los hombres. Cada paso que damos entre ellos nos muestra tan evidentemente lo contrario que cada paso es un tropezón doloroso.

Si la cuestión se plantea en política, las pasiones suscitadas son tales que acaso no es aún buena hora para hacerse entender. Afortunadamente, la solidaridad del espíritu histórico a que antes aludía permite subrayar con toda claridad, serenamente, en el arte germinal de nuestra época los mismos síntomas y anuncios de reforma moral que en la política se presentan oscurecidos por las bajas pasiones.

Decía el evangelista: *Nolite fieri sicut equus et mulus quibus non est intellectus.* No seáis como el caballo y el mulo, que carecen de entendimiento. La masa cocea y no entiende. Intentemos nosotros hacer lo inverso. Extraigamos del arte joven su principio esencial y entonces veremos en qué profundo sentido es impopular.

---

[8]Igor Fedorovich Stravinsky (1882-1971), compositor estadounidense de origen ruso y nacionalizado francés, cuya producción—siempre en la búsqueda de nuevos registros sonoros—es de difícil catalogación.

[9]Luigi Pirandello (1867-1936), escritor italiano premiado con el Nobel de Literatura en 1934.

Arte artístico

Si el arte nuevo no es inteligible para todo el mundo, quiere decirse que sus resortes no son los genéricamente humanos. No es un arte para los hombres en general, sino para una clase muy particular de hombres que podrán no valer más que los otros, pero que, evidentemente, son distintos.

Hay, ante todo, una cosa que conviene precisar. ¿A qué llama la mayoría de la gente goce estético? ¿Qué acontece en su ánimo cuando una obra de arte, por ejemplo, una producción teatral, le «gusta»? La respuesta no ofrece duda: a la gente le gusta un drama cuando ha conseguido interesarse en los destinos humanos que le son propuestos. Los amores, odios, penas, alegrías de los personajes conmueven su corazón: toma parte en ellos, como si fuesen casos reales de la vida. Y dice que es «buena» la obra cuando ésta consigue producir la cantidad de ilusión necesaria para que los personajes imaginativos valgan como personas vivientes. En la lírica buscará amores y dolores del hombre que palpita bajo el poeta. En pintura sólo le atraerán los cuadros donde encuentre figuras de varones y hembras con quienes, en algún sentido, fuera interesante vivir. Un cuadro de paisaje le parecerá «bonito» cuando el paisaje real que representa merezca por su amenidad o patetismo ser visitado en una excursión.

Esto quiere decir que para la mayoría de la gente el goce estético no es una actitud espiritual diversa en esencia de la que habitualmente adopta en el resto de su vida. Sólo se distingue de ésta en calidades adjetivas: es, tal vez, menos utilitaria, más densa y sin consecuencias penosas. Pero, en definitiva, el objeto de que en el arte se ocupa, lo que sirve de término a su atención, y con ella a las demás potencias, es el mismo que en la existencia cuotidiana: figuras y pasiones humanas. Y llamará arte al conjunto de medios, por los cuales les es proporcionado ese contacto con cosas humanas interesantes. De tal suerte que sólo tolerará las formas propiamente artísticas, las irrealidades, la fantasía, en la medida en que no intercepten su percepción de las formas y peripecias humanas. Tan pronto como estos elementos puramente estéticos dominen y no pueda agarrar bien la historia de Juan y María, el público queda despistado y no sabe qué hacer delante del escenario, del libro o del cuadro. Es natural; no conoce otra actitud ante los objetos que la práctica, la que nos lleva a apasionarnos y a intervenir sentimentalmente en ellos. Una obra que no le invite a esta intervención le deja sin papel.

Ahora bien: en este punto conviene que lleguemos a una perfecta claridad. Alegrarse o sufrir con los destinos humanos que, tal vez, la obra de arte nos refiere o presenta es cosa muy diferente del verdadero goce artístico. Más aún: esa ocupación con lo humano de la obra es, en principio, incompatible con la estricta fruición estética.

Se trata de una cuestión de óptica sumamente sencilla. Para ver un objeto tenemos que acomodar de una cierta manera nuestro aparato ocular. Si nuestra acomodación visual es inadecuada no veremos el objeto o lo veremos mal. Imagínese el lector que estamos mirando un jardín al través del vidrio de una ventana. Nuestros ojos se acomodarán de suerte que el rayo de la visión penetre el vidrio, sin detenerse en él, y vaya a prenderse en las flores y frondas. Como la meta de la visión es el jardín y hasta él va lanzado el rayo visual, no veremos el vidrio, pasará nuestra mirada a su través, sin percibirlo. Cuanto más puro sea el cristal menos lo veremos. Pero luego, haciendo un esfuerzo, podemos desentendernos del jardín y, retrayendo el rayo ocular, detenerlo en el vidrio. Entonces el jardín desaparece a nuestros ojos y de él sólo vemos unas masas de color confusas que parecen pegadas al cristal. Por tanto, ver el jardín y ver el vidrio de la ventana son dos operaciones incompatibles: la una excluye a la otra y requieren acomodaciones oculares diferentes.

Del mismo modo, quien en la obra de arte busca el conmoverse con los destinos de Juan y María o de Tristán e Iseo[10] y a ellos acomoda su percepción espiritual, no verá la obra de arte. La desgracia de Tristán sólo es tal desgracia y, consecuentemente, sólo podrá conmover en la medida en que se la tome como realidad. Pero es el caso que el objeto artístico sólo es artístico en la medida en que no es real. Para poder gozar del retrato ecuestre de *Carlos V*,[11] por Tiziano,[12] es condición ineludible que no veamos allí a Carlos V en persona, auténtico y viviente, sino que, en su lugar, hemos de ver sólo un retrato, una imagen irreal, una ficción. El retratado y su retrato son dos objetos completamente distintos: o nos interesamos por el uno o por el otro. En el primer caso, «convivimos» con Carlos V; en el segundo, «contemplamos» un objeto artístico como tal.

Pues bien: la mayoría de la gente es incapaz de acomodar su atención al vidrio y transpariencia que es la obra de arte; en vez de esto, pasa al través de ella sin fijarse y va a revolcarse apasionadamente en la realidad humana que en la obra está aludida. Si se le invita a soltar esta presa y a detener la atención sobre la obra misma de arte, dirá que no ve en ella nada, porque, en efecto, no ve en ella cosas humanas, sino sólo transparencias artísticas, puras virtualidades.

---

[10]personajes de la leyenda medieval del mismo nombre, simbolizan el amor desgraciado y fatal.

[11]Carlos I de España y V de Alemania (1500-58).

[12]Tiziano Vecellio (1477-1576), pintor de la escuela veneciana. Sus retratos de Carlos V y de su esposa se encuentran entre las obras maestras del siglo XVI.

Durante el siglo XIX los artistas han procedido demasiado impuramente. Reducían a un mínimum los elementos estrictamente estéticos y hacían consistir la obra, casi por entero, en la ficción de realidades humanas. En este sentido es preciso decir que, con uno u otro cariz, todo el arte normal de la pasada centuria ha sido realista. Realistas fueron Beethoven[13] y Wagner.[14] Realista Chateaubriand[15] como Zola.[16] Romanticismo y naturalismo, vistos desde la altura de hoy, se aproximan y descubren su común raíz realista.

Productos de esta naturaleza sólo parcialmente son obras de arte, objetos artísticos. Para gozar de ellos no hace falta ese poder de acomodación a lo virtual y transparente que constituye la sensibilidad artística. Basta con poseer sensibilidad humana y dejar que en uno repercutan las angustias y alegrías del prójimo. Se comprende, pues, que el arte del siglo XIX haya sido tan popular: está hecho para la masa indiferenciada en la proporción en que no es arte, sino extracto de vida. Recuérdese que en todas las épocas que han tenido dos tipos diferentes de arte, uno para minorías y otro para la mayoría,[17] este último fue siempre realista.

No discutamos ahora si es posible este arte puro. Tal vez no lo sea; pero las razones que nos conducen a esta negación son un poco largas y difíciles. Más vale, pues, dejar intacto el tema. Además, no importa mayormente para lo que ahora hablamos. Aunque sea imposible un arte puro, no hay duda alguna de que cabe una tendencia a la purificación del arte. Esta tendencia llevará a una eliminación progresiva de los elementos humanos, demasiado humanos, que dominaban en la producción romántica y naturalista. Y en este proceso se llegará a un punto en que el contenido humano de la obra sea tan escaso que casi no se le vea. Entonces tendremos un objeto que sólo puede ser percibido por quien posea ese don peculiar de la sensibilidad artística. Sería un arte para artistas, y no para la masa de los hombres; será un arte de casta, y no demótico.

---

[13]Ludwig van Beethoven (1770-1827), compositor alemán.

[14]Richard Wagner (1813-83), compositor alemán renovador de la ópera y creador del drama musical.

[15]François René de Chateaubriand (1768-1848), escritor francés considerado uno de los iniciadores del romanticismo en su país.

[16]Émile Zola (1840-1902), novelista francés jefe de la escuela naturalista.

[17]Por ejemplo, en la Edad Media. Correspondiendo a la estructura binaria de la sociedad, dividida en dos capas: los nobles y los plebeyos, existió un arte noble que era «convencional», «idealista», esto es, artístico, y un arte popular, que era realista y satírico. Nota del autor.

He aquí por qué el arte nuevo divide al público en dos clases de individuos: los que lo entienden y los que no lo entienden; esto es, los artistas y los que no lo son. El arte nuevo es un arte artístico.

Yo no pretendo ahora ensalzar esta manera nueva de arte y menos denigrar la usada en el último siglo. Me limito a filiarlas, como hace el zoólogo con dos faunas antagónicas. El arte nuevo es un hecho universal. Desde hace veinte años, los jóvenes más alerta de dos generaciones sucesivas—en París, en Berna, en Londres, Nueva York, Roma, Madrid—se han encontrado sorprendidos por el hecho ineluctable de que el arte tradicional no les interesaba; más aún, les repugnaba. Con estos jóvenes cabe hacer una de dos cosas: o fusilarlos o esforzarse en comprenderlos. Yo he optado resueltamente por esta segunda operación. Y pronto he advertido que germina en ellos un nuevo sentido del arte, perfectamente claro, coherente y racional. Lejos de ser un capricho, significa su sentir el resultado inevitable y fecundo de toda la evolución artística anterior. Lo caprichoso, lo arbitrario y, en consecuencia, estéril, es resistirse a este nuevo estilo y obstinarse en la reclusión dentro de formas ya arcaicas, exhaustivas y periclitadas. En arte, como en moral, no depende el deber de nuestro arbitrio; hay que aceptar el imperativo de trabajo que la época nos impone. Esta docilidad a la orden del tiempo es la única probabilidad de acertar que el individuo tiene. Aun así, tal vez no consiga nada; pero es mucho más seguro su fracaso si se obstina en componer una ópera wagneriana más o una novela naturalista.

En arte es nula toda repetición. Cada estilo que aparece en la historia puede engendrar cierto número de formas diferentes dentro de un tipo genérico. Pero llega un día en que la magnífica cantera se agota. Esto ha pasado, por ejemplo, con la novela y el teatro romántico-naturalista. Es un error ingenuo creer que la esterilidad actual de ambos géneros se debe a la ausencia de talentos personales. Lo que acontece es que se han agotado las combinaciones posibles dentro de ellos. Por esta razón, debe juzgarse venturoso que coincida con este agotamiento la emergencia de una nueva sensibilidad capaz de denunciar nuevas canteras intactas.

Si se analiza el nuevo estilo se hallan en él ciertas tendencias sumamente conexas entre sí. Tiende: 1.°, a la deshumanización del arte; 2.°, a evitar las formas vivas; 3.°, a hacer que la obra de arte no sea, sino obra de arte; 4.°, a considerar el arte como juego, y nada más; 5.°, a una esencial ironía; 6.°, a eludir toda falsedad, y, por tanto, a una escrupulosa realización. En fin, 7.°, el arte, según los artistas jóvenes, es una cosa sin trascendencia alguna.

Dibujemos brevemente cada una de estas facciones del arte nuevo.

Unas gotas de fenomenología

Un hombre ilustre agoniza. Su mujer está junto al lecho. Un médico cuenta las pulsaciones del moribundo. En el fondo de la habitación hay otras dos personas: un periodista, que asiste a la escena obitual por razón de su oficio, y un pintor que el azar ha conducido allí. Esposa, médico, periodista y pintor presencian un mismo hecho. Sin embargo, este único y mismo hecho—la agonía de un hombre—se ofrece a cada uno de ellos con aspecto distinto. Tan distintos son estos aspectos, que apenas si tienen un núcleo común. La diferencia entre lo que es para la mujer transida de dolor y para el pintor que, impasible, mira la escena, es tanta, que casi fuera más exacto decir: la esposa y el pintor presencian dos hechos completamente distintos.

Resulta, pues, que una misma realidad se quiebra en muchas realidades divergentes cuando es mirada desde puntos de vista distintos. Y nos ocurre preguntarnos: ¿cuál de esas múltiples realidades es la verdadera, la auténtica? Cualquiera decisión que tomemos será arbitraria. Nuestra preferencia por una u otra sólo puede fundarse en el capricho. Todas esas realidades son equivalentes; cada una la auténtica para su congruo punto de vista. Lo único que podemos hacer es clasificar estos puntos de vista y elegir entre ellos el que prácticamente parezca más normal o más espontáneo. Así llegaremos a una noción nada absoluta, pero, al menos, práctica y normativa de realidad.

El medio más claro de diferenciar los puntos de vista de esas cuatro personas que asisten a la escena mortal consiste en medir una de sus dimensiones: la distancia espiritual en que cada uno se halla del hecho común, de la agonía. En la mujer del moribundo esta distancia es mínima, tanto que casi no existe. El suceso lamentable atormenta de tal modo su corazón, ocupa tanta porción de su alma, que se funde con su persona, o dicho en giro inverso: la mujer interviene en la escena, es un trozo de ella. Para que podamos ver algo, para que un hecho se convierta en objeto que contemplamos es menester separarlo de nosotros y que deje de formar parte viva de nuestro ser. La mujer, pues, no asiste a la escena, sino que está dentro de ella; no la contempla, sino que la vive.

El médico se encuentra ya un poco más alejado. Para él se trata de un caso profesional. No interviene en el hecho con la apasionada y cegadora angustia que inunda el alma de la pobre mujer. Sin embargo, su oficio le obliga a interesarse seriamente en lo que ocurre: lleva en ello alguna responsabilidad y acaso peligra su prestigio. Por tanto, aunque menos íntegra e íntimamente que la esposa, toma también parte en el hecho, la escena se apodera de él, le arrastra a su dramático interior prendiéndole, ya que no por su corazón, por el fragmento profesional de su persona. También él vive el triste acontecimiento aunque con emociones que no parten de su centro cordial, sino de su periferia profesional.

Al situarnos ahora en el punto de vista del reportero, advertimos que nos hemos alejado enormemente de aquella dolorosa realidad. Tanto nos hemos alejado, que hemos perdido con el hecho todo contacto sentimental. El periodista está allí como el médico, obligado por su profesión, no por espontáneo y humano impulso. Pero mientras la profesión del médico le obliga a intervenir en el suceso, la del periodista le obliga precisamente a no intervenir: debe limitarse a ver. Para él propiamente es el hecho pura escena, mero espectáculo que luego ha de relatar en las columnas del periódico. No participa sentimentalmente en lo que allí acaece, se halla espiritualmente exento y fuera del suceso; no lo vive, sino que lo contempla. Sin embargo, lo contempla con la preocupación de tener que referirlo luego a sus lectores. Quisiera interesar a éstos, conmoverlos, y, si fuese posible, conseguir que todos los suscriptores derramen lágrimas, como si fuesen transitorios parientes del moribundo. En la escuela había leído la receta de Horacio:[18] *Si vis me flere, dolendum est primum ipsi tibi.*[19]

Dócil a Horacio, el periodista procura fingir emoción para alimentar con ella su literatura. Y resulta que, aunque no «vive» la escena, «finge» vivirla.

Por último, el pintor, indiferente, no hace otra cosa que poner los ojos en *coulisse.*[20] Le trae sin cuidado cuanto pasa allí; está, como suele decirse, a cien mil leguas del suceso. Su actitud es puramente contemplativa y aun cabe decir que no lo contempla en su integridad; el doloroso sentido interno del hecho queda fuera de su percepción. Sólo atiende a lo exterior, a las luces y las sombras, a los valores cromáticos. En el pintor hemos llegado al máximum de distancia y al mínimum de intervención sentimental.

La pesadumbre inevitable de este análisis quedaría compensada si nos permitiese hablar con claridad de una escala de distancias espirituales entre la realidad y nosotros. En esa escala los grados de proximidad equivalen a grados de participación sentimental en los hechos; los grados de alejamiento, por el contrario, significan grados de liberación en que objetivamos el suceso real, convirtiéndolo en puro tema de contemplación. Situados en uno de los extremos, nos encontramos con un aspecto del mundo—personas, cosas, situaciones—que es la

---

[18]Quinto Horacio Flaco (65-8 a.C.), poeta latino.

[19]si mi lamento pretendes, estar doliente es lo primero para ti mismo (en latín).

[20]del francés, ranura o corredera. En este caso significa "de reojo".

realidad «vivida»; desde el otro extremo, en cambio, vemos todo en su aspecto de realidad «contemplada».

Al llegar aquí tenemos que hacer una advertencia esencial para la estética, sin la cual no es fácil penetrar en la fisiología del arte, lo mismo viejo que nuevo. Entre estos diversos aspectos de la realidad que corresponde a los varios puntos de vista, hay uno de que derivan todos los demás y en todos los demás va supuesto. Es el de la realidad vivida. Si no hubiese alguien que viviese en pura entrega y frenesí la agonía de un hombre, el médico no se preocuparía por ella, los lectores no entenderían los gestos patéticos del periodista que describe el suceso y el cuadro en que el pintor representa un hombre en el lecho rodeado de figuras dolientes nos sería ininteligible. Lo mismo podríamos decir de cualquier otro objeto, sea persona o cosa. La forma primigenia de una manzana es la que ésta posee cuando nos disponemos a comérnosla. En todas las demás formas posibles que adopte—por ejemplo, la que un artista de 1600 le ha dado, combinándola en un barroco ornamento, la que presenta en un bodegón de Cézanne[21] o en la metáfora elemental que hace de ella una mejilla de moza—conserva más o menos aquel aspecto originario. Un cuadro, una poesía donde no quedase resto alguno de las formas vividas serían ininteligibles, es decir, no serían nada, como nada sería un discurso donde a cada palabra se le hubiese extirpado su significación habitual.

Quiere decir esto que en la escala de las realidades corresponde a la realidad vivida una peculiar primacía que nos obliga a considerarla como «la» realidad por excelencia. En vez de realidad vivida, podríamos decir realidad humana. El pintor que presencia impasible la escena de agonía parece «inhumano». Digamos, pues, que el punto de vista humano es aquel en que «vivimos» las situaciones, las personas, las cosas. Y, viceversa, son humanas todas las realidades—mujer, paisaje, peripecia—cuando ofrecen el aspecto bajo el cual suelen ser vividas.

Un ejemplo, cuya importancia advertirá el lector más adelante: entre las realidades que integran el mundo se hallan nuestras ideas. Las usamos «humanamente» cuando con ellas pensamos las cosas, es decir, que al pensar en Napoleón,[22] lo normal es que atendamos exclusivamente al grande hombre así llamado. En cambio, el psicólogo, adoptando un punto de vista anormal, «inhumano», se desentiende de Napoleón y, mirando a su propio interés, procura analizar su idea de Napoléon como tal idea. Se trata, pues, de una perspectiva opuesta a la que usamos en la vida espontánea. En vez de ser la idea instrumento con que

---

[21]Paul Cézanne (1839-1906), pintor impresionista francés.

[22]Napoleón I Bonaparte (1769-1821), emperador de Francia.

pensamos un objeto, la hacemos a ella objeto y término de nuestro pensamiento. Ya veremos el uso inesperado que el arte nuevo hace de esta inversión inhumana.

Comienza la deshumanización del arte

Con rapidez vertiginosa el arte joven se ha disociado en una muchedumbre de direcciones e intentos divergentes. Nada es más fácil que subrayar las diferencias entre unas producciones y otras. Pero esta acentuación de lo diferencial y específico resultará vacía si antes no se determina el fondo común que variamente, a veces contradictoriamente, en todas se afirma. Ya enseñaba nuestro buen viejo Aristóteles[23] que las cosas diferentes se diferencian en lo que se asemejan, es decir, en cierto carácter común. Porque los cuerpos tienen todos color, advertimos que los unos tienen color diferente de los otros. Las especies son precisamente especificaciones de un género y sólo las entendemos cuando las vemos modular en formas diversas su común patrimonio.

Las diferencias particulares del arte joven me interesan mediocremente, y salvando algunas excepciones, me interesa todavía menos cada obra en singular. Pero a su vez, esta valoración mía de los nuevos productos artísticos no debe interesar a nadie. Los escritores que reducen su inspiración a expresar su estima o desestima por las obras de arte no debían escribir. No sirven para este arduo menester. Como *Clarín*[24] decía de unos torpes dramaturgos, fuera mejor que dedicasen su esfuerzo a otras faenas: por ejemplo, a fundar una familia. ¿Que la tienen? Pues que funden otra.

Lo importante es que existe en el mundo el hecho indubitable de una nueva sensibilidad estética.[25] Frente a la pluralidad de direcciones especiales y de obras individuales, esa sensibilidad representa lo genérico y como el manantial de aquéllas. Esto es lo que parece de algún interés definir.

---

[23]filósofo griego (384-322 a.C.), discípulo de Platón y creador de la metafísica y la lógica.

[24]seudónimo de Leopoldo Alas (1852-1901), novelista, crítico y cuentista español. Véase la selección de sus textos en esta antología.

[25]Esta nueva sensibilidad no se da sólo en los creadores de arte sino también en gente que es sólo público. Cuando he dicho que el arte nuevo es un arte para artistas, entendía por tales no sólo los que producen este arte, sino los que tienen la capacidad de percibir valores puramente artísticos. Nota del autor.

Y buscando la nota más genérica y característica de la nueva producción encuentro la tendencia a deshumanizar el arte. El párrafo anterior proporciona a esta fórmula cierta precisión.

Si al comparar un cuadro a la manera nueva con otros de 1860 seguimos el orden más sencillo, empezaremos por confrontar los objetos que en uno y otro están representados, tal vez un hombre, una casa, una montaña. Pronto se advierte que el artista de 1860 se ha propuesto ante todo que los objetos en su cuadro tengan el mismo aire y aspecto que tienen fuera de él, cuando forman parte de la realidad vivida o humana. Es posible que, además de esto, el artista de 1860 se proponga muchas otras complicaciones estéticas, pero lo importante es notar que ha comenzado por asegurar ese parecido. Hombre, casa, montaña son, al punto, reconocidos: son nuestros viejos amigos habituales. Por el contrario, en el cuadro reciente nos cuesta trabajo reconocerlos. El espectador piensa que tal vez el pintor no ha sabido conseguir el parecido. Mas también el cuadro de 1860 puede estar «mal pintado», es decir, que entre los objetos del cuadro y esos mismos objetos fuera de él exista una gran distancia, una importante divergencia. Sin embargo, cualquiera que sea la distancia, los errores del artista tradicional señalan hacia el objeto «humano», son caídas en el camino hacia él y equivalen al «Esto es un gallo» con que el Orbaneja[26] cervantino orientaba a su público. En el cuadro reciente acaece todo lo contrario: no es que el pintor yerre y que sus desviaciones del «natural» (natural = humano) no alcancen a éste, es que señalan hacia un camino opuesto al que puede conducirnos hasta el objeto humano.

Lejos de ir el pintor más o menos torpemente hacia la realidad, se ve que ha ido contra ella. Se ha propuesto denodadamente deformarla, romper su aspecto humano, deshumanizarla. Con las cosas representadas en el cuadro tradicional podríamos ilusoriamente convivir. De la *Gioconda*[27] se han enamorado muchos ingleses. Con las cosas representadas en el cuadro nuevo es imposible la convivencia: al extirparles su aspecto de realidad vivida, el pintor ha cortado el puente y quemado las naves que podían transportarnos a nuestro mundo habitual. Nos deja encerrados en un universo abstruso, nos fuerza a tratar con objetos con los que no cabe tratar humanamente. Tenemos, pues, que improvisar otra forma de trato por completo distinto del usual vivir las cosas; hemos de crear e inventar

---

[26]pintor español del siglo XVI que aparece en la primera parte del *Quijote* de Cervantes como ejemplo de pintor detestable.

[27]retrato pintado por Leonardo da Vinci entre 1502-6, que se supone pertenece a Mona Lisa, mujer del florentino Francesco del Giocondo.

actos inéditos que sean adecuados a aquellas figuras insólitas. Esta nueva vida, esta vida inventada previa anulación de la espontánea, es precisamente la comprensión y el goce artísticos. No faltan en ella sentimientos y pasiones, pero evidentemente estas pasiones y sentimientos pertenecen a una flora psíquica muy distinta de la que cubre los paisajes de nuestra vida primaria y humana. Son emociones secundarias que en nuestro artista interior provocan esos ultra-objetos.[28] Son sentimientos específicamente estéticos.

Se dirá que para tal resultado fuera más simple prescindir totalmente de esas formas humanas—hombre, casa, montaña—y construir figuras del todo originales. Pero esto es, en primer lugar, impracticable.[29] Tal vez en la más abstracta línea ornamental vibra larvada una tenaz reminiscencia de ciertas formas «naturales». En segundo lugar—y esta es la razón más importante—, el arte de que hablamos no es sólo inhumano por no contener cosas humanas, sino que consiste activamente en esa operación de deshumanizar. En su fuga de lo humano no le importa tanto el término *ad quem*,[30] la fauna heteróclita a que llega, como el término *a quo*,[31] el aspecto humano que destruye. No se trata de pintar algo que sea por completo distinto de un hombre, o casa, o montaña, sino de pintar un hombre que se parezca lo menos posible a un hombre, una casa que conserve de tal lo estrictamente necesario para que asistamos a su metamorfosis, un cono que ha salido milagrosamente de lo que era antes una montaña, como la serpiente sale de su camisa. El placer estético para el artista nuevo emana de ese triunfo sobre lo humano; por eso es preciso concretar la victoria y presentar en cada caso la víctima estrangulada.

Cree el vulgo que es cosa fácil huir de la realidad, cuando es lo más difícil del mundo. Es fácil decir o pintar una cosa que carezca por completo de sentido, que sea ininteligible o nula: bastará con enfilar palabras sin nexo,[32] o trazar

---

[28]El «ultraísmo» es uno de los nombres más certeros que se han forjado para denominar la nueva sensibilidad. Nota del autor.

[29]Un ensayo se ha hecho en este sentido extremo (ciertas obras de Picasso), pero con ejemplar fracaso. Nota del autor.

[30]hacia quién (en latín).

[31]con respecto a qué (en latín).

[32]Que es lo que ha hecho la broma dadaísta. Puede irse advirtiendo cómo las mismas extravagancias y fallidos intentos del arte nuevo se derivan con cierta lógica de su principio orgánico. Lo cual demuestra *ex abundantia* que se trata, en efecto, de un movimiento unitario y lleno de sentido. Nota del autor.

rayas al azar. Pero lograr construir algo que no sea copia de lo «natural» y que, sin embargo, posea alguna substantividad, implica el don más sublime. La «realidad» acecha constantemente al artista para impedir su evasión. ¡Cuánta astucia supone la fuga genial! Ha de ser un Ulises[33] al revés, que se liberta de su Penélope[34] cuotidiana y entre escollos navega hacia el brujerío de Circe.[35] Cuando logra escapar un momento a la perpetua asechanza no llevemos a mal en el artista un gesto de soberbia, un breve gesto a lo san Jorge,[36] con el dragón yugulado a los pies.

Invitación a comprender

En la obra de arte preferida por el último siglo hay siempre un núcleo de realidad vivida que viene a ser como sustancia del cuerpo estético. Sobre ella opera el arte y su operación se reduce a pulir ese núcleo humano, a darle barniz, brillo, compostura o reverberación. Para la mayor parte de la gente tal estructura de la obra de arte es la más natural, es la única posible. El arte es reflejo de la vida, es la naturaleza vista al través de un temperamento, es la representación de lo humano, etc. Pero es el caso que con no menor convicción los jóvenes sostienen lo contrario. ¿Por qué han de tener siempre hoy razón los viejos contra los jóvenes, siendo así que el mañana da siempre la razón a los jóvenes contra los viejos? Sobre todo, no conviene indignarse ni gritar. *Dove si grida non è vera scienza,*[37] decía Leonardo de Vinci;[38] *Neque lugere neque indignari, sed intelligere,*[39] recomendaba Spinoza.[40] Nuestras convicciones más arraigadas, más

---

[33]rey legendario de Itaca, esposo de Penélope, que tomó parte en la guerra de Troya. Las aventuras del regreso a su patria se relatan en la *Odisea* de Homero.

[34]en la mitología, esposa de Ulises. Cuando éste marchó a la guerra de Troya, ella supo guardarle fidelidad durante más de veinte años.

[35]hechicera legendaria griega. Ulises estuvo unido a ella y de dicha unión nació Telégono.

[36]mártir cristiano. Se le representa en combate contra un dragón para salvar a una princesa.

[37]donde se grita no hay verdadera ciencia (en italiano).

[38]pintor, escultor, ingeniero e inventor italiano (1452-1519).

[39]ni estar triste ni estar enfadado, sino ser inteligente (en latín).

indubitables son las más sospechosas. Ellas constituyen nuestro límite, nuestros confines, nuestra prisión. Poca cosa es la vida si no piafa en ella un afán formidable de ampliar sus fronteras. Se vive en la proporción en que se ansía vivir más. Toda obstinación en mantenernos dentro de nuestro horizonte habitual significa debilidad, decadencia de las energías vitales. El horizonte es una línea biológica, un órgano viviente de nuestro ser; mientras gozamos de plenitud el horizonte emigra, se dilata, ondula elástico casi al compás de nuestra respiración. En cambio, cuando el horizonte se fija es que se ha anquilosado y que nosotros ingresamos en la vejez.

No es tan evidente como suponen los académicos que la obra de arte haya de consistir, por fuerza, en un núcleo humano que las musas peinan y pulimentan. Esto es, por lo pronto, reducir el arte a la sola cosmética. Ya he indicado antes que la percepción de la realidad vivida y la percepción de la forma artística son, en principio, incompatibles por requerir una acomodación diferente en nuestro aparato perceptor. Un arte que nos proponga esa doble mirada será un arte bizco. El siglo XIX ha bizqueado sobremanera; por eso sus productos artísticos, lejos de representar un tipo normal de arte, son tal vez la máxima anomalía en la historia del gusto. Todas las grandes épocas del arte han evitado que la obra tenga en lo humano su centro de gravedad. Y ese imperativo de exclusivo realismo que ha gobernado la sensibilidad de la pasada centuria significa precisamente una monstruosidad sin ejemplo en la evolución estética. De donde resulta que la nueva inspiración, en apariencia tan extravagante, vuelve a tocar, cuando menos en un punto, el camino real del arte. Porque este camino se llama «voluntad de estilo». Ahora bien: estilizar es deformar lo real, desrealizar. Estilización implica deshumanización. Y viceversa, no hay otra manera de deshumanizar que estilizar. El realismo, en cambio, invitando al artista a seguir dócilmente la forma de las cosas, le invita a no tener estilo. Por eso el entusiasta de Zurbarán,[41] no sabiendo qué decir, dice que sus cuadros tienen «carácter», como tienen carácter y no

---

[40]filósofo holandés de origen judeo-español (1632-77).

[41]Francisco de Zurbarán y Salazar (1598-1664), pintor español cuyos cuadros reflejan una objetividad naturalista.

estilo Lucas o Sorolla, Dickens o Galdós.[42] En cambio, el siglo XVIII, que tiene tan poco carácter, posee a saturación un estilo.

Sigue la deshumanización

La gente nueva ha declarado tabú toda injerencia de lo humano en el arte. Ahora bien: lo humano, el repertorio de elementos que integran nuestro mundo habitual posee una jerarquía de tres rangos. Hay primero el orden de las personas, hay luego el de los seres vivos, hay, en fin, las cosas inorgánicas. Pues bien: el veto del arte nuevo se ejerce con una energía proporcional a la altura jerárquica del objeto. Lo personal, por ser lo más humano de lo humano, es lo que más evita el arte joven.

Esto se advierte muy claramente en la música y la poesía.

Desde Beethoven a Wagner el tema de la música fue la expresión de sentimientos personales. El artista mélico componía grandes edificios sonoros para alojar en ellos su autobiografía. Más o menos era el arte confesión. No había otra manera de goce estético que la contaminación. «En la música—decía aún Nietzsche[43]—las pasiones gozan de sí mismas.» Wagner inyecta en el «Tristán» su adulterio con la Wesendonk y no nos queda otro remedio, si queremos complacernos en su obra, que volvernos durante un par de horas vagamente adúlteros. Aquella música nos compunge, y para gozar de ella tenemos que llorar, angustiarnos o derretirnos en una voluptuosidad espasmódica. De Beethoven a Wagner toda la música es melodrama.

Eso es una deslealtad diría un artista actual. Eso es prevalecerse de una notable debilidad que hay en el hombre, por la cual suele contagiarse del dolor o alegría del prójimo. Este contagio no es de orden espiritual, es una repercusión mecánica, como la dentera que produce el roce de un cuchillo sobre un cristal. Se trata de un efecto automático, nada más. No vale confundir las cosquillas con

---

[42]Todos ellos son pintores y escritores de carácter realista o regionalista. Eugenio Lucas Padilla (1824-70), pintor español de tendencia costumbrista e imitador de Goya; Joaquín Sorolla (1863-1923), pintor español cultivador del retrato y del tema levantino; Charles Dickens (1812-70), escritor inglés defensor de las clases pobres; Benito Pérez Galdós (1843-1920), escritor español cuyas pincipales características son el realismo y la observación.

[43]Friedrich Nietzsche (1844-1900), filósofo alemán cuyas características son el vitalismo y un sentido especial de la existencia.

el regocijo. El romántico caza con reclamo; se aprovecha inhonestamente del celo del pájaro para incrustar en él los perdigones de sus notas. El arte no puede consistir en el contagio psíquico, porque éste es un fenómeno inconsciente y el arte ha de ser todo plena claridad, mediodía de intelección. El llanto y la risa son estéticamente fraudes. El gesto de la belleza no pasa nunca de la melancolía o la sonrisa. Y mejor aún si no llega. *Toute maîtrise jette le froid*[44] (Mallarmé).[45]

Yo creo que es bastante discreto el juicio del artista joven. El placer estético tiene que ser un placer inteligente. Porque entre los placeres los hay ciegos y perspicaces. La alegría del borracho es ciega; tiene, como todo en el mundo, su causa: el alcohol, pero carece de motivo. El favorecido con un premio de la lotería también se alegra, pero con una alegría muy diferente; se alegra «de» algo determinado. La jocundia del borracho es hermética, está encerrada en sí misma, no sabe de dónde viene y, como suele decirse, «carece de fundamento». El regocijo del premiado, en cambio, consiste precisamente en darse cuenta de un hecho que lo motiva y justifica. Se regocija porque ve un objeto en sí mismo regocijante. Es una alegría con ojos, que vive de su motivación y parece fluir del objeto hacia el sujeto.[46]

Todo lo que quiera ser espiritual y no mecánico habrá de poseer este carácter perspicaz, inteligente y motivado. Ahora bien: la obra romántica provoca un placer que apenas mantiene conexión con su contenido. ¿Qué tiene que ver la belleza musical—que debe ser algo situado allá, fuera de mí, en el lugar donde el sonido brota—con los derretimientos íntimos que en mí acaso produce y en paladear los cuales el público romántico se complace? ¿No hay aquí un perfecto *quid pro quo?*[47] En vez de gozar del objeto artístico, el sujeto goza de sí mismo; la obra ha sido sólo la causa y el alcohol de su placer. Y esto acontecerá siempre que se haga consistir radicalmente el arte en una exposición de realidades vividas. Estas, sin remedio, nos sobrecogen, suscitan en nosotros una participación sentimental que impide contemplarlas en su pureza objetiva.

---

[44]todo dominio arrastra la frialdad (en francés).

[45]Stéphan Mallarmé (1842-98), poeta francés iniciador del simbolismo. Mallarmé buscaba la perfección, la poesía pura y el arte absoluto.

[46]Causación y motivación son, pues, dos nexos completamente distintos. Las causas de nuestros estados de conciencia no existen para éstos: es preciso que la ciencia las averigüe. En cambio, el motivo de un sentimiento, de una volición, de una creencia forma parte de éstos, es un nexo consciente. Nota del autor.

[47]expresión latina que significa que una cosa se sustituye por otra equivalente.

Ver es una acción a distancia. Y cada una de las artes maneja un aparato proyector que aleja las cosas y las transfigura. En su pantalla mágica las contemplamos desterradas, inquilinas de un astro inabordable y absolutamente lejanas. Cuando falta esa desrealización se produce en nosotros un titubeo fatal: no sabemos si vivir las cosas o contemplarlas.

Ante las figuras de cera todos hemos sentido una peculiar desazón. Proviene ésta del equívoco urgente que en ellas habita y nos impide adoptar en su presencia una actitud clara y estable. Cuando las sentimos como seres vivos nos burlan descubriendo su cadavérico secreto de muñecos, y si las vemos como ficciones parecen palpitar irritadas. No hay manera de reducirlas a meros objetos. Al mirarlas, nos azora sospechar que son ellas quienes nos están mirando a nosotros. Y concluimos por sentir asco hacia aquella especie de cadáveres alquilados. La figura de cera es el melodrama puro.

Me parece que la nueva sensibilidad está dominada por un asco a lo humano en el arte muy semejante al que siempre ha sentido el hombre selecto ante las figuras de cera. En cambio, la macabra burla cerina ha entusiasmado siempre a la plebe. Y nos hacemos de paso algunas preguntas impertinentes, con ánimo de no responderlas ahora: ¿Qué significa ese asco a lo humano en el arte? ¿Es, por ventura, asco a lo humano, a la realidad, a la vida, o es más bien todo lo contrario: respeto a la vida y una repugnancia a verla confundida con el arte, con una cosa tan subalterna como es el arte? Pero, ¿qué es esto de llamar al arte función subalterna, al divino arte, gloria de la civilización, penacho de la cultura, etc.? Ya dije, lector, que se trataba de unas preguntas impertinentes. Queden, por ahora, anuladas.

El melodrama llega en Wagner a la más desmesurada exaltación. Y como siempre acaece, al alcanzar una forma su máximo se inicia su conversión en la contraria. Ya en Wagner la voz humana deja de ser protagonista y se sumerge en el griterío cósmico de los demás instrumentos. Pero era inevitable una conversión más radical. Era forzoso extirpar de la música los sentimientos privados, purificarla en una ejemplar objetivación. Esta fue la hazaña de Debussy. Desde él es posible oír música serenamente, sin embriaguez y sin llantos. Todas las variaciones de propósitos que en estos últimos decenios ha habido en el arte musical pisan sobre el nuevo terreno ultraterreno genialmente conquistado por Debussy. Aquella conversión de lo subjetivo a lo objetivo es de tal importancia que ante ella desaparecen las diferenciaciones ulteriores.[48] Debussy deshumanizó la música, y por ello data de él la nueva era del arte sonoro.

La misma peripecia aconteció en el lirismo. Convenía libertar la poesía, que, cargada de materia humana, se había convertido en un grave, e iba arrastrando sobre la tierra, hiriéndose contra los árboles y las esquinas de los tejados, como un globo sin gas. Mallarmé fue aquí el libertador que devolvió al poema su poder aerostático y su virtud ascendente. El mismo, tal vez, no realizó su ambición, pero fue el capitán de las nuevas exploraciones etéreas que ordenó la maniobra decisiva: soltar lastre.

Recuérdese cuál era el tema de la poesía en la centuria romántica. El poeta nos participaba lindamente sus emociones privadas de buen burgués; sus penas grandes y chicas, sus nostalgias, sus preocupaciones religiosas o políticas y, si era inglés, sus ensoñaciones tras de la pipa. Con unos u otros medios aspiraba a envolver en patetismo su existencia cuotidiana. El genio individual permitía que, en ocasiones, brotase en torno al núcleo humano del poema una fotosfera radiante, de más sutil materia—por ejemplo, en Baudelaire.[49] Pero este resplandor era impremeditado. El poeta quería siempre ser un hombre.

—¿Y esto parece mal a los jóvenes?—pregunta con reprimida indignación alguien que no lo es—. ¿Pues qué quieren? ¿Que el poeta sea un pájaro, un ictiosauro, un dodecaedro?

No sé, no sé; pero creo que el poeta joven, cuando poetiza, se propone simplemente ser poeta. Ya veremos cómo todo el arte nuevo, coincidiendo en esto con la nueva ciencia, con la nueva política, con la nueva vida, en fin, repugna ante todo la confusión de fronteras. Es un síntoma de pulcritud mental querer que las fronteras entre las cosas estén bien demarcadas. Vida es una cosa, poesía es otra—piensan o, al menos, sienten. No los mezclemos. El poeta empieza donde el hombre acaba. El destino de éste es vivir su itinerario humano; la misión de aquél es inventar lo que no existe. De esta manera se justifica el oficio poético. El poeta aumenta el mundo, añadiendo a lo real, que ya está ahí por sí mismo, un irreal continente. Autor viene de *auctor*, el que aumenta. Los latinos llamaban así al general que ganaba para la patria un nuevo territorio.

---

[48]Un análisis más detenido de lo que significa Debussy frente a la música romántica puede verse en mi ensayo «Musicalia», recogido en *El Espectador*, III. Nota del autor.

[49]Charles Baudelaire (1821-67), poeta y escritor francés partidario de una estética del "arte por el arte". Su poesía fue calificada por Víctor Hugo como "nuevo estremecimiento".

Mallarmé fue el primer hombre del siglo pasado que quiso ser un poeta. Como él mismo dice, «rehusó los materiales naturales» y compuso pequeños objetos líricos, diferentes de la fauna y la flora humanas. Esta poesía no necesita ser «sentida», porque, como no hay en ella nada humano, no hay en ella nada patético. Si se habla de una mujer es de la «mujer ninguna», y si suena una hora es «la hora ausente del cuadrante». A fuerza de negaciones, el verso de Mallarmé anula toda resonancia vital y nos presenta figuras tan extraterrestres que el mero contemplarlas es ya sumo placer. ¿Qué puede hacer entre estas fisonomías el pobre rostro del hombre que oficia de poeta? Sólo una cosa: desaparecer, volatilizarse y quedar convertido en una pura voz anónima que sostiene en el aire las palabras, verdaderos protagonistas de la empresa lírica. Esa pura voz anónima, mero substrato acústico del verso, es la voz del poeta, que sabe aislarse de su hombre circundante.

Por todas partes salimos a lo mismo: huida de la persona humana. Los procedimientos de deshumanización son muchos. Tal vez hoy dominan otros muy distintos de los que empleó Mallarmé, y no se me oculta que a las páginas de éste llegan todavía vibraciones y estremecimientos románticos. Pero lo mismo que la música actual pertenece a un bloque histórico que empieza con Debussy, toda la nueva poesía avanza en la dirección señalada por Mallarmé. El enlace con uno y otro nombre me parece esencial si, elevando la mirada sobre las indentaciones marcadas por cada inspiración particular, se quiere buscar la línea matriz de un nuevo estilo.

Es muy difícil que a un contemporáneo menor de treinta años le interese un libro donde, so pretexto de arte, se le refieran las idas y venidas de unos hombres y unas mujeres. Todo esto le sabe a sociología, a psicología y lo aceptaría con gusto si, no confundiendo las cosas, se le hablase sociológicamente o psicológicamente de ello. Pero el arte para él es otra cosa. La poesía es hoy el álgebra superior de las metáforas.

El tabú y la metáfora

La metáfora es probablemente la potencia más fértil que el hombre posee. Su eficiencia llega a tocar los confines de la taumaturgia y parece un trebejo de creación que Dios se dejó olvidado dentro de una de sus criaturas al tiempo de formarla, como el cirujano distraído se deja un instrumento en el vientre del operado.

Todas las demás potencias nos mantienen inscritos dentro de lo real, de lo que ya es. Lo más que podemos hacer es sumar o restar unas cosas de otras. Sólo la metáfora nos facilita la evasión y crea entre las cosas reales arrecifes imaginarios, florecimiento de islas ingrávidas.

Es verdaderamente extraña la existencia en el hombre de esta actitud mental que consiste en suplantar una cosa por otra, no tanto por afán de llegar a ésta como por el empeño de rehuir aquélla. La metáfora escamotea un objeto enmascarándolo con otro, y no tendría sentido si no viéramos bajo ella un instinto que induce al hombre a evitar realidades.[50]

Cuando recientemente se preguntó un psicólogo cuál pueda ser el origen de la metáfora, halló sorprendido que una de sus raíces está en el espíritu del tabú.[51] Ha habido una época en que fue el miedo la máxima inspiración humana, una edad dominada por el terror cósmico. Durante ella se siente la necesidad de evitar ciertas realidades que, por otra parte, son ineludibles. El animal más frecuente en el país, y de que depende la sustentación, adquiere un prestigio sagrado. Esta consagración trae consigo la idea de que no se le puede tocar con las manos. ¿Qué hace entonces para comer el indio Lillooet? Se pone en cuclillas y cruza las manos bajo sus nalgas. De este modo puede comer, porque las manos bajo las nalgas son metafóricamente unos pies. He aquí un tropo de acción, una metáfora elemental previa a la imagen verbal y que se origina en el afán de evitar la realidad.

Y como la palabra es para el hombre primitivo un poco la cosa misma nombrada, sobreviene el menester de no nombrar el objeto tremendo sobre que ha recaído tabú. De aquí que se designe con el nombre de otra cosa, mentándolo en forma larvada y subrepticia. Así, el polinesio, que no debe nombrar nada de lo que pertenece al rey, cuando ve arder las antorchas en su palacio-cabaña, tiene que decir: «El rayo arde en las nubes del cielo.» He aquí la elusión metafórica.

Obtenido en esta forma tabuista, el instrumento metafórico puede luego emplearse con los fines más diversos. Uno de éstos, el que ha predominado en la poesía, era ennoblecer el objeto real. Se usaba de la imagen similar con intención decorativa, para ornar y recamar la realidad amada. Sería curioso inquirir si en la nueva inspiración poética, al hacerse la metáfora sustancia y no ornamento, cabe notar un raro predominio de la imagen denigrante que, en lugar de ennoblecer y realzar, rebaja y veja a la pobre realidad. Hace poco leía en un poeta joven que el rayo es un metro de carpintero y los árboles infolies del

---

[50]Algo más sobre la metáfora puede verse en el ensayo «Las dos grandes metáforas», publicado en *El Espectador*, IV. [Y en el «Ensayo de Estética a manera de prólogo».] Nota del autor.

[51]Véase Heinz Werner: *Die Ursprunge der Metapher*, 1919. Nota del autor.

invierno escobas para barrer el cielo. El arma lírica se revuelve contra las cosas naturales y las vulnera o asesina.

Supra e infrarrealismo

Pero si es la metáfora el más radical instrumento de deshumanización, no puede decirse que sea el único. Hay innumerables de alcance diverso. Uno, el más simple, consiste en un simple cambio de la perspectiva habitual. Desde el punto de vista humano tienen las cosas un orden, una jerarquía determinados. Nos parecen unas muy importantes, otras menos, otras por completo insignificantes. Para satisfacer el ansia de deshumanizar no es, pues, forzoso alterar las formas primarias de las cosas. Basta con invertir la jerarquía y hacer un arte donde aparezcan en primer plano, destacados con aire monumental, los mínimos sucesos de la vida.

Este es el nexo latente que une las maneras de arte nuevo en apariencia más distantes. Un mismo instinto de fuga y evasión de lo real se satisface en el suprarrealismo de la metáfora y en lo que cabe llamar infrarrealismo. A la ascensión poética puede sustituirse una inmersión bajo el nivel de la perspectiva natural. Los mejores ejemplos de cómo por extremar el realismo se le supera—no más que con atender lupa en mano a lo microscópico de la vida—son Proust, Ramón Gómez de la Serna, Joyce.[52]

Ramón puede componer todo un libro sobre los senos—alguien le ha llamado «nuevo Colón que navega hacia hemisferios»—, o sobre el circo, o sobre el alba, o sobre el Rastro o la Puerta del Sol.[53] El procedimiento consiste sencillamente en hacer protagonistas del drama vital los barrios bajos de la atención, lo que de ordinario desatendemos. Giraudoux, Morand,[54] etc., son, en varia modulación, gentes del mismo equipo lírico.

---

[52]Marcel Proust (1871-1922), escritor francés autor de *En busca del tiempo perdido*, obra calificada como una suma de hechos, observaciones, sentimientos y sensaciones; Ramón Gómez de la Serna (1888-1963), escritor español creador de la greguería —imagen en prosa de un aspecto de la realidad—; James Joyce (1882-1941), escritor irlandés autor del *Ulises*, obra considerada como la novela más importante del siglo XX.

[53]zonas urbanas de Madrid.

[54]Jean Giradoux (1882-1949) y Paul Morand (1889-1976), escritores franceses.

Esto explica que los dos últimos fuesen tan entusiastas de la obra de Proust, como, en general, aclara el placer que este escritor, tan de otro tiempo, proporciona a la gente nueva. Tal vez lo esencial que el latifundio de su libro tiene de común con la nueva sensibilidad, es el cambio de perspectiva: desdén hacia las antiguas formas monumentales del alma que describía la novela, e inhumana atención a la fina estructura de los sentimientos, de las relaciones sociales, de los caracteres.

La vuelta al revés

Al substantivarse la metáfora se hace, más o menos, protagonista de los destinos poéticos. Esto implica sencillamente que la intención estética ha cambiado de signo, que se ha vuelto del revés. Antes se vertía la metáfora sobre una realidad, a manera de adorno, encaje o capa pluvial. Ahora, al revés, se procura eliminar el sostén extrapoético o real y se trata de realizar la metáfora, hacer de ella la *res*[55] poética. Pero esta inversión del proceso estético no es exclusiva del menester metafórico, sino que se verifica en todos los órdenes y con todos los medios hasta convertirse en un cariz general—como tendencia[56]—de todo el arte al uso.

La relación de nuestra mente con las cosas consiste en pensarlas, en formarse ideas de ellas. En rigor, no poseemos de lo real sino las ideas que de él hayamos logrado formarnos. Son como el *belvedere* desde el cual vemos el mundo. Decía muy bien Goethe[57] que cada nuevo concepto es como un nuevo órgano que surgiese en nosotros. Con las ideas, pues, vemos las cosas, y en la actitud natural de la mente no nos damos cuenta de aquéllas, lo mismo que el ojo al mirar no se ve a sí mismo. Dicho de otro modo, pensar es el afán de captar mediante ideas la realidad; el movimiento espontáneo de la mente va de los conceptos al mundo.

---

[55]cosa, materia (en latín).

[56]Sería enojoso repetir, bajo cada una de estas páginas, que cada uno de los rasgos subrayados por mí como esenciales al arte nuevo han de entenderse en el sentido de propensiones predominantes y no de atribuciones absolutas. Nota del autor.

[57]Johann Wolfgang von Goethe (1749-1832), escritor alemán, cuya obra se caracteriza por el prerromanticismo y el más puro clasicismo.

Pero es el caso que entre la idea y la cosa hay siempre una absoluta distancia. Lo real rebosa siempre del concepto que intenta contenerlo. El objeto es siempre más y de otra manera que lo pensado en su idea. Queda ésta siempre como un mísero esquema, como un andamiaje con que intentamos llegar a la realidad. Sin embargo, la tendencia natural nos lleva a creer que la realidad es lo que pensamos de ella, por tanto, a confundirla con la idea, tomando ésta de buena fe por la cosa misma. En suma, nuestro prurito vital de realismo nos hace caer en una ingenua idealización de lo real. Esta es la propensión nativa, «humana».

Si ahora, en vez de dejarnos ir en esta dirección del propósito, lo invertimos y, volviéndonos de espaldas a la presunta realidad, tomamos las ideas según son—meros esquemas subjetivos—y las hacemos vivir como tales, con su perfil anguloso, enteco,[58] pero transparente y puro—en suma, si nos proponemos deliberadamente realizar las ideas—, habremos deshumanizado, desrealizado éstas. Porque ellas son, en efecto, irrealidad. Tomarlas como realidad es idealizar—falsificar ingenuamente. Hacerlas vivir en su irrealidad misma es, digámoslo así, realizar lo irreal en cuanto irreal. Aquí no vamos de la mente al mundo, sino al revés, damos plasticidad, objetivamos, *mundificamos* los esquemas, lo interno y subjetivo.

El pintor tradicional que hace un retrato pretende haberse apoderado de la realidad de la persona cuando, en verdad y a lo sumo, ha dejado en el lienzo una esquemática selección caprichosamente decidida por su mente, de la infinitud que integra la persona real. ¿Qué tal si, en lugar de querer pintar a ésta, el pintor se resolviese a pintar su idea, su esquema de la persona? Entonces el cuadro sería la verdad misma y no sobrevendría el fracaso inevitable. El cuadro, renunciando a emular la realidad, se convertiría en lo que auténticamente es: un cuadro—una irrealidad.

El expresionismo, el cubismo, etc., han sido en varia medida intentos de verificar esta resolución en la dirección radical del arte. De pintar las cosas se ha pasado a pintar las ideas: el artista se ha cegado para el mundo exterior y ha vuelto la pupila hacia los paisajes internos y subjetivos.

No obstante sus tosquedades y la basteza continua de su materia, ha sido la obra de Pirandello *Seis personajes en busca de autor* tal vez la única en este último tiempo que provoca la meditación del aficionado a estética del drama. Es ella un claro ejemplo de esa inversión del tema artístico que procuro describir. Nos propone el teatro tradicional que en sus personajes veamos personas y en los

---

[58]enfermizo, flaco, débil.

aspavientos de aquéllos la expresión de un drama «humano». Aquí, por el contrario, se logra interesarnos por unos personajes como tales personajes; es decir, como ideas o puros esquemas.

Cabría afirmar que es éste el primer «drama de ideas», rigorosamente hablando, que se ha compuesto. Los que antes se llamaban así no eran tales dramas de ideas, sino dramas entre pseudopersonas que simbolizan ideas. En los *Seis personajes*, el destino doloroso que ellos representan es mero pretexto y queda desvirtuado; en cambio, asistimos al drama real de unas ideas como tales, de unos fantasmas subjetivos que gesticulan en la mente de un autor. El intento de deshumanización es clarísimo y la posibilidad de lograrlo queda en este caso probada. Al mismo tiempo se advierte ejemplarmente la dificultad del gran público para acomodar la visión a esta perspectiva invertida. Va buscando el drama humano que la obra constantemente desvirtúa, retira e ironiza, poniendo en su lugar—esto es, en primer plano—la ficción teatral misma, como tal ficción. Al gran público le irrita que le engañen y no sabe complacerse en el delicioso fraude del arte, tanto más exquisito cuanto mejor manifieste su textura fraudulenta.

Iconoclasia

No parece excesivo afirmar que las artes plásticas del nuevo estilo han revelado un verdadero asco hacia las formas vivas o de los seres vivientes. El fenómeno adquiere completa evidencia si se compara el arte de estos años con aquella hora en que de la disciplina gótica emergen pintura y escultura como de una pesadilla y dan la gran cosecha mundanal del Renacimiento. Pincel y cincel se deleitan voluptuosamente en seguir la pauta que el modelo animal o vegetal presenta en sus carnes mórbidas donde la vitalidad palpita. No importa qué seres, con tal que en ellos la vida dé su pulsación dinámica. Y del cuadro o la escultura se derrama la forma orgánica sobre el ornamento. Es la época de los cuernos de la abundancia, manantiales de vida torrencial que amenaza inundar el espacio con sus frutos redondos y maduros.

¿Por qué el artista siente horror a seguir la línea mórbida del cuerpo vivo y la suplanta por el esquema geométrico? Todos los errores y aun estafas del cubismo no oscurecen el hecho de que durante algún tiempo nos hayamos complacido en un lenguaje de puras formas euclidianas.[59]

El fenómeno se complica cuando recordamos que periódicamente atraviesa la historia esta furia de geometrismo plástico. Ya en la evolución del arte prehistórico vemos que la sensibilidad comienza por buscar la forma viva y acaba por eludirla, como aterrorizada o asqueada, recogiéndose en signos abstractos, último residuo de figuras animadas o cósmicas. La sierpe se estiliza en meandro, el sol en esvástica. A veces este asco a la forma viva se enciende en odio y produce conflictos públicos. La revolución contra las imágenes del cristianismo oriental, la prohibición semítica de reproducir animales—un instinto contrapuesto al de los hombres que decoraron la cueva de Altamira[60]—tiene, sin duda, junto a su sentido religioso, una raíz en la sensibilidad estética, cuyo influjo posterior en el arte bizantino es evidente.

Sería más que interesante investigar con toda atención las erupciones de iconoclasia que una vez y otra surgen en la religión y en el arte. En el arte nuevo actúa evidentemente este extraño sentimiento iconoclasta y su lema bien podía ser aquel mandamiento de Porfirio[61] que, adoptado por los maniqueos, tanto combatió San Agustín:[62] *Omne corpus fugiendum est.*[63] Y claro es que se refiere al cuerpo vivo. ¡Curiosa inversión de la cultura griega, que fue en su hora culminante tan amiga de las formas vivientes!

Influencia negativa del pasado

La intención de este ensayo se reduce, como he dicho, a filiar el arte nuevo mediante algunos de sus rasgos diferenciales. Pero, a su vez, esta intención se halla al servicio de una curiosidad más larga que estas páginas no se atreven a satisfacer, dejando al lector que la sienta, abandonado a su privada meditación. Me refiero a lo siguiente.

---

[59]relativo a Euclides y a su postulado: "por un punto externo a una recta no puede trazarse más que una paralela".

[60]cueva prehistórica en Santander (España) con pinturas rupestres pertenecientes al paleolítico superior.

[61]filósofo neoplatónico (232-304).

[62]padre de la Iglesia latina (354-430).

[63]todo cuerpo se desvanece (en latín).

En otro lugar[64] he indicado que el arte y la ciencia pura, precisamente por ser las actividades más libres, menos estrechamente sometidas a las condiciones sociales de cada época, son los primeros hechos donde puede vislumbrarse cualquier cambio de la sensibilidad colectiva. Si el hombre modifica su actitud radical ante la vida comenzará por manifestar el nuevo temperamento en la creación artística y en sus emanaciones ideológicas. La sutileza de ambas materias las hace infinitamente dóciles al más ligero soplo de los alisios espirituales. Como en la aldea, al abrir de mañana el balcón, miramos los humos de los hogares para presumir el viento que va a gobernar la jornada, podemos asomarnos al arte y a la ciencia de las nuevas generaciones con pareja curiosidad meteorológica.

Mas para esto es ineludible comenzar por definir el nuevo fenómeno. Sólo después cabe preguntarse de qué nuevo estilo general de vida es síntoma y nuncio. La respuesta exigiría averiguar las causas de este viraje extraño que el arte hace, y esto sería empresa demasiado grave para acometida aquí. ¿Por qué ese prurito de «deshumanizar», por qué ese asco a las formas vivas? Probablemente, como todo fenómeno histórico, tiene éste una raigambre innumerable cuya investigación requiere el más fino olfato.

Sin embargo, cualesquiera que sean las restantes, existe una causa sumamente clara, aunque no pretende ser la decisiva.

No es fácil exagerar la influencia que sobre el futuro del arte tiene siempre su pasado. Dentro del artista se produce siempre un choque o reacción química entre su sensibilidad original y el arte que se ha hecho ya. No se encuentra solo ante el mundo, sino que, en sus relaciones con éste, interviene siempre como un truchimán la tradición artística. ¿Cuál será el modo de esa reacción entre el sentido original y las formas bellas del pasado? Puede ser positivo o negativo. El artista se sentirá afín con el pretérito y se percibirá a sí mismo como naciendo de él, heredándolo y perfeccionándolo—o bien, en una u otra medida, hallará en sí una espontánea, indefinible repugnancia a los artistas tradicionales, vigentes, gobernantes. Y así como en el primer caso sentirá no poca voluptuosidad instalándose en el molde de las convenciones al uso y repitiendo algunos de sus consagrados gestos, en el segundo no sólo producirá una obra distinta de las recibidas, sino que encontrará la misma voluptuosidad dando a esta obra un carácter agresivo contra las normas prestigiosas.

Suele olvidarse esto cuando se habla de la influencia del ayer en el hoy. Se ha visto siempre, sin dificultad, en la obra de una época la voluntad de parecerse más o menos a la de otra época anterior. En cambio, parece costar trabajo a casi

---

[64]Véase mi libro *El tema de nuestro tiempo*. Nota del autor.

todo el mundo advertir la influencia negativa del pasado y notar que un nuevo estilo está formado muchas veces por la consciente y complicada negación de los tradicionales.

Y es el caso que no puede entenderse la trayectoria del arte, desde el romanticismo hasta el día, si no se toma en cuenta como factor del placer estético ese temple negativo, esa agresividad y burla del arte antiguo. Baudelaire se complace en la Venus[65] negra precisamente porque la clásica es blanca. Desde entonces, los estilos que se han ido sucediendo aumentaron la dosis de ingredientes negativos y blasfematorios en que se hallaba voluptuosamente la tradición, hasta el punto que hoy casi está hecho el perfil del arte nuevo con puras negaciones del arte viejo. Y se comprende que sea así. Cuando un arte lleva muchos siglos de evolución continuada, sin graves hiatos ni catástrofes históricas que la interrumpan, lo producido se va hacinando y la densa tradición gravita progresivamente sobre la inspiración del día. O dicho de otro modo: entre el artista que nace y el mundo se interpone cada vez mayor volumen de estilos tradicionales interceptando la comunicación directa y original entre aquéllos. De suerte que una de dos: o la tradición acaba por desalojar toda potencia original—fue el caso de Egipto,[66] de Bizancio,[67] en general, de Oriente—, o la gravitación del pasado sobre el presente tiene que cambiar de signo y sobrevenir una larga época en que el arte nuevo se va curando poco a poco del viejo que le ahoga. Este ha sido el caso del alma europea, en quien predomina un instinto futurista sobre el irremediable tradicionalismo y *pasadismo* orientales.

Buena parte de lo que he llamado «deshumanización» y asco a las formas vivas proviene de esta antipatía a la interpretación tradicional de las realidades. El vigor del ataque está en razón directa de las distancias. Por eso lo que más repugna a los artistas de hoy es la manera predominante en el siglo pasado, a pesar de que en ella hay ya una buena dosis de oposición a estilos más antiguos. En cambio, finge la nueva sensibilidad sospechosa simpatía hacia el arte más lejano en el tiempo y el espacio, lo prehistórico y el exotismo salvaje. A decir verdad, lo que le complace de estas obras primigenias es—más que ellas mismas—su *ingenuidad*, esto es, la ausencia de una tradición que aún no se había formado.

---

[65]en mitología, diosa del amor y la belleza.

[66]incorporado al Imperio bizantino y continuador de su arte desde el año 395 al año 642.

[67]en el arte de Bizancio se adoptan las formas grecorromanas y orientales ya existentes a la concepción del cristianismo.

Si ahora echamos una mirada de reojo a la cuestión de qué tipo de vida se sintomatiza en este ataque al pasado artístico, nos sobrecoge una visión extraña, de gigante dramatismo. Porque, al fin y al cabo, agredir al arte pasado, tan en general, es revolverse contra el *Arte* mismo, pues ¿qué otra cosa es concretamente el arte sino el que se ha hecho hasta aquí?

Pero ¿es que, entonces, bajo la máscara de amor al arte puro se esconde hartazgo del arte, odio al arte? ¿Cómo sería posible? Odio al arte no puede surgir sino donde domina también odio a la ciencia, odio al Estado, odio, en suma, a la cultura toda. ¿Es que fermenta en los pechos europeos un inconcebible rencor contra su propia esencia histórica, algo así como el *odium professionis*[68] que acomete al monje, tras largos años de claustro, una aversión a su disciplina, a la regla misma que ha informado su vida?[69]

He aquí el instante prudente para levantar la pluma dejando alzar su vuelo de grullas a una bandada de interrogaciones.

Irónico destino

Más arriba se ha dicho que el nuevo estilo, tomado en su más amplia generalidad, consiste en eliminar los ingredientes «humanos, demasiado humanos»,[70] y retener sólo la materia puramente artística. Esto parece implicar un gran entusiasmo por el arte. Pero al rodear el mismo hecho y contemplarlo desde otra vertiente sorprendemos en él un cariz opuesto de hastío o desdén. La contradicción es patente e importa mucho subrayarla. En definitiva, vendría a significar

---

[68]odio a la profesión (en latín).

[69]Sería de interés analizar los mecanismos psicológicos por medio de los cuales influye negativamente el arte de ayer sobre el de mañana. Por lo pronto, hay uno bien claro: la fatiga. La mera repetición de un estilo embota y cansa la sensibilidad. Wölfflin ha mostrado en sus *Conceptos fundamentales en la historia del arte* el poder que la fatiga ha tenido una y otra vez para movilizar el arte, obligándole a transformarse. [Publicado en la Biblioteca Ideas del Siglo XX, dirigida por José Ortega y Gasset, Madrid, 1924.] Más aún en la literatura. Todavía Cicerón, por «hablar latín», dice *latine loqui*; pero en el siglo V Sidonio Apolinar tendrá que decir *latialiter insusurrare*. Eran demasiados siglos de decir lo mismo en la misma forma. Nota del autor.

[70]Ortega parafrasea el título del texto de Friedrich Nietzsche, *Menschliches Allzumenschliches* (*Humano, demasiado humano*).

que el arte nuevo es un fenómeno de índole equívoca, cosa, a la verdad, nada sorprendente, porque equívocos son casi todos los grandes hechos de estos años en curso. Bastaría analizar un poco los acontecimientos políticos de Europa para hallar en ellos la misma entraña equívoca.

Sin embargo, esa contradicción entre amor y odio a una misma cosa se suaviza un poco mirando más de cerca la producción artística del día.

La primera consecuencia que trae consigo ese retraimiento del arte sobre sí mismo es quitar a éste todo patetismo. En el arte cargado de «humanidad» repercutía el carácter grave anejo a la vida. Era una cosa muy seria el arte, casi hierática. A veces pretendía no menos que salvar a la especie humana—en Schopenhauer[71] y en Wagner. Ahora bien, no puede menos de extrañar a quien para en ello mientes que la nueva inspiración es siempre, indefectiblemente, cómica. Toda ella suena en esa sola cuerda y tono. La comicidad será más o menos violenta y correrá desde la franca «clownería» hasta el leve guiño irónico, pero no falta nunca. Y no es que el contenido de la obra sea cómico—esto sería recaer en un modo o categoría del estilo «humano»—, sino que, sea cual fuere el contenido, el arte mismo se hace broma. Buscar, como antes he indicado, la ficción como tal ficción es propósito que no puede tenerse sino en un estado de alma jovial. Se va al arte precisamente porque se le reconoce como farsa. Esto es lo que perturba más la comprensión de las obras jóvenes por parte de las personas serias, de sensibilidad menos actual. Piensan que la pintura y la música de los nuevos es pura «farsa»—en el mal sentido de la palabra—y no admiten la posibilidad de que alguien vea justamente en la farsa la misión radical del arte y su benéfico menester. Sería «farsa»—en el mal sentido de la palabra—si el artista actual pretendiese competir con el arte «serio» del pasado y un cuadro cubista solicitase el mismo tipo de admiración patética, casi religiosa, que una estatua de Miguel Angel.[72] Pero el artista de ahora nos invita a que contemplemos un arte que es una broma, que es, esencialmente, la burla de sí mismo. Porque en esto radica la comicidad de esta inspiración. En vez de reírse de alguien o algo determinado—sin víctima no hay comedia—, el arte nuevo ridiculiza el arte.

Y no se hagan, al oír esto, demasiados aspavientos si se quiere permanecer discreto. Nunca demuestra el arte mejor su mágico don como en esta burla de sí

---

[71]Arthur Schopenhauer (1788-1860), filósofo alemán cuya doctrina fue calificada de pesimismo voluntarista.

[72]arquitecto, escultor y pintor renacentista italiano (1475-1564), sus obras escultóricas más destacadas son *La piedad* y el *David*.

mismo. Porque al hacer el ademán de aniquilarse a sí propio sigue siendo arte, y por una maravillosa dialéctica, su negación es su conservación y triunfo.

Dudo mucho que a un joven de hoy le pueda interesar un verso, una pincelada, un sonido que no lleve dentro de sí un reflejo irónico. Después de todo no es esto completamente nuevo como idea y teoría. A principios del siglo XIX, un grupo de románticos alemanes dirigido por los Schlegel[73] proclamó la ironía como la máxima categoría estética y por razones que coinciden con la nueva intención del arte. Este no se justifica si se limita a reproducir la realidad, duplicándola en vano. Su misión es suscitar un irreal horizonte. Para lograr esto no hay otro medio que negar nuestra realidad, colocándonos por este acto encima de ella. Ser artista es no tomar en serio al hombre tan serio que somos cuando no somos artistas.

Claro es que este destino de inevitable ironía da al arte nuevo un tinte monótono muy propio para desesperar al más paciente. Pero, a la par, queda nivelada la contradicción entre amor y odio que antes he señalado. El rencor va al arte como seriedad; el amor, al arte victorioso como farsa, que triunfa de todo, incluso de sí mismo, a la manera que en un sistema de espejos reflejándose indefinidamente los unos en los otros, ninguna forma es la última, todas quedan burladas y hechas pura imagen.

La intrascendencia del arte

Todo ello viene a condensarse en el síntoma más agudo, más grave, más hondo que presenta el arte joven, una facción extrañísima de la nueva sensibilidad estética que reclama alerta meditación. Es algo muy delicado de decir, entre otros motivos, porque es muy difícil de formular con justeza.

Para el hombre de la generación novísima, el arte es una cosa sin trascendencia. Una vez escrita esta frase me espanto de ella al advertir su innumerable irradiación de significados diferentes. Porque no se trata de que a cualquier hombre de hoy le parezca el arte cosa sin importancia o menos importante que al hombre de ayer, sino que el artista mismo ve su arte como una labor intrascendente. Pero aun esto no expresa con rigor la verdadera situación. Porque el hecho no es que al artista le interesen poco su obra y oficio, sino que le interesan

---

[73]August Wilheim von Schlegel (1767-1845) y Friedrich Schlegel (1772-1829), ambos hermanos eran escritores y propagaron el romanticismo en Alemania.

precisamente porque no tienen importancia grave y en la medida que carecen de ella. No se entiende bien el caso si no se le mira en confrontación con lo que era el arte hace treinta años, y, en general, durante todo el siglo pasado. Poesía o música eran entonces actividades de enorme calibre: se esperaba de ellas poco menos que la salvación de la especie humana sobre la ruina de las religiones y el relativismo inevitable de la ciencia. El arte era trascendente en un noble sentido. Lo era por su tema, que solía consistir en los más graves problemas de la humanidad, y lo era por sí mismo, como potencia humana que prestaba justificación y dignidad a la especie. Era de ver el solemne gesto que ante la masa adoptaba el gran poeta y el músico genial, gesto de profeta o fundador de religión, majestuosa apostura de estadista responsable de los destinos universales.

A un artista de hoy sospecho que le aterraría verse ungido con tan enorme misión y obligado, en consecuencia, a tratar en su obra materias capaces de tamañas repercusiones. Precisamente le empieza a saber algo a fruto artístico cuando empieza a notar que el aire pierde seriedad y las cosas comienzan a brincar livianamente, libres de toda formalidad. Ese piruteo universal es para él el signo auténtico de que las musas existen. Si cabe decir que el arte salva al hombre, es sólo porque le salva de la seriedad de la vida y suscita en él inesperada puericia. Vuelve a ser símbolo del arte la flauta mágica de Pan[74], que hace danzar los chivos en la linde del bosque.

Todo el arte nuevo resulta comprensible y adquiere cierta dosis de grandeza cuando se le interpreta como un ensayo de crear puerilidad en un mundo viejo. Otros estilos obligaban a que se les pusiera en conexión con los dramáticos movimientos sociales y políticos o bien con las profundas corrientes filosóficas o religiosas. El nuevo estilo, por el contrario, solicita, desde luego, ser aproximado al triunfo de los deportes y juegos. Son dos hechos hermanos, de la misma oriundez.

En pocos años hemos visto crecer la marea del deporte en las planas de los periódicos, haciendo naufragar casi todas las carabelas de la seriedad. Los artículos de fondo amenazan con descender a su abismo titular, y sobre la superficie cinglan victoriosas las yolas de regata. El culto al cuerpo es eternamente síntoma de inspiración pueril, porque sólo es bello y ágil en la mocedad, mientras el culto al espíritu indica voluntad de envejecimiento, porque sólo llega a plenitud cuando el cuerpo ha entrado en decadencia. El triunfo del deporte significa la victoria de

---

[74]en mitología, dios de los rebaños y los pastores. Se le representa tocando una flauta.

los valores de juventud sobre los valores de senectud. Lo propio acontece con el cinematógrafo, que es, por excelencia, arte corporal.

Todavía en mi generación gozaban de gran prestigio las maneras de la vejez. El muchacho anhelaba dejar de ser muchacho lo antes posible y prefería imitar los andares fatigados del hombre caduco. Hoy los chicos y las chicas se esfuerzan en prolongar su infancia y los mozos en retener y subrayar su juventud. No hay duda: entra Europa en una etapa de puerilidad.

El suceso no debe sorprender. La historia se mueve según grandes ritmos biológicos. Sus mutaciones máximas no pueden originarse en causas secundarias y de detalle, sino en factores muy elementales, en fuerzas primarias de carácter cósmico. Bueno fuera que las diferencias mayores y como polares, existentes en el ser vivo—los sexos y las edades—, no ejerciesen también un influjo sobre el perfil de los tiempos. Y, en efecto, fácil es notar que la historia se columpia rítmicamente del uno al otro polo, dejando que en unas épocas predominen las calidades masculinas y en otras las femeninas, o bien exaltando unas veces la índole juvenil y otras la de madurez o ancianidad.

El cariz que en todos los órdenes va tomando la existencia europea anuncia un tiempo de varonía y juventud. La mujer y el viejo tienen que ceder durante un periodo el gobierno de la vida a los muchachos, y no es extraño que el mundo parezca ir perdiendo formalidad.

Todos los caracteres del arte nuevo pueden resumirse en este de su intrascendencia, que, a su vez, no consiste en otra cosa sino en haber el arte cambiado su colocación en la jerarquía de las preocupaciones o intereses humanos. Pueden representarse éstos como una serie de círculos concéntricos, cuyo radio mide la distancia dinámica al eje de nuestra vida, donde actúan nuestros supremos afanes. Las cosas de todo orden—vitales o culturales—giran en aquellas diversas órbitas atraídas más o menos por el centro cordial del sistema. Pues bien: yo diría que el arte situado antes—como la ciencia o la política—muy cerca del eje entusiasta, sostén de nuestra persona, se ha desplazado hacia la periferia. No ha perdido ninguno de sus atributos exteriores, pero se ha hecho distante, secundario y menos grávido.

La aspiración al arte puro no es, como suele creerse, una soberbia, sino, por el contrario, gran modestia. Al vaciarse el arte de patetismo humano queda sin trascendencia alguna como sólo arte, sin más pretensión.

Conclusión

Isis[75] miriónima, Isis la de diez mil nombres, llamaban los egipcios a su diosa. Toda realidad en cierto modo lo es. Sus componentes, sus facciones son innumerables. ¿No es audaz, con unas cuantas denominaciones, querer definir una cosa, la más humilde? Fuera ilustre casualidad que las notas subrayadas por nosotros entre infinitas resultasen ser, en efecto, las decisivas. La improbabilidad aumenta cuando se trata de una realidad naciente que inicia su trayectoria en los espacios.

Es, pues, sobremanera probable que este ensayo de filiar el arte nuevo no contenga sino errores. Al terminarlo, en el volumen que él ocupaba brotan ahora en mi curiosidad y esperanza de que tras él se hagan otros más certeros. Entre muchos podremos repartirnos los diez mil nombres.

Pero sería duplicar mi error si se pretendiese corregirlo destacando sólo algún rasgo parcial no incluido en esta anatomía. Los artistas suelen caer en ello cuando hablan de su arte, y no se alejan debidamente para tomar una amplia vista sobre los hechos. Sin embargo, no es dudoso que la fórmula más próxima a la verdad será la que en giro más unitario y armónico valga para mayor número de particularidades—y, como en el telar, un solo golpe anude mil hilos.

Me ha movido exclusivamente la delicia de intentar comprender—ni la ira ni el entusiasmo. He procurado buscar el sentido de los nuevos propósitos artísticos, y esto, claro es, supone un estado de espíritu lleno de previa benevolencia. Pero ¿es posible acercarse de otra manera a un tema sin condenarlo a la esterilidad?

Se dirá que el arte nuevo no ha producido hasta ahora nada que merezca la pena, y yo ando muy cerca de pensar lo mismo. De las obras jóvenes he procurado extraer su intención, que es lo jugoso, y me he despreocupado de su realización. ¡Quién sabe lo que dará de sí este naciente estilo! La empresa que acomete es fabulosa—quiere crear de la nada. Yo espero que más adelante se contente con menos y acierte más.

Pero, cualesquiera sean sus errores, hay un punto, a mi juicio, inconmovible en la nueva posición: la imposibilidad de volver hacia atrás. Todas las objeciones que a la inspiración de estos artistas se hagan pueden ser acertadas y, sin embargo, no aportarán razón suficiente para condenarla. A las objeciones habría que añadir otra cosa: la insinuación de otro camino para el arte que no sea éste deshumanizador ni reitere las vias usadas y abusadas.

---

[75]en mitología, divinidad egipcia que personifica la fuerza fecundadora de la naturaleza.

Es muy difícil gritar que el arte es siempre posible dentro de la tradición. Mas esta frase confortable no sirve de nada al artista que espera, con el pincel o la pluma en la mano, una inspiración concreta.[76]

La deshumanización del arte y otros ensayos de estética. 6ª ed. Madrid: Revista de Occidente en Alianza Editorial, 1988.

---

[76]La primera mitad de «La deshumanización del arte» se publicó inicialmente en el diario *El Sol*, los días 1, 16, 23, I; y 1, II, de 1924; e incluye hasta el epígrafe **El tabú y la metáfora**. La obra entera se editó en libro en 1925. En esa primera edición se publicó conjuntamente con el ensayo «Ideas sobre la novela». Este ensayo figura reimpreso en el tomo *Ideas sobre el teatro y la novela*. Nota del autor.

JUAN RAMÓN JIMÉNEZ (1881-1958)

Arias tristes[1]

Las noches de luna tienen
una lumbre de azucena,
que inunda de paz el alma
y de ensueño la tristeza.

Yo no sé qué hay en la luna
que tanto calma y consuela,
que da unos besos tan dulces
a las almas que la besan.

Si hubiera siempre una luna,
una luna blanca y buena,
triste lágrima del cielo
temblando sobre la tierra,

los corazones que saben
por qué las flores se secan,
mirando siempre a la luna
se morirían de pena.

Mi jardín tiene una fuente
y la fuente una quimera
y la quimera un amante
que se muere de tristeza.

Y cuando viene la luna

---

[1]La mayoría de los poemas de Jiménez no llevan títulos y los títulos que aparecen aluden a las colecciones que son la fuente de los textos que se reproducen aquí. En el caso de varios textos de la misma colección, vienen separados por asteriscos.

con su lumbre de azucena,
abro mi balcón y sueño
por todos los que no sueñan.

La brisa trae en la noche
besos, mimos y cadencias,
algo virjinal[2] y triste
a la luz de las estrellas;

y yo pienso en los jardines
que nunca veré, en las rejas
sin amores, en las novias
dormidas en su inocencia;

en las manos que esta noche
divina de primavera,
no tendrán quien acaricie
su blancura y su belleza;

en la ilusión encantada
que, siguiendo sus quimeras,
tendrá esta noche tranquila
tantas ventanas abiertas.

Jardines lejanos

¿Quién anda por el camino
esta noche, jardinero?
—No hay nadie por el camino...
—Será un pájaro agorero.

Un mochuelo, una corneja,
dos ojos de campanario...

---

[2]La ortografía del fonema /x/, que se representa con "j" + "a", "o", "u" y con "g" + "e", "i", no es respetada por Juan Ramón Jiménez en su deseo de romper con las normas de la escritura.

—Es el agua, que se aleja
por el campo solitario...

—No es el agua, jardinero,
no es el agua... —Por mi suerte,
que es el agua, caballero.
—Será el agua de la muerte.

¿Jardinero, no has oído
cómo llaman al balcón?
—Caballero, es el latido
que da vuestro corazón.

—¿Cuándo abrirá la mañana
sus rosadas alegrías?
¿Cuándo dirá la campana
¡buenos días, buenos días!?

... Es un arrastrar de hierros,
es una voz hueca, es una...
Caballero, son los perros
que están ladrando a la luna.

Elejías

¡Oh triste coche viejo, que en mi memoria ruedas!
¡Pueblo, que en un recodo de mi alma te pierdes!
¡Lágrima grande y pura, lucero que te quedas,
temblando, en la colina, sobre los campos verdes!

Verde el cielo profundo, despertaba el camino,
fresco y fragante del encanto de la hora;
cantaba un ruiseñor despierto, y el molino
rumiaba un son eterno, rosa frente a la aurora.

—Y en el alma, un recuerdo, una lágrima, una
mano alzando un visillo blanco al pasar un coche...
la calle de la víspera, azul bajo la luna

solitaria, los besos de la última noche...—

¡Oh triste coche viejo, que en mi memoria ruedas!
¡Pueblo, que en un recodo de mi alma te pierdes!
¡Lágrima grande y pura, lucero que te quedas,
temblando, en la colina, sobre los campos verdes!

Pastorales

Muy buenas tardes, aldea.
Soy tu hijo Juan, el nostáljico.
Vengo a ver cómo florece
la primavera en tus campos.

¿Te acuerdas de mí? Yo soy
el novio de Blanca, el pálido
poeta que huyó de ti
una mañana de mayo.

Y traigo en mi corazón
un tesoro que he encontrado
entre las rosas fragantes
del jardín de los románticos.

Aldea con sol, ¿te digo
sentires viejos y lánguidos?
¿o quieres coplas de abril,
llenas de sol y de pájaros?

Dímelo tú; y yo abriré
mi corazón y mis labios,
¡y volará sobre ti
una bandada de cánticos!

Muy buenas tardes, aldea.
Soy tu hijo Juan, el nostáljico.
Dame con tu alegre sol
un beso sobre los labios.

Diario de un poeta reciencasado

De New York a Philadelphia, 19 de mayo

"Cementerios"

Otra vez, sí. ¡Y ciento! El mayor atractivo, para mí, de América, es el encanto de sus cementerios sentidos, sin vallas, cercanos, verdadera ciudad poética de cada ciudad, que atan con su paz amena y cantada de pájaros, enmedio de la vida, más que los jardines públicos, que los puertos, que los museos... Una niña va entre las tumbas —violetas y azules bajo lo verde—, de su casa a otra, tranquila, deteniéndose abstraída a sonar su muñeca o a seguir con los ojos una mariposa. En los cristales colgados de yedras de las casas próximas, se copian las cruces, a la fresca paz cobijada por la espesura que hermana, en una misma sombra, casa y tumba. Los pajarillos de ahora vuelan de la cruz a la ventana, tan tranquilos entre los vivos como la niña en la colina, entre los muertos.

¡Cómo vence aquí la belleza a la muerte, ejemplo tranquilo y grato enmedio de tantos malos ejemplos de prisa y malestar! ¡Oh rosa bien olida, oh agua bien bebida, oh sueño bien soñado! ¡Qué bien deben descansar los muertos en vosotras, colinas familiares de New York, claros, en la vida diaria, de vida eterna!

"Madre"

Moguer, 24 de junio

Te digo al llegar, madre,
que tú eres como el mar; que aunque las olas
de tus años se cambien y te muden,

siempre es igual tu sitio
al paso de mi alma.

No es preciso medida
ni cálculo para el conocimiento
de ese cielo de tu alma;
el color, hora eterna,
la luz de tu poniente,
te señalan ¡oh madre! entre las olas,

Juan Ramón Jiménez

461

conocida y eterna en su mudanza.

Eternidades

    ¡Intelijencia, dame
el nombre exacto de las cosas!
... Que mi palabra sea
la cosa misma,
creada por mi alma nuevamente.
Que por mí vayan todos
los que no las conocen, a las cosas;
que por mí vayan todos
los que ya las olvidan, a las cosas;
que por mí vayan todos
los mismos que las aman, a las cosas...
¡Intelijencia, dame
el nombre exacto, y tuyo,
y suyo, y mío, de las cosas!

* * *

    Vino, primero, pura,
vestida de inocencia.
Y la amé como un niño.

    Luego se fue vistiendo
de no sé qué ropajes.
Y la fui odiando, sin saberlo.

    Llegó a ser una reina,
fastuosa de tesoros...
¡Qué iracundia de yel[3] y sin sentido!

    ...Mas se fue desnudando.

---

[3]hiel.

Y yo le sonreía.

Se quedó con la túnica
de su inocencia antigua.
Creí de nuevo en ella.

Y se quitó la túnica,
y apareció desnuda toda...
¡Oh pasión de mi vida, poesía
desnuda, mía para siempre!

* * *

¡Oh tiempo, dame tu secreto,
que te hace más nuevo cuanto
más envejeces!

Día tras día, tu pasado
es menos, y tu porvenir más grande,
—y tu presente
¡lo mismo siempre que el instante
de la flor del almendro!—

¡Tiempo sin huellas:
dame el secreto con que invade,
cada día, tu espíritu a tu cuerpo!

* * *

¡No corras, ve despacio,
que adonde tienes que ir es a ti solo!

¡Ve despacio, no corras,
que el niño de tu yo, reciennacido
eterno,
no te puede seguir!

* * *

Mi pies ¡qué hondos en la tierra!
Mis alas ¡qué altas en el cielo!
—¡Y qué dolor
de corazón distendido!—

* * *

Yo no soy yo.
Soy este
que va a mi lado sin yo verlo;
que, a veces, voy a ver,
y que, a veces, olvido.
El que calla, sereno, cuando hablo,
el que perdona, dulce, cuando odio,
el que pasea por donde no estoy,
el que quedará en pie cuando yo muera.

Piedra y cielo

"El poema"

¡No la toques ya más,
que así es la rosa!

* * *

Todo el día
tengo mi corazón dado a lo otro:
de madre en rosa,
de mar en amor,
de gloria en pena...

Anocheciendo

—¡*Habrá que ir ya por ese niño!*—,
aún él no se ha venido, ¡malo!,
del todo a mí —¡*Duérmete ya, hijo mío!*—
Y me duermo esperándolo sonriente,
casi sin él.

Por la mañana
—¡*No te levantes, hijo, todavía!*—,
¡qué grito de alegría, corazón
mío, un momento, antes de irte, en mí!

Segunda antolojía poética

"El viaje definitivo"

... Y yo me iré. Y se quedarán los pájaros
cantando;
y se quedará mi huerto, con su verde árbol,
y con su pozo blanco.

Todas las tardes, el cielo será azul y plácido;
y tocarán, como esta tarde están tocando,
las campanas del campanario.

Se morirán aquellos que me amaron;
y el pueblo se hará nuevo cada año;
y en el rincón aquel de mi huerto florido y encalado,
mi espíritu errará, nostáljico...

Y yo me iré; y estaré solo, sin hogar, sin árbol
verde, sin pozo blanco,
sin cielo azul y plácido...
Y se quedarán los pájaros cantando.

"El niño pobre"

Le han puesto al niño un vestido
absurdo, loco, ridículo;
le está largo y corto; gritos
de colores le han prendido
por todas partes. Y el niño
se mira, se toca, erguido.
Todo le hace reír al mico,
las manos en los bolsillos...
La hermana le dice —pico
de gorrión, tizos[4] lindos
los ojos, manos y rizos
en el roto espejo—: «¡Hijo,
pareces un niño rico!...»

Vibra el sol. Ronca, dormido,
el pueblo en paz. Sólo el niño
viene y va con su vestido,
viene y va con su vestido...
En la feria, están caídos
los gallardetes. Pititos
en zaguanes... Cuanto el niño
entra en casa, en un suspiro
le chilla la madre: «¡Hijo»
—y él la mira calladito,
meciendo, hambriento y sumiso,
los pies en la silla—, «hijo,
pareces un niño rico!...»

Campanas. Las cinco. Lírico
sol. Colgaduras y cirios.
Viento fragante del río.
La procesión. ¡Oh, qué idílico
rumor de platas y vidrios!
¡Relicarios con el brillo

---

[4]pedazo de leña mal carbonizado que despide humo al arder.

de ocaso en su seno místico!
... El niño, entre el vocerío,
se toca, se mira... «¡Hijo»,
le dice el padre bebido
—una lágrima en el limo
del ojuelo, flor de vicio—,
pareces un niño rico!...»

    La tarde cae. Malvas de oro
endulzan la torre. Pitos
despiertos. Los farolillos,
aun los cohetes con sol vivo,
se mecen medio encendidos.
Por la plaza, de las manos,
bien lavados, trajes limpios,
con dinero y con juguetes,
vienen ya los niños ricos.
El niño se les arrima,
y, radiante y decidido,
les dice en la cara: «¡Ea,
yo parezco un niño rico!»

Belleza

    La muerte es una madre nuestra antigua,
nuestra primera madre, que nos quiere
a través de las otras, siglo a siglo,
y nunca, nunca nos olvida;
madre que va, inmortal, atesorando
—para cada uno de nosotros sólo—
el corazón de cada madre muerta;
que está más cerca de nosotros,
cuantas más madres nuestras mueren;
para quien cada madre sólo es
un arca de cariño que robar
—para cada uno de nosotros sólo—;
madre que nos espera,
como madre final, con un abrazo inmensamente abierto,

que ha de cerrarse, un día, breve y duro,
en nuestra espalda, para siempre.

Romances de Coral Gables

"Pinar de la eterńidad"

En la luz celeste y tibia
de la madrugada lenta,
por estos pinos iré
a un pino eterno que espera.

No con buque sino en onda
suave, callada, serena,
que deshaga el leonar
de las olas batalleras.

Me encontraré con el sol,
me encontraré con la estrella,
me encontraré al que se vaya
y me encontraré al que venga.

Seremos los cinco iguales
en paz y en luz blancas, negras
la desnudez de lo igual
igualará la presencia.

Todo irá siendo lo que es
y todo de igual manera,
porque lo más que es lo más
no cambia su diferencia.

En la luz templada y una
llegaré con alma llena,
el pinar rumoreará
firme en la arena primera.

Animal de fondo

"La trasparencia, dios, la trasparencia"

    Dios del venir, te siento entre mis manos,
aquí estás enredado conmigo, en lucha hermosa
de amor, lo mismo
que un fuego con su aire.

    No eres mi redentor, ni eres mi ejemplo,
ni mi padre, ni mi hijo, ni mi hermano;
eres igual y uno, eres distinto y todo;
eres dios de lo hermoso conseguido,
conciencia mía de lo hermoso.

    Yo nada tengo que purgar.
Toda mi impedimenta
no es sino fundación para este hoy
en que, al fin, te deseo;
porque estás ya a mi lado,
en mi eléctrica zona,
como está en el amor el amor lleno.

    Tú, esencia, eres conciencia; mi conciencia
y la de otros, la de todos,
con forma suma de conciencia
que la esencia es lo sumo,
es la forma suprema conseguible,
y tu esencia está en mí, como mi forma.

    Todos mis moldes, llenos
estuvieron de ti; pero tú, ahora,
no tienes molde, estás sin molde; eres la gracia
que no admite sostén,
que no admite corona,
que corona y sostiene siendo ingrave.

    Eres la gracia libre,

la gloria del gustar, la eterna simpatía,
el gozo del temblor, la luminaria
del clariver, el fondo del amor,
el horizonte que no quita nada;
la trasparencia, dios, la trasparencia,
el uno al fin, dios ahora sólito en lo uno mío,
en el mundo que yo por ti y para ti he creado.

"Soy animal de fondo"

«En fondo de aire» (dije) «estoy»,
(dije) «soy animal de fondo de aire» (sobre tierra),
ahora sobre mar; pasado, como el aire, por un sol
que es carbón allá arriba, mi fuera, y me ilumina
con su carbón el ámbito segundo destinado.

Pero tú, dios, también estás en este fondo
y a esta luz ves, venida de otro astro;
tú estás y eres
lo grande y lo pequeño que yo soy,
en una proporción que es ésta mía,
infinita hacia un fondo
que es el pozo sagrado de mí mismo.

Y en este pozo estabas antes tú
con la flor, con la golondrina, el toro
y el agua; con la aurora
en un llegar carmín de vida renovada;
con el poniente, en un huir de oro de gloria.
En este pozo diario estabas tú conmigo,
conmigo niño, joven, mayor, y yo me ahogaba
sin saberte, me ahogaba sin pensar en ti.
Este pozo que era, sólo y nada más ni menos,
que el centro de la tierra y de su vida.

Y tú eras en el pozo májico el destino
de todos los destinos de la sensualidad hermosa
que sabe que el gozar en plenitud

de conciencia amadora,
es la virtud mayor que nos trasciende.

    Lo eras para hacerme pensar que tú eras tú,
para hacerme sentir que yo era tú,
para hacerme gozar que tú eras yo,
para hacerme gritar que yo era yo
en el fondo de aire en donde estoy,
donde soy animal de fondo de aire
con alas que no vuelan en el aire,
que vuelan en la luz de la conciencia
mayor que todo el sueño
de eternidades e infinitos
que están después, sin más que ahora yo, del aire.

Pájinas escojidas. Selección y nota preliminar de Ricardo Gullón. Madrid: Gredos, 1974.

FEDERICO GARCÍA LORCA (1898-1936)

Yerma

PERSONAJES

Yerma	Hembra
María	Cuñada primera
Vieja pagana	Cuñada segunda
Dolores	Mujer primera
Lavandera primera	Mujer segunda
Lavandera segunda	Juan
Lavandera tercera	Víctor
Lavandera cuarta	Macho
Lavandera quinta	Hombre primero
Lavandera sexta	Hombre segundo
Muchacha primera	Hombre tercero
Muchacha segunda	Niños

ACTO PRIMERO

CUADRO PRIMERO

Al levantarse el telón está Yerma dormida con un tabaque[1] de costura a los pies. La escena tiene una extraña luz de sueño. Un pastor sale de puntillas mirando fijamente a Yerma. Lleva de la mano un niño vestido de blanco. Suena el reloj. Cuando sale el pastor, la luz se cambia por una alegre luz de mañana de primavera. Yerma se despierta.

Canto.– *(Voz dentro.)*

A la nana, nana, nana,
a la nanita le haremos

---

[1]cestillo de mimbre.

una chocita en el campo
y en ella nos meteremos.

Yerma.—Juan. ¿Me oyes? Juan.

Juan.—Voy.

Yerma.—Ya es la hora.

Juan.—¿Pasaron las yuntas?

Yerma.—Ya pasaron.

Juan.—Hasta luego. *(Va a salir.)*

Yerma.—¿No tomas un vaso de leche?

Juan.—¿Para qué?

Yerma.—Trabajas mucho y no tienes tú cuerpo para resistir los trabajos.

Juan.—Cuando los hombres se quedan enjutos se ponen fuertes como el acero.

Yerma.—Pero tú no. Cuando nos casamos eras otro. Ahora tienes la cara blanca como si no te diera en ella el sol. A mí me gustaría que fueras al río y nadaras, y que te subieras al tejado cuando la lluvia cala nuestra vivienda. Veinticuatro meses llevamos casados y tú cada vez más triste, más enjuto, como si crecieras al revés.

Juan.—¿Has acabado?

Yerma.—*(Levantándose.)* No lo tomes a mal. Si yo estuviera enferma me gustaría que tú me cuidases. «Mi mujer está enferma: voy a matar este cordero para hacerle un buen guiso de carne. Mi mujer está enferma: voy a guardar esta enjundia de gallina para aliviar su pecho; voy a llevarle esta piel de oveja para guardar sus pies de la nieve.» Así soy yo. Por eso te cuido.

Juan.—Y yo te lo agradezco.

Yerma.—Pero no te dejas cuidar.

Juan.—Es que no tengo nada. Todas esas cosas son suposiciones tuyas. Trabajo mucho. Cada año seré más viejo.

Yerma.—Cada año... Tú y yo seguiremos aquí cada año...

Juan.—*(Sonriente.)* Naturalmente. Y bien sosegados. Las cosas de la labor van bien, no tenemos hijos que gasten.

Yerma.—No tenemos hijos... ¡Juan!

Juan.—Dime.

Yerma.—¿Es que yo no te quiero a ti?

Juan.—Me quieres.

Yerma.—Yo conozco muchachas que han temblado y que lloraron antes de entrar en la cama con sus maridos. ¿Lloré yo la primera vez que me acosté contigo? ¿No cantaba al levantar los embozos de holanda? ¿Y no te dije: «¡Cómo huelen a manzana estas ropas!»?

Juan.—¡Eso dijiste!

Yerma.—Mi madre lloró porque no sentí separarme de ella. ¡Y era verdad! Nadie se casó con más alegría. Y sin embargo...

Juan.—Calla.

Yerma.—Y sin embargo...

Juan.—Calla. Demasiado trabajo tengo yo con oír en todo momento...

Yerma.—No. No me repitas lo que dicen. Yo veo por mis ojos que eso no puede ser... A fuerza de caer la lluvia sobre las piedras éstas se ablandan y hacen crecer jaramagos, que las gentes dicen que no sirven para nada. Los jaramagos no sirven para nada, pero yo bien los veo mover sus flores amarillas en el aire.

Juan.—¡Hay que esperar!

Yerma.—¡Sí, queriendo! *(Yerma abraza y besa al marido tomando ella la iniciativa.)*

Juan.—Si necesitas algo me lo dices y lo traeré. Ya sabes que no me gusta que salgas.

Yerma.—Nunca salgo.

Juan.—Estás mejor aquí.

Yerma.—Sí.

Juan.—La calle es para la gente desocupada.

Yerma.—*(Sombría.)* Claro. *(El marido sale y Yerma se dirige a la costura, se pasa la mano por el vientre, alza los brazos en un hermoso bostezo y se sienta a coser.)*

> ¿De dónde vienes, amor, mi niño?
> «De la cresta del duro frío.»
> ¿Qué necesitas, amor, mi niño?
> «La tibia tela de tu vestido.» *(Enhebra la aguja.)*
> ¡Que se agiten las ramas al sol
> y salten las fuentes alrededor! *(Como si hablara con un niño.)*
> En el patio ladra el perro,
> en los árboles canta el viento.
> Los bueyes mugen al boyero
> y la luna me riza los cabellos.
> ¿Qué pides, niño, desde tan lejos? *(Pausa.)*
> «Los blancos montes que hay en tu pecho.»
> ¡Que se agiten las ramas al sol
> y salten las fuentes alrededor! *(Cosiendo.)*
> Te diré, niño mío, que sí.
> Tronchada y rota soy para ti.

¡Cómo me duele esta cintura
donde tendrás primera cuna!
¿Cuándo, mi niño, vas a venir? *(Pausa.)*
«Cuando tu carne huela a jazmín.»
¡Que se agiten las ramas al sol
y salten las fuentes alrededor! *(Yerma queda cantando.*
Por la puerta entra María, que viene con un lío de ropa.)
¿De dónde vienes?

María.—De la tienda.

Yerma.—¿De la tienda tan temprano?

María.—Por mi gusto hubiera esperado en la puerta a que abrieran. ¿Y a que no sabes lo que he comprado?

Yerma.—Habrás comprado café para el desayuno, azúcar, los panes.

María.—No. He comprado encajes, tres varas de hilo, cintas y lana de color para hacer madroños. El dinero lo tenía mi marido y me lo ha dado él mismo.

Yerma.—Te vas a hacer una blusa.

María.—No, es porque... ¿sabes?

Yerma.—¿Qué?

María.—Porque ¡ya ha llegado! *(Queda con la cabeza baja. Yerma se levanta y queda mirándola con admiración.)*

Yerma.—¡A los cinco meses!

María.—Sí.

Yerma.—¿Te has dado cuenta de ello?

María.—Naturalmente.

Yerma.—*(Con curiosidad.)* ¿Y qué sientes?

María.—No sé. Angustia.

Yerma.—Angustia. *(Agarrada a ella.)* Pero... ¿cuándo llegó? Dime... Tú estabas descuidada...

María.—Sí, descuidada.

Yerma.—Estarías cantando, ¿verdad? Yo canto. ¿Tú?.... dime.

María.—No me preguntes. ¿No has tenido nunca un pájaro vivo apretado en la mano?

Yerma.—Sí.

María.—Pues lo mismo..., pero por dentro de la sangre.

Yerma.—¡Qué hermosura! *(La mira extraviada.)*

María.—Estoy aturdida. No sé nada.

Yerma.—¿De qué?

María.—De lo que tengo que hacer. Le preguntaré a mi madre.

Yerma.—¿Para qué? Ya está vieja y habrá olvidado estas cosas. No andes mucho y cuando respires respira tan suave como si tuvieras una rosa entre los dientes.

María.—Oye, dicen que más adelante te empuja suavemente con las piernecitas.

Yerma.—Y entonces es cuando se le quiere más, cuando se dice ya ¡mi hijo!

María.—En medio de todo tengo vergüenza.

Yerma.—¿Qué ha dicho tu marido?

María.—Nada.

Yerma.—¿Te quiere mucho?

María.—No me lo dice, pero se pone junto a mí y sus ojos tiemblan como dos hojas verdes.

Yerma.—¿Sabía él que tú...?

María.—Sí.

Yerma.—¿Y por qué lo sabía?

María.—No sé. Pero la noche que nos casamos me lo decía constantemente con su boca puesta en mi mejilla, tanto que a mí me parece que mi niño es un palomo de lumbre que él me deslizó por la oreja.

Yerma.—¡Dichosa!

María.—Pero tú estás más enterada de esto que yo.

Yerma.—¿De qué me sirve?

María.—¡Es verdad! ¿Por qué será eso? De todas las novias de tu tiempo tú eres la única...

Yerma.—Es así. Claro que todavía es tiempo. Elena tardó tres años, y otras antiguas, del tiempo de mi madre, mucho más, pero dos años y veinte días, como yo, es demasiada espera. Pienso que no es justo que yo me consuma aquí. Muchas veces salgo descalza al patio para pisar la tierra, no sé por qué. Si sigo así, acabaré volviéndome mala.

María.—Pero ven acá, criatura. Hablas como si fueras una vieja. ¡Qué digo! Nadie puede quejarse de estas cosas. Una hermana de mi madre lo tuvo a los catorce años, ¡y si vieras qué hermosura de niño!

Yerma.—*(Con ansiedad.)* ¿Qué hacía?

María.—Lloraba como un torito, con la fuerza de mil cigarras cantando a la vez, y nos orinaba y nos tiraba de las trenzas y, cuando tuvo cuatro meses, nos llenaba la cara de arañazos.

Yerma.—*(Riendo.)* Pero esas cosas no duelen.

María.—Te diré.

Yerma.—¡Bah! Yo he visto a mi hermana dar de mamar a su niño con el pecho lleno de grietas y le producía un gran dolor, pero era un dolor fresco, bueno, necesario para la salud.

María.—Dicen que con los hijos se sufre mucho.

Yerma.—Mentira. Eso lo dicen las madres débiles, las quejumbrosas. ¿Para qué los tienen? Tener un hijo no es tener un ramo de rosas. Hemos de sufrir para verlos crecer. Yo pienso que se nos va la mitad de nuestra sangre. Pero esto es bueno, sano, hermoso. Cada mujer tiene sangre para cuatro o cinco hijos, y cuando no los tienen se les vuelve veneno, como me va a pasar a mí.

María.—No sé lo que tengo.

Yerma.—Siempre oí decir que las primerizas tienen susto.

María.—*(Tímida.)* Veremos... Como tú coses tan bien...

Yerma.—*(Cogiendo el lío.)* Trae. Te cortaré los trajecitos. ¿Y esto?

María.—Son los pañales.

Yerma.—Bien. *(Se sienta.)*

María.—Entonces... Hasta luego. *(Se acerca y Yerma le coge amorosamente el vientre con las manos.)*

Yerma.—No corras por las piedras de la calle.

María.—Adiós. *(La besa. Sale.)*

Yerma.—Vuelve pronto. *(Yerma queda en la misma actitud que al principio. Coge las tijeras y empieza a cortar. Sale Víctor.)* Adiós, Víctor.

Víctor.—*(Es profundo y lleva firme gravedad.)* ¿Y Juan?

Yerma.—En el campo.

Víctor.—¿Qué coses?

Yerma.—Corto unos pañales.

Víctor.—*(Sonriente.)* ¡Vamos!

Yerma.—*(Ríe.)* Los voy a rodear de encajes.

Víctor.—Si es niña le pondrás tu nombre.

Yerma.—*(Temblando.)* ¿Cómo?...

Víctor.—Me alegro por ti.

Yerma.—*(Casi ahogada.)* No, no son para mí. Son para el hijo de María.

Víctor.—Bueno, pues a ver si con el ejemplo te animas. En esta casa hace falta un niño.

Yerma.—*(Con angustia.)* ¡Hace falta!

Víctor.—Pues adelante. Dile a tu marido que piense menos en el trabajo. Quiere juntar dinero y lo juntará, pero ¿a quién lo va a dejar cuando se muera? Yo me voy con las ovejas. Dile a Juan que recoja las dos que me compró y, en cuanto a lo otro..., ¡que ahonde! *(Se va sonriente.)*

Yerma.—*(Con pasión.)* Eso; ¡que ahonde! *(Yerma, que en actitud pensativa se levanta y acude al sitio donde ha estado Víctor y respira fuertemente como si respirara aire de montaña, después va al otro lado de la habitación, como buscando algo, y de allí vuelve a sentarse y coge otra vez la costura. Comienza a coser y queda con los ojos fijos en un punto.)*

Te diré, niño mío, que sí.
Tronchada y rota soy para ti.
¡Cómo me duele esta cintura
donde tendrás primera cuna!
«¿Cuándo, mi niño, vas a venir?
¡Cuando tu carne huela a jazmín!»

TELÓN

CUADRO SEGUNDO

Campo. Sale Yerma. Trae una cesta.
(Sale la Vieja primera.)

Yerma.—Buenos días.

Vieja.—Buenos los tenga la hermosa muchacha. ¿Dónde vas?

Yerma.—Vengo de llevar la comida a mi esposo, que trabaja en los olivos.

Vieja.—¿Llevas mucho tiempo casada?

Yerma.—Tres años.

Vieja.—¿Tienes hijos?

Yerma.—No.

Vieja.—¡Bah! ¡Ya tendrás!

Yerma.—*(Con ansia.)* ¿Usted lo cree?

Vieja.—¿Por qué no? *(Se sienta.)* También yo vengo de traer la comida a mi esposo. Es viejo. Todavía trabaja. Tengo nueve hijos como nueve soles, pero, como ninguno es hembra, aquí me tienes a mí de un lado para otro.

Yerma.—Usted vive al otro lado del río.

Vieja.—Sí. En los molinos. ¿De qué familia eres tú?

Yerma.—Yo soy hija de Enrique el pastor.

Vieja.—¡Ah! Enrique el pastor. Lo conocí. Buena gente. Levantarse, sudar, comer unos panes y morirse. Ni más juego, ni más nada. Las ferias para otros. Criaturas de silencio. Pude haberme casado con un tío tuyo. Pero ¡ca! Yo he sido una mujer de faldas en el aire, he ido flechada a la tajada de melón, a la fiesta, a la torta de azúcar. Muchas veces me he asomado de madrugada a la puerta creyendo oír música de bandurrias que iba, que venía, pero era el aire. *(Ríe.)* Te vas a reír de mí. He tenido dos maridos, catorce hijos, seis murieron y sin embargo no estoy triste y quisiera vivir mucho más. Es lo que digo yo: Las higueras, ¡cuánto duran!; las casas, ¡cuánto duran!; y sólo nosotras, las endemoniadas mujeres, nos hacemos polvo por cualquier cosa.

Yerma.—Yo quisiera hacerle una pregunta.

Vieja.—¿A ver? *(La mira.)* Ya sé lo que me vas a decir. De estas cosas no se puede decir palabra. *(Se levanta.)*

Yerma.—*(Deteniéndola.)* ¿Por qué no? Me ha dado confianza el oírla hablar. Hace tiempo estoy deseando tener conversaciones con mujer vieja. Porque yo quiero enterarme. Sí. Usted me dirá...

Vieja.—¿Qué?

Yerma.—*(Bajando la voz.)* Lo que usted sabe. ¿Por qué estoy yo seca? ¿Me he de quedar en plena vida para cuidar aves o poner cortinitas planchadas en mi ventanillo? No. Usted me ha de decir lo que tengo que hacer, que yo haré lo que sea, aunque me mande clavarme agujas en el sitio más débil de mis ojos.

Vieja.—¿Yo? Yo no sé nada. Yo me he puesto boca arriba y he comenzado a cantar. Los hijos llegan como el agua. ¡Ay! ¿Quién puede decir que este cuerpo que tienes no es hermoso? Pisas y al fondo de la calle relincha el caballo. ¡Ay! Déjame, muchacha, no me hagas hablar. Pienso muchas ideas que no quiero decir.

Yerma.—¿Por qué? Con mi marido no hablo de otra cosa.

Vieja.—Oye. ¿A ti te gusta tu marido?

Yerma.—¿Cómo?

Vieja.—¿Que si lo quieres? ¿Si deseas estar con él?...

Yerma.—No sé.

Vieja.—¿No tiemblas cuando se acerca a ti? ¿No te da así como un sueño cuando acerca sus labios? Dime.

Yerma.—No. No lo he sentido nunca.

Vieja.—¿Nunca? ¿Ni cuando has bailado?

Yerma.—*(Recordando.)* Quizá... Una vez... Víctor...

Vieja.—Sigue.

Yerma.—Me cogió de la cintura y no pude decirle nada porque no podía hablar. Otra vez, el mismo Víctor, teniendo yo catorce años (él era un zagalón), me cogió en sus brazos para saltar una acequia y me entró un temblor que me sonaron los dientes. Pero es que yo he sido vergonzosa.

Vieja.—¿Y con tu marido?.

Yerma.—Mi marido es otra cosa. Me lo dio mi padre y yo lo acepté. Con alegría. Esta es la pura verdad. Pues el primer día que me puse novia con él ya pensé... en los hijos. Y me miraba en sus ojos. Sí, pero era para verme muy chica, muy manejable, como si yo misma fuera hija mía.

Vieja.—Todo lo contrario que yo. Quizá por eso no hayas parido a tiempo. Los hombres tienen que gustar, muchacha. Han de deshacernos las trenzas y darnos de beber agua en su misma boca. Así corre el mundo.

Yerma.—El tuyo, que el mío, no. Yo pienso muchas cosas, muchas, y estoy segura que las cosas que pienso las ha de realizar mi hijo. Yo me entregué a mi marido por él, y me sigo entregando para ver si llega, pero nunca por divertirme.

Vieja.—¡Y resulta que estás vacía!

Yerma.—No, vacía no, porque me estoy llenando de odio. Dime, ¿tengo yo la culpa? ¿Es preciso buscar en el hombre el hombre nada más? Entonces, ¿qué vas a pensar cuando te deja en la cama con los ojos tristes mirando al techo y da media vuelta y se duerme? ¿He de quedarme pensando en él o en lo que puede salir relumbrando de mi pecho? Yo no sé, pero dímelo tú, por caridad. *(Se arrodilla.)*

Vieja.—¡Ay, qué flor abierta! ¡Qué criatura tan hermosa eres! Déjame. No me hagas hablar más. No quiero hablarte más. Son asuntos de honra y yo no quemo la honra de nadie. Tú sabrás. De todos modos, debías ser menos inocente.

Yerma.—*(Triste.)* Las muchachas que se crían en el campo, como yo, tienen cerradas todas las puertas. Todo se vuelve medias palabras, gestos, porque todas estas cosas dicen que no se pueden saber. Y tú también, tú también te callas y te vas con aire de doctora, sabiéndolo todo, pero negándolo a la que se muere de sed.

Vieja.—A otra mujer serena yo le hablaría. A ti, no. Soy vieja y sé lo que digo.

Yerma.—Entonces, que Dios me ampare.

Vieja.—Dios, no. A mí no me ha gustado nunca Dios. ¿Cuándo os vais a dar cuenta de que no existe? Son los hombres los que te tienen que amparar.

Yerma.—Pero ¿por qué me dices eso?, ¿por qué?

Vieja.—*(Yéndose.)* Aunque debía haber Dios, aunque fuera pequeñito, para que mandara rayos contra los hombres de simiente podrida que encharcan la alegría de los campos.

Yerma.—No sé lo que me quieres decir.

Vieja.—*(Sigue.)* Bueno, yo me entiendo. No pases tristeza. Espera en firme. Eres muy joven todavía. ¿Qué quieres que haga yo? *(Se va.)*

(Aparecen dos Muchachas.)

Muchacha 1ª.—Por todas partes nos vamos encontrando gente.

Yerma.—Con las faenas los hombres están en los olivos, hay que traerles de comer. No quedan en las casas más que los ancianos.

Muchacha 2ª.—¿Tú regresas al pueblo?

Yerma.—Hacia allá voy.

Muchacha 1ª.—Yo llevo mucha prisa. Me dejé al niño dormido y no hay nadie en casa.

Yerma.—Pues aligera, mujer. Los niños no se pueden dejar solos. ¿Hay cerdos en tu casa?

Muchacha 1ª.—No. Pero tienes razón. Voy deprisa.

Yerma.—Anda. Así pasan las cosas. Seguramente lo has dejado encerrado.

Muchacha 1ª.—Es natural.

Yerma.—Sí, pero es que no os dais cuenta de lo que es un niño pequeño. La causa que nos parece más inofensiva puede acabar con él. Una agujita, un sorbo de agua.

Muchacha 1ª.—Tienes razón. Voy corriendo. Es que no me doy bien cuenta de las cosas

Yerma.—Anda.

Muchacha 2ª.—Si tuvieras cuatro o cinco, no hablarías así.

Yerma.—¿Por qué? Aunque tuviera cuarenta.

Muchacha 2ª.—De todos modos, tú y yo, con no tenerlos, vivimos más tranquilas.

Yerma.—Yo, no.

Muchacha 2ª.—Yo, sí. ¡Qué afán! En cambio mi madre no hace más que darme yerbajos para que los tenga y en octubre iremos al Santo, que dicen los da a la que los pide con ansia. Mi madre pedirá. Yo, no.

Yerma.—¿Por qué te has casado?

Muchacha 2ª.—Porque me han casado. Se casan todas. Si seguimos así, no va a haber solteras más que las niñas. Bueno, y además..., una se casa en realidad mucho antes de ir a la iglesia. Pero las viejas se empeñan en todas estas cosas. Yo tengo diecinueve años y no me gusta guisar, ni lavar. Bueno, pues todo el día he de estar haciendo lo que no me gusta. ¿Y para qué? ¿Qué necesidad tiene mi marido de ser mi marido? Porque lo mismo hacíamos de novios que ahora. Tonterías de los viejos.

Yerma.—Calla, no digas esas cosas.

Muchacha 2ª.—También tú me dirás loca. «¡La loca, la loca!» *(Ríe.)* Yo te puedo decir lo único que he aprendido en la vida: toda la gente está metida dentro de sus casas haciendo lo que no les gusta. Cuánto mejor se está en medio de la calle. Ya voy al arroyo, ya subo a tocar las campanas, ya me tomo un refresco de anís.

Yerma.—Eres una niña.

Muchacha 2ª.—Claro, pero no estoy loca. *(Ríe.)*

Yerma.—¿Tu madre vive en la parte más alta del pueblo?

Muchacha 2ª.—Sí.

Yerma.—En la última casa.

Muchacha 2ª.—Sí.

Yerma.—¿Cómo se llama?

Muchacha 2ª.—Dolores. ¿Por qué preguntas?

Yerma.—Por nada.

Muchacha 2ª.—Por algo preguntarás.

Yerma.—No sé... Es un decir...

Muchacha 2ª.—Allá tú... Mira, me voy a dar la comida a mi marido. *(Ríe.)* Es lo que hay que ver. ¡Qué lástima no poder decir mi novio! ¿Verdad? *(Se va riendo alegremente.)* ¡Adiós!

Voz.—*[Cantando.]* ¿Por qué duermes solo, pastor?
En mi colcha de lana
dormirías mejor.

Yerma.— ¿Por qué duermes solo, pastor?
En mi colcha de lana
dormirías mejor. *(Escuchando.)*

[Voz].— Tu colcha de oscura piedra, pastor,
y tu camisa de escarcha, pastor,
juncos grises del invierno
en la noche de tu cama.
Los robles ponen agujas, pastor,
debajo de tu almohada,   pastor,
y si oyes voz de mujer
es la rota voz del agua, pastor, pastor.
¿Qué quiere el monte de ti, pastor?
Monte de hierbas amargas.
¿Qué niño te está matando?
¡La espina de la retama! *(Va a salir y se tropieza con Víctor, que entra.)*

Víctor.—*(Alegre.)* ¿Dónde va lo hermoso?

Yerma.—¿Cantabas tú?

Víctor.—Yo.

Yerma.—¡Qué bien! Nunca te había sentido.

Víctor.—¿No?

Yerma.—Y qué voz tan pujante. Parece un chorro de agua que te llena toda la boca.

Víctor.—Soy alegre.

Yerma.—Es verdad.

Víctor.—Como tú triste.

Yerma.—No soy triste. Es que tengo motivos para estarlo.

Víctor.—Y tu marido más triste que tú.

Yerma.—Él sí. Tiene un carácter seco.

Víctor.—Siempre fue igual. *(Pausa. Yerma está sentada.)* ¿Viniste a traer la comida?

Yerma.—Sí. *(Lo mira. Pausa.)* ¿Qué tienes aquí? *(Señala la cara.)*

Víctor.—¿Dónde?

Yerma.—*(Se levanta y se acerca a Víctor.)* Aquí..., en la mejilla, como una quemadura.

Víctor.—No es nada.

Yerma.—Me había parecido.

(Pausa.)

Víctor.—Debe ser el sol...

Yerma.—Quizá...

(Pausa. El silencio se acentúa y sin el menor gesto comienza una lucha entre los dos personajes.)

Yerma.—*(Temblando.)* ¿Oyes?

Víctor.—¿Qué?

Yerma.—¿No sientes llorar?

Víctor.—*(Escuchando.)* No.

Yerma.—Me había parecido que lloraba un niño.

Víctor.—¿Sí?

Yerma.—Muy cerca. Y lloraba como ahogado.

Víctor.—Por aquí hay siempre muchos niños que vienen a robar fruta.

Yerma.—No. Es la voz de un niño pequeño.

(Pausa.)

Víctor.—No oigo nada.

Yerma.—Serán ilusiones mías.

(Lo mira fijamente y Víctor la mira también y desvía la mirada lentamente, como con miedo.)

(Sale Juan.)

Juan.—¿Qué haces todavía aquí?

Yerma.—Hablaba.

Víctor.—Salud. *(Sale.)*

Juan.—Debías estar en casa.

Yerma.—Me entretuve.

Juan.—No comprendo en qué te has entretenido.

Yerma.—Oí cantar los pájaros.

Juan.—Está bien. Así darás que hablar a las gentes.

Yerma.—*(Fuerte.)* Juan, ¿qué piensas?

Juan.—No lo digo por ti, lo digo por las gentes.

Yerma.—Puñalada que les den a las gentes.

Juan.—No maldigas. Está feo en una mujer.

Yerma.—Ojalá fuera yo una mujer.

Juan.—Vamos a dejarnos de conversación. Vete a la casa. *(Pausa.)*

Yerma.—Está bien. ¿Te espero?

Juan.—No. Estaré toda la noche regando. Viene poca agua, es mía hasta la salida del sol y tengo que defenderla de los ladrones. Te acuestas y te duermes.

Yerma.—*(Dramática.)* ¡Me dormiré! *(Sale.)*

TELÓN

ACTO SEGUNDO

CUADRO PRIMERO

Torrente donde lavan las mujeres del pueblo. Las lavanderas están situadas en varios planos.

(Canto a telón corrido.)

> En el arroyo claro
> lavo tu cinta.
> Como un jazmín caliente
> tienes la risa.

Lavandera 1ª.—A mí no me gusta hablar.

Lavandera 3ª.—Pero aquí se habla.

Lavandera 4ª.—Y no hay mal en ello.

Lavandera 5ª.—La que quiera honra, que la gane.

Lavandera 4ª.—   Yo planté un tomillo,
> yo lo vi crecer.
> El que quiera honra,
> que se porte bien. *(Ríen.)*

Lavandera 5ª.—Así se habla.

Lavandera 1ª.—Pero es que nunca se sabe nada.

Lavandera 4ª.—Lo cierto es que el marido se ha llevado a vivir con ellos a sus dos hermanas.

Lavandera 5ª.—¿Las solteras?

Lavandera 4ª.—Sí. Estaban encargadas de cuidar la iglesia y ahora cuidarán de su cuñada. Yo no podría vivir con ellas.

Lavandera 1ª.—¿Por qué?

Lavandera 4ª.—Porque dan miedo. Son como esas hojas grandes que nacen de pronto sobre los sepulcros. Están untadas con cera. Son metidas hacia dentro. Se me figura que guisan su comida con el aceite de las lámparas.

Lavandera 3ª.—¿Y están ya en la casa?

Lavandera 4ª.—Desde ayer. El marido sale otra vez a sus tierras.

Lavandera 1ª.—¿Pero se puede saber lo que ha ocurrido?

Lavandera 5ª.—Anteanoche ella la pasó sentada en el tranco, a pesar del frío.

Lavandera 1ª.—Pero, ¿por qué?

Lavandera 4ª.—Le cuesta trabajo estar en su casa.

Lavandera 5ª.—Estas machorras son así. Cuando podían estar haciendo encajes o confituras de manzanas, les gusta subirse al tejado y andar descalzas por esos ríos.

Lavandera 1ª.—¿Quién eres tú para decir estas cosas? Ella no tiene hijos, pero no es por culpa suya.

Lavandera 4ª.—Tiene hijos la que quiere tenerlos. Es que las regalonas, las flojas, las endulzadas, no son a propósito para llevar el vientre arrugado.

(Ríen.)

Lavandera 3ª.—Y se echan polvos de blancura y colorete y se prenden ramos de adelfa en busca de otro que no es su marido.

Lavandera 5ª.—¡No hay otra verdad!

Lavandera 1ª.—Pero ¿vosotras la habéis visto con otro?

Lavandera 4ª.—Nosotras no, pero las gentes sí.

Lavandera 1ª.—¡Siempre las gentes!

Lavandera 5ª.—Dicen que en dos ocasiones.

Lavandera 2ª.—¿Y qué hacían?

Lavandera 4ª.—Hablaban.

Lavandera 1ª.—Hablar no es pecado.

Lavandera 4ª.—Hay una cosa en el mundo que es la mirada. Mi madre lo decía. No es lo mismo una mujer mirando a unas rosas que una mujer mirando a los muslos de un hombre. Ella lo mira.

Lavandera 1ª.—¿Pero a quién?

Lavandera 4ª.—A uno. ¿Lo oyes? Entérate tú. ¿Quieres que lo diga más alto? *(Risas.)* Y cuando no lo mira, porque está sola, porque no lo tiene delante, lo lleva retratado en los ojos.

Lavandera 1ª.—¡Eso es mentira! *(Algazara.)*

Lavandera 5ª.—¿Y el marido?

Lavandera 3ª.—El marido está como sordo. Parado como un lagarto puesto al sol. *(Ríen.)*

Lavandera 1ª.—Todo esto se arreglaría si tuvieran criaturas.

Lavandera 2ª.—Todo esto son cuestiones de gente que no tiene conformidad con su sino.

Lavandera 4ª.—Cada hora que transcurre aumenta el infierno en aquella casa. Ella y las cuñadas, sin despegar los labios, blanquean todo el día las paredes, friegan los cobres, limpian con vaho los cristales, dan aceite a la solería. Pues, cuando más relumbra la vivienda, más arde por dentro.

Lavandera 1ª.—Él tiene la culpa, él. Cuando un padre no da hijos debe cuidar de su mujer.

Lavandera 4ª.—La culpa es de ella, que tiene por lengua un pedernal.

Lavandera 1ª.—¿Qué demonio se te ha metido entre los cabellos para que hables así?

Lavandera 4ª.—¿Y quién ha dado licencia a tu boca para que me des consejos?

Lavandera 5ª.—¡Callar! *(Risas.)*

Lavandera 1ª.—Con una aguja de hacer calceta ensartaría yo las lenguas murmuradoras.

Lavandera 5ª.—¡Calla!

Lavandera 4ª.—Y yo la tapa del pecho de las fingidas.

Lavandera 5ª.—Silencio. ¿No veis que por ahí vienen las cuñadas?

(Murmullos. Entran las dos cuñadas de Yerma. Van vestidas de luto. Se ponen a lavar en medio de un silencio. Se oyen esquilas.)

Lavandera 1ª.—¿Se van ya los zagales?

Lavandera 3ª.—Sí, ahora salen todos los rebaños.

Lavandera 4ª.—*(Respirando.)* Me gusta el olor de las ovejas.

Lavandera 3ª.—¿Sí?

Lavandera 4ª.—¿Y por qué no? Olor de lo que una tiene. Como me gusta el olor del fango rojo que trae el río por el invierno.

Lavandera 3ª.—Caprichos.

Lavandera 5ª.—*(Mirando.)* Van juntos todos los rebaños.

Lavandera 4ª.—Es una inundación de lana. Arramblan con todo. Si los trigos verdes tuvieran cabeza, temblarían de verlos venir.

Lavandera 3ª.—¡Mira cómo corren! ¡Qué manada de enemigos!

Lavandera 1ª.—Ya salieron todos, no falta uno.

Lavandera 4ª.—A ver... No... sí, sí falta uno.

Lavandera 5ª.—¿Cuál?...

Lavandera 4ª.—El de Víctor.

(Las dos cuñadas se yerguen y miran.)

(Cantando.)

En el arroyo frío
lavo tu cinta.
Como un jazmín caliente
tienes la risa.
Quiero vivir
en la nevada chica
de ese jazmín.

Lavandera 1ª.—   ¡Ay de la casada seca!
¡Ay de la que tiene los pechos de arena!

Lavandera 5ª.—   Dime si tu marido
guarda semilla
para que el agua cante
por tu camisa.

Lavandera 4ª.—   Es tu camisa
nave de plata y viento
por las orillas.

Lavandera 3ª.—   Las ropas de mi niño
vengo a lavar,
para que tome el agua
lecciones de cristal.

Lavandera 2ª.—   Por el monte ya llega
mi marido a comer.
Él me trae una rosa
y yo le doy tres.

Lavandera 5ª.—   Por el llano ya vino
mi marido a cenar.
Las brasas que me entrega
cubro con arrayán.

Lavandera 4ª.—   Por el aire ya viene
mi marido a dormir.
Yo alhelíes rojos
y él rojo alhelí.

Lavandera 3ª.—	Hay que juntar flor con flor
	cuando el verano seca la sangre al segador.
Lavandera 4ª.—	Y abrir el vientre a pájaros sin sueño
	cuando a la puerta llama temblando el invierno.
Lavandera 1ª.—	Hay que gemir en la sábana.
Lavandera 4ª.—	¡Y hay que cantar!
Lavandera 5ª.—	Cuando el hombre nos trae
	la corona y el pan.
Lavandera 4ª.—	Porque los brazos se enlazan.
Lavandera 5ª.—	Porque la luz se nos quiebra en la garganta.
Lavandera 4ª.—	Porque se endulza el tallo de las ramas.
Lavandera 5ª.—	Y las tiendas del viento cubran a las montañas.
Lavandera 6ª.—_(Apareciendo en lo alto del torrente.)_	
	Para que un niño funda
	yertos vidrios del alba.
Lavandera 4ª.—	Y nuestro cuerpo tiene
	ramas furiosas de coral.
Lavandera 5ª.—	Para que haya remeros
	en las aguas del mar.
Lavandera 1ª.—	Un niño pequeño, un niño.
Lavandera 2ª.—	Y las palomas abren las alas y el pico.
Lavandera 3ª.—	Un niño que gime, un hijo.
Lavandera 4ª.—	Y los hombres avanzan
	como ciervos heridos.
Lavandera 5ª.—	¡Alegría, alegría, alegría
	del vientre redondo bajo la camisa!
Lavandera 2ª.—	¡Alegría, alegría, alegría,
	ombligo, cáliz tierno de maravilla!
Lavandera 1ª.—	¡Pero ay de la casada seca!
	¡Ay de la que tiene los pechos de arena!
Lavandera 4ª.—	¡Que relumbre!
Lavandera 5ª.—	¡Que corra!
Lavandera 4ª.—	¡Que vuelva a relumbrar!
Lavandera 3ª.—	¡Que cante!
Lavandera 2ª.—	¡Que se esconda!
Lavandera 3ª.—	Y que vuelva a cantar.
Lavandera 6ª.—	La aurora que mi niño
	lleva en el delantal.

(Cantan todas a coro.)

En el arroyo frío
lavo tu cinta.
Como un jazmín caliente
tienes la risa.
¡Ja, ja, ja!

(Mueven los paños con ritmo y los golpean.)

TELÓN

CUADRO SEGUNDO

Casa de Yerma. Atardece. Juan está sentado. Las dos hermanas de pie.

Juan.—¿Dices que salió hace poco? *(La hermana mayor contesta con la cabeza.)* Debe estar en la fuente. Pero ya sabéis que no me gusta que salga sola. *(Pausa.)* Puedes poner la mesa. *(Mutis [de] la hermana menor.)* Bien ganado tengo el pan que como. *(A su hermana.)* Ayer pasé un día duro. Estuve podando los manzanos y a la caída de la tarde me puse a pensar para qué pondría yo tanta ilusión en la faena si no puedo llevarme una manzana a la boca. Estoy harto. *(Se pasa las manos por la cara. Pausa.)* Ésa no viene... Una de vosotras debía salir con ella, porque para eso estáis aquí comiendo en mi mantel y bebiendo mi vino. Mi vida está en el campo, pero mi honra está aquí. Y mi honra es también vuestra. *(La hermana inclina la cabeza.)* No lo tomes a mal. *(Entra Yerma con dos cántaros. Queda parada en la puerta.)* ¿Vienes de la fuente?

Yerma.—Para tener agua fresca en la comida. *(Mutis [de] la otra hermana.)* ¿Cómo están las tierras?

Juan.—Ayer estuve podando los árboles. *(Yerma deja los cántaros. Pausa.)*

Yerma.—¿Te quedarás?

Juan.—He de cuidar el ganado. Tú sabes que esto es cosa del dueño.

Yerma.—Lo sé muy bien. No lo repitas.

Juan.—Cada hombre tiene su vida.

Yerma.—Y cada mujer la suya. No te pido yo que te quedes. Aquí tengo todo lo que necesito. Tus hermanas me guardan bien. Pan tierno y requesón y cordero asado como yo aquí, y pasto lleno de rocío tus ganados en el monte. Creo que puedes vivir en paz.

Juan.—Para vivir en paz se necesita estar tranquilo.

Yerma.—Y tú no estás.

Juan.—No estoy.

Yerma.—Desvía la intención.

Juan.—¿Es que no conoces mi modo de ser? Las ovejas en el redil y las mujeres en su casa. Tú sales demasiado. ¿No me has oído decir esto siempre?

Yerma.—Justo. Las mujeres dentro de sus casas. Cuando las casas no son tumbas. Cuando las sillas se rompen y las sábanas de hilo se gastan con el uso. Pero aquí, no. Cada noche, cuando me acuesto, encuentro mi cama más nueva, más reluciente, como si estuviera recién traída de la ciudad.

Juan.—Tú misma reconoces que llevo razón al quejarme. ¡Que tengo motivos para estar alerta!

Yerma.—Alerta ¿de qué? En nada te ofendo. Vivo sumisa a ti y lo que sufro lo guardo pegado a mis carnes. Y cada día que pase será peor. Vamos a callarnos. Yo sabré llevar mi cruz como mejor pueda, pero no me preguntes nada. Si pudiera de pronto volverme vieja y tuviera la boca como una flor machacada, te podría sonreír y conllevar la vida contigo. Ahora, ahora, déjame con mis clavos.

Juan.—Hablas de una manera que yo no te entiendo. No te privo de nada. Mando a los pueblos vecinos por las cosas que te gustan. Yo tengo mis defectos, pero quiero tener paz y sosiego contigo. Quiero dormir fuera y pensar que tú duermes también.

Yerma.—Pero yo no duermo, yo no puedo dormir.

Juan.—¿Es que te falta algo? Dime. ¡Contesta!

Yerma.—*(Con intención y mirando fijamente al marido.)* Sí, me falta. *(Pausa.)*

Juan.—Siempre lo mismo. Hace ya más de cinco años. Yo casi lo estoy olvidando.

Yerma.—Pero yo no soy tú. Los hombres tienen otra vida: los ganados, los árboles, las conversaciones; y las mujeres no tenemos más que ésta de la cría y el cuido de la cría.

Juan.—Todo el mundo no es igual. ¿Por qué no te traes un hijo de tu hermano? Yo no me opongo.

Yerma.—No quiero cuidar hijos de otras. Me figuro que se me van a helar los brazos de tenerlos.

Juan.—Con este achaque vives alocada, sin pensar en lo que debías, y te empeñas en meter la cabeza por una roca.

Yerma.—Roca que es una infamia que sea roca, porque debía ser un canasto de flores y agua dulce.

Juan.—Estando a tu lado no se siente más que inquietud, desasosiego. En último caso debes resignarte.

Yerma.—Yo he venido a estas cuatro paredes para no resignarme. Cuando tenga la cabeza atada con un pañuelo para que no se me abra la boca, y las manos bien amarradas dentro del ataúd, en esa hora me habré resignado.

Juan.—Entonces, ¿qué quieres hacer?

Yerma.—Quiero beber agua y no hay vaso ni agua; quiero subir al monte y no tengo pies; quiero bordar mis enaguas y no encuentro los hilos.

Juan.—Lo que pasa es que no eres una mujer verdadera y buscas la ruina de un hombre sin voluntad.

Yerma.—Yo no sé quién soy. Déjame andar y desahogarme. En nada te he faltado.

Juan.—No me gusta que la gente me señale. Por eso quiero ver cerrada esa puerta y cada persona en su casa. *(Sale la hermana lentamente y se acerca a una alacena.)*

Yerma.—Hablar con la gente no es pecado.

Juan.—Pero puede parecerlo. *(Sale la otra hermana y se dirige a los cántaros, en los cuales llena una jarra.) (Bajando la voz.)* Yo no tengo fuerza para estas cosas. Cuando te den conversación, cierras la boca y piensas que eres una mujer casada.

Yerma.—*(Con asombroso.)* ¡Casada!

Juan.—Y que las familias tienen honra y la honra es una carga que se lleva entre todos. *(Mutis [de] la hermana con la jarra, lentamente.)* Pero que está oscura y débil en los mismos caños de la sangre. *(Mutis [de] la otra hermana con una fuente, de modo casi procesional.) (Pausa.)* Perdóname. *(Yerma mira a su marido; éste levanta la cabeza y se tropieza con la mirada.)* Aunque me miras de un modo que no debía decirte perdóname, sino obligarte, encerrarte, porque para eso soy el marido.

(Aparecen las dos hermanas en la puerta.)

Yerma.—Te ruego que no hables. Deja quieta la cuestión. *(Pausa.)*

Juan.—Vamos a comer. *(Entran las hermanas.)* ¿Me has oído?

Yerma.—*(Dulce.)* Come tú con tus hermanas. Yo no tengo hambre todavía.

Juan.—Lo que quieras. *(Mutis.)*

Yerma.—*(Como soñando.)*   ¡Ay, qué prado de pena!
¡Ay, qué puerta cerrada a la hermosura,
que pido un hijo que sufrir y el aire
me ofrece dalias de dormida luna!
Estos dos manantiales que yo tengo
de leche tibia, son en la espesura
de mi carne, dos pulsos de caballo,
que hacen latir la rama de mi angustia.

¡Ay pechos ciegos bajo mi vestido!
¡Ay palomas sin ojos ni blancura!
¡Ay, qué dolor de sangre prisionera
me está clavando avispas en la nuca!
Pero tú has de venir, amor, mi niño,
porque el agua da sal, la tierra fruta,
y nuestro vientre guarda tiernos hijos
como la nube lleva dulce lluvia.

(Mira hacia la puerta.) ¡María! ¿Por qué pasas tan deprisa por mi puerta?

María.—*(Entra con un niño en brazos.)* Cuando estoy con el niño, lo hago... ¡Como siempre lloras!...

Yerma.—Tienes razón. *(Coge al niño y se sienta.)*

María.—Me da tristeza que tengas envidia. *(Se sienta.)*

Yerma.—No es envidia lo que tengo; es pobreza.

María.—No te quejes.

Yerma.—¡Cómo no me voy a quejar cuando te veo a ti y a las otras mujeres llenas por dentro de flores, y viéndome yo inútil en medio de tanta hermosura!

María.—Pero tienes otras cosas. Si me oyeras, podrías ser feliz.

Yerma.—La mujer del campo que no da hijos es inútil como un manojo de espinos, y hasta mala, a pesar de que yo sea de este desecho dejado de la mano de Dios. *(María hace un gesto para tomar al niño.)* Tómalo; contigo está más a gusto. Yo no debo tener manos de madre.

María.—¿Por qué me dices eso?

Yerma.—*(Se levanta.)* Porque estoy harta, porque estoy harta de tenerlas y no poderlas usar en cosa propia. Que estoy ofendida, ofendida y rebajada hasta lo último, viendo que los trigos apuntan, que las fuentes no cesan de dar agua, y que paren las ovejas cientos de corderos, y las perras, y que parece que todo el campo puesto de pie me enseña sus crías tiernas, adormiladas, mientras yo siento dos golpes de martillo aquí, en lugar de la boca de mi niño.

María.—No me gusta lo que dices.

Yerma.—Las mujeres, cuando tenéis hijos, no podéis pensar en las que no los tenemos. Os quedáis frescas, ignorantes, como el que nada en agua dulce no tiene idea de la sed.

María.—No te quiero decir lo que te digo siempre.

Yerma.—Cada vez tengo más deseos y menos esperanzas.

María.—Mala cosa.

Yerma.—Acabaré creyendo que yo misma soy mi hijo. Muchas noches bajo yo a echar la comida a los bueyes, que antes no lo hacía porque ninguna mujer lo hace, y cuando paso por lo oscuro del cobertizo mis pasos me suenan a pasos de hombre.

María.—Cada criatura tiene su razón.

Yerma.—A pesar de todo, sigue queriéndome. ¡Ya ves cómo vivo!

María.—¿Y tus cuñadas?

Yerma.—Muerta me vea y sin mortaja, si alguna vez las dirijo la conversación.

María.—¿Y tu marido?

Yerma.—Son tres contra mí.

María.—¿Qué piensan?

Yerma.—Figuraciones. De gente que no tiene la conciencia tranquila. Creen que me puede gustar otro hombre y no saben que, aunque me gustara, lo primero de mi casta es la honradez. Son piedras delante de mí. Pero ellos no saben que yo, si quiero, puedo ser agua de arroyo que las lleve.

(Una hermana entra y sale llevando un pan.)

María.—De todas maneras, creo que tu marido te sigue queriendo.

Yerma.—Mi marido me da pan y casa.

María.—¡Qué trabajo estás pasando, qué trabajos, pero acuérdate de las llagas de Nuestro Señor! *(Están en la puerta.)*

Yerma.—*(Mirando al niño.)* Ya ha despertado.

María.—Dentro de poco empezará a cantar.

Yerma.—Lo mismos ojos que tú, ¿lo sabías? ¿Los has visto? *(Llorando.)* ¡Tiene los mismos ojos que tú! *(Yerma empuja suavemente a María y ésta sale silenciosa. Yerma se dirige a la puerta por donde entró su marido.)*

Muchacha 2ª.—¡Chisss!

Yerma.—*(Volviéndose.)* ¿Qué?

Muchacha 2ª.—Esperé a que saliera. Mi madre te está aguardando.

Yerma.—¿Está sola?

Muchacha 2ª.—Con dos vecinas.

Yerma.—Dile que esperen un poco.

Muchacha 2ª.—¿Pero vas a ir? ¿No te da miedo?

Yerma.—Voy a ir.

Muchacha 2ª.—¡Allá tú!

Yerma.—¡Que me esperen aunque sea tarde! *(Entra Víctor.)*

Víctor.—¿Está Juan?

Yerma.—Sí.

Muchacha 2ª.—*(Cómplice.)* Entonces, luego yo traeré la blusa.

Yerma.—Cuando quieras. *(Sale la Muchacha.)* Siéntate.

Víctor.—Estoy bien así.

Yerma.—*(Llamándolo.)* ¡Juan!

Víctor.—Vengo a despedirme.

Yerma.—*(Se estremece ligeramente, pero vuelve a su serenidad.)* ¿Te vas con tus hermanos?

Víctor.—Así lo quiere mi padre.

Yerma.—Ya debe estar viejo.

Víctor.—Sí, muy viejo. *(Pausa.)*

Yerma.—Haces bien en cambiar de campos.

Víctor.—Todos los campos son iguales.

Yerma.—No. Yo me iría muy lejos.

Víctor.—Es todo lo mismo. Las mismas ovejas tienen la misma lana.

Yerma.—Para los hombres, sí, pero las mujeres somos otra cosa. Nunca oí decir a un hombre comiendo: «¡qué buenas son estas manzanas!» Vais a lo vuestro sin reparar en las delicadezas. De mí sé decir que he aborrecido el agua de estos pozos.

Víctor.—Puede ser. *(La escena está en una suave penumbra.)*

Yerma.—Víctor.

Víctor.—Dime.

Yerma.—¿Por qué te vas? Aquí las gentes te quieren.

Víctor.—Yo me porté bien. *(Pausa.)*

Yerma.—Te portaste bien. Siendo zagalón me llevaste una vez en brazos; ¿no recuerdas? Nunca se sabe lo que va a pasar.

Víctor.—Todo cambia.

Yerma.—Algunas cosas no cambian. Hay cosas encerradas detrás de los muros que no pueden cambiar porque nadie las oye.

Víctor.—Así es. *(Aparece la hermana segunda y se dirige lentamente hacia la puerta, donde queda fija, iluminada por la última luz de la tarde.)*

Yerma.—Pero que si salieran de pronto y gritaran, llenarían el mundo.

Víctor.—No se adelantaría nada. La acequia por su sitio, el rebaño en el redil, la luna en el cielo y el hombre con su arado.

Yerma.—¡Qué pena más grande no poder sentir las enseñanzas de los viejos! *(Se oye el sonido largo y melancólico de las caracolas de los pastores.)*

Víctor.—Los rebaños.

Juan.—*(Sale.)* ¿Vas ya de camino?

Víctor.—Y quiero pasar el puerto antes del amanecer.

Juan.—¿Llevas alguna queja de mí?

Víctor.—No. Fuiste buen pagador.

Juan.—*(A Yerma.)* Le compré los rebaños.

Yerma.—¿Sí?

Víctor.—*(A Yerma.)* Tuyos son.

Yerma.—No lo sabía.

Juan.—*(Satisfecho.)* Así es.

Víctor.—Tu marido ha de ver su hacienda colmada.

Yerma.—El fruto viene a las manos del trabajador que lo busca. *(La herma-na que está en la puerta entra dentro.)*

Juan.—Ya no tenemos sitio donde meter tantas ovejas.

Yerma.—*(Sombría.)* La tierra es grande. *(Pausa.)*

Juan.—Iremos juntos hasta el arroyo.

Víctor.—Deseo la mayor felicidad para esta casa. *(Le da la mano a Yerma.)*

Yerma.—¡Dios te oiga! ¡Salud! *(Víctor le da salida y, a un movimiento imperceptible de Yerma, se vuelve.)*

Víctor.—¿Decías algo?

Yerma.—*(Dramática.)* Salud dije.

Víctor.—Gracias. *(Salen. Yerma queda angustiada mirándose la mano que ha dado a Víctor. Yerma se dirige rápidamente hacia la izquierda y toma un mantón.)*

Muchacha 2ª.—*(En silencio, tapándole la cabeza.)* Vamos.

Yerma.—Vamos. *(Salen sigilosamente. La escena está casi a oscuras. Sale la hermana primera con un velón que no debe dar al teatro luz ninguna, sino la natural que lleva. Se dirige al fin de la escena buscando a Yerma. Suenan las caracolas de los rebaños.)*

Cuñada 1ª—*(En voz baja.)* ¡Yerma! *(Sale la hermana segunda, se miran las dos y se dirigen a la puerta.)*

Cuñada 2ª—*(Más alto.)* ¡Yerma! *(Sale.)*

Cuñada 1ª—*(Dirigiéndose a la puerta también y con una imperiosa voz.)* ¡Yerma! *(Sale. Se oyen los cárabos y los cuernos de los pastores. La escena está oscurísima.)*

TELÓN

ACTO TERCERO

CUADRO PRIMERO

Casa de la Dolores, la conjuradora. Está amaneciendo. Entra Yerma con Dolores y dos viejas.

Dolores.—Has estado valiente.

Vieja 1ª.—No hay en el mundo fuerza como la del deseo.

Vieja 2ª.—Pero el cementerio estaba demasiado oscuro.

Dolores.—Muchas veces yo he hecho estas oraciones en el cementerio con mujeres que ansiaban crías, y todas han pasado miedo. Todas, menos tú.

Yerma.—Yo he venido por el resultado. Creo que no eres mujer engañadora.

Dolores.—No soy. Que mi lengua se llene de hormigas, como está la boca de los muertos, si alguna vez he mentido. La última vez hice la oración con una mujer mendicante, que estaba seca más tiempo que tú, y se le endulzó el vientre de manera tan hermosa que tuvo dos criaturas ahí abajo, en el río, porque no le daba tiempo a llegar a las casas, y ella misma les trajo en un pañal para que yo las arreglase.

Yerma.—¿Y pudo venir andando desde el río?

Dolores.—Vino. Con los zapatos y las enaguas empapadas en sangre..., pero con la cara reluciente.

Yerma.—¿Y no le pasó nada?

Dolores.—¿Qué le iba a pasar? Dios es Dios.

Yerma.—Naturalmente. No le podía pasar nada, sino agarrar las criaturas y lavarlas con agua viva. Los animales los lamen, ¿verdad? A mí no me da asco de mi hijo. Yo tengo la idea de que las recién paridas están como iluminadas por dentro, y los niños se duermen horas y horas sobre ellas oyendo ese arroyo de leche tibia que les va llenando los pechos para que ellos mamen, para que ellos jueguen, hasta que no quieran más, hasta que retiren la cabeza —«otro poquito más, niño...»—, y se les llene la cara y el pecho de gotas blancas.

Dolores.—Ahora tendrás un hijo. Te lo puedo asegurar.

Yerma.—Lo tendré porque lo tengo que tener. O no entiendo el mundo. A veces, cuando ya estoy segura de que jamás, jamás..., me sube como una oleada de fuego por los pies y se me quedan vacías todas las cosas, y los hombres que andan por la calle y los toros y las piedras me parecen como cosas de algodón. Y me pregunto: ¿para qué estarán ahí puestos?

Vieja 1ª.—Está bien que una casada quiera hijos, pero si no los tiene, ¿por qué ese ansia de ellos? Lo importante de este mundo es dejarse llevar por los años. No te critico. Ya has visto cómo he ayudado a los rezos. Pero, ¿qué vega esperas dar a tu hijo, ni qué felicidad, ni qué silla de plata?

Yerma.—Yo no pienso en el mañana; pienso en el hoy. Tú estás vieja y lo ves ya todo como un libro leído. Yo pienso que tengo sed y no tengo libertad. Yo quiero tener a mi hijo en los brazos para dormir tranquila y, óyelo bien y no te espantes de lo que digo: aunque yo supiera que mi hijo me iba a martirizar después y me iba a odiar y me iba a llevar de los cabellos por las calles, recibiría con gozo su nacimiento, porque es mucho mejor llorar por un hombre vivo que nos apuñala, que llorar por este fantasma sentado año tras año encima de mi corazón.

Vieja 1ª.—Eres demasiado joven para oír consejo. Pero, mientras esperas la gracia de Dios, debes ampararte en el amor de tu marido.

Yerma.—¡Ay! Has puesto el dedo en la llaga más honda que tienen mis carnes.

Dolores.—Tu marido es bueno.

Yerma.—*(Se levanta.)* ¡Es bueno! ¡Es bueno! ¿Y qué? Ojalá fuera malo. Pero no. Él va con sus ovejas por sus caminos y cuenta el dinero por las noches. Cuando me cubre, cumple con su deber, pero yo le noto la cintura fría como si tuviera el cuerpo muerto, y yo, que siempre he tenido asco de las mujeres calientes, quisiera ser en aquel instante como una montaña de fuego.

Dolores.—¡Yerma!

Yerma.—No soy una casada indecente; pero yo sé que los hijos nacen del hombre y de la mujer. ¡Ay, si los pudiera tener yo sola!

Dolores.—Piensa que tu marido también sufre.

Yerma.—No sufre. Lo que pasa es que él no ansía hijos.

Vieja 1ª.—¡No digas eso!

Yerma.—Se lo conozco en la mirada y, como no los ansía, no me los da. No lo quiero, no lo quiero y, sin embargo, es mi única salvación. Por honra y por casta. Mi única salvación.

Vieja 1ª.—*(Con miedo.)* Pronto empezará a amanecer. Debes irte a tu casa.

Dolores.—Antes de nada saldrán los rebaños y no conviene que te vean sola.

Yerma.—Necesitaba este desahogo. ¿Cuántas veces repito las oraciones?

Dolores.—La oración del laurel, dos veces, y al mediodía, la oración de Santa Ana.[2] Cuando te sientas encinta me traes la fanega de trigo que me has prometido.

Vieja 1ª.—Por encima de los montes ya empieza a clarear. Vete.

Dolores.—Como en seguida empezarán a abrir los portones, te vas dando un rodeo por la acequia.

Yerma.—*(Con desaliento.)* ¡No sé por qué he venido!

Dolores.—¿Te arrepientes?

Yerma.—¡No!

Dolores.—*(Turbada.)* Si tienes miedo, te acompañaré hasta la esquina.

---

[2]madre de la Virgen.

Vieja 1ª.—*(Con inquietud.)* Van a ser las claras del día cuando llegues a tu puerta. *(Se oyen voces.)*

Dolores.—¡Calla! *(Escuchan.)*

Vieja 1ª.—No es nadie. Anda con Dios. *(Yerma se dirige a la puerta y en este momento llaman a ella. Las tres mujeres quedan paradas.)*

Dolores.—¿Quién es?

Voz.—Soy yo.

Yerma.—Abre. *(Dolores duda.)* ¿Abres o no? *(Se oyen murmullos. Aparece Juan con las dos cuñadas.)*

Hermana 2ª—Aquí está.

Yerma.—¡Aquí estoy!

Juan.—¿Qué haces en este sitio? Si pudiera dar voces, levantaría a todo el pueblo, para que viera dónde iba la honra de mi casa; pero he de ahogarlo todo y callarme porque eres mi mujer.

Yerma.—Si pudiera dar voces, también las daría yo, para que se levantaran hasta los muertos y vieran esta limpieza que me cubre.

Juan.—¡No, eso no! Todo lo aguanto menos eso. Me engañas, me envuelves y, como soy un hombre que trabaja la tierra, no tengo ideas para tus astucias.

Dolores.—¡Juan!

Juan.—¡Vosotras, ni palabra!

Dolores.—*(Fuerte.)* Tu mujer no ha hecho nada malo.

Juan.—Lo está haciendo desde el mismo día de la boda. Mirándome con dos agujas, pasando las noches en vela con los ojos abiertos al lado mío, y llenando de malos suspiros mis almohadas.

Yerma.—¡Cállate!

Juan.—Y yo no puedo más. Porque se necesita ser de bronce para ver a tu lado una mujer que te quiere meter los dedos dentro del corazón y que se sale de noche fuera de su casa, ¿en busca de qué? ¡Dime!, ¿buscando qué? Las calles están llenas de machos. En las calles no hay flores que cortar.

Yerma.—No te dejo hablar ni una sola palabra. Ni una más. Te figuras tú y tu gente que sois vosotros los únicos que guardáis honra, y no sabes que mi casta no ha tenido nunca nada que ocultar. Anda, acércate a mí y huele mis vestidos; ¡acércate!, a ver dónde encuentras un olor que no sea tuyo, que no sea de tu cuerpo. Me pones desnuda en mitad de la plaza y me escupes. Haz conmigo lo que quieras, que soy tu mujer, pero guárdate de poner nombre de varón sobre mis pechos.

Juan.—No soy yo quien lo pone; lo pones tú con tu conducta y el pueblo lo empieza a decir. Lo empieza a decir claramente. Cuando llego a un corro, todos callan; cuando voy a pesar la harina, todos callan; y hasta de noche en el campo, cuando despierto, me parece que también se callan las ramas de los árboles.

Yerma.—Yo no sé por qué empiezan los malos aires que revuelcan al trigo y ¡mira tú si el trigo es bueno!

Juan.—Ni yo sé lo que busca una mujer a todas horas fuera de su tejado.

Yerma.—*(En un arranque y abrazándose a su marido.)* Te busco a ti. Te busco a ti. Es a ti a quien busco día y noche sin encontrar sombra donde respirar. Es tu sangre y tu amparo lo que deseo.

Juan.—¡Apártate!

Yerma.—No me apartes y quiere conmigo.

Juan.—¡Quita!

Yerma.—Mira que me quedo sola. Como si la luna se buscara ella misma por el cielo. ¡Mírame! *(Lo mira.)*

Juan.—*(La mira y la aparta bruscamente.)* ¡Déjame ya de una vez!

Dolores.—¡Juan! *(Yerma cae al suelo.)*

Yerma.—*(Alto.)* Cuando salía por mis claveles me tropecé con el muro. ¡Ay! ¡Ay! Es en ese muro donde tengo que estrellar mi cabeza.

Juan.—Calla. Vamos.

Dolores.—¡Dios mío!

Yerma.—*(A gritos.)* Maldito sea mi padre, que me dejó su sangre de padre de cien hijos. Maldita sea mi sangre, que los busca golpeando por las paredes.

Juan.—¡Calla he dicho!

Dolores.—¡Viene gente! Habla bajo.

Yerma.—No me importa. Dejarme libre siquiera la voz. Ahora que voy entrando en lo más oscuro del pozo. *(Se levanta.)* Dejar que de mi cuerpo salga siquiera esta cosa hermosa y que llene el aire. *(Se oyen voces.)*

Dolores.—Van a pasar por aquí.

Juan.—Silencio.

Yerma.—¡Eso! ¡Eso! Silencio. Descuida.

Juan.—Vamos. ¡Pronto!

Yerma.—¡Ya está! ¡Ya está! ¡Y es inútil que me retuerza las manos! Una cosa es querer con la cabeza...

Juan.—Calla.

Yerma.—*(Bajo.)* Una cosa es querer con la cabeza y otra que el cuerpo, ¡maldito sea el cuerpo!, no nos reponda. ¡Está escrito y no me voy a poner a luchar a brazo partido con los mares! ¡Ya está! ¡Que mi boca se quede muda! *(Sale.)*

TELÓN RÁPIDO

CUADRO ÚLTIMO

Alrededores de una ermita, en plena montaña. En primer término, unas ruedas de carro y unas mantas formando una tienda rústica, donde está Yerma. Entran las mujeres con ofrendas a la ermita. Vienen descalzas. En la escena está la Vieja alegre del primer acto.
(Canto a telón corrido.)

> No te pude ver
> cuando eras soltera,
> mas de casada te encontraré.
> No te pude ver
> cuando eras soltera.
> Te desnudaré,
> casada y romera,
> cuando en lo oscuro las doce den.

Vieja.—*(Con sorna.)* ¿Habéis bebido ya el agua santa?

Mujer 1ª.—Sí.

Vieja.—Y ahora, a ver a ése.

Mujer 2ª.—Creemos en él.

Vieja.—Venís a pedir hijos al Santo y resulta que cada año vienen más hombres solos a esta romería. ¿Qué es lo que pasa? *(Ríe.)*

Mujer 1ª.—¿A qué vienes aquí, si no crees?

Vieja.—A ver. Yo me vuelvo loca por ver. Y a cuidar de mi hijo. El año pasado se mataron dos por una casada seca y quiero vigilar. Y, en último caso, vengo porque me da la gana.

Mujer 1ª.—¡Que Dios te perdone! *(Entran.)*

Vieja.—*(Con sarcasmo.)* ¡Que te perdone a ti! *(Se va. Entra María con la Muchacha 1ª.)*

Muchacha 1ª.—¿Y ha venido?

María.—Ahí tienes el carro. Me costó mucho que vinieran. Ella ha estado un mes sin levantarse de la silla. Le tengo miedo. Tiene una idea que no sé cuál es, pero desde luego es una idea mala.

Muchacha 1ª.—Yo llegué con mi hermana. Lleva ocho años viniendo sin resultado.

María.—Tiene hijos la que los tiene que tener.

Muchacha 1ª.—Es lo que yo digo. *(Se oyen voces.)*

María.—Nunca me gustó esta romería. Vamos a las eras, que es donde está la gente.

Muchacha 1ª.—El año pasado, cuando se hizo oscuro, unos mozos atenazaron con sus manos los pechos de mi hermana.

María.—En cuatro leguas a la redonda no se oyen más que palabras terribles.

Muchacha 1ª.—Más de cuarenta toneles de vino he visto en las espaldas de la ermita.

María.—Un río de hombres solos baja por esas sierras. *(Se oyen voces. Entra Yerma con seis mujeres que van a la iglesia. Van descalzas y llevan cirios rizados. Empieza el anochecer.)*

[Mujer 1ª]. —	Señor, que florezca la rosa, no me la dejéis en sombra.
[Mujer 2ª]. —	Sobre su carne marchita florezca la rosa amarilla.
[Mujer 3ª]. —	Y en el vientre de tus siervas, la llama oscura de la tierra.
Coro. —	Señor, que florezca la rosa, no me la dejéis en sombra. *(Se arrodillan.)*
Yerma. —	El cielo tiene jardines con rosales de alegría: entre rosal y rosal, la rosa de maravilla. Rayo de aurora parece y un arcángel la vigila, las alas como tormentas, los ojos como agonías. Alrededor de sus hojas arroyos de leche tibia juegan y mojan la cara de las estrellas tranquilas. Señor, abre tu rosal sobre mi carne marchita. *(Se levantan.)*
Mujer 2ª. —	Señor, calma con tu mano las ascuas de su mejilla.
Yerma. —	Escucha a la penitente de tu santa romería. Abre tu rosa en mi carne aunque tenga mil espinas.
Coro. —	Señor, que florezca la rosa, no me la dejéis en sombra.

Yerma.—   Sobre mi carne marchita,
         la rosa de maravilla. (*Entran.*)
*(Salen las muchachas corriendo con largas cintas en las manos, por la izquierda,
y entran. Por la derecha, otras tres, con largas cintas y mirando hacia atrás, que
entran también. Hay en la escena como un crescendo de voces, con ruidos de
cascabeles y colleras de campanillas. En un plano superior aparecen las siete
muchachas, que agitan las cintas hacia la izquierda. Crece el ruido y entran dos
máscaras populares, una como macho y otra como hembra. Llevan grandes
caretas. El Macho empuña un cuerno de toro en la mano. No son grotescas de
ningún modo, sino de gran belleza y con un sentido de pura tierra. La Hembra
agita un collar de grandes cascabeles.)*

     Niños.—¡El demonio y su mujer! ¡El demonio y su mujer! *(El fondo se
llena de gente que grita y comenta la danza. Está muy anochecido.)*

Hembra.—   En el río de la sierra
         la esposa triste se bañaba.
         Por el cuerpo le subían
         los caracoles del agua.
         La arena de las orillas
         y el aire de la mañana
         le daban fuego a su risa
         y temblor a sus espaldas.
         ¡Ay, qué desnuda estaba
         la doncella en el agua!
Niño.—   ¡Ay, cómo se quejaba!
Hombre 1º.— ¡Ay marchita de amores!
         ¡Con el viento y el agua!
Hombre 2º.— ¡Que diga a quién espera!
Hombre 1º.— ¡Que diga a quién aguarda!
Hombre 2º.— ¡Ay con el vientre seco
         y la color quebrada!
Hembra.—   Cuando llegue la noche lo diré,
         cuando llegue la noche clara.
         Cuando llegue la noche de la romería
         rasgaré los volantes de mi enagua.
Niño.—   Y en seguida vino la noche.
         ¡Ay, que la noche llegaba!
         Mirad qué oscuro se pone
         el chorro de la montaña. *(Empiezan a sonar unas guitarras.)*
Macho.—*(Se levanta y agita el cuerno.)*

¡Ay, qué blanca
la triste casada!
¡Ay, cómo se queja entre las ramas!
Amapola y clavel serás luego,
cuando el macho despliegue su capa. *(Se acerca.)*
Si tú vienes a la romería
a pedir que tu vientre se abra,
no te pongas un velo de luto,
sino dulce camisa de holanda.
Vete sola detrás de los muros
donde están las higueras cerradas,
y soporta mi cuerpo de tierra
hasta el blanco gemido del alba.
¡Ay, cómo relumbra!
¡Ay, cómo relumbraba!
¡Ay, cómo se cimbrea la casada!

Hembra.— ¡Ay, que el amor le pone
coronas y guirnaldas,
y dardos de oro vivo
en su pecho se clavan!

Macho.— Siete veces gemía,
nueve se levantaba;
quince veces juntaron
jazmines con naranjas.

Hombre 1º.— ¡Dale ya con el cuerno!

Hombre 2º.— Con la rosa y la danza.

Hombre 1º.— ¡Ay, cómo se cimbrea la casada!

Macho.— En esta romería
el varón siempre manda.
Los maridos son toros,
el varón siempre manda,
y las romeras flores
para aquel que las gana.

Niño.— Dale ya con el aire.

Hombre 2º.— Dale ya con la rama.

Macho.— Venid a ver la lumbre
de la que se bañaba.

Hombre 1º.— Como junco se curva.

Niño.— Y como flor se cansa.

Hombres.— ¡Que se aparten las niñas!

Macho.— ¡Que se queme la danza!
Y el cuerpo reluciente
de la limpia casada. *(Se van bailando con son de palmas y sonrisas. Cantan.)*
El cielo tiene jardines
con rosales de alegría:
entre rosal y rosal,
la rosa de maravilla. *(Vuelven a pasar dos muchachas gritando. Entra la Vieja alegre.)*

Vieja.—A ver si luego nos dejáis dormir. Pero luego será ella. *(Entra Yerma.)* ¡Tú! *(Yerma está abatida y no habla.)* Dime, ¿para qué has venido?

Yerma.—No sé.

Vieja.—¿No te convences? ¿Y tu esposo? *(Yerma da muestras de cansancio y de persona a la que una idea fija le quiebra la cabeza.)*

Yerma.—Ahí está.

Vieja.—¿Qué hace?

Yerma.—Bebe. *(Pausa. Llevándose las manos a la frente.)* ¡Ay!

Vieja.—¡Ay, ay! Menos ¡ay! y más alma. Antes no he podido decirte nada, pero ahora sí.

Yerma.—¡Y qué me vas decir que ya no sepa!

Vieja.—Lo que ya no se puede callar. Lo que está puesto encima del tejado. La culpa es de tu marido. ¿Lo oyes? Me dejaría cortar las manos. Ni su padre, ni su abuelo, ni su bisabuelo se portaron como hombres de casta. Para tener un hijo ha sido necesario que se junte el cielo con la tierra. Están hechos con saliva. En cambio, tu gente, no. Tienes hermanos y primos a cien leguas a la redonda. Mira qué maldición ha venido a caer sobre tu hermosura.

Yerma.—Una maldición. Un charco de veneno sobre las espigas.

Vieja.—Pero tú tienes pies para marcharte de tu casa.

Yerma.—¿Para marcharme?

Vieja.—Cuando te vi en la romería me dio un vuelco el corazón. Aquí vienen las mujeres a conocer hombres nuevos y el Santo hace el milagro. Mi hijo está sentado detrás de la ermita esperándome. Mi casa necesita una mujer. Vete con él y viviremos los tres juntos. Mi hijo sí es de sangre. Como yo. Si entras en mi casa, todavía queda olor de cunas. La ceniza de tu colcha se te volverá pan y sal para las crías. Anda. No te importe la gente. Y, en cuanto a tu marido, hay en mi casa entrañas y herramientas para que no cruce siquiera la calle.

Yerma.—Calla, calla. ¡Si no es eso! Nunca lo haría. Yo no puedo ir a buscar. ¿Te figuras que puedo conocer otro hombre? ¿Dónde pones mi honra? El agua no se puede volver atrás, ni la luna llena sale al mediodía. Vete. Por el camino que voy seguiré. ¿Has pensado en serio que yo me pueda doblar a otro hombre? ¿Que yo vaya a pedirle lo que es mío como una esclava? Conóceme, para que nunca me hables más. Yo no busco.

Vieja.—Cuando se tiene sed, se agradece el agua.

Yerma.—Yo soy como un campo seco donde caben arando mil pares de bueyes, y lo que tú me das es un pequeño vaso de agua de pozo. Lo mío es dolor que ya no está en las carnes.

Vieja.—*(Fuerte.)* Pues sigue así. Por tu gusto es. Como los cardos del secano, pinchosa, marchita.

Yerma.—*(Fuerte.)* Marchita sí, ¡ya lo sé! ¡Marchita! No es preciso que me lo refriegues por la boca. No vengas a solazarte como los niños pequeños en la agonía de un animalito. Desde que me casé estoy dándole vueltas a esta palabra, pero es la primera vez que la oigo, la primera vez que me la dicen en la cara. La primera vez que veo que es verdad.

Vieja.—No me da ninguna lástima, ninguna. Yo buscaré otra mujer para mi hijo.

(Se va. Se oye un gran coro lejano cantado por los romeros. Yerma se dirige hacia el carro y aparece por detrás del mismo su marido.)

Yerma.—¿Estabas ahí?

Juan.—Estaba.

Yerma.—¿Acechando?

Juan.—Acechando.

Yerma.—¿Y has oído?

Juan.—Sí.

Yerma.—¿Y qué? Déjame y vete a los cantos. *(Se sienta en las mantas.)*

Juan.—También es hora de que yo hable.

Yerma.—¡Habla!

Juan.—Y que me queje.

Yerma.—¿Con qué motivos?

Juan.—Que tengo el amargor en la garganta.

Yerma.—Y yo en los huesos.

Juan.—Ha llegado el último minuto de resistir este continuo lamento por cosas oscuras, fuera de la vida, por cosas que están en el aire.

Yerma.—*(Con asombro dramático.)* ¿Fuera de la vida dice? En el aire dice.

Juan.—Por cosas que no han pasado y ni tú ni yo dirigimos.

Yerma.—*(Violenta.)* ¡Sigue! ¡Sigue!

Juan.—Por cosas que a mí no me importan. ¿Lo oyes? Que a mí no me importan. Ya es necesario que te lo diga. A mí me importa lo que tengo entre las manos. Lo que veo por mis ojos.

Yerma.—*(Incorporándose de rodillas, desesperada.)* Así, así. Eso es lo que yo quería oír de tus labios. No se siente la verdad cuando está dentro de una misma, pero qué grande y cómo grita cuando se pone fuera y levanta los brazos. ¡No le importa! ¡Ya lo he oído!

Juan.—*(Acercándose.)* Piensa que tenía que pasar así. Oyeme. *(La abraza para incorporarla.)* Muchas mujeres serían felices de llevar tu vida. Sin hijos es la vida más dulce. Yo soy feliz no teniéndolos. No tenemos culpa ninguna.

Yerma.—¿Y qué buscabas en mí?

Juan.—A ti misma.

Yerma.—*(Excitada.)* ¡Eso! Buscabas la casa, la tranquilidad y una mujer. Pero nada más. ¿Es verdad lo que digo?

Juan.—Es verdad. Como todos.

Yerma.—¿Y lo demás? ¿Y tu hijo?

Juan.—*(Fuerte.)* No oyes que no me importa. ¡No me preguntes más! ¡Que te lo tengo que gritar al oído para que lo sepas, a ver si de una vez vives ya tranquila!

Yerma.—¿Y nunca has pensado en él cuando me has visto desearlo?

Juan.—Nunca. *(Están los dos en el suelo.)*

Yerma.—¿Y no podré esperarlo?

Juan.—No.

Yerma.—Ni tú.

Juan.—Ni yo tampoco. ¡Resígnate!

Yerma.—¡Marchita!

Juan.—Y a vivir en paz. Uno y otro, con suavidad, con agrado. ¡Abrázame! *(La abraza.)*

Yerma.—¿Qué buscas?

Juan.—A ti te busco. Con la luna estás hermosa.

Yerma.—Me buscas como cuando te quieres comer una paloma.

Juan.—Bésame... así.

Yerma.—Eso nunca. Nunca. *(Yerma da un grito y aprieta la garganta de su esposo. Éste cae hacia atrás. Le aprieta la garganta hasta matarle. Empieza el coro de la romería.)* Marchita, marchita, pero segura. Ahora sí que lo sé de cierto. Y sola. *(Se levanta. Empieza a llegar gente.)* Voy a descansar sin despertarme sobresaltada para ver si la sangre me anuncia otra sangre nueva. Con el cuerpo seco para siempre. ¿Qué queréis saber? No os acerquéis, porque he matado a mi hijo. ¡Yo misma he matado a mi hijo! *(Acude un grupo que queda al fondo. Se oye el coro de la romería.)*

TELÓN

Yerma. 2ª ed. Edición, introducción y notas de Mario Hernández. Madrid: Alianza Editorial, 1984.

LUIS CERNUDA (1902-63)

Un río, un amor

"Remordimiento en traje de noche"

Un hombre gris avanza por la calle de niebla;
no lo sospecha nadie. Es un cuerpo vacío;
vacío como pampa, como mar, como viento,
desiertos tan amargos bajo un cielo implacable.

Es el tiempo pasado, y sus alas ahora
entre la sombra encuentran una pálida fuerza;
es el remordimiento, que de noche, dudando,
en secreto aproxima su sombra descuidada.

No estrechéis esa mano. La yedra altivamente
ascenderá cubriendo los troncos del invierno.
Invisible en la calma el hombre gris camina.
¿No sentís a los muertos? Mas la tierra está sorda.

"Quisiera estar solo en el sur"

Quizá mis lentos ojos no verán más el sur
de ligeros paisajes dormidos en el aire,
con cuerpos a la sombra de ramas como flores
o huyendo en un galope de caballos furiosos.

El sur es un desierto que llora mientras canta,
y esa voz no se extingue como pájaro muerto;
hacia el mar encamina sus deseos amargos
abriendo un eco débil que vive lentamente.
En el sur tan distante quiero estar confundido.

La lluvia allí no es más que una rosa entreabierta;
su niebla misma ríe, risa blanca en el viento.
Su oscuridad, su luz son bellezas iguales.

"No intentemos el amor nunca"

Aquella noche el mar no tuvo sueño.
Cansado de contar, siempre contar a tantas olas,
quiso vivir hacia lo lejos,
donde supiera alguien de su color amargo.

Con una voz insomne decía cosas vagas,
barcos entrelazados dulcemente
en un fondo de noche,
o cuerpos siempre pálidos, con su traje de olvido
viajando hacia nada.

Cantaba tempestades, estruendos desbocados
bajo cielos con sombra,
como la sombra misma,
como la sombra siempre
rencorosa de pájaros estrellas.

Su voz atravesando luces, lluvia, frío,
alcanzaba ciudades elevadas a nubes,
cielo Sereno, Colorado, Glaciar del Infierno,
todas puras de nieve o de astros caídos
en sus manos de tierra.

Mas el mar se cansaba de esperar las ciudades.
Allí su amor tan sólo era un pretexto vago
con sonrisa de antaño,
ignorado de todos.

Y con sueño de nuevo se volvió lentamente
adonde nadie
sabe nada de nadie.
Adonde acaba el mundo.

"Todo esto por amor"

Derriban gigantes de los bosques para hacer un durmiente,
derriban los instintos como flores,
deseos como estrellas
para hacer sólo un hombre con su estigma de hombre.

Que derriben también imperios de una noche,
monarquías de un beso,
no significa nada;
que derriben los ojos, que derriben las manos como estatuas vacías,
acaso dice menos.

Mas este amor cerrado por ver sólo su forma,
su forma entre las brumas escarlata,
quiere imponer la vida, como otoño ascendiendo tantas hojas
hacia el último cielo,
donde estrellas
sus labios dan a otras estrellas,
donde mis ojos, estos ojos,
se despiertan en otros.

Los placeres prohibidos

"Diré como nacisteis"

Diré cómo nacisteis, placeres prohibidos,
como nace un deseo sobre torres de espanto,
amenazadores barrotes, hiel descolorida,
noche petrificada a fuerza de puños
ante todos, incluso el más rebelde,
apto solamente en la vida sin muros.

Corazas infranqueables, lanzas o puñales,
todo es bueno si deforma un cuerpo;
tu deseo es beber esas hojas lascivas
o dormir en ese agua acariciadora.

No importa;
ya declaran tu espíritu impuro.

No importa la pureza, los dones que un destino
levantó hacia las aves con manos imperecederas;
no importa la juventud, sueño más que hombre,
la sonrisa tan noble, playa de seda bajo la tempestad
de un régimen caído.

Placeres prohibidos, planetas terrenales,
miembros de mármol con sabor de estío,
jugo de esponjas abandonadas por el mar,
flores de hierro resonantes como el pecho de un hombre.

Soledades altivas, coronas derribadas,
libertades memorables, manto de juventudes;
quien insulta esos frutos, tinieblas en la lengua,
es vil como un rey, como sombra de rey
arrastrándose a los pies de la tierra
para conseguir un trozo de vida.

No sabía los límites impuestos,
límites de metal o papel,
ya que el azar le hizo abrir los ojos bajo una luz tan alta
adonde no llegan realidades vacías,
leyes hediondas, códigos, ratas de paisajes derruidos.

Extender entonces la mano
es hallar una montaña que prohibe,
un bosque impenetrable que niega,
un mar que traga adolescentes rebeldes.

Pero si la ira, el ultraje, el oprobio y la muerte,
ávidos dientes sin carne todavía,
amenazan abriendo sus torrentes,
de otro lado vosotros, placeres prohibidos,
bronce de orgullo, blasfemia que nada precipita,
tendéis en una mano el misterio,
sabor que ninguna amargura corrompe,

cielos, cielos relampagueantes que aniquilan.

Abajo, estatuas anónimas,
sombras de sombras, miseria, preceptos de niebla;
una chispa de aquellos placeres
brilla en la hora vengativa.
Su fulgor puede destruir vuestro mundo.

"No decía palabras"

No decía palabras,
acercaba tan sólo un cuerpo interrogante,
porque ignoraba que el deseo, es una pregunta
cuya respuesta no existe,
una hoja cuya rama no existe,
un mundo cuyo cielo no existe.

La angustia se abre paso entre los huesos,
remonta por las venas
hasta abrirse en la piel,
surtidores de sueño
hechos carne en interrogación vuelta a las nubes.

Un roce al paso,
una mirada fugaz entre las sombras,
bastan para que el cuerpo se abra en dos,
ávido de recibir en sí mismo
otro cuerpo que sueñe;
mitad y mitad, sueño y sueño, carne y carne;
iguales en figura, iguales en amor, iguales en deseo.
Aunque sólo sea una esperanza,
porque el deseo es pregunta cuya respuesta nadie sabe.

"Si el hombre pudiera decir"

Si el hombre pudiera decir lo que ama,

si el hombre pudiera levantar su amor por el cielo
como una nube en la luz;
si como muros que se derrumban,
para saludar la verdad erguida en medio,
pudiera derrumbar su cuerpo, dejando sólo la verdad de su amor, la verdad de
sí mismo,
que no se llama gloria, fortuna o ambición,
sino amor o deseo,
yo sería al fin aquel que imaginaba;
aquel que con su lengua, sus ojos y sus manos
proclama ante los hombres la verdad ignorada,
la verdad de su amor verdadero.

Libertad no conozco sino la libertad de estar preso en alguien cuyo nombre no
puedo oír sin escalofrío;
alguien por quien me olvido de esta existencia mezquina,
por quien el día y la noche son para mí lo que quiera,
y mi cuerpo y espíritu flotan en su cuerpo y espíritu,
como leños perdidos que el mar anega o levanta,
libremente, con la libertad del amor,
la única libertad que me exalta,
la única libertad porque muero.

Tú justificas mi existencia.
Si no te conozco, no he vivido;
si muero sin conocerte, no muero, porque no he vivido.

"Unos cuerpos son como flores"

Unos cuerpos son como flores,
otros como puñales,
otros como cintas de agua;
pero todos, temprano o tarde,
serán quemaduras que en otro cuerpo se agranden,
convirtiendo por virtud del fuego a una piedra en un hombre.

Pero el hombre se agita en todas direcciones,
sueña con libertades, compite con el viento

hasta que un día la quemadura se borra,
volviendo a ser piedra en el camino de nadie.

Yo, que no soy piedra, sino camino
que cruzan al pasar los pies desnudos,
muero de amor por todos ellos;
les doy mi cuerpo para que lo pisen,
aunque les lleve a una ambición o a una nube,
sin que ninguno comprenda
que ambiciones o nubes
no valen un amor que se entrega.

"Te quiero"

Te quiero.

Te lo he dicho con el viento,
jugueteando tal un animalillo en la arena
o iracundo como órgano tempestuoso;

te lo he dicho con el sol,
que dora desnudos cuerpos juveniles
y sonríe con todas las cosas inocentes;

te lo he dicho con las nubes,
frentes melancólicas que sostienen el cielo,
tristezas fugitivas;

te lo he dicho con las plantas,
leves caricias transparentes
que se cubren de rubor repentino;

te lo he dicho con el agua,
vida luminosa que vela un fondo de sombra;

te lo he dicho con el miedo,
te lo he dicho con la alegría,
con el hastío, con las terribles palabras.

Pero así no me basta;
más allá de la vida
quiero decírtelo con la muerte,
más allá del amor
quiero decírtelo con el olvido.

Donde habite el olvido

*Como los erizos, ya sabéis, los hombres un día sintieron su frío. Y
quisieron compartirlo. Entonces inventaron el amor. El resultado fue, ya sabéis,
como en los erizos.*
     *¿Qué queda de las alegrías y penas del amor cuando éste desaparece?
Nada, o peor que nada; queda el recuerdo de un olvido. Y menos mal cuando
no lo punza la sombra de aquellas espinas; de aquellas espinas, ya sabéis.*
     Las siguientes páginas son el recuerdo de un olvido.

I

Donde habite el olvido,
en los vastos jardines sin aurora;
donde yo sólo sea
memoria de una piedra sepultada entre ortigas
sobre la cual el viento escapa a sus insomnios.

Donde mi nombre deje
al cuerpo que designa en brazos de los siglos,
donde el deseo no exista.

En esa gran región donde el amor, ángel terrible,
no esconda como acero
en mi pecho su ala,
sonriendo lleno de gracia aérea mientras crece el tormento.
Allá donde termine este afán que exige un dueño a imagen suya, sometiendo
a otra vida su vida,
sin más horizonte que otros ojos frente a frente.

Donde penas y dichas no sean más que nombres,
cielo y tierra nativos en torno de un recuerdo;

donde al fin quede libre sin saberlo yo mismo,
disuelto en niebla, ausencia,
ausencia leve como carne de niño.

Allá, allá lejos; donde habite el olvido.

III

Esperé un dios en mis días
para crear mi vida a su imagen,
mas el amor, como el agua,
arrastra afanes al paso.

Me he olvidado a mí mismo en sus ondas
vacío el cuerpo, doy contra las luces;
vivo y no vivo, muerto y no muerto;
ni tierra ni cielo, ni cuerpo ni espíritu.

Soy eco de algo;
los estrechan mis brazos siendo aire,
lo miran mis ojos siendo sombra,
lo besan mis labios siendo sueño.
He amado, ya no amo más; he reído, tampoco río.

IV

Yo fui.

Columna ardiente, luna de primavera.
Mar dorado, ojos grandes.

Busqué lo que pensaba;
pensé, como al amanecer en sueño lánguido,
lo que pinta el deseo en días adolescentes.

Canté, subí,
fui luz un día

arrastrado en la llama.

Como un golpe de viento
que deshace la sombra,
caí en lo negro,
en el mundo insaciable.

He sido.

VI

El mar es un olvido,
una canción, un labio;
el mar es un amante,
fiel respuesta al deseo.
Es como un ruiseñor,
y sus aguas son plumas;
impulsos que levantan
a las frías estrellas.

Sus caricias son sueño,
entreabren la muerte,
son lunas accesibles,
son la vida más alta.

Sobre espaldas oscuras
las olas van gozando.

La realidad y el deseo. México, D.F.: Fondo de Cultura Económica, 1958.

VICENTE ALEIXANDRE (1898-1984)

Espadas como labios

"Mi voz"

He nacido una noche de verano
entre dos pausas. Háblame: te escucho.
He nacido. Si vieras qué agonía
representa la luna sin esfuerzo.
He nacido. Tu nombre era la dicha;
bajo un fulgor una esperanza, un ave.
Llegar, llegar. El mar era un latido,
el hueco de una mano, una medalla tibia.
Entonces son posibles ya las luces, las caricias, la piel, el horizonte,
ese decir palabras sin sentido
que ruedan como oídos, caracoles,
como un lóbulo abierto que amanece
(escucha, escucha) entre la luz pisada.

"La palabra"

Esas risas, esos otros cuchillos, esa delicadísima penumbra...
Abre las puertas todas.
Aquí al oído voy a decir.
(Mi boca suelta humo.)
Voy a decir.
(Metales sin saliva.)
Voy a hablarte muy bajo.
Pero estas dulces bolas de cristal,
estas cabecitas de niño que trituro,
pero esta pena chica que me impregna
hasta hacerme tan negro como un ala.
Me arrastro sin sonido.

Escúchame muy pronto.
En este dulce hoyo no me duermo.
Mi brazo, qué espesura.
Este monte que aduzco en esta mano,
este diente olvidado que tiene su último brillo
bajo la piedra caliente,
bajo el pecho que duerme.
Este calor que aún queda, mira ¿lo ves?, allá más lejos,
en el primer pulgar de un pie perdido,
adonde no llegarán nunca tus besos.
Escúchame. Más, más.
Aquí en el fondo hecho un caracol pequeñísimo,
convertido en una sonrisa arrollada,
todavía soy capaz de pronunciar el nombre,
de dar sangre.
Y...
Silencio.
Esta música nace de tus senos.
No me engañas,
aunque tomes la forma de un delantal ondulado,
aunque tu cabellera grite el nombre de todos los horizontes.
Pese a este sol que pesa sobre mis coyunturas más graves.

Pero tápame pronto;
echa tierra en el hoyo;
que no te olvides de mi número,
que sepas que mi madera es carne,
que mi voz no es la tuya
y que cuando solloces tu garganta
sepa distinguir todavía
mi beso de tu esfuerzo
por pronunciar los nombres con mi lengua.

Porque yo voy a decirte todavía,
porque tú pisas caracoles
que aguardaban oyendo mis dos labios.

"Partida"

Aquí los cantos, los grupos, las figuras;
oh cabezas, yo os amo bajo el sueño.
Aquí los horizontes por cinturas;
oh caricias, qué llano el mundo ha sido.
Entre helechos, gargantas o espesura,
entre zumo de sueño o entre estrellas,
pisar es zozobrar los corazones
(borda de miel), es tacto derramado.

    Esa ladera oculta,
esa montaña inmensa;
acaso el corazón está creciendo,
acaso se ha escapado como un ave
dejando lejanía como un beso.

"Muerte"

He acudido. Dos clavos están solos
punta a punta. Caricia, yo te amo.
Bajo tierra los besos no esperados,
ese silencio que es carbón, no llama.
Arder como una gruta entre las manos,
morir sin horizonte por palabras,
oyendo que nos llaman con los pelos.

"Circuito"

Nostalgia de la mar.
Sirenas de la mar que por las playas
quedan de noche cuando el mar se marcha.
Llanto, llanto, dureza de la luna,
insensible a las flechas desnudadas.
Quiero tu amor, amor, sirenas vírgenes
que ensartan en sus dedos las gargantas,

que bordean el mundo con sus besos,
secos al sol que borra labios húmedos.
Yo no quiero la sangre ni su espejo,
ignoro si la tierra es verde o roja,
si la roca ha flotado sobre el agua.
Por mis venas no nombres, no agonía,
sino cabellos núbiles circulan.

"Ya es tarde"

Viniera yo como el silencio cauto.
(No sé quién era aquel que lo decía.)
Bajo luna de nácares o fuego,
bajo la inmensa llama o en el fondo del frío,
en ese ojo profundo que vigila
para evitar los labios cuando queman.
Quiero acertar, quiero decir que siempre,
que sobre el monte en cruz vendo la vida,
vendo ese azar que suple las miradas
ignorando que el rosa ha muerto siempre.

"Memoria"

Un bosque de veleros.
Te he preguntado si vivías.
El viaje, si vieras qué lisura
sobre el brazo lejísimo al frente...
Horizonte, horizonte.
        Te he mentido,
porque hay curvas. Muchas.
Escúchame. Mi nombre es azucena.
No humedezco los dientes que pronuncian
aunque un viento de luz cierre los ojos,
roce la delgadez que los defiende.
Escucha, escucha. Soy la luz perdida
que lapidan las aguas en el fondo.

Soy tu memoria muerta por los trópicos,
donde peces de acero sólido te imitan.

"Silencio"

Bajo el sollozo un jardín no mojado.
Oh pájaros, los cantos, los plumajes.
Esta lírica mano azul sin sueño.
Del tamaño de un ave, unos labios. No escucho.
El paisaje es la risa. Dos cinturas amándose.
Los árboles en sombra segregan voz. Silencio.
Así repaso niebla o plata dura,
beso en la frente lírica agua sola,
agua de nieve, corazón o urna,
vaticinio de besos, ¡oh cabida!,
donde ya mis oídos no escucharon
los pasos en la arena, o luz o sombra.

"Súplica"

Delgadas lenguas, cabelleras rubias,
ninfas o peces, ríos y la aurora.
Sobre el nivel del aire bandas lucen
pájaros, plumas, nácares o sueño.
¡Risa!
Cien fuerzas, cien estelas, cien latidos,
un mundo entre las manos o la frente,
una senda o jirafas de blancura,
un oriente de perlas sobre el labio,
todo un sentir a ritmo azul el cielo.

Dicha, dicha, navío por el brazo,
por la más difícil coyuntura,
por donde si aplicamos el oído
se oye el rumor de la caricia extrema.

Un dolor muy pequeño, si es que existe,
es una niña o papel casi traslúcido;
pueden verse las venas y el dibujo,
pueden verse los besos no emergidos.

Ríos, peces, estrellas, puntas, ansia,
todo transcurre—mármol y sonidos—;
sordas esteras pasan clausurando
esa delgada voz de corazones.

"Nacimiento último"

Para final esta actitud alerta.
Alerta, alerta, alerta.
Estoy despierto o hermoso. Soy el sol o la respuesta.
Soy esa tierra alegre que no regatea su reflejo.
Cuando nace el día se oyen pregones o júbilos.
Insensato el abismo ha insistido toda la noche.
Pero esta alegre compañía del aire,
esta iluminación de recuerdos que se ha iluminado como una atmósfera,
ha permitido respirar a los bichitos más miserables,
a las mismas moléculas convertidas en luz o en huellas de las pisadas.
A mi paso he cantado porque he dominado el horizonte;
porque por encima de él—más lejos, más, porque yo soy altísimo—
he visto el mar, la mar, los mares, los no-límites.
Soy alto como una juventud que no cesa.
¿Adónde va a llegar esa cabeza que ha roto ya tres mil vidrios,
esos techos innúmeros que olvidan que fueron carne para convertirse en sordera?
¿Hacia qué cielos o qué suelos van esos ojos no pisados
que tienen como yemas una fecundidad invisible?
¿Hacia qué lutos o desórdenes se hunden ciegas abajo esas manos abandonadas?
¿Qué nubes o qué palmas, qué besos o siemprevivas
buscan esa frente, esos ojos, ese sueño,
ese crecimiento que acabará como una muerte reciennacida?

La destrucción o el amor

"Después de la muerte"

La realidad que vive
en el fondo de un beso dormido,
donde las mariposas no se atreven a volar
por no mover el aire tan quieto como el amor.

Esa feliz transparencia
donde respirar no es sentir un cristal en la boca,
no es respirar un bloque que no participa,
no es mover el pecho en el vacío
mientras la cara cárdena se dobla como la flor.

No.
La realidad vivida
bate unas alas inmensas,
pero lejos—no impidiendo el blando vaivén de las flores en que me muevo,
ni el transcurso de los gentiles pájaros
que un momento se detienen en mi hombro por si acaso...

El mar entero, lejos, único,
encerrado en un cuarto,
asoma unas largas lenguas por una ventana donde el cristal lo impide,
donde las espumas furiosas amontonan sus rostros
pegados contra el vidrio sin que nada se oiga.

El mar o una serpiente,
el mar o ese ladrón que roba los pechos,
el mar donde mi cuerpo
estuvo en vida a merced de las ondas.

La realidad que vivo,
la dichosa transparencia en que nunca al aire lo llamaré unas
     manos,
en que nunca a los montes llamaré besos
ni a las aguas del río doncella que se me escapa.

La realidad donde el bosque no puede confundirse
con ese tremendo pelo con que la ira se encrespa,
ni el rayo clamoroso es la voz que me llama
cuando—oculto mi rostro entre las manos—una roca a la vista del águila puede
    ser una roca.

    La realidad que vivo,
dichosa transparencia feliz en la que el sonido de una túnica,
de un ángel o de ese eólico sollozo de la carne,
llega como lluvia lavada,
como esa planta siempre verde,
como tierra que, no calcinada, fresca y olorosa,
puede sustentar unos pies que no agravan.

    Todo pasa.
La realidad transcurre
como un pájaro alegre.
Me lleva entre sus alas
como pluma ligera.
Me arrebata a la sombra, a la luz, al divino contagio.
Me hace pluma ilusoria
que cuando pasa ignora el mar que al fin ha podido:
esas aguas espesas que como labios negros ya borran lo distinto.

Sombra del paraíso

"A una muchacha desnuda"

Cúan delicada muchacha,
tú que me miras con tus ojos oscuros.
Desde el borde de ese río, con las ondas por medio,
veo tu dibujo preciso sobre un verde armonioso.
No es el desnudo como llama que agostara la hierba,
o como brasa súbita que cenizas presagia,
sino que quieta, derramada, fresquísima,
eres tú primavera matinal que en un soplo llegaste.

Imagen fresca de la primavera que blandamente se posa.
Un lecho de césped virgen recogido ha tu cuerpo,
cuyos bordes descansan como un río aplacado.
Tendida estás, preciosa, y tu desnudo canta
suavemente oreado por las brisas de un valle.
Ah, musical muchacha que graciosamente ofrecida
te rehusas, allá en la orilla remota.
Median las ondas raudas que de ti me separan,
eterno deseo dulce, cuerpo, nudo de dicha,
que en la hierba reposas como un astro celeste.

Poesías completas. Prólogo de Carlos Bousoño. Madrid: Aguilar, 1960.

RAMÓN J. SENDER (1902-82)

Réquiem por un campesino español

El cura esperaba sentado en un sillón con la cabeza inclinada sobre la casulla de los oficios de *réquiem*. La sacristía olía a incienso. En un rincón había un fajo de ramitas de olivo de las que habían sobrado el Domingo de Ramos.[1] Las hojas estaban muy secas, y parecían de metal. Al pasar cerca, Mosén Millán evitaba rozarlas porque se desprendían y caían al suelo.

Iba y venía el monaguillo con su roquete blanco. La sacristía tenía dos ventanas que daban al pequeño huerto de la abadía. Llegaban del otro lado de los cristales rumores humildes.

Alguien barría furiosamente, y se oía la escoba seca contra las piedras, y una voz que llamaba:

—María... Marieta...

Cerca de la ventana entreabierta un saltamontes atrapado entre las ramitas de un arbusto trataba de escapar, y se agitaba desesperadamente. Más lejos, hacia la plaza, relinchaba un potro. «Ese debe ser—pensó Mosén Millán—el potro de Paco el del Molino, que anda, como siempre, suelto por el pueblo.» El cura seguía pensando que aquel potro, por las calles, era una alusión constante a Paco y al recuerdo de su desdicha.

Con los codos en los brazos del sillón y las manos cruzadas sobre la casulla negra bordada de oro, seguía rezando. Cincuenta y un años repitiendo aquellas oraciones habían creado un automatismo que le permitía poner el pensamiento en otra parte sin dejar de rezar. Y su imaginación vagaba por el pueblo. Esperaba que los parientes del difunto acudirían. Estaba seguro de que irían—no podían menos—tratándose de una misa de *réquiem*, aunque la decía sin que nadie se la hubiera encargado. También esperaba Mosén Millán que fueran los amigos del difunto. Pero esto hacía dudar al cura. Casi toda la aldea había sido amiga de Paco, menos las dos familias más pudientes: don Valeriano y don Gumersindo. La tercera familia rica, la del señor Cástulo Pérez, no era ni amiga ni enemiga.

---

[1]en la religión católica, último domingo de Cuaresma, que da paso a la Semana Santa.

El monaguillo entraba, tomaba una campana que había en un rincón, y sujetando el badajo para que no sonara, iba a salir cuando Mosén Millán le preguntó:

—¿Han venido los parientes?

—¿Qué parientes?—preguntó a su vez el monaguillo.

—No seas bobo. ¿No te acuerdas de Paco el del Molino?

—Ah, sí, señor. Pero no se ve a nadie en la iglesia, todavía.

El chico salió otra vez al presbiterio pensando en Paco el del Molino. ¿No había de recordarlo? Lo vio morir, y después de su muerte la gente sacó un romance. El monaguillo sabía algunos trozos:

Ahí va Paco el del Molino,
que ya ha sido sentenciado,
y que llora por su vida
camino del camposanto.

Eso de llorar no era verdad, porque el monaguillo vio a Paco, y no lloraba. «Lo vi—se decía—con los otros desde el coche del señor Cástulo, y yo llevaba la bolsa con la extremaunción para que Mosén Millán les pusiera a los muertos el santolio[2] en el pie.» El monaguillo iba y venía con el romance de Paco en los dientes. Sin darse cuenta acomodaba sus pasos al compás de la canción:

...y al llegar frente a las tapias
el centurión echa el alto.

Eso del centurión le parecía al monaguillo más bien cosa de Semana Santa y de los pasos de la oración del huerto. Por las ventanas de la sacristía llegaba ahora un olor de hierbas quemadas, y Mosén Millán, sin dejar de rezar, sentía en ese olor las añoranzas de su propia juventud. Era viejo, y estaba llegando—se decía—a esa edad en que la sal ha perdido su sabor, como dice la Biblia. Rezaba entre dientes con la cabeza apoyada en aquel lugar del muro donde a través del tiempo se había formado una mancha oscura.

Entraba y salía el monaguillo con la pértiga de encender los cirios, las vinajeras y el misal.

—¿Hay gente en la iglesia?—preguntaba otra vez el cura.

—No, señor.

Mosén Millán se decía: es pronto. Además, los campesinos no han acabado las faenas de la trilla. Pero la familia del difunto no podía faltar. Seguían sonando las campanas que en los funerales eran lentas, espaciadas y graves.

---

[2]santos óleos.

Mosén Millán alargaba las piernas. Las puntas de sus zapatos asomaban debajo del alba y encima de la estera de esparto. El alba estaba deshilándose por el remate. Los zapatos tenían el cuero rajado por el lugar donde se doblaban al andar, y el cura pensó: tendré que enviarlos a componer. El zapatero era nuevo en la aldea. El anterior no iba a misa, pero trabajaba para el cura con el mayor esmero, y le cobraba menos. Aquel zapatero y Paco el del Molino habían sido muy amigos.

Recordaba Mosén Millán el día que bautizó a Paco en aquella misma iglesia. La mañana del bautizo se presentó fría y dorada, una de esas mañanitas en que la grava del río que habían puesto en la plaza durante el *Corpus*,[3] crujía de frío bajo los pies. Iba el niño en brazos de la madrina, envuelto en ricas mantillas, y cubierto por un manto de raso blanco, bordado en sedas blancas, también. Los lujos de los campesinos son para los actos sacramentales. Cuando el bautizo entraba en la iglesia, las campanitas menores tocaban alegremente. Se podía saber si el que iban a bautizar era niño o niña. Si era niño, las campanas—una en un tono más alto que la otra—decían: *no és nena, que és nen; no és nena, que és nen*.[4] Si era niña cambiaban un poco, y decían: *no és nen, que és nena; no és nen, que és nena*. La aldea estaba cerca de la raya de Lérida,[5] y los campesinos usaban a veces palabras catalanas.

Al llegar el bautizo se oyó en la plaza vocerío de niños, como siempre. El padrino llevaba una bolsa de papel de la que sacaba puñados de peladillas y caramelos. Sabía que, de no hacerlo, los chicos recibirían al bautizo gritando a coro frases desairadas para el recién nacido, aludiendo a sus pañales y a si estaban secos o mojados.

Se oían rebotar las peladillas contra las puertas y las ventanas y a veces contra las cabezas de los mismos chicos, quienes no perdían el tiempo en lamentaciones. En la torre las campanitas menores seguían tocando: *no és nena, que és nen*, y los campesinos entraban en la iglesia, donde esperaba Mosén Millán ya revestido.

Recordaba el cura aquel acto entre centenares de otros porque había sido el bautizo de Paco el del Molino. Había varias personas enlutadas y graves. Las mujeres con mantilla o mantón negro. Los hombres con camisa almidonada. En la capilla bautismal la pila sugería misterios antiguos.

---

[3]Corpus Christi: festividad con que la Iglesia católica conmemora la institución de la Eucaristía.

[4]no es niña, que es niño; no es niña, que es niño.

[5]capital y provincia española.

Mosén Millán había sido invitado a comer con la familia. No hubo grandes extremos porque las fiestas del invierno solían ser menos algareras[6] que las del verano. Recordaba Mosén Millán que sobre una mesa había un paquete de velas rizadas y adornadas, y que en un extremo de la habitación estaba la cuna del niño. A su lado, la madre, de breve cabeza y pecho opulento, con esa serenidad majestuosa de las recién paridas. El padre atendía a los amigos. Uno de ellos se acercaba a la cuna, y preguntaba:

—¿Es tu hijo?

—Hombre, no lo sé—dijo el padre acusando con una tranquila sorna lo obvio de la pregunta—. Al menos, de mi mujer sí que lo es.

Luego soltó la carcajada. Mosén Millán, que estaba leyendo su grimorio, alzó la cabeza:

—Vamos, no seas bruto. ¿Qué sacas con esas bromas?

Las mujeres reían también, especialmente la Jerónima—partera y saludadora—, que en aquel momento llevaba a la madre un caldo de gallina y un vaso de vino moscatel. Después descubría al niño, y se ponía a cambiar el vendaje del ombliguito.

—Vaya, zagal. Seguro que no te echarán del baile—decía aludiendo al volumen de sus atributos masculinos.

La madrina repetía que durante el bautismo el niño había sacado la lengua para recoger la sal, y de eso deducía que tendría gracia y atractivo con las mujeres. El padre del niño iba y venía, y se detenía a veces para mirar al recién nacido: «¡Qué cosa es la vida! Hasta que nació ese crío, yo era sólo el hijo de mi padre. Ahora soy, además, el padre de mi hijo».

—El mundo es redondo, y rueda—dijo en voz alta.

Estaba seguro Mosén Millán de que servirían en la comida perdiz en adobo. En aquella casa solían tenerla. Cuando sintió su olor en el aire, se levantó, se acercó a la cuna, y sacó de su breviario un pequeñísimo escapulario que dejó debajo de la almohada del niño. Miraba el cura al niño sin dejar de rezar: *ad perpetuam rei memoriam...*[7] El niño parecía darse cuenta de que era el centro de aquella celebración, y sonreía dormido. Mosén Millán se apartaba pensando: ¿De qué puede sonreír? Lo dijo en voz alta, y la Jerónima comento:

—Es que sueña. Sueña con ríos de lechecita caliente.

El diminutivo de leche resultaba un poco extraño, pero todo lo que decía la Jerónima era siempre así.

---

[6] en este contexto, bulliciosas.

[7] latín: por la eterna memoria del objeto.

Cuando llegaron los que faltaban, comenzó la comida. Una de las cabeceras la ocupó el feliz padre. La abuela dijo al indicar al cura el lado contrario:

—Aquí el otro padre, Mosén Millán.

El cura dio la razón a la abuela: el chico había nacido dos veces, una al mundo y otra a la iglesia. De este segundo nacimiento el padre era el cura párroco. Mosén Millán se servía poco, reservándose para las perdices.

Veintiséis años después se acordaba de aquellas perdices, y en ayunas, antes de la misa, percibía los olores de ajo, vinagrillo y aceite de oliva. Revestido y oyendo las campanas, dejaba que por un momento el recuerdo se extinguiera. Miraba al monaguillo. Éste no sabía todo el romance de Paco, y se quedaba en la puerta con un dedo doblado entre los dientes tratando de recordar:

...ya los llevan, ya los llevan
atados brazo con brazo.

El monaguillo tenía presente la escena, que fue sangrienta y llena de estampidos.

Volvía a recordar el cura la fiesta del bautizo mientras el monaguillo por decir algo repetía:

—No sé qué pasa que hoy no viene nadie a la iglesia, Mosén Millán.

El sacerdote había puesto la crisma en la nuca de Paco, en su tierna nuca que formaba dos arruguitas contra la espalda. Ahora—pensaba—está ya aquella nuca bajo la tierra, polvo en el polvo. Todos habían mirado al niño aquella mañana, sobre todo el padre, felices, pero con cierta turbiedad en la expresión. Nada más misterioso que un recién nacido.

Mosén Millán recordaba que aquella familia no había sido nunca muy devota, pero cumplía con la parroquia y conservaba la costumbre de hacer a la iglesia dos regalos cada año, uno de lana y otro de trigo, en agosto. Lo hacían más por tradición que por devoción—pensaba Mosén Millán—, pero lo hacían.

En cuanto a la Jerónima, ella sabía que el cura no la veía con buenos ojos. A veces la Jerónima, con su oficio y sus habladurías—o *dijendas*, como ella decía—, agitaba un poco las aguas mansas de la aldea. Solía rezar la Jerónima extrañas oraciones para ahuyentar el pedrisco y evitar las inundaciones, y en aquella que terminaba diciendo: *Santo Justo, Santo Fuerte, Santo Inmortal—líbranos, Señor, de todo mal*, añadía una frase latina que sonaba como una obscenidad, y cuyo verdadero sentido no pudo nunca descifrar el cura. Ella lo hacía inocentemente, y cuando el cura le preguntaba de dónde había sacado aquel latinajo, decía que lo había heredado de su abuela.

Estaba seguro Mosén Millán de que si iba a la cuna del niño, y levantaba la almohada, encontraría algún amuleto. Solía la Jerónima poner cuando se trataba de niños una tijerita abierta en cruz para protegerlos de herida de hierro—de saña de hierro, decía ella—, y si se trataba de niñas, una rosa que ella misma había desecado a la luz de la luna para darles hermosura y evitarles las menstruaciones difíciles.

Hubo un incidente que produjo cierta alegría secreta a Mosén Millán. El médico de la aldea, un hombre joven, llegó, dio los buenos días, se quitó las gafas para limpiarlas—se le habían empañado al entrar—, y se acercó a la cuna. Después de reconocer al crío dijo gravemente a la Jerónima que no volviera a tocar el ombligo del recién nacido y ni siquiera a cambiarle la faja. Lo dijo secamente, y lo que era peor, delante de todos. Lo oyeron hasta los que estaban en la cocina.

Como era de suponer, al marcharse el médico, la Jerónima comenzó a desahogarse. Dijo que con los médicos viejos nunca había tenido palabras, y que aquel jovencito creía que sólo su ciencia valía, pero dime de lo que presumes, y te diré lo que te falta. Aquel médico tenía más hechuras y maneras que *concencia*.[8] Trató de malquistar al médico con los maridos. ¿No habían visto cómo se entraba por las casas de rondón, y sin llamar, y se iba derecho a la alcoba, aunque la hembra de la familia estuviera allí vistiéndose? Más de una había sido sorprendida en cubrecorsé o en enaguas. ¿Y qué hacían las pobres? Pues nada. Gritar y correr a otro cuarto. ¿Eran maneras aquellas de entrar en una casa un hombre soltero y sin arrimo? Ese era el médico. Seguía hablando la Jerónima, pero los hombres no la escuchaban. Mosén Millán intervino por fin:

—Cállate, Jerónima—dijo. Un médico es un médico.

—La culpa—dijo alguien—no es de la Jerónima, sino del jarro.

Los campesinos hablaban de cosas referentes al trabajo. El trigo apuntaba bien, los planteros—semilleros—de hortalizas iban germinando, y en la primavera sería un gozo sembrar los melonares y la lechuga. Mosén Millán, cuando vio que la conversación languidecía, se puso a hablar contra las supersticiones. La Jerónima escuchaba en silencio.

Hablaba el cura de las cosas más graves con giros campesinos. Decía que la Iglesia se alegraba tanto de aquel nacimiento como los mismos padres, y que había que alejar del niño las supersticiones, que son cosa del demonio, y que podrían dañarle el día de mañana. Añadió que el chico sería tal vez un nuevo Saulo[9] para la Cristiandad.

—Lo que quiero yo es que aprenda a ajustarse los calzones, y que haga un buen mayoral de labranza—dijo el padre.

---

[8]conciencia.

[9]nombre del apóstol San Pablo antes de su conversión.

Rió la Jerónima para molestar al cura. Luego dijo:

—El chico será lo que tenga que ser. Cualquier cosa, menos cura.

Mosén Millán la miró extrañado:

—Qué bruta eres, Jerónima.

En aquel momento llegó alguien buscando a la ensalmadora. Cuando ésta hubo salido, Mosén Millán se dirigió a la cuna del niño levantó la almohada, y halló debajo un clavo y una pequeña llave formando cruz. Los sacó, los entregó al padre, y dijo: «¿Usted ve?» Después rezó una oración. Repitió que el pequeño Paco, aunque fuera un día mayoral de labranza, era hijo espiritual suyo, y debía cuidar de su alma. Ya sabía que la Jerónima, con sus supersticiones, no podía hacer daño mayor, pero tampoco hacía ningún bien.

Mucho más tarde, cuando Paquito fue Paco, y salió de quintas, y cuando murió, y cuando Mosén Millán trataba de decir la misa de aniversario, vivía todavía la Jerónima, aunque era tan vieja, que decía tonterías, y no le hacían caso. El monaguillo de Mosén Millán estaba en la puerta de la sacristía, y sacaba la nariz de vez en cuando para fisgar por la iglesia, y decir al cura:

—Todavía no ha venido nadie.

Alzaba las cejas el sacerdote pensando: no lo comprendo. Toda la aldea quería a Paco. Menos don Gumersindo, don Valeriano y tal vez el señor Cástulo Pérez. Pero de los sentimientos de este último nadie podía estar seguro. El monaguillo también se hablaba a sí mismo diciéndose el romance de Paco:

Las luces iban po'l[10] monte
y las sombras por el saso...

Mosén Millán cerró los ojos, y esperó. Recordaba algunos detalles nuevos de la infancia de Paco. Quería al muchacho, y el niño le quería a él, también. Los chicos y los animales quieren a quien los quiere.

A los seis años hacía *fuineta*, es decir, se escapaba ya de casa, y se unía con otros zagales. Entraba y salía por las cocinas de los vecinos. Los campesinos siguen el viejo proverbio: al hijo de tu vecino límpiale las narices y métclo en tu casa. Tendría Paco algo más de seis años cuando fue por primera vez a la escuela. La casa del cura estaba cerca, y el chico iba de tarde en tarde a verlo. El hecho de que fuera por voluntad propia conmovía al cura. Le daba al muchacho estampas de colores. Si al salir de casa del cura el chico encontraba al zapatero, éste le decía:

—Ya veo que eres muy amigo de Mosén Millan.

—¿Y usted no?—preguntaba el chico.

---

[10]por el.

—¡Oh!—decía el zapatero, evasivo—. Los curas son la gente que se toma más trabajo en el mundo para no trabajar. Pero Mosén Millán es un santo.

Esto último lo decía con una veneración exagerada para que nadie pudiera pensar que hablaba en serio.

El pequeño Paco iba haciendo sus descubrimientos en la vida. Encontró un día al cura en la abadía cambiándose de sotana, y al ver que debajo llevaba pantalones, se quedó extrañado y sin saber qué pensar.

Cuando veía Mosén Millán al padre de Paco le preguntaba por el niño empleando una expresión halagadora:

—¿Dónde está el heredero?

Tenía el padre de Paco un perro flaco y malcarado. Los labradores tratan a sus perros con indiferencia y crueldad, y es, sin duda, la razón por la que esos animales los adoran. A veces el perro acompañaba al chico a la escuela. Andaba a su lado sin zalemas y sin alegría, protegiéndolo con su sola presencia.

Paco andaba por entonces muy atareado tratando de convencer al perro de que el gato de la casa tenía también derecho a la vida. El perro no lo entendía así, y el pobre gato tuvo que escapar al campo. Cuando Paco quiso recuperarlo, su padre le dijo que era inútil porque las alimañas salvajes lo habrían matado ya. Los búhos no suelen tolerar que haya en el campo otros animales que puedan ver en la oscuridad, como ellos. Perseguían a los gatos, los mataban y se los comían. Desde que supo eso, la noche era para Paco misteriosa y temible, y cuando se acostaba aguzaba el oído queriendo oír los ruidos de fuera.

Si la noche era de los búhos, el día pertenecía a los chicos, y Paco, a los siete años, era bastante revoltoso. Sus preocupaciones y temores durante la noche no le impedían reñir al salir de la escuela.

Era ya por entonces una especie de monaguillo auxiliar o suplente. Entre los tesoros de los chicos de la aldea había un viejo revólver con el que especulaban de tal modo, que nunca estaba más de una semana en las mismas manos. Cuando por alguna razón—por haberlo ganado en juegos o cambalaches—lo tenía Paco, no se separaba de él, y mientras ayudaba a misa lo llevaba en el cinto bajo el roquete. Una vez, al cambiar el misal y hacer la genuflexión, resbaló el arma, y cayó en la tarima con un ruido enorme. Un momento quedó allí, y los dos monaguillos se abalanzaron sobre ella. Paco empujó al otro, y tomó su revólver. Se remangó la sotana, se lo guardó en la cintura, y respondió al sacerdote:

—*Et cum spiritu tuo.*[11]

---

[11]latín: y con tu espíritu.

Terminó la misa, y Mosén Millán llamó a capítulo a Paco, le riñó y le pidió el revólver. Entonces ya Paco lo había escondido detrás del altar. Mosén Millán registró al chico, y no le encontró nada. Paco se limitaba a negar, y no le habrían sacado de sus negativas todos los verdugos de la antigua Inquisición. Al final, Mosén Millán se dio por vencido, pero le preguntó:

—¿Para qué quieres ese revólver, Paco? ¿A quién quieres matar?

—A nadie.

Añadió que lo llevaba para evitar que lo usaran otros chicos peores que él. Este subterfugio asombró al cura.

Mosén Millán se interesaba por Paco pensando que sus padres eran poco religiosos. Creía el sacerdote que atrayendo al hijo, atraería tal vez al resto de la familia. Tenía Paco siete años cuando llegó el obispo, y confirmó a los chicos de la aldea. La figura del prelado, que era un anciano de cabello blanco y alta estatura, impresionó a Paco. Con su mitra, su capa pluvial y el báculo dorado, daba al niño la idea aproximada de lo que debía ser Dios en los cielos. Después de la confirmación habló el obispo con Paco en la sacristía. El obispo le llamaba *galopín*. Nunca había oído Paco aquella palabra. El diálogo fue así:

—¿Quién es este galopín?

—Paco, para servir a Dios y a su ilustrísima.

El chico había sido aleccionado. El obispo, muy afable, seguía preguntándole:

—¿Qué quieres ser tú en la vida? ¿Cura?

—No, señor.

—¿General?

—No, señor, tampoco. Quiero ser labrador, como mi padre.

El obispo reía. Viendo Paco que tenía éxito, siguió hablando:

—Y tener tres pares de mulas, y salir con ellas por la calle mayor diciendo: ¡Tordillaaa Capitanaaa, oxiqué[12] me ca... !

Mosén Millán se asustó, y le hizo con la mano un gesto indicando que debía callarse. El obispo reía.

Aprovechando la emoción de aquella visita del obispo, Mosén Millán comenzó a preparar a Paco y a otros mozalbetes para la primera comunión, y al mismo tiempo decidió que era mejor hacerse cómplice de las pequeñas picardías de los muchachos que censor. Sabía que Paco tenía el revólver, y no había vuelto a hablarle de él.

---

[12]palabra desconocida.

Se sentía Paco seguro en la vida. El zapatero lo miraba a veces con cierta ironía—¿por qué?—, y el médico, cuando iba a su casa, le decía:

—Hola, Cabarrús.[13]

Casi todos los vecinos y amigos de la familia le guardaban a Paco algún secreto: la noticia del revólver, un cristal roto en una ventana, el hurto de algunos puñados de cerezas en un huerto. El más importante encubrimiento era el de Mosén Millán.

Un día habló el cura con Paco de cosas difíciles porque Mosén Millán le enseñaba a hacer examen de conciencia desde el primer mandamiento hasta el décimo. Al llegar al sexto, el sacerdote vaciló un momento, y dijo, por fin:

—Pásalo por alto, porque tú no tienes pecados de esa clase todavía.

Paco estuvo cavilando, y supuso que debía referirse a la relación entre hombres y mujeres.

Iba Paco a menudo a la iglesia, aunque sólo ayudaba a misa cuando hacían falta dos monaguillos. En la época de Semana Santa[14] descubrió grandes cosas. Durante aquellos días todo cambiaba en el templo. Las imágenes las tapaban con paños color violeta, el altar mayor quedaba oculto también detrás de un enorme lienzo malva, y una de las naves iba siendo transformada en un extraño lugar lleno de misterio. Era *el monumento*.[15] La parte anterior tenía acceso por una ancha escalinata cubierta de alfombra negra.

Al pie de esas escaleras, sobre un almohadón blanco de raso estaba acostado un crucifijo de metal cubierto con lienzo violeta, que formaba una figura romboidal sobre los extremos de la Cruz. Por debajo del rombo asomaba la base, labrada. Los fieles se acercaban, se arrodillaban, y la besaban. Al lado una gran bandeja con dos o tres monedas de plata y muchas más de cobre. En las sombras de la iglesia aquel lugar silencioso e iluminado, con las escaleras llenas de candelabros y cirios encendidos, daba a Paco una impresión de misterio.

Debajo del monumento, en un lugar invisible, dos hombres tocaban en flautas de caña una melodía muy triste. La melodía era corta y se repetía hasta el infinito durante todo el día. Paco tenía sensaciones contradictorias muy fuertes.

Durante el Jueves y el Viernes Santo no sonaban las campanas de la torre. En su lugar se oían las matracas. En la bóveda del campanario había dos enormes

---

[13]Francisco Cabarrús (1752-1810), hacendista y político español.

[14]última semana de cuaresma, desde el Domingo de Ramos al de Resurrección.

[15]altar que el Jueves Santo se forma en las iglesias para adorar a la Eucaristía.

cilindros de madera cubiertos de hileras de mazos. Al girar el cilindro, los mazos golpeaban sobre la madera hueca. Toda aquella maquinaria estaba encima de las campanas, y tenía un eje empotrado en dos muros opuestos del campanario, y engrasado con pez. Esas gigantescas matracas producían un rumor de huesos agitados. Los monaguillos tenían dos matraquitas de mano, y las hacían sonar al alzar[16] en la misa. Paco miraba y oía todo aquello asombrado.

Le intrigaban sobre todo las estatuas que se veían a los dos lados del monumento. Éste parecía el interior de una inmensa cámara fotográfica con el fuelle extendido. La turbación de Paco procedía del hecho de haber visto aquellas imágenes polvorientas y desnarigadas en un desván del templo donde amontonaban los trastos viejos. Había también allí piernas de cristos desprendidas de los cuerpos, estatuas de mártires desnudos y sufrientes. Cabezas de *ecce homos*[17] lacrimosos, paños de verónicas colgados del muro, trípodes hechos con listones de madera que tenían un busto de mujer en lo alto, y que, cubiertos por un manto en forma cónica, se convertían en Nuestra Señora de los Desamparados.

El otro monaguillo—cuando estaban los dos en el desván— exageraba su familiaridad con aquellas figuras. Se ponía a caballo de uno de los apóstoles, en cuya cabeza golpeaba con los nudillos para ver—decía—si había ratones; le ponía a otro un papelito arrollado en la boca como si estuviera fumando, iba al lado de San Sebastián,[18] y le arrancaba los dardos del pecho para volvérselos a poner, cruelmente. Y en un rincón se veía el túmulo funeral que se usaba en las misas de difuntos. Cubierto de paños negros goteados de cera mostraba en los cuatro lados una calavera y dos tibias cruzadas. Era un lugar dentro del cual se escondía el otro acólito, a veces, y cantaba cosas irreverentes.

El Sábado de Gloria, por la mañana, los chicos iban a la iglesia llevando pequeños mazos de madera que tenían guardados todo el año para aquel fin. Iban—quién iba a suponerlo—a matar judíos. Para evitar que rompieran los bancos, Mosén Millán hacía poner el día anterior tres largos maderos derribados cerca del atrio. Se suponía que los judíos estaban dentro, lo que no era para las imaginaciones infantiles demasiado suponer. Los chicos se sentaban detrás y esperaban. Al decir el cura en los oficios la palabra *resurrexit*,[19] comenzaban a

---

[16]la Eucaristía.

[17]imagen de Jesucristo coronado de espinas.

[18]mártir cristiano (256-88), fue condenado a ser asaeteado.

[19]latín: resucitó.

golpear produciendo un fragor escandaloso, que duraba hasta el canto del *aleluya* y el primer volteo de campanas.

Salía Paco de la Semana Santa como convaleciente de una enfermedad. Los oficios[20] habían sido sensacionales, y tenían nombres extraños: las *tinieblas*, el sermón de *las siete palabras*,[21] y del *beso de Judas*, el de los *velos rasgados*. El Sábado de Gloria solía ser como la reconquista de la luz y la alegría. Mientras volteaban las campanas en la torre—después del silencio de tres días—la Jerónima cogía piedrecitas en la glera[22] del río porque decía que poniéndoselas en la boca aliviarían el dolor de muelas.

Paco iba entonces a la casa del cura en grupo con otros chicos, que se preparaban también para la primera comunión. El cura los instruía y les aconsejaba que en aquellos días no hicieran diabluras. No debían pelear ni ir al lavadero público, donde las mujeres hablaban demasiado libremente.

Los chicos sentían desde entonces una curiosidad más viva, y si pasaban cerca del lavadero aguzaban el oído. Hablando los chicos entre sí, de la comunión, inventaban peligros extraños y decían que al comulgar era necesario abrir mucho la boca, porque si la hostia tocaba en los dientes, el comulgante caía muerto, y se iba derecho al infierno.

Un día, Mosén Millán pidió al monaguillo que le acompañara a llevar la extremaunción a un enfermo grave. Fueron a las afueras del pueblo, donde ya no había casas, y la gente vivía en unas cuevas abiertas en la roca. Se entraba en ellas por un agujero rectangular que tenía alrededor una cenefa encalada.

Paco llevaba colgada del hombro una bolsa de terciopelo donde el cura había puesto los objetos litúrgicos. Entraron bajando la cabeza y pisando con cuidado. Había dentro dos cuartos con el suelo de losas de piedra mal ajustadas. Estaba ya oscureciendo, y en el cuarto primero no había luz. En el segundo se veía sólo una lamparilla de aceite. Una anciana, vestida de harapos, los recibió con un cabo de vela encendido. El techo de roca era muy bajo, y aunque se podía estar de pie, el sacerdote bajaba la cabeza por precaución. No había otra ventilación que la de la puerta exterior. La anciana tenía los ojos secos y una expresión de fatiga y de espanto frío.

En un rincón había un camastro de tablas, y en él estaba el enfermo. El cura no dijo nada, la mujer tampoco. Sólo se oía un ronquido regular, bronco y persistente, que salía del pecho del enfermo. Paco abrió la bolsa, y el sacerdote,

[20]funciones de la iglesia, particularmente en Semana Santa.

[21]las que dijo Cristo en la cruz.

[22]arenal.

después de ponerse la estola, fue sacando trocitos de estopa y una pequeña vasija con aceite, y comenzó a rezar en latín.

La anciana escuchaba con la vista en el suelo y el cabo de vela en la mano. La silueta del enfermo—que tenía el pecho muy levantado y la cabeza muy baja—se proyectaba en el muro, y el más pequeño movimiento del cirio hacía moverse la sombra.

Descubrió el sacerdote los pies del enfermo. Eran grandes, secos, resquebrajados. Pies de labrador. Después fue a la cabecera. Se veía que el agonizante ponía toda la energía que le quedaba en aquella horrible tarea de respirar. Los estertores eran más broncos y más frecuentes. Paco veía dos o tres moscas que revoloteaban sobre la cara del enfermo, y que a la luz tenían reflejos de metal. Mosén Millán hizo las unciones en los ojos, en la nariz, en los pies. El enfermo no se daba cuenta. Cuando terminó el sacerdote, dijo a la mujer:

—Dios lo acoja en su seno.

La anciana callaba. Le temblaba a veces la barba, y en aquel temblor se percibía el hueso de la mandíbula debajo de la piel. Paco seguía mirando alrededor. No había luz, ni agua, ni fuego.

Mosén Millán tenía prisa por salir, pero lo disimulaba porque aquella prisa le parecía poco cristiana. Cuando salieron, la mujer los acompañó hasta la puerta con el cirio encendido. No se veían por allí más muebles que una silla desnivelada apoyada contra el muro. En el cuarto exterior, en un rincón y en el suelo había tres piedras ahumadas y un poco de ceniza fría. En una estaca clavada en el muro, una chaqueta vieja. El sacerdote parecía ir a decir algo, pero se calló. Salieron.

Era ya de noche, y en lo alto se veían las estrellas. Paco preguntó:

—¿Esa gente es pobre, Mosén Millán?

—Sí, hijo.

—¿Muy pobre?

—Mucho.

—¿La más pobre del pueblo?

—Quién sabe, pero hay cosas peores que la pobreza. Son desgraciados por otras razones.

El monaguillo veía que el sacerdote contestaba con desgana.

—¿Por qué?—preguntó.

—Tienen un hijo que podría ayudarles, pero he oído decir que está en la cárcel.

—¿Ha matado a alguno?

—Yo no sé, pero no me extrañaría.

Paco no podía estar callado. Caminaba a oscuras por terreno desigual. Recordando al enfermo el monaguillo dijo:

—Se está muriendo porque no puede respirar. Y ahora nos vamos, y se queda allí solo.

Caminaban. Mosén Millán parecía muy fatigado. Paco añadió:

—Bueno, con su mujer. Menos mal.

Hasta las primeras casas había un buen trecho. Mosén Millán dijo al chico que su compasión era virtuosa y que tenía buen corazón. El chico preguntó aun si no iba nadie a verlos porque eran pobres o porque tenían un hijo en la cárcel y Mosén Millán queriendo cortar el diálogo aseguró que de un momento a otro el agonizante moriría y subiría al cielo donde sería feliz. El chico miró las estrellas.

—Su hijo no debe ser muy malo, padre Millán.

—¿Por qué?

—Si fuera malo, sus padres tendrían dinero. Robaría.

El cura no quiso responder. Y seguían andando.

Paco se sentía feliz yendo con el cura.

Ser su amigo le daba autoridad aunque no podría decir en qué forma. Siguieron andando sin volver a hablar, pero al llegar a la iglesia Paco repitió una vez más:

—¿Por qué no va a verlo nadie, Mosén Millán?

—¿Qué importa eso, Paco? El que se muere, rico o pobre, siempre está solo aunque vayan los demás a verlo. La vida es así y Dios que la ha hecho sabe por qué.

Paco recordaba que el enfermo no decía nada. La mujer tampoco. Además el enfermo tenía los pies de madera como los de los crucifijos rotos y abandonados en el desván.

El sacerdote guardaba la bolsa de los óleos. Paco dijo que iba a avisar a los vecinos para que fueran a ver al enfermo y ayudar a su mujer. Iría de parte de Mosén Millán y así nadie se negaría. El cura le advirtió que lo mejor que podía hacer era ir a su casa. Cuando Dios permite la pobreza y el dolor—dijo—es por algo.

—¿Qué puedes hacer tú?—añadió—. Esas cuevas que has visto son miserables pero las hay peores en otros pueblos.

Medio convencido, Paco se fue a su casa, pero durante la cena habló dos o tres veces más del agonizante y dijo que en su choza no tenían ni siquiera un poco de leña para hacer fuego. Los padres callaban. La madre iba y venía. Paco decía que el pobre hombre que se moría no tenía siquiera un colchón porque estaba acostado sobre tablas. El padre dejó de cortar pan y lo miró.

—Es la última vez—dijo—que vas con Mosén Millán a dar la unción a nadie.

Todavía el chico habló de que el enfermo tenía un hijo presidiario, pero que no era culpa del padre.

—Ni del hijo tampoco.

Paco estuvo esperando que el padre dijera algo más, pero se puso a hablar de otras cosas.

Como en todas las aldeas, había un lugar en las afueras que los campesinos llamaban *el carasol*, en la base de una cortina de rocas que daban al mediodía. Era caliente en invierno y fresco en verano. Allí iban las mujeres más pobres—generalmente ya viejas—y cosían, hilaban, charlaban de lo que sucedía en el mundo.

Durante el invierno aquel lugar estaba siempre concurrido. Alguna vieja peinaba a su nieta. La Jerónima, en el carasol, estaba siempre alegre, y su alegría contagiaba a las otras. A veces, sin más ni más, y cuando el carasol estaba aburrido, se ponía ella a bailar sola, siguiendo el compás de las campanas de la iglesia.

Fue ella quien llevó la noticia de la piedad de Paco por la familia agonizante, y habló de la resistencia de Mosén Millán a darles ayuda—esto muy exagerado para hacer efecto—y de la prohibición del padre del chico. Según ella, el padre había dicho a Mosén Millán:

—¿Quién es usted para llevarse al chico a dar la unción?

Era mentira, pero en el carasol creían todo lo que la Jerónima decía. Ésta hablaba con respeto de mucha gente, pero no de las familias de don Valeriano y de don Gumersindo.

Veintitrés años después, Mosén Millán recordaba aquellos hechos, y suspiraba bajo sus ropas talares, esperando con la cabeza apoyada en el muro—en el lugar de la mancha oscura—el momento de comenzar la misa. Pensaba que aquella visita de Paco a la cueva influyó mucho en todo lo que había de sucederle después. «Y vino conmigo. Yo lo llevé», añadía un poco perplejo. El monaguillo entraba en la sacristía y decía:

—Aún no ha venido nadie, Mosén Millán.

Lo repitió porque con los ojos cerrados, el cura parecía no oírle. Y recitaba para sí el monaguillo otras partes del romance a medida que las recordaba:

...Lo buscaban en los montes,
pero no lo han encontrado;
a su casa iban con perros

pa[23] *que tomen el olfato;*
ya ventean, ya ventean
las ropas viejas de Paco.

Se oían aún las campanas. Mosén Millán volvía a recordar a Paco. «Parece que era ayer cuando tomó la primera comunión.» Poco después el chico se puso a crecer, y en tres o cuatro años se hizo casi tan grande como su padre. La gente, que hasta entonces lo llamaba Paquito, comenzó a llamarlo Paco el del Molino. El bisabuelo había tenido un molino que ya no molía, y que empleaban para almacén de grano. Tenía también allí un pequeño rebaño de cabras. Una vez, cuando parieron las cabras, Paco le llevó a Mosén Millán un cabritillo, que quedó triscando por el huerto de la abadía.

Poco a poco se fue alejando el muchacho de Mosén Millán. Casi nunca lo encontraba en la calle, y no tenía tiempo para ir ex profeso a verlo. Los domingos iba a misa—en verano faltaba alguna vez—, y para Pascua confesaba y comulgaba, cada año.

Aunque imberbe aún, el chico imitaba las maneras de los adultos. No sólo iba sin cuidado al lavadero y escuchaba los diálogos de las mozas, sino que a veces ellas le decían picardías y crudezas, y él respondía bravamente. El lugar a donde iban a lavar las mozas se llamaba la plaza del agua, y era, efectivamente, una gran plaza ocupada en sus dos terceras partes por un estanque bastante profundo. En las tardes calientes del verano algunos mozos iban a nadar allí completamente en cueros. Las lavanderas parecían escandalizarse, pero sólo de labios afuera. Sus gritos, sus risas y las frases que cambiaban con los mozos mientras en la alta torre crotoraban[24] las cigüeñas, revelaban una alegría primitiva.

Paco el del Molino fue una tarde allí a nadar, y durante más de dos horas se exhibió a gusto entre las bromas de las lavanderas. Le decían palabras provocativas, insultos femeninos de intención halagadora, y aquello fue como la iniciación en la vida de los mozos solteros. Después de aquel incidente, sus padres le dejaban salir de noche y volver cuando ya estaban acostados.

A veces Paco hablaba con su padre sobre cuestiones de hacienda familiar. Un día tuvieron una conversación sobre materia tan importante como los arrendamientos de pastos en el monte y lo que esos arrendamientos les costaban. Pagaban cada año una suma regular a un viejo duque que nunca había estado en la aldea, y que percibía aquellas rentas de los campesinos de cinco pueblos vecinos. Paco creía que aquello no era cabal.

---

[23]para.
[24]producir las cigüeñas un ruido especial con el pico.

—Si es cabal o no, pregúntaselo a Mosén Millán, que es amigo de don Valeriano, el administrador del duque. Anda y verás con lo que te sale.

Ingenuamente Paco se lo preguntó al cura, y éste dijo:

—¡Qué te importa a ti eso, Paco!

Paco se atrevió a decirle—que lo había oído a su padre—que había gente en el pueblo que vivía peor que los animales, y que se podía hacer algo para remediar aquella miseria.

—¿Qué miseria?—dijo Mosén Millán—. Todavía hay más miseria en otras partes que aquí.

Luego le reprendió ásperamente por ir a nadar a la plaza del agua delante de las lavanderas. En eso Paco tuvo que callarse.

El muchacho iba adquiriendo gravedad y solidez. Los domingos en la tarde, con el pantalón nuevo de pana, la camisa blanca y el chaleco rameado y florido, iba a jugar a las *birlas* (a los bolos). Desde la abadía, Mosén Millán, leyendo su breviario, oía el ruido de las birlas chocando entre sí y las monedas de cobre cayendo al suelo, donde las dejaban los mozos para sus apuestas. A veces se asomaba al balcón. Veía a Paco tan crecido, y se decía: «Ahí está. Parece que fue ayer cuando lo bauticé».

Pensaba el cura con tristeza que cuando aquellos chicos crecían, se alejaban de la iglesia, pero volvían a acercarse al llegar a la vejez por la amenaza de la muerte. En el caso de Paco la muerte llegó mucho antes que la vejez, y Mosén Millán lo recordaba en la sacristía profundamente abstraído mientras esperaba el momento de comenzar la misa. Sonaban todavía las campanas en la torre. El monaguillo dijo, de pronto:

—Mosén Millán, acaba de entrar en la iglesia don Valeriano.

El cura seguía con los ojos cerrados y la cabeza apoyada en el muro. El monaguillo recordaba aún el romance:

...en la Pardina del monte
allí encontraron a Paco;
date, date a la justicia,
o aquí mismo te matamos.

Pero don Valeriano se asomaba ya a la sacristía. «Con permiso», dijo. Vestía como los señores de la ciudad, pero en el chaleco llevaba más botones que de ordinario, y una gruesa cadena de oro con varios dijes colgando que sonaban al andar. Tenía don Valeriano la frente estrecha y los ojos huidizos. El bigote caía por los lados, de modo que cubría las comisuras de la boca. Cuando hablaba de dar dinero usaba la palabra *desembolso*, que le parecía distinguida. Al ver que Mosén Millán seguía con los ojos cerrados sin hacerle caso, se sentó y dijo:

—Mosén Millán, el último domingo dijo usted en el púlpito que había que olvidar. Olvidar no es fácil, pero aquí estoy el primero.

El cura afirmó con la cabeza sin abrir los ojos. Don Valeriano, dejando el sombrero en una silla, añadió:

—Yo la pago, la misa, salvo mejor parecer. Dígame lo que vale y como esos.

Negó el cura con la cabeza y siguió con los ojos cerrados. Recordaba que don Valeriano fue uno de los que más influyeron en el desgraciado fin de Paco. Era administrador del duque, y, además, tenía tierras propias. Don Valeriano, satisfecho de sí, como siempre, volvía a hablar:

—Ya digo, fuera malquerencias. En esto soy como mi difunto padre.

Mosén Millán oía en su recuerdo la voz de Paco. Pensaba en el día que se casó. No se casó Paco a ciegas, como otros mozos, en una explosión temprana de deseo. Las cosas se hicieron despacio y bien. En primer lugar, la familia de Paco estaba preocupada por las quintas. La probabilidad de que, sacando un numero bajo, tuviera que ir al servicio militar los desvelaba a todos. La madre de Paco habló con el cura, y éste aconsejó pedir el favor a Dios y merecerlo con actos edificantes.

La madre propuso a su hijo que al llegar la Semana Santa fuera en la procesión del Viernes con un hábito de penitente, como hacían otros, arrastrando con los pies descalzos dos cadenas atadas a los tobillos. Paco se negó. En años anteriores había visto a aquellos penitentes. Las cadenas que llevaban atadas a los pies tenían, al menos, seis metros de largas, y sonaban sobre las losas o la tierra apelmazada de un modo bronco y terrible. Algunos expiaban así quién sabe qué pecados, y llevaban la cara descubierta por orden del cura, para que todos los vieran. Otros iban simplemente a pedir algún don, y preferían cubrirse el rostro.

Cuando la procesión volvía a la iglesia, al oscurecer, los penitentes sangraban por los tobillos, y al hacer avanzar cada pie recogían el cuerpo sobre el lado contrario y se inclinaban como bestias cansinas. Las canciones de las beatas sobre aquel rumor de hierros producían un contraste muy raro. Y cuando los penitentes entraban en el templo el ruido de las cadenas resonaban más, bajo las bóvedas. Entretanto, en la torre sonaban las matracas. Paco recordaba que los penitentes viejos llevaban siempre la cara descubierta. Las mujerucas, al verlos pasar, decían en voz baja cosas tremendas.

—Mira—decía la Jerónima—. Ahí va Juan el del callejón de Santa Ana, el que robó a la viuda del sastre.

El penitente sudaba y arrastraba sus cadenas. Otras mujeres se llevaban la mano a la boca, y decían:

—Ése, Juan el de las vacas, es el que echó a su madre polvos de solimán pa'Fili heredarla.

El padre de Paco, tan indiferente a las cosas de religión, había decidido atarse las cadenas a los tobillos. Se cubrió con el hábito negro y la capucha y se ciñó a la cintura el cordón blanco. Mosén Millán no podía comprender, y dijo a Paco:

—No tiene mérito lo de tu padre porque lo hace para no tener que apalabrar un mayoral en el caso de que tú tengas que ir al servicio.

Paco repitió aquellas palabras a su padre, y él, que todavía se curaba con sal y vinagre las lesiones de los tobillos, exclamó:

—Veo que a Mosén Millán le gusta hablar más de la cuenta.

Por una razón u otra, el hecho fue que Paco sacó en el sorteo uno de los números más altos, y que la alegría desbordaba en el hogar y tenían que disimularla en la calle para no herir con ella a los que habían sacado números bajos.

Lo mejor de la novia de Paco, según los aldeanos, era su diligencia y laboriosidad. Por dos años antes de ser novios, Paco había pasado día tras día al ir al campo frente a la casa de la chica. Aunque era la primera hora del alba, las ropas de cama estaban ya colgadas en las ventanas, y la calle no sólo barrida y limpia, sino regada y fresca en verano. A veces veía también Paco a la muchacha. La saludaba al pasar, y ella respondía. A lo largo de dos años el saludo fue haciéndose un poco más expresivo. Luego cambiaron palabras sobre cosas del campo. En febrero, por ejemplo, ella preguntaba:

—¿Has visto ya las cotovías?[25]

—No, pero no tardarán—respondía Paco—porque ya comienza a florecer la aliaga.

Algún día, con el temor de no hallarla en la puerta o en la ventana antes de llegar, se hacía Paco presente dando voces a las mulas y, si aquello no bastaba, cantando. Hacia la mitad del segundo año, ella—que se llamaba Agueda—lo miraba ya de frente, y le sonreía. Cuando había baile iba con su madre y sólo bailaba con Paco.

Más tarde hubo un incidente bastante sonado. Una noche el alcalde prohibió rondar al saber que había tres rondallas diferentes y rivales, y que podrían producirse violencias. A pesar de la prohibición salió Paco con los suyos, y la pareja de la guardia civil disolvió la ronda, y lo detuvo a él. Lo llevaban a *dormir a la cárcel*, pero Paco echó mano a los fusiles de los guardias y se los quitó. La verdad era que los guardias no podían esperar de Paco—amigo de ellos—una

---

[25]nombre vulgar del pájaro llamado "cogujada".

salida así. Paco se fue con los dos rifles a casa. Al día siguiente todo el pueblo sabía lo ocurrido, y Mosén Millán fue a ver al mozo, y le dijo que el hecho era grave, y no sólo para él, sino para todo el vecindario.

—¿Por qué?—preguntaba Paco.

Recordaba Mosén Millán que había habido un caso parecido en otro pueblo, y que el Gobierno condenó al municipio a estar sin guardia civil durante diez años.

—¿Te das cuenta?—le decía el cura, asustado.

—A mí no me importa estar sin guardia civil.

—No seas badulaque.

—Digo la verdad, Mosén Millán.

—¿Pero tú crees que sin guardia civil se podría sujetar a la gente? Hay mucha maldad en el mundo.

—No lo creo.

—¿Y la gente de las cuevas?

—En lugar de traer guardia civil, se podían quitar las cuevas, Mosén Millán.

—Iluso. Eres un iluso.

Entre bromas y veras el alcalde recuperó los fusiles y echó tierra al asunto. Aquel incidente dio a Paco cierta fama de mozo atrevido. A Agueda le gustaba, pero le daba una inseguridad temerosa.

Por fin, Agueda y Paco se dieron palabra de matrimonio. La novia tenía más nervio que su suegra, y aunque se mostraba humilde y respetuosa, no se entendían bien. Solía decir la madre de Paco:

—Agua mansa. Ten cuidado, hijo, que es agua mansa.

Pero Paco lo echaba a broma. Celos de madre. Como todos los novios, rondó la calle por la noche, y la víspera de San Juan[26] llenó de flores y ramos verdes las ventanas, la puerta, el tejado y hasta la chimenea de la casa de la novia.

La boda fue como todos esperaban. Gran comida, música y baile. Antes de la ceremonia muchas camisas blancas estaban ya manchadas de vino al obstinarse los campesinos en beber en bota. Las esposas protestaban, y ellos decían riendo que había que emborrachar las camisas para darlas después a los pobres. Con esa expresión—darlas a los pobres—se hacían la ilusión de que ellos no lo eran.

Durante la ceremonia, Mosén Millán hizo a los novios una plática. Le recordó a Paco que lo había bautizado y confirmado, y dado la primera comunión. Sabiendo que los dos novios eran tibios en materia de religión, les recor-

---

[26]el día 23 de junio.

daba también que la iglesia era la madre común y la fuente no sólo de la vida temporal, sino de la vida eterna. Como siempre, en las bodas algunas mujeres lloraban y se sonaban ruidosamente.

Mosén Millán dijo otras muchas cosas, y la última fue la siguiente: «Este humilde ministro del Señor ha bendecido vuestro lecho natal, bendice en este momento vuestro lecho nupcial—hizo en el aire la señal de la Cruz—, y bendecirá vuestro lecho mortal, si Dios lo dispone así. *In nomine Patris et Filii...*».[27]

Eso del lecho mortal le pareció a Paco que no venía al caso. Recordó un instante los estertores de aquel pobre hombre a quien llevó la unción siendo niño. (Era el único lecho mortal que había visto). Pero el día no era para tristezas.

Terminada la ceremonia salieron. A la puerta les esperaba una rondalla de más de quince músicos con guitarras, bandurrias, requintos, hierros y panderetas, que comenzó a tocar rabiosamente. En la torre, el cimbal más pequeño volteaba.

Una mozuela decía viendo pasar la boda, con un cántaro en el anca:

—¡Todas se casan, y yo, mira!

La comitiva fue a la casa del novio. Las consuegras iban lloriqueando aún. Mosén Millán, en la sacristía, se desvistió de prisa para ir cuanto antes a participar de la fiesta. Cerca de la casa del novio encontró al zapatero, vestido de gala. Era pequeño, y como casi todos los del oficio, tenía anchas caderas. Mosén Millán, que tuteaba a todo el mundo, lo trataba a él de usted. Le preguntó si había estado en la casa de Dios.

—Mire, Mosén Millán. Si aquello es la casa de Dios, yo no merezco estar allí, y si no lo es, ¿para qué?

El zapatero encontró todavía antes de separarse del cura un momento para decirle algo de veras extravagante. Le dijo que sabía de buena tinta que en Madrid el rey[28] se tambaleaba, y que si caía, muchas cosas iban a caer con él. Como el zapatero olía a vino, el cura no le hizo mucho caso. El zapatero repetía con una rara alegría:

—En Madrid pintan bastos,[29] señor cura.

Podía haber algo de verdad, pero el zapatero hablaba fácilmente. Sólo había una persona que en eso se le pudiera igualar: la Jerónima.

Era el zapatero como un viejo gato, ni amigo ni enemigo de nadie, aunque con todos hablaba. Mosén Millán recordaba que el periódico de la capital de la

---

[27]latín: en el nombre del Padre y del Hijo.

[28]Alfonso XIII.

[29]época de turbulencia, en este caso, política.

provincia no disimulaba su alarma ante lo que pasaba en Madrid. Y no sabía qué pensar.

Veía el cura a los novios solemnes, a los invitados jóvenes ruidosos, y a los viejos discretamente alegres. Pero no dejaba de pensar en las palabras del zapatero. Éste se había puesto, según dijo, el traje que llevó en su misma boda, y por eso olía a alcanfor. A su alrededor se agrupaban seis u ocho invitados, los menos adictos a la parroquia. Debía estar hablándoles—pensaba Mosén Millán—de la próxima caída del rey y de que en Madrid *pintaban bastos*.

Comenzaron a servir vino. En una mesa había pimientos en adobo, hígado de pollo y rabanitos en vinagre para abrir el apetito. El zapatero se servía mientras elegía entre las botellas que había al lado. La madre del novio le dijo indicándole una:

—Este vino es de los que raspan.[30]

En la sala de al lado estaban las mesas. En la cocina, la Jerónima arrastraba su pata reumática.

Era ya vieja, pero hacía reír a la gente joven:

—No me dejan salir de la cocina—decía—porque tienen miedo de que con mi aliento agrie el vino. Pero me da igual. En la cocina está lo bueno. Yo también sé vivir. No me casé, pero por detrás de la iglesia tuve todos los hombres que se me antojaban. Soltera, soltera, pero con la llave en la gatera.

Las chicas reían escandalizadas.

Entraba en la casa el señor Cástulo Pérez. Su presencia causó sensación porque no lo esperaban. Llegaba con dos floreros de porcelana envueltos en papel y cuidadosamente atados con una cinta. «No sé qué es esto—dijo dándoselos a la madre de la novia—. Cosas de la dueña.» Al ver al cura se le acercó:

—Mosén Millán, parece que en Madrid van a darle la vuelta a la tortilla.

Del zapatero se podía dudar, pero refrendado por el señor Cástulo, no. Y éste, que era hombre prudente, buscaba, al parecer, el arrimo de Paco el del Molino. ¿Con qué fin? Había oído el cura hablar de elecciones.[31] A las preguntas del cura, el señor Cástulo decía evasivo: «Un *runrún* que corre». Luego, dirigiéndose al padre del novio, gritó con alegría:

—Lo importante no es si ponen o quitan rey, sino saber si la rosada mantiene el tempero de las viñas. Y si no, que lo diga Paco.

—Bien que le importan a Paco las viñas en un día como hoy—dijo alguien.

---

[30]vino de no muy buena calidad.

[31]las elecciones municipales de 1931.

Con sus apariencias simples, el señor Cástulo era un carácter fuerte. Se veía en sus ojos fríos y escrutadores. Al dirigirse al cura antes de decir lo que se proponía hacía un preámbulo: «Con los respetos debidos...». Pero se veía que esos respetos no eran muchos.

Iban llegando nuevos invitados y parecían estar ya todos.

Sin darse cuenta habían ido situándose por jerarquías sociales. Todos de pie, menos el sacerdote, se alineaban contra el muro, alrededor de la sala. La importancia de cada cual—según las propiedades que tenía—determinaba su proximidad o alejamiento de la cabecera del cuarto en donde había dos mecedoras y una vitrina con mantones de Manila[32] y abanicos de nácar, de los que la familia estaba orgullosa.

Al lado, en una mecedora, Mosén Millán. Cerca los novios, de pie, recibiendo los parabienes de los que llegaban, y tratando con el dueño del único automóvil de alquiler que había en la aldea el precio del viaje hasta la estación del ferrocarril. El dueño del coche, que tenía la contrata del servicio de correos, decía que le prohibían llevar al mismo tiempo más de dos viajeros, y tenía uno apalabrado, de modo que serían tres si llevaba a los novios. El señor Cástulo intervino, y ofreció llevarlos en su automóvil. Al oír este ofrecimiento, el cura puso atención. No creía que Cástulo fuera tan amigo de la casa.

Aprovechando las idas y venidas de las mozas que servían, la Jerónima enviaba algún mensaje vejatorio al zapatero, y éste explicaba a los más próximos:

—La Jerónima y yo tenemos un telégrafo amoroso.

En aquel momento una rondalla rompía a tocar en la calle.

Alguien cantó:

En los ojos de los novios
relucían dos luceros;
ella es la flor de la ontina,
y él es la flor del romero.

La segunda canción después de un largo espacio de alegre jota de baile volvía a aludir a la boda, como era natural:

Viva Paco el del Molino
y Agueda la del buen garbo,
que ayer eran sólo novios,
y ahora son ya desposados.

La rondalla siguió con la energía con que suelen tocar los campesinos de manos rudas y corazón caliente. Cuando creyeron que habían tocado bastante,

---

[32]capital de Filipinas.

fueron entrando. Formaron grupo al lado opuesto de la cabecera del salón, y estuvieron bebiendo y charlando. Después pasaron todos al comedor.

En la presidencia se instalaron los novios, los padrinos, Mosén Millán, el señor Cástulo y algunos otros labradores acomodados. El cura hablaba de la infancia de Paco y contaba sus diabluras, pero también su indignidad contra los búhos que mataban por la noche a los gatos extraviados, y su deseo de obligar a todo el pueblo a visitar a los pobres de las cuevas y a ayudarles. Hablando de esto vio en los ojos de Paco una seriedad llena de dramáticas reservas, y entonces el cura cambió de tema, y recordó con benevolencia el incidente del revólver, y hasta sus aventuras en la plaza del agua.

No faltó en la comida la perdiz en adobo ni la trucha al horno, ni el capón relleno. Iban de mano en mano porrones, botas, botellas, con vinos de diferentes cosechas.

La noticia de la boda llegó al carasol, donde las viejas hilanderas bebieron a la salud de los novios el vino que llevaron la Jerónima y el zapatero. Éste se mostraba más alegre y libre de palabra que otras veces, y decía que los curas son las únicas personas a quienes todo el mundo llama padre, menos sus hijos, que los llaman tíos.

Las viejas aludían a los recién casados:

—Frescas están ya las noches.

—Lo propio para dormir con compañía.

Una decía que cuando ella se casó había nieve hasta la rodilla.

—Malo para el novio—dijo otra.

—¿Por qué?

—Porque tendría sus noblezas escondidas en los riñones, con la helada.

—Eh, tú, culo de hanega.[33] Cuando enviudes, échame un parte—gritó la Jerónima.

El zapatero, con más deseos de hacer reír a la gente que de insultar a la Jerónima, fue diciéndole una verdadera letanía de desvergüenzas:

—Cállate, penca[34] del diablo, pata de afilador, albarda, zurupeta, tía chamusca, estropajo. Cállate, que te traigo una buena noticia: Su Majestad el rey va envidao y se lo lleva la trampa.

—¿Y a mí qué?

---

[33]fanega: medida de capacidad de los granos.

[34]rabo.

—Que en la república[35] no empluman a las brujas.

Ella decía de sí misma que volaba en una escoba, pero no permitía que se lo dijeran los demás. Iba a responder cuando el zapatero continuó:

—Te lo digo a ti, zurrapa, trotona,[36] chirigaita,[37] mochilera,[38] trasgo, pendón, zancajo, pinchatripas, ojisucia, mocarra, fuina...

La ensalmadora se apartaba mientras él la seguía con sus dicharachos. Las viejas del carasol reventaban de risa, y antes de que llegaran las reacciones de la Jerónima, que estaba confusa, decidió el zapatero retirarse victorioso. Por el camino tendía la oreja a ver lo que decían detrás. Se oía la voz de la Jerónima:

—¿Quién iba a decirme que ese monicaco tenía tantas *dijendas* en el estómago?

Y volvían a hablar de los novios. Paco era el mozo *mejor plantao* del pueblo, y se había llevado la novia que merecía. Volvían a aludir a la noche de novios con expresiones salaces.

Siete años después, Mosén Millán recordaba la boda sentado en el viejo sillón de la sacristía. No abría los ojos para evitarse la molestia de hablar con don Valeriano, el alcalde. Siempre le había sido difícil entenderse con él porque aquel hombre no escuchaba jamás.

Se oían en la iglesia las botas de campo de don Gumersindo. No había en la aldea otras botas como aquellas, y Mosén Millán supo que era él mucho antes de llegar a la sacristía. Iba vestido de negro, y al ver al cura con los ojos cerrados, habló en voz baja para saludar a don Valeriano. Pidió permiso para fumar, y sacó la petaca. Entonces, Mosén Millán abrió los ojos.

—¿Ha venido alguien más?—preguntó.

—No, señor—dijo don Gumersindo disculpándose como si tuviera él la culpa—. No he visto como el que dice un alma en la iglesia.

Mosén Millán parecía muy fatigado, y volvió a cerrar los ojos y a apoyar la cabeza en el muro. En aquel momento entró el monaguillo, y don Gumersindo le preguntó:

—Eh, zagal. ¿Sabes por quién es la misa? El chico recurrió al romance en lugar de responder:

---

[35]Después de las elecciones de abril de 1931, se instauró en España la II República. Alfonso XIII se exilió en Francia.

[36]rufiana.

[37]cidracayote.

[38]contrabandista.

—Ya lo llevan cuesta arriba
camino del camposanto...
—No lo digas todo, zagal, porque aquí, el alcalde, te llevará a la cárcel.

El monaguillo miró a don Valeriano, asustado. Éste, la vista perdida en el techo, dijo:

—Cada broma quiere su tiempo y lugar.

Se hizo un silencio penoso. Mosén Millán abrió los ojos otra vez, y se encontró con los de don Gumersindo, que murmuraba:

—La verdad es que no sé si sentirme con lo que dice.

El cura intervino diciendo que no había razón para *sentirse*. Luego ordenó al monaguillo que saliera a la plaza a ver si había gente esperando para la misa. Solía quedarse allí algún grupo hasta que las campanas acababan de tocar. Pero el cura quería evitar que el monaguillo dijera la parte del romance en la que se hablaba de él:

aquel que lo bautizara,
Mosén Millán el nombrado,
en confesión desde el coche
le escuchaba los pecados.

Estaba don Gumersindo siempre hablando de su propia bondad—*como el que dice*—y de la gente desagradecida que le devolvía mal por bien. Eso le parecía especialmente adecuado delante del cura y de don Valeriano en aquel momento. De pronto tuvo un arranque generoso:

—Mosén Millán. ¿Me oye, señor cura? Aquí hay dos duros para la misa de hoy.

El sacerdote abrió los ojos, somnolente, y advirtió que el mismo ofrecimiento había hecho don Valeriano, pero que le gustaba decir la misa sin que nadie la pagara. Hubo un largo silencio. Don Valeriano arrollaba su cadena en el dedo índice y luego la dejaba resbalar. Los dijes sonaban. Uno tenía un rizo de pelo de su difunta esposa. Otro, una reliquia del santo P. Claret[39] heredada de su bisabuelo. Hablaba en voz baja de los precios de la lana y del cuero, sin que nadie le contestara.

Mosén Millán, con los ojos cerrados, recordaba aún el día de la boda de Paco. En el comedor, una señora había perdido un pendiente, y dos hombres andaban a cuatro manos buscándolo. Mosén Millán pensaba que en las bodas

---

[39]Antonio María Claret, el Padre Claret (1807-70), religioso y prelado español.

siempre hay una mujer a quien se le cae un pendiente, y lo busca, y no lo encuentra.

La novia, perdida la palidez de la primera hora de la mañana—por el insomnio de la noche anterior—, había recobrado sus colores. De vez en cuando consultaba el novio la hora. Y a media tarde se fueron a la estación conducidos por el mismo señor Cástulo.

La mayor parte de los invitados habían salido a la calle a despedir a los novios con vítores y bromas. Muchos desde allí volvieron a sus casas. Los más jóvenes fueron al baile.

Se entretenía Mosén Millán con aquellas memorias para evitar oír lo que decían don Gumersindo y don Valeriano, quienes hablaban, como siempre, sin escucharse el uno al otro.

Tres semanas después de la boda volvieron Paco y su mujer, y el domingo siguiente se celebraron elecciones. Los nuevos concejales eran jóvenes, y con excepción de algunos, según don Valeriano, gente baja. El padre de Paco vio de pronto que todos los que con él habían sido elegidos se consideraban contrarios al duque y *echaban roncas*[40] contra el sistema de arrendamientos de pastos. Al saber esto Paco el del Molino, se sintió feliz, y creyó por vez primera que la política valía para algo. «Vamos a quitarle la hierba al duque», repetía.

El resultado de la elección dejó a todos un poco extrañados. El cura estaba perplejo. Ni uno solo de los concejales se podía decir que fuera hombre de costumbres religiosas. Llamó a Paco, y le preguntó:

—¿Qué es eso que me han dicho de los montes del duque?

—Nada—dijo Paco—. La verdad. Vienen tiempos nuevos, Mosén Millán.

—¿Qué novedades son esas?

—Pues que el rey se va con la música a otra parte, y lo que yo digo: buen viaje.

Pensaba Paco que el cura le hablaba a él porque no se atrevía a hablarle de aquello a su padre. Añadió:

—Diga la verdad, Mosén Millán. Desde aquel día que fuimos a la cueva a llevar el santolio sabe usted que yo y otros cavilamos para remediar esa vergüenza. Y más ahora que se ha presentado la ocasión.

—¿Qué ocasión? Eso se hace con dinero. ¿De dónde vais a sacarlo?

---

[40]amenazas con jactancia del valor propio en competencia con otro.

—Del duque. Parece que a los duques les ha llegado su San Martín.[41]

—Cállate, Paco. Yo no digo que el duque tenga siempre razón. Es un ser humano tan falible como los demás, pero hay que andar en esas cosas con pies de plomo,[42] y no alborotar a la gente ni remover las bajas pasiones.

Las palabras del joven fueron comentadas en el carasol. Decían que Paco había dicho al cura: «A los reyes, a los duques y a los curas los vamos a pasar a cuchillo, como a los cerdos por San Martín». En el carasol siempre se exageraba.

Se supo de pronto que el rey había huido de España. La noticia fue tremenda para don Valeriano y para el cura. Don Gumersindo no quería creerla, y decía que eran cosas del zapatero. Mosén Millán estuvo dos semanas sin salir de la abadía, yendo a la iglesia por la puerta del huerto y evitando hablar con nadie. El primer domingo fue mucha gente a misa esperando la reacción de Mosén Millán, pero el cura no hizo la menor alusión. En vista de esto el domingo siguiente estuvo el templo vacío.

Paco buscaba al zapatero, y lo encontraba taciturno y reservado.

Entretanto, la bandera tricolor[43] flotaba al aire en el balcón de la casa consistorial y encima de la puerta de la escuela. Don Valeriano y don Gumersindo no aparecían por ningún lado, y Cástulo buscaba a Paco, y se exhibía con él, pero jugaba con dos barajas, y cuando veía al cura le decía en voz baja:

—¿A dónde vamos a parar, Mosén Millán?

Hubo que repetir la elección en la aldea porque había habido incidentes que, a juicio de don Valeriano, la hicieron ilegal. En la segunda elección el padre de Paco cedió el puesto a su hijo. El muchacho fue elegido.

En Madrid suprimieron los *bienes de señorío*,[44] de origen medioeval y los incorporaron a los municipios. Aunque el duque alegaba que sus montes no entraban en aquella clasificación, las cinco aldeas acordaron, por iniciativa de Paco, no pagar mientras los tribunales decidían. Cuando Paco fue a decírselo a don Valeriano, éste se quedó un rato mirando al techo y jugando con el guarda-

---

[41]expresión que significa "llegar a uno la hora", "tener todo un final". Es típico matar los cerdos por San Martín, es decir, en noviembre. De ahí viene la expresión.

[42]expresión que significa "andar con cuidado".

[43]la bandera republicana: roja, amarilla y morada.

[44]señorío: conjunto de facultades que tenían los nobles a quienes se les había concedido tierras. Los bienes de señorío se dividen en: dominicales y jurisdiccionales.

pelo de la difunta. Por fin se negó a darse por enterado, y pidió que el municipio se lo comunicara por escrito.

La noticia circuló por el pueblo. En el carasol se decía que Paco había amenazado a don Valeriano. Atribuían a Paco todas las arrogancias y desplantes a los que no se atrevían los demás. Querían en el carasol a la familia de Paco y a otras del mismo tono cuyos hombres, aunque tenían tierras, trabajaban de sol a sol. Las mujeres del carasol iban a misa, pero se divertían mucho con la Jerónima cuando cantaba aquella canción que decía:

el cura le dijo al ama
que se acostara a los pies.

No se sabía exactamente lo que planeaba el ayuntamiento «en favor de los que vivían en las cuevas», pero la imaginación de cada cual trabajaba, y las esperanzas de la gente humilde crecían. Paco había tomado muy en serio el problema, y las reuniones del municipio no trataban de otra cosa.

Paco envió a don Valeriano el acuerdo del municipio, y el administrador lo transmitió a su amo. La respuesta telegráfica del duque fue la siguiente: *Doy orden a mis guardas de que vigilen mis montes, y disparen sobre cualquier animal o persona que entre en ellos. El municipio debe hacerlo pregonar para evitar la pérdida de bienes o de vidas humanas.* Al leer esta respuesta, Paco propuso al alcalde que los guardas fueran destituidos, y que les dieran un cargo mejor retribuido en el sindicato de riegos, en la huerta. Estos guardas no eran más que tres, y aceptaron contentos. Sus carabinas fueron a parar a un rincón del salón de sesiones, y los ganados del pueblo entraban en los montes del duque sin dificultad.

Don Valeriano, después de consultar varias veces con Mosén Millán, se arriesgó a llamar a Paco, quien acudió a su casa. Era la de don Valeriano grande y sombría, con balcones volados y puerta cochera. Don Valeriano se había propuesto ser conciliador y razonable, y lo invitó a merendar. Le habló del duque de una manera familiar y ligera. Sabía que Paco solía acusarlo de no haber estado nunca en la aldea, y eso no era verdad. Tres veces había ido en los últimos años a ver sus propiedades, pero no hizo noche en aquel pueblo, sino en el de al lado. Y aun se acordaba don Valeriano de que cuando el señor duque y la señora duquesa hablaban con el guarda más viejo, y éste escuchaba con el sombrero en la mano, sucedió una ocurrencia memorable. La señora duquesa le preguntaba al guarda por cada una de las personas de su familia, y al preguntarle por el hijo mayor, don Valeriano se acordaba de las mismas palabras del guarda, y las repetía:

—¿Quién, Miguel?—dijo el guarda—. ¡Tóquele vuecencia[45] los cojones a Miguelico, que está en Barcelona ganando nueve pesetas diarias!

Don Valeriano reía. También rió Paco, aunque de pronto se puso serio, y dijo:

—La duquesa puede ser buena persona, y en eso no me meto. Del duque he oído cosas de más y de menos. Pero nada tiene que ver con nuestro asunto.

—Eso es verdad. Pues bien, yendo al asunto, parece que el señor duque está dispuesto a negociar con usted—dijo don Valeriano.

—¿Sobre el monte?—don Valeriano afirmó con el gesto—. No hay que negociar, sino bajar la cabeza.

Don Valeriano no decía nada, y Paco se atrevió a añadir:

—Parece que el duque templa muy a lo antiguo.

Seguía don Valeriano en silencio, mirando al techo.

—Otra jota cantamos por aquí—añadió Paco.

Por fin habló don Valeriano:

—Hablas de bajar la cabeza. ¿Quién va a bajar la cabeza? Sólo la bajan los cabestros.

—Y los hombres honrados cuando hay una ley.

—Ya lo veo, pero el abogado del señor duque piensa de otra manera. Y hay leyes y leyes.

Paco se sirvió vino diciendo entre dientes: *con permiso*. Esta pequeña libertad ofendió a don Valeriano, quien sonrió, y dijo: *sírvase*, cuando Paco había llenado ya su vaso.

Volvió Paco a preguntar:

—¿De qué manera va a negociar el duque? No hay más que dejar los montes, y no volver a pensar en el asunto.

Don Valeriano miraba el vaso de Paco, y se atusaba despacio los bigotes, que estaban tan lamidos y redondeados, que parecían postizos. Paco murmuró:

—Habría que ver qué papeles tiene el duque sobre esos montes. ¡Si es que tiene alguno!

Don Valeriano estaba irritado:

—También en eso te equivocas. Son muchos siglos de usanza, y eso tiene fuerza. No se deshace en un día lo que se ha hecho en cuatrocientos años. Los montes no son botellicas de vino—añadió viendo que Paco volvía a servirse—, sino fuero. Fuero de reyes.

—Lo que hicieron los hombres, los hombres lo deshacen, creo yo.

---

[45]vuestra excelencia.

—Sí, pero de hombre a hombre va algo.

Paco negaba con la cabeza.

—Sobre este asunto—dijo bebiendo el segundo vaso y chascando la lengua—-
dígale al duque que si tiene tantos derechos, puede venir a defenderlos él mismo,
pero que traiga un rifle nuevo, porque los de los guardas los tenemos nosotros.

—Paco, parece mentira. ¿Quién iba a pensar que un hombre con un jaral y
un par de mulas tuviera aliento para hablar así? Después de esto no me queda
nada que ver en el mundo.

Terminada la entrevista, cuyos términos comunicó don Valeriano al duque,
éste volvió a enviar órdenes, y el administrador, cogido entre dos fuegos, no
sabía qué hacer, y acabó por marcharse del pueblo después de ver a Mosén
Millán, contarle a su manera lo sucedido y decirle que el pueblo se gobernaba
por las *dijendas* del carasol. Atribuía a Paco amenazas e insultos e insistía mucho
en aquel detalle de la botella y el vaso. El cura unas veces le escuchaba y otras
no.

Mosén Millán movía la cabeza con lástima recordando todo aquello desde
su sacristía. Volvía el monaguillo a apoyarse en el quicio de la puerta, y como
no podía estar quieto, frotaba una bota contra la otra, y mirando al cura recordaba todavía el romance:

Entre cuatro lo llevaban
adentro del camposanto,
madres, las que tenéis hijos,
Dios os los conserve sanos,
y el Santo Ángel de la Guarda...

El romance hablaba luego de otros reos que murieron también entonces,
pero el monaguillo no se acordaba de los nombres. Todos habían sido asesinados
en aquellos mismos días. Aunque el romance no decía eso, sino *ejecutados*.

Mosén Millán recordaba. En los últimos tiempos la fe religiosa de don
Valeriano se había debilitado bastante. Solía decir que un Dios que permitía lo
que estaba pasando, no merecía tantos miramientos. El cura le oía fatigado. Don
Valeriano había regalado años atrás una verja de hierro de forja para la capilla
del Cristo, y el duque había pagado los gastos de reparación de la bóveda del
templo dos veces. Mosén Millán no conocía el vicio de la ingratitud.

En el carasol se decía que con el arriendo de pastos, cuyo dinero iba al
municipio, se hacían planes para mejorar la vida de la aldea. Bendecían a Paco

el del Molino, y el elogio más frecuente entre aquellas viejecillas del carasol era decir que *los*[46] *tenía bien puestos.*

En el pueblo de al lado estaban canalizando el agua potable y llevándola hasta la plaza. Paco el del Molino tenía otro plan—su pueblo no necesitaba ya aquella mejora—, y pensaba en las cuevas, a cuyos habitantes imaginaba siempre agonizando entre estertores, sin luz, ni fuego, ni agua. Ni siquiera aire que respirar.

En los terrenos del duque había una ermita cuya festividad se celebraba un día del verano, con romería. Los romeros hacían ese día regalos al sacerdote, y el municipio le pagaba la misa. Aquel año se desentendió el alcalde y los campesinos siguieron su ejemplo. Mosén Millán llamó a Paco, quien le dijo que todo obedecía a un acuerdo del ayuntamiento.

—¿El ayuntamiento, dices? ¿y qué es el ayuntamiento?—preguntaba el cura, irritado.

Paco sentía ver a Mosén Millán tan fuera de sí, y dijo que como aquellos terrenos de la ermita habían sido del duque, y la gente estaba contra él, se comprendía la frialdad del pueblo con la romería. Mosén Millán dijo en un momento de pasión:

—¿Y quién eres tú para decirle al duque que si viene a los montes, no dará más de tres pasos porque lo esperarás con la carabina de uno de los guardas? ¿No sabes que eso es una amenaza criminal?

Paco no había dicho nada de aquello. Don Valeriano mentía. Pero el cura no quería oír las razones de Paco.

En aquellos días el zapatero estaba nervioso y desorientado. Cuando le preguntaban, decía:

—Tengo barruntos.

Se burlaban de él en el carasol, pero el zapatero decía:

—Si el cántaro da en la piedra, o la piedra en el cántaro, mal para el cántaro.

Esas palabras misteriosas no aclaraban gran cosa la situación. El zapatero se había pasado la vida esperando aquello, y al verlo llegar, no sabía qué pensar ni qué hacer. Algunos concejales le ofrecieron el cargo de juez de riegos—para resolver los problemas de competencia en el uso de las aguas de la acequia principal.

---

[46]Se refiere a los cojones; "tener los cojones bien puestos" significa "ser muy valiente".

—Gracias—dijo él—, pero yo me atengo al refrán que dice: zapatero a tus zapatos.

Poco a poco se fue acercando al cura. El zapatero tenía que estar contra el que mandaba, no importaba la doctrina o el color. Don Gumersindo se había marchado también a la capital de la provincia, lo que molestaba bastante al cura. Éste decía:

—Todos se van, pero yo, aunque pudiera, no me iría. Es una deserción.

A veces el cura parecía tratar de entender a Paco, pero de pronto comenzaba a hablar de la falta de respeto de la población y de su propio martirio. Sus discusiones con Paco siempre acababan en eso: en ofrecerse como víctima propiciatoria. Paco reía:

—Pero si nadie quiere matarle, Mosén Millán.

La risa de Paco ponía al cura frenético, y dominaba sus nervios con dificultad.

Cuando la gente comenzaba a olvidarse de don Valeriano y don Gumersindo, éstos volvieron de pronto a la aldea. Parecían seguros de sí, y celebraban conferencias con el cura, a diario. El señor Cástulo se acercaba, curioso, pero no podía averiguar nada. No se fiaban de él.

Un día del mes de julio[47] la guardia civil de la aldea se marchó con órdenes de concentrarse—según decían—en algún lugar a donde acudían las fuerzas de todo el distrito. Los concejales sentían alguna amenaza en el aire, pero no podían concretarla.

Llegó a la aldea un grupo de señoritos con vergas y con pistolas. Parecían personas de poco más o menos, y algunos daban voces histéricas. Nunca habían visto gente tan desvergonzada. Normalmente a aquellos tipos rasurados y finos como mujeres los llamaban en el carasol *pijaitos*, pero lo primero que hicieron fue dar una paliza tremenda al zapatero, sin que le valiera para nada su neutralidad. Luego mataron a seis campesinos—entre ellos cuatro de los que vivían en las cuevas—y dejaron sus cuerpos en las cunetas de la carretera entre el pueblo y el carasol. Como los perros acudían a lamer la sangre, pusieron a uno de los guardas del duque de vigilancia para alejarlos. Nadie preguntaba. Nadie comprendía. No había guardias civiles que salieran al paso de los forasteros.

En la iglesia, Mosén Millán anunció que estaría *El Santísimo* expuesto día y noche, y después protestó ante don Valeriano—al que los señoritos habían

---

[47]El 17 de julio de 1936 se sublevó el ejército de Marruecos poniéndose a las órdenes del general Francisco Franco. Este alzamiento, contra el régimen legítimo de la República, fue el comienzo de la guerra civil española (1936-39).

hecho alcalde—de que hubieran matado a los seis campesinos sin darles tiempo para confesar. El cura se pasaba el día y parte de la noche rezando.

El pueblo estaba asustado, y nadie sabía qué hacer. La Jerónima iba y venía, menos locuaz que de costumbre. Pero en el carasol insultaba a los señoritos forasteros, y pedía para ellos tremendos castigos. Esto no era obstáculo para que cuando veía al zapatero le hablara de leña, de *bandeo*,[48] de varas de medir y de otras cosas que aludían a la paliza. Preguntaba por Paco, y nadie sabía darle razón. Había desaparecido, y lo buscaban, eso era todo.

Al día siguiente de haberse burlado la Jerónima del zapatero, éste apareció muerto en el camino del carasol con *la cabeza volada*.[49] La pobre mujer fue a ponerle encima una sábana, y después se encerró en su casa, y estuvo tres días sin salir. Luego volvió a asomarse a la calle poco a poco, y hasta se acercó al carasol, donde la recibieron con reproches e insultos. La Jerónima lloraba (nadie la había visto llorar nunca), y decía que merecía que la mataran a pedradas, como a una culebra.

Pocos días más tarde, en el carasol, la Jerónima volvía a sus bufonadas mezclándolas con juramentos y amenazas.

Nadie sabía cuándo mataban a la gente. Es decir, lo sabían, pero nadie los veía. Lo hacían por la noche, y durante el día el pueblo parecía en calma.

Entre la aldea y el carasol habían aparecido abandonados cuatro cadáveres más, los cuatro de concejales.

Muchos de los habitantes estaban fuera de la aldea segando. Sus mujeres seguían yendo al carasol, y repetían los nombres de los que iban cayendo. A veces rezaban, pero después se ponían a insultar con voz recelosa a las mujeres de los ricos, especialmente a la Valeriana y a la Gumersinda. La Jerónima decía que la peor de todas era la mujer de Cástulo, y que por ella habían matado al zapatero.

—No es verdad—dijo alguien—. Es porque el zapatero dicen que era agente de Rusia.

Nadie sabía qué era la Rusia, y todos pensaban en la yegua roja de la tahona, a la que llamaban así. Pero aquello no tenía sentido. Tampoco lo tenía nada de lo que pasaba en el pueblo. Sin atreverse a levantar la voz comenzaban con sus *dijendas*:

—La Cástula es una verruga peluda.

—Una estaferma.

---

[48]bandear: mover una cosa de un lado a otro.

[49]con un tiro en la cabeza.

La Jerónima no se quedaba atrás:

—Un escorpión cebollero.

—Una liendre sebosa.

—Su casa—añadía la Jerónima—huele a fogón meado.

Había oído decir que aquellos señoritos de la ciudad iban a matar a todos los que habían votado contra el rey. La Jerónima, en medio de la catástrofe, percibía algo mágico y sobrenatural, y sentía en todas partes el olor de sangre. Sin embargo, cuando desde el carasol oía las campanas y a veces el yunque del herrero haciendo contrapunto, no podía evitar algún meneo y bandeo de sayas. Luego maldecía otra vez, y llamaba *patas puercas* a la Gumersinda. Trataba de averiguar qué había sido de Paco el del Molino, pero nadie sabía sino que lo buscaban. La Jerónima se daba por enterada, y decía:

—A ese buen mozo no lo atraparán así como así.

Aludía otra vez a las cosas que había visto cuando de niño le cambiaba los pañales.

Desde la sacristía, Mosén Millán recordaba la horrible confusión de aquellos días, y se sentía atribulado y confuso. Disparos por la noche, sangre, malas pasiones, habladurías, procacidades de aquella gente forastera, que, sin embargo, parecía educada. Y don Valeriano se lamentaba de lo que sucedía y al mismo tiempo empujaba a los señoritos de la ciudad a matar más gente. Pensaba el cura en Paco. Su padre estaba en aquellos días en casa. Cástulo Pérez lo había garantizado diciendo que era *trigo limpio*. Los otros ricos no se atrevían a hacer nada contra él esperando echarle mano al hijo.

Nadie más que el padre de Paco sabía dónde su hijo estaba. Mosén Millán fue a su casa.

—Lo que está sucediendo en el pueblo—dijo—es horrible y no tiene nombre.

El padre de Paco lo escuchaba sin responder, un poco pálido. El cura siguió hablando. Vio ir y venir a la joven esposa como una sombra, sin reír ni llorar. Nadie lloraba y nadie reía en el pueblo. Mosén Millán pensaba que sin risa y sin llanto la vida podía ser horrible como una pesadilla.

Por uno de esos movimientos en los que la amistad tiene a veces necesidad de mostrarse meritoria, Mosén Millán dio la impresión de que sabía dónde estaba escondido Paco. Dando a entender que lo sabía, el padre y la esposa tenían que agradecerle su silencio. No dijo el cura concretamente que lo supiera, pero lo dejó entender. La ironía de la vida quiso que el padre de Paco cayera en aquella trampa. Miró al cura pensando precisamente lo que Mosén Millán quería que pensara: «Si lo sabe, y no ha ido con el soplo, es un hombre honrado y enterizo». Esta reflexión le hizo sentirse mejor.

A lo largo de la conversación el padre de Paco reveló el escondite del hijo, creyendo que no decía nada nuevo al cura. Al oírlo, Mosén Millán recibió una tremenda impresión. «Ah—se dijo—, más valdría que no me lo hubiera dicho. ¿Por qué he de saber yo que Paco está escondido en las Pardinas?» Mosén Millán tenía miedo, y no sabía concretamente de qué. Se marchó pronto, y estaba deseando verse ante los forasteros de las pistolas para demostrarse a sí mismo su entereza y su lealtad a Paco. Así fue. En vano estuvieron el centurión y sus amigos hablando con él toda la tarde. Aquella noche Mosén Millán rezó y durmió con una calma que hacía tiempo no conocía.

Al día siguiente hubo una reunión en el ayuntamiento, y los forasteros hicieron discursos y dieron grandes voces. Luego quemaron la bandera tricolor y obligaron a acudir a todos los vecinos del pueblo y a saludar levantando el brazo[50] cuando lo mandaba el centurión. Éste era un hombre con cara bondadosa y gafas oscuras. Era difícil imaginar a aquel hombre matando a nadie. Los campesinos creían que aquellos hombres que hacían gestos innecesarios y juntaban los tacones y daban gritos estaban mal de la cabeza, pero viendo a Mosén Millán y a don Valeriano sentados en lugares de honor, no sabían qué pensar. Además de los asesinatos, lo único que aquellos hombres habían hecho en el pueblo era devolver los montes al duque.

Dos días después don Valeriano estaba en la abadía frente al cura. Con los dedos pulgares en las sisas del chaleco—lo que hacía más ostensibles los dijes—miraba al sacerdote a los ojos.

—Yo no quiero el mal de nadie, como quien dice, pero, ¿no es Paco uno de los que más se han señalado? Es lo que yo digo, señor cura: por menos han caído otros.

Mosén Millán decía:

—Déjelo en paz. ¿Para qué derramar más sangre?

Y le gustaba, sin embargo, dar a entender que sabía dónde estaba escondido. De ese modo mostraba al alcalde que era capaz de nobleza y lealtad. La verdad era que buscaban a Paco frenéticamente. Habían llevado a su casa perros de caza que *tomaron el viento*[51] con sus ropas y zapatos viejos.

El centurión de la cara bondadosa y las gafas oscuras llegó en aquel momento con dos más, y habiendo oído las palabras del cura, dijo:

—No queremos reblandecidos mentales. Estamos limpiando el pueblo, y el que no está con nosotros está en contra.

---

[50]signo de fascismo.

[51]recordar los perros un olor para poder seguir un rastro.

—¿Ustedes creen—dijo Mosén Millán—que soy un reblandecido mental? Entonces todos se pusieron razonables.

—Las últimas ejecuciones—decía el centurión—se han hecho sin privar a los reos de nada. Han tenido hasta la extremaunción. ¿De qué se queja usted?

Mosén Millán hablaba de algunos hombres honrados que habían caído, y de que era necesario acabar con aquella locura.

—Diga usted la verdad—dijo el centurión sacando la pistola y poniéndola sobre la mesa—. Usted sabe dónde se esconde Paco el del Molino.

Mosén Millán pensaba si el centurión habría sacado la pistola para amenazarle o sólo para aliviar su cinto de aquel peso. Era un movimiento que le había visto hacer otras veces. Y pensaba en Paco, a quien bautizó, a quien casó. Recordaba en aquel momento detalles nimios, como los búhos nocturnos y el olor de las perdices en adobo. Quizá de aquella respuesta dependiera la vida de Paco. Lo quería mucho, pero sus afectos no eran por el hombre en sí mismo, sino *por Dios*. Era el suyo un cariño por encima de la muerte y la vida. Y no podía mentir.

—¿Sabe usted dónde se esconde?—le preguntaban a un tiempo los cuatro.

Mosén Millán contestó bajando la cabeza. Era una afirmación. Podía ser una afirmación. Cuando se dio cuenta era tarde. Entonces pidió que le prometieran que no lo matarían. Podrían juzgarlo, y si era culpable de algo, encarcelarlo, pero no cometer un crimen más. El centurión de la expresión bondadosa prometió. Entonces Mosén Millán reveló el escondite de Paco. Quiso hacer después otras salvedades en su favor, pero no le escuchaban. Salieron en tropel, y el cura se quedó solo. Espantado de sí mismo, y al mismo tiempo con un sentimiento de liberación, se puso a rezar.

Media hora después llegaba el señor Cástulo diciendo que el carasol se había acabado porque los señoritos de la ciudad habían echado dos rociadas de ametralladora, y algunas mujeres cayeron, y las otras salieron chillando y dejando rastro de sangre, como una bandada de pájaros después de una perdigonada. Entre las que se salvaron estaba la Jerónima, y al decirlo, Cástulo añadió:

—Ya se sabe. Mala hierba...

El cura, viendo reír a Cástulo, se llevó las manos a la cabeza, pálido. Y, sin embargo, aquel hombre no había denunciado, tal vez, el escondite de nadie. ¿De qué se escandalizaba?—se preguntaba el cura con horror—. Volvió a rezar. Cástulo seguía hablando y decía que había once o doce mujeres heridas, además de las que habían muerto en el mismo carasol. Como el médico estaba encarcelado, no era fácil que se curaran todas.

Al día siguiente el centurión volvió sin Paco. Estaba indignado. Dijo que al ir a entrar en las Pardinas el fugitivo los había recibido a tiros. Tenía una carabina de las de los guardas de montes, y acercarse a las Pardinas era arriesgar la vida.

Pedía al cura que fuera a parlamentar con Paco. Había dos hombres de la centuria heridos, y no quería que se arriesgara ninguno más.

Un año después Mosén Millán recordaba aquellos episodios como si los hubiera vivido el día anterior. Viendo entrar en la sacristía al señor Cástulo—el que un año antes se reía de los crímenes del carasol—volvió a entornar los ojos y a decirse a sí mismo: «Yo denuncié el lugar donde Paco se escondía. Yo fui a parlamentar con él. Y ahora...» Abrió los ojos, y vio a los tres hombres sentados enfrente. El del centro, don Gumersindo, era un poco más alto que los otros. Las tres caras miraban impasibles a Mosén Millán. Las campanas de la torre dejaron de tocar con tres golpes finales graves y espaciados, cuya vibración quedó en el aire un rato. El señor Cástulo dijo:

—Con los respetos debidos. Yo querría pagar la misa, Mosén Millán.

Lo decía echando mano al bolsillo. El cura negó, y volvió a pedir al monaguillo que saliera a ver si había gente. El chico salió, como siempre, con el romance en su recuerdo:

En las zarzas del camino
el pañuelo se ha dejado,
las aves pasan de prisa,
las nubes pasan despacio...

Cerró una vez más Mosén Millán los ojos con el codo derecho en el brazo del sillón y la cabeza en la mano. Aunque había terminado sus rezos, simulaba seguir con ellos para que lo dejaran en paz. Don Valeriano y don Gumersindo explicaban a Cástulo al mismo tiempo y tratando cada uno de cubrir la voz del otro que también ellos habían querido pagar la misa.

El monaguillo volvía muy excitado, y sin poder decir a un tiempo todas las noticias que traía:

—Hay una mula en la iglesia—dijo, por fin.

—¿Cómo?

—Ninguna persona, pero una mula ha entrado por alguna parte, y anda entre los bancos.

Salieron los tres, y volvieron para decir que no era una mula, sino el potro de Paco el del Molino, que solía andar suelto por el pueblo. Todo el mundo sabía que el padre de Paco estaba enfermo, y las mujeres de la casa, medio locas. Los animales y la poca hacienda que les quedaba, abandonados.

—¿Dejaste abierta la puerta del atrio cuando saliste?—preguntaba el cura al monaguillo.

Los tres hombres aseguraban que las puertas estaban cerradas. Sonriendo agriamente añadió don Valeriano:

—Esto es una maula. Y una malquerencia.

Se pusieron a calcular quién podía haber metido el potro en la iglesia. Cástulo hablaba de la Jerónima. Mosén Millán hizo un gesto de fatiga, y les pidió que sacaran el animal del templo. Salieron los tres con el monaguillo. Formaron una ancha fila, y fueron acosando al potro con los brazos extendidos. Don Valeriano decía que aquello era un sacrilegio, y que tal vez habría que consagrar el templo de nuevo. Los otros creían que no.

Seguían acosando al animal. En una verja—la de la capilla del Cristo—un diablo de forja parecía hacer guiños. San Juan en su hornacina alzaba el dedo y mostraba la rodilla desnuda y femenina. Don Valeriano y Cástulo, en su excitación, alzaban la voz como si estuvieran en un establo:

—¡Riiia! ¡Riiia!

El potro corría por el templo a su gusto. Las mujeres del carasol, si el carasol existiera, tendrían un buen tema de conversación. Cuando el alcalde y don Gumersindo acorralaban al potro, éste brincaba entre ellos y se pasaba al otro lado con un alegre relincho. El señor Cástulo tuvo una idea feliz:

—Abran las hojas de la puerta como se hace para las procesiones. Así verá el animal que tiene la salida franca.

El sacristán corría a hacerlo contra el parecer de don Valeriano que no podía tolerar que donde estaba él tuviera iniciativa alguna el señor Cástulo. Cuando las grandes hojas estuvieron abiertas el potro miró extrañado aquel torrente de luz. Al fondo del atrio se veía la plaza de la aldea, desierta, con una casa pintada de amarillo, otra encalada, con cenefas azules. El sacristán llamaba al potro en la dirección de la salida. Por fin convencido el animal de que aquel no era su sitio, se marchó. El monaguillo recitaba todavía entre dientes:

...las cotovías se paran
en la cruz del camposanto.

Cerraron las puertas, y el templo volvió a quedar en sombras. San Miguel con su brazo desnudo alzaba la espada sobre el dragón. En un rincón chisporroteaba una lámpara sobre el baptisterio.

Don Valeriano, don Gumersindo y el señor Cástulo fueron a sentarse en el primer banco.

El monaguillo fue al presbiterio, hizo la genuflexión al pasar frente al sagrario y se perdió en la sacristía:

—Ya se ha marchado, Mosén Millán.

El cura seguía con sus recuerdos de un año antes. Los forasteros de las pistolas obligaron a Mosén Millán a ir con ellos a las Pardinas. Una vez allí dejaron que el cura se acercara solo.

—Paco—gritó con cierto temor—. Soy yo. ¿No ves que soy yo?

Nadie contestaba. En una ventana se veía la boca de una carabina. Mosén Millán volvió a gritar:

—Paco, no seas loco. Es mejor que te entregues. De las sombras de la ventana salió una voz:

—Muerto, me entregaré. Apártese y que vengan los otros si se atreven.

Mosén Millán daba a su voz una gran sinceridad:

—Paco, en el nombre de lo que más quieras, de tu mujer, de tu madre. Entrégate.

No contestaba nadie. Por fin se oyó otra vez la voz de Paco:

—¿Dónde están mis padres? ¿Y mi mujer?

—¿Dónde quieres que estén? En casa.

—¿No les ha pasado nada?

—No, pero, si tú sigues así, ¿quién sabe lo que puede pasar?

A estas palabras del cura volvió a suceder un largo silencio. Mosén Millán llamaba a Paco por su nombre, pero nadie respondía. Por fin, Paco se asomó. Llevaba la carabina en las manos. Se le veía fatigado y pálido.

—Contésteme a lo que le pregunte, Mosén Millán.

—Sí, hijo

—¿Maté ayer a alguno de los que venían a buscarme?

—No.

—¿A ninguno? ¿Está seguro?

—Que Dios me castigue si miento. A nadie. Esto parecía mejorar las condiciones. El cura, dándose cuenta, añadió:

—Yo he venido aquí con la condición de que no te harán nada. Es decir, te juzgarán delante de un tribunal, y si tienes culpa, irás a la cárcel. Pero nada más.

—¿Está seguro?

El cura tardaba en contestar. Por fin dijo:

—Eso he pedido yo. En todo caso, hijo, piensa en tu familia y en que no merecen pagar por ti.

Paco miraba alrededor, en silencio. Por fin dijo:

—Bien, me quedan cincuenta tiros, y podría vender la vida cara. Dígales a los otros que se acerquen sin miedo, que me entregaré.

De detrás de una cerca se oyó la voz del centurión.

—Que tire la carabina por la ventana, y que salga.

Obedeció Paco.

Momentos después lo habían sacado de las Pardinas, y lo llevaban a empujones y culatazos al pueblo. Le habían atado las manos a la espalda. Andaba Paco cojeando mucho, y aquella cojera y la barba de quince días que le ensombrecía el rostro le daban una apariencia diferente. Viéndolo Mosén Millán le encontraba un aire culpable. Lo encerraron en la cárcel del municipio.

Aquella misma tarde los señoritos forasteros obligaron a la gente a acudir a la plaza e hicieron discursos que nadie entendió, hablando del imperio y del destino inmortal y del orden y de la santa fe.[52] Luego cantaron un himno[53] con el brazo levantado y la mano extendida, y mandaron a todos retirarse a sus casas y no volver a salir hasta el día siguiente bajo amenazas graves.

Cuando no quedaba nadie en la plaza, sacaron a Paco y a otros dos campesinos de la cárcel, y los llevaron al cementerio, a pie. Al llegar era casi de noche. Quedaba detrás, en la aldea, un silencio temeroso.

El centurión, al ponerlos contra el muro, recordó que no se habían confesado, y envió a buscar a Mosén Millán. Éste se extrañó de ver que lo llevaban en el coche del señor Cástulo. (Él lo había ofrecido a las nuevas autoridades.) El coche pudo avanzar hasta el lugar de la ejecución. No se había atrevido Mosén Millán a preguntar nada. Cuando vio a Paco, no sintió sorpresa alguna, sino un gran desaliento. Se confesaron los tres. Uno de ellos era un hombre que había trabajado en casa de Paco. El pobre, sin saber lo que hacía, repetía fuera de sí una vez y otra entre dientes: «Yo me acuso, padre.., yo me acuso, padre...» El mismo coche del señor Cástulo servía de confesionario, con la puerta abierta y el sacerdote sentado dentro. El reo se arrodillaba en el estribo. Cuando Mosén Millán decía *ego te absolvo*,[54] dos hombres arrancaban al penitente y volvían a llevarlo al muro.

El último en confesarse fue Paco.

—En mala hora lo veo a usted—dijo al cura con una voz que Mosén Millán no le había oído nunca. Pero usted me conoce, Mosén Millán. Usted sabe quién soy.

—Sí, hijo.

—Usted me prometió que me llevarían a un tribunal y me juzgarían.

—Me han engañado a mí también. ¿Qué puedo hacer? Piensa, hijo, en tu alma, y olvida, si puedes, todo lo demás.

---

[52]discurso típicamente falangista.

[53]probablemente, el himno de falange titulado *Cara al sol*.

[54]latín: yo te absuelvo.

—¿Por qué me matan? ¿Qué he hecho yo? Nosotros no hemos matado a nadie. Diga usted que yo no he hecho nada. Usted sabe que soy inocente, que somos inocentes los tres.

—Sí, hijo. Todos sois inocentes; pero, ¿qué puedo hacer yo?

—Si me matan por haberme defendido en las Pardinas, bien. Pero los otros dos no han hecho nada.

Paco se agarraba a la sotana de Mosén Millán, y repetía: «No han hecho nada, y van a matarlos. No han hecho nada». Mosén Millán, conmovido hasta las lágrimas, decía:

—A veces, hijo mío, Dios permite que muera un inocente. Lo permitió de su propio Hijo, que era más inocente que vosotros tres.

Paco, al oír estas palabras, se quedó paralizado y mudo. El cura tampoco hablaba. Lejos, en el pueblo, se oían ladrar perros y sonaba una campana. Desde hacía dos semanas no se oía sino aquella campana día y noche. Paco dijo con una firmeza desesperada:

—Entonces, si es verdad que no tenemos salvación, Mosén Millán, tengo mujer. Está esperando un hijo. ¿Qué será de ella? ¿Y de mis padres?

Hablaba como si fuera a faltarle el aliento, y le contestaba Mosén Millán con la misma prisa enloquecida, entre dientes. A veces pronunciaban las palabras de tal manera, que no se entendían, pero había entre ellos una relación de sobrentendidos. Mosén Millán hablaba atropelladamente de los designios de Dios, y al final de una larga lamentación preguntó:

—¿Te arrepientes de tus pecados?

Paco no lo entendía. Era la primera expresión del cura que no entendía. Cuando el sacerdote repitió por cuarta vez, mecánicamente, la pregunta, Paco respondió que sí con la cabeza. En aquel momento Mosén Millán alzó la mano, y dijo: *Ego te absolvo in...* Al oír estas palabras dos hombres tomaron a Paco por los brazos y lo llevaron al muro donde estaban ya los otros. Paco gritó:

—¿Por qué matan a estos otros? Ellos no han hecho nada.

Uno de ellos vivía en una cueva, como aquel a quien un día llevaron la unción. Los faros del coche—del mismo coche donde estaba Mosén Millán—se encendieron, y la descarga sonó casi al mismo tiempo sin que nadie diera órdenes ni se escuchara voz alguna. Los otros dos campesinos cayeron, pero Paco, cubierto de sangre, corrió hacia el coche.

—Mosén Millán, usted me conoce—gritaba enloquecido.

Quiso entrar, no podía. Todo lo manchaba de sangre. Mosén Millán callaba, con los ojos cerrados y rezando. El centurión puso su revólver detrás de la oreja de Paco, y alguien dijo alarmado:

—No. ¡Ahí no!

Se llevaron a Paco arrastrando. Iba repitiendo en voz ronca:

—Pregunten a Mosén Millán; él me conoce.

Se oyeron dos o tres tiros más. Luego siguió un silencio en el cual todavía susurraba Paco: «Él me denunció..., Mosén Millán, Mosén Millán...».

El sacerdote seguía en el coche, con los ojos muy abiertos, oyendo su nombre sin poder rezar. Alguien había vuelto a apagar las luces del coche.

—¿Ya?—preguntó el centurión.

Mosén Millán bajó y, auxiliado por el monaguillo, dio la extremaunción a los tres. Después un hombre le dio el reloj de Paco—regalo de boda de su mujer—y un pañuelo de bolsillo.

Regresaron al pueblo. A través de la ventanilla, Mosén Millán miraba al cielo y, recordando la noche en que con el mismo Paco fue a dar la unción a las cuevas, envolvía el reloj en el pañuelo, y lo conservaba cuidadosamente con las dos manos juntas. Seguía sin poder rezar. Pasaron junto al carasol desierto. Las grandes rocas desnudas parecían juntar las cabezas y hablar. Pensando Mosén Millán en los campesinos muertos, en las pobres mujeres del carasol, sentía una especie de desdén involuntario, que al mismo tiempo le hacía avergonzarse y sentirse culpable.

Cuando llegó a la abadía, Mosén Millán estuvo dos semanas sin salir sino para la misa. El pueblo entero estaba callado y sombrío, como una inmensa tumba. La Jerónima había vuelto a salir, e iba al carasol, ella sola, hablando para sí. En el carasol daba voces cuando creía que no podían oírla, y otras veces callaba y se ponía a contar en las rocas las huellas de las balas.

Un año había pasado desde todo aquello, y parecía un siglo. La muerte de Paco estaba tan fresca, que Mosén Millán creía tener todavía manchas de sangre en sus vestidos. Abrió los ojos y preguntó al monaguillo:

—¿Dices que ya se ha marchado el potro?

—Sí, señor.

Y recitaba en su memoria, apoyándose en un pie y luego en el otro:

...y rindió el postrer suspiro
al Señor de lo creado.—Amén.

En un cajón del armario de la sacristía estaba el reloj y el pañuelo de Paco. No se había atrevido Mosén Millán todavía a llevarlo a los padres y a la viuda del muerto.

Salió al presbiterio y comenzó la misa. En la iglesia no había nadie, con la excepción de don Valeriano, don Gumersindo y el señor Cástulo. Mientras recitaba Mosén Millán, *introibo ad altare Dei,*[55] pensaba en Paco, y se decía: es verdad. Yo lo bauticé, yo le di la unción. Al menos—Dios lo perdone—nació, vivió y murió dentro de los ámbitos de la Santa Madre Iglesia. Creía oír su nombre en los labios del agonizante caído en tierra: «...Mosén Millán». Y pensaba aterrado y enternecido al mismo tiempo: Ahora yo digo en sufragio de su alma esta misa de *réquiem*, que sus enemigos quieren pagar.

Réquiem por un campesino español. 4ª ed. Barcelona: Destino, 1978.

---

[55]latín: entraré al altar de Dios.

ADELAIDA GARCÍA MORALES (194?)

El sur

> ¿Qué podemos amar que no sea una sombra?
>
> Hölderlin

Mañana, en cuanto amanezca, iré a visitar tu tumba, papá. Me han dicho que la hierba crece salvaje entre sus grietas y que jamás lucen flores frescas sobre ella. Nadie te visita. Mamá se marchó a su tierra y tú no tenías amigos. Decían que eras tan raro... Pero a mí nunca me extrañó. Pensaba entonces que tú eras un mago y que los magos eran siempre grandes solitarios. Quizás por eso elegiste aquella casa, a dos kilómetros de la ciudad, perdida en el campo, sin vecino alguno. Era muy grande para nosotros, aunque así podía venir tía Delia, tu hermana, a pasar temporadas. Tú no la querías mucho: yo, en cambio, la adoraba. También teníamos sitio para Agustina, la criada, y para Josefa, a quien tú odiabas. Aún puedo verla cuando llegó a casa, vestida de negro, con una falda muy larga, hasta los tobillos, y aquel velo negro que cubría sus cabellos rizados. No era vieja, pero se diría que pretendía parecerlo. Tú te negaste a que viviera en casa. Mamá dijo: «Es una santa». Pero eso a ti no te conmovía, no creías en esas cosas. «Está sufriendo tanto», dijo después. Su marido, alcoholizado, le pegaba para obligarla a prostituirse. Tampoco esa desgracia logró emocionarte. Pero ella se fue quedando un día y otro, y tú no te atreviste a echarla. Y años más tarde fue ella la que incitó a mamá para que rompiera todas las fotografías tuyas que había por la casa, a pesar de que acababas de morir. Pero yo no las necesito para evocar tu imagen con precisión. Y no sabes qué terrible puede ser ahora, en el silencio de esta noche, la representación nítida de un rostro que ya no existe. Me parece que aún te veo animado por la vida y que suena el timbre de tu voz, apagada para siempre. Recuerdo tu cabello rubio y tus ojos azules que ahora, al traer a mi memoria aquella sonrisa tuya tan especial, se me aparecen como los ojos de un niño. Había en ti algo limpio y luminoso y, al mismo tiempo, un gesto de tristeza que con los años se fue tornando en una profunda amargura y en una dureza implacable.

Yo entonces no sabía nada de tu pasado. Nunca hablabas de ti mismo ni de los tuyos. Para mí eras un enigma, un ser especial que había llegado de otra tierra, de una ciudad de leyenda que yo había visitado sólo una vez y que recordaba como el escenario de un sueño. Era un lugar fantástico, donde el sol parecía brillar con una luz diferente y de donde una oscura pasión te hizo salir para no regresar nunca más. No sabes qué bien comprendí ya entonces tu muerte elegida. Pues creo que heredé de ti no sólo tu rostro, teñido con los colores de mamá, sino también tu enorme capacidad para la desesperación y, sobre todo, para el aislamiento. Aun ahora, cuanto mayor es la soledad que me rodea mejor me siento. Y, sin embargo, me encontré tan abandonada aquella noche. Nunca olvidaré la impenetrable oscuridad que envolvía la casa cuando tú desapareciste. Yo tenía quince años y miraba a través de los cristales de mi ventana. Nada se movía en el exterior y, desde aquella quietud desesperante, escuchaba el sonido de la lluvia y la voz de Josefa a mis espaldas, tras la puerta entornada de mi habitación: «No, Teresa, el llanto no conduce a nada en este caso. Nuestro Señor es siempre misericordioso. Recemos para que se apiade de su alma». Mamá no dijo nada, pero sus sollozos se convirtieron en un llanto desesperado. Yo no me atreví a hacer ruido alguno. Sabía que ella prefería creer que estaba dormida. Pasaron varias veces ante mi puerta. Recorrían la casa de un extremo a otro, como si esperasen encontrar en alguna parte algo que negara lo que ya todas sabíamos.

Cerré los postigos de la ventana y encendí la luz. Quería saber cuántas horas llevábamos esperándote. Y entonces, sobre la mesilla de noche, encontré tu péndulo, guardado en su cajita negra de laca. Me pareció que surgía de un sueño, de aquel espacio mágico y sin tiempo en el que había transcurrido mi infancia contigo. Lo dejé oscilar ante mis ojos, sin buscar nada, como si ya hubiera perdido su sentido. Me estremecí al recordar que ya existía antes de que yo viniera a este mundo pues con su ayuda tú habías adivinado que yo iba a ser una niña. Creo que por aquellos años yo adoraba todo cuanto venía de ti, y no sólo aquella fuerza mágica que poseías. Nunca olvidaré la emoción que me hacía saltar en la carretera, o correr a tu encuentro, cuando te divisaba a lo lejos, avanzando lentamente en tu bicicleta, como un puntito oscuro que sólo yo reconocía. Venías de dar tus clases de francés en el Instituto. Por ese motivo vivíamos allí. Tú no querías volver a Sevilla, tu ciudad, ni tampoco a Santander, la tierra de mamá. Aunque ella lo único que quería era salir de aquel aislamiento y vivir entre los demás, como con tanta frecuencia decía. Recuerdo que cuando abría la cancela para esperarte me parecía respirar un aire más limpio. Sólo a esa hora me dejábais salir sola al exterior. A veces, mientras te aguardaba, recogía las algarrobas que habían caído de los árboles y me las comía. Me gustaban mucho y nunca las probé en ningún otro lugar. Te esperaba incluso cuando llovía; pero, si hacía buen tiempo, me subías a la barra de tu bicicleta y dábamos un corto paseo. Recuerdo aquellos encuentros como los momentos más felices del día. Aunque también me gustaban mucho las clases que mamá me daba durante la mañana. Ella conseguía despertar mi interés por todo cuanto me enseñaba. Y, sobre todo, era cuando más amable se mostraba conmigo. Quizás aquella fuera su vocación pero como habían invalidado su título de maestra en la guerra, no podía ejercer más que conmigo. En cambio, yo tenía la impresión de que, fuera de aquellas horas, todo la irritaba a pesar de que dedicaba gran parte de su tiempo a las actividades que más le atraían. Cuidaba el jardín, montaba en bicicleta, cosía o bordaba y leía muchísimo. Alguna vez creo que intentó escribir algo que no llegó a terminar. Ella odiaba el trabajo de la casa. Tengo muy pocos recuerdos de mamá durante mi infancia. Es como si con frecuencia estuviera ausente, encerrada en una habitación o paseando lejos de la casa. Pero cuando llegó Josefa se dejaba ver un poco más. Recuerdo las tertulias que hacían las dos en la sobremesa, mientras cosían y tomaban café. Yo solía estar presente y tenía la impresión de que ellas no me veían. En aquella atmósfera que creaban flotaba una imagen tuya muy diferente de la que yo tenía por mi cuenta, pero que fue tomando cuerpo en mi interior y lastimándome. Era algo impreciso que se desprendía de sus palabras, de cuanto ellas conocían y yo no, de aquel Padrenuestro cotidiano que siempre rezábamos al terminar el rosario, por la salvación de tu alma. Mamá siempre se quejaba, incluso la vi llorar por ello, de la vida que tú le imponías, enclaustrada en aquella casa tan alejada de todo. Al hablar de ti, Josefa concluía diciendo: «La falta de fe es todo lo que le ocurre. Así sólo podrá ser un desgraciado». Y es que tú aparecías allí, entre ellas, como alguien que padecía un sufrimiento sobrehumano e incomprensible. Y en aquella imagen tuya que, en tu ausencia, ellas iban mostrándome, también yo llegué a percibir una extremada amargura. Sin embargo, nunca logré preguntarte nada sobre ello, pues con tu presencia, siempre tierna y luminosa para mí, me olvidaba de aquella sombra horrible que ellas señalaban en tu persona.

Por las tardes, cuando no estaba contigo, sin que tú lo supieras, me dedicaba a rondar la puerta cerrada de tu estudio. Aquél era un lugar prohibido para todos. Ni siquiera querías que entraran a limpiarlo. Mamá me explicaba que aquella habitación secreta no se podía abrir pues en ella se iba acumulando la fuerza mágica que tú poseías. Si alguien entraba, podía destruirla. Cuántas veces me había sentado yo en el sofá del salón contiguo y contemplaba en la penumbra aquella puerta prohibida incluso para mí. Apenas me movía, para que tú no me descubrieras. Cerraba los ojos y me concentraba en captar cualquier sonido que pudiera surgir del interior, donde tú practicabas con tu péndulo durante horas que a mí se me hacían interminables. El silencio era perfecto. Jamás llegué a escuchar ni el más leve rumor. A veces me acercaba con sigilo y, sin tocar la puerta, miraba por el ojo de la cerradura. Escuchaba entonces los latidos de mi corazón, pero ni siquiera te veía a ti. Una vez le pregunté a mamá si aquella fuerza podía verse. Ella me respondió que tenía que ser siempre invisible, pues era un misterio y, si se llegaba a ver, dejaría de serlo. Es curioso cómo aquello no visible, aquello que no existía realmente me hizo vivir los momentos más intensos de mi infancia. Recuerdo las horas que pasábamos en el jardín dedicados a aquel juego que tú inventaste y en el que sólo tú y yo participábamos. Yo escondía cualquier objeto para que tú lo encontraras con el péndulo. No sabes cómo me esforzaba en hallar algo diminuto, lo más cercano a lo invisible que pudiera haber. Escondía una miga de pan bajo una piedra, al pie de un rosal, dejaba flotar en el agua turbia de la fuente un pétalo de flor, o deslizaba a tus espaldas, en cualquier lugar, una piedrecita cualquiera que sólo yo podía reconocer. Y no es que tratara de confundirte. Lo que ocurría era que me maravillaba comprobar que tú acertabas siempre lo que a mí me parecía imposible de adivinar. Cuántas veces caía la noche mientras yo contemplaba cómo te movías lentamente en la dirección que el péndulo te señalaba, acercándote al lugar que yo había elegido en secreto. Me sumergía entonces en aquella quietud y en aquel silencio perfectos que reinaban en el jardín, convirtiéndolo, a mis ojos, en el lugar de un sueño.

Quizás tú no realizaras aquellos sorprendentes milagros que Josefa atribuía a los santos cuyas vidas acostumbraba a leerme en voz alta. Pero sí podías hacer algo que, aunque no pareciera tan importante, a mí me llenaba de asombro, pues conseguías que sucediera ante mis ojos, mostrándome así una realidad muy diferente de aquella otra en la que se movían los demás. Y con frecuencia me preguntaba si yo, al ser hija tuya, no habría heredado también esa fuerza que sólo tú parecías poseer. Un día te lo pregunté a ti directamente: «No sé—me dijiste—; tendremos que probarlo». «¿Cuándo?», dije yo emocionada. «Mañana», me respondiste con gravedad y decisión.

Cierro los ojos y aún puedo ver cómo me llevabas de la mano a través de este largo pasillo, el mismo por el que ahora circulan corrientes de aire entre sus paredes desconchadas y las lagartijas que se cuelan por las ventanas mal cerradas. Recuerdo que anochecía y, cuando llegamos a la otra zona de la casa, donde tú habitabas, me pediste que esperara un instante. Había tanta oscuridad que tuviste que adelantarte a encender una lámpara. Entramos en tu estudio. Los postigos entreabiertos dejaban filtrar las últimas luces del día. Una vez en el interior de aquella habitación que era sólo tuya, sentí que el aire no era sólo aire, sino que a él se unía algo más, algo que no podía verse, pero que yo sentía en mi piel, como una densidad fría que me rozaba y envolvía. No tuviste que darme muchas explicaciones. Yo ya sabía coger el péndulo perfectamente. Te había visto practicar con él tantas veces... Cuando lo tuve en mi mano, sujetando su cadena entre el índice y el pulgar, su quietud me desanimó. Temí que conmigo no se moviera nunca. «Ahora—me decías en un susurro—voy a esconder la manecilla de este reloj. Tú no busques nada. No te muevas hasta que el péndulo te señale una dirección. Sobre todo, no pienses nada. Tu mente ha de estar vacía y en absoluto reposo. Sólo entonces aparecerá esa fuerza a través de ti y moverá el péndulo». Cuando apagaste la luz, sin dejar de hablar en aquel murmullo suave que iba ocupando mi mente, sentí que mi corazón latía con violencia, que mi respiración se agitaba y que empezaba a temblar. Después, cuando volviste a encender la lámpara y me dijiste que ya habías escondido la manecilla, entorné los ojos y clavé mi mirada en el péndulo, como te había visto hacer a ti. No se movía absolutamente nada. Pero yo estaba decidida a permanecer en aquella misma quietud, sin pestañear siquiera, hasta que la fuerza apareciera, tardara lo que tardase. Escuchaba tu voz, siempre como un susurro: «Cuando tu mente esté en calma, puedes representarte la manecilla de oro, como si ésta fuera el único objeto que existe en el mundo». Pero yo ya estaba fija en las oscilaciones del péndulo y no podía representarme nada. Me había olvidado de todo, ya no escuchaba el sonido de mi respiración y los latidos de mi corazón se habían sosegado. Sólo existía aquel balanceo ante mis ojos y el sonido de tu voz a mis espaldas. Di algunos pasos en la dirección que el péndulo me señalaba, pronunciando más y más su movimiento. Me detuve a observarlo de nuevo. Seguía oscilando en la misma dirección. Caminé mientras te escuchaba: «Despacio. Despacio. Detente otra vez». No sé cuánto tiempo había transcurrido hasta que, una de las veces que me detuve, de manera casi imperceptible, el péndulo cambió su movimiento. Al fin estaba girando. Yo no podía hablar. Una emoción intensa y extraña vibraba en todo mi cuerpo. Los giros se hacían casi violentos. Entonces miré hacia abajo y descubrí decepcionada que el péndulo me señalaba un lugar vacío. Era una losa cualquiera del suelo. «¡No hay nada!» grité. Tú te acercaste contrariado y, como si me reprendieras, dijiste: «Eso es un pensamiento tuyo. Busca donde el péndulo te señala». Incapaz de contradecirte, me agaché como una autómata. Nunca podré describir lo que ocurrió dentro de mí, y también en el exterior, pues todo cuanto me rodeaba parecía haberse transformado mientras me levantaba con la manecilla de oro entre mis dedos. Estaba allí, en el suelo que parecía vacío, en la ranura entre dos baldosas.

Pocos días después cumplí siete años. No podía dar una fiesta, porque no tenía amigas que invitar. No comprendía por qué tú te negabas tan tercamente a enviarme a un colegio. Mamá había encontrado uno, pero tú ni siquiera fuiste a verlo. Yo no tenía nada contra las monjas. No conocía a ninguna. Pero sentía un deseo imperioso de ir a cualquier colegio, o más bien ¿sabes qué era lo que a mí me ilusionaba?: vestir aquel uniforme con el que veía a tantas niñas las pocas veces que me llevábais a la ciudad. No sabes qué hubiera dado yo por ponerme aquel vestido negro de cuello blanco y duro, con una banda rosa asalmonada en la cintura. Y, sobre todo, aquella capa, negra también, como el sombrero de copa redonda y ala estrecha. Me gustaba tanto imaginarme vestida de aquella manera, como todas ellas, como si fuera en realidad una más entre ellas. En mi fantasía solía darme otro nombre. Consideraba que Mari Carmen era el más adecuado para relacionarme con aquellas niñas. Pues el mío Adriana, me parecía que me convertía en alguien diferente y especial. No sé por qué nunca me atreví a pedirte que me permitieras asistir a un colegio. Quizás fuera por la cólera con que le hablabas a mamá, cuando ella se quejaba, asegurando que yo era ya una niña casi salvaje. Cada vez que os escuchaba discutiendo sobre este tema y ella gritaba asustada, sentía una congoja insoportable. Pues mamá hablaba como si, en realidad, ya anidara en mi interior el germen de ese espanto que a ella parecía perturbarla. A veces, sólo al recordar sus palabras, lloraba amargamente y evitaba encontrarme con ella. En más de una ocasión la odié abiertamante. Aunque, al mismo tiempo, la admiraba y sentía una gran dicha cuando a ella, al regresar de alguna compra o paseo en la ciudad, se le ocurría darme un beso. Recuerdo con especial nitidez aquellos besos suyos, unidos al perfume que la envolvía, al tintineo de sus pulseras, a la suavidad de sus pieles y a su pelo, negro y rizado, que yo intentaba acariciar sin llegar nunca a conseguirlo.

El día que cumplí siete años lo celebramos sólo entre nosotros. Hubo una merienda especial y antes, a primera hora de la tarde, fui al cine, pero no con mamá y contigo, como yo había esperado, sino con Josefa y Agustina. Era la segunda película que iba a ver en mi vida. Josefa había elegido aquélla porque era la historia de una santa: Juana de Arco.[1] Cómo me impresionó aquella mujer. Enseguida deseé ser ella. Durante días y días no hablé de otra cosa. Jugaba yo sola, protagonizando en mi imaginación las mismas experiencias que había vivido la santa.

Quizás por eso, aquella tarde que mamá me encerró y me miró como a un monstruo, yo no había podido soportar que Mari-Nieves se apropiara del que yo consideraba, con todo derecho, mi papel. No sé si tú la conociste aquel día, pues cuando llegó con su madre ni siquiera saliste a saludarlas. En realidad, mamá no las conocía mucho, pero estaba tan preocupada por mi aislamiento que se propuso encontrarme alguna amiga.

Al principio me alegró que viniera y, en cuanto nos quedamos solas en el jardín, le propuse jugar a Juana de Arco. Ella también había visto la película.

---

[1]heroína francesa (1412-31), fue acusada de herejía y condenada a la hoguera.

«Yo era Juana de Arco», dijo en tono autoritario. Naturalmente yo protesté en seguida, pues desde hacía algunos días ya estaba siendo yo la santa. Además, le dije que yo había inventado el juego. Pero tuve que ceder. Ella se negaba a jugar si no era la protagonista.

Una vez que hube encontrado cuanto necesitaba, la amarré bien sujeta al tronco de un árbol, rodeé sus pies con hierbas y ramas secas y, después de colocar entre ellas una buena cantidad de papeles, me dispuse a encender una cerilla. Mari-Nieves vigilaba con desconfianza mis movimientos. Empezó a representar su papel declamando algo que yo no escuchaba. Estaba tan furiosa que no admitía diálogo alguno. Finalmente prendí fuego a la leña. Apenas empezaban a despuntar las llamas cuando ya ella lloraba con desesperación. «¿No querías ser Juana de Arco?—le grité—. ¡Pues ahora vas a ser la santa, pero de verdad!» Todas las mujeres de la casa aparecieron de repente. Voces violentas me insultaban a la vez, confundiéndose unas con otras, mientras de aquel enredo de palabras salían tonos tiernos y consoladores para Mari-Nieves. Cuando al fin se calmó el griterío, mamá hablaba con su amiga de mí en tercera persona como si yo no mereciera ya que se me reprendiera directamente «¡Qué habré hecho yo para merecer semejante hija!», decía al aire, con voz lastimera, mientras me arrastraba al interior de la casa. Me arrojó, sin mirarme siquiera, a un cuarto sin ventanas, medio vacío, y cuya finalidad parecía no ser otra que la de castigarme a mí. Cuando se marchó, cerrando la puerta con llave y dejándome sola en aquella tiniebla, me tumbé en el suelo con las piernas contra la puerta. Así permanecí, dando patadas y gritos, llamando a alguien que no podía ser sino tú. Al fin apareciste e intentaste enjugar mis lágrimas con tu pañuelo. Pero no tenía: mis aullidos eran sólo de rabia. «Ahora me vas a contar por qué has hecho eso. ¿No te dabas cuenta del daño que podías hacerle a esa niña?» Me hablabas muy serio, pero el tono amoroso de tu voz me permitió abrazarme a ti y descansar. Sólo tu presencia me ayudaba a reconciliarme con aquel monstruo que ya veía yo aparecer en mi interior ante la mirada de mamá. Ella era como un espejo donde únicamente podía reflejarse aquella imagen espantosa en la que yo empezaba a creer y de la que tú tenías el poder de rescatarme.

Durante varios días nadie me habló, incluso tú parecías distraído y olvidado de mí. Josefa ni siquiera me saludaba y estoy segura de que mamá fingía ignorarme. Yo las esquivaba y buscaba diferentes refugios donde guarecerme, pero terminaba siempre en la cocina, con Agustina, que se mantenía ajena a aquel complot en el que llegué a temer que tú también participaras. Y no sabes qué alegría sentí cuando comprendí que me había equivocado. Una tarde llegaste al jardín buscándome. «¿Qué haces?» «Nada—te respondí—miro el agua de la fuente. No tengo ganas de hacer nada». «Pues anímate—me dijiste—, porque vas a

tener que trabajar mucho durante los próximos días». Entonces me anunciaste
con entusiasmo que me ibas a llevar a la finca de unos conocidos. Te habían
pedido que les adivinaras si en aquella tierra había agua y dónde se encontraba.
Ya te había acompañado varias veces a aquel rito en el que tú pretendías hacerme
participar. Pero sabía que mi ayuda era sólo un juego y te miraba, llena de admiración, desde una distancia infranqueable. Esta vez me pedías que te ayudara de
verdad en aquella ceremonia. Yo utilizaría el péndulo para encontrar el lugar
donde se hallaba el agua. De pronto comprendí que existía un mundo especial
sólo para nosotros dos. Nunca me sentí tan cerca de nadie como entonces. Y no
sólo me sentía hermanada contigo en aquella actividad que se me aparecía, para-
dójicamente, familiar y mágica a un tiempo, sino también en aquello otro que
teníamos en común: el mal. Porque tú, para los ojos de aquellas otras personas
de la casa y sus visitantes, eras un ser extraño, diferente, al que se le sabía condenado, y por eso había que rezar para tratar de salvar al menos su alma. Y yo,
de alguna manera, también pertenecía a esa clase de seres. En la voz de mamá
me oí llamar «monstruo» y percibí el temor con que ella contemplaba lo que,
según decía, yo iba a llegar a ser. Me sabía mala en la mirada inquisitiva de
Josefa y en el rostro de Agustina cuando, después de un castigo, me traía la
merienda o un vaso de leche antes de dormir. Se quedaba entonces conmigo, en
silencio, sin atreverse a dejarme, ni a quedarse del todo junto a mí, a quien
nadie, ni siquiera tú, iba a dar las buenas noches. Quizás tú, tan absorbido siempre en otra cosa que yo desconocía, en aquel dolor por el que no me atrevía a
preguntarte no llegaste a ver cómo yo me sujetaba a ti en la vida y te reconocía
como el único ser que me amaba incondicionalmente. Y es posible que por eso
yo fuera capaz de aquella paciencia que tanto te admiraba. Me ejercitaba con el
péndulo, soportando horas de práctica, lentas y pesadas. Resistía el desánimo y
el cansancio porque tú estabas a mi lado, depositando en mí una confianza que,
finalmente, también yo llegué a tener.

Recuerdo que la noche antes de nuestra salida al campo te pregunté: «¿Y
si no encuentro nada?» «Entonces es que no hay agua en esa tierra», me respondiste tú infundiéndome una seguridad que me hizo sentirme superior a cualquier
persona de este mundo.

Cuando viniste a llamarme, aún de madrugada, yo te esperaba despierta.
Apenas había dormido durante la noche. Salimos con la primera luz del amanecer. La brisa helada de la mañana me cortaba la cara. Había olvidado mi
bufanda y tú anudaste la tuya alrededor de mi cabeza, dejándome sólo los ojos
al descubierto. Dos hombres nos esperaban tras la cancela. Nos hicieron subir a
un coche negro y nos condujeron hasta una tierra casi desierta. No parecían
extrañados al verme y me preguntaba si sabrían que era yo quien iba a buscarles

el agua. Enseguida supe que tú no les habías informado y, además, que les contrariaba enormemente, por las protestas que dejaron escapar sin ninguna consideración hacia mí. Yo te observaba cómo, sin hacerles caso, te quitabas los guantes y sacabas el péndulo de un bolsillo de tu abrigo, como si fuera un objeto cualquiera. Tu actitud me tranquilizó. Sólo cuando llegó el momento de mi intervención se te ocurrió decir mi nombre. «Se llama Adriana y es la zahorí más joven de España». Estabas de muy buen humor y ellos sonrieron ante tus palabras. Pero enseguida mostraron un silencio que a mí me pareció desconfianza. Yo cogí el péndulo intentando exhibir una soltura que sí tenía, pero que, ante la mirada de aquellos hombres, me pareció haber perdido por completo. Cuando intenté concentrarme advertí que estaba temblando. Cerré los ojos para olvidarme de ellos y entonces vino tu voz en mi ayuda. Era como una suave melodía que invadía mi mente, vaciándola de pensamientos y de miedos. Y cuando aquel timbre cálido, en el que me venían tus palabras, se fue apagando hasta que quedó un silencio perfecto, me pareció que todo mi cuerpo se había transformado en aire, había perdido su peso, y mi mente había adquirido una serenidad perfecta. Abrí los ojos y todo me pareció extraordinariamente quieto y cercano. Recuerdo la hierba amarillenta entre duros terrones por debajo del péndulo. Sentía el tacto de todas las cosas sólo con mirarlas. El péndulo había comenzado ya su oscilación y la quietud que reinaba entre nosotros era absoluta. Me sumergí entonces en aquel rito que ya conocía, siguiendo las direcciones que el péndulo me señalaba, deteniéndome de vez en cuando, según tus indicaciones, hasta que empecé a notar los giros esperados, muy suaves al principio y más abiertos y violentos al final. Entonces levanté la cabeza. Aquellos hombres me contemplaban con curiosidad y asombro. Yo les había perdido el miedo. Recuerdo que les miré fijamente y, como si les hubiera vencido en alguna contienda, les anuncié que allí mismo, bajo mis pies, se hallaba el agua que deseaban. Ellos no dijeron nada, quizás porque no tuvieran tiempo de reaccionar. Pues tú, sin dudar ni un instante de mi hallazgo, comenzaste a medir la profundidad que debería tener el pozo para encontrar el agua.

Recuerdo que me sentía embriagada y que me pareció bellísimo aquel terreno yermo y plano, sin apenas color, sin plantas ni árboles. Estaba ya segura de mi éxito, a pesar de que tú tardaste varias semanas en confirmármelo. Y, sin embargo, aquel era un éxito que finalmente quedaba como un secreto entre tú y yo. Ni siquiera se lo dije a mamá, no sé por qué. Creo que me parecía que ella no admiraba lo suficiente aquella fuerza que ahora poseíamos los dos; incluso, a veces, me pareció que le era indiferente. Además, por aquellos días, sólo me hablaba de la Primera Comunión. A mí no me atraía tanto como lo que tú me habías enseñado y temía que ella notara mi preferencia. Aunque no podía ocultar mi enorme deseo por ponerme aquel vestido maravilloso, de reina, como tú dijiste al verlo, que me estaban haciendo en la ciudad y que ya me había probado varias veces. Creo que todo lo demás no llegó a entusiasmarme a causa de la preparación tan árida a la que Josefa, quien trataba de convertirse en mi directora espiritual, me sometió durante días y días. No soportaba el aprendizaje memorístico de un Catecismo incomprensible. Y, sobre todo, me indignaba esa tortura a la que ella daba el nombre de examen de conciencia y que, fundamentalmente, consistía en desconfiar hasta de mis actos más insignificantes. Insistía en recordarme los pecados que yo tendría que confesar antes de comulgar por primera vez. «¿Tú deseabas matar a Mari-Nieves? ¿Sabías que se podía quemar viva?» Ante aquella posibilidad que ella me recordaba cada día, yo misma me llenaba de espanto, imaginando a la pobre niña muriendo entre las llamas, cosa que, desde luego, jamás deseé. Sus preguntas me herían y me hacían sentirme injustamente acusada. Pero no podía defenderme. Mis actos habían sido ya demasiado elocuentes. Enmudecía y escapaba de ella cuando no podía resistir más.

Josefa era muy severa conmigo, aunque ahora pienso que era siempre así, incluso consigo misma. Tú apenas la trataste. No recuerdo que cruzaras con ella más de dos palabras. Claro que en tu presencia pocas veces se hablaba. Imponías un silencio tan tenso... Algunas veces te vi contento con mamá, cuando dabais un paseo por la carretera o jugabais al ajedrez, aquellas partidas intermenables y silenciosas que a mí tanto me molestaban. Yo hubiera jurado que en aquellos momentos, al menos, erais casi felices, si no fuera por las protestas que después escuchaba a mamá en sus confidencias con Josefa. Se quejaba de tu silencio; era lo único que parecía quedarle de los buenos ratos que pasabais juntos. Su amiga no dudaba en darle la razón. Yo la aborrecía y ella, desde que se hizo responsable de mi preparación espiritual, me juzgaba con una dureza implacable. Yo le respondía gritándole irritada aquellas palabras que me parecieran más escandalosas para ella y para mamá. Pues sabía que enseguida la informaba de mi conducta, indisponiéndola siempre contra mí. Una vez me dijo: «Tu madre se va a morir si continúas haciéndola sufrir de esta manera». Ante mi silencio, añadió: «¿Es que no la quieres?» «¡No! ¡No la quiero!—recuerdo que respondí apretando los dientes—. ¡No la quiero, porque ella tampoco me quiere a mí! ¡Y a ti tampoco te quiero, bruja!» Y esta palabra «bruja» dirigida a aquella mujer solemne y venerada como a una santa, me producía al pronunciarla un efecto indescriptible. Aquella vez corrí enseguida a refugiarme a un lugar en donde, aunque ella lo conocía, me sentía segura. Era un lugar absolutamente mío, y tú me habías ayudado a construirlo con palos y ramas secas. Era la choza que resistió sola y fantasmal, detrás de la casa, abandonada por mí, su única habitante, hasta después de tu muerte.

Por aquellos días mamá se mostraba conmigo más distante y seca que de costumbre. Parecía gravemente ofendida. Y esa actitud suya que, en realidad, me resultaba muy familiar, provocaba en mí un sentimiento de congoja, como un sollozo que no podía salir. Finalmente, me sentaba en algún rincón y me entregaba de lleno a un llanto liberador, dulce y amargo. Cuando ella me descubría, me preguntaba contrariada. «¿Por qué lloras?» Y yo tenía siempre la misma respuesta: «¡Porque me gusta!» Pero si era Josefa la que se me acercaba, me lanzaba, sin detenerse siquiera, una de sus frases predilectas: «Tú sigue así, que ya verás». Ante aquella vaguedad, que encubría una acusación incontestable, yo enmudecía de cólera.

Al fin llegó el día en que iban a terminar las impertinencias de Josefa, siempre buceando entre mis actos y pensamientos para buscar pecados. Aquella mañana yo estaba nerviosa por todo. Por el vestido fantástico que me iba a poner, porque tenía que confesar por vez primera y aún no sabía qué iba a decir, porque, de pronto, pensé que quizás aquella ceremonia que me esperaba pudiera despertar en mí una fuerza semejante a la que tú ya me habías mostrado. Mientras me rizaban el pelo con unas tenazas me quemaron la frente en un descuido. Mamá estaba aún más nerviosa que yo y Josefa parecía dirigirlo todo. Agustina ya había puesto la mesa para el desayuno en el comedor que nunca se usaba, junto a tu estudio. Todo había adquirido un aire de fiesta.

Un taxi nos esperaba tras la cancela. «Papá no viene, ¿verdad?», pregunté a mamá resignada. Sabía que a ti no te gustaban las iglesias. «¡Claro que viene!—me respondió animada—. Pero aquí no cabe. Vendrá después en su bicicleta». Aquello me pareció una excusa. No podía imaginarte, aquel día, a ti solo por la carretera, como si fuera una mañana cualquiera. Durante la misa miré varias veces hacia atrás y no te vi. Sólo al final, cuando ya nos disponíamos a salir, te descubrí detrás, en el último banco alejado de todos. Estabas de pie con aire de cansancio mirabas hacia el suelo y vestías de cualquier manera. No te habías preparado como para una fiesta. Pero a mí eso no me importó, pues viéndote en aquella penumbra que te envolvía, me pareció que soportabas una especie de maldición. Por primera vez temí que pudieras condenarte de verdad. Entonces, cansada ya de tantos padrenuestros inútiles como había rezado por ti, se me ocurrió hacer un trato con Dios. Le ofrecí mi vida a cambio de tu salvación. Yo moriría antes de cumplir los diez años: si no era así, significaría que nadie me había escuchado en aquellos momentos. Cuando, al terminar me acerqué a ti, no pude contener las lágrimas que me resbalaban hasta el vestido. Sentía una auténtica dicha. Tú me abrazaste y allí mismo me dijiste sonriendo: «Pareces una reina». Quise decirte: «He dado mi vida por ti. Ya estás salvado». Pero te abracé en silencio y, juntos, salimos a la calle.

Durante el desayuno mamá estaba muy contenta. Había venido Mari-Nieves con sus padres, y otros amigos, muy pocos. Tú, aunque silencioso, estabas entre ellos. Pero fuiste el primero en desaparecer. Me sentía reconciliada con Mari-Nieves y fuimos a dar un paseo. Recuerdo que le estaba enseñando la choza y le contaba cómo la construimos tú y yo, cuando ella, sin prestar atención a mis explicaciones, me preguntó: «¿Por qué tu padre se ha quedado al final y no ha comulgado contigo?» «Porque se marea en las iglesias», respondí irritada por el tono de triunfo con que pronunciaba aquellas palabras que a mí me parecieron una acusación contra ti. «¡Mentira!», me contestó llena de seguridad y, sin duda alguna, sintiéndose respaldada por la opinión de las personas mayores. Ante ella me encontré sola, a tu lado, pero casi frente al mundo entero, al que yo imaginaba idéntico a mamá, a Josefa y a las visitas que de vez en cuando llegaban hasta casa, sin que tú salieras nunca a saludarlas. «¡Nunca va a la iglesia. Es ateo y malo. Se va a condenar!» Y me pareció que aún quería añadir algo más, pero no me detuve a escucharla, ni la dejé escapar corriendo, como ella pretendía. La zarandeé, agarrándola violentamente por los pelos. Ella intentaba defenderse. Yo no sentía sus golpes. No sé quién tenía más fuerza, pero, sin duda alguna, yo era la más furiosa. De pronto una idea fugaz, en forma de imagen, apareció en mi mente: la chumbera. Estaba detrás de mí, sólo a unos pasos de distancia. Astutamente dirigí mis movimientos hacia ella, acercando a Mari-Nieves. No la vi caer pero sé que la empujé sobre las hojas espinosas de la planta. Sus gritos fueron aún más escandalosos que cuando representaba a Juana de Arco. Yo llevaba puesto mi vestido blanco de reina. Esta vez me sabía llena de razón. Aún recuerdo cómo salí al encuentro de las mujeres que venían hacia mí, contra mí, para socorrer a Mari-Nieves. «¡Que esta imbécil no vuelva por aquí!», les dije plantada en medio del camino, impidiéndoles deliberadamente el paso, deseando paralizarlas también a ellas sólo con mi voz y mi voluntad. Se quedaron desconcertadas. Mari-Nieves había escapado sola de la chumbera y venía hacia nosotras andando lentamente, con las piernas muy abiertas y los brazos extendidos hacia los lados. Aquella imagen me dio lástima. Parecía que de verdad lloraba de dolor y de miedo y no por orgullo, como pensé al principio. «Ha dicho que mi padre es malo y que se va a condenar». Antes de terminar esta frase ya me estaba molestando tener que dar explicaciones a aquellas mujeres, entre las que se encontraba mamá, que ya no me escuchaban, pues ponían toda su atención en la niña, a la que otra vez le había tocado ser mi víctima. Nadie me dijo nada, aunque tampoco me aplaudieron. Sentí aquella indiferencia como un supremo desprecio a mi dolor. Me quedé sola en el jardín; viéndolas alejarse, dándose consejos apresurados unas a otras para quitarle los pinchos a la niña. Pretendían embadurnarla de aceite para que salieran mejor. Sentí entonces que para toda la gente de este mundo Mari-Nieves siempre tendría la razón.

Después de aquel día, mamá ya hablaba abiertamente de que yo constituía una desgracia inevitable para ella. Recuerdo que empezó entonces un tiempo largo y monótono que parecía haberse detenido en actitudes eternas. Todos, incluso yo, que era una niña, nos repetíamos día tras día. Cada uno tenía sus propios ademanes y palabras. Y, sin embargo, apenas dos años más tarde, recordé aquel tiempo, en el que parecía no pasar nada, con verdadera nostalgia. Y es que una desgracia mayor vino a desbaratar aquel conjunto de actitudes cristalizadas.

Ya tenía yo nueve años cuanto tía Delia anunció desde Sevilla que abuela, tu madre, se estaba muriendo. Enseguida os fuisteis mamá y tú, para no volver nunca más los mismos. Cuando regresasteis veníais pálidos y vestidos de negro, enlutados en cuerpo y alma. Tú te alejaste aún más de los demás. Dormías siempre en tu estudio y, a veces, incluso comías allí, a deshora. Mamá se encerró en su habitación y no a dormir, pues fue entonces cuando comenzaron sus largos insomnios, sino a llorar y a maldecirte. No se quejaba ya de mí, sino de otra cosa que yo no lograba descifrar. Supe que en tu vida había existido otra mujer. Pero eso no me parecía a mí que tuviera tanta importancia como para provocar el cataclismo que se había declarado en casa. Poco a poco descubrí que la causa era otra, algo que nunca nombrábais y a lo que, sin embargo, os referíais en vuestras discusiones. Y ese algo se había convertido en un tema inagotable y secreto a un tiempo. Aunque, gracias a vuestros descuidos y hostilidades, pude entrever, a través de frases cortadas bruscamente ante mi presencia, silencios tensos, palabras con segundas intenciones que yo captaba enseguida, que aquello que os separó de manera definitiva guardaba una estrecha relación con esa mujer de tu pasado. La primera vez que escuché su nombre Gloria Valle, fue cuando mamá rompió en tu presencia una carta suya, sin permitirte leerla. Tú recogiste los trocitos de papel del suelo como supongo que lo haría un mendigo con unas monedas lanzadas con desprecio. Cuando mamá se marchó llorando, tú te quedaste allí, en el recibidor. Estabas de rodillas, sentado sobre tus talones. Tratabas de reconstruir la carta, sin advertir que yo te miraba desde la puerta. Sentí miedo de que te marcharas sin mí algún día. Te vi envejecido y, al mismo tiempo, desvalido como un niño. Me acerqué y te dije: «¿Quieres que te ayude?», sin saber muy bien qué podría hacer yo. Aún pudiste sonreír y estrecharme con ternura. Entonces decidí esperar al cartero cada día. Me encargaba de recoger las cartas y colocarlas sobre la mesita del recibidor, como era la costumbre. Al fin llegó una con el nombre de Gloria Valle en el remite. La escondí, muy doblada en el bolsillo de mi vestido y, al verte entrar por la cancela, me adelanté para dejarla sobre la mesa de tu estudio. Varias veces repetí aquella misma operación. Me sabía tu cómplice y eso me acercaba de nuevo a ti. No sabes con qué ansiedad hurgaba yo entre tus cosas, registrándolo todo, libros, cuadernos, carpetas. Deseaba tanto leerlas yo también... Incluso llegué a utilizar el péndulo. Pasé horas vagando de un lado a otro de tu habitación sin llegar a encontrar nada. Ahora podía entrar allí cada vez que quería, pues nadie vigilaba ya por la casa. Mamá me ignoraba tanto como tú, Agustina era demasiado apática para llamarme la atención y Josefa se dedicaba a reescribir en perfecta caligrafía, los sermones de un sacerdote al que ella veneraba.

Después, poco a poco, me fui olvidando de aquellas cartas pues dejaron de llegar. Mamá reanudó sus clases conmigo. Según decía, era yo la única obligación que ella tenía en la vida y empezó a mirarme con una profunda lástima, como si muy poco se pudiera ya hacer por mí. Decidió olvidarte y delegó el cuidado de tu ropa y comida en Agustina, quien se quejaba de tener tanto trabajo para ella sola.

Te recuerdo en aquel tiempo más solo que nunca, abandonado, como si sobraras en la casa. Tu ropa envejecía contigo, os arrugabais juntos. En tu rostro, sombreado con frecuencia por una barba sin afeitar, fue apareciendo una sonrisa nueva, dura y cínica. Un día te vi llegar muy tarde, casi de noche. No habías venido a comer. Sin duda creerías que nadie te esperaba. Te vi entrar por la cancela. Venías tambaleándote. No andabas, sino que te dejabas caer alternativamente sobre una pierna y otra. Por primera vez sentí que me habías abandonado.

Un día se fue Josefa y así desaparecieron los pocos cuidados que ella prestaba a la casa. Yo me encargué de regar el jardín y de cortar la mala hierba. De esa manera entretenía mi absoluta soledad. Una fuerza mayor hacía que todas las cosas se fueran deteriorando paralelamente a las personas. De aquel tiempo ha quedado en mi memoria, además de vuestro olvido, un polvo espeso, los cubos, palanganas y cacerolas que Agustina dejaba para siempre debajo de las goteras, una luz triste, amarillenta, sobre las manchas de los techos y los desconchados de las paredes, las plantas del jardín que yo no había conseguido salvar, y que se quedaban en su sitio pero ya muertas, el sonido de las zapatillas de Agustina arrastrándose con pereza por toda la casa y un frío que se colaba hasta el alma. Tú nunca más volviste a coger el péndulo y yo ni siquiera me atreví a recordártelo. Me asustaba oírte gritar como lo hacías por cualquier motivo. Te habías vuelto irascible y tus ademanes coléricos me impedían acercarme a ti. Recuerdo que un día mamá vino a acentuar aquel horror haciéndome su primera confidencia: «¡Dios mío! ¡qué espanto!—dijo—. Papá me ha dicho que si no fuera por ti, se pegaría un tiro». Entonces empecé a notar aquel tedio que arrastrabas de manera cotidiana a tu trabajo. ¿Lo hacías sólo por mí? El sacrificio me pareció excesivo. Tú mismo hablaste alguna vez, con amargura y resignación, de aquella clase de francés que repetías diariamente cuatro veces. Una vez me dijiste mientras comíamos: «Cuando seas mayor, no te cases ni tengas hijos, si es que quieres hacer algo de interés en la vida». Y, después, como si fuera un comentario banal, añadiste: «Aunque sólo sea para tener la libertad de morir cuando quieras». Lo dijiste en voz más baja, como si no te dirigieras a nadie. Nunca olvidé aquellas palabras desesperadas. Claro que no pensaba nada sobre ellas, eran como golpes brutales para los que yo no tenía respuesta alguna.

En vacaciones te dedicabas a no hacer nada de una manera espectacular. Pasabas las horas sentado en un sillón, emanando una amargura incontenible exhibiendo tu sufrimiento. Mamá trataba de defenderse. Empezó a leer de nuevo y mantenía largas conversaciones telefónicas con Josefa, quien la llamaba cada noche desde la ciudad. Alguna vez salió a reunirse con la madre de Mari-Nieves y, con frecuencia, paseaba sola lejos de la casa. Yo ni siquiera intentaba comprenderos. Todo aquello era para mí como una catástrofe de la naturaleza, como una tempestad ante la que sólo me cabía escapar.

Al fin pude asistir a un colegio. Tú no llegaste a conocer aquel lugar donde yo pasaba tantas horas de mis días y de una manera tan diferente de como había imaginado. Quizá fuese entonces cuando por primera vez recibí esa lección desoladora que todavía, a pesar de los años, no he conseguido aprender. Qué lejos se halla el deseo de esa realidad que vivimos cuando creemos realizarlo. Pero tú no sabías nada de mi sufrimiento. Era tan intenso que desbordaba toda palabra, que me sumergía en un silencio similar a aquél en el que tú te encerraste con tenacidad hasta tu muerte. Nunca logré hablar de mi impotencia para acercarme a las demás niñas, de aquella mezcla de extrañeza y miedo que me obligaba, en los recreos, a permanecer siempre sola, lo más lejos posible de las otras, procurando no mirarlas siquiera, como si, al ignorarlas, pudiera borrarlas de la existencia. Cuántas veces lloré si alguna monja se acercaba amorosa a mí y trataba de obligarme a jugar con mis compañeras. Pero ése era un paso que no logré dar en los dos primeros años. En el segundo curso de mi estancia en el colegio ya fui capaz de hablar o, más bien, de balbucear alguna que otra palabra como respuesta a cualquier pregunta indiferente. Pero ¡qué importa ya todo aquello! Ahora casi me alegro. El silencio que tú nos imponías se había adueñado de nosotros, habitaba en la casa, como uno más, denso como un cuerpo. Aprendí a vivir en él y sería injusto no añadir que si he llegado a conocer alguna felicidad real ha sido precisamente en el silencio y soledad más perfectos. Por eso nada puedo reprocharte a ti que me enseñaste con tu desmesura, adentrándote sin freno por esa senda que tan pocos frecuentan y que, en tu caso, te condujo a realizar la muerte deseada.

Claro que si te hubieras esforzado en disimular tu olvido de mí yo te lo habría agradecido siempre. No digo que me preguntaras por mi vida en aquel colegio, al que, después de todo, asistía en contra de tu voluntad. Pero sí podrías haber hecho algún comentario sobre mis notas. ¿Acaso no te sorprendieron nunca? Durante los dos primeros cursos siempre tenía la misma, en todo momento y asignatura, siempre diez. Mamá consideraba que eso era simplemente lo correcto y que cualquier otro número en mis calificaciones sería defectuoso. Y aquella norma, que parecía existir sólo para mí, venía a aumentar aún más mis penosas diferencias con el resto de la clase. Envidiaba a mis compañeras por saberlas libres de semejante carga.

A veces deseé escapar muy lejos de vosotros. Ensoñaba diferentes estilos de fugas siempre imposibles. Un día decidí escapar a tus ojos, aunque me quedara en casa. Quizás con mi fingida desaparición deseara descubrir en ti una necesidad desesperada de encontrarme. Así que me escondí debajo de una cama. Me armé de paciencia, dispuesta a no salir de allí en mucho tiempo. Al principio llegué a temer que ni siquiera advirtiérais mi ausencia. Al fin empecé a oír el rumor de pasos impacientes que me buscaban, la voz de mamá preguntando por mí y la de Agustina afirmando no haberme visto en toda la tarde. Mi propósito era alcanzar la noche allí abajo, pues sabía que la oscuridad agravaría vuestro susto. Mamá me acusaba: «Esta niña es capaz de cualquier cosa». Y eso, más que preocuparla, parecía irritarla contra mí. Tú estabas en tu estudio pero no saliste a buscarme, aunque yo estaba convencida de que te habrían comunicado mi desaparición. La espera fue muy larga y, sin embargo, yo me sentía bien sabiéndome escondida de todos. Nunca llegué a conocer lo que tú pensaste o sentiste en aquellos momentos que, aparentemente, ni siquiera te inmutaron. Era ya de madrugada cuando me encontró mamá, que, pensando siempre mal de mí, esta vez acertó. «¡Cómo has podido hacernos esto!», me gritó casi llorando. «Anda, vete a cenar», me dijo después, casi con desprecio y, sin mediar ninguna otra palabra, se retiró a su habitación. Me sentí derrotada y llena de rabia. Pero cuando me senté a la mesa y te vi frente a mí, mirándome con indiferencia, percibí en tus ojos, un sufrimiento inhumano. Entonces mi dolor se hizo banal y ridículo. Lo mío había sido sólo una mentira.

Pocos días más tarde llegó tía Delia. Solía venir durante las vacaciones escolares a pasar una temporada con nosotros. Tú te dirigías a ella como si fuese tonta. Pero no lo era, ¿sabes? Era amorosa y discreta. Ella no entendía de malos y buenos y parecía querer a todo el mundo, especialmente a mí. De ella me llegaron los únicos besos que recibí en mi infancia. Sin embargo, en esta ocasión tú no permitiste que se quedara mucho tiempo en casa. Te molestaba cualquier presencia humana, incluso la mía. Yo, en cambio, estaba entusiasmada con ella.

Ibamos de excursión y me llevaba al parque de la ciudad. Por la noche venía hasta mi cama con un vaso de leche tibia muy azucarada y se sentaba a mi lado, contándome cuentos hasta que me dormía. Aquella vez deseé marcharme con ella para siempre. No sabes cómo lloré cuando se fue y, al saber que tú la habías echado, por primera vez surgió en mí un amago de odio hacia ti. Y digo un amago, porque más adelante conseguiste despertar en mí una hostilidad más intensa que la de aquel día. Poco a poco, sin que tú lo advirtieras, fui conectando, aunque tímidamente, con el exterior. Un día me invitaban a una fiesta. Tú no me dejabas ir, así como tampoco al cine con amigas o de excursión en bicicleta. De esa forma, gracias a ti, me fui curtiendo en la renuncia. A veces he llegado a creer que nada necesitaba yo de los llamados seres humanos. Y durante largas temporadas he podido vivir feliz con semejante creencia. Y no es que tú volvieras a ocuparte de mí con aquellas prohibiciones. No, era sólo tu apatía, que ahora se manifestaba de aquella manera: imponiéndome brutalmente unas normas rígidas en las que, al mismo tiempo, confesabas no creer y que incluso llegaste a ridiculizar con frecuencia. Me empujabas casi con desprecio hacia los demás. «Tienes que vivir en esta sociedad, entre gente que piensa y actúa así. Tienes que ser como ellos, si no quieres ser una desgraciada». No sabes cómo me llenaban de horror aquellas palabras tuyas tan falsas y pronunciadas con rabia. Emanaban un asco infinito hacia el resto de la humanidad, y pretendías que yo estuviera entre ellos. Me imponías una resignación sin sentido, como si yo no pudiera esperar nada más de la vida. Me vaciabas de todo y abrías un hueco desolador en mi alma. Me dejabas sola, deambulando entre naderías, con un tedio que pesaba como un cuerpo sobre mí.

Pero entre todas tus prohibiciones yo crecía soñando esperanzas, llena de vagos deseos que no sabía realizar. A los catorce años era ya una mujer. Recuerdo mis primeros tacones como los más altos y difíciles que he llevado nunca. A tus espaldas nacía en mí una vida diferente y advertí que me amaban por las calles más que en casa. Al pasar cada día por la puerta de un colegio, los chicos me cantaban con entusiasmo: «Si Adriana se fuera con otro, la seguiría por tierra y por mar». Aquella niñería me impresionaba de tal manera que, al verles, aligeraba el paso cuanto podía, intentando escapar de aquella emoción que me asustaba. Un día descubrí que una fotografía mía, ampliada, se exhibía en el escaparate de una tienda. Cuando fui a sacar una copia que necesitaba, me comunicaron que unos chicos habían encargado veinte. Aquello me desconcertó y, sobre todo, temí que tú pudieras llegar a enterarte. Supe también que en muchos pupitres de aquel colegio de chicos estaba grabado mi nombre con letras mayúsculas. Por primera vez en mi vida llegué a pensar que yo era guapa. Pero me vigilaba en los espejos, bajo distintas luces, y no conseguía ver más que la cara de siempre. A veces, cuando regresaba por la carretera, ya anocheciendo, te adivinaba impaciente ante la cancela, esperándome. Aunque tú siempre me mentías, balbuceando con poco humor que habías salido a dar un paseo, yo sabía que me espiabas. Pero no me importaba. Una vez te acompañé a dar una vuelta. Ya era de noche y un silencio tenso se impuso entre nosotros desde el principio. Yo tiraba de ti hacia los eucaliptos, el lugar que más me atraía de aquel exterior. Tú parecías expulsado de alguna tierra, caminabas errante, sin saber a dónde dirigirte. Enseguida volvimos a casa. Yo estaba impaciente por separarme de ti. No sé que extraña tensión me obligaba a esquivarte en aquel tiempo y qué dolor tan incomprensible y ciego me invadía si tenía que permanecer en tu presencia. Toda la amargura imaginable y un desprecio infinito anidaban en ti de manera visible. Tu silencio angustioso estaba poblado de rumores malignos e inaudibles para otro que no fuese yo. Tu quietud tan perfecta no era sino un sobresalto de horror que parecía haberse detenido en el peor de sus instantes. Alguna noche larga de estudio o de insomnio me estremecieron quejidos tuyos que venían de tu sueño o quién sabe de dónde; desde luego no eran de este mundo. ¡Cuántas veces quise acercarme a ti y abrazarte en silencio, curarte de aquel dolor que yo no sabía comprender! Pero sólo contadas palabras y sólo palabras, siempre anodinas, logré dirigirte en tus últimos años.

Me sentía enormemente lejos de ti y, sin embargo, una vez te soñé luminoso y cercano. Tenía yo entonces quince años y nada había cambiado entre nosotros. Soñé que todo el planeta se había inundado. El agua, como poderoso instrumento de destrucción, cubría toda la superficie de la tierra. En ella flotaban a la deriva fragmentos de cuanto había existido hasta entonces. Era el fin. De pronto apareció a lo lejos una barca. Era muy pequeña y tú venías en ella remando lentamente hacia mí. Cuando me ayudaste a subir a tu lado continuaste remando perdido en aquel mar sin límites. No me decías nada. Era como si aquella catástrofe no tuviera la menor importancia para ti. Entonces yo tuve un deseo: casarme contigo. Y al mismo tiempo tuve un pensamiento: tú te negarías, pues habías cambiado tanto... Ahora, de alguna manera, le dabas demasiada importancia a las normas de este mundo y ellas te lo prohibirían. Y con aquella tristeza me desperté.

Recuerdo que poco después volvió Josefa. Tú no la querías en casa. No sé de qué manera, pero la echaste. Mamá lloró, te insultó y de nuevo se refirió a aquello que aún seguía siendo secreto para mí y que estaba ligado al nombre de Gloria Valle. Tú te dejaste caer en un sillón derrotado, recobrando tu mutismo. Josefa salió a la carretera de noche, sola con su maleta. Por primera vez escuché a mamá pedirte que te marcharas tú también. Y al día siguiente por la mañana, muy temprano, fuiste tú precisamente quien descubrió a aquella mujer que yo también aborrecía. Aún dormía, a pesar de la luz del día, tumbada en la cuneta, al borde de la carretera, frente a la casa y sujetando su maleta con una mano. Tú regresaste enfurecido, gritando por toda la casa. Ella se quedó entre nosotros. Esta vez venía silenciosa y taciturna y creo que se negaba a rezar por ti. Había adelgazado y sus ojos se habían abierto desmesuradamente. Ya no cubría con un velo sus cabellos y, por las noches, revoloteaba por la casa como un pájaro de mal agüero. Aunque nunca la quise, se despertó en mí en sentimiento desapacible hacia ella, mezcla de temor y de lástima. Tú te encerraste en tu estudio y sólo salías de allí para ir a trabajar o dar algún paseo por el campo. Vivías por completo ajeno a nosotras. Parecías el huésped de una pensión cualquiera. A la hora del crepúsculo solías dar largos paseos por la carretera, y fue durante uno de ellos cuando me descubriste con Fernando. Era la primera vez que él se acercaba a mí y me hablaba. Durante meses nos habíamos cruzado en el camino del colegio. Nos mirábamos largamente y ni siquiera nos saludábamos. Yo no necesitaba más para enamorarme, pues creía entonces que era eso lo que me había ocurrido con él. Aquella tarde me detuvo al cruzarse conmigo y me dijo que quería acompañarme. Deseaba despedirse de mí, pues su familia se marchaba a vivir a otra ciudad. Estaba muy triste, porque creía que ya no nos veríamos nunca más. De pronto te descubrí a lo lejos. Tú ya me habías visto y te acercabas con paso rápido hacia nosotros. Le pedí asustada que se marchara enseguida. No pude comprender tu crueldad. Fue la única vez que me pegaste en la vida. Yo no esperaba tanta violencia. Te sentí extraño y tus bofetadas ni siquiera me dolieron. Recuerdo que salí corriendo, sin llorar, huyendo abiertamente de ti y dejándote solo en la penumbra de la noche que caía. Cuando llegué a casa, no miré hacia atrás y, al encerrarme en mi habitación, descubrí que en mí no había sufrimiento, ni rabia, ni miedo, ni angustia. No había nada. Aquello era lo más cercano a la muerte que yo había conocido en mi vida.

Desde aquel día yo te esquivaba y tú, en cambio, iniciabas tímidos intentos de acercamiento a mí. Advertí un amago de antigua ternura en tus ojos, enturbiados ahora por una honda tristeza. Te escuchaba algún comentario sin importancia, dirigido a mí, que parecía no esperar respuesta. Yo guardaba silencio. No sabíamos dialogar. Y ahora, cuando ya de nada te sirve mi comprensión, puedo entrever en aquellos gestos torpes, en la ansiedad con que querías expresarme algo tan intenso que desbordaba la palabra, aquel dolor impensable en el que te estabas ahogando. Una tarde, ya anocheciendo, yo echaba el cerrojo de la cancela cuando oí tu voz llamándome. Venía del jardín y se esforzaba en parecer alegre. Me acerqué a ti desconcertada. Estabas sentado en el viejo banco de madera, bajo el sauce y frente a la fuente, seca ya desde hacía tiempo. Un aliento de muerte envolvía ahora lo que, años atrás, había sido el escenario mágico de nuestro juego predilecto. Sólo quedaba el romero que dibujaba los caminos del jardín y los árboles y matas que no habían necesitado para sobrevivir más que el agua que les había caído del cielo. Todas las demás plantas habían muerto y permanecían allí, secas y olvidadas, tentando a la memoria, reconstruyendo para nosotros algo que no recuperaríamos jamás. «¡Hola!» te dije, y deseé preguntarte qué hacías, aunque sólo fuera para impedir el silencio. Pero no dije nada más, pues sabía que tú ya no hacías nada. Me senté frente a ti, en el borde de la fuente, adivinándote en la penumbra. «No sé por qué ya no hay agua en la fuente», dijiste. «Es que nadie se acuerda de cuidar el jardín», te respondí con impaciencia. «Es verdad—continuaste—, todo se ha secado. ¡Con lo bonito que era! ¿Te acuerdas?» Claro que me acordaba, pero no te respondí. Sentí de pronto una congoja insoportable. Y entonces por primera vez me atreví a preguntarte; «¿Qué te pasa? ¿Por qué estás siempre tan mal?» Tú me miraste sorprendido, como si te extrañara que yo hubiera advertido tu dolor. Parecías contrariado y desvalido. Yo insistí: «Cuando volviste de Sevilla aquella vez, todo cambió en tu vida. Qué pasó allí?» «Pues que murió mi madre, ya lo sabes». Te repondí que no me refería a eso, sino a otra cosa, a aquel secreto ligado al nombre de Gloria Valle. «¿Recuerdas?—te dije . Yo te llevaba sus cartas a tu estudio para que mamá no las rompiera». «¿Tú me las llevabas?» Y añadiste: «Tienes mucha fantasía, Adriana». Era evidente que deseabas concluir aquella conversación, pero yo insistí una vez más: «¿Es ese el motivo de tu sufrimiento?» Tú sonreíste con amargura. «Mira—me dijiste—, el sufrimiento peor es el que no tiene un motivo determinado. Viene de todas partes y de nada en particular. Es como si no tuviera rostro». «¿Por qué? Yo creo que siempre hay motivos y que se puede hablar de ellos», te dije, sin convencimiento alguno y desalentada al ver que habías desviado mi pregunta. Miré a mi alrededor aceptando una vez más tu silencio y pensando que, quizás, nunca se pudiera ser feliz en ninguna parte. Ya era de noche, había luna nueva y la oscuridad era como una niebla sombría que, a mis ojos, te daba una expresión imperturbable. Te miraba fijamente, tratando de adivinar lo que no me decías. A través de aquel velo de penumbra vi años enteros pasando por tu rostro envejecido. Aquella noche sentí que el tiempo era siempre destrucción. Yo no conocía otra cosa. El jardín, la casa, las personas que la habitábamos, incluso yo con mis quince años, estábamos envueltos en aquel mismo destino de muerte que parecía arrastrarnos contigo. Cuando entramos en la casa, me pediste que le comunicara a Agustina que no ibas a cenar. Y te despediste de mí como si aquella fuera una noche cualquiera.

Horas más tarde me desperté con los gritos de mamá llamándote. Decía haber oído un disparo. Sólo uno. Yo supe enseguida que habías muerto. Salieron a buscarte varias veces. Pero la lluvia, la oscuridad y el miedo les impidieron encontrarte.

Al amanecer trajeron tu cuerpo sin vida. Te habías disparado un tiro, como hacía años habías anunciado. Yo no te vi, pero supe que te traían porque llegó tu silencio, amargo, de piedra, que se extendió por la casa y, de alguna manera, te sobrevivía. Mamá no me dejaba salir de mi habitación. No fue una prohibición: me lo pidió con cordialidad y yo se lo agradecí. Tenía tanto miedo a comprobar que era verdad todo aquello que, desde lejos, me parecía sólo un sueño. Sin embargo, no fui capaz de resistir. Eras tú el que estabas allí abajo, en tu estudio, como siempre, tendido sobre la cama. Y entonces, ¿sabes? en un acto supremo de voluntad decidí no creer en la muerte. Tú existirías siempre. Bajé a verte con la intención de abrazarte, con la esperanza de descubrir que aquella pesadilla se había desvanecido. Pero cuando llegué a tu puerta, tan solitaria en otro tiempo, no me dejaron pasar. Había allí personas desconocidas que parecían haberse apropiado de tu cuerpo. Eran un médico forense y dos policías. Uno de ellos estaba muy delgado: advertí que los pantalones le quedaban muy anchos. Ya ves, en aquellos momentos de extremo dolor se destacaba ante mis ojos una realidad anodina, en la que quizás nadie reparaba. El médico escribía un informe en un papel. Cumplía su función con indiferencia, incluso se equivocó varias veces. Rompió la hoja donde escribía y sacó otra nueva de su libreta. Apuntaba datos que a nadie podían interesarle. A mí todo aquello me parecía una profanación, algo tan terrible como la muerte misma. De tu rostro sólo podía entrever, a lo lejos, tu nariz y tu boca cerrada. Una venda blanca ocultaba tus ojos, tu frente y el resto de tu cabeza. Yo me repetía en silencio, una y otra vez, como una autómata: «La muerte no existe, la muerte no existe». Uno de aquellos hombres cerró la ventana porque tenía frío, como si eso pudiera ya tener importancia alguna. El médico terminó su informe y cruzó algunas palabras con mamá, que lloraba desde muy adentro. Deseé acercarme a ella, pero me sentí paralizada. Un peso brutal iba cayendo sobre mí y yo no podía sostenerlo. Cuando los hombres se fueron mamá cerró las ventanas y Josefa encendió unas velas. Aquella penumbra me llenó de esperanzas. Desde ella y desde los rezos de las mujeres me vino el presentimiento de encontrarte alguna vez en un espacio otro y nuevo.

Durante varios días me encerré en mi habitación. Quería recordarte entre los vivos. Me negaba a participar en los preparativos que te destinaban, signos inequívocos de una despedida eterna. Tía Delia vino enseguida, y entre ella y mamá me obligaron a seguir viviendo. Pues yo me abandonaba a una quietud absoluta, tumbada sobre la cama. En dos ocasiones caí en aquel estado terrible que sólo he conocido en ti y en mí. Era esa total rigidez del cuerpo desde la que no podía realizar ni el más leve movimiento, ni articular sonido alguno. Una vez me quedé con los ojos abiertos y ni siquiera pude cerrarlos. Después de aquel espanto, salté de la cama y corrí fuera de la habitación. Anduve como loca durante horas por los alrededores de la casa, sin fijarme más que en mi propio movimiento. Entonces decidí salir a tu encuentro y buscarte entre las huellas que habías dejado en otra ciudad: Sevilla. Mamá quería marcharse a Santander. Su hermano vino a buscarnos. Yo le rogué que me permitiera pasar sólo unos días con tía Delia, en tu ciudad. Ella accedió.

Josefa se quedaba sola en nuestra casa. Yo me volví sorda y ciega ante ella. Había retirado tus fotografías, y la sorprendí cuando se las entregaba a mamá, aconsejándole con dureza que las rompiera y empezara una vida nueva. Mamá la obedeció. Estaba enloquecida y lloraba desesperada, sin advertir mi presencia. Por primera vez comprendí que su sufrimiento también había sido desmesurado. Me acerqué a ella, que me abrazó mientras su llanto se hacía más y más violento. Y, como si necesitara justificarse, me dijo: «Él nunca me amó».

Cuando, al día siguiente, llegué a Sevilla, supe que si tú te hubieras quedado vagando por algún lugar de este mundo sería en aquella ciudad, hecha de piedras vivientes, de palpitaciones secretas. Había en ella un algo humano, una respiración, un hondo suspiro contenido. Y los habitantes que albergaba parecían emanados de ella, modelados por sus manos milenarias. En un barrio umbrío, donde los cegadores rayos de sol entraban tamizados por las sombras, se hallaba tu casa, construida según antigua usanza, hecha de materiales nobles y gastados por el paso de tantas vidas como te habían antecedido en ella. Tenía dos plantas y un patio central pavimentado con losas de mármol. El murmullo del agua que corría por la fuente me obligó a detenerme. Era un sonido que me llegaba desde tu infancia. ¿Cuántas veces te habrías adormecido escuchándolo desde tu habitación? Aquel murmullo sereno me acompañó durante los días en que me sumergí entre imágenes que te habían visto crecer y que continuaban allí, indiferentes a tu muerte, presentándome el escenario de una vida tuya que yo ignoraba. Cualquier objeto albergado bajo aquellos techos conventuales me impresionaba vivamente. Parecían venir desde un tiempo que te pertenecía, adquiriendo así una intensidad mayor que lo real.

Como una sonámbula, seguí a tía Delia hasta su habitación. Me pidió que la ayudara a deshacer su maleta, quizás para ahuyentar los fantasmas que adivinaba en mi silencio. Y fue entonces cuando, por un extraño azar, me encontré bruscamente con aquello que, durante años, había encerrado un secreto de tu vida. Eran las cartas de Gloria Valle. Sin duda las mismas que yo había salvado para ti escondiéndolas en mis bolsillos. Estaban entre las hojas de un libro tuyo. Tía Delia se había traído en su maleta los que había decidido heredar de ti. Pude habérselas pedido, pero no sé qué ciego impulso me hizo apoderarme de ellas, a sus espaldas, como si no quisiera compartir con nadie su lectura.

Aquella noche apenas dormí. Al amanecer escuché el canto de un gallo, allí, en la ciudad.

Las cartas de Gloria Valle me entregaron a largas cavilaciones. Apuntaban posibilidades en las que yo no quería creer. Había en ellas demasiados sobreentendidos y, sin embargo, era evidente que con ella habías vivido algo mucho más intenso que con mamá. Me preguntaba cómo habría sido con ella tu vida cotidiana, cosa que no llegasteis a compartir. ¿Habrías muerto también? Pensé entonces que siempre era mejor lo que se queda en el espacio de lo posible, lo que no llega a existir.

De las siete cartas que yo recordaba sólo hallé tres. Esta es la primera que leí: «Querido Rafael: tu segunda carta me ha sorprendido todavía más que la anterior. Aún te conozco demasiado. Sé que te has arrepentido de tus primeras palabras. Pero no importa. No llegué a tomarlas en serio. Durante diez años muchas veces nos separamos para siempre y otras tantas nos reconciliamos. Pero aquella vez fue diferente. Es cierto que me ausenté durante más de un año y que ni siquiera te escribí, pero tú sabes muy bien por qué me fui. Claro que cuando te busqué de nuevo, me encontré con que te habías casado y acababas de tener una niña. Querías olvidarme y empezar una nueva vida, más serena, decías. ¿Y aún pretendes que yo no le dé importancia? ¡Qué cinismo el tuyo! Dices tener conmigo un lazo indisoluble, por encima de toda ley, intocable por el tiempo. Pero yo recuerdo que entonces ni siquiera me dijiste que amabas a tu mujer, te limitaste a presentarme excusas triviales para no quedarte conmigo. ¿Por qué tenía que compartir yo nada contigo? Estaba sola y lo que me ocurrió me concernía sólo a mí. Te pedí que no volvieras nunca más por esta ciudad. Claro que nunca pensé que fueras tan obediente. Y ahora me dices que aún no me has olvidado. ¡Qué insensatez! Me niego a admitir que estos años hayan sido fruto de un simple equívoco. Mira, prefiero que no me escribas más y, sobre todo, no vuelvas por aquí. Adiós. Gloria».

Las otras dos cartas eran muy breves: «Tampoco yo podía vivir sin ti al principio y, sin embargo, logré aprender. Ya te he olvidado. Adiós, Gloria». «Te repito por última vez que estoy cansada. No tengo fuerzas ni deseos de cambiar mi vida. Adoro a mi hijo. Soy feliz con él. En nuestra vida no hay lugar para nadie más. Ni siquiera para ti. Además, ya no te amo. Adiós. Gloria».

A través de estas palabras me pareció conocer perfectamente tus cartas, tu proposición de volver con ella, abandonándonos a nosotras. ¿Me equivoco? En mis cavilaciones de niña sobre lo que yo consideraba tu secreto nunca apareció la posibilidad de que tú pudieras abandonarme. Yo sabía tan poco de ti... Mi mirada era tan corta.

Decidí visitar a aquella mujer. Ahora sabía que vivía sola con su hijo. Naturalmente pensé si tú serías el padre, pero me pareció un disparate. No le habrías ignorado tanto. Además, no sabía qué edad tendría. Lo único evidente era que el padre del niño, fuera quien fuese, no vivía con ellos.

Aún era demasiado temprano. Tendría que esperar a que tía Delia se marchara a dar sus clases de solfeo y piano. Atravesé el patio. El mármol del suelo parecía azulado con la claridad del amanecer. Por primera vez me dirigía a la que había sido tu habitación. En ella, un escarabajo de noche se hacía el muerto. Había quedado rezagado y, sin darme cuenta, lo pisé. El leve crujido de su cuerpo me provocó una repugnancia sin límites y una lástima absurda. Pensé que era el único habitante de tu dormitorio. Allí no quedaban más que los residuos que Emilia no había tirado aún a la basura. Había una alfombra desteñida y una vieja mesilla de noche a la que le faltaban las patas delanteras. En su interior encontré unos zapatos deformes y gastados por ti, unas zapatillas rotas, un reloj despertador que ya no funcionaba y una careta arrugada que dejaba entrever, entre las dobleces del cartón, un rostro hermoso con mirada de diablo. Me hizo gracia y la deposité sobre la mesilla para verla bien. Aquellos insignificantes objetos cobraron a mis ojos una extraña elocuencia. Emanaban algo de ti que escapaba a las palabras. Al salir descubrí a Emilia. Su quietud fantasmal me sobresaltó. Estaba de pie, a mi espalda, pegada a la oscuridad, sin relieves, como una estampa. «¿Qué quieres saber?» me dijo con benevolencia, cruzándose de brazos y mirándome con sus ojos de fiebre. Me extrañó que no me preguntara qué hacía allí, en tu habitación, que ya no era de nadie, levantada tan temprano. Intuí que ella conocía el motivo de mi curiosidad. Entonces también yo fui directa: «¿Quién es Gloria Valle?» «Una loca», me respondió, mostrando en su sonrisa una gran ternura hacia aquella mujer que tú, ahora estoy segura, tanto habías amado. «¿Por qué?», le dije. Pero ella ya no me escuchaba. Bajaba la escalera con su paso ágil y silencioso.

No sé por qué tú nunca me hablaste de ella, que aún te quería, a pesar de tu ausencia y olvido. Mientras desayunábamos juntas, en la amplia y sombría cocina de tu casa, ella me preguntó: «¿Había envejecido mucho tu padre?» Yo no supe qué responderle, pues sus ojos se humedecieron de lágrimas y tuve la impresión de que no me escucharía, como si ya nada importara tu último aspecto. Y, para romper aquel silencio lacrimoso que ella imponía, le dije: «¿Era de mi padre aquella careta?» «¿Qué careta?» Y después de unos instantes recordó. «¡Ah! sí, claro. Era suya». Y me contó que la habías llevado en un baile de disfraces cuando tenías quince años. Durante mucho tiempo después de tu marcha permaneció colgada en la pared por simple abandono. Un día ella la guardó en la mesilla de noche entre otros objetos tuyos que no servían para nada. De vez en cuando Emilia guardaba silencio y su mirada se perdía en algo que yo no podía ver, pero que me esforzaba en adivinar. Pues sabía que te contemplaba a ti, sujeto a los hilos de su memoria, a una edad que yo desconocía.

Emilia era una mujer delgada, curtida en el silencio y en los hábitos de una criada, papel con el que ella se identificaba sin conflicto aparente alguno. Por las noches, mientras tía Delia tocaba el piano o se iba a dormir, yo me reunía con ella en la cocina, al calor del brasero de la camilla. La bombilla que dejaba entonces encendida pendía desnuda del techo y su luz era tan débil como la de una vela. Cuando hablaba de ti, sus ojos adquirían a veces la vaciedad de los ciegos. Otras veces miraba intensamente algo invisible para mí. Yo la interrogaba sobre ti desde la primera de tus imágenes, pues ella te vio nacer. Con mis preguntas la llevaba a sumirse en un estado de médium. Y, como una auténtica vidente, lograba entrar en otro espacio, sin tiempo, donde aún permanecía tu infancia, tu adolescencia, tu juventud. Su memoria era inmensa. Un mundo completo y tan inalcanzable como el de los muertos cabía en ella. Yo cerraba los ojos y, en la oscuridad de mis párpados, te contemplaba como a un fantasma vivo que ella convocaba para mí. Entre nosotras apenas existían más palabras que las que surgían de su memoria, siempre referidas a ti. Y, sin embargo, aquella primera mañana yo no me atreví a decirle que pensaba visitar a Gloria Valle.

Esperé a que no hubiera nadie en la casa para salir. Recuerdo que me detuve unos minutos en el umbral sin saber hacia dónde dirigirme. Y, cuando pregunté por la dirección que tenía escrita en las cartas, me sorprendió averiguar que erais casi vecinos. Claro que aquella casa no era como la tuya. Tenía tres plantas y parecía inmensa, casi un palacio. A través de sus pesadas puertas entreabiertas y por detrás de una cancela pude ver un patio, solemne y sombrío, de color ocre. Temí que ya no estuviera habitada. Al cruzar la calle para asomarme a su interior, descubrí una mirada fija en mí. Me sobresalté de tal manera que quise marcharme. Era un chico de mi edad, y me llamaba. Estaba muy cerca, asomado a una ventana de la planta baja. Parecía desenvuelto y acostumbrado a que los visitantes de aquella ciudad, la más bella del sur, se detuvieran a admirar su patio, pues me daba su permiso para que yo también lo contemplara. Cosa que, en realidad, no comprendí, pues aquel desastre que descubrí en su interior no parecía haber sido admirado en muchos años. Aunque, a pesar del aspecto ruinoso que ofrecía, era un lugar de una belleza rara, sin más plantas que las malas hierbas que crecían salvajes entre las ranuras del suelo. Él me miraba intensamente y con descaro. Supe enseguida que allí no solía entrar nadie. «¿Eres de aquí?», me preguntó. «No. Sólo he venido a pasar unos días», le respondí mientras le seguía, pues había decidido enseñarme toda la casa.

Yo contemplaba todo aquello adivinando tu sombra por aquel museo de ruinas y abandono, donde no había más adorno que el trazado de las grietas que amenazaban desde el techo y los huecos polvorientos de cuadros desaparecidos. Tu mirada me acompañaba a lo largo de aquellos inmensos salones vacíos, convertidos ahora en lugares de paso. Aquello parecía imposible para la vida. Después supe que ellos dos, madre e hijo, se refugiaban en unas cuantas habitaciones del interior. Y entre ellas, como un milagro, aparecía un pequeño jardín, muy cuidado y repleto de flores. Era como un hermoso oasis que sobrevivía en el corazón de aquella ruina.

Miguel, pues así se llamaba el chico, tenía un año menos que yo y, sin embargo, por su estatura y por su lenguaje reflexivo y profundo, parecía mayor. Al despedirnos me pidió el teléfono. Yo me negué tercamente a dárselo. Había algo en él que me asustaba. Era algo que comprendí horas más tarde cuando, una vez sola, al evocar su imagen, descubrí un gesto insignificante, una sonrisa fugaz, un ademán descuidado que, estaba segura, ya había conocido en ti. Supuse que Miguel era tu hijo, pero no me atreví a hacer pregunta alguna. Tenía miedo a confirmarlo. Sentí entonces una profunda lástima por ti. Si yo lo hubiera sabido antes... Pero a una niña no se le hacen confidencias. ¡Cuánto silencio tuviste que imponerte para olvidarle! Ahora tenía una nueva pieza para encajar en el rompecabezas de tu imagen: habías sido un cobarde. Pero pensé al mismo tiempo que tu sufrimiento, incluso tu muerte, te redimían de ello. Además, ¿sabías acaso que jamás exististe para aquel niño? La imagen de un padre era algo extraño e innecesario para él, pues aquella mujer había creado un mundo para defenderle de tu ausencia. Lo comprendí desde la primera vez que les vi juntos. Ella venía de trabajar. Tenía una tienda de objetos de arte y muebles antiguos. Entró en la habitación de Miguel para darle un beso. Él nos presentó y ella apenas me saludó. Pues al escuchar mi nombre noté que una sombra empañaba sus ojos. No trató de disimular sino que enseguida me preguntó por ti. «Está bien», le dije yo entonces, mintiendo pero deseando que fuera verdad. «¿Ha venido contigo?», añadió intentando sonreír «No», le respondí secamente. Se marchó y yo quedé asombrada de su belleza, pues no parecía venir sólo de su rostro ajado, sino de muy adentro, de algún lugar de su interior que, sin duda alguna, se había salvado del tiempo.

Un día le pregunté a Miguel por su padre. Él me contestó con indiferencia que había muerto. Noté que se sentía seguro en aquel mundo del que tú estabas excluido. Entonces me contó que su padre había salido una noche a pasear por la playa, mientras su madre, embarazada de él, le esperaba en la casa. Pasaban unos días en un pueblo del norte. Ella tuvo que salir a buscarle, pues cuando ya amanecía él aún no había regresado. Sólo encontró su gabardina mojada sobre una roca. Desde entonces fue cada día a aquel lugar esperando hallar alguna señal de él. Pero tuvo que volver a Sevilla poco antes del parto, convencida de que había muerto, como creían todos en el pueblo. Nunca llegó a saber nada más de él. Me extrañó que hablara de aquella desgracia tan mecánicamente, como si no tuviera nada que ver con su vida. Enseguida añadió de buen humor: «Es curioso, pero en la única fotografía que conservamos de mi padre resulta que no se le ve». No comprendí sus palabras y, al pedirle que me las explicara, salió de la habitación. Iba a buscarla. Me dijo que, mientras volvía, le esperara leyendo cualquier cosa. Naturalmente se refería a los cuentos que me había prestado. Eran suyos, pretendía ser escritor, aunque pienso que ya creía serlo. Desde luego me interesaban mucho sus escritos, pero no tanto como verte a ti en una fotografía en la que él te reconocía como padre. No leí sus cuentos, sino que me dediqué a hurgar entre sus libros. Me apoderé sin derecho de una libreta con pastar de hule. Me pareció un diario y creí ver mi nombre escrito entre sus hojas. No me avergonzaba robársela por una noche. La guardé en mi bolso cuando escuché sus pasos cerca de la puerta. Me mostró la fotografía. El Tenorio, con tu careta de rostro hermoso y ojos de diablo, cortejaba a Doña Inés.[2] Era de una fiesta de disfraces que Gloria Valle había dado en aquella misma casa cuando tenía quince años. Entonces me contó que su madre al verte, en mitad de la fiesta, sin la máscara aquella que ocultaba a su padre, quedó tan impresionada que cambió su disfraz de maja madrileña por el de una amiga. Y así, vestida con el hábito y careta que se suponía de Doña Inés, fue a invitarte a bailar con ella. Añadió que desde entonces ya no os separasteis nunca, hasta tu muerte, poco antes de él nacer. Pero no creas que él mostraba gravedad alguna en sus palabras ni que, de alguna manera, admiraba vuestro amor. No. Lo que más le atraía de aquella imagen tuya era el disfraz. «Eran muy cursis, ¿verdad?—me dijo—. Pero a mí me gustaría vestirme así y dar una fiesta como aquella. ¿De qué te vestirías tú?» «¿Yo?—dije desconcertada—. Creo que de bruja». «No necesitarías cambiar mucho—dijo riendo—. Creo que ya lo eres».

Poco después me marché y cuando llegué a tu casa, tía Delia me estaba esperando. Cada día salíamos por las tardes a recorrer la ciudad. Hablaba sin pausas y jamás te mencionaba. Al principio pensé que deseaba distraerme, sacarme de lo que a ella le parecía un ensimismamiento enfermizo. Pero supe que

---

[2]personajes de *Don Juan Tenorio* de José Zorrilla, obra incluida en esta antología.

tenía miedo de los muertos. Me lo dijo Emilia, después de hacerme señas de que no te nombrara en su presencia. Tía Delia creía haber visto a abuela, pocos días después de que muriera, flotando sobre la fuente del patio. Desde entonces yo la cuidé como si fuera una niña y la acompañaba por las noches, obligándola a contarme historias de la ciudad hasta que el sueño la vencía.

Y aquella noche, cuando la vi casi dormida, me despedí. Estaba impaciente por leer lo que me pareció el diario de tu hijo. Tenía muy pocas páginas escritas y sólo hablaba de algunos de nuestros encuentros; claro que no fueron exactamente así:

«Cuando la vi entrar en casa, supe que era a mí a quien buscaba. Ella no venía, como otros visitantes de la ciudad, a admirar el patio de una casa andaluza. Por eso me extrañó que se negara a darme su teléfono. ¿Qué quería de mí? ¿Por qué me buscaba? Pensé que quizás fuera una niña engreída a la que le gustaba hacerse la misteriosa, pues al negarse también a fijar una cita conmigo, me dijo: "No hace falta. Seguro que nos veremos". Muy pronto tuve ocasión de comprobar que esto era cierto. Nos encontramos repetidas veces y no por azar, como se podía pensar dada la cercanía de nuestras casas. No. Nos encontramos en los lugares más sorprendentes, donde menos podía yo imaginarla. Pero digo mal, pues no era cierto que nos encontráramos: ella me estaba esperando donde y cuando se le antojaba, y yo, sin saberlo, sin pensar en ella siquiera, iba como un sonámbulo hasta el lugar donde estuviera, como si ejerciera un fuerte poder sobre un lado de mí que yo mismo desconocía. Después de nuestro primer encuentro pasé dos días deambulando tontamente por las calles y plazas en las que yo imaginaba poder encontrarla. Aún no sabía que vivía tan cerca de mí. No había ni rastro de Adriana, llegué a pensar que no volvería a verla. Entonces entré a descansar en el Patio de los Naranjos,[3] donde ya la había buscado sin éxito. Antes de distinguirla, ya supe que ella estaba allí. Y lo supe por aquel ligero mareo y aquellas palpitaciones que surgían en mí al descubrirla.

»A la mañana siguiente, sin pensar siquiera en verla tan pronto, me marché a las ruinas de Itálica[4] donde tantas veces había ido con mi madre. A ella le fascina todo lo que ha pertenecido a un tiempo que ya no existe. Me senté en los escalones destruidos del Circo romano. Estaba solo, sintiéndome lejos de todo. Y de pronto apareció Adriana detrás de mí. Y digo apareció, porque ni escuché sus pasos, ni la vi llegar de ninguna parte, sino que de repente estaba allí, sin más, y me sonreía como si aquella manera de encontrarse fuera la más natural

---

[3] patio de la catedral de Sevilla.

[4] antigua ciudad de la España romana situada cerca de Sevilla.

del mundo. Yo, en cambio, di un salto por el susto que me llevé. Creo que si los fantasmas existieran, aparecerían de la misma forma que ella.

»No sabía qué estaba ocurriendo. Sólo era consciente de una cosa: yo estaba totalmente en sus manos. Ejercía sobre mí un poder fatal. Algo más fuerte aún que el amor; pues, además, yo me había enamorado de ella. Lo supe en cuanto la vi.

»Un día subimos las rampas de la Giralda[5] sin decir una sola palabra. Ella estaba ausente, pensativa, no me prestaba atención. Quizás por eso, cuando llegamos arriba, yo empecé a mostrarle la ciudad, hablando mucho y tontamente. Estaba nervioso y de pronto se me ocurrió decirle de broma: «En un lugar como éste, más o menos, debió de aparecerse el Diablo a Cristo cuando le dijo: "Si, postrándote ante mí, me adorases, yo te daría todos esos pueblos que ves, con sus riquezas y tesoros".[6] Ella me miró divertida y me dijo: "Imagina que soy yo el Diablo y que te hago esa proposición: ¿qué me responderías?" "Me postraría a tus pies, renunciando a todo lo demás", le contesté con entusiasmo. Ella se echó a reír y yo, aunque no entendí su risa, sonreí cuanto pude, que fue bien poco, pues por unos instantes sospeché que se reía de mí. Entonces ella, olvidada de todo, me cogió de la mano, como por un descuido, de una manera insoportablemente fraternal, y me arrastró hacia otro ángulo de la torre. Me pidió que continuara con mis explicaciones sobre la ciudad. Aquello parecía interesarle más que mi persona. Pero cuando quiso soltar mi mano, yo sujeté con fuerza la suya. Me miró con tal expresión de horror que me retiré de un salto. La acompañé hasta su casa y ella no me dijo nada más durante todo el camino».

Cuando terminé de leer aquellas pocas páginas, decidí marcharme sin despedirme de él. En realidad no me atrevía a decirle la verdad. No quería romper aquel mundo que Gloria Valle había tejido para vuestro hijo, tan complejo y frágil como una tela de araña. Además, de nada me servía a mí el saber que tú eras su padre, a pesar de que, por primera vez, creo que empecé a comprender algo de tu sufrimiento. Pero eso ya importaba muy poco, pues comprender no era suficiente para reconciliarme con tu existencia, ni con la de mamá, ni con la mía, ni tampoco con la de aquellos dos seres desamparados que, a su manera, también padecían tu abandono.

Envié el cuadernito a Miguel añadiendo algo a sus últimas palabras: «Yo también te amo». Y no sé por qué lo hice. Quizás me impulsara el deseo de

---

[5]torre de la catedral de Sevilla construida en el siglo XII.

[6]en San Mateo 4, 1; San Marcos 1, 12; y San Lucas 4, 1.

permanecer entre ellos, sumida en aquella atmósfera de encantamiento que les envolvía, aunque sólo fuera como la sombra de alguien que se ha ido.

Mañana abandonaré para siempre esta casa, convertida ya, para mí, en un lugar extraño. Ahora no hay luz eléctrica y, desde una oscura desolación, van apareciendo, en el círculo luminoso de mi linterna, los objetos abandonados que la habitan: un tablero de ajedrez, sillones de terciopelo, rincones vacíos, cuadros, lámparas apagadas, postigos cerrados, desconchados en las paredes... Son objetos indiferentes que ya no pertenecen a ninguna vida. Toda la casa aparece envuelta en el mismo aliento de muerte que tú dejaste. Y en este escenario fantasmal de nuestra vida en común, ha sobrevivido tu silencio y también, para mi desgracia, aquella separación última entre tú y yo que, con tu muerte, se ha hecho insalvable y eterna.

Capileira, junio-julio de 1981

El sur seguido de Bene. 4ª ed. Barcelona: Anagrama, 1985.

PALOMA PEDRERO (1957)

El color de agosto

PERSONAJES

María Dehesa
Laura Antón

*Estudio de pintura acristalado y luminoso, paneles y cuadros en las pare-
des, caballetes, esculturas. Desorden en una nave de lujo con cierto aire snob.
En el centro una fuente-ducha con un angelote abajo que echa agua por la boca
a otro angelote que está colgado arriba con la boca abierta. (Cuando se mueve
el ángel de abajo comienza a echar agua por la boca el ángel de arriba, convir-
tiéndose así en una sofisticada ducha.)*

*También hay una nevera, un televisor, un ventilador. En el centro una
Venus[1] de escayola con una jaula en el vientre. Dentro de la jaula un pájaro
vivo.*

Es una calurosa tarde de agosto.

*Entra María por la puerta del jardín. Es una mujer de unos treinta y cinco
años muy bien llevados. Viste únicamente una camiseta de tirantes a modo de
minifalda que nos deja ver sus largas y bronceadas piernas. Su pelo está cortado
a la última en mechones desparejos y coloreados. María es una pieza perfecta
a juego con su estudio. Trae flores en la mano que coloca en un jarrón. Enciende la televisión, enchufa el ventilador. Pone música. Se acerca al contestador
telefónico y lo pone. Entre todos los sonidos oímos la voz de un hombre que sale
del aparato.*

María ordena el estudio sin parecer percibir el ruido que la envuelve.

María.—*(Entre nerviosa y contenta se acerca a la jaula y juega con el
pájaro.)* Así, así... Canta, canta... *(Coge una carpeta y saca varios lienzos que
va colgando en la pared. Son todos dibujos o bocetos de una misma mujer. En*

---

[1]en mitología, diosa del amor y de la belleza.

algunos vemos a María dibujada a su lado. Mientras los cuelga va enumerándolos con títulos.) Laura con manzana. Laura con Osa Mayor.[2] Laura triste. Laura sentada. Laura con cubo de basura. Laura vieja. Laura mira a María... *(Mira el reloj inquieta.)* ¡Las ocho! *(Pasea nerviosa. Se sienta frente al televisor. Inmediatamente se aparta y decide pintar. Está desasosegada y no se concentra. De pronto, como sacudida por una idea, apaga todos los aparatos y tapa la jaula con una tela negra. La habitación queda en silencio. Sólo se oye el ruido del agua. Al cabo de unos instantes suena el timbre. María corre y destapa al pájaro.)* ¡Canta, vamos, canta...! *(Se prepara para abrir. Respira profundamente. Se acerca a la puerta, la abre ligeramente y con rapidez se esconde.)*

Voz de Laura en off.—¿Se puede? ¿Se puede pasar?

(Se introduce lentamente en el estudio. Aunque se adivina que es la mujer de los cuadros ha cambiado profundamente. Está envejecida y menos bella. Su vestuario es pobre y su piel maltratada. Quizá sólo sus ojos son más hermosos, más vivos, más reales que los de los dibujos. Laura mira el estudio y al ver sus retratos se queda petrificada. Después de un largo momento reacciona. Mira a su alrededor buscando a alguien asustada y, casi involuntariamente, se dirige a la Puerta de salida. Aparece María.)

María.—¡Laura!

(Se miran un momento en silencio. María se lanza hacia ella, cierra la puerta y la abraza.)

María.—¿Por qué no me dijiste que habías vuelto? Eres... eres... *(Se separa y la mira.)* Estás..., estás guapa. Un poco delgada pero... ¿Qué? ¿No me vas a decir nada? ¿No te alegras de verme?

Laura.—Sí.

María.—Pero pasa. Ven, ponte cómoda... Estás sudando.

Laura.—Hace mucho calor.

María.—Mójate en la fuente... Ven...

Laura.—Déjalo... Déjalo...

María.—Voy a poner el ventilador.

Laura.—No; por mí, no.

María.—Pero siéntate... *(Laura no se sienta.)* Dime algo. ¿Qué te ha parecido la sorpresa?

Laura.—*(Recuperándose.)* Algo brusca.

María.—*(Agarrándole las manos.)* ¿Por qué tiemblas?

---

[2]constelación boreal, siempre visible y fácil de reconocer ya que siete de sus estrellas adoptan la forma de un carro.

Laura.—*(Se suelta.)* No tiemblo.

María.—*(La abraza.)* Qué alegría... No me lo puedo creer. Ven, siéntate aquí. ¿Qué quieres tomar?

Laura.—Cualquier cosa.

María.—Whisky. Tengo preparado para ti una botella especial. ¿Quieres? *(Laura asiente. María saca la botella y prepara las copas. Laura observa el estudio.)*

María.—¿Te gusta?

Laura.—Sí, sí, mucho.

María.—Bah, ya no cabemos todos.

Laura.—¿Todos?

María.—Aparte de éstos, tengo dos gatos en el jardín.

Laura.—¿Gatos? ¿En el jardín?

María.—Sí, tengo un jardín ahí atrás.

Laura.—Pero a ti no te gustaban los gatos. Me echabas de casa todos los que recogía en la calle.

María.—*(Dándole la copa.)* Aprendí a comprenderlos. Me lo propuse y aprendí. *(Frívola.)* Además en un jardín se pueden tener gatos y en una buhardilla, no. *(Levanta la copa.)* Di algo.

Laura.—Por tu triunfo.

María.—Por nuestro encuentro. *(Beben.)*

Laura.—¿Por..., por qué me has hecho venir aquí?

María.—Fui a la agencia a buscar una modelo y vi tu foto. Casi me muero... ¿Por qué no me llamaste para decirme que habías regresado?

Laura.—Todavía no he regresado.

María.—...Así que pensé darte una sorpresa y le dije a la de la agencia un nombre falso. *(Se ríe.)* Me reconoció enseguida, claro, y me dijo asombrada: pero usted es María Dehesa, y yo muy seria, le dije: ¡Ojalá...! No, no soy...

Laura.—*(Tirándole el papel que traía en la mano.)* Carmen Robles.

María.—Sí. Me extrañó tanto ver tu foto que no podía pasar un minuto sin verte. Pero dime, ¿cuándo llegaste de New York? ¿Cómo te ha ido? ¿Por qué dejaste de escribirme? ¿Por qué trabajas de modelo?

Laura.—¿Cuál de todas las preguntas quieres que te conteste primero?

María.—*(Dándose golpecitos en la frente.)* ¡Idiota! ¡Soy idiota! Toda la vida juntas y todavía no he aprendido que odias los interrogatorios.

Laura.—Toda la vida menos ocho años.

María.—Sí, son mucho ocho años, ¿no?

Laura.—Sí.

María.—Pero no has cambiado.

Laura.—No mientas. He cambiado. Tú también. Mucho. Estás más alta. *(María ríe.)* Más estirada.

María.—*(Después de un momento.)* ¿Cómo estás?

Laura.—Estupendamente. ¿No lo ves?

María.—Yo... yo...

Laura.—*(Se levanta.)* ¿Cómo quieres que pose para ti? ¿Vestida o desnuda?

María.—¿Estás loca? Pero si era una excusa. Una simple excusa para verte.

Laura.—¿Y te has preguntado si yo quería verte a ti?

María.—Pues...

Laura.—Me han contratado para dos horas. Dime dónde quieres que me ponga.

María.—No digas tonterías. Tenemos que contarnos tantas cosas...

Laura.—Creo que ya sabemos lo suficiente la una de la otra. Te he visto en las galerías y en las revistas. Conozco tus premios y tu estudio. He venido a trabajar.

María.—Yo no sé nada de ti.

Laura.—Ah, ¿no? ¿No has podido averiguarlo? Pues ya ves, poso por hobby. Te lo imaginabas, ¿verdad?

María.—Yo quería...

Laura.—¿Me vas a pintar o no?

María.—Yo... yo te pago de todas formas.

Laura.—*(Después de una pausa.)* Gracias, pero quiero más. Para ti soy más cara.

María.—¿Cuánto?

Laura.—¿Cuánto ofreces?

María.—Lo que quieras.

Laura.—*(Señalando un cuadro.)* Ése.

María.—¿Te gusta?

Laura.—¿Cuánto vale?

María.—¿Para ti?

Laura.—En el mercado.

María.—Mucho.

Laura.—¿Cuánto?

María.—Medio millón.

Laura.—Quiero dos de esos.

María.—No tengo dos.

Laura.—Uno es poco.

María.—Si posas para mí te doy los que quieras.

Laura.—Tres.

María.—*(Después de un momento.)* De acuerdo.

Laura.—Vendidos. Eso te será más fácil a ti.

María.—Sí.

Laura.—¿Tanto me necesitas? Pensé que el tiempo...

María.—¡Esto es un delirio! No entiendo nada...

Laura.—Tú te lo has buscado. Pues no, querida, ni tres, ni ocho, ni quince. No voy a posar para ti. *(Se dirige a la puerta.)*

María.—¿Adónde vas?

Laura.—Me voy. Olvídate de que me has visto, ¿vale? Un día te llamaré "y si tú quieres" nos podremos ver.

María.—No; por favor, no te vayas.

Laura.—Este ambiente me ahoga.

María.—*(Suplicante.)* Llevo todo el día preparándome para verte.

Laura.—A traición.

María.—He preparado tu tarta favorita. Esa de trufa y nata...

Laura.—Gracias, María, pero ya no me gusta. *(Abre la puerta.)*

María.—¿Por qué?

Laura.—Esto es un miserable montaje.

María.—*(Derrotada.)* Sí. Nada se mueve. Creía que lo tenía todo claro... ¡Qué imbécil soy! Lo he tenido todo claro hasta que te vi.

Laura.—Has disimulado muy bien. Enhorabuena. Adiós.

María.—No seas cruel.

Laura.—¿Qué quieres de mí?

María.—*(Después de un momento.)* Nada.

(Laura va a salir. Repentinamente se vuelve. Se miran un momento y se abrazan con cariño.)

María.—Perdóname. Perdóname.

Laura.—Ahora te reconozco.

María.—¡Dios mío, creí que te marchabas!

Laura.—¿Irme? ¿Habiendo tarta de trufa y whisky de lujo?

María.—Te odio.

Laura.—Te odio.

María.—Vamos a beber.

Laura.—Sí, lo necesito.

(María llena las copas y bebe.)

Laura.—Creo que tendríamos que empezar de nuevo.

María.—¿Cómo?

Laura.—En igualdad de condiciones. Te lo has preparado muy bien. En tu terreno y con todas las armas puestas. Yo venía desarmada.

María.—Ya estamos en igualdad. Me has desarmado.

Laura.—Qué tonta... Querías impresionarme, ¿no?

María.—Era una fantasía. Olvidé lo fuerte que eres.

Laura.—Estás guapa. Se nota que te ha tratado bien la vida.

María.—Sí.

Laura.—Oye, ¿Y qué se siente?

María.—¿Cuándo?

Laura.—Cuando se triunfa

María.—*(Piensa.)* No sé. Se siente, se vive. Tengo todo lo que deseaba; esto, un chalet con piscina, dos criadas, un marido...

Laura.—Ah, ¿el marido también entra en el paquete del triunfo?

María.—Yo no he dicho eso.

Laura.—Lo has dicho.

María.—*(Después de un pausa.)* Puede ser. ¿Y tú?

Laura.—Yo qué.

María.—¿Te casaste?

Laura.—¿Yo? *(Se ríe.)* No, hija... Dios mío, qué calor...

María.—¿Quieres más?

Laura.—No gracias. Bueno, un poquito más. Calma la sed.

María.—Tengo más botellas. Vamos, ponte cómoda, quítate los zapatos. *(Se los quita ella.)* Dime, ¿cómo te fue?

Laura.—No.

María.—¿Por qué?

Laura.—No quiero hablar del pasado.

María.—Una sola pregunta, ¿vale?

Laura.—Una.

María.—¿Le olvidaste?

Laura.—¿A quién? *(Se levanta y mira los cuadros.)*

María.—No disimules, a Juan.

Laura.—*(Se ríe nerviosa.)* Ah, sí, fue fácil...

María.—No tan fácil. Tuviste que hacer un largo viaje.

Laura.—*(Por un cuadro.)* Es sorprendente. En ocho años ha cambiado totalmente tu visión del mundo.

María.—¿Nos hemos distanciado?

Laura.—¿Esto es un útero?

María.—Sí.

Laura.—Hay fuego dentro. Y un fósil, algo vivo... Quizás un caracol que busca la salida...

María.—Sí .

Laura.—Pero la salida está tapada por un enorme monolito.

María.—*(Ansiosa.)* ¿Te gusta?

Laura.—Esa mano está muerta.

María.—Lo pretendía...

Laura.—Todo anestesiado, perfecto, inmóvil.

María.—No te gusta.

Laura.—Está bien...

María.—Este es el último.

Laura.—La primavera.

María.—Puede ser.

Laura.—Un hombre mujer descendiendo del agua con peces en la cabeza.

María.—Es una mujer.

Laura.—Tiene un pene.

María.—Es un pez.

Laura.—¿Por qué está bizca?

María.—No está bizca, está mirando para arriba.

Laura.—Esto te lo imaginas tú. Más bien parece que está a punto de sufrir un ataque o un corte de digestión.

María.—No te gusta.

Laura.—Está bien.

María.—*(Mostrándole el caballete con un lienzo en blanco.)* Este es el último.

Laura.—Es el mejor.

María.—*(Señala la Venus.)* Esa Venus con el pájaro en el vientre y una mano abriendo la jaula. Una mano de mujer.

Laura.—*(Se coloca por detrás de la estatua y pone su mano en la jaula.)* ¿Así?

María.—A ver... Un poco más abajo.

Laura.—¿Así?

María.—Espera. Abrázala fuerte. ¡Qué bonito! La mano en la jaula. Eso es. No, no muevas los dedos... *(Laura los mueve.)* Los dedos tensos. Más. A ver... *(Coge un lápiz y comienza a dibujar. Laura cambia la composición.)* Un minuto... No te muevas. Déjame verlo...

Laura.—No. Ni lo sueñes... Ni lo sueñes... *(Se quita.)*

María.—Era hermoso.

Laura.—Yo que tú pondría una mano de plástico, o una mano de hierro. Eso es, un garfio de pirata.

María.—Me gustaría ver tus cosas... Las he echado mucho de menos. Fuiste una gran maestra para mí.

Laura.—*(Riéndose.)* Una mala maestra. No aprendiste nada.

María.—Los entendidos no dicen eso.

Laura.—*(La toca el pelo.)* Claro. Era una broma. *(Bebe.)*

María.—Vendo mucho. He tenido suerte, ¿y tú?

Laura.—También.

María.—¿En qué?

Laura.—*(Grita.)* ¡¡¡Ah!!!

María.—¿Qué te pasa?

Laura.—Creo que vamos a tener que empezar de nuevo. La verdad o me largo.

María.—No te entiendo.

Laura.—Estamos fingiendo.

María.—Es difícil empezar después de tantos años.

Laura.—*(Se sirve alcohol.)* Tendremos que beber.

María.—Sí. *(Beben.)*

Laura.—Anda, mírame bien.

María.—Te miro.

Laura.—Yo también te miro. ¿Tienes un espejo?

María.—Ése.

Laura.—Vamos. *(Se sitúan frente al espejo.)*

María.—Siempre tuviste más tetas que yo. La primera vez que te vi en la ducha pensé: yo nunca tendré esas tetas.

Laura.—Teníamos doce años. Tú estabas plana.

María.—Y nunca las tuve. Tan redonditas y con los pezones tan claros. Ni tampoco tu cara, ni tu pelo, ni tus piernas, ni tus manos, ni tu voz...

Laura.—Tuviste las tuyas. Las mías era imposible.

María.—No tuve nada.

Laura.—¿Nada?

María.—Tu talento nunca.

Laura.—¿Qué es eso?

María.—Una luz... Es como un antojo. Se viene al mundo con él pegado a la piel.

Laura.—¿Y dónde se esconde?

María.—*(Le da un golpecito en la cabeza.)* Aquí.

Laura.—No.

María.—En las tetas no.

Laura.—No sé... No sé... *(Bebe.)* ¿Sabes una cosa? Esto me gusta. ¿Sabes otra? Estás nostálgica como un muerto. Sí, estás como muerta. Joven, muy joven y bonita, pero... la fama y el dinero te han hecho demasiado perfecta. Increíblemente perfecta.

María.—Tú estás vieja.

Laura.—¿Te alegras?

María.—*(Ríe.)* Sí.

Laura.—Pero estoy viva. Mira, mírame.

María.—Y sigues siendo mala.

Laura.—¿Sigo? No has cambiado nada. Sigues necesitándome.

María.—Ya no. He continuado sin ti y lo tengo todo. Tú la grande, la genial, Laura Antón, ¡plaz!, al pozo.

Laura.—Y sin embargo me sigues necesitando.

María.—No.

Laura.—No finjas. Me escribiste más de mil cartas. Me das citas a traición.

María.—Quiero ayudarte.

Laura.—¿Sí?

María.—Sé que estás en la miseria.

Laura.—Bien. Creo que estamos dejando de fingir.

María.—Quiero sacarte.

Laura.—Qué fuentecita más ridícula...

María.—Quiero que dejes de posar para los demás.

Laura.—*(Mojándose.)* ¡Qué calor...! *(Bebe.)*

María.—Estás manca y me necesitas.

Laura.—¡Tú a mí!

María.—¿Yo? ¿Para qué?

Laura.—Tú sabrás...

María.—Quiero que poses sólo para mí.

Laura.—*(Ríe.)* Mira la niñita tonta...

María.—Eso es lo que fui siempre para ti. Una perfecta idiota a la que se podía usar como lienzo y como trapo. Pero la vida ha cambiado los papeles. Me utilizaste siempre. Me hundiste en la mierda siempre. Fui una esclava a la que ni siquiera diste de comer. Y no pude empezar a respirar hasta que te largaste. ¡Dios, no sabes lo que le agradecí a Juan que te abandonara!

Laura.—Te equivocas. Nunca me abandonó porque nunca me tomó..

María.—Es cierto. Fue el más inteligente de los tres. Juan tuvo...

Laura.—¡No quiero hablar de eso!

María.—¿Por qué?

Laura.—Han pasado ocho años. Se acabó, ¿entiendes?

María.—¿No decías que no te importaba?

Laura.—¡No me importa!

María.—¿No quieres saber nada de él?

Laura.—No.

María.—Sé cosas que...

Laura.—¡No me interesan!

María.—No te creo. Te pones muy tensa cuando pronuncio su nombre. A ver... Juaann, Juaann...

Laura.—Cómo te has afilado las uñas. Me sorprende. Siempre pensé que eras...

María.—Que era una mofeta.

Laura.—*(Se ríe.)* Eras un poco mofeta, ¿no?

María.—Pero ahora tengo las uñas largas. *(La araña.)*

Laura.—Me has hecho daño.

María.—Tú a mí también.

Laura.—¿Qué quieres de mí?

María.—Tengo mucho oro. Quiero dártelo.

Laura.—¿Se te han acabado las ideas? *(Bebe.)*

María.—Estás alcoholizada.

Laura.—¿Y qué?

María.—Quiero recuperar a un genio para la humanidad.

Laura.—*(Se desternilla de risa.)* ¡Qué estupidez...! ¿No tienes un argumento mejor?

María.—Te quiero.

Laura.—*(Después de un momento.)* Y tienes mucho dinero.

María.—Sí.

(Laura se echa a llorar.)

María.—Laura, Laurita, perdóname. Soy una cabrona, pero... Tú eres la mejor... No puedes estar así... así, sin crear...

Laura.—Abrázame.

María.—Ven. Ya no estás sola. Has vuelto a casa. No voy a dejar que nadie te haga daño.

Laura.—Mamá...

María.—Sí, quiero ser tu mamá...

Laura.—Dame de eso.

María.—No. Estás bebiendo demasiado...

Laura.—Un poquitín sólo... Cómo si fuera un biberón...

María.—Toma. Un poquitín sólo. Ya Laurita, ya...

Laura.—¿Eres feliz?

María.—Ahora sí.

Laura.—No digo ahora. Digo antes.

María.—No.

Laura.—Gracias.

María.—¿Y tú?

Laura.—Yo no tengo por qué serlo. Estoy sola y no tengo nada. María, hace cuatro años que no pinto y ocho que no amo, que no puedo. Soy muy desgraciada...

María.—Yo te cuidaré...

Laura.—Sigo soñando con ese hijo de la gran puta todas las noches... Con sus ojos negros, con el lunar de su pecho. Con su fuerza de hombre no enamorado...

María.—Yo te haré olvidarle...

Laura.—Me arruinó la vida. Cuando empezaba a destacar, a ser alguien, tuve que dejarlo todo y salir huyendo...

María.—Yo te haré olvidarle...

Laura.—María, los hombres no nos entran por la vagina, es mentira. Nos entran por otro sitio...

María.—Duérmete...

Laura.—Por un sitio que se cierra y no tiene salida. ¿Dónde está la salida? ¿Dónde?

María.—*(Besándola.)* Tranquila... Tranquila...

Laura.—Me he acostado con tantos tíos... He bebido tanto, me he metido tantas cosas para amar. He tenido oportunidades de olvidar... ¡Estoy loca! No he podido...

María.—Yo también estoy loca. Nadie en su sano juicio se salva.

Laura.—*(Sin escuchar.)* Y el ensueño también para él. Todo mi ensueño desperdiciado en un encuentro. Cierro los ojos y me monto la película: llego y llamo al timbre... Pasos que vienen, sus pasos. Abre la puerta. Nos miramos. Yo llevo el vestido rojo y él me ve guapísima, se lo noto. Habla: "Hola, Laura". Yo le beso suavemente cerca de los labios y él se echa a temblar. Entonces me dice: "Ocho años esperando este momento". *(Silencio.)* Otras veces le encuentro en la calle, casualmente, casi nos chocamos. Una puerta giratoria... No sé... *(Pausa.)* Y ahora que le tengo en la palma de la mano... ¡No puedo! ¡Tengo miedo! Sé que ocurrirá lo de siempre...

María.—¡Olvídale! No dejemos que se meta entre nosotras...

Laura.—Lo de siempre se llama sexo. Los hombres pueden desear brutalmente y no haber nada más. Nada. Ni una gotita de sangre, ni una lágrima... Sólo semen... semen...

María.—¡Déjalo, Laura! Déjalo...

Laura.—Era el hombre que mejor lo hacía... Mi cuerpo era un puro beso en su cuerpo. Todo mi cuerpo un punto débil en sus manos. Sólo su roce suave me bastaba para sentirlo todo. Para entender que merecía la pena estar viva. Por eso no iré. Se acabó.

María.—¡Sí, por Dios, se acabó!

Laura.—Y si le veo le diré: ya no quiero besarte, ni morderte ¡No te acerques...! *(Bebe.)* Quiero meterme entera por su boca y acariciarle por dentro. El último viaje hacia la muerte. Pero no, no le voy a arrancar el corazón...

María.—¡Laura, por favor, estás delirando!

Laura.—Eso sería una muerte dulce. Al corazón le diré: hola, amor mío... Si yo le quitara el corazón seguiría vivo.

María.—¡Laura!

Laura.—Entonces bajaría por sus tripas, encontraría el hueco, metería la cabeza y ya ¡Cruafff! ¡El pene roto! ¡Juan muerto!

María.—Por favor, no digas barbaridades. Estás delirando... Estás enferma... Juan era... Juan es un hombre normal.

Laura.—¿Cómo estará?

María.—Yo sé cómo está.

Laura.—Su voz será igual...

María.—Yo no me fui. La vida siguió aquí para todos. Mucho tiempo después de tu huida...

Laura.—¡No quiero saber nada!

María.—Pero tienes que saberlo. Tenemos que volver a la realidad... Un día...

Laura.—¿Te imaginas a Juan celoso por mi culpa?

María.—¡Laura!

Laura.—¿Qué te pasa?

María.—¡No me escuchas! Estoy intentando decirte algo...

Laura.—No le veré. Esa es la única muerte auténtica.

María.—*(Zarandeándola.)* ¿Quieres escucharme?

Laura.—Y todo... ¿para qué?

María.—Juan...

Laura.—¡No le nombres! *(La tapa la boca suavemente.)* Ese hombre... *(Se toca el corazón.)* Se fue de aquí ya. *(María niega.)* No me cuentes nada, te lo suplico. No quiero saberlo.

María.—*(Después de una pausa.)* Está bien. Como tú quieras. Siempre es como tú quieras... Ven.

Laura.—¿A dónde?

María.—Te voy a lavar tu hermosa carita.

Laura.—*(Yendo hacia el agua, abrazada a María.)* Lávame los pensamientos... ¿Eso se puede hacer?

María.—Lo intentaré. *(Le da agua en la cara y en el pelo.)* ¿Qué tal? ¿Cómo van esos pensamientos?

Laura.—Revueltos y enredados. Péiname. ¿Quieres?

María.—*(Riéndose.)* Sí. Te voy a poner guapa, guapa, guapa como a una novia.

(María seca la cara a Laura. La peina. Saca un estuche de maquillaje y le da sombra en los ojos. Laura se deja hacer.)

María.—Un poco de sombra azul... Así... Sigues teniendo ojos de duende.

Laura.—Pero ahora están rodeados de arrugas... Anda, quítamelas.

María.—Tienes la cara que te mereces. Y es absolutamente bella.

Laura.—Gracias. *(Mira a María a los ojos.)* ¿Y por qué tú no te mereces arrugas?

María.—*(Dándole coloretes.)* No me has visto bien. Cuando me río, o lloro, o digo la verdad, se ve el truco. Las arrugas son como los fantasmas, están deseando salir de sus escondites.

Laura.—*(Riéndose.)* ¿Vas a taparme los fantasmas?

María.—Sólo un poco de color... *(Le pinta los labios de rojo.)* Así estás mucho más guapa. Guapa como...

Laura.—¡Una novia! ¿Te imaginas dos novias en un altar? Las dos de blanco y seda. Las dos con el velo tapándoles la cara. Y el cura diciendo: «¿Rosa, quieres por esposa a Margarita hasta que la muerte os separe? ¿Y tú Margarita quieres por esposa a Rosa... ta ta ta... ta ta ta... ta ta ta...? Y el cura: «Os podéis besar».

María.—Y las dos levantan sus velos, se miran y mezclan el carmín rojo de sus bocas.

Laura.—Y los invitados preguntándose: «Y tú de quién eres amigo de la novia o de la novia?»

María.—Y un mal pensado susurrando: «Están embarazadas». «Van las dos embarazadas».

Laura.—Y después la apertura del baile nupcial. ¿Te imaginas? Los dos padrinos varones cediendo a las novias... blancas.

María.—*(Poniéndole una sábana blanca por la cabeza a Laura.)* Así de blancas por fuera. *(Se pone ella otra sábana.)* ¡Blancas, blancas...! *(Gira y baila. Pone un disco. Suena un vals.)*

(María comienza a bailar con un hombre imaginario. Laura se levanta y le sigue el juego. Las dos bailan con dos hombres imaginarios. En una vuelta se quedan frente a frente. Dan las gracias a los padrinos y empiezan a bailar juntas.)

Laura.—¿Y después?

María.—Las novias se quitan los trajes de novias... *(Quita las sábanas.)* Y mezclan el carmín rojo de sus bocas. *(Se acerca lentamente hacia la boca de Laura.)*

Laura.—*(Separándose.)* María, ¿tú te casaste vestida de novia?

María.—*(Respira.)* Sí, de blanco y en la Iglesia.

Laura.—¡Qué horror! ¡Qué mentirosa!

María.—¿Por qué?

Laura.—Ah, ¿te has hecho creyente?

María.—Fue una representación preciosa. No faltó de nada. Hasta el cura estuvo brillante...

Laura.—Y María Dehesa la primera actriz.

María.—Sí, tan auténtica que durante todo el día me lo creí. Emocioné a los invitados. Hice feliz a mis padres... ¡Fui feliz!

Laura.—Que falsa eres.

María.—No creas. Lo importante estaba. Lo único imprescindible era verdad.

Laura.—¿El amor?

María.—Sí. Estaba enamorada de... el novio. Estábamos enamorados los dos.

Laura.—*(Después de una pausa.)* ¿Cómo es tu marido?

María.—Es... es un hombre... *(Se ríe.)* Es un hombre.

Laura.—¿Le sigues queriendo?

María.—Creo que sí.

Laura.—¿Te trata bien?

María.—Bueno, no es lo que parecía. Pero nadie somos lo que parecemos mientras nos estamos seduciendo. Ahora, a veces es un poco bruto.

Laura.—*(Se ríe.)* ¿Sí?

María.—Creo que le hace sufrir mucho que gane tanto dinero.

Laura.—¿Por qué?

María.—No sé. Creo que se siente... disminuido. Los hombres no están acostumbrados a ser... iguales a la mujer. A veces, sin querer me tortura y creo que le gustaría verme fracasar. *(Se ríe.)* A veces..., me viola.

Laura.—¿Te viola?

María.—Es una forma de hablar. Yo hago que me gusta, pero mientras él me penetra yo cuento: uno, dos, tres, cuatro, cinco, seis... Antes llegaba hasta ciento quince, ahora a veintiún.

Laura.—¡Dios! ¿Y qué haces?

María.—Nada. Vivo la rutina, que es lo mismo que vivir la realidad.

Laura.—No siempre.

María.—Y tú que sabes... ¿Durante cuántos años has visto afeitarse al mismo hombre en tu espejo?

Laura.—Hasta que su barba me pinchaba. En ese momento, adiós.

María.—¡Qué romántica...! Las cosas no son como te imaginas. No son ni siquiera peor. Al principio de estar con un hombre su ropa tirada por el suelo de la habitación, el cinturón de sus pantalones al lado de una copa de champán derramada es la escenografía de una gran fiesta. Después, si la copa llega al dormitorio y se cae, vas a buscar la fregona para que no se estropee la madera, y de paso, te llevas los calzoncillos sucios para meterlos en la lavadora.

Laura.—*(Cariñosa.)* Eso es muy tuyo.

María.—La convivencia mata el deseo, lo fulmina.

Laura.—El deseo hay que cuidarlo. Es tan vulnerable...

María.—Mi marido tiene accesos de mal humor y cólicos nefríticos. Cuando orina piedrecitas me las enseña y las guarda en la cómoda como si fueran pepitas de oro. Exige comer a las tres en punto y no se puede perder un solo partido de fútbol. Cuando menos me lo espero *(Grita.)* ¡Gol! *(Laura se sobresalta.)* A mí antes me pasaba igual. Padece insomnio y me hace cantarle nanas para domir...

Laura.—Divórciate.

María.—No, no me entiendes. No puedo explicártelo. Mi marido, aparte de todo, es un hombre fiel, guapo e inteligente.

Laura.—Pero no le deseas. No te gusta.

María.—Y qué me importa... Tengo mi vida. Te aseguro que tampoco es nada fácil aguantar el triunfo de otro. ¿Sabes lo que dice Durrell?[3] Que los amantes no están nunca bien aparejados. Siempre hay uno que proyecta su sombra sobre el otro impidiendo su crecimiento, de manera que aquel que queda a la sombra está siempre atormentado por el deseo de escapar, de sentirse libre para crecer.

Laura.—¿Y por qué no escapa?

María.—Porque ha elegido amar.

Laura.—¿Y tú?

María.—*(Triste.)* Ser una sombra.

Laura.—Eh, eh, eh, no te pongas triste...

María.—No, no. Uf, qué lío... ¡Qué calor...! ¡Qué calor!

Laura.—*(La salpica.)* Pero tenemos agua. ¡Agua, agua! ¡Alegría, vamos, alegría...!

---

[3]Lawrence Durrell (1912-93), escritor británico.

(Ambas se echan agua. María la abraza con cierta angustia.)

María.—Me alegro tanto de tenerte aquí. Tanto...

Laura.—*(Se separa.)* Tengo hambre.

María.—Te he hecho la tarta de chocolate y nata...

Laura.—Sácala, mamá.

María.—No me gusta que me llames mamá.

Laura.—¿Te acuerdas cuando se murió mi madre? Yo estaba desolada. Tú eras una niña como yo. Pero a los pocos días, una noche me hiciste una trenza, una trenza larga y apretada y pensé: qué bien me peina mi mamá, y comencé a amarte.

María.—Y a utilizarme.

Laura.—Porque te gustaba.

María.—No me gustaba.

Laura.—Te gustaba hacerme la cama en la residencia y después ser mi policía cuando tuvimos nuestra casa.

María.—Y a ti te gustaba tener una criada. La criada hacía la casa mientras la señorita hacía arte.

Laura.—Me enseñaste mucho de disciplina. Luego se me olvidó.

María.—Sí. ¡Te admiraba tanto...! Y tú emborronabas mis lienzos con tu mirada.

Laura.—Eran malos, cariño.

María.—El tiempo ha dicho lo contrario.

Laura.—¿No me digas que te lo has creído? ¿Te han engañado?

María.—No estás en condiciones de ironizar...

Laura.—*(Coge un cuadro.)* ¿Te gusta de verdad?

María.—Me gustan más los tuyos. Esos cuadros invisibles que inundan las galerías.

Laura.—Yo soy honesta. Nunca podría vender bazofia...

María.—Te quedaste sin mí y te fuiste a la mierda.

Laura.—Te dejé. Y tú me guardas rencor. Dame el vaso, por favor. Si no me emborracho no te aguanto. ¿Sabes? A veces cuando bebo mucho pinto. Si me das más te lo voy a demostrar.

(María le pasa la botella.)

María.—Toma, sigue destruyéndote a tu gusto.

Laura.—Y tú disfrutándolo... *(Bebe.)*

María.—¿Por qué nos tenemos que pelear siempre? Ya somos mayores...

Laura.—No, veo que somos las mismas. *(Se ríe.)* ¡Qué gracia... Siento que he entrado en el túnel del tiempo!

María.—¿Quieres la tarta o no?

Laura.—¿Ves cómo te gusta cuidarme?

María.—¿Quieres la tarta?

Laura.—Me reprochas cosas que te encantan...

María.—*(Enfadada.)* ¿Quieres la tarta?

Laura.—¿Has puesto mi nombre con chocolate arriba?

(María abre la nevera y saca la tarta.)

Laura.—Dámela a cucharaditas.

(María la tira la tarta a la cara.)

María.—Toma, a cucharaditas...

Laura.—*(Riéndose.)* Me has manchado. Me has puesto perdida...

María.—Tienes un cuadro precioso...

Laura.—¿Un cuadro? Sí, vamos a pintar. Tengo ganas de pintar. Ahora te pintaré yo a ti. Te pintaré el cuerpo como cuando éramos pequeñas. Me gustaba tu cuerpo de colores. *(Coge pintura y la mancha las piernas.)*

María.—Déjame. Si quieres pintar te doy un lienzo.

Laura.—Quiero que tú seas mi lienzo.

María.—Yo no quiero.

Laura.—¿Por qué?

María.—No quiero que volvamos a ser pequeñas. No quiero volver a ser tu trapo. No quiero que me manches.

Laura.—Tú has empezado.

María.—¿Y qué?

Laura.—Antes te gustaba. *(Va a por ella con pintura.)*

María.—Ahora no.

Laura.—Ahora también. Te divertías...

María.—Porque era el único momento en que me mirabas.

Laura.—Quítate la camiseta.

María.—Pero...

Laura.—Estoy inspirada.

María.—Quítate el vestido. Yo también estoy inspirada.

Laura.—¿Tú? Si tú no sabes.

María.—*(Se acerca y de un tirón la abre los botones.)* Ya lo veremos.

Laura.—*(Le da un pincel.)* Toma, hija puta.

María.—*(Tira el pincel.)* Con las manos.

(Laura tiñe sus manos de rojo y pinta sobre el vientre de María.)

Laura.—El infierno. El infierno en el vientre vacío. *(Aprieta las manos contra el vientre de María, ésta emite un suave quejido.)* El rojo estéril ya. Vientre estéril a los treinta y cinco años.

María.—*(Pintando grandes franjas negras en el cuerpo de Laura.)* ¡La cárcel! Las rejas donde se esconde la frustración. El fracaso.

Laura.—*(Más rápido, en amarillo.)* Un sol en cada pecho. Con grandes nubarrones negros en los pezones.

María.—Ocres en el otoño. La caída de la hoja.

Laura.—Basura en el ombligo de mi carcelero. ¡Me mataste, me mataste!

María.—*(Por detrás.)* Rosas en la espalda y verdes de gritos. Un pájaro estúpido se te posa en el culo. ¿Tienes amantes?

Laura.—Sí, sí, sí...

María.—¡Todos muertos! *(La pinta con violencia.)* ¡Todos muertos!

Laura.—Malvas y morados. El color de las frígidas que sólo tienen orgasmos en los sueños.

María.—*(Pintándola con furia.)* ¡Pero yo todavía puedo fingir! ¡Todavía tengo con quien fingir! ¿Y tú?

Laura.—*(Pintándole la cara.)* ¡Fingidora! ¡Fingidora!

María.—*(En velocidad.)* ¿Y tú? ¿Y tú?

Laura.—Los amantes son otra cosa. *(Frenéticamente.)* Si no lo hacen bien no vuelven al día siguiente. Yo no amo, pero gozo.

María.—¡Puta!

Laura.—¡Fingidora!

María.—¡Puta! ¡Zorra de mierda!

(Se pintan enloquecidamente, casi haciéndose daño.)

Laura.—Puta. Guarra. Mentirosa.

María.—Fingidora. ¡Fingidora!

(Se pegan, para acabar abrazándose desesperadamente. Sus colores se mezclan.)

María.—¿Por qué te enamoraste como una imbécil? Lo teníamos todo.

Laura.—Menos lo más importante...

María.—Te fuiste y te llevaste las ideas y el agua. Me dejaste vacía.

Laura.—Y lo perdí todo.

María.—¿Por qué te fuiste?

Laura.—Ya lo sabes.

María.—Teníamos el tesoro agarrado con dos manos. Una era tuya y otra mía. Ya lo has visto, sin mí no eras nada. Yo... yo era tu mano. ¿Has vuelto?

Laura.—*(Se separa.)* ¡No quiero darte explicaciones!

María.—Yo quería ser tu mano.

Laura.—Yo no quería. Me estabas asfixiando... Creo que... ¿Quién le dijo a Juan que esa noche...?

María.—Yo no.

Laura.—Estabas empeñada en que me dejara. No soportabas la idea...

María.—Te tenía enferma. Te estabas muriendo.

Laura.—Y tú lo arreglaste todo. Pero te salió mal.

María.—Juan no te quería.

Laura.—¿Y a ti qué coño te importaba? No me dejaste que luchara...

María.—No sigas engañándote. A Juan nunca le importaste lo más mínimo. Sólo eras la zorra más barata que encontró.

(Laura la escupe a la cara. María se derrumba.)

Laura.—Perdona. Dios mío, estamos locas. Perdona, estoy borracha. No te pongas así, por favor...

María.—Me duele tanto... Me duele tanto...

Laura.—¿El qué?

María.—Aquí, aquí, todo. Las entrañas.

Laura.—Mira, mira, se te está corriendo la pintura de la cara con las lágrimas. ¡Qué imagen más hermosa! Ven, mírate en el espejo. *(María llora delante del espejo.)* Ahora tu rostro es el paraíso terrenal.

María.—No. Me haces daño. ¿No puedes darme algo?

Laura.—Lo siento, pero no.

María.—¿Por qué? Yo puedo ayudarte.

Laura.—No puede ser.

(María furiosa corre la mampara de la fuente y queda dentro. Oímos el ruido del agua.)

Laura.—¡María!

María.—*(Desde dentro. Seca.)* ¿Qué?

Laura.—Es puta la vida, ¿verdad?

María.—Sí.

Laura.—Si tú y yo fuéramos un hombre y una mujer seríamos felices. *(Risas irónicas de María.)* ¿Por qué te ríes así?

María.—Nos destrozaríamos.

Laura.—No.

María.—Ya nos destrozamos siendo dos mujeres.

Laura.—Nos destrozamos porque no somos un hombre y una mujer.

María.—*(Saliendo.)* Puedes ducharte.

(Laura se mete en la ducha y cierra.)

María.—*(Volviendo a la actitud del principio.)* De todas formas quiero echarte una mano. Tengo muchos amigos. Mucha gente importante que sabrá apreciar tu talento. ¿Dónde vives?

Laura.—En una pensión.

María.—Tengo un piso vacío en el centro. Mi estudio antiguo. Puedes irte a vivir allí. Hasta que consigas algo yo te pasaré un dinero. No me supone nada, ya lo sabes. Iré de vez en cuando para ver qué haces. Y bueno, si quieres pagármelo de alguna forma, necesito una modelo. Tendrías que venir sólo dos tardes por semana. Martes y jueves, por ejemplo. Bueno, eso si quieres pagármelo de alguna manera, que no es necesario. Tienes que comprarte ropa, vas vestida como un adefesio y la imagen es la imagen. Dejar de beber, por supuesto, y...

(Laura abre la mampara.)

Laura.—Pásame la toalla.

María.—Mañana mismo puedes hacer el traslado. En el estudio hay una cama y material de trabajo. *(Laura se viste.)* Si necesitas algo más me llamas y me lo pides. *(Laura coge su bolso.)* ¿Adónde vas?

Laura.—A mi casa.

María.—¿Ahora?

Laura.—Sí.

María.—Tenemos que arreglar...

Laura.—Nada.

María.—¿Qué dices?

Laura.—Que no voy a ir a tu estudio.

María.—¿Por qué?

Laura.—Porque no, sencillamente, porque no.

María.—No seas orgullosa.

Laura.—*(Negando con la cabeza.)* Te lo agradezco mucho, de verdad, pero...

María.—Está bien. *(Saca un cheque y lo firma.)* Toma.

Laura.—*(Lo coge, lo mira y lo rompe.)* Gracias.

María.—Prefieres que te coman los piojos, morirte de hambre a que yo...

Laura.—Sí. No estoy tan mal como yo creía. Verte me ha consolado. La riqueza, la salud, el amor... El triunfo no... No. ¿Entiendes?

María.—Eres una masoquista.

Laura.—Pero todavía tengo dignidad. No estoy en venta. Adiós.

María.—*(Cae de rodillas.)* Así no. No me puedes dejar así.

Laura.—No quiero más numeritos. Quiero dormir.

María.—Pídeme algo. Aunque sea una sola cosa. ¿Puedo darte algo?

Laura.—No.

María.—Mi amistad.

Laura.—No.

María.—¿Por qué? ¿Por qué?

Laura.—Me exiges demasiado y no tengo nada a cambio.

María.—No quiero nada a cambio.

Laura.—No quiero hacerte más daño.

María.—No quiero nada. Te lo juro. Nada.

Laura.—*(Con una caricia.)* Me voy.

(María se levanta como un rayo y se pone delante de la puerta.)

María.—No.

Laura.—Estoy muy cansada.

María.—No te vas.

Laura.—¿Quieres hacer el favor de dejarme salir?

María.—No.

Laura.—No seas ridícula...

María.—No me vas a humillar nunca más... *(Echa la llave.)* Ya no puedes salir.

Laura.—¿Qué pretendes?

María.—Tienes que quedarte aquí hasta que lo sepas todo.

Laura.—Abre esa puerta.

María.—Ni loca.

Laura.—*(Intenta quitarle las llaves. Forcejean.)* Dame las llaves.

(María corre y coge una tijera. Se la muestra.)

María.—Si no me obedeces soy capaz de matarte. ¡Te lo juro!

Laura.—*(Acercándose.)* Vamos, no digas tonterías...

María.—No te acerques... ¡Siéntate ahí!

Laura.—¿Qué te pasa?

María.—¡Siéntate en esa silla!

Laura.—¿Te has vuelto loca?

María.—*(Levantando la mano.)* Siéntate en esa silla o te mato. Te advierto que lo estoy deseando.

(Laura se sienta. María busca una cuerda y un trapo.)

María.—Pon las manos atrás.

Laura.—María...

María.—¡Cállate! *(Laura obedece y María comienza a atarla.)*

Laura.—*(Suavemente.)* María, esto es una locura...

María.—Ahora te va a tocar ver, oír y callar, por un rato. *(La amordaza.)* Tú lo has querido, Laura, cariño. Has venido a humillarme y a pisotearme como cuando éramos... como siempre. ¡No te muevas! Tengo que darte una gran sorpresa. *(La mira.)* Laurita, qué poca cosa eres así... *(La coge del cuello.)* Con la boca cerrada de serpientes. *(La aprieta y acaba acariciándola.)* No te mato porque te haría un favor. Porque para ti sólo hay una cosa que vale la pena. Esa sombra que no te ha dejado crecer, que te ha convertido en una enana. Escucha, cariño, voy a hacer magia. Te dejo a solas con él.

(Apaga la luz y pone el contestador automático.)

Voz de Juan en off.—¡María! ¡María! ¿Estás por ahí? Oye, mi amor, que no me esperes para cenar que tengo trabajo. ¿Estás bien? Hasta la noche. Un beso.

(María entra y enciende la luz.)

María.—Juan es mi marido.

(Laura la mira fijamente.)

María.—Es mío. Di que sí.

(Laura mueve levemente la cabeza. Está paralizada. María la quita la mordaza.)

María.—Habla. *(Laura calla.)* ¿No vas a decir nada? *(Laura no contesta.)* Jaque mate.

(La va desatando. Silencio.)

María.—Vamos, di algo. *(Laura la sonríe.)* No hagas eso. *(Laura la acaricia.)* Pégame. Mátame. Yo... yo me enamoré de él cuando te fuiste. Me enamoré desesperadamente, ¿qué podía hacer? Dime algo, por favor. Insúltame al menos. Dime que soy perversa, que soy... *(En un grito desesperado.)* ¡He intentado decírtelo antes... No me has dejado! ¡Dime algo!

Laura.—Gracias.

María.—Eso no.

(Laura saca una carta de su bolso y se la tiende.)

Laura.—Toma.

María.—*(Sin cogerla.)* ¿Qué es eso?

Laura.—Es de tu marido.

(Silencio.)

María.—¿Qué te dice?

Laura.—*(Saca la carta del sobre y lee.)* Madrid, a uno de agosto de mil novecientos...

María.—*(Cortándola.)* ¿Qué te dice?

Laura.—*(Deja caer la carta sobre María.)* Dile que no iré.

(María lee la carta. Después mira a Laura.)

Laura.—Lo siento.

María.—¿No le has visto todavía?

Laura.—No. Abre.

María.—¿Por qué no has ido?

Laura.—No lo tenía claro.

María.—¿Vas a ir?

Laura.—¿Me das permiso?

(Silencio.)

María.—Está guapo... Más guapo que nunca. Y, a veces, todavía siento que huele a ti.

Laura.—¿Me dejarás verlo esta vez?

María.—Claro. Tienes que ir esta misma noche.

Laura.—Pero querrá acostarse conmigo...

María.—Hazlo.

Laura.—Y yo no contaré: uno, dos, tres, cuatro, cinco... No contaré, María.

María.—Mejor.

Laura.—Quizás le has dejado impotente...

María.—*(Abre la puerta.)* Compruébalo por ti misma. Adelante, es tu turno. Tal vez después del polvo te vuelva la inspiración.

Laura.—Nunca, cariño. Nunca tomaré nada que sea parte tuya. *(Pausa.)* Gracias por prestarme tus ojitos para ver lo que no veían los míos. Gracias. *(Va a salir, pero se da la vuelta y señala el lienzo.)* Ah, las manos tienen que ser las de ella. No, no importa que no tenga brazos... Es algo como... ¡Ya está! *(Deprisa.)* La figura en movimiento hacia abajo intentando llegar a la cerradura con la boca. El pájaro mirando hacia arriba con el pico abierto. *(En velocidad.)* La luz sólo por detrás, luz blanca. Y en el suelo... trozos de cuerpo roto... manchas... *(Pausa.)* Es una idea.

María.—*(Suavemente.)* Te odio. Te odio con toda mi alma.

Laura.—Yo a ti no.

(Laura sale. María se acerca lentamente al pájaro... Abre la jaula. El pájaro vuela.)

FIN

El color de agosto. Madrid: Antonio Machado, 1989.